CE1

Haut les MATHS !

GUIDE PÉDAGOGIQUE + RESSOURCES À TÉLÉCHARGER

Marie-Sophie Mazollier
Certifiée de mathématiques, professeure en INSPE

Éric Mounier
Chercheur en didactique des mathématiques, maitre de conférences, professeur en INSPE

Nathalie Pfaff
Agrégée de mathématiques, docteure en sciences de l'éducation, professeure en INSPE

RETZ
editions-retz.com

Les auteurs remercient chaleureusement tous les professeurs des écoles qui les ont accueillis dans leur classe et les ont aidés à tester leur démarche qui fait la spécificité de *Haut les maths ! CE1*.

Note biographique des auteurs

Marie-Sophie Mazollier est certifiée de mathématiques et professeure en INSPE. Elle est coautrice de l'ouvrage numérique *Le Nombre en maternelle* publié par Canopée et l'UPEC (Université Paris est Créteil) et d'articles dans les *Cahiers pédagogiques*.

Éric Mounier est chercheur en didactique des mathématiques, maitre de conférences et professeur en INSPE. Il est l'auteur d'une thèse sur l'enseignement du nombre au CP. Il a par ailleurs rédigé, avec Maryvonne Priolet, le rapport d'expertise du Cnesco sur les manuels scolaires de mathématiques à l'école primaire.

Nathalie Pfaff est docteure en sciences de l'éducation est professeure en INSPE. Elle a écrit des articles sur l'enseignement des mathématiques à l'école publiés dans la revue *Grand N* et dans les *Cahiers pédagogiques*. Elle est également l'autrice d'ouvrages pédagogiques en direction des professeurs des écoles sur les différents domaines à enseigner à l'école élémentaire.

Direction éditoriale : Céline Lorcher
Édition : Anne-Sophie Perret
Corrections : Cindy Clément
Illustrations : Virginie Blondeau
Mise en page : STDI
Couverture : Antartik

Cet ouvrage est conforme à la nouvelle orthographe
www.orthographe-recommandee.info

Cet ouvrage suit l'orthographe recommandée par les rectifications de 1990
et les programmes scolaires.
Voir le site http://www.orthographe-recommandee.info
et son miniguide d'information

Crédits photos : p. 329 gauche : Carrés avec des cercles concentriques, Vassily Kandinsky. © akg-images ; **p. 329 droite** : Cercles dans un cercle, Vassily Kandinsky. © The Philadelphia Museum of Art, Dist. RMN-Grand Palais / imagePhiladelphia Museum of Art.

Ce livre est imprimé sur du papier issu de forêts gérées durablement.

Conçu & fabriqué en France

IMPRIM'VERT®

Code éditeur : 55366

92 avenue de France, 75013 Paris
contact@editions-retz.com
ISBN : 978-2-7256-4772-2

Achevé d'imprimer par ISIPRINT en août 2025
N° de projet : 1036286
N° d'impression : 202507.0304
Dépôt légal : août 2025
Imprimé en France

Sommaire

Sommaire

* Des annexes non numérotées car accessibles à plusieurs moments de l'année sont également disponibles :
– la feuille de calcul mental ;
– les frises numériques individuelles jusqu'à 30

Programmation des rituels quotidiens

	Suite orale des nombres	Lecture / écriture
1	• Dire la suite orale des nombres en avant, à partir de n'importe quel nombre, de 1 en 1 jusqu'à 100.	• Lire et écrire les nombres jusqu'à 20.
2	• Dire la suite orale des nombres **en arrière** de 1 en 1, à partir de n'importe quel nombre inférieur ou égal à 100.	• Lire et écrire les nombres jusqu'à 60.
3		• Lire et écrire les nombres jusqu'à 80.
4	• Dire la suite orale des nombres en avant, de 1 en 1, **à partir de 100 ou d'un nombre supérieur à 100 jusqu'à 200 au maximum**.	• Lire et écrire les nombres jusqu'à 100.
5	• Dire la suite orale des nombres **en avant, de 2 en 2, à partir de 0 puis d'un nombre pair jusqu'à 100 au maximum.**	
6	• Dire la suite orale des nombres **en avant, de 2 en 2, à partir de 1 puis d'un nombre impair jusqu'à 99 au maximum**.	
7	• Dire la suite orale des nombres en avant, **de 1 en 1, de 200 ou d'un nombre supérieur à 200 jusqu'à 300 au maximum**.	
8	• Dire la suite orale des nombres en avant, **de 1 en 1, de n'importe quel nombre jusqu'à 1000 au maximum.**	
9	• Dire la suite orale des nombres en avant, de 1 en 1, de n'importe quel nombre jusqu'à 1000 au maximum.	
10		• Lire et écrire les nombres jusqu'à 200.
11		• Lire et écrire les nombres jusqu'à 200.
12	• Dire la suite orale des nombres **en arrière, de 2 en 2, à partir de 100**.	
13	• Dire la suite orale des nombres en arrière, **de 2 en 2, à partir de 99.**	
14	• Dire la suite orale des nombres en avant, **de 100 en 100, à partir de n'importe quel nombre**.	
15	• Dire la suite orale des nombres en arrière, **de 100 en 100, à partir de n'importe quel nombre.**	
16		• Lire et écrire les nombres jusqu'à 999.
17		• Lire et écrire les nombres jusqu'à 999.
18		• Lire et écrire les nombres jusqu'à 999.
19	• Dire la suite orale des nombres **en avant, de 10 en 10, à partir de n'importe quel nombre.**	
20	• Dire la suite orale des nombres en avant, de 10 en 10, à partir de n'importe quel nombre.	
21		
22		
23		
24	• Dire la suite orale des nombres **en arrière, de 10 en 10, à partir de n'importe quel nombre.**	
25	• Dire la suite orale des nombres en arrière, de 10 en 10, à partir de n'importe quel nombre.	
26	• Dire la suite orale des nombres **en avant, de 5 en 5, à partir de 0 puis d'un multiple de 5.**	
27	• Dire la suite orale des nombres en avant, de 5 en 5, à partir d'un multiple de 5.	
28	• Dire la suite orale des nombres **en avant, de 50 en 50, et de 25 en 25 à partir de 0.**	
29		
30		
31		
32		
33		
34		

Programmation des rituels quotidiens

	Calcul mental
1	• Connaitre les doubles pour les nombres inférieurs ou égaux à 15.
2	• Additionner un nombre inférieur ≤ 15 et son successeur (en calculant le double + 1).
3	• Connaitre les compléments à 10.
4	• Additionner deux nombres à un chiffre en s'appuyant sur la décomposition additive d'un nombre permettant de réduire le calcul à « 10 + un nombre ».
5	• Connaitre ou reconstruire très rapidement les résultats des tables d'addition de 1 à 5 et de 10.
6	• Connaitre les résultats des tables d'addition de 1 à 5 et de 10 dans les 2 sens.
7	• Additionner ou soustraire 9 à un nombre.
8	• Connaitre ou reconstruire très rapidement les résultats des tables d'addition de 1 à 10.
9	• Connaitre ou reconstruire très rapidement les résultats des tables d'addition de 1 à 10 dans les deux sens.
10	• Ajouter un nombre inférieur à 9 à un nombre en passant la dizaine supérieure si besoin.
11	• Soustraire un nombre inférieur à 9 à un nombre en passant la dizaine inférieure si besoin.
12	• Connaitre les tables de multiplication de 2 et 10.
13	• Connaitre les tables de multiplication de 2 et 10 et quelques résultats de la table de 5 (1 5 ; 2 × 5 ; 3 × 5 ; 4 × 5 ; 6 × 5).
14	• Connaitre les tables de multiplication de 2, 5 et 10.
15	• Connaitre les tables de multiplication de 2, 5 et 10 et quelques résultats de la table de 3 (1 × 3 ; 2 × 3 ; 3 × 3 ; 5 × 3 ; 6 × 3 ; 10 × 3).
16	• Connaitre les tables de multiplication de 2, 3, 5, et 10.
17	• Connaitre les tables de multiplication de 2, 3, 5, 10 et quelques résultats de la table de 4 (1 × 4 ; 2 × 4 ; 3 × 4 ; 4 × 4 ; 5 × 4 ; 6 × 4 ; 10 × 4).
18	• Connaitre les tables de multiplication de 2, 3, 4, 5 et 10.
19	• Ajouter ou soustraire un nombre entier de dizaines ou de centaines à un nombre, calculer les compléments correspondants.
20	• Calculer les doubles des nombres 20, 25, 30, 35, 40, 45, 50, 100, 150, 200, 250, 300 et 500.
21	• Calculer les moitiés des nombres pairs de 2 à 30 et des dizaines entières 40, 50, 60, 70, 80, 90 et 100. • Ajouter 9, 11, 19, 21 ou 29 à un nombre.
22	• Calculer les moitiés des nombres pairs de 2 à 30 et des dizaines et centaines entières. • Multiplier, n'importe quel nombre inférieur à 100, par 10 et n'importe quel nombre inférieur à 10 par 100.
23	• Calculer les moitiés des nombres pairs à deux chiffres ou des nombres à 3 chiffres se terminant par 0.
24	• Connaitre les tables de multiplication de 2, 3, 4, 5, 10 et quelques résultats de la table de 6 (1 × 6 ; 2 × 6 ; 3 × 6 ; 4 × 6 ; 5 × 6 ; 6 × 6 ; 8 × 6 ; 10 × 6).
25	• Connaitre les tables de multiplication de 2, 3, 4, 5, 6 et 10.
26	• Connaitre les tables de multiplication de 2, 3, 4, 5, 6, 10 et quelques résultats de la table de 7 (1 × 7 ; 2 × 7, 3 × 7, 4 × 7, 5 × 7, 6 × 7, 9 × 7, 10 × 7).
27	• Connaitre les tables de multiplication de 2, 3, 4, 5, 6, 7 et 10.
28	• Connaitre les tables de multiplication de 2, 3, 4, 5, 6, 7, 8 et 10.
29	• Connaitre toutes les tables de multiplication de 1 à 10.
30	• Connaitre toutes les tables de multiplication de 1 à 10.
31	• Connaitre toutes les tables de multiplication de 1 à 10. • Calculer une multiplication à trou à partir des tables de multiplication.
32	• Connaitre toutes les tables de multiplication de 1 à 10. • Calculer une multiplication à trou à partir des tables de multiplication.
33	• Connaitre toutes les tables de multiplication de 1 à 10. • Calculer une multiplication à trou à partir des tables de multiplication.
34	• Calculer le produit d'un nombre compris entre 11 et 19 par un nombre inférieur à 10.

Avant-propos

Haut les maths ! est une méthode d'enseignement des mathématiques performante grâce aux choix didactiques et à leur mise en œuvre. Elle respecte le rythme de l'enfant en ayant pour objectif d'amener tous les élèves à maitriser les connaissances définies dans les derniers programmes et ajustements publiés – notamment les recommandations institutionnelles concernant le nombre, le calcul et la résolution de problèmes au CE1, tout en leur donnant du sens.

Cette méthode tient compte des conditions réelles d'enseignement et les séances, les progressions et leur programmation ont fait l'objet d'expérimentations dans de nombreuses classes. Elle bénéficie ainsi de l'expérience du terrain et des dernières avancées en didactique des mathématiques.

Les apprentissages se construisant dans la durée, la progression proposée est spiralaire : elle s'appuie sur le travail des semaines passées pour introduire des savoirs nouveaux, revenir sur les savoirs anciens pour permettre à tous les élèves de les revisiter et de les consolider.

La structure en semaines de l'ouvrage (1 séquence = 1 notion = 1 semaine) facilite l'organisation de la classe et la pratique de la différenciation.

Les choix didactiques

Une démarche structurée

Notre démarche est basée sur la démarche d'apprentissage manipuler/représenter/verbaliser/abstraire. Les élèves manipulent des objets tangibles pour s'approprier de manière concrète le sens de notions mathématiques et les procédures qui s'y appliquent. Ils passent ensuite à la représentation schématisée de ces objets et de ces actions, avant d'accéder au langage mathématique.

Manipuler pour comprendre

Les connaissances sont introduites grâce à des situations de **découverte motivantes, concrètes** et mises en œuvre dans la classe, pour s'assurer d'un vécu commun. Elles sont construites grâce à la manipulation de chaque élève, qui est essentielle à la construction des concepts, et le jeu, qui motive. En manipulant, les élèves se forgent des images mentales qu'ils pourront ensuite mobiliser. Le matériel devient aussi, progressivement, un outil de différenciation et de validation. Par exemple, la manipulation des étiquettes unité, dizaine et centaine, utilisées fréquemment pour la numération décimale, permet tout d'abord de comprendre l'intérêt des groupements par dix pour comparer ou dénombrer. Cette manipulation est ensuite proposée aux élèves qui n'ont pas encore construit les images mentales nécessaires, pour valider ou invalider une réponse à un exercice sans manipulation. La vérification de la réponse avec le matériel permet à l'élève de mieux comprendre les raisons de ses réussites et de ses erreurs.

Tout le matériel spécifique nécessaire aux manipulations est fourni avec la méthode.*

Dire pour abstraire

Une phase d'**explicitation** des savoirs et d'**institutionnalisation**, synthèse de chaque situation de découverte, permet de verbaliser, de mettre en mots et donc d'abstraire les nouvelles connaissances construites qui sont alors à retenir. Le savoir est ainsi explicite.

Cette phase est décrite dans ce guide pédagogique. Les éléments à mémoriser sont écrits par l'élève dans des encadrés spécifiques « ***Ce que j'ai découvert*** » du fichier, et sur les posters à afficher. Sur le site compagnon, les **mémos** correspondants aux ***Ce que j'ai découvert*** sont proposés pour que l'enseignant puisse les photocopier s'il souhaite les faire coller dans un cahier spécifique.

---

* Le matériel collectif (pour la numération, les fractions et les solides) est téléchargeable sur le site compagnon (haut-les-maths.editions-retz.com), dans la catégorie «matériel pour l'enseignant», et des planches de matériel prédécoupées sont fournies avec les fichiers de l'élève.
Par ailleurs, la boite de *Matériel de manipulation pour les élèves Haut les maths ! CE1-CE2* propose pour les élèves, des carrés unité, des bandes de 10 carrés et des plaques de 100 carrés (voir p. 9), des règles graduées et des gabarits d'angle droit.

S'entrainer pour retenir

• **Les apprentissages structurés** à la suite des situations de découverte sont réinvestis dans des **exercices d'entrainement** de difficulté croissante. Les exercices comportent plusieurs items, mais toujours avec **une seule et même consigne**. Ainsi, les élèves, encore apprentis lecteurs en CE1, peuvent travailler à leur rythme. Des exercices similaires sont également proposés dans des contextes différents, afin de favoriser la transposition et l'abstraction des connaissances construites initialement dans une situation de découverte particulière.

• **Les connaissances et compétences sont évaluées** grâce à des fiches d'exercices photocopiables, pour permettre à l'enseignant d'organiser ses évaluations à son rythme, en fonction de son organisation pédagogique.

La place du calcul mental

Le calcul mental est une priorité. Il est indispensable dans la construction de nombreux concepts mathématiques.
Nous proposons une programmation articulée avec les notions abordées dans les séquences, une progression avec des objectifs hebdomadaires précis, des activités détaillées pour un travail quotidien de 15 minutes.

La résolution de problèmes au cœur de la démarche

La résolution de problèmes a une place prépondérante dans notre démarche. Enseigner les mathématiques ne consiste pas à donner des outils pour faire des mathématiques, mais à faire en sorte que les mathématiques soient un outil pour résoudre des problèmes. Selon le moment de l'apprentissage, ces problèmes permettent de découvrir de nouvelles notions (situations-problèmes), de s'entrainer à maitriser les savoirs et savoir-faire, d'apprendre à chercher. L'emploi d'un cahier, que nous qualifierons de recherche, permettra de prolonger les espaces quadrillés du fichier de l'élève.

• **Les situations-problèmes** permettent d'introduire une nouvelle notion en lui donnant du sens. Chaque séquence débute par une telle situation appelée, dans ce guide, **activité de découverte** dont la fonction est explicitement indiquée aux élèves. Chaque élève est, individuellement, ou en binôme, confronté à un problème. Tous ne construiront pas nécessairement la solution seuls. L'objectif est de montrer que la nouvelle connaissance, procédure, permet de résoudre ce problème efficacement et a donc du sens. La situation se termine par l'explicitation du savoir à retenir.

• **Les problèmes d'entrainement et de réinvestissement** permettent la consolidation des acquis, la verbalisation des connaissances et son abstraction du contexte.

• **Les problèmes pour apprendre à chercher**, proposés toutes les semaines, permettent de développer les compétences de chercheur (prise d'initiative, créativité, persévérance, argumentation, validation, etc.). Ils peuvent être laissés à faire en autonomie ou bien être résolus en groupe classe. Les élèves peuvent, par exemple, être réunis en petits groupes (entre 2 et 4 élèves) pour chercher à plusieurs et émettre des hypothèses. La mise en commun permettra alors de travailler sur ces hypothèses, de faire argumenter pour les valider ou les invalider, de trouver la solution ou les solutions tous ensemble.
Tous ces problèmes portent sur les trois grands domaines définis dans les programmes : nombres et calculs, espace et géométrie, grandeurs et mesures et sur la logique.

Les options par domaine mathématique

Les nombres entiers

Pour construire le nombre, ***Haut les maths ! CE1*** distingue et articule l'apprentissage de la numération orale et de la numération écrite chiffrée.

• **Le système de numération orale** des nombres jusqu'à neuf-cent-quatre-vingt-dix-neuf se base sur celui des nombres jusqu'à quatre-vingt-dix-neuf, puisqu'il s'agit ensuite de faire précéder ces noms de nombre par le terme cent, puis par deux-cents, etc. La nouveauté en cette année de CE1 vient donc de l'introduction de ces nouveaux termes qui marquent le passage des centaines successives : dans ***Haut les maths ! CE1***, ces introductions seront accompagnées par des manipulations de différents matériels de numération. Cependant, les difficultés des élèves proviennent encore le plus souvent d'une compréhension insuffisante de la formation des noms des nombres inférieurs à quatre-vingt-dix-neuf. Dans le prolongement du CP, l'accent est mis sur l'utilisation de deux comptines : celle de *un* à *dix-neuf* (la « grande » comptine) et celle de *un* à *neuf* (la « petite » comptine). La comptine numérique commence donc par la « grande » comptine. Elle se poursuit par l'introduction du nom de nombre *vingt* qui est répété ensuite en y accolant la « petite » comptine : on obtient ainsi *vingt-et-un*, *vingt-deux*, ..., *vingt-neuf*. Ce processus est repris avec l'introduction successive des noms de nombre *trente*, *quarante* et *cinquante*, ce qui mène à *cinquante-neuf*. Ensuite le nom *soixante* est introduit, mais on lui adjoint par la suite la « grande » comptine de *un* à *dix-neuf*, celle utilisée au départ, pour atteindre *soixante-dix-neuf*. Ce processus est repris avec l'introduction du nom *quatre-vingts*, ce qui mène à *quatre-vingt-dix-neuf*.

• **Le système des écritures chiffrées** est un système de numération qui a sa logique propre : elle ne suit pas celle de la numération orale qui égrène les noms des nombres en français dans la comptine numérique. Certains élèves arrivant au CE1 utilisent pourtant les écritures chiffrées uniquement comme traduction écrite des noms des nombres. Nous voulons ici que les élèves utilisent le sens des chiffres pour décomposer les nombres. Quatre décompositions d'un même nombre sont travaillées :
– en termes de dizaines et d'unités : 42 = 4 d + 2 u ; 213 = 21 d + 3 u (continuation de la logique d'écriture du CP, la décomposition s'obtient directement en considérant les chiffres) ;
– en termes de centaines et d'unités : 213 = 2 c + 13 u (en relation avec le nom du nombre deux-cent-treize, ce qui permet d'interpréter autrement l'agencement des trois chiffres) ;
– en termes de centaines, dizaines et d'unités : 213 = 2 c + 1 d + 3 u (établie en utilisant l'écriture précédente 2 c + 13 u et le fait que 13 u = 1 d + 3 u, ce qui permet de comprendre l'écriture chiffrée cette fois-ci en isolant chacun des chiffres) ;
– en termes d'unités : 213 u (en le reliant à un comptage un à un).

Deux types de matériel de numération sont utilisés : celui composé des carrés unité, bandes dizaine et plaques centaine*, et celui composé d'étiquettes unité, dizaine, centaine (recto / verso) 3.

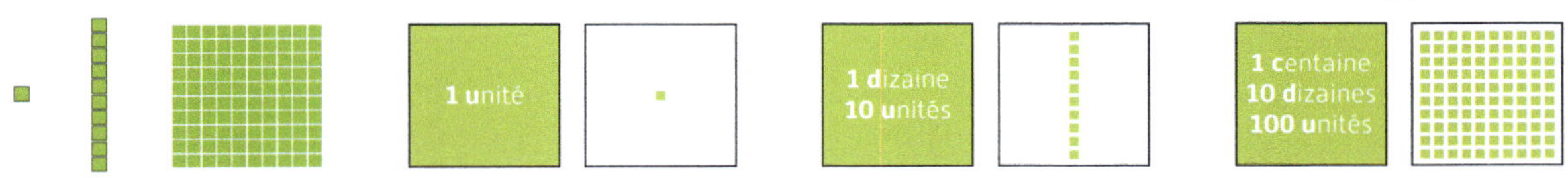

Dans le premier, le rapport à la quantité est direct : on manipule des carrés qui sont isolés ou qui sont assemblés. Ce matériel sera utilisé pour introduire les nouvelles notions. Il faut en outre comprendre qu'une dizaine est égale à dix carrés qu'ils soient assemblés ou non, puis une centaine est égale à dix dizaines mais aussi cent unités. Autrement dit, on parle de dizaine ou de centaine dès qu'on est en présence de dix ou cent objets, que des groupements soient visibles ou non. Cet apprentissage est travaillé dans les activités concernant les collections non manipulables dans lesquelles il faut rendre visibles dizaines et centaines, dans les décompositions de nombres (comme indiquées ci-dessus pour 213 par exemple), et dans les compositions (par exemple pour comprendre que 12 d + 15 u = 135 u) mais aussi dans les calculs posés.
Dans le second matériel, composé d'étiquettes toutes du même format, ce sont des représentations de la quantité qui sont manipulées. Ce matériel est introduit dans un deuxième temps, une fois les concepts introduits avec le précédent. Il est présenté aux élèves comme facilitant la compréhension des grands nombres pour lesquels les quantités peuvent être plus difficilement manipulées.
Par la suite les élèves devront faire les exercices sans disposer du matériel. Celui-ci ne disparait pas, mais ce n'est plus qu'un moyen de valider les réponses obtenues sans son aide. Ceci est aussi valable pour les élèves en difficulté : ils ne doivent pas faire d'impasse sur les essais sans matériel. La réussite n'est pas nécessairement immédiate, l'apprentissage s'inscrit dans la durée.

• **La progression de la numération écrite chiffrée** tient compte de trois éléments :
– les différents types d'activités : dénombrer, comparer et ordonner, décomposer/composer, calculer « avec des chiffres » (addition puis soustraction posée) ;
– le processus de contextualisation (découverte des connaissances nouvelles dans un problème), décontextualisation (formalisation du savoir à retenir), recontextualisations (utilisation du savoir dans différentes situations) ;
– l'évolution du champ numérique.

* Fourni dans une boite vendue à part ou en téléchargement sur le site compagnon. Il faudra alors les imprimer, plastifier et découper.

La programmation est alors la suivante :
– séquences 1, 7 et 19 : les nombres de 1 à 99 (principe de la dizaine, addition et soustraction posées) ;
– séquences 6 et 9 : les nombres de 1 à 199 (introduction de la centaine) ;
– séquences 13, 14, 18 et 25 : les nombres de 1 à 999 (passage à plusieurs centaines , addition et soustraction posées).

• **La progression de la numération orale** (le nom des nombres) reprend les trois éléments cités : type d'activités, processus de contextualisation/décontextualisation/recontextualisations et évolution du champ numérique. L'apprentissage de la comptine numérique, celui de la lecture des écritures chiffrées ainsi que celui de l'écriture en chiffres des noms des nombres sont essentiellement traités dans la rubrique dite de « calcul mental ».

Les activités de calcul mental proprement dit, le calcul « avec le nom des nombres », sont celles qui permettent de mettre en œuvre les propriétés propres à la numération orale et donc de travailler sa structure. Le lien avec la numération écrite chiffrée y est présent, ce qui permet de faire ressortir certaines caractéristiques (comme l'aspect décimal sous-jacent), favorisant ainsi l'apprentissage de procédures efficaces de calcul mental : voir à ce sujet pp. 13-14.

L'introduction du mot « centaine », puis des noms des nombres qui suivent est concomitante à l'introduction de la centaine dans les écritures chiffrées (séquences 6, puis 13). Elle s'opère via la décomposition en termes de centaines et d'unités : 213 = 2 c + 13 u se dit *deux-cent-treize*.

Le lien entre les deux numérations est aussi travaillé dans les activités de dénombrement. Deux procédures sont utilisées en parallèle : celle du comptage de dix en dix (dix, vingt, etc.) et selon nécessité de cent en cent, ainsi que celle du comptage des dizaines (1 dizaine, 2 dizaines, etc.) et selon nécessité des centaines (1 centaine, 2 centaines, etc.). La première permet d'obtenir plus facilement le nom du nombre, la deuxième celui de son écriture chiffrée. Ces procédures de dénombrement, qui utilisent des groupements, limitent les erreurs dues à l'énumération, c'est-à-dire le fait d'oublier un élément ou de le prendre en compte plusieurs fois. Il reste nécessaire de travailler l'énumération avec les élèves, notamment en faisant prendre conscience de l'utilité de marquer les objets pris en compte au fur et à mesure dans le dénombrement d'une collection non manipulable.

• Dans l'apprentissage du nombre s'ajoute une séquence, la 28, sur la **demi-droite graduée**, permettant de travailler les encadrements ainsi que la magnitude des nombres, c'est-à-dire la représentation de leur taille relative. La demi-droite graduée va être notamment utilisée ultérieurement pour construire des repères (axe des abscisses, axe des ordonnées). Elle permettra en CM1 de placer de nouveaux nombres entre deux nombres entiers consécutifs (des fractions et des décimaux) et de représenter leurs écarts par une distance, ce que ne permet pas la file numérique des écritures chiffrées. Cette séquence nécessite de comprendre que le nombre placé sur une demi-droite graduée indique la longueur d'un segment. Elle est donc placée après les séquences sur la longueur.

Résolution de problèmes numériques

Nous appelons « problèmes numériques », les problèmes qui peuvent se résoudre à l'aide des opérations. En CE1, les sens des quatre opérations sont enseignés à travers des problèmes.

La progression pour la résolution des problèmes numériques est établie en fonction des types de problèmes. Elle débute par une situation vécue avec du matériel. Celui-ci permet de comprendre le contexte et, dans un premier temps, de résoudre les problèmes. Cette situation est reprise ensuite mais en abandonnant le matériel. Celui-ci ne sert plus qu'à valider ou invalider le résultat. Ces premières séances permettent de proposer une situation de référence et aboutissent à l'élaboration d'un poster symbolisant cette situation et la (ou les) procédure(s) permettant de résoudre le problème.

D'autres séances sont ensuite proposées avec des contextes différents. Celles-ci ont pour but de développer une catégorisation des problèmes chez les élèves. On attend que ces derniers sachent reconnaitre l'analogie avec une des situations de référence. *Exemple :* « Ce problème est comme le problème du parc à vélos quand on cherche combien il y a de vélos à la fin. »

Ce type de raisonnement est long à s'établir et, surtout, il ne peut se développer que si l'enseignant fait verbaliser cette analogie. Cette prise de conscience de l'analogie par les élèves est facilitée par des illustrations des problèmes construites selon des modèles en lien avec le sens des situations.

Les problèmes sont d'abord résolus avec une procédure personnelle (matériel, dessin, schéma…). La procédure experte, identification de l'opération en jeu, sera visée au fur et à mesure de l'année pour un certain nombre de types de problèmes. Pour ceux-ci, les nombres qui permettent au début l'utilisation de procédures personnelles sont augmentés afin de les bloquer et de rendre nécessaire la procédure experte.

• Les problèmes des structures additives donnant du sens aux addition et soustraction

Nous distinguons les différents types de problèmes des structures additives en reprenant la typologie de Gérard Vergnaud*. Trois grands types de problèmes sont travaillés : **la réunion de quantités, la transformation d'une quantité et la comparaison**, dans des séquences dédiées et, à l'occasion, dans d'autres séquences. Les séquences dédiées sont détaillées ci-dessous.

La réunion de quantités (séquences 3 et 27)

Les problèmes de réunion de quantités concernent deux ou plusieurs quantités qui sont réunies.
Deux classes de problèmes peuvent être définies selon la place de l'inconnue :

▸ Les deux quantités sont connues. La recherche porte sur la réunion des deux quantités.

Exemple : *On cherche le nombre total de fleurs dans un bouquet.* « Le bouquet de fleurs est composé de 7 tulipes et 4 roses. Combien y a-t-il de fleurs en tout dans le bouquet ? »

▸ Une des deux quantités et la réunion des deux quantités sont connues. La recherche porte sur l'autre quantité.

Exemple : *On cherche le nombre de roses dans un bouquet.*
« Le bouquet de fleurs est composé de tulipes et de roses. Il y a 7 tulipes et 11 fleurs en tout. Combien y a-t-il de roses ? »

En fin d'année de CE1, la procédure experte sera visée pour ces deux classes de problèmes.

La transformation d'une quantité (séquences 5, 16 et 27)

Dans un problème de transformation d'une quantité, une quantité initiale subit une augmentation ou une diminution.
Trois classes de problèmes sont travaillées en CE1 :

▸ La quantité initiale et la transformation sont connues. On cherche la quantité finale.

Exemple : *On cherche combien il me reste de bonbons.*
« J'avais 12 bonbons dans ma poche. J'ai donné 3 bonbons à une amie. Combien m'en reste-t-il ? » La quantité initiale et la quantité finale sont connues.

▸ On cherche la transformation.

Exemple : *On cherche combien j'ai donné de bonbons.*
« J'avais 12 bonbons dans ma poche. J'ai donné des bonbons à une amie et il m'en reste 9. Combien ai-je donné de bonbons à mon amie ? »

▸ La transformation et la quantité finale sont connues. On cherche la quantité initiale.

Exemple : *On cherche combien j'avais de bonbons au début.*
« J'avais des bonbons dans ma poche. J'ai donné 3 bonbons à une amie. Il me reste 12 bonbons. Combien avais-je de bonbons au début ? »

En fin d'année de CE1, la procédure experte sera visée pour les problèmes de recherche de quantités finale et initiale.

La comparaison (séquence 31)

Dans un problème de comparaison de deux quantités, on s'intéresse à l'écart entre les deux. Un travail important est entrepris sur le langage relatif aux comparaisons (« de plus que », « de moins que »).
Les deux classes de problèmes sont travaillés au CE1.

* Vergnaud G. (1986), Psychologie du développement cognitif et didactique des mathématiques, un exemple : les structures additives, *Revue Grand N*, numéro 38 (disponible en ligne).

► Les deux quantités sont connues et on cherche l'écart entre les deux.

Exemple : On cherche l'écart entre les quantités de carrés bleus et de carrés rouges.

« Il y a 12 carrés bleus et 15 carrés rouges.

Combien y a-t-il de carrés bleus en moins que de carrés rouges (ou combien de carrés rouges en plus que de carrés bleus) ? »

► Une quantité et l'écart entre les deux sont connus, on cherche la deuxième.

Exemple : On cherche la quantité de carrés bleus.

« Il y a 15 carrés rouges. Il y a 3 carrés bleus de moins que de carrés rouges. Combien y a-t-il de carrés bleus ? »

Le travail sur la compréhension des situations et les différentes façons d'exprimer une comparaison (si *X* a plus que *Y*, c'est que *Y* a moins que *X*) doit permettre aux élèves de ne pas choisir l'opération à effectuer en fonction de la présence des mots « plus » et « moins » dans les énoncés.

En CE1, ces problèmes sont généralement résolus avec des procédures personnelles. Les procédures expertes ne sont pas encore visées même si certains élèves sont déjà capables de les utiliser. Ils n'en seront bien évidemment pas empêchés.

- **Les problèmes des structures multiplicatives donnant du sens aux multiplication et division**

Nous distinguons, ici aussi, les différents types de problèmes donnant du sens aux multiplication et division en reprenant la typologie de Gérard Vergnaud.

Les groupements (séquences 10 et 23)

La multiplication est introduite comme étant l'opération qui remplace une addition réitérée.

Exemple 1 : On cherche le nombre total d'œufs.

« On remplit 5 boites contenant chacune 6 œufs. Combien a-t-on mis d'œufs dans les boites au total ? »

Exemple 2 : On cherche le nombre total de carreaux.

« Un carrelage comporte 7 lignes de 9 carreaux chacune. Combien y a-t-il de carreaux en tout ? »

La procédure experte est visée dans la résolution de ces problèmes.

Les partages (séquences 23)

Les situations dans lesquelles un partage en parts égales est réalisé permettent de donner du sens au quotient et au reste d'une division euclidienne. Deux types de problèmes peuvent être rencontrés.

► La recherche du nombre de parts et du reste.

Exemple : On cherche le nombre de boites d'œufs.

« Il y a 25 œufs. On remplit le plus possible de boites ayant 6 emplacements chacune. Combien de boites seront remplies (complètement) et combien d'œufs restera-t-il ? »

► La recherche de la valeur d'une part et du reste.

Exemple : On cherche le nombre de bonbons dans chaque sachet.

« Il y a 25 bonbons. On remplit 6 sachets en mettant autant de bonbons dans chacun et le plus possible. Combien de bonbons y aura-t-il dans chaque sachet et combien de bonbons restera-t-il ? »

Ces deux types de problèmes seront résolus avec des procédures personnelles en CE1.

La schématisation

Nous proposons un travail progressif sur la schématisation. Ce travail se poursuivra durant le cycle 3.

Cependant, nous proposons des types de schémas sans les imposer aux élèves, surtout à ceux qui n'en ont pas besoin.

« Rencontrer des schématisations différentes et inviter les élèves à réfléchir quant au meilleur usage de celles-ci permettrait sans doute aussi d'aider les élèves à faire preuve de flexibilité représentationnelle, en s'accordant avec l'idée que le choix d'une représentation appropriée ne dépend pas seulement du type de problème, mais aussi des élèves et sans doute d'une interaction entre ces deux variables. En réalité, certains types de schématisations pourraient s'avérer plus ou moins efficaces selon qu'ils s'accordent ou non avec les démarches spontanées des élèves. »[3].

• **Les problèmes à plusieurs étapes**

Ils sont introduits progressivement en posant la ou les questions intermédiaires pour permettre aux élèves de comprendre que la réponse à une première question permet de répondre à la question suivante, que le résultat trouvé devient une donnée pour la suite. Ces problèmes sont introduits en tenant compte des types de problèmes travaillés car la catégorie des sous-problèmes peut constituer une première difficulté pour la compréhension de la situation.

Calcul

Les techniques de calcul sont toujours travaillées en intelligence avec le sens des opérations.

Dans les programmes, le domaine « Calcul » regroupe trois sortes de calcul : le calcul mental, le calcul posé (les techniques opératoires) et le calcul en ligne, étape vers le calcul réfléchi ou le calcul posé.

• **Le calcul mental** est une priorité, il est indispensable dans la construction de nombreux concepts mathématiques. Sa progression est détaillée dans le fichier ressources. Elle travaille conjointement le calcul automatisé et le calcul réfléchi.

– **Le calcul réfléchi** permet d'obtenir des résultats à partir de procédures personnelles s'appuyant sur les propriétés des systèmes de numérations orale et écrite, ainsi que sur des résultats mémorisés tels que les tables d'addition et de multiplication, les décompositions additives des nombres inférieurs ou égaux à 10, les doubles et les compléments à la dizaine supérieure. Il est donc nécessaire d'avoir mémorisé certains résultats.

Le calcul réfléchi s'appuie sur des relations entre les nombres. Il arrive souvent qu'un calcul off re plusieurs procédures pour obtenir le résultat.

Exemple : 76 + 6 peut se calculer en passant par le complément de 76 à la dizaine supérieure c'est-à-dire en décomposant 6 en 4 + 2 pour obtenir une somme égale à 80 à laquelle on ajoute 2 :

$$\begin{aligned} 76 + 6 &= 76 + 4 + 2 \\ &= 80 + 2 \\ &= 82 \end{aligned}$$

76 + 6 peut aussi s'obtenir à partir de la connaissance du double de 6 :

$$\begin{aligned} 76 + 6 &= 70 + 6 + 6 \\ &= 70 + 12 \\ &= 82 \end{aligned}$$

* Fagnant A. (2018). « Des illustrations qui accompagnent les problèmes à la construction de représentations schématiques par les élèves : enjeux face aux problèmes standards et problématiques ». Actes du séminaire de didactique des mathématiques de l'ARDM

Il n'y a pas une procédure meilleure que l'autre mais, pour que les élèves puissent effectuer ce calcul avec l'une d'entre elles, il faut que ces procédures aient été enseignées. Pour cela, certaines séances de calcul mental comportent des activités visant à enseigner une procédure précise de calcul réfléchi. La mise en œuvre de ces activités se déroule toujours de la même façon. Un premier calcul réfléchi est proposé aux élèves. Les différentes façons de déterminer le résultat sont discutées afin d'expliciter la procédure souhaitée. Celle-ci est institutionnalisée, puis utilisée dans les calculs suivants. Les calculs suivants sont exigés en utilisant cette procédure. Lorsque plusieurs procédures auront été enseignées, les calculs pourront être proposés sans indication de procédure.

– **Le calcul automatisé** permet de restituer un résultat mémorisé ou reconstruit de manière quasi immédiate. Pour cela, l'apprentissage « par cœur » est nécessaire mais non suffisant. Il s'effectue plus facilement si les résultats proviennent d'une compréhension. Autrement dit, avant de mémoriser des résultats de calculs, ceux-ci doivent être trouvés par un calcul réfléchi.

Exemple : Avant d'apprendre toute la table de multiplication de 5, les résultats peuvent être trouvés par un calcul réfléchi. 3×5 se calcule en ajoutant 5 au double de 5. 4×5 se calcule en cherchant le double du double de 5.

Tout ce qui relève du calcul automatisé doit se dérouler rapidement sans nécessiter d'explications de la part de l'enseignant autres que le rappel des résultats mémorisés. En revanche, le calcul réfléchi demande des explicitations des procédures, donc le temps consacré au calcul réfléchi dans une séance est plus long que celui du calcul automatisé.

Pour inciter les élèves à apprendre certains résultats « par cœur » tels que les tables d'addition et de multiplication, nous proposons de les impliquer dans un projet personnel qui est de progresser au fil des séances. Pour cela, les élèves disposent d'une feuille de calcul mental (annexe à photocopier) où ils écrivent les résultats des calculs proposés. Auparavant, l'enseignant aura complété la feuille de calcul mental avec l'objectif du calcul automatisé.

Ma feuille de calcul mental

Objectif : ....

Prénom : ....

Date								Score
....	....	....	....	....	....	....	....	....

• **Le calcul en ligne** est un calcul intermédiaire qui permet d'introduire des techniques de calcul réfléchi en s'appuyant sur certaines décompositions des nombres et prépare au calcul posé en s'appuyant sur les décompositions décimales des nombres.

Par exemple pour calculer 27 + 14 :

– Vers le calcul mental :

27 + 14 = 27 + 10 + 4 (décomposition en s'appuyant sur la dizaine inférieure)

= 37 + 4 (calcul de dix en dix à partir de ...)

= 40 + 1 (complément à la dizaine supérieure et décomposition de 4)

– Vers le calcul posé en colonnes :

27 + 14 = 20 + 7 + 10 + 4

= 30 + 11

= 30 + 10 + 1

= 40 + 1

= 41

Cependant, écrit ainsi, le nombre de dizaines n'est pas forcément apparent : on entend trente et non trois dizaines ; on peut faire « trente plus dix » en comptant trente, quarante sans y percevoir quatre dizaines. C'est ce qui distingue le calcul en ligne du calcul posé.

• **Le calcul posé en colonnes** repose sur les principes de la numération décimale de position, la valeur d'un chiffre en fonction de sa position dans le nombre et les équivalences entre dix unités d'un ordre avec une unité de l'ordre immédiatement supérieur.

La technique de l'**addition posée en colonnes** est d'abord retravaillée avec des nombres à deux chiffres (séquence 7), comme en CP, puis étendue à des nombres à trois chiffres (séquence 14). Elle est construite avec le matériel de numération en mettant en parallèle le calcul en ligne faisant apparaitre la signification des chiffres dans un arbre de calcul.

27 + 14 = 2 d + 7 u + 1 d + 4 u
= 3 d + 11 u
= 3d + 1 d + 1 u
= 4 d + 1 u
= 41

L'algorithme usuel de l'addition posée en colonnes est réintroduit à partir de ces deux types de calcul (avec le matériel et en ligne).

• **La technique de la soustraction posée en colonnes**, séquences 19 et 25, est aussi construite à partir du calcul avec le matériel de numération. Nous avons choisi d'enseigner le calcul par « cassage » qui repose sur la décomposition décimale des nombres. Cette technique peut facilement être mise en parallèle avec le calcul fait avec le matériel de numération, ce qui n'est pas le cas pour la technique opératoire par compensation (conservation des écarts). La technique par compensation fait appel à une propriété de la soustraction assez complexe pour les élèves : le calcul de la différence de deux nombres ne varie pas si on ajoute dix aux deux termes : a – b = (a + 10) – (b + 10). La retenue correspond au fait d'ajouter le même groupement décimal aux deux nombres mais sous une forme différente : au premier terme de la différence, on ajoute 10 éléments d'un certain ordre et au deuxième terme, on ajoute un élément de l'ordre immédiatement supérieur (10 unités au premier et une dizaine au second, ou dix dizaines au premier et une centaine au second). Par exemple, pour calculer en colonnes 35 – 18, il faut enlever 8 unités à 5 unités, ce qui est impossible dans l'ensemble des entiers naturels. On ajoute alors 10 unités aux 5 unités de 35 ce qui revient à ajouter 10 à 35. Pour conserver la différence, on doit donc ajouter 10 à 18. Ce qui se traduit, dans cette technique, par l'ajout d'une dizaine à 18. On calcule donc : (3 dizaines + 15) – (2 dizaines + 8).

$$\begin{array}{rrr} & 3 & {}_{1}5 \\ - & {}_{1}1 & 8 \\ \hline & 1 & 7 \end{array}$$

La technique opératoire par « cassage » s'appuie sur la transformation d'unité de numération d'ordre donné en 10 unités d'ordre inférieur : on utilise les égalités sur lesquelles se base le système de numération 1 d = 10 u et 1 c = 10 d.

Exemple : Pour calculer 35 – 18, on ne peut pas retirer 8 unités des 5 unités de 35. Aussi, on considère une des dizaines de 35 comme 10 unités simples (1 d = 10 u). 35 est maintenant considéré comme étant constitué de 2 dizaines et 15 unités ce qui permet de retirer 8 unités. Le calcul se pose de la façon suivante :

$$\begin{array}{rrr} & \overset{2}{\cancel{3}} & \overset{15}{\cancel{5}} \\ - & 1 & 8 \\ \hline & 1 & 7 \end{array}$$

Le matériel de numération permet facilement d'effectuer le calcul correspondant à cette technique opératoire. 35 est tout d'abord constitué avec 3 bandes dizaine et 5 carrés unité. Pour retirer 8 unités, il faut remplacer une bande dizaine par dix unités. On peut ainsi enlever 8 unités des 15. On retire ensuite une bande dizaine des 2 bandes dizaine restantes.

Organisation et gestion de données

La collecte et l'organisation de données sont introduites à partir d'enquêtes réellement réalisées par les élèves afin de leur donner du sens.

Les diagrammes en barres sont introduits progressivement et leur aspect visuel, ce pour quoi ils existent, est principalement travaillé.

Espace et géométrie

• Le domaine « **Espace** » concerne l'espace réel dans lequel évolue l'élève et la liaison entre l'espace réel et l'espace représenté (maquette et plan).
La compréhension de **l'utilisation du plan** pour se déplacer est travaillée à partir du passage de la **maquette** au plan (introduit comme la vue de dessus de la maquette) et en liaison avec l'acquisition du vocabulaire spatial permettant de décrire un déplacement de soi ou d'un autre. Ce travail doit être poursuivi tout au long de l'année lorsque des occasions dans la vie de classe se présentent. Il peut aussi déboucher sur la programmation de déplacements d'un robot, activité citée dans le programme. Nous ne proposons pas de séquence sur une semaine pour apprendre à programmer des déplacements, ce travail étant réalisé en lien étroit avec les domaines « Questionner le monde » et « Éducation physique et sportive ». Un accompagnement didactique dans le guide de l'enseignant (pp. 342 à 345) et des activités dans le fichier Espace et géométrie (pp. 62-63) permettent d'aborder le thème en répartissant le travail sur plusieurs semaines.

• L'enjeu de l'enseignement de **la géométrie** au cycle 2 est d'amener les élèves à passer d'une géométrie perceptive à une géométrie instrumentée. Au CE1, différentes catégories de figures ou de solides sont tout d'abord reconnues visuellement, mais les élèves doivent rapidement prendre conscience de la limite de la perception et commencer à déterminer quelques propriétés relatives à ces catégories.
Concernant la géométrie plane, les propriétés s'établissent en même temps que l'apprentissage des instruments de géométrie : le gabarit d'angle droit et la règle graduée. Nous avons choisi de réserver l'équerre aux années suivantes étant donné les difficultés soulevées par son utilisation. L'équerre, usuellement vendue dans le commerce, comporte trois angles mais un seul est droit et une graduation en centimètres qui peut entrainer une confusion sur le rôle du zéro de cette graduation. Le gabarit d'angle droit fourni dans la boite de matériel ou dans les planches prédécoupées de l'élève n'a qu'un seul angle et pas de graduation.
La règle graduée fournie dans la boite de matériel diffère de la règle usuelle du commerce. Les millimètres n'apparaissent pas étant donné que l'unité mm est introduite en CE2.
Concernant la géométrie des solides, le travail (séquence 17) est essentiellement réalisé lors d'activités de manipulation avec des solides (ceux du matériel enseignant et ceux à fabriquer à partir du matériel détachable du ficher de l'élève) pour s'en construire des images mentales et acquérir du vocabulaire associé.

Grandeurs et mesures

Au CP, les grandeurs (longueur, masse, durée) ont été introduites via des activités de comparaison sans recours à la mesure, puis grâce à des mesures avec des unités étalons et, pour les longueurs, avec l'unité usuelle : le cm. Conformément au programme, d'autres unités du système international sont introduites en CE1 : séquences 4 et 20 pour la longueur et séquence 30 pour la masse. Celles-ci sont présentées par l'enseignant après que les élèves se sont rendu compte de la nécessité d'une unité étalon commune à tous.

• Le travail sur **la monnaie** (séquence 15), l'euro et les centimes d'euro, est axé sur la compréhension de la différence entre valeur et quantité par des activités concrètes vécues en classe grâce au matériel détachable du fichier de l'élève.

• Le travail sur **les durées** s'étend sur 2 séquences (26 et 32). Il concerne la lecture de l'heure pour les heures entières et les demi-heures et quarts d'heure en lien avec les fractions. Les équivalences entre 1 h et 60 min, une demi-heure et 30 min et un quart d'heure et 15 min sont étudiées. Le calcul d'une durée entre deux instants déterminés est abordé.

Les choix pédagogiques

Construire les apprentissages

• La progression proposée dans *Haut les maths ! CE1* s'appuie sur le travail des semaines passées pour introduire explicitement des savoirs nouveaux, pour revenir sur les savoirs anciens et permettre à tous les élèves de les revisiter et de les consolider. Pour que les élèves construisent leurs connaissances par étapes, le travail sur une semaine est consacré à une même notion : c'est l'enjeu d'**une séquence d'apprentissage**. Ce travail se traduit par des séquences de deux ou trois doubles pages dans les fichiers élèves. Le fichier comporte **35 séquences (34 numérotées plus une pour le déplacement sur quadrillage) pour 35 semaines de travail**.

➔ Les pages 2 et 3 du fichier « Espace et géométrie, grandeurs et mesures » détaillent le fonctionnement des fichiers à l'aide de visuels commentés.

• **Une séquence est un tout cohérent de quatre séances plus une cinquième**. Les quatre premières séances sont consacrées à l'objectif de la séquence. Les nouvelles connaissances sont tout d'abord explicitement introduites via **une situation de découverte**, situation-problème, vécue dans la classe grâce au matériel de la classe*, au matériel détachable fourni avec le fichier, ou à du matériel ordinaire (crayons, feutres, etc.). Les situations de découverte, situations-problèmes, donnent du sens aux notions abordées. Elles permettent de mettre en évidence des obstacles qui seront dépassés grâce aux nouvelles connaissances. Les apprentissages découlant de cette situation sont institutionnalisés dans l'encadré ***Ce que j'ai découvert*** du fichier de l'élève (repris complété dans le Mémo, téléchargeable sur le site compagnon), puis exercés dans des contextes variés, dans les exercices d'entrainement et de réinvestissement du fichier.

Les situations de réinvestissement dans des contextes différents favorisent la bonne compréhension et l'abstraction de ces nouvelles connaissances.

Le travail se fait régulièrement hors fichier, lors des activités de découverte ou de réinvestissement, puis dans le fichier.

• La dernière séance de la semaine, qui correspond toujours à la dernière page de la séquence, revient sur les connaissances et compétences travaillées afin de permettre une différenciation (***Je m'entraine à mon rythme***) et une ouverture sur un problème de recherche (***Je cherche***). Ce problème n'est pas nécessairement en lien direct avec les objectifs de la semaine, mais le plus souvent en lien avec des objectifs antérieurs. Il permet également de développer des compétences transversales, des compétences de chercheur. Les problèmes de recherche favorisent le développement du raisonnement logique, de l'esprit d'initiative et de l'observation. Ils font travailler les élèves différemment.

Différencier

La différenciation consiste à apporter une réponse adaptée aux besoins de chacun. Pour être mise en œuvre, il faut que sa gestion dans la classe soit aisée.

• **L'aide apportée aux élèves en difficulté** est proposée au fur et à mesure des séquences dans le guide pédagogique pour être gérée au sein des séances. Elle s'appuie principalement sur le matériel et sur les fiches qui permettent aux élèves les plus rapides de faire des exercices supplémentaires.

Le travail sur le fichier de l'élève est conçu pour permettre une autonomie grandissante des élèves, et donc de laisser le temps à l'enseignant de se consacrer aux élèves en difficulté. En ce sens, les exercices comportent plusieurs items mais avec une seule et même consigne. Ainsi les élèves, encore apprentis lecteurs en CE1, peuvent travailler à leur rythme.

De plus, une séance est prévue en fin de semaine pour revenir sur les difficultés rencontrées dans la semaine, grâce à l'activité ***Je m'entraine à mon rythme***. Elle reprend les compétences travaillées pour revenir sur les difficultés éventuellement rencontrées par certains et pour entrainer les élèves les plus rapides.

• **Des exercices supplémentaires** sont proposés sous forme de fiches à photocopier pour permettre aux élèves qui réussissent plus rapidement d'aller plus loin. La gestion des différents rythmes de travail est ainsi facilitée. Les consignes sont les mêmes que celles des exercices du fichier de l'élève, afin

* Une boite de matériel pour les élèves (carrés unité, barres dizaine, plaque centaine…) est vendue séparément.

de favoriser une plus grande autonomie. Cependant, différencier, ce n'est pas seulement donner plus d'exercices aux élèves les plus rapides. Ces derniers peuvent également consolider leurs acquis à travers des jeux ou des actions de tutorat.
Tous ces éléments facilitent par ailleurs l'utilisation de l'ouvrage dans les classes multiniveaux.

Évaluer

L'évaluation des connaissances se fait sous la forme d'exercices similaires aux exercices traités dans le fichier de l'élève, pour ne pas apporter de difficultés nouvelles et ainsi fausser les résultats et leur interprétation. Ils sont proposés sous forme de fiches à photocopier pour laisser à l'enseignant une liberté de mise en œuvre. Les compétences évaluées au travers de ces exercices sont précisées en haut de chaque fiche et synthétisées dans un tableau (*cf.* fiches à photocopier) pour faciliter la rédaction des bilans dans les livrets scolaires.

Les sommaires des fichiers de l'élève

Le sommaire est présenté sur quatre pages pour faire apparaitre la programmation des séquences et celle du calcul mental sur l'année.

• **Le sommaire par périodes** (p. 5 du fichier « Espace et géométrie, grandeurs et mesures ») montre l'alternance des domaines travaillés qui sont repérés par une couleur (« Nombres et calculs » : jaune ; « Espace et géométrie » : vert ; « Grandeurs et mesures » : bleu).

• **Le sommaire par domaines** (page 3 du fichier « Nombres et calculs » et p. 4 du fichier « Espace et géométrie, grandeurs et mesures ») montre la progression dans chaque domaine.

• **La programmation du calcul mental** (pages 4 et 5 du fichier « Nombres et calculs ») est présentée sur deux pages en trois colonnes :
– la première colonne montre la progression sur l'apprentissage de la suite orale des nombres. Cette progression est articulée avec celle sur l'apprentissage de la numération écrite travaillée lors des séquences « Nombres et calculs » ;
– la deuxième colonne indique les semaines où la lecture et l'écriture des nombres sont travaillées sur un temps dédié à cet apprentissage. Ces temps sont proposés au moment du calcul mental, mais comme les compétences travaillées ne concernent pas le calcul mental, l'enseignant peut les proposer dans un temps distinct ;
– la troisième colonne indique la progression des objectifs de calcul mental en articulant calcul réfléchi et calcul automatisé.

Les pictogrammes utilisés dans cet ouvrage :
Ressources numériques à télécharger sur le site compagnon
Fichier de l'élève «Nombres et calculs»
et Fichiers de l'élève «Espace et géométrie, grandeurs et mesures»
Planches de matériel prédécoupées des fichiers élèves
Planche de calque du fichier de l'élève
Ma fiche de calcul mental en ressources numériques
Boite de matériel *Haut les maths ! CE1 • CE2*

Les outils

Pour l'élève

• Le fichier *Nombres et calculs*

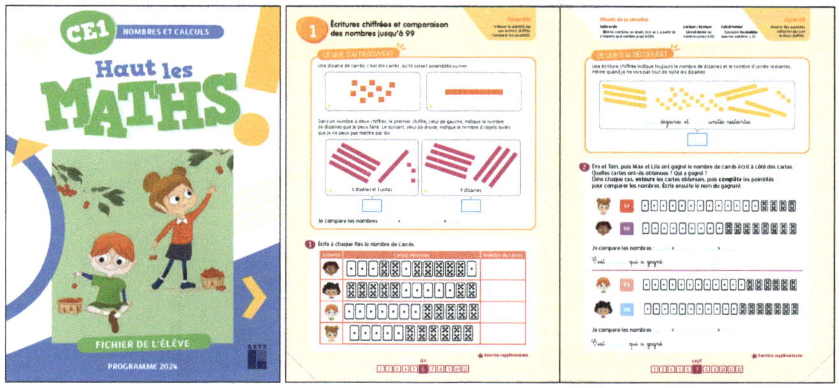

• Le fichier *Espace et géométrie, Grandeurs et mesures*

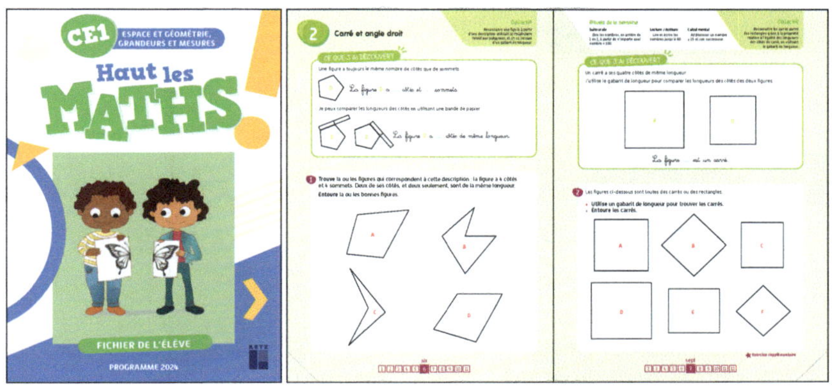

• Le matériel individuel

• 8 planches cartonnées et prédécoupées

Leur utilisation est indiquée dans l'ouvrage par le pictogramme :

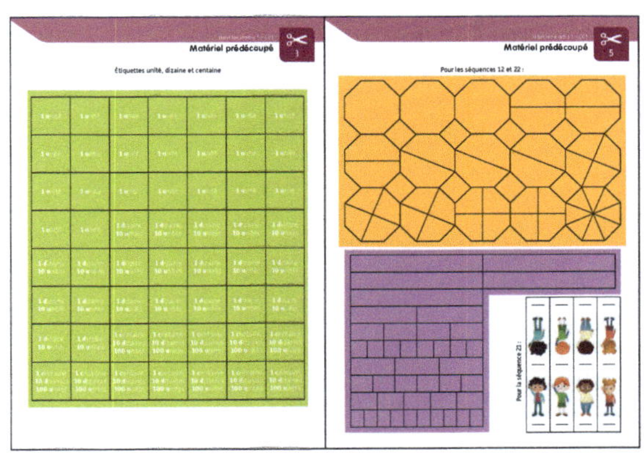

– 36 cartes avec des constellations
– Étiquettes unité, dizaine, centaine
– Gabarit d'angle droit
– Le parc à vélos avec des étiquettes vélos
– Des étiquettes des personnages à déplacer sur la grille
– Des billets et des pièces
– Des patrons de solides à construire

• 1 feuille de calque

Son utilisation est indiquée dans l'ouvrage avec le pictogramme :

– Les figures planes simples ou composées

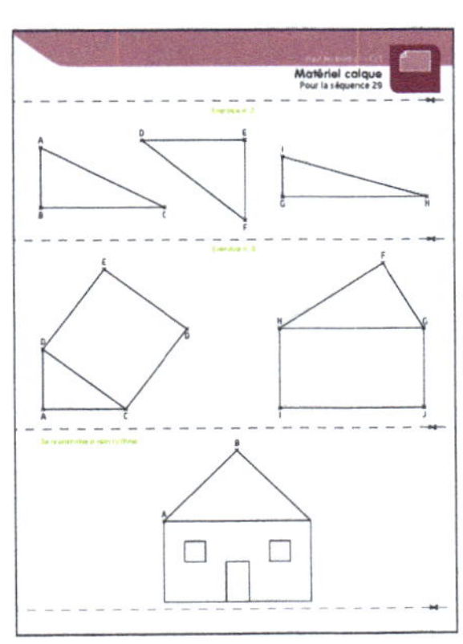

Les outils

Pour l'enseignant

• Le guide pédagogique + ressources à télécharger

Il présente la démarche détaillée de chaque séance avec, notamment, toutes les activités de découverte et les corrigés des exercices. Il contient aussi toutes les évaluations, des fiches activités à photocopier et des exercices supplémentaires pour la différenciation.

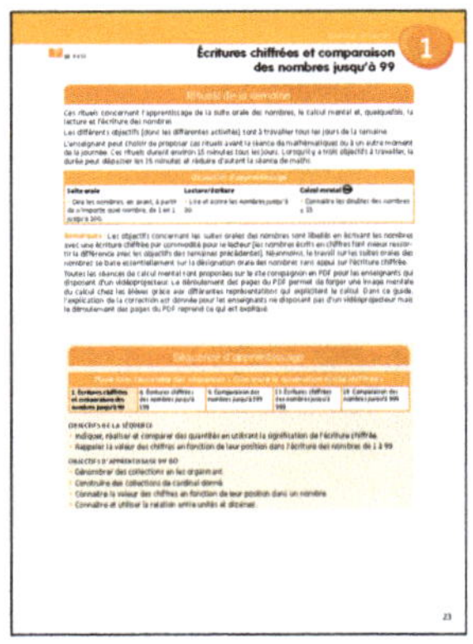

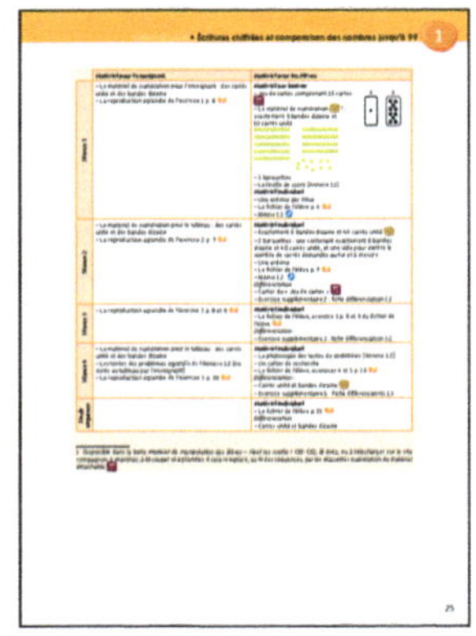

Pour la classe

• Le matériel de manipulation (vendu séparément)

– 700 carrés unité
– 100 bandes dizaine
– 8 plaques centaine
– 8 règles graduées en cm (sans les mm)
– 8 gabarits d'angle droit

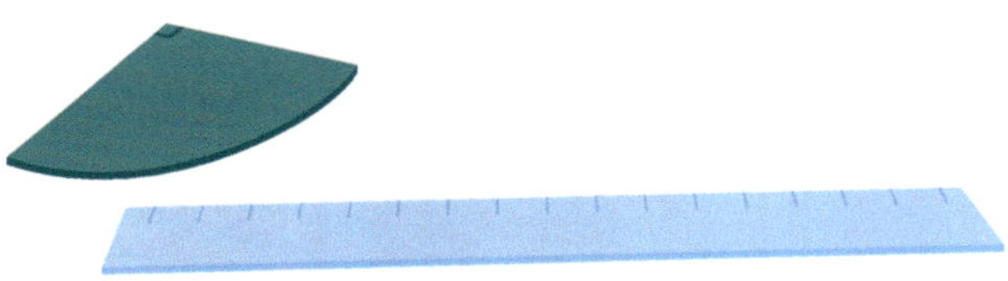

* À télécharger sur le site compagnon : haut-les-maths.editions-retz.com

Présentation des ressources numériques

Différentes ressources sont proposées en téléchargement sur le site compagnon :
haut-les-maths.editions-retz.com

Pour les élèves

• Annexes

Les fiches annexes sont nécessaires à la mise en place des activités de découverte détaillées dans le *Guide pédagogique*.

Exemple : CE1_Annexe2.pdf pour la séquence 2 (Carré et angle droit) : elle regroupe les 2 fiches annexes 2.1 et 2.2.

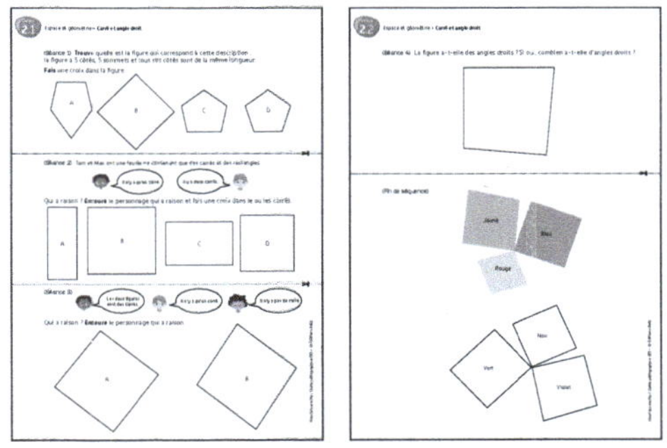

• Différenciation

Les fiches différenciation regroupent tous les exercices supplémentaires indiqués dans le fichier de l'élève par :
★ **Exercice supplémentaire**

Exemple : CE1_Diff23.pdf et CE1_Diff23_CORR.pdf pour la fiche de la séquence 23 (Résolution de problèmes de groupements et de partages) et son corrigé :

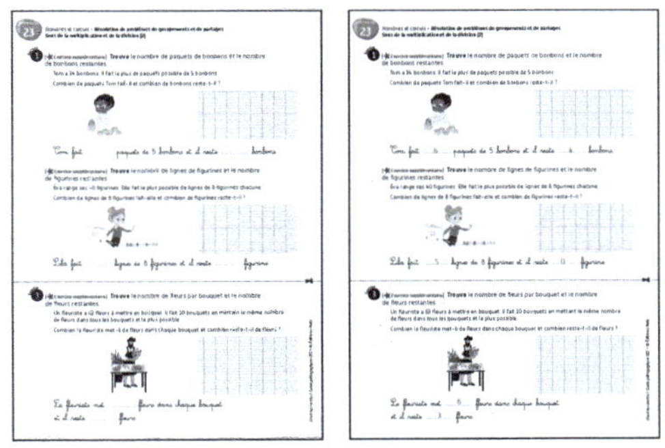

• Évaluation

Il y a une fiche évaluation pour chaque séquence. L'enseignant est libre de l'utiliser quand il le souhaite.

Exemple : CE1_Eval30.pdf et CE1_Eval30_CORR.pdf pour la fiche de la séquence 30 (Masse) et son corrigé :

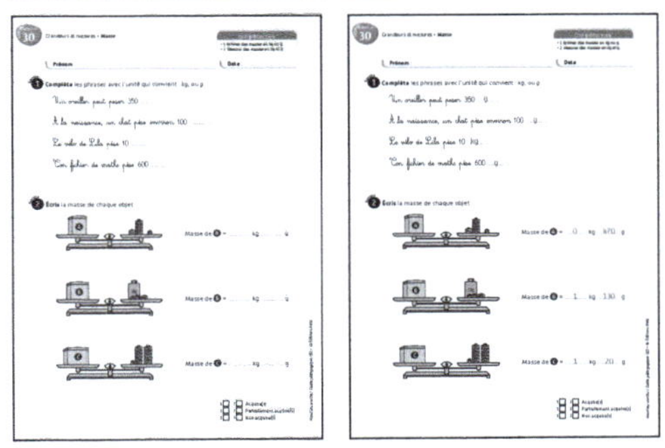

• Le mémo

Tous les encadrés ***Ce que j'ai découvert*** complétés sont réunis par domaine dans un « mémo ». Ils peuvent être imprimés, distribués, puis collés dans un cahier individuel pour consigner tout le savoir à retenir au fil des séquences.

• **Nombres et calculs**

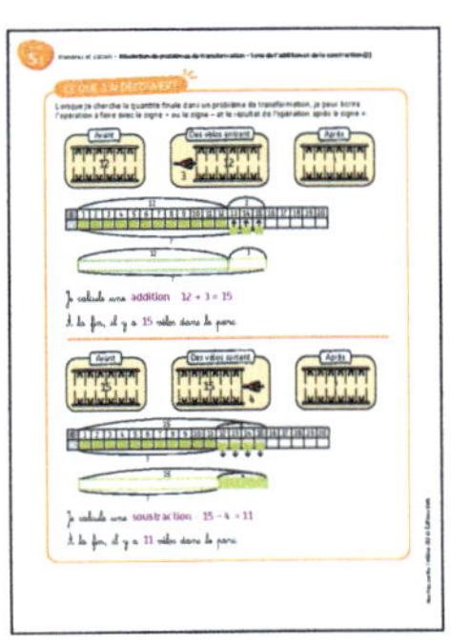

• **Espace et géométrie**

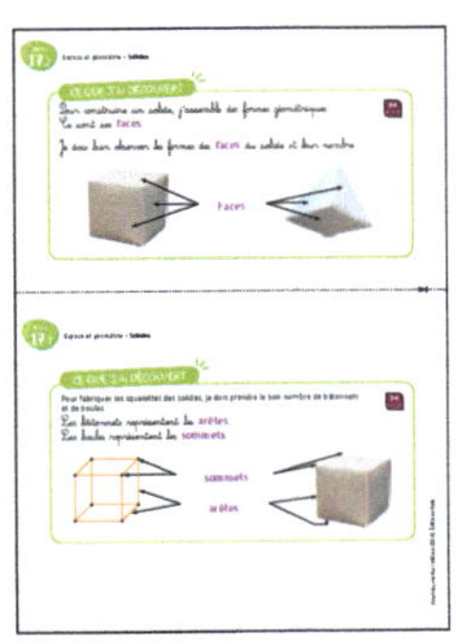

• **Grandeurs et mesures**

Pour la classe

- **Les patrons de solides** du matériel prédécoupé des élèves sont proposés en grand format pour les enseignants :

- **Les diaporamas** en support de chaque séance de calcul mental.

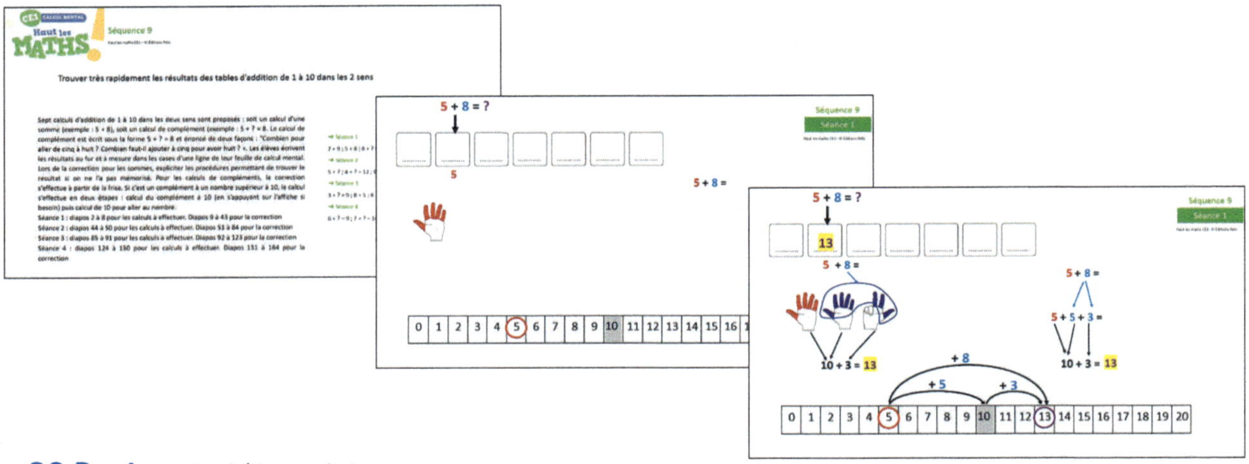

- **20 Posters** à vidéoprojeter

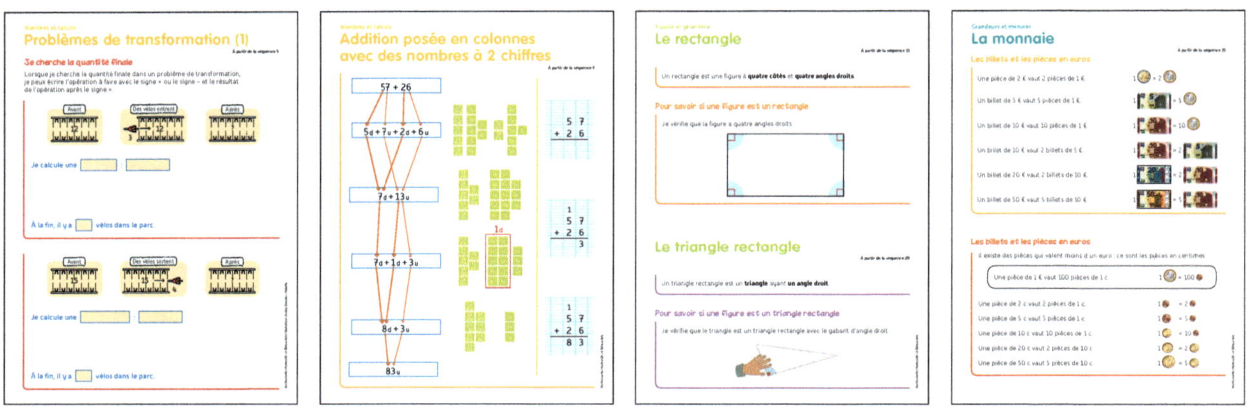

- **La frise numérique collective** à imprimer et à assembler en une seule ligne. Cette frise est également proposée à l'achat en grand format : Haut les maths ! Cycle 2 – Frise numérique © Éditions Retz

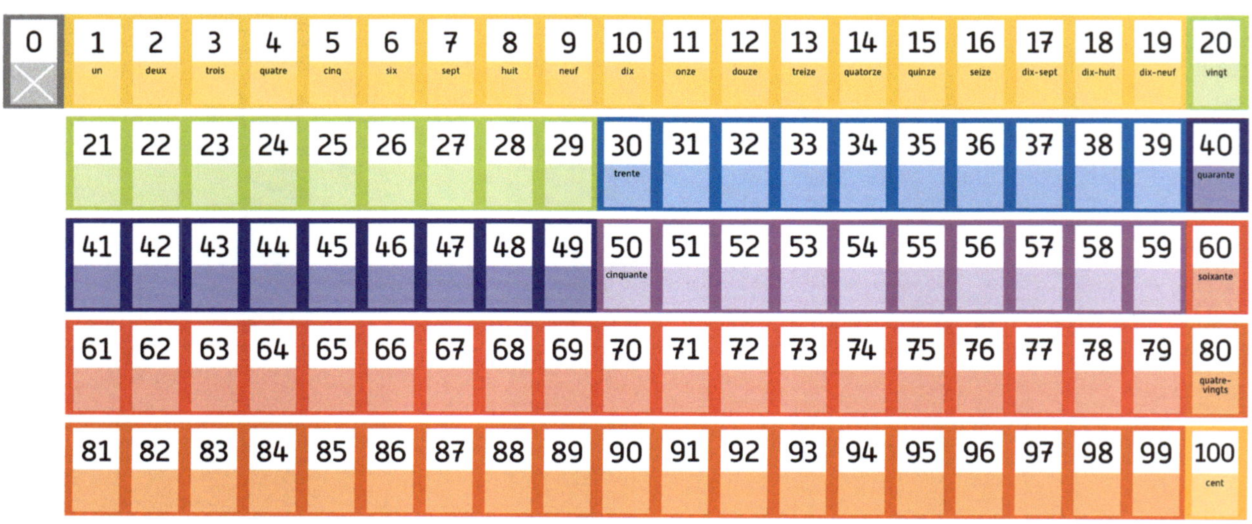

pp. 6 à 11

Écritures chiffrées et comparaison des nombres jusqu'à 99

Rituels de la semaine

Ces rituels concernent l'apprentissage de la suite orale des nombres, le calcul mental et, quelquefois, la lecture et l'écriture des nombres.

Les différents objectifs (donc les différentes activités) sont à travailler tous les jours de la semaine.

L'enseignant peut choisir de proposer ces rituels avant la séance de mathématiques ou à un autre moment de la journée. Ces rituels durent environ 15 minutes tous les jours. Lorsqu'il y a trois objectifs à travailler, la durée peut dépasser les 15 minutes et réduire d'autant la séance de maths.

Objectifs d'apprentissage		
Suite orale	**Lecture/écriture**	**Calcul mental**
• Dire les nombres, en avant, à partir de n'importe quel nombre, de 1 en 1 jusqu'à 100.	• Lire et écrire les nombres jusqu'à 20.	• Connaitre les doubles des nombres ≤ 15.

Remarques : Les objectifs concernant les suites orales des nombres sont libellés en écrivant les nombres avec une écriture chiffrée par commodité pour le lecteur (les nombres écrits en chiffres font mieux ressortir la différence avec les objectifs des semaines précédentes). Néanmoins, le travail sur les suites orales des nombres se base essentiellement sur la désignation orale des nombres sans appui sur l'écriture chiffrée.

Toutes les séances de calcul mental sont proposées sur le site compagnon en PDF pour les enseignants qui disposent d'un vidéoprojecteur. Le déroulement des pages du PDF permet de forger une image mentale du calcul chez les élèves grâce aux différentes représentations qui explicitent le calcul. Dans ce guide, l'explication de la correction est donnée pour les enseignants ne disposant pas d'un vidéoprojecteur mais le déroulement des pages du PDF reprend ce qui est expliqué.

Séquence d'apprentissage

Place dans l'ensemble des séquences « Construire la numération écrite chiffrée »				
1. Écritures chiffrées et comparaison des nombres jusqu'à 99	6. Écritures chiffrées des nombres jusqu'à 199	9. Comparaison des nombres jusqu'à 199	13. Écritures chiffrées des nombres jusqu'à 999	18. Comparaison des nombres jusqu'à 999

Objectifs de la séquence

- Indiquer, réaliser et comparer des quantités en utilisant la signification de l'écriture chiffrée.
- Rappeler la valeur des chiffres en fonction de leur position dans l'écriture des nombres de 1 à 99.

Objectifs d'apprentissage du BO

- Dénombrer des collections en les organisant.
- Construire des collections de cardinal donné.
- Connaitre la valeur des chiffres en fonction de leur position dans un nombre.
- Connaitre et utiliser la relation entre unités et dizaines.

Pourquoi réintroduire la signification de l'écriture chiffrée sans favoriser l'emploi du nom du nombre ?

Le système des écritures chiffrées est un système de numération qui a sa logique propre : elle ne suit pas celle de la numération orale qui égrène le nom des nombres en français dans la comptine numérique. Certains élèves arrivant au CE1 n'utilisent pourtant les écritures chiffrées que comme traduction écrite des noms des nombres. Nous voulons ici que les élèves utilisent le sens des chiffres en termes de dizaines et unités (42, c'est 4 dizaines et 2 unités, et cela se voit directement avec les chiffres). On veut donc éviter ici qu'ils ne passent que par le nom du nombre (42, c'est quarante-deux, c'est quarante plus deux). En effet, dans ce dernier cas, on ne perçoit pas nécessairement le nombre de dizaines (il n'est pas évident a priori que quarante, c'est quatre dizaines). Nous réintroduisons donc l'écriture chiffrée directement comme un moyen d'indiquer un nombre d'objets, sans passer par le nom du nombre. Ce moyen est le codage de grandes quantités organisées en dizaines et unités. Dans cette optique, nous proposons des situations qui ne nécessitent pas l'emploi de ce nom (mais la signification des chiffres en nombre de dizaines et d'unités).

Remarques : Les procédures utilisant le nom du nombre, par exemple le comptage de un en un ou de dix en dix (dix, vingt, trente, quarante), ont l'inconvénient de ne pas mettre en jeu explicitement le nombre de dizaines (4 dans notre exemple). Ainsi, pour donner du sens aux chiffres selon leur position, il est très important de valoriser les procédures comptant les dizaines une par une (1, 2, 3, 4 dizaines), ce qui passe par une visualisation des dizaines. Ainsi, il est inutile d'utiliser la décomposition 42 = 10 + 10 + 10 + 10 + 2 puisque le nombre de dizaines dans 42 est directement lisible avec son premier chiffre. Dans les séquences futures, nous préférons écrire 42 = 4 d + 2 u. Le lien entre le nom du nombre et son écriture chiffrée est travaillé lors des séances dites de calcul mental. Dans cette séquence, se posent aussi des problèmes d'énumération des éléments des collections non manipulables. Autrement dit, selon la disposition des objets, et lorsqu'ils ne sont pas manipulables, il est encore difficile pour un élève de début de CE1 de ne pas en oublier ou de ne pas prendre en compte plusieurs fois le même. On peut donc rappeler que marquer les objets (les cocher) facilite l'énumération et que constituer des dizaines aussi.

Structure de la séquence

- Séance 1 : découverte : rappel du CP (écriture chiffrée des nombres inférieurs à 99 : cas où le nombre d'unités est inférieur a 9)
- Séance 2 : découverte : savoir relier des collections diversement organisées à une écriture chiffrée (le nombre d'unités non organisées en dizaines peut être supérieur à 9)
- Séance 3 : réinvestissement
- Séance 4 : réinvestissement

Matériel nécessaire

Matériel à télécharger pour l'ensemble de la séquence :

– Fiches Annexes 1.1 et 1.2 et matériel de numération pour l'enseignant à imprimer en A3.

– Fiches différenciation 1.1 à 1.3 pour tous les exercices supplémentaires de la séquence.

– Fiche évaluation 1.

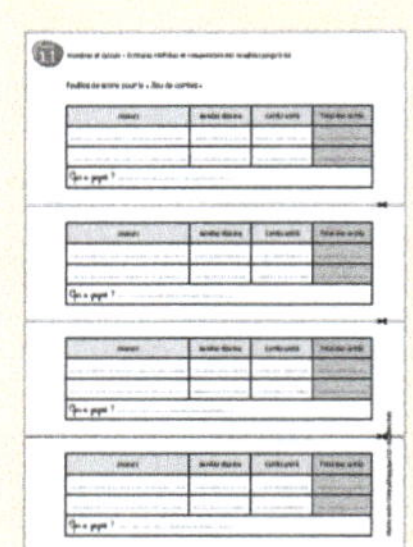
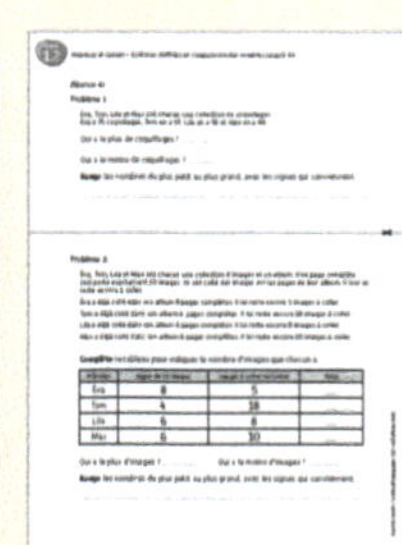
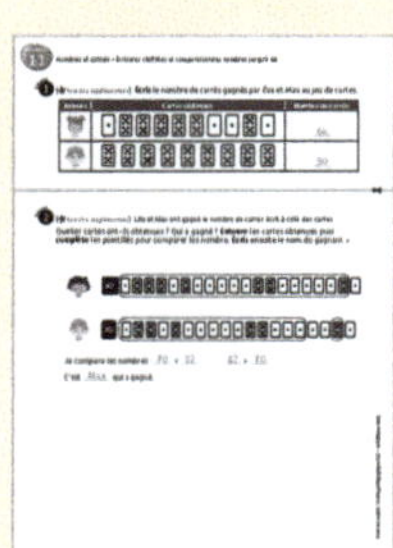
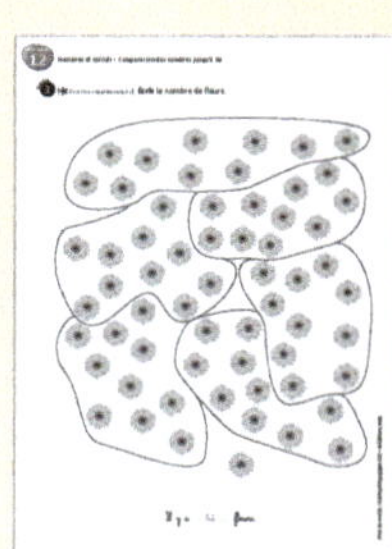
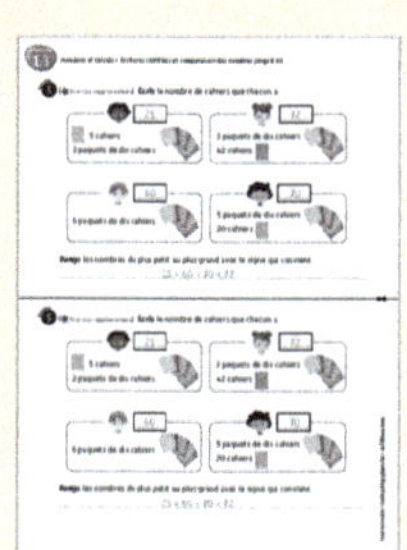
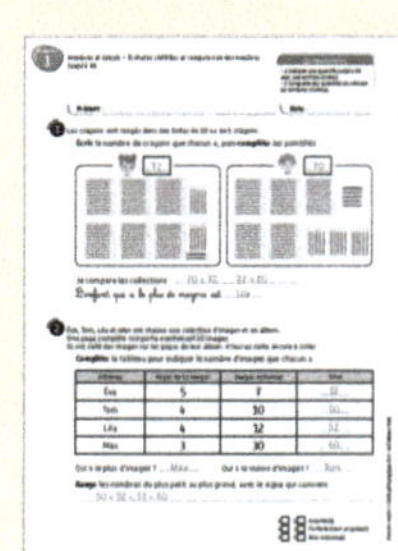

	Matériel pour l'enseignant	Matériel pour les élèves
Séance 1	– Le matériel de numération pour l'enseignant : des carrés unité et des bandes dizaine – La reproduction agrandie de l'exercice 1 p. 6	**Matériel par binôme** – Jeu de cartes comprenant 18 cartes 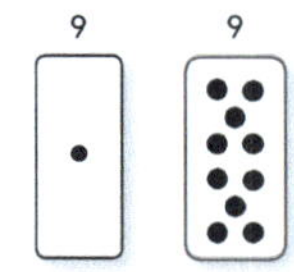 – Le matériel de numération [1] : exactement 9 bandes dizaine et 10 carrés unité  – 3 barquettes – La feuille de score (Annexe 1.1) **Matériel individuel** – Une ardoise par élève – Le fichier de l'élève p. 6 – Mémo 1.1
Séance 2	– Le matériel de numération pour le tableau : des carrés unité et des bandes dizaine – La reproduction agrandie de l'exercice 2 p. 7	**Matériel individuel** – Exactement 6 bandes dizaine et 40 carrés unité – 2 barquettes : une contenant exactement 6 bandes dizaine et 40 carrés unité, et une vide pour mettre le nombre de carrés demandés au fur et à mesure – Une ardoise – Le fichier de l'élève p. 7 – Mémo 1.2 *Différenciation :* – Cartes du « Jeu de cartes » – Exercice supplémentaire 2 : fiche différenciation 1.1
Séance 3	– La reproduction agrandie de l'exercice 3 p. 8 et 9	**Matériel individuel** – Le fichier de l'élève, exercice 3 p. 8 et 9 du fichier de l'élève *Différenciation :* – Exercice supplémentaire 3 : fiche différenciation 1.2
Séance 4	– Le matériel de numération pour le tableau : des carrés unité et des bandes dizaine – Les textes des problèmes agrandis de l'Annexe 1.2 (ou écrits au tableau par l'enseignant) – La reproduction agrandie de l'exercice 5 p. 10	**Matériel individuel** – La photocopie des textes de problèmes (Annexe 1.2) – Un cahier de recherche – Le fichier de l'élève, exercices 4 et 5 p. 10 *Différenciation :* – Carrés unité et bandes dizaine – Exercice supplémentaire 5 : Fiche différenciation 1.3
Fin de séquence		**Matériel individuel** – Le fichier de l'élève p. 15 *Différenciation :* – Carres unité et bandes dizaine

1. Disponible dans la boite *Matériel de manipulation des élèves – Haut les maths ! CE1-CE2*, © Retz, ou à télécharger sur le site compagnon, à imprimer, à découper et à plastifier. Il sera remplacé, au fil des séquences, par les étiquettes numération du matériel détachable

Séance 1

Rituels du jour

Suite orale

• À tour de rôle, les élèves énoncent la suite orale des nombres en avant, de un en un, à partir d'un nombre donné par l'enseignant jusqu'à 100 au maximum.

Lecture / écriture

• L'enseignant écrit un nombre (jusqu'à 20) au tableau sans le nommer. Il demande aux élèves de réfléchir au nom de ce nombre sans le dire. Il interroge un élève et demande aux autres s'ils sont d'accord. Pour corriger, l'enseignant **s'appuie sur la frise pour trouver la désignation orale du nombre à partir de son écriture chiffrée. Il avance case après case sur la frise en énonçant les noms des nombres de la comptine (un nom, une case), il s'arrête à l'écriture chiffrée du nombre dont on veut connaitre le nom.**

• L'activité réciproque est proposée. **L'enseignant dit un nombre inférieur ou égal à vingt. Les élèves l'écrivent, en chiffres, sur leur ardoise. On vérifie avec la frise numérique.**

Calcul mental[1]

• **Les élèves ont la feuille de calcul mental** (annexe « Calcul mental »). Par la suite, l'utilisation de cette annexe sera signalée par le pictogramme.

L'enseignant explique l'utilisation de cette feuille en en montrant une agrandie. Il va proposer sept calculs à la suite. Les élèves écrivent le résultat du 1er calcul dans la 1re case (l'enseignant montre cette 1re case) puis le 2e calcul dans la 2e case, etc.

L'enseignant dit 7 calculs de double en énonçant : « le double de x, c'est à dire x plus x ». Les élèves écrivent les résultats au fur et à mesure dans les cases d'une ligne de leur feuille de calcul mental.

Pour la 1re séance, les doubles étudiés ne dépassent pas 10.

À l'issue de cette séance, l'enseignant fait compléter les doubles jusqu'à 10, p. 100 du fichier, pour que les élèves les apprennent.

Pour la correction, l'enseignant illustre le calcul de doubles avec ses doigts pour les doubles inférieurs ou égaux à 5. Pour les doubles compris entre 5 et 10, il s'appuie sur la décomposition d'un nombre avec 5. *Exemple :*

7 + 7 = 5 + 2 + 5 + 2. Le double de 7 c'est le double de 5 + le double de 2.

À la fin de la correction, les élèves écrivent leur score. L'enseignant incite les élèves à apprendre les doubles pour qu'ils puissent s'améliorer à la prochaine séance.

Calculs à proposer : **Les doubles de 3** ; **de 5** ; **de 4** ; **de 8** ; **de 6** ; **de 9** ; **de 7**.

Objectif de la séance

Comprendre la signification des chiffres pour indiquer une quantité. La collection est composée de dizaines et d'unités seules dont le nombre est inférieur à dix.

Activité 1 de découverte

Étape 1

Tâche

Prendre les carrés nécessaires lorsqu'on tire une carte avec 10 points.

Ce qui est visé en proposant cette tâche

Définir la dizaine comme étant une quantité de dix éléments groupés ou non

Lancement

L'enseignant présente les cartes du jeu.

Règle du jeu de cartes

Il se joue à deux avec des cartes comportant des points, à détacher dans le matériel prédécoupé. Elles permettront d'accumuler des carrés (prévoir une barquette pour chaque joueur). Ces carrés sont à prendre dans une réserve (une troisième barquette) différente d'une séance à l'autre. **Le contenu de cette réserve est imposé par l'enseignant :** dans cette séance il y a 9 bandes de dix carrés et 10 carrés isolés.

Les cartes avec lesquelles les élèves jouent sont, elles aussi, différentes selon la séance et **la composition de ce paquet de cartes est imposée par l'enseignant :** dans cette séance, il y a 18 cartes dans le paquet, 9 cartes « un point » et 9 cartes « dix points ».

Les cartes sont en tas, face invisible, c'est la pioche. Chaque joueur, à tour de rôle, prend la carte du dessus, puis récupère la quantité de carrés indiquée par cette carte qu'il garde : zéro, un, cinq ou dix selon les jeux proposés.

Dans cette séance, il n'y a que des cartes « un point » et « dix points ». Le joueur garde la carte. Le jeu prend fin quand toutes les cartes ont été tirées (donc dans le cas présent 9 par joueur). Le gagnant est celui qui a le plus de carrés.

1. Sur le site compagnon, chaque séance de calcul mental est proposée avec un diaporama : Il montre les calculs à effectuer puis les corrections en détaillant les procédures.

Remarque importante : Le jeu sera repris plusieurs fois dans l'année pour mener finalement les élèves à la compréhension des écritures chiffrées des nombres jusqu'à 999. Le matériel de numération permettant de prendre la quantité évoluera en période 2 : on passe des carrés, bandes de dix carrés et plaques de cent carrés à des étiquettes « un », « dix » et « cent ».

Suivant les séances, les cartes et le matériel donnés vont changer. Il est important de donner à chaque fois exactement les cartes et le matériel cartonné* (carrés et bandes) prévus : cela permet d'aborder la notion visée.

Préparation

L'enseignant prépare le matériel pour chaque binôme : un jeu comprenant 18 cartes (9 cartes « un » et 9 cartes « dix »), une barquette vide pour chaque joueur et une 3e barquette comportant exactement 9 bandes de dix carrés et 10 carres unité ainsi qu'une feuille de score (Annexe 1.1).

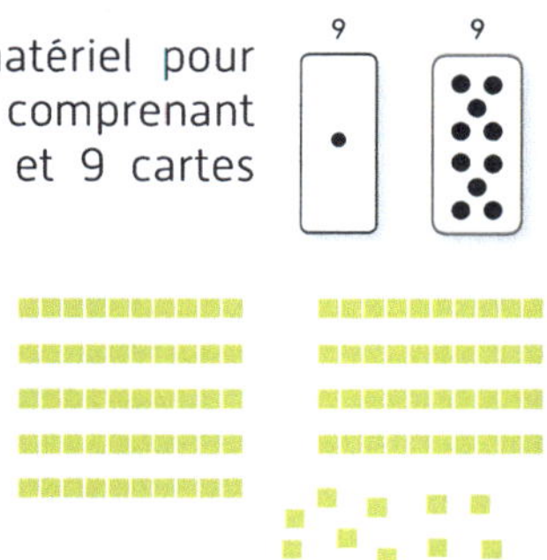

L'enseignant doit aussi préparer son matériel de numération pour le tableau. Il peut imprimer au format A3 les carrés et les bandes dizaine, puis soit les aimanter en collant une bande magnétique, soit les coller en utilisant de la pâte adhésive.

Lancement

L'enseignant indique aux élèves qu'ils vont jouer au « Jeu de cartes », à deux.

Il distribue le matériel pour chaque binôme : 2 barquettes vides pour que chacun collecte les carrés gagnés, les 18 cartes et la barquette de réserve de carrés comportant exactement 9 bandes de dix carrés et 10 carrés unités. Il présente les cartes qui ont été détachées du fichier ainsi que les carrés et bandes de carrés cartonnés.

Le matériel aimanté du tableau peut être utilisé aussi pour cette présentation.

Il montre la carte avec les dix points et demande aux élèves de prendre les carrés qui correspondent à cette carte.

Recherche

Procédure visée :

- repérer qu'il y a 10 points sur la carte et prendre une bande de 10 carrés assemblés ou bien 10 carrés isolés comptés un à un.

Erreurs possibles :

- se tromper en comptant les carrés ;
- ne pas considérer la bande de 10 carrés comme étant possible à prendre.

Mise en commun

Elle fait ressortir qu'il y a deux possibilités pour prendre les carrés correspondant à la carte de dix points : prendre dix carrés isolés ou une bande de dix carrés ce qui va plus vite et ce qui permet d'avoir encore des carrés isolés dans sa barquette. Ceux-ci seront nécessaires lorsqu'on tirera une carte ayant un point. L'enseignant introduit le mot dizaine (qui a déjà été utilisé en CP). On a pris une dizaine de carrés soit avec une bande dizaine, soit avec 10 carrés isolés.

ÉTAPE 2

Tâche

Jouer au « Jeu de cartes » : découvrir les règles, le matériel et déterminer le gagnant en inscrivant les quantités obtenues sur une feuille de score (écriture chiffrée demandée).

Ce qui est visé en proposant cette tâche

Comprendre les règles d'un jeu qui sera repris plusieurs fois dans l'année.

Comprendre comment valider des comparaisons, notamment en mobilisant la dizaine (1 dizaine = 10 unités).

Rappeler la signification des écritures chiffrées en termes de dizaines et unités (aspect décimal et aspect positionnel).

Lancement

L'enseignant explique les règles du jeu (voir ci-dessus). On peut également mettre les élèves par trois, l'un d'entre eux jouera le rôle d'arbitre et sera chargé de distribuer les carrés. L'enseignant précise que les élèves doivent se mettre d'accord sur le gagnant à la fin de cette partie, c'est-à-dire celui qui a le plus de carrés dans sa barquette. Si les deux ont autant de carrés, ils gagnent tous les deux. S'ils sont d'accord sur le nom du gagnant à la fin de la partie, ils peuvent faire une autre partie en reprenant les cartes et en les mélangeant pour former une nouvelle pioche.

Pour retenir les résultats des parties, ils devront écrire sur une feuille de score (Annexe 1.1) le nombre de carrés obtenus par joueur et indiquer le gagnant. Cette feuille de score est présentée.

Recherche

Tous les élèves font au moins une partie. L'enseignant observe tout d'abord si les élèves ont compris les règles du jeu. Il s'intéresse ensuite aux procédures pour écrire le nombre de carrés.

Lorsqu'une carte de dix points est tirée, le matériel oblige les joueurs à prendre une bande de dix carrés car il n'y a pas assez de carrés isolés pour continuer la partie si on prend les 10 carrés isolés dès le début.

Procédure visée pour écrire le nombre total de carrés gagnés par chacun :

- écriture des deux chiffres accolés indiquant respectivement le nombre de dizaines et de carrés restants et placés dans le bon ordre.

Procédure possible pour écrire le nombre de carrés mais la mise en commun en indiquera les limites :

▸ Passage par le nom du nombre à l'oral, puis transcription en écriture chiffrée : soit en comptant les carrés un à un, soit en considérant les dizaines de carrés (comptage de dix en dix, « dix, vingt, trente, quarante, cinquante », puis comptage de un en un des unités restantes).

Erreurs possibles pour écrire le nombre de carrés :

▸ Avec la procédure visée : l'ordre des chiffres ;

▸ Dans le comptage : erreur d'énumération ou erreur de transcription du nom du nombre en écriture chiffrée.

Procédures visées pour la comparaison :

▸ La correspondance terme à terme carré/carré ou dizaine/dizaine ;

▸ Appréciation perceptive de la différence quand celle-ci est importante.

▸ L'utilisation de la valeur des chiffres selon leur position : par exemple 27 < 72 car 27 c'est moins que 3 dizaines et 72 c'est plus que 7 dizaines

▸ L'utilisation du nom des nombres, puis leur ordre d'arrivée dans la comptine numérique (non obligatoire, à mettre en parallèle avec les autres procédures dans la mise en commun).

Erreurs possibles pour la comparaison :

▸ en faisant des correspondances terme à terme non pertinentes

▸ en utilisant les noms des nombres (ne pas savoir lequel arrive en premier dans la comptine par exemple).

▸ en ne sachant pas comparer avec les chiffres des écritures chiffrées (inverser le rôle des dizaines et unités par exemple)

Mise en commun

Étudier quelques parties en mettant au tableau les trois feuilles de score fictives qui suivent : les joueurs sont Tom et Lila. Demander aux élèves à chaque fois les réponses sur ardoise.

• **Partie 1 : explicitation de la valeur des chiffres selon leur position**

Joueurs	Bandes dizaine	Carrés unité	Total des carrés
Lila	2	7	
Tom	7	2	
Qui a gagné ?			

– Discussion pour faire expliciter les procédures. Certains ne vont pas savoir écrire les nombres car ils ne peuvent compter un à un les carrés. D'autres vont passer par le nom du nombre et donc mettre plus de temps. Montrer qu'il est inutile de connaitre le nom du nombre.

– Concernant le gagnant, il est possible de montrer les cartes, puis d'utiliser le matériel de numération au tableau et de voir ainsi que le nombre de dizaines permet de conclure.

– On peut alors rappeler la signification des signes d'inégalités (de comparaison) < et > et utiliser les expressions « supérieur à », « inférieur à », « plus grand que », « plus petit que ».

72 > 27 ; 27 < 72

• **Partie 2 : un entrainement**

Joueurs	Bandes dizaine	Carrés unité	Total des carrés
Lila	3	6	
Tom	6	3	
Qui a gagné ?			

Revenir sur les erreurs. Aborder ensuite la comparaison en demandant d'écrire les deux nombres et d'entourer le plus grand, puis de mettre le signe qui convient.

36 < 63 ; 63 > 36

• **Partie 3 : le rôle du chiffre « 0 » (zéro)**

Joueurs	Bandes dizaine	Carrés unité	Total des carrés
Lila	9	0	
Tom	0	9	
Qui a gagné ?			

Mettre en évidence le rôle du chiffre « 0 » (zéro) qui est nécessaire pour indiquer l'absence d'unités restantes. Aborder ensuite la comparaison en demandant d'écrire les deux nombres et d'entourer le plus grand, puis de mettre le signe qui convient.

90 > 9 ; 9 < 90

Institutionnalisation

L'enseignant revient tout d'abord sur le fait qu'une dizaine c'est toujours dix objets, que les dix objets soient isolés ou assemblés. Il revient ensuite sur l'écriture chiffrée d'un nombre. Celle-ci peut s'obtenir sans compter tous les carrés d'un en un, sans même savoir le nom du nombre.

Dans un nombre écrit avec deux chiffres :

– le chiffre de gauche indique le nombre de dizaines qu'on peut rendre visible ;

– et le chiffre de droite indique le nombre d'unités restantes, nombre trop petit pour constituer une dizaine.

L'encadré du *Ce que j'ai découvert* p. 6 est complété et le mémo 1.1 est distribué.

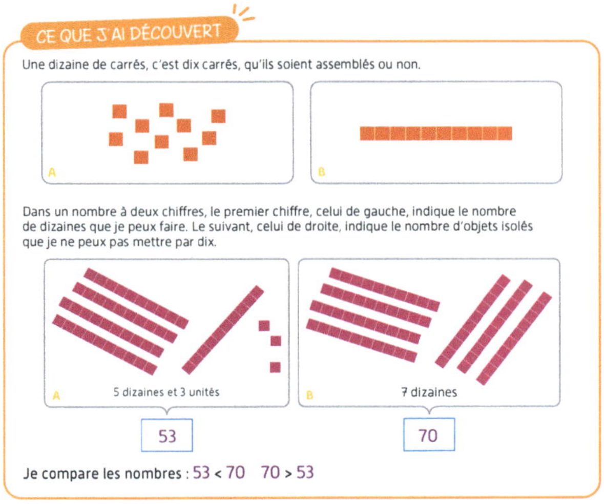

Remarque : À la fin de cette première séance, le savoir à retenir est explicité afin qu'il soit disponible pour les élèves dans la suite de la séquence et pour des remédiations/différenciations.

Il peut être donné aux élèves sous deux formes : le *Ce que j'ai découvert* (ici dans le fichier p. 6) à compléter par l'élève, le mémo qui reprend le *Ce que j'ai découvert* mais déjà complété. Le mémo ou/et le *Ce que j'ai découvert* peuvent servir aussi de rappel au début des autres séances de la séquence, puis tout au long de l'année. Un cahier individuel peut consigner les mémos en les collant au fur et à mesure. À certains moments clés de l'année, des posters sont aussi disponibles pour rappeler ce qui s'est passé en classe, constituant ainsi une mémoire collective qui donne à voir l'évolution et l'articulation des savoirs.

Activité 2 de réinvestissement — Exercice 1 p. 6

Tâche

Écrire avec des chiffres la quantité de carrés indiquée par des cartes « dix » et « un ».

Déroulement

Lire la consigne, montrer les quatre cas et la zone de réponse à chaque fois. Laisser les élèves faire les quatre cas. Repérer les erreurs.

> **Différenciation**
>
> *Pour les élèves en difficulté*
>
> Après plusieurs essais infructueux, les élèves peuvent utiliser le matériel dont ils disposent (cartes, puis matériel de numération) : ne pas favoriser pour autant le passage par le nom du nombre, ni le comptage un à un de toute la collection.
>
> *Pour les élèves plus rapides*
>
> Exercice supplémentaire 1 : fiche différenciation 1.1.

Mise en commun

- Étudier quelques procédures erronées.
- Valider les réponses en référence à l'encadré *Ce que j'ai découvert* précédent.
- Insister sur la valeur des chiffres selon la position : 7 dizaines et 5 unités seules s'écrivent avec un 7 suivi d'un 5.

Réponses

Tom : 75
Lila : 75
Max : 57
Éva : 65

Bilan

Dans un nombre à deux chiffres :

– le chiffre de gauche, le premier dans le sens de la lecture, est le nombre de paquets de dix, c'est le nombre de dizaines qu'on peut rendre visible ;

– le chiffre de droite, le deuxième dans le sens de la lecture, est le nombre d'unités restantes.

Indiquer que l'encadré *Ce que j'ai découvert* permet de s'en souvenir toute l'année.

Séance 2

Rituels du jour

Suite orale	Lecture / écriture	Calcul mental
• Idem séance 1.	• Idem séance 1.	• Idem séance 1. *Calculs à proposer* : **les doubles de 5** ; **de 2** ; **de 7** ; **de 4** ; **de 10** ; **de 6** ; **de 9**.

Objectif de la séance

Réaliser une quantité indiquée par une écriture chiffrée en ayant besoin de prendre plus de dix éléments isolés.

Activité 1 de découverte

Tâche

Prendre successivement le nombre de carrés écrit au tableau : 62 ; 75 ; 81 ; 90 ; 96.

Ce qui est visé en proposant cette tâche

Comprendre comment relier des collections diversement organisées à une écriture chiffrée.

Lancement

L'enseignant indique que chaque élève devra prendre des carrés d'une réserve pour les mettre dans sa barquette vide. Le nombre à prendre sera écrit au tableau, sans qu'il ne soit dit.

Après chaque exercice, on corrigera et on videra la barquette pour reconstituer la réserve de départ et faire un nouvel exercice.

Chacun reçoit ensuite sa réserve de carrés dans une barquette (6 bandes dizaine et 40 carrés unité) et une barquette vide.

Recherche

Le nombre est écrit au tableau, sans le nommer : successivement 62 ; 75 ; 81 ; 90 et 96.

Procédure visée :

▸ sauf pour 62, il n'y a pas assez de bandes dizaine, cela oblige à considérer des dizaines en prenant 10 carrés : c'est bien l'utilisation du nombre de dizaines qui est la procédure attendue et non un surcomptage « à partir de... » qui est plus difficile ou plus long pour les élèves (voir procédure possible ci-après).

Procédure possible :

▸ utilisation du nom du nombre, par exemple soixante-deux, puis comptage des dizaines (dix, vingt, etc.) et surcomptage à partir de soixante.

Procédure possible mais la mise en commun montrera sa limite :

▸ comptage du tout de un en un.

Erreurs possibles :

▸ dans le comptage (de un en un et de dix en dix) ;

▸ dans la constitution de dizaines.

Mise en commun

Le matériel du tableau est utilisé.

▸ À chaque fois est mise en valeur la signification des chiffres, les dizaines au-delà de la sixième sont constituées au fur et à mesure quand c'est nécessaire (donc pour 75 ; 81 ; 90 et 96) : le passage par le nom du nombre est aussi utilisé mais l'enseignant montre qu'il est inutile de connaitre ces noms puisque la réponse peut s'obtenir avec les chiffres.

▸ L'enseignant demande la validation en faisant apparaitre le nombre de dizaines qui sont comptées. La procédure consistant à tout compter de un en un devrait apparaitre comme bien plus longue et moins sûre.

▸ En prolongement, l'organisation de la dernière collection obtenue peut être partiellement défaite devant les élèves, sans changer le nombre de carrés. Puis l'enseignant ajoute ostensiblement un carré et demande à chacun d'en ajouter un aussi dans sa barquette. Il demande ensuite d'écrire le nombre de carrés obtenus sur l'ardoise. Le but est de voir si les élèves utilisent spontanément la connaissance du nombre d'objets de la collection initiale (96) ou veulent recompter ou organiser à nouveau.

Institutionnalisation

Faire compléter le *Ce que j'ai découvert* p. 7.

Les dizaines peuvent être rendues apparentes en entourant 2 dizaines. On complète alors les pointillés : 9 dizaines et 3 unités restantes, puis 93.

Au tableau, les traits sont ensuite effacés pour que l'élève comprenne que l'écriture chiffrée du nombre ne dépend pas du fait que les dizaines soient apparentes ou non.

CE QUE J'AI DÉCOUVERT

Une écriture chiffrée indique toujours le nombre de dizaines et le nombre d'unités restantes, même quand je ne vois pas tout de suite les dizaines.

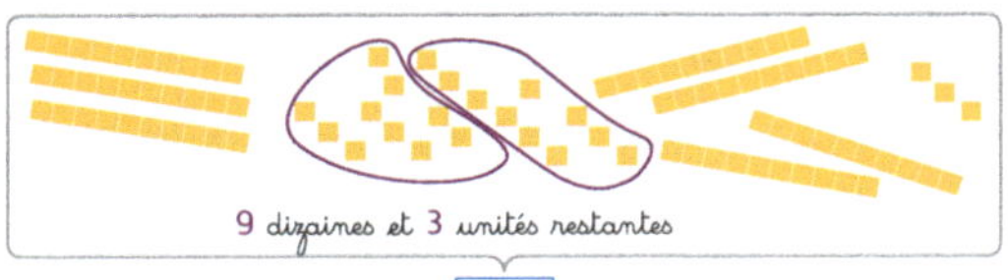

Activité 2 de réinvestissement

Exercice 2 p. 7

Tâche

Réaliser avec des cartes « dix » et « un » la quantité désignée par une écriture chiffrée donnée.

Déroulement

La consigne est lue. Attirer l'attention sur le fait qu'il s'agit d'entourer le bon nombre de cartes. Un parallèle peut être fait avec le « Jeu de cartes » de la séquence 1 en montrant les cartes.

Différenciation

Pour les élèves en difficulté

Une fois leurs essais effectués, donner les cartes du « Jeu de cartes » pour valider.

Pour les élèves plus rapides

Exercice supplémentaire 2, fiche différenciation 1.1.

Réponses :

Cas 1

Éva (47) : sont entourées les 4 cartes « dix » et 7 cartes « un ».

Tom (60) : sont entourées 6 cartes « dix ».

Je compare les nombres : 47 < 60, 60 > 47.

C'est Tom qui a gagné

Cas 2

Max (71) : sont entourées les 6 cartes « dix » et 11 cartes « un » (une dizaine de cartes « un » et encore une).

Lila (80) : sont entourées les 7 cartes « dix » et 10 cartes « un » (une dizaine de cartes « un »).

Je compare les nombres : 71 < 80, 80 > 71.

C'est Lila qui a gagné.

Séance 3

Rituels du Jour

Suite orale	Lecture / écriture	Calcul mental
• Idem séance 1.	• Idem séance 1.	• Les calculs des doubles de 11 à 15 sont proposés. Le calcul fait appel à la décomposition du nombre en une somme avec 10. *Exemple :* 12 + 12 = 10 + 2 + 10 + 2 = le double de 10 + le double de 2. *Calculs à proposer :* **Les doubles de 10** ; **de 12** ; **de 15** ; **de 13** ; **de 11** ; **de 8** ; **de 14**.

Objectif de la séance

Comparer des collections dessinées en demandant l'écriture chiffrée du nombre d'éléments.

Activité de réinvestissement Exercice 3 p. 8-9

Tâche

Comparer les quantités de jouets dans deux collections dessinées.

Déroulement

La consigne est lue et explicitée. Les deux collections sont montrées sur le fichier ainsi que les endroits pour répondre. On peut faire remarquer que des groupes de cinq jouets sont facilement repérables mais que ce n'est pas toujours le cas.

Recherche

Procédure visée :

▸ faire des groupements de dix, le plus souvent en réunissant deux groupes de cinq, puis traduire l'organisation demandée avec les deux chiffres indiquant le nombre de dizaines et d'unités restantes.

Procédure possible :

▸ faire des groupements de dix, le plus souvent en réunissant deux groupes de cinq, puis dénombrer avec la comptine des dizaines, obtenir le nom du nombre, puis son écriture chiffrée.

Procédure possible mais la mise en commun montrera les limites :

▸ comptage un à un.

Erreurs possibles :

▸ dans le repérage et la constitution des dizaines ;

▸ inversion des chiffres pour indiquer le nombre de dizaines et celui d'unités restantes ;

▸ non prise en compte de toutes les dizaines ;

▸ erreur de comptage (d'énumération en particulier).

Différenciation

Pour les élèves en difficulté

S'il s'agit d'un problème d'énumération pour faire les dizaines, attirer leur attention sur la possibilité de repérer deux groupes de cinq pour faire dix. Faire entourer les dizaines.

Si les élèves se lancent dans un comptage un à un, rappeler ce qui s'est passé la séance précédente et revenir sur la procédure attendue.

Pour les élèves plus rapides

Demander de vérifier les résultats obtenus par un autre élève en échangeant les fichiers, par deux. Les élèves pourront remarquer que, pour une même réponse, ce ne sont pas forcément les mêmes dizaines qui sont entourées. Une collection plus difficile à dénombrer peut être aussi donnée, exercice supplémentaire 3, fiche différenciation 1.2.

Mise en commun

Concernant l'écriture des nombres, à chaque fois est mise en valeur la signification des chiffres et les dizaines sont rendues visibles. L'enseignant fait remarquer que dans cette procédure il est inutile d'utiliser le nom du nombre puisque la réponse peut s'obtenir avec les chiffres. L'enseignant demande la validation en faisant apparaitre le nombre de dizaines qui sont comptées.

▸ Il est ensuite possible de demander le nom des nombres obtenus écrits avec les chiffres : la validation peut alors se faire par comptage de dix en dix : dix, vingt, etc.

▸ Concernant la comparaison, mettre en parallèle la procédure utilisant les chiffres (exprimer les nombres en termes de dizaines et d'unités restantes) avec celle qui utilise le nom des nombres et leur ordre d'arrivée dans l'énonciation de la comptine numérique. Rappeler la signification des signes < et > et utiliser les expressions « supérieur à », « inférieur à », « plus grand que », « plus petit que ».

Réponses

▸ Lila 98 ; Tom 96. 96 < 98 ; 98 > 96.

L'enfant qui a le plus de jouets est Lila.

Séance 4

Rituels du jour

Suite orale	Lecture / écriture	Calcul mental
• Idem séance 1.	• Idem séance 1.	• Idem séance 3. *Calculs à proposer* : **Les doubles de 9** ; **de 7** ; **de 13** ; **de 6** ; **de 14** ; **de 8** ; **de 11**.

Objectif de la séance

Ranger des quantités exprimées en nombres de dizaines et d'unités (avec parfois plus de dix unités).

Activité 1 de réinvestissement

Étape 1

Tâche

Résoudre un problème dans lequel il faudra ranger des quantités indiquées par des écritures chiffrées.

Ce qui est visé en proposant cette tâche

Comprendre comment ordonner des nombres en considérant la signification des chiffres dans leur écriture chiffrée.

Lancement

Le problème 1 de l'Annexe 1.2 est distribué puis lu et explicité.

Recherche

Les procédures attendues et les erreurs sont celles déjà décrites dans la séquence. Pour rappel :

Procédure visée :

▸ considérer les groupements de dix dans les écritures chiffrées et si nécessaire les unités restantes.

Procédure possible :

▸ utiliser le nom des nombres et leur ordre d'apparition dans la comptine numérique.

> **Différenciation**
>
> *Pour les élèves en difficulté*
>
> Donner le matériel de numération des carrés unité et des bandes dizaine pour matérialiser les quantités en termes de dizaines et unités. Les nombres peuvent alors être comparés deux à deux en faisant des correspondances terme à terme dizaine/dizaine et unité/unité

Mise en commun

▸ Dans la comparaison, mettre en parallèle la procédure utilisant les chiffres (exprimer les nombres en termes de dizaines et d'unités restantes) avec celle qui utilise le nom des nombres et leur ordre d'arrivée dans l'énonciation de la comptine numérique. Rappeler la signification des signes < et > et utiliser les expressions « supérieur à », « inférieur à », « plus grand que », « plus petit que ».

Réponses

Qui en a le plus ? Lila (9 dizaines et 1 unité restante).

Qui en a le moins ? Tom (5 dizaines et 7 unités restantes).

Range les nombres du plus petit au plus grand en mettant le signe qui convient : 57 < 75 < 80 < 91.

Étape 2

Tâche

Résoudre un problème dans lequel il faudra ranger des quantités indiquées par un nombre de dizaines et d'unités (parfois supérieures à dix).

Ce qui est visé en proposant cette tâche

Comprendre comment ordonner des nombres en considérant une désignation en termes de dizaines et unités (possibilité d'avoir plus de dix unités).

Lancement

Le problème 2 de l'Annexe 1.2 est distribué, puis lu et explicité.

Recherche

Les procédures attendues et les erreurs sont celle déjà décrites dans la séquence.

> **Différenciation**
>
> *Pour les élèves en difficulté*
>
> Fournir le matériel de numération après qu'ils ont cherché.

Mise en commun

▶ Concernant l'écriture des nombres, chaque fois est mise en valeur la signification des chiffres, et les dizaines sont rendues visibles. L'enseignant fait remarquer que, dans cette procédure, on n'utilise pas le nom du nombre puisque la réponse peut s'obtenir avec les chiffres. L'enseignant demande la validation en faisant apparaitre le nombre de dizaines qui sont comptées.

▶ Il est ensuite possible de demander en exercice complémentaire le nom des nombres obtenus écrits avec les chiffres.

▶ Concernant la comparaison, mettre en parallèle la procédure utilisant les chiffres (exprimer les nombres en termes de dizaines et d'unités restantes) avec celle qui utilise le nom des nombres et leur ordre d'arrivée dans l'énonciation de la comptine numérique. Rappeler la signification des signes < et > et utiliser les expressions « supérieur à », « inférieur à », « plus grand que », « plus petit que ».

Réponses

Combien a chacun ? Éva 85, Tom 58, Lila 68 et Max 70. Qui en a le plus ? Éva (8 dizaines et 5 unités restantes). Qui en a le moins ? Tom (5 dizaines et 8 unités restantes).

Range les nombres du plus petit au plus grand en mettant le signe qui convient : 58 < 68 < 70 < 85.

Activité 2 de réinvestissement Exercice 4 p. 10

Tâche

Comparer trois quantités, l'une donnée en dizaines et unités, la deuxième dessinée sur une feuille et la dernière par l'écriture chiffrée d'un nombre.

Déroulement

La consigne est lue et explicitée pour la deuxième illustration (Tom) surtout.

La procédure visée est toujours d'utiliser le nombre de dizaines et d'unités restantes pour écrire et comparer les nombres. La mise en commun revient sur cette procédure.

Réponses

Lila : 46 ; Tom : 63 ; Éva : 64.

L'enfant qui a le plus d'images est Éva.

Activité 3 de réinvestissement Exercice 5 p. 10

Tâche

Indiquer par une écriture chiffrée la quantité représentée.

Déroulement

La consigne est explicitée en particulier les deux sortes de boites (de 5 ou de 10).

La procédure visée est toujours d'utiliser le nombre de dizaines et d'unités restantes en rendant visible un maximum de groupements de dix.

Différenciation

Pour les élèves en difficulté

Faire référence au *Ce que j'ai découvert* précédent.

Aide dans l'énumération.

Verbalisation du nombre de dizaines et d'unités.

Pour les élèves plus rapides

Exercice supplémentaire 5, fiche différenciation 1.3.

Mise en commun

▶ À chaque fois, la signification des chiffres est mise en valeur et les dizaines sont rendues visibles.

▶ Il est ensuite possible de demander le nom des nombres obtenus écrits avec les chiffres : la validation peut alors se faire par comptage de dix en dix : dix, vingt, etc.

▶ La comparaison se base d'abord sur le nombre de dizaines indiqué par un chiffre. Quand le nombre de dizaines indiqué par le chiffre des dizaines est le même, on compare le nombre d'unités restantes.

Réponses :

Max : 19 (1 dizaine de crayons et 9 crayons restants)

Lila : 34 (3 dizaines de crayons et 4 crayons restants).

Tom : 83 (8 dizaines de crayons et 3 crayons restants).

Éva : 81 (8 dizaines de crayons et 1 crayon restant).

19 < 34 < 81 < 83.

Fin de séquence

Je m'entraine à mon rythme

Les nombres en chiffres et les collections

Objectif

- Réinvestir la signification des chiffres dans une écriture chiffrée.

> **Aide à apporter aux élèves en difficulté**
>
> Une fois les premières réponses avancées, donner le matériel de numération pour valider. Ne pas favoriser cependant le comptage (ni un à un, ni dix par dix) mais valoriser le fait de rendre visibles des dizaines. Faire aussi référence aux exercices de la séquence.

Réponses

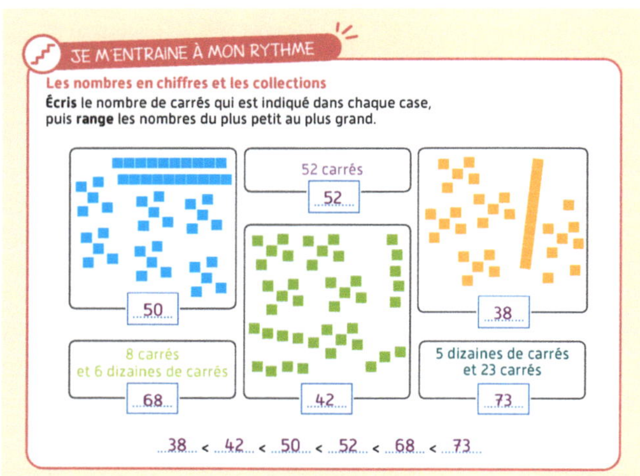

Je cherche

Suites de formes

Objectifs

- Développer les compétences de chercheurs.
- Observer des régularités dans des suites.

Réponses

pp. 6 à 9

Carré et angle droit

Rituels de la semaine

Objectifs d'apprentissage		
Suite orale	**Lecture / écriture**	**Calcul mental**
• Dire la suite orale des nombres **en arrière** de 1 en 1, à partir de n'importe quel nombre inférieur ou égal à 100.	• Lire et écrire les nombres jusqu'à 60.	• Additionner un nombre inférieur ≤ 15 et son successeur (en calculant le double + 1).

Remarque : S'il y a un nouvel apprentissage dans la suite orale, il est indiqué en gras dans l'objectif.

Séquence d'apprentissage

Place dans l'ensemble des séquences « Espace et géométrie »							
2. Carré et angle droit	8. Alignement et milieu	11. Rectangle	17. Solides	21. Repérage dans l'espace	24. Tracé de carrés et de rectangles	29. Triangle rectangle	33. Cercle et compas

Objectif de la séquence

Reconnaitre un carré en ayant recours aux propriétés (longueurs des côtés et angles droits), et en utilisant un gabarit d'angle droit et un gabarit de longueur.

Objectifs d'apprentissage du BO

- Reconnaitre, nommer et décrire un carré en utilisant le vocabulaire approprié.
- Connaitre les propriétés des angles et des égalités de longueur pour les carrés.
- Reproduire ou construire un carré.

Comment définir l'angle droit ?

L'enjeu principal de la géométrie plane en CE1 est de commencer à passer d'une géométrie perceptive à une géométrie instrumentée. Pour le carré, il s'agit de le reconnaitre et de le tracer en utilisant les propriétés relatives aux longueurs des côtés et aux angles droits. Un carré est défini comme étant une figure ayant ses quatre côtés de même longueur et ayant quatre angles droits. Le vocabulaire géométrique s'introduit toujours en situation. On ne commence pas les séances en définissant les différentes notions. On les utilise puis on les nomme.

Les notions d'« angle » et de « droites perpendiculaires » n'étant pas au programme du cycle 2, l'angle droit ne peut être introduit ni comme étant un angle particulier, ni à partir de la perpendicularité de deux droites. Avant le CE1, la plupart des élèves reconnaissent les carrés de manière perceptive. Ils ont une image mentale du carré sur laquelle on peut s'appuyer pour « définir » l'angle droit comme étant le « coin du carré ». Ainsi le « coin » d'un carré en carton permet de vérifier si une figure a des angles droits. Le carré en carton (ou gabarit de carré), premier instrument utilisé pour vérifier les angles droits, est remplacé ensuite par le gabarit d'angle droit proposé dans le matériel élève. Il est beaucoup plus facile à utiliser qu'une équerre puisqu'il ne comporte qu'un angle et qu'il ne dispose pas d'une graduation.

Remarques : La première séance a pour objectif de rappeler deux notions vues en CP : le vocabulaire « côté » et « sommet », et l'utilisation d'un gabarit de longueur qui va être indispensable pour vérifier si les côtés sont de même longueur. Le fait que le carré soit aussi un rectangle n'est pas explicité aux élèves mais il faut faire attention que le langage utilisé ne fasse pas faire croire aux élèves que les carrés ne sont pas des rectangles.

Par exemple, on évitera de dire « cette figure est un rectangle donc ce n'est pas un carré » ou « c'est un rectangle parce que les quatre côtés ne sont pas de même longueur ».

Structure de la séquence

- Séance 1 : découverte : côtés et sommets d'un polygone
- Séance 2 : découverte : égalité des longueurs des côtés du carré
- Séance 3 : découverte : angles droits dans le carré
- Séance 4 : découverte : utilisation du gabarit d'angle droit
- Fin de séquence : entrainement et recherche

Matériel nécessaire

Matériel à télécharger pour l'ensemble de la séquence :
– Fiches Annexes 2.1 et 2.2.
– Fiche différenciation 2* pour tous les exercices supplémentaires de la séquence.
– Fiche évaluation 2.
– Poster *Le carré.*

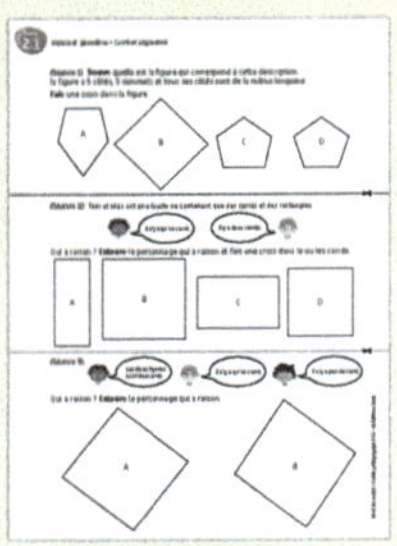
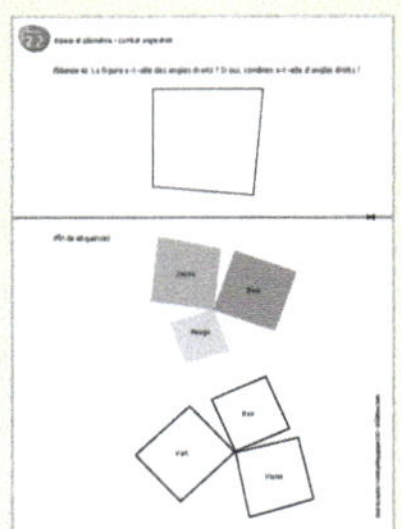
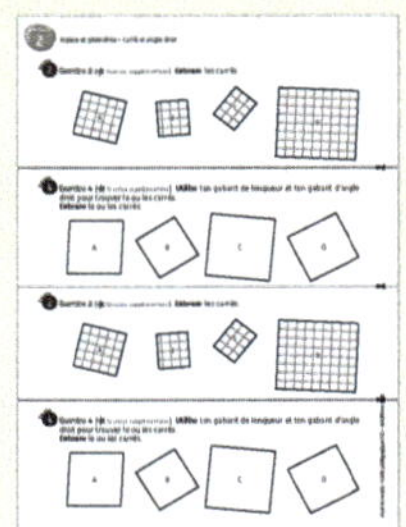
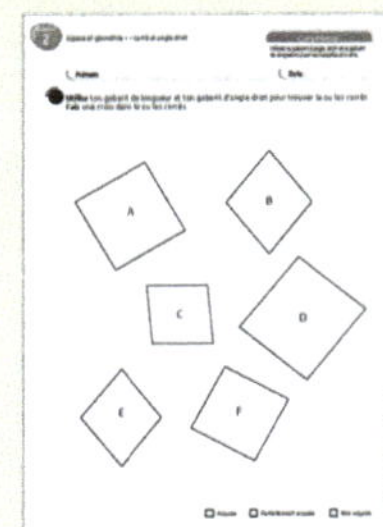

* Les ressources suivies d'un astérisque sont également proposées à photocopier p. 346 pour faciliter une reproduction à taille réelle

	Matériel pour l'enseignant	Matériel pour les élèves
Séance 1	– Reproduction agrandie des figures A à D de l'Annexe 2.1 – Une bande de papier de même type que celle des élèves, mais agrandie – Reproduction agrandie de l'exercice 1 p. 6	**Matériel par élève** – Les figures A à D de l'Annexe 2.1 – Deux ou trois bandes de papier d'environ 8 cm de long et 1,5 cm de large, coupées en biseau à l'une des extrémités (pour distinguer les deux extrémités de la bande et faciliter la conservation de la même origine sur la bande pour comparer les longueurs) – Le fichier de l'élève p. 6 – Mémo 2.1
Séance 2	– Reproduction agrandie des figures A à D de l'Annexe 2.1 – Une bande de papier de même type que celle des élèves, mais agrandie – Reproduction agrandie de l'exercice 2 p. 7	**Matériel par élève** – Les figures A à D de l'Annexe 2.1 – Deux bandes de papier d'environ 8 cm de long et 1,5 cm de large, coupées en biseau à l'une des extrémités 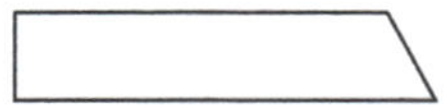 – Le fichier de l'élève p. 7 – Mémo 2.2 *Différenciation :* exercice supplémentaire 2, fiche différenciation 2
Séance 3	– Reproduction agrandie des figures A et B de l'Annexe 2.1 – Une bande de papier de même type que celle des élèves, mais agrandie – Un carré manipulable et assez grand pour que les élèves le voient – Reproduction agrandie de l'exercice 3 p. 8	**Matériel par élève** – Les figures A et B de l'Annexe 2.1 – Une bande de papier d'environ 8 cm de long et 1,5 cm de large, coupée en biseau à l'une des extrémités – Le carré vert en carton  – Des ciseaux – Le fichier de l'élève p. 8
Séance 4	– Reproduction agrandie de la figure de l'Annexe 2.2 – Une bande de papier de même type que celle des élèves, mais agrandie – Gabarit d'angle droit du matériel de l'enseignant – Reproduction agrandie de l'exercice 4 p. 8 – Poster *Le carré* 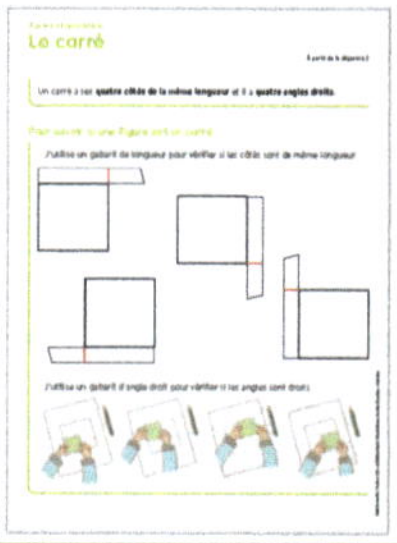	**Matériel par élève** – Figure de l'Annexe 2.2 – Mémo 2.3 – Une bande de papier d'environ 8 cm de long et 1,5 cm de large, coupée en biseau à l'une des extrémités – Le carré vert en carton – Gabarit d'angle droit ou  – Le fichier de l'élève p. 8 *Différenciation :* exercice supplémentaire 4, fiche différenciation 2
Fin de séquence		– Le fichier de l'élève p. 9 *Différenciation :* Annexe 2.2

Séance 1

Rituels du jour

Suite orale

• À tour de rôle, les élèves énoncent la suite orale des nombres en arrière, de un en un, à partir d'un nombre donné par l'enseignant (nombre inférieur ou égal à 100).

Lecture et écriture des nombres

• L'enseignant écrit un nombre au tableau sans le nommer. *Exemple* : 37.
Il demande aux élèves de réfléchir au nom de ce nombre sans le dire. Il interroge un élève et demande aux autres s'ils sont d'accord. Pour corriger, l'enseignant demande la signification du 3 et du 7 : 3 dizaines et 7 « tout seuls ». La comptine des dizaines en levant les doigts « dix », « vingt », « trente » est utilisée pour savoir comment nommer 3 dizaines. Donc 3 dizaines c'est « trente ». On a donc trente et sept (« tout seuls »). On peut surcompter à partir de trente en levant les doigts : trente et sept, c'est trente-sept. On peut ensuite **vérifier sur la frise :** de « 37 » on remonte jusqu'à la case 30/trente (la première qui a un nom de nombre) et on compte alors « trente », « trente-et-un » etc., et on s'arrête à la case « 37 » en prononçant « trente-sept ».
• L'activité réciproque est proposée. La procédure mise en avant est celle utilisant l'expression avec des dizaines : par exemple, l'oral « trente-cinq » se traduit en 3 dizaines et 5, et s'écrit donc « 35 ».

Calcul mental

• L'enseignant propose un calcul d'une somme d'un nombre et de son successeur, ce qui correspond au calcul d'un double + 1. Exemple : 6 + 7. Les élèves écrivent le résultat sur l'ardoise. L'enseignant fait expliciter les procédures pour trouver la somme : résultat mémorisé, surcomptage, décomposition d'un nombre pour trouver 10 + un nombre, décomposition d'un nombre pour se ramener à un double + 1. Si cette dernière procédure n'a pas été explicitée, l'enseignant la met en évidence.
• D'autres calculs sont proposés et corrigés immédiatement après. La procédure de double + 1 est rappelée à chaque correction mais d'autres procédures peuvent l'être également. Si des élèves proposent d'utiliser le double – 1, cette procédure peut être explicitée.
Calculs à proposer : **6 + 7** ; **3 + 4** ; **8 + 7** ; **4 + 5** ; **10 + 11**.

Objectif de la séance

Reconnaitre une figure à partir d'une description utilisant le vocabulaire relatif aux polygones et en se servant d'un gabarit de longueurs.

Activité 1 de découverte

Tâche

Parmi quatre figures (Annexe 2.1), trouver celle qui correspond à cette description : la figure a 5 côtés, 5 sommets et tous ses côtés de la même longueur.

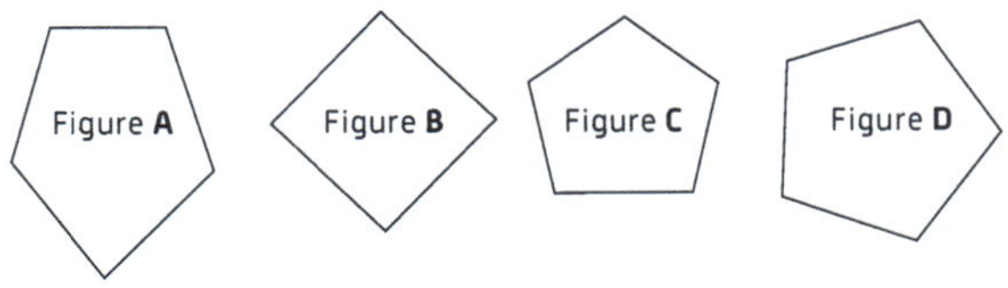

Ce qui est visé en proposant cette tâche

Remémorer des notions travaillées en CP :
– notions de côtés et sommets d'une figure ;
– un polygone a le même nombre de côtés que de sommets ;
– utilisation d'une grande bande pour comparer des longueurs.

Lancement

En lisant la consigne, l'enseignant rappelle les significations des mots « sommet de la figure » et « côté ». Il distribue la bande de papier en insistant sur le fait que c'est le seul matériel autorisé et qu'il faut l'utiliser pour comparer les longueurs.

Recherche

Trois des figures ont 5 côtés et nécessairement 5 sommets, la figure B en a 4. Les côtés qui n'ont pas la même longueur ont des longueurs proches, de façon à ce que les élèves ne puissent les comparer à l'œil nu.

L'enseignant laisse les élèves retrouver comment comparer des longueurs avec une bande de papier. La méthode sera explicitée lors de la mise en commun.

Procédure visée :

▸ compter le nombre de sommets ou de côtés ou les deux. Utiliser la bande pour comparer les longueurs des côtés.

Erreurs possibles :

▸ compter plusieurs fois le même sommet ou le même côté ;

▸ compter ensemble les sommets et les côtés ;

▸ mal utiliser la bande pour reporter les longueurs (*exemple* : ne pas positionner la bande toujours à la même origine).

Mise en commun

▸ Faire l'inventaire des réponses.

▸ Vérifier le nombre de côtés pour les différentes figures. Demander s'il est nécessaire de vérifier le nombre de sommets afin de faire ressortir que c'est inutile puisque le nombre de sommets est le même que le nombre de côtés. Si besoin, le vérifier sur une figure.

▸ Vérifier l'égalité des longueurs en montrant l'utilisation de la bande de papier et en insistant sur l'importance de garder la même origine.

▸ Conclure sur la réponse : la figure D.

Institutionnalisation

Une figure plane a le même nombre de côtés que de sommets.

Dans le *Ce que j'ai découvert* p. 6, compléter les pointillés avec le nombre de côtés, le nombre de sommets et le nombre de côtés de même longueur de la figure D.

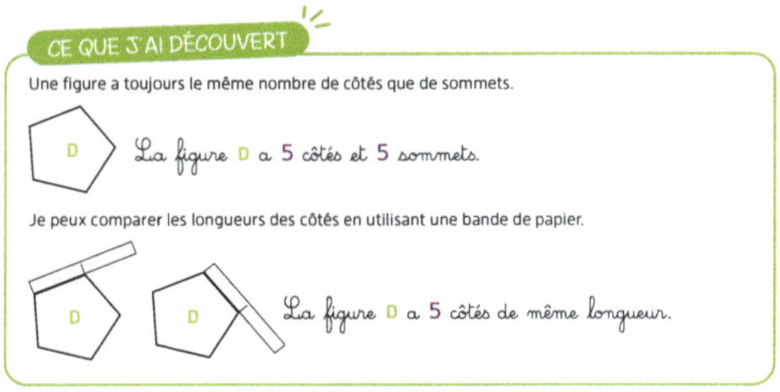

Activité 2 de réinvestissement

Exercice 1 p. 6

Tâche

Trouver la figure qui correspond à cette description : la figure a 4 côtés, 4 sommets. Deux de ses côtés, et deux seulement, sont de la même longueur.

Lancement

Lors de la lecture de la consigne, l'enseignant ne rappelle pas qu'une figure a le même nombre de côtés que de sommets afin de voir les élèves qui comptent les deux. Il fait bien expliciter le sens de « deux de ses côtés et deux seulement ».

Recherche

Procédure visée et erreurs possibles :

▸ les mêmes qu'à l'activité précédente.

Mise en commun

▸ Même déroulement qu'à l'activité précédente en revenant, si besoin, sur le fait qu'il est inutile de compter les côtés et les sommets ; l'un ou l'autre suffit.

Réponse

La figure C.

Séance 2

Rituels du jour		
Suite orale • Idem séance 1	**Lecture et écriture des nombres** • Idem séance 1	**Calcul mental** • Idem séance 1 *Calculs à proposer :* 5 + 6 ; 9 + 8 ; 7 + 8 ; 5 + 4 ; 7 + 6.

Objectif de la séance

Reconnaitre les carrés parmi des rectangles grâce à la propriété relative à l'égalité des longueurs des côtés du carré en utilisant le gabarit de longueur.

Activité 1 de découverte

Tâche

Déterminer le nombre de carrés parmi quatre rectangles, le carré étant un rectangle particulier (annexe 2.1).

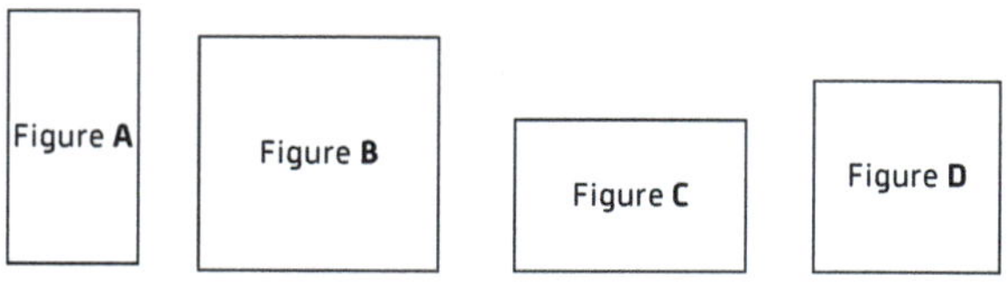

Ce qui est visé en proposant cette tâche

Découvrir ou redécouvrir la propriété du carré concernant l'égalité des longueurs de ses côtés.

Lancement

Lors de l'explicitation de la consigne, l'enseignant insiste sur le fait que Tom pense que, parmi les figures, il n'y en a qu'une qui est un carré alors que Max pense qu'il y en a deux.

Recherche

La propriété à découvrir avec cette activité concerne l'égalité des longueurs des côtés dans un carré. Comme les angles droits ne seront étudiés qu'à la séance suivante, toutes les figures ont quatre angles droits.

Procédure visée :

▸ reconnaitre visuellement que les figures A et C ne sont pas des carrés. Comprendre ou savoir que les côtés d'un carré sont tous de même longueur. Vérifier l'égalité des longueurs dans les figures B et D avec la bande pour constater qu'il n'y a que la figure B qui a ses côtés de même longueur.

Erreur possible :

▸ se baser que sur la reconnaissance visuelle et considérer que les figures B et D sont des carrés.

Mise en commun

▸ Faire l'inventaire des réponses.

▸ S'il y a désaccord sur le nombre de carrés dans les deux figures restantes, ce désaccord permet de poser la question : Comment faire pour savoir si c'est un carré ? S'il n'y a pas de désaccord et que toute la classe pense qu'il y a deux carrés, l'enseignant informe les élèves que c'est Tom qui a raison et qu'il faut chercher pourquoi.

▸ Si un élève explique que les côtés d'un carré sont tous de la même longueur, demander aux élèves d'utiliser leur grande bande pour savoir si les côtés sont de même longueur. Faire de même si aucun élève n'explicite cette propriété.

▸ Lorsque les élèves sont d'accord sur le fait que seule la figure B a tous ses côtés de même longueur, énoncer la propriété de l'égalité des longueurs des côtés du carré.

Institutionnalisation

Les quatre côtés d'un carré sont de même longueur.

Dans le *Ce que j'ai découvert* p. 7, compléter les pointillés avec le nom de la figure, à savoir B, qui est un carré.

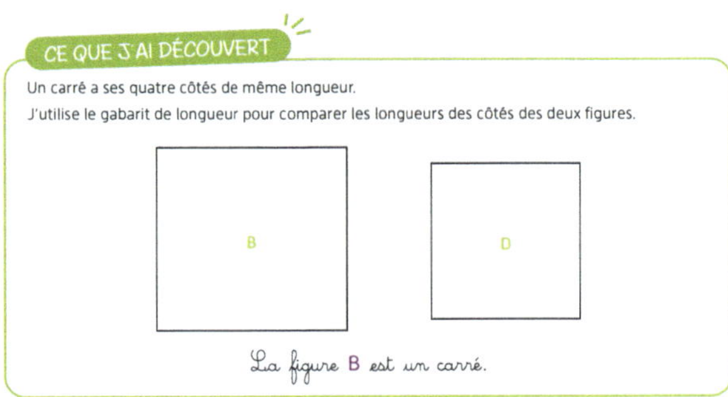

Activité 2 de réinvestissement — Exercice 2 p. 7

Tâche

Trouver les carrés parmi des rectangles.

Lancement

Rigoureusement, la consigne serait de trouver les carrés parmi tous les rectangles mais cette formulation pourrait troubler les élèves. Aussi, l'enseignant peut demander de chercher les carrés parmi tous les rectangles et les carrés.

Recherche

▸ utiliser la propriété relative à l'égalité des longueurs des côtés du carré pour vérifier l'égalité des longueurs des figures avec la bande.

Erreurs possibles :

▸ utiliser uniquement la reconnaissance visuelle ;

▸ ne pas utiliser correctement la bande pour comparer les longueurs des côtés.

Mise en commun

▸ Faire l'inventaire des réponses puis les faire justifier.

▸ Vérifier l'égalité des longueurs des côtés de chaque figure avec la bande.

Différenciation

Pour les élèves en difficulté

Aider à placer l'extrémité de la bande sur l'un des sommets du carré et à reporter la longueur d'un côté.

Pour les élèves plus rapides

Exercice supplémentaire 2, fiche différenciation 2.

Réponses

A, B, D et F sont des carrés.

Bilan

Les quatre côtés d'un carré sont de même longueur.

Séance 3

Rituels du jour

Suite orale
- Idem séance 1

Lecture et écriture des nombres
- Idem séance 1

Calcul mental
- Idem séance 1

Calculs à proposer : 11 + 10 ; 6 + 5 ; 12 + 13 ; 7 + 6 ; 14 + 15.

Objectif de la séance

Reconnaitre un carré parmi des figures (ayant toutes leurs quatre côtés de même longueur) grâce à la propriété relative aux angles droits du carré et en utilisant un gabarit de carré.

Activité 1 de découverte

Tâche

Déterminer le nombre de carrés parmi deux figures (Annexe 2.1).

Lancement

L'enseignant présente les deux figures et dit la consigne : « Tom dit : "Les deux figures sont des carrés." Max dit : "Il n'y a qu'un carré." Lila dit : "Il n'y a pas de carré." Qui a raison ? »

L'enseignant explique que pour trouver qui a raison les élèves ont leur bande de papier et un carré en carton. Les élèves prennent le carré vert de leur matériel.

Recherche

Procédure visée :

▸ vérifier l'égalité des longueurs avec la bande pour constater que les deux figures ont leurs côtés de même longueur. Utiliser le carré en carton pour le superposer à chaque coin de la figure afin de vérifier que tous les « coins » de la figure A se superposent avec ceux du carré en carton.

Erreurs possibles :

▸ penser qu'il n'y a pas de carré puisque les deux figures sont « penchées » ;

▸ vérifier l'égalité des longueurs des côtés pour chaque figure et se contenter de cette vérification pour en déduire que ce sont des carrés.

Mise en commun

▸ Faire l'inventaire des réponses.

▸ Vérifier l'égalité des longueurs des côtés de chaque figure mais préciser que ça ne suffit pas.

▸ Si aucun élève n'a pensé à utiliser le carré en carton pour le superposer dans chaque coin, expliquer cette procédure. Demander aux élèves de vérifier si les coins des figures sont exactement comme les coins du carré en carton.

Pour valider le fait que la figure B n'est pas un carré, proposer de la découper pour la superposer sur la figure A qui est un carré. Ainsi, les élèves verront que « les coins » sont différents.

Institutionnalisation

Il ne suffit pas de vérifier que les quatre côtés sont de même longueur pour savoir si une figure est un carré. Le « coin » d'un carré s'appelle un angle droit. Un carré a quatre angles droits.

La ligne du *Ce que j'ai découvert* p. 8 sera complétée à la séance prochaine. Ici, on se contente de lire le texte.

Activité 2 de réinvestissement — Exercice 3 p. 8

Tâche

Trouver les carrés parmi des figures ayant leurs quatre côtés de même longueur.

Lancement

Lors de l'explicitation de la consigne, l'enseignant insiste sur le fait qu'on sait déjà que les côtés des figures sont tous de même longueur.

Recherche

Procédure visée :

▸ utiliser le carré en carton pour le superposer à chaque coin de la figure afin de vérifier si tous les « coins » de chaque figure se superposent avec celui du carré en carton.

Erreur possible :

▸ utiliser uniquement la reconnaissance visuelle.

Mise en commun

▸ Faire l'inventaire des réponses, puis les faire justifier.

▸ Vérifier que chaque figure a quatre angles droits avec le carré en carton.

> **Différenciation**
>
> *Pour les élèves en difficulté*
>
> Aider à placer le carré en carton pour superposer son « coin » avec le « coin » de la figure.

Réponses

A et C sont des carrés.

Bilan

Pour savoir si une figure est un carré, il faut vérifier que les quatre côtés sont de même longueur et que la figure comporte quatre angles droits.

Séance 4

Rituels du jour

Suite orale	Lecture et écriture des nombres	Calcul mental
• Idem séance 1	• Idem séance 1	• Idem séance 1 *Calculs à proposer :* 13 + 14 ; 7 + 8 ; 12 + 11 ; 6 + 5 ; 8 + 9.

Objectif de la séance

Découvrir l'utilisation du gabarit d'angle droit pour vérifier un angle droit.

Activité 1 de découverte

Tâche

Trouver comment utiliser le gabarit d'angle droit pour savoir si une figure a quatre angles droits.

Ce qui est visé en proposant cette tâche

Apprendre à vérifier qu'une figure est un carré en utilisant un gabarit d'angle droit (pour vérifier les angles droits) et une grande bande (pour vérifier l'égalité des longueurs des côtés).

Lancement

L'enseignant rappelle qu'à la séance précédente, on a vérifié qu'une figure était un carré en utilisant un autre carré. Il explique qu'à cette séance, les élèves n'auront pas un carré entier mais juste le coin d'un carré. Il distribue le gabarit d'angle droit.

Il fait vérifier que le gabarit d'angle droit correspond à un coin d'un carré en demandant de superposer l'angle droit du gabarit à un coin du carré du matériel.

L'enseignant présente la figure pour laquelle il faut chercher si elle a quatre angles droits (Annexe 2.2). Il répète qu'il faut utiliser le gabarit d'angle droit.

Recherche

Procédure visée :

- superposer le gabarit d'angle droit sur chaque « coin » de la figure afin de déterminer que la figure n'a que deux angles droits.

Erreur possible :

- ne pas placer le gabarit d'angle droit correctement.

Mise en commun

- Faire l'inventaire des réponses.
- Montrer l'utilisation du gabarit d'angle droit en insistant sur le besoin de s'appliquer à aligner le côté du gabarit le long d'un côté de la figure.
- Marquer les deux angles droits de la figure.

Institutionnalisation

On peut vérifier les angles droits dans une figure en utilisant le gabarit d'angle droit.

Dans le *Ce que j'ai découvert* p. 8, faire compléter la ligne :

CE QUE J'AI DÉCOUVERT

Pour tracer un angle droit à partir d'un côté déjà tracé, j'utilise un gabarit d'angle droit.

1. Je place le gabarit à une extrémité du côté déjà tracé et le long de ce côté.
2. Je trace le nouveau côté le long de l'autre côté du gabarit.

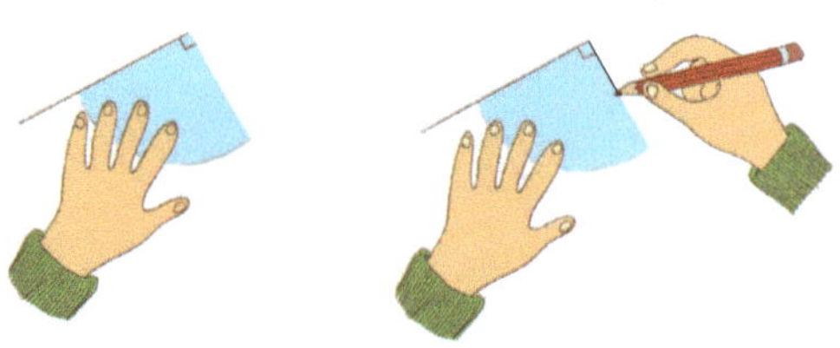

Afficher le poster *Le carré*.

Activité 2 de réinvestissement

Exercice 4 p. 8

Tâche

Trouver les carrés parmi des figures.

Lancement

L'enseignant lit la consigne.

Recherche

Procédure visée :

- utiliser les propriétés relatives à l'égalité des longueurs des côtés et aux angles droits pour vérifier l'égalité des longueurs et les angles droits dans chaque figure avec la bande et le gabarit d'angle droit.

Erreurs possibles :

- rester uniquement sur la reconnaissance visuelle ;
- ne pas utiliser correctement la bande pour comparer les longueurs des côtés ;
- ne pas utiliser correctement le gabarit d'angle droit.

Mise en commun

- Faire l'inventaire des réponses puis les faire justifier.
- Vérifier l'égalité des longueurs des côtés de chaque figure avec la bande, puis les angles droits avec le gabarit d'angle droit.

Différenciation

Pour les élèves en difficulté

Aider à placer le gabarit d'angle droit.

Pour les élèves plus rapides

Exercice supplémentaire 4, fiche différenciation 2.

Réponse

F est un carré.

Bilan

Un carré a quatre côtés de même longueur et quatre angles droits.

Fin de séquence

Je m'entraine à mon rythme

Les figures mélangées

Objectif

• Réinvestir les propriétés du carré pour les reconnaitre en utilisant une bande et un gabarit d'angle droit.

Aide à apporter aux élèves en difficulté
Proposer les figures séparées en deux groupes en photocopiant l'Annexe 2.2.

Réponses

Noir et bleu.

Je cherche

Le mot codé

Objectif

• Réinvestir la signification de l'écriture chiffrée des nombres à deux chiffres.

Réponse

MATHS.

pp. 12 à 17

Résolution de problèmes de réunion

Sens de l'addition et de la soustraction (1)

Rituels de la semaine

Objectifs d'apprentissage	
Lecture/écriture	**Calcul mental**
• Comme à la semaine précédente mais jusqu'à 80.	• Connaitre les compléments à 10.

Séquence d'apprentissage

Place dans l'ensemble des séquences « Résolution de problèmes numériques »							
3. Problèmes de réunion avec recherche du tout ou d'une partie	5. Problèmes de transformation avec recherche de la quantité finale et de la transformation	10. Problèmes de groupements avec recherche de la quantité totale	16. Problèmes de transformation avec recherche de la quantité initiale	23. Problèmes de groupements et de partages avec recherche du nombre de parts et de la valeur d'une part	27. Problèmes de transformation et de réunion	31. Problèmes de comparaison	34. Organisation et gestion des données

Objectifs de la séquence

- Déterminer, en identifiant l'addition, le tout dans une situation de réunion.
- Déterminer, par procédure personnelle, une partie dans une situation de réunion.

Objectif d'apprentissage du BO

- Résoudre des problèmes additifs en une étape du type parties-tout.

Gérard Vergnaud a catégorisé les problèmes de la structure additive. L'expression «problème additif « concerne tous les problèmes pouvant se résoudre par une addition ou une soustraction. Trois grands types sont rencontrés au CE1 : les problèmes de réunion, les problèmes de transformation et les problèmes de comparaison.

Nous faisons le choix d'introduire, dans des séquences séparées, chacun de ces différents types de problème de façon à donner aux élevés une situation de référence pour chaque catégorie. Dans cette première séquence sur le thème, nous abordons les problèmes de réunion, de parties-tout.

Dans la continuité de notre démarche en CP, nous avons fait le choix de travailler dans la même séquence la recherche du tout et d'une partie. En effet, dans le cas contraire, les élèves n'auraient que des additions à faire et n'auraient pas besoin de réfléchir au sens du problème. En ce début d'année de CE1, la procédure experte, qui est ici la reconnaissance de l'opération en jeu (addition), est attendue pour la recherche du tout, mais pas pour la recherche d'une partie, qui sera résolue par des procédures personnelles (procédure experte travaillée en séquence 27). Quel que soit le problème, il faut encourager les élèves à s'engager dans une démarche, même si elle est moins experte que souhaité. Mieux vaut un élève qui tâtonne qu'un élève qui reste sans rien faire.

Remarque importante

Comprendre un énoncé de problème, c'est comprendre la situation (s'en faire une image mentale) et la question posée afin de construire une démarche pour répondre à celle-ci. Cela nécessite d'articuler la compréhension de la situation proposée et les concepts mathématiques à mobiliser.

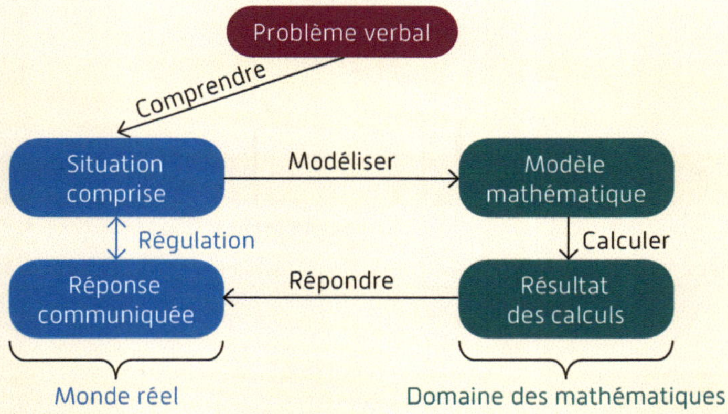

La phase de compréhension de la situation évoquée dans l'énoncé est essentielle et ne doit pas être écourtée par une question du type : « Quelle opération faut-il faire ? » En effet, dans ce cas, les élèves ne cherchent plus à comprendre la situation mais à faire un calcul à tout prix, et le plus souvent un calcul qu'ils maitrisent même s'il ne permet pas de trouver la solution.

L'objectif à terme sera d'amener les élèves à être capables de modéliser en identifiant la ou les opérations à effectuer. Il faudra alors qu'ils maitrisent les concepts mathématiques en jeu.

Avant cela, il est important de favoriser les démarches réflexives et d'autoriser les procédures personnelles de résolution, étapes vers les procédures expertes.

De plus, on habituera les élèves, dès les premières résolutions, à avoir une attitude analytique sur la cohérence de la réponse qu'ils s'apprêtent à produire.

Remarque sur l'utilisation de la frise numérique dans les séquences « Résolution de problèmes »

La frise numérique est utilisée pour trouver ou vérifier le résultat de calculs. Dans certaines séances, il est préconisé d'utiliser les carrés unité et la frise. Par exemple, pour calculer le nombre total d'objets lors d'une réunion. Lorsque les carrés unité ne sont pas utilisés, c'est en coloriant la frise qu'on trouve le résultat. Il est donc nécessaire que l'enseignant dispose d'une frise numérique jusqu'à 30 (annexe « Frises ») sur laquelle il peut soit coller ce qui remplacera des carrés unité, par exemple des post-it, soit colorier les cases sous les nombres. Le coloriage doit pouvoir être effacé pour que la frise puisse servir plusieurs fois. Les élèves ont aussi besoin d'une même frise jusqu'à 30. Elle peut être plastifiée pour pouvoir servir plusieurs fois, ou fournie sur papier, mais il faut prévoir une frise pour chaque élève et pour chaque calcul. Cette utilisation de la frise prépare une éventuelle schématisation en barres.

Structure de la séquence

- Séance 1 : découverte : recherche de la quantité totale
- Séance 2 : réinvestissement
- Séance 3 : découverte : recherche d'une des quantités initiales
- Séance 4 : réinvestissement
- Fin de séquence : entrainement et recherche

Matériel nécessaire

Matériel à télécharger pour l'ensemble de la séquence :
– Fiche Annexe « Frises ».
– Fiche différenciation 3 pour tous les exercices supplémentaires de la séquence.
– Fiche évaluation 3.
– Le poster *Problèmes de réunion*.

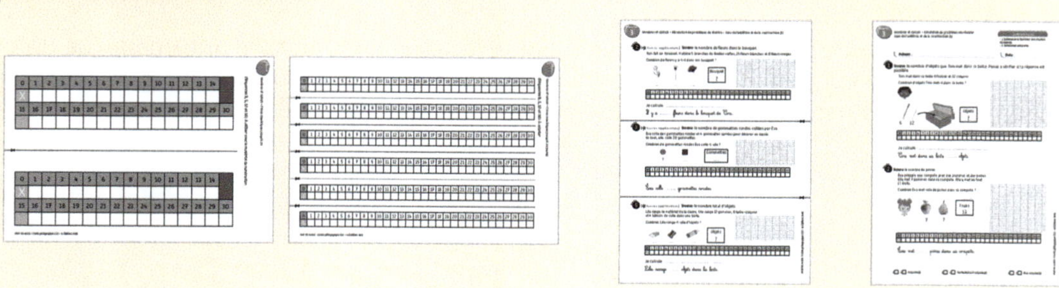

	Matériel pour l'enseignant	**Matériel pour les élèves**
Séance 1	– 10 feutres et 10 crayons de couleur – Une boite opaque – La frise numérique jusqu'à 30 (annexe « Frises ») 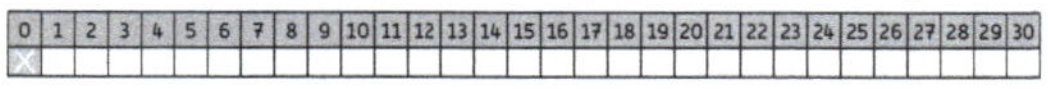 – Des post-it de 2 couleurs différentes – Une calculatrice pour la validation – Le poster *Problèmes de réunion* 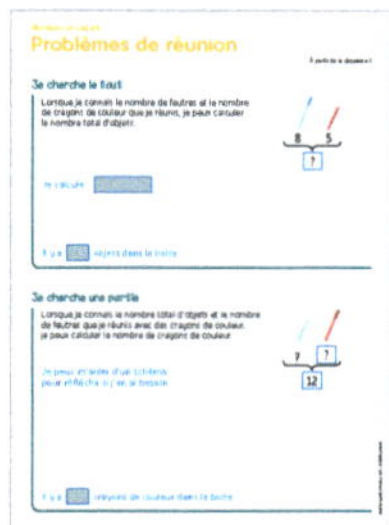	**Matériel individuel** – Une ardoise – Une frise numérique jusqu'à 30 (annexe « Frises ») – Le fichier de l'élève p. 12 – Mémo 3.1 *Différenciation :* 30 carrés unité
Séance 2	– Trois collections d'objets présents dans la classe – La frise numérique jusqu'à 30 (annexe « Frises ») – Des post-it de 2 couleurs différentes – Une calculatrice pour la validation – Le poster *Problèmes de réunion*	– Le fichier de l'élève p. 13 *Différenciation :* – 30 carrés unité et une frise numérique jusqu'à 30 (annexe « Frises ») – Exercice supplémentaire 2, fiche différenciation 3
Séance 3	– 10 feutres et 10 crayons de couleur – Une boite opaque – La frise numérique jusqu'à 30 (annexe « Frises ») – Des post-it de 2 couleurs différentes – Le poster *Problèmes de réunion*	– Une ardoise – Une frise numérique jusqu'à 30 (annexe « Frises ») – 30 carrés unité – Le fichier de l'élève p. 14 – Mémo 3.2 *Différenciation :* – Des crayons et des feutres – Exercice supplémentaire 3, fiche différenciation 3
Séance 4	– La frise numérique jusqu'à 30 (annexe « Frises ») – Des post-it de 2 couleurs différentes – Le poster *Problèmes de réunion*	– Le fichier de l'élève pp. 15 et 16 *Différenciation :* – 30 carrés unité et une frise numérique jusqu'à 30 (annexe « Frises ») – Exercice supplémentaire 5, fiche différenciation 3
Fin de séquence		– Le fichier de l'élève p. 17 – Une frise numérique jusqu'à 30 (annexe « Frises ») *Différenciation :* 30 carrés unité

Séance 1

Rituels du jour

Lecture / écriture

- Identique à la semaine précédente, mais jusqu'à 80.

Calcul mental

- L'enseignant propose cinq calculs de complément à 10 en l'énonçant de deux façons et en l'écrivant au tableau. Exemple : « Combien pour aller de 3 à 10 ? ; combien faut-il ajouter à 3 pour avoir 10 ? » Il écrit 3 + ? = 10. Les élèves écrivent les résultats au fur et à mesure dans les cases d'une ligne de leur feuille de calcul mental.
- Pour la correction, l'enseignant montre deux procédures :
– l'une qui s'appuie sur les doigts pour illustrer le calcul ;
– l'autre qui utilise la frise numérique et des jetons collés sous la frise avec de la pâte à fixe.
Exemple : de 3 pour aller à 10 ? L'enseignant colle 3 jetons dans les cases de 1 à 3. Il colle ensuite des jetons d'une autre couleur pour aller jusqu'à 10 et compte ce nombre de jetons.
- À la fin de la correction, l'enseignant fait écrire les compléments à 10 pour que les élèves les apprennent (fichier élève p. 100).
Calculs à proposer : **3 + ? = 10** ; **8 + ? = 10** ; **5 + ? = 10** ; **2 + ? = 10** ; **7 + ? = 10** ; **1 + ? = 10** ; **4 + ? = 10**.

Objectifs de la séance

- Déterminer la quantité totale d'une réunion (calcul mental, utilisation de la frise numérique, dessin, etc.).
- Traduire le calcul par une opération.
- Vérifier la cohérence de son résultat en revenant au texte de l'énoncé.

Activité 1 de découverte

Tâches

Trouver le nombre total d'objets lorsque l'on réunit les collections de feutres et de crayons de couleur. La somme ne dépassant pas 20.

Vérifier son résultat en revenant à l'énoncé.

Ce qui est visé en proposant cette tâche

Comprendre que l'addition permet de connaitre le tout dans une situation de réunion.

Connaitre l'écriture mathématique de l'opération.

Adopter une attitude réflexive sur la réponse donnée.

Lancement

L'enseignant prend 8 feutres et 5 crayons de couleur qu'il met dans une boite opaque en énonçant : « Vous allez devoir trouver le nombre total d'objets que je mets dans ma boite. Je mets 8 feutres et 5 crayons de couleur. Combien y a-t-il d'objets en tout dans ma boite ? »

L'énoncé est illustré au tableau comme il l'est dans l'encadré *Ce que j'ai découvert* p. 12, mais en représentant (ou en fixant) un feutre et un crayon au-dessus des nombres 8 et 5.

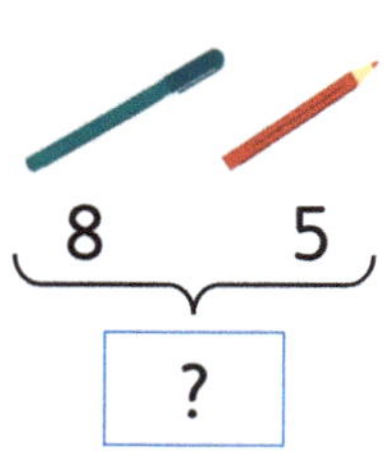

L'enseignant vérifie la compréhension de la situation en demandant à quelques élèves de la reformuler en appui sur l'illustration, puis il précise qu'il attend des élèves qu'ils réfléchissent, cherchent et essaient de voir si leur réponse est possible avant de l'écrire sur l'ardoise.

Recherche

Les élèves disposent de leur ardoise, de leur frise numérique.

Procédures visées :

- reconnaissance de l'addition en jeu, 8 + 5, et obtention du résultat soit par calcul mémorisé ou reconstruit, soit par surcomptage avec ou sans l'aide de la frise numérique ;
- vérification de la cohérence de la réponse en revenant à l'énoncé.

Procédure possible :

- dessin plus ou moins schématique de 8 feutres et 5 crayons de couleur, puis recomptage d'un en un du tout.

Erreurs possibles :

- incompréhension de la réunion des quantités : ne tenir compte que d'une quantité ;
- erreur en réalisant une des deux quantités ;
- erreur en voulant utiliser un résultat mal mémorisé ou mal reconstruit.

Différenciation

Pour les élèves en difficulté

Les carrés unité peuvent être donnés aux élèves qui ne se sont pas encore construit d'image mentale de la situation.

Mise en commun

▸ Discussion pour faire ressortir les différentes procédures permettant de trouver la solution. En particulier, le surcomptage à partir de 8 (le plus grand nombre), qui est matérialisé avec des post-it, par exemple, pour représenter les carrés unité sur la frise affichée au tableau : les 8 post-it représentant une des parties sont placés comme illustré ci-dessous, puis 5 autres sont ajoutés au fur et à mesure du surcomptage. Un arc de cercle sous la frise met en évidence le fait que c'est le nombre total qui est recherché.

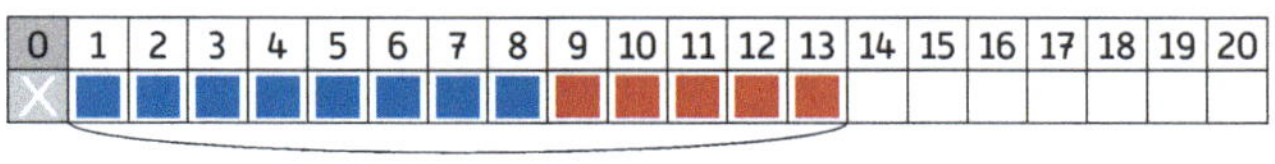

▸ Les procédures d'utilisation de la frise sans les post-it sont présentées : surcomptage en pointant du doigt les cases ou en les coloriant. Cette dernière procédure est explicitée même si elle n'est pas apparue car elle pourra être utile lors des résolutions d'exercices. Deux couleurs différentes pourront être utilisées.

▸ Analyse des erreurs en distinguant les erreurs de compréhension de la situation des erreurs d'exécution des procédures.

▸ La cohérence des réponses est vérifiée en revenant à l'énoncé : le nombre total doit être supérieur à 8 (et à 5) puisqu'on a des feutres et des crayons. Insister sur cette étape pour que les élèves prennent l'habitude d'avoir une attitude réflexive.

▸ Si certains élèves ont utilisé des dessins plus ou moins schématiques, étude de ceux-ci afin de faire ressortir qu'il est inutile de faire de jolis dessins : cela prend du temps et ce n'est pas plus efficace pour trouver la solution.

▸ Le cas échéant, mise en évidence des limites de l'utilisation des dessins même schématiques (temps nécessaire).

▸ Le schéma du tableau est complété en notant le total : 13.

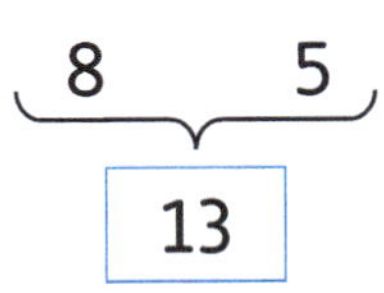

▸ Le schéma avec les rectangles est présenté en le traçant sous la frise et en adaptant la taille des barres aux dimensions de la frise pour donner du sens à ces barres (cf. le *Ce que j'ai découvert* p. 12). Il ne sera en aucun cas exigé de la part des élèves par la suite. Les deux rectangles représentant les deux parties sont dessinés accolés, un arc de cercle tracé au-dessus de chacun avec les nombres 8 et 5. Un arc de cercle souligne le tout avec le nombre 13, réponse au problème.

▸ L'écriture mathématique additive dans le cadre d'un problème de réunion est réintroduite : 8 + 5 = 13

▸ Vérification par l'enseignant avec une calculatrice pour mettre en évidence le rôle de l'addition et le sens des symboles + et = dans cette situation.

Institutionnalisation

L'enseignant affiche le poster *Problèmes de réunion* plié en deux pour ne laisser apparaitre que la partie haute avec la recherche du tout (il sera déplié lors de la séance 3). Ce poster reprend le problème résolu lors de la phase de découverte, problème qui devient le problème de référence pour les problèmes de recherche d'un tout.

Avec les élèves, l'enseignant revient sur les données du problème et la question : « Dans ce problème, on connait le nombre de feutres et le nombre de crayons. On cherche le nombre d'objets en tout. Pour le trouver, on ajoute le nombre de feutres et le nombre de crayons de couleur. » Le poster est alors complété en fixant, avec de la pâte adhésive, les étiquettes 8 + 5 = 13 et 13.

Dans le *Ce que j'ai découvert* p. 12, l'enseignant fait écrire le résultat de l'addition et le nombre d'objets total dans la phrase réponse.

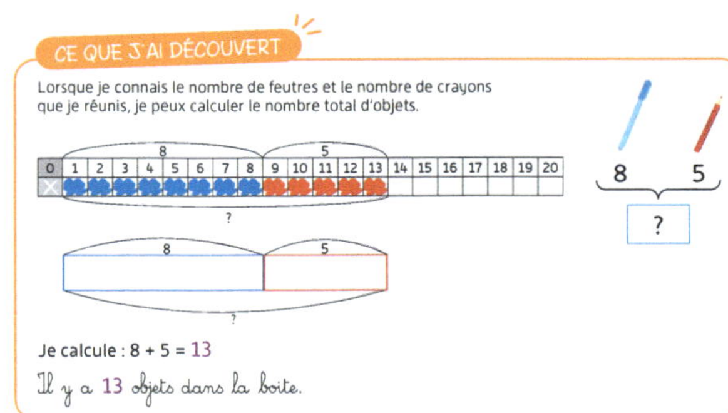

Activité 2 de réinvestissement Exercice 1 p. 12

Tâches

Trouver le nombre total d'objets dans la boite.

Vérifier son résultat en revenant à l'énoncé.

Déroulement

Il est similaire à celui de l'activité 1, à ceci près que les élèves travaillent sur leur fichier.

Lors de la mise en commun, revenir sur la schématisation possible du problème sans pour autant l'exiger de la part des élèves. Insister sur la phase de vérification de la vraisemblance du résultat proposé.

Réponse

Je calcule 7 + 9 = 16.

Tom a 16 objets dans sa boite.

Séance 2

Rituels du jour

Lecture / écriture
- Idem séance 1.

Calcul mental
- Idem séance 1.

Calculs à proposer : 9 + ? = 10 ; 6 + ? = 10 ; 8 + ? = 10 ; 1 + ? = 10 ; 4 + ? = 10 ; 3 + ? = 10 ; 7 + ? = 10.

Objectifs de la séance
- Déterminer par addition, à l'aide d'un calcul mental ou de la frise, la quantité totale après réunion.
- Vérifier la cohérence de son résultat en revenant au texte de l'énoncé.

Activité de réinvestissement Exercice 2 p. 13

Étape 1

Tâche

Trouver le nombre total d'objets lorsque l'on réunit trois collections d'objets.

Lancement

Après une lecture silencieuse du premier problème de l'exercice, l'enseignant fait expliciter l'énoncé. Il attire l'attention sur le fait que, cette fois, trois sortes d'objets sont réunis dans la boite. Si nécessaire, il fait vivre la situation en présentant une boite contenant 5 feutres, 4 crayons et 6 pinceaux.

Il insiste de nouveau sur la nécessité de s'interroger sur la pertinence du résultat trouvé avant de répondre.

Recherche

Les procédures et les erreurs sont les mêmes que celles listées précédemment. Une autre erreur est possible, à savoir l'utilisation par habitude de seulement deux des valeurs numériques données.

Mise en commun

Elle se déroule comme décrit dans l'activité 1 de la séance 1, à ceci près que l'enseignant revient sur le fait que la procédure est la même si l'on réunit 2 ou 3 collections, ou même davantage.

Réponse

Cas 1 : 15 objets

Étape 2

Tâche

Trouver le nombre total d'objets lorsque l'on réunit des collections d'objets.

Déroulement

L'enseignant fait expliciter les énoncés des deux autres problèmes de l'exercice. Il attire l'attention sur le fait que, maintenant, les élèves doivent écrire les nombres de l'énoncé sur les pointillés des illustrations, en les plaçant correctement. Après s'être assuré de la bonne compréhension de tous, il laisse les élèves résoudre les problèmes à leur rythme en aidant les plus fragiles à bien comprendre les énoncés et à placer correctement les nombres.

Les procédures visées et les erreurs possibles sont les mêmes que celles déjà décrites dans l'étape 1 de la séance 1. Une autre erreur est possible, à savoir l'erreur qui consiste à utiliser dans le calcul le nombre de figurines. Cette donnée, inutile à la résolution, oblige les élèves à réfléchir à la situation sans appliquer d'automatisme dénués de sens.

Différenciation

Pour les élèves en difficulté

Après des essais infructueux sans matériel, on peut le fournir aux élèves qui ne sont pas encore capables de déterminer sans celui-ci un tout. Suivant le contexte du problème, on peut proposer aux élèves des feutres et des crayons, des images, etc. ou un matériel neutre comme les carrés unité. Cependant, il est préférable que le matériel proposé permette de distinguer les collections réunies.

Pour les élèves plus rapides

Exercice supplémentaire 2, fiche différenciation 3

Mise en commun

► Mise en commun des cas qui ont été résolus par tous les élèves (les autres seront corrigés sur les fichiers individuellement)

► Retour sur l'énoncé du problème en insistant sur sa structure : recherche du tout lorsque des collections sont réunies pour en faire une seule, et sur la présence d'une donnée qui n'est pas utilisée pour répondre à la question posée.

► Discussion autour des procédures de résolution et des écritures mathématiques produites et de la cohérence de la réponse fournie.

► Validation par l'enseignant avec la calculatrice pour insister sur les opérations en jeu.

L'appui sur le poster *Problèmes de réunion* est systématique.

Réponses

Cas 2 : 20 images. Cas 3 : 22 fruits.

Bilan

Retour sur les procédures de résolution des problèmes rencontrés en lien avec leur structure (recherche d'un tout dans une situation de réunion), sur les opérations à effectuer et leur écriture mathématique et de la nécessité de vérifier la cohérence de sa réponse.

Séance 3

Rituels du jour

Lecture / écriture
- Idem séance 1.

Calcul mental
- Idem séance 1.

Calculs à proposer : 1 + ? = 10 ; 4 + ? = 10 ; 10 + ? = 10 ; 5 + ? = 10 ; 3 + ? = 10 ; 6 + ? = 10 ; 9 + ? = 10.

OBJECTIFS DE LA SÉANCE
- Déterminer, par procédure personnelle, une des quantités en connaissant le tout, dans une situation où deux quantités sont réunies.
- Vérifier la cohérence de son résultat en revenant au texte de l'énoncé.

Activité 1 de découverte

Tâche

Trouver le nombre de feutres connaissant le nombre de crayons mis dans une boite avec ces feutres et le nombre total d'objets.

Ce qui est visé en proposant cette tâche

- Comprendre que l'on peut trouver une partie dans une situation de réunion lorsqu'on connait le tout et l'autre partie.
- Comprendre la distinction entre la recherche du tout et la recherche d'une partie.
- Adopter une attitude réflexive sur la réponse donnée.

Lancement

L'enseignant prend 7 crayons de couleur en les comptant et 5 feutres, mais sans les compter ni les laisser compter. Il les réunit dans une boite en énonçant le problème : « Vous allez devoir trouver le nombre de feutres que je mets dans ma boite. Je mets 7 crayons de couleur et des feutres. Je n'ai pas compté les feutres. En tout, j'ai mis 12 objets dans ma boite. Combien y a-t-il de feutres dans ma boite ? »

L'enseignant attire l'attention sur le fait que ce problème n'est pas le même que les précédents : cette fois, on ne recherche pas le nombre total, on le connait, c'est 12.

L'énoncé est illustré au tableau comme il l'est dans l'encadré *Ce que j'ai découvert* p. 14.

Recherche

Les élèves disposent de leur ardoise, de leur frise numérique et des carrés unité.

La reconnaissance de l'opération en jeu, la soustraction 12 – 7, n'est pas attendue et n'est pas visée à cette période de l'année en CE1. Toutefois, il est tout à fait possible qu'elle apparaisse.

Procédures visées :

- représentation de 7 crayons de couleur, puis ajout de représentation de feutres jusqu'à obtenir 12 objets représentés, comptage des « feutres » ajoutés ;
- surcomptage mental ou sur les doigts de 7 à 12, dénombrement des nombres énoncés (8, 9, 10, 11, 12, soit 5 nombres) ;
- utilisation d'un résultat mémorisé : « Je sais que pour aller de 7 à 12, il faut 5, parce que 7 + 5 = 12. » (table d'addition) ;
- réalisation d'une collection de 7 carrés unité, puis ajout d'autres pour atteindre 12, comptage des carrés ajoutés ;
- utilisation de la frise pour surcompter de 7 à 12, en coloriant éventuellement les cases utilisées ;
- dans tous les cas, la vérification du résultat en revenant au texte de l'énoncé.

Erreurs possibles :

- incompréhension de la réunion des quantités : ne tenir compte que d'une quantité ;
- incompréhension de la situation : ajout des deux nombres 7 et 12 ;
- erreur en dénombrant les objets ou nombres ajoutés ;
- erreur en voulant utiliser un résultat mal mémorisé ou mal reconstruit.

Mise en commun

- La question du problème est traduite par « Combien pour aller de 7 à 12 ? »
- Analyse des erreurs et des procédures qui ont permis de réussir. En particulier, si la soustraction a été utilisée par certains, l'enseignant l'explicite. Il peut ainsi commencer à faire le lien entre addition et soustraction.
- Reprise de l'énoncé du problème en complétant la schématisation de l'énoncé du tableau.

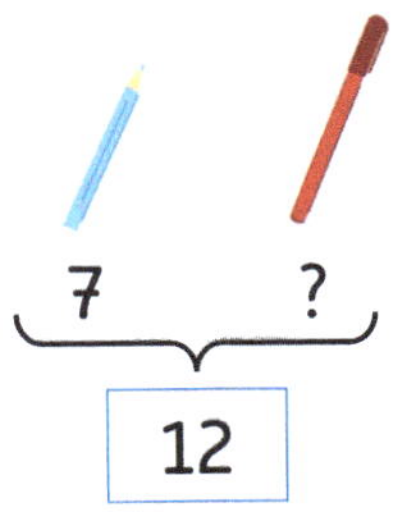

- Présentation de la procédure utilisant la frise en coloriant les 7 premières cases, puis en coloriant les cases suivantes avec une autre couleur pour aller jusqu'à 12.
- Le schéma avec les rectangles est présenté, mais ne sera pas exigé de la part des élèves par la suite. Les deux rectangles représentant les deux parties sont dessinés accolés (sous la frise, cf. *Ce que j'ai découvert* p. 14), un arc de cercle tracé au-dessus de chacun. 7 est écrit au-dessus du premier, un point d'interrogation au-dessus du second. Un arc de cercle souligne le tout avec le nombre 12.
- Le résultat de l'addition est vérifié à l'aide d'un calcul mental en se référant aux tables d'addition, puis sur la frise numérique. Ici, la calculatrice n'est pas utilisée par l'enseignant puisqu'on ne recherche pas encore à mettre en évidence l'utilisation de la soustraction.
- Les feutres sont finalement sortis de la boite et dénombrés.

Institutionnalisation

L'enseignant déplie le poster *Problèmes de réunion*. Avec les élèves, il revient sur les données du problème et la question : « Dans ce problème, on connait le nombre de crayons et le nombre total d'objets réunis dans la boite, on cherche le nombre de feutres. Le nombre cherché est donc plus petit que 12, puisque 12 est le nombre total. Pour le trouver, on cherche combien il faut ajouter à 7, le nombre de crayons, pour trouver 12, le nombre total d'objets. » Il met ensuite en valeur les procédures par surcomptage et par utilisation de résultats mémorisés, mais sans les imposer.

Le poster est alors complété en fixant, avec de la pâte adhésive, l'étiquette verte avec le 5 dans la phrase réponse (le cadre « Je calcule » sera complété lors de la séquence 27).

Dans l'encadré p. 14, l'enseignant fait écrire le nombre de feutres en revenant sur la signification des différents schémas.

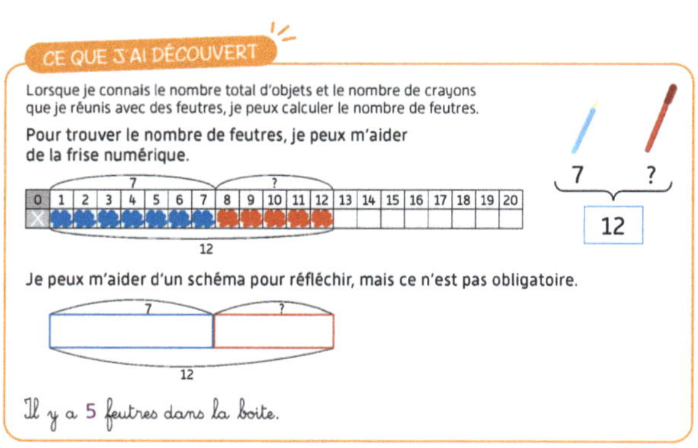

Activité 2 de réinvestissement

Exercice 3 p. 14

Tâche

Trouver le nombre de feutres en connaissant le nombre de crayons et la quantité totale d'objets.

Déroulement

Après une lecture silencieuse, l'enseignant fait expliciter l'énoncé du problème. Les nombres choisis favorisent la procédure de calcul mental, même si elle n'est pas recherchée de façon exclusive.

Les procédures visées et les erreurs possibles sont les mêmes que celles déjà décrites dans l'activité 1 de découverte de cette séance.

> **Différenciation**
>
> *Pour les élèves en difficulté*
>
> Après des essais infructueux sans matériel plus concret, on peut le fournir aux élèves qui n'ont pas encore d'image mentale de la situation.
>
> *Pour les élèves plus rapides*
>
> Exercice supplémentaire 3, fiche différenciation 3

Mise en commun

- Retour sur l'énoncé du problème en insistant sur la structure du problème : recherche d'une partie d'un tout lorsque deux collections sont réunies pour en faire une seule. Un schéma peut être utilisé pour aider à structurer sa pensée.
- Discussion autour des procédures de résolution.
- Présenter la procédure en coloriant la frise.
- Validation avec les feutres et les crayons.

L'appui sur le poster *Problèmes de réunion* est systématique.

Réponse

3 feutres.

Bilan

Retour sur les procédures de résolution des problèmes rencontrés en lien avec leur structure (recherche d'une partie d'un tout dans une situation de réunion), et sur la nécessité de vérifier la cohérence de sa réponse.

Séance 4

Rituels du jour

Lecture / écriture	Calcul mental
• Idem séance 1.	• Idem séance 1. *Calculs à proposer* : 7 + ? = 10 ; 2 + ? = 10 ; 4 + ? = 10 ; 6 + ? = 10 ; 9 + ? = 10 ; 5 + ? = 10 : 1 + ? = 10.

Objectif de la séance

Déterminer la quantité totale ou celle d'une partie d'une réunion dans différents contextes.

Activité 1 de réinvestissement

Exercice 4 p. 15

Tâche

Trouver une quantité connaissant le tout et l'autre partie.

Déroulement

Le déroulement est similaire à celui décrit dans l'activité 2 de la séance précédente.

Les deux problèmes sont de même structure que ceux travaillés à la séance précédente. Les carrés ne sont plus à disposition pour favoriser l'utilisation de la frise en coloriant les cases.

> **Différenciation**
>
> *Pour les élèves en difficulté*
>
> Après des essais infructueux, on peut fournir des carrés unité aux élèves qui ne sont pas encore capables de déterminer sans celui-ci une partie d'un tout.

Mise en commun

▸ Retour sur les énoncés du problème en insistant sur la structure du problème : recherche d'une partie. Les problèmes sont mis en lien avec le problème de référence (feutres et crayons). Les schémas peuvent être utilisés pour aider les élèves à structurer leur pensée.

▸ Discussion autour des procédures de résolution.

▸ Validation avec du matériel de substitution (les carrés aimantés, par exemple) et par le calcul des sommes des parties pour vérifier que l'on retrouve bien le tout.

L'appui sur le poster *Problèmes de réunion* est systématique.

Réponses

Cas 1 : 8 images de fleurs.

Cas 2 : 6 poires.

Activité 2 de réinvestissement

Exercice 5 p. 16

Tâche

Déterminer le tout ou une partie dans une situation de réunion.

Déroulement

Il est similaire à celui de l'activité 2 de la séance 3.

Le premier problème est une recherche du tout avec une donnée inutile à la résolution pour obliger les élèves à réfléchir à la situation sans appliquer d'automatismes dénués de sens.

Le second est une recherche d'une partie.

> **Différenciation**
>
> *Pour les élèves en difficulté*
>
> Après des essais infructueux, on peut fournir des carrés unité aux élèves qui ne sont pas encore capables de déterminer sans celui-ci une partie d'un tout.
>
> *Pour les élèves plus rapides*
>
> Exercice supplémentaire 5, fiche différenciation 3

Réponse

Cas 1 : 20 images.

Cas 2 : 17 billes jaunes.

Bilan

L'enseignant revient sur la nécessité de bien comprendre le problème en se demandant ce que l'on cherche, la quantité totale ou la quantité d'une partie. Il peut revenir, en appui sur le poster *Problèmes de réunion*, sur les procédures de résolution : l'addition lorsqu'on cherche la quantité totale, le nombre à ajouter à l'un pour obtenir le total dans le cas d'une recherche de partie. Si la soustraction est proposée par les élèves, il peut bien évidemment acquiescer, mais sans rendre cette procédure obligatoire. En effet, en cette fin de période 1, tous les élèves de CE1 ne sont pas encore prêts à comprendre cette procédure experte. Néanmoins, l'aborder prépare à faire le lien entre addition et soustraction.

Fin de séquence

Je m'entraine à mon rythme

Les boites de bonbons

Objectif

- S'entrainer à déterminer le résultat de la réunion de deux quantités ou une quantité connaissant le tout et l'autre partie.

Les élèves disposent de la frise numérique et d'un cahier ou de feuille de recherche.

> **Aide pour les élèves en difficulté**
> Donner du matériel symbolisant les bonbons aux élèves qui ont encore besoin de manipuler pour se forger une image mentale de la réunion de deux collections et faire la différence entre les recherches d'un tout et les recherches d'une partie d'un tout.

Réponses

De gauche à droite, et de haut en bas :

1er cas : 14 + 7 → bleu
2e cas : 19 + 6 → rouge
3e cas : 11 + 19 → jaune
4e cas : 5 + 20 → rouge
5e cas : 16 + 14 → jaune
6e cas : 9 + 18 → vert
7e cas : 17 + 10 → vert
8e cas : 16 + 5 → bleu
9e cas : 12 + 13 → rouge

Je cherche

L'intrus

Objectifs

- Associer différentes représentations du nombre.
- Réinvestir la signification de l'écriture chiffrée.
- S'organiser dans une recherche.

Réponse

L'intrus : 35 (3 dizaines et 5 unités)

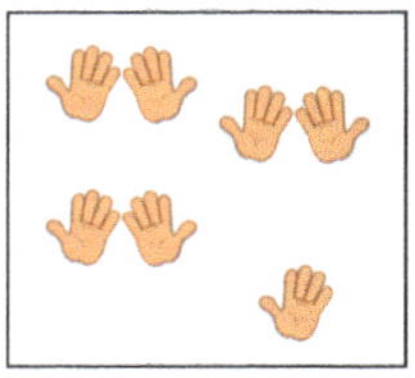

Longueur en cm

4

Rituels de la semaine

Objectifs d'apprentissage		
Suite orale • Dire la suite orale des nombres en avant, de 1 en 1, **à partir de 100 ou d'un nombre supérieur à 100 jusqu'à 200 au maximum**.	**Lecture / écriture** • Lire et écrire les nombres jusqu'à 100.	**Calcul mental** • Additionner deux nombres à un chiffre en s'appuyant sur la décomposition additive d'un nombre permettant de réduire le calcul à « 10 + un nombre ».

Séquence d'apprentissage

Place dans l'ensemble des séquences « Grandeurs et mesures »					
4. Longueur en cm	15. Monnaie	20. Unités de mesure de longueur (km, m, cm)	26. Lecture de l'heure – Durée en h	30. Masse	32. Durée en h et min

Objectif de la séquence

Utiliser l'unité usuelle « cm » et une règle graduée en centimètres pour mesurer, tracer, comparer ou ranger des longueurs d'objets.

Objectif d'apprentissage du BO

Savoir mesurer la longueur d'un segment en utilisant une règle graduée.

La progression pour introduire le cm reprend celle du CP : rappeler la mesure avec une unité arbitraire, puis la nécessité d'une unité commune à tout le monde : le centimètre.

Après avoir introduit le centimètre, deux étapes précèdent l'utilisation de la règle graduée en centimètres :
– mesurer avec une règle constituée par des unités de 1 cm placées les unes à la suite des autres ;
– marquer les nombres sur une règle comportant des traits tous les cm.

Remarques importantes : toutes les séances où des mesures en centimètres interviennent soulèvent des difficultés dans la mise en commun. L'enseignant est obligé d'agrandir les supports et les mesures au tableau ne correspondent plus aux mesures des élèves. De plus, la règle usuelle d'un mètre pour le tableau dispose d'une graduation qui débute à l'extrémité de la règle. Le problème du zéro décalé par rapport à l'extrémité de la règle graduée des élèves ne se retrouve pas dans la règle du tableau.

Il n'y a pas de solution idéale pour pallier ces difficultés. Voici deux propositions :
– l'enseignant agrandit les règles utilisées par les élèves et les longueurs à mesurer à la même proportion mais en précisant aux élèves que l'unité est agrandie. Il n'emploie pas le mot « centimètre » pour les mesures au tableau ;
– l'enseignant décuple les longueurs et mesure toujours en centimètres en précisant que les longueurs au tableau sont dix fois plus grandes que celles des élèves. Il utilise la règle traditionnelle du tableau mais insiste sur l'importance du placement du zéro de la règle pour les règles des élèves.

Le millimètre ne sera étudié qu'en CE2. En attendant, le choix a été fait de ne pas utiliser la règle graduée du commerce où les millimètres apparaissent. Les élèves apprennent à mesurer avec la règle du matériel de l'élève, où ne sont marqués que les centimètres.

Le mot « unité » qui est aussi utilisé en numération, mais dans un sens différent, peut entrainer une confusion chez les élèves. *Exemple* : 15 cm, c'est un nombre associé à l'unité centimètre, mais 15, c'est une dizaine et 5 unités. Dans le domaine des grandeurs, il faut veiller à toujours associer ce mot à la mesure pour que les élèves puissent distinguer les deux sens du mot.

Structure de la séquence

- Séance 1 : découverte : mesure en unités étalons
- Séance 2 : découverte : mesure en cm
- Séance 3 : découverte : compréhension de la règle graduée
- Séance 4 : découverte : mesure avec la règle graduée
- Fin de séquence : entrainement et recherche

Matériel nécessaire

Matériel à télécharger pour l'ensemble de la séquence :
– Fiches Annexes 4.1* et 4.2*.
– Fiche différenciation 4* pour tous les exercices supplémentaires de la séquence.
– Fiche évaluation 4*.

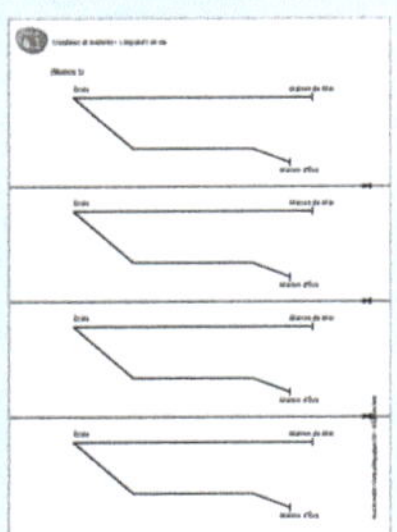

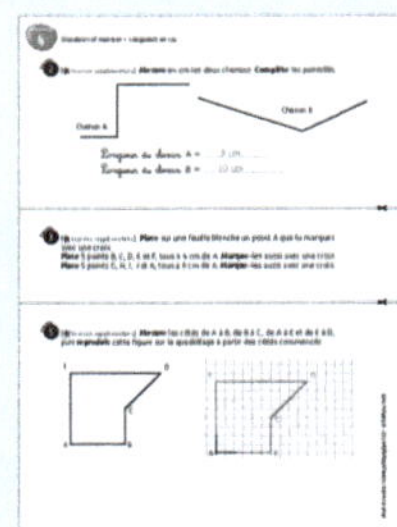
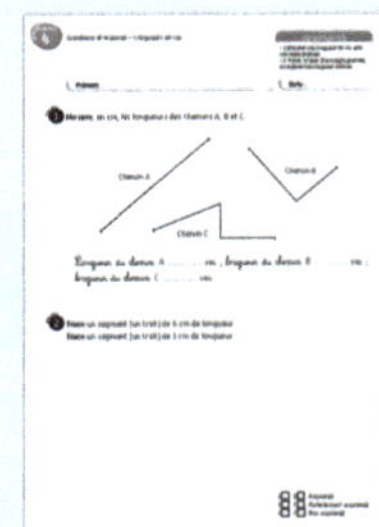

* Les ressources suivies d'un astérisque sont également proposées à photocopier p. 346 pour faciliter une reproduction à taille réelle.

	Matériel pour l'enseignant	Matériel pour les élèves
Séance 1	– Le plan agrandi avec les deux chemins (Annexe 4.1) – La règle graduée en unités grises agrandie dans la même proportion que le plan – La reproduction agrandie de l'exercice 1 p. 10	**Matériel par élève** – Le plan avec les deux chemins à photocopier (Annexe 4.1) – La règle graduée en unités étalons grises 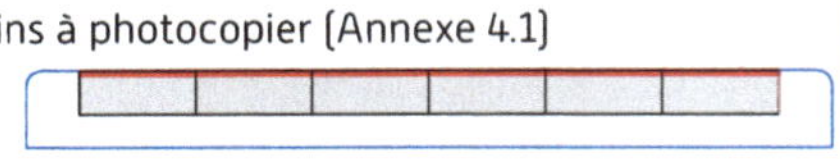 – Une ardoise – Le fichier de l'élève p. 10 – Mémo 4.1
Séance 2	– Une paille coupée de 11 cm – Les deux règles du matériel élève agrandies : la règle graduée avec des unités étalons grises et la règle rose – La reproduction agrandie de l'exercice 2 p. 11	**Matériel par élève** – Une paille coupée de 11 cm – La règle blanche graduée en unités étalons grises (utilisée à la séance précédente) et la règle rose 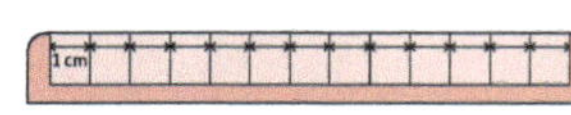 – Une ardoise – Le fichier de l'élève p. 11 *Différenciation :* exercice supplémentaire 2, fiche différenciation 4 – Mémo 4.2
Séance 3	– La reproduction des huit crayons de différentes longueurs (Annexe 4.2) – La reproduction de la règle blanche comportant des tirets espacés tous les centimètres, et de la règle rose de la séance précédente – La reproduction agrandie de l'exercice 3 p. 11	**Matériel par élève** – Les huit crayons de différentes longueurs (Annexe 4.2) – La règle rose de la séance précédente et la règle blanche comportant des tirets espacés tous les centimètres 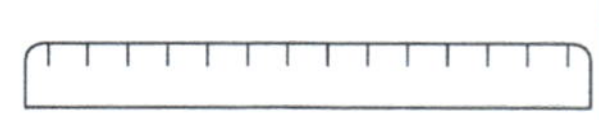 – Une ardoise – Le fichier de l'élève p. 11 *Différenciation :* exercice supplémentaire 3, fiche différenciation 4
Séance 4	– La reproduction agrandie des exercices 4 et 5 p. 12 – La règle de 1 m usuelle pour le tableau, si l'agrandissement des exercices est dix fois plus grand que ceux du fichier élève, ou la photocopie de la règle du matériel de l'élève agrandie au même taux que la reproduction agrandie des exercices	**Matériel par élève** – Une feuille ou le cahier de recherche – La règle graduée en centimètres – La règle rose et la règle blanche – Le fichier de l'élève p. 12 *Différenciation :* exercice supplémentaire 5, fiche différenciation 4 – Mémo 4.3
Fin de séquence		**Matériel par élève** – Le fichier de l'élève p. 13 – La règle graduée en cm

Séance 1

Rituels du jour

Suite orale

• À tour de rôle, les élèves énoncent la suite orale des nombres en avant, de 1 en 1, de 100 ou d'un nombre supérieur à 100 jusqu'à 200 au maximum.

Lecture / écriture

• Identique à la semaine 2, mais jusqu'à 100.

Calcul mental

• L'enseignant propose un calcul de somme de deux nombres pouvant se ramener à une somme de 10 et un nombre. Les élèves écrivent le résultat sur l'ardoise. L'enseignant fait expliciter les procédures pour trouver la somme : aide des doigts et recomptage du tout ; surcomptage ; décomposition d'un nombre pour se ramener 10 + un nombre. Si cette dernière procédure n'a pas été explicitée, l'enseignant la met en évidence en écrivant la décomposition comme ci-dessous.

Exemple :

$$7 + 5$$
$$= 7 + 3 + 2$$
$$= 10 + 2$$
$$= 12$$

• L'enseignant demande aux élèves d'utiliser cette procédure pour les autres calculs qu'il propose.
Calculs à proposer : **7 + 5** ; **6 + 8** ; **8 + 5** ; **4 + 8**.
• À la correction, l'enseignant rappelle qu'il est parfois plus facile de calculer l'addition en intervertissant les deux termes.
Exemple : calculer 8 + 6 au lieu de 6 + 8.

Objectif de la séance

Comparer, ranger et mesurer des longueurs en utilisant une règle graduée avec des unités étalons.

Activité 1 de découverte

Tâche

Trouver le chemin le plus court entre un chemin constitué d'un seul segment et un autre chemin constitué de trois segments successifs.

Ce qui est visé en proposant cette tâche

(Re)découvrir la mesure d'une longueur d'un segment et d'une ligne brisée avec une unité étalon.

Lancement

L'enseignant affiche (Annexe 4.1) le plan en expliquant où sont les maisons de Max et Éva et où est l'école. Il parcourt avec son doigt le chemin de la maison de Max jusqu'à l'école, puis le chemin de la maison d'Éva jusqu'à l'école.

Consigne :

« Quel est le chemin le plus court ? Écrivez M sur votre ardoise si vous pensez que c'est le chemin de Max le plus court, E pour Éva ou M et E si leurs chemins ont la même longueur. Il faut utiliser la règle du matériel pour trouver le chemin le plus court. »

L'enseignant sera attentif à ce que le seul matériel disponible soit la règle avec les unités grises du matériel.

Recherche

La première unité de la règle ne commence pas au début de celle-ci pour habituer les élèves à être attentifs à placer le début d'une unité à l'origine du segment à mesurer.

Comme les élèves ne disposent que de la règle grise du matériel, ils vont chercher comment l'utiliser. Certains se rappelleront de cette utilisation vue au CP mais les autres doivent découvrir comment mesurer un segment, puis une ligne brisée.

Procédure visée :

- mesurer, avec la règle, le chemin de Max pour trouver une mesure de 6 unités. Mesurer chaque segment du chemin d'Éva à l'école pour trouver 1 unité, puis 3 unités et enfin 2 unités. Additionner ces trois mesures pour trouver la longueur du chemin d'Éva, à savoir 6 unités. En déduire l'égalité de longueurs des deux chemins.

Erreurs possibles :

- considérer que le chemin d'Éva est plus court en voyant que le point représentant la maison d'Éva est plus près du point de l'école que le point de la maison de Max ;
- mesurer le trajet en ligne droite de la maison d'Éva à l'école ;
- mesurer chaque segment à partir du début de la règle et non à partir de l'origine de la première unité.

Mise en commun

▸ Constater les désaccords pour faire expliciter les procédures et mettre en évidence la procédure juste : mesurer avec la règle du fichier.

▸ Mesurer le chemin de Max avec la règle en insistant sur la nécessité de placer l'origine de la première unité à l'origine du segment.

▸ Discuter sur les erreurs produites sur le calcul du chemin d'Éva pour expliquer l'additivité des mesures de longueurs.

▸ Conclure que les deux chemins ont la même longueur car leur mesure en unités est 6.

Institutionnalisation

Avec la règle du fichier, on peut mesurer une longueur. La mesure de la longueur est le nombre d'unités. Pour mesurer la longueur d'une ligne brisée, on mesure chaque segment qui compose cette ligne brisée, puis on additionne les mesures.

Dans le *Ce que j'ai découvert* p. 10, l'enseignant lit l'encadré en précisant qu'ici le trajet à mesurer est un trajet en ligne droite.

Les élèves complètent la longueur du trajet.

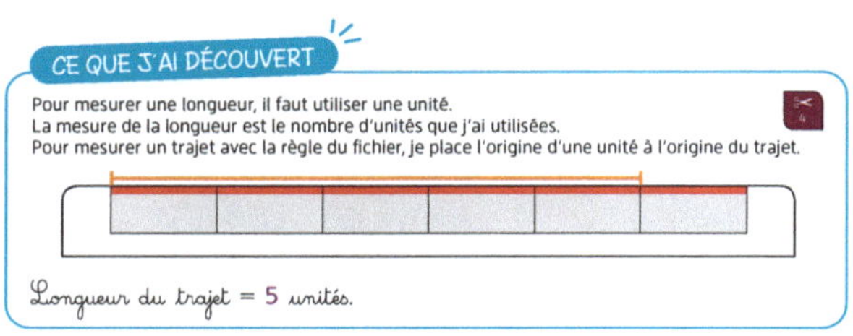
CE QUE J'AI DÉCOUVERT

Pour mesurer une longueur, il faut utiliser une unité.
La mesure de la longueur est le nombre d'unités que j'ai utilisées.
Pour mesurer un trajet avec la règle du fichier, je place l'origine d'une unité à l'origine du trajet.

Longueur du trajet = 5 unités.

Activité 2 de réinvestissement — Exercice 1 p. 10

Tâche

Mesurer, puis ranger des lignes brisées de la plus courte à la plus longue.

Lancement

Après l'explication de la consigne, l'enseignant vérifie que les élèves ont compris qu'il y a deux tâches à effectuer : mesurer les chemins pour trouver ceux qui mesurent 7 et 8 unités et ranger les quatre chemins du plus court au plus long.

Recherche

Procédure visée :

▸ mesurer, avec la règle, chaque segment du chemin, puis les additionner pour trouver la mesure totale. Pour les chemins ne mesurant pas un nombre entier d'unités, les encadrer entre deux nombres entiers.

Erreurs possibles :

▸ mal utiliser la règle ;

▸ ne pas comprendre comment faire pour les mesures non entières.

> **Différenciation**
>
> *Pour les élèves en difficulté*
>
> Pour les élèves qui placent le début de la règle à une extrémité d'un morceau de chemin, leur demander de mesurer à partir du début de la première unité (leur montrer ce début), puis leur faire constater la différence avec leur première mesure afin de déterminer la mesure juste.
>
> Pour les élèves qui trouvent les chemins de mesure entière mais pas les autres, leur demander de trouver les chemins dont la longueur est plus longue que 6 unités et plus courte que 7 unités, puis plus longue que 7 unités et plus courte que 8 unités.

Mise en commun

▸ Faire l'inventaire pour les mesures égales à 7 et 8 unités.

▸ Montrer l'utilisation de la règle pour mesurer les lignes brisées.

▸ Faire discuter sur le rangement des chemins pour faire ressortir qu'il faut encadrer les mesures des chemins qui ne correspondent pas à un nombre entier d'unités. Le chemin F est compris entre 6 et 7 unités ; le chemin E est compris entre 7 et 8 unités.

Réponses

Longueur du chemin G = 7 unités ; longueur du chemin H = 8 unités.

Longueur du chemin F < longueur du chemin G < longueur du chemin E < longueur du chemin H.

Séance 2

Rituels du jour

Suite orale	Lecture / écriture	Calcul mental
• Idem séance 1.	• Idem séance 1.	• Idem séance 1. *Calculs à proposer :* 8 + 4 ; 7 + 5 ; 3 + 8 ; 8 + 6 ; 6 + 7. • Pour la correction du calcul 6 + 7, il est intéressant de rappeler qu'on peut utiliser la procédure du double + 1.

OBJECTIFS DE LA SÉANCE

- Comprendre la nécessité d'une unité commune pour mesurer des longueurs.
- Utiliser le centimètre pour mesurer des longueurs.

Activité 1 de découverte

Tâche

Mesurer la longueur d'une paille avec deux unités différentes.

Ce qui est visé en proposant cette tâche

Comprendre que la mesure d'une longueur dépend de l'unité étalon choisie. Introduire le centimètre (cm) comme unité choisie dans le monde.

ÉTAPE 1

Lancement

Les élèves ne disposent que de la règle graduée en unités étalons grises. L'enseignant raconte l'histoire de la mesure de la paille : « Le professeur de la classe de Tom a demandé aux élèves de mesurer une paille. Ils ont trouvé que la longueur de la paille est 11 unités. »

L'enseignant demande aux élèves de mesurer la paille avec la règle graduée avec des unités étalons grises et d'indiquer, sur leur ardoise en écrivant « OUI » ou « NON », si la classe de Tom a trouvé la bonne réponse.

Recherche

Procédure visée :

▸ mesurer la paille avec la règle grise et trouver 5 unités et non 11.

Erreur possible :

▸ mal mesurer.

Mise en commun

▸ Faire l'inventaire des réponses sur les ardoises.

▸ Rappeler comment on mesure avec la règle pour trouver que la mesure de la paille est égale à 5 unités.

▸ Conclure que la classe de Tom n'a pas trouvé la bonne réponse.

ÉTAPE 2

Lancement

L'enseignant continue l'histoire de la mesure de la paille : « C'est bizarre que toute la classe de Tom ait trouvé 11 unités. Comment ont-ils fait pour se tromper autant ? »

Une petite discussion est engagée, mais si les élèves ne pensent pas rapidement à la possibilité d'avoir utilisé une autre règle, l'enseignant l'indique : « La classe de Tom avait deux règles : la règle avec les unités grises et une autre règle que je vous donne. »

L'enseignant fournit la règle rose du matériel détachable, puis demande aux élèves de mesurer la paille avec cette règle rose et d'indiquer, sur leur ardoise en écrivant « OUI » ou « NON », si la classe de Tom a utilisé cette règle.

Recherche

Procédure visée :

▸ mesurer la paille avec la règle rose pour trouver 11 unités.

Erreur possible :

▸ mal mesurer.

Mise en commun

▸ Faire l'inventaire des réponses sur les ardoises.

▸ Montrer comment on mesure avec la règle rose pour trouver que la mesure de la paille est égale à 11 unités de la règle rose et en déduire que la classe de Tom a utilisé la règle rose.

▸ Récapituler que la mesure est différente selon l'unité choisie.

▸ Expliquer que tout le monde (ou presque) s'est mis d'accord pour avoir une unité commune : c'est le centimètre. Le centimètre est l'unité de la règle rose.

▸ Demander aux élèves de chercher quelque chose qui mesure un centimètre pour forger une image mentale du centimètre. *Exemples* : la longueur de l'ongle du pouce des élèves, la largeur du majeur des élèves (le mot largeur est peut-être inconnu des élèves, il faut montrer cette distance).

Dans le *Ce que J'ai découvert* p. 11, faire écrire « 1 cm » sous toutes les flèches marquant la longueur de chaque unité.

CE QUE J'AI DÉCOUVERT

La mesure d'une longueur dépend de l'unité choisie.
L'unité **centimètre** est l'unité choisie pour être utilisée par tout le monde.
Centimètre se note **cm**.

J'écris 1 cm dans tous les carrés de la règle rose pour montrer ce que représente un centimètre comme longueur.

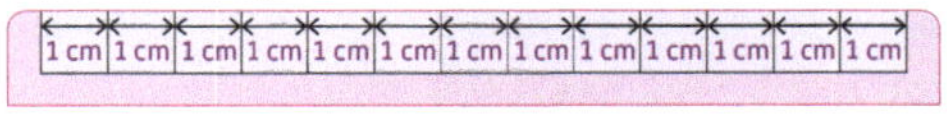

Activité 2 de réinvestissement

Exercice 2 p. 11

Tâche

Mesurer en cm, puis ranger des allumettes de la plus longue à la plus courte.

Lancement

Lors de l'explication de la consigne, l'enseignant insiste sur deux points :
– la longueur de l'allumette correspond à toute l'allumette y compris le bout rouge ;
– les allumettes sont à ranger de la plus longue à la plus courte.

Recherche

Procédure visée :

▸ mesurer les allumettes avec la règle rose en comptant le nombre de centimètres. Pour les allumettes ne mesurant pas un nombre entier d'unités, les encadrer entre deux nombres entiers.

Erreurs possibles :

▸ mal utiliser la règle ;

▸ ne pas comprendre comment faire pour les mesures non entières.

Différenciation

Pour les élèves en difficulté

Pour les élèves qui placent le début de la règle à une extrémité de l'allumette, leur demander de mesurer à partir du début de la première unité (leur montrer ce début), puis leur faire constater la différence avec leur première mesure afin de déterminer la mesure juste.

Pour les élèves qui trouvent les allumettes de mesures entières mais pas les autres, leur demander de trouver les allumettes dont la longueur est plus longue que 3 cm et plus courte que 4 cm, puis plus longue que 4 cm et plus courte que 5 cm, et enfin plus longue que 5 cm et plus courte que 6 cm.

Pour les élèves plus rapides

Exercice supplémentaire 2, fiche différenciation 4.

Mise en commun

▸ Faire l'inventaire pour les mesures égales à 5 cm et 4 cm.

▸ Montrer l'utilisation de la règle pour mesurer les allumettes.

▸ Faire discuter sur le rangement des allumettes pour faire ressortir qu'il faut comparer les mesures des allumettes qui ne correspondent pas à un nombre entier d'unités avec celles qui sont des nombres entiers.

Réponses

– Longueur de l'allumette E = 5 cm.

– Longueur de l'allumette B = 4 cm.

– Longueur de l'allumette A > longueur de l'allumette E > longueur de l'allumette D > longueur de l'allumette B > longueur de l'allumette C.

Bilan

L'unité centimètre est l'unité utilisée par tout le monde pour mesurer des longueurs. Un centimètre, c'est à peu, près la longueur de l'ongle du pouce (ou autre suivant ce qu'auront trouvé les élèves).

Séance 3

Rituels du jour

Suite orale	Lecture / écriture	Calcul mental
• Idem séance 1.	• Idem séance 1.	• Idem séance 1. *Calculs à proposer :* 5 + 7 ; 6 + 8 ; 8 + 3 ; 7 + 4 ; 9 + 4.

Objectif de la séance

Comprendre l'utilisation d'une règle, sur laquelle les graduations sont repérées uniquement par des tirets espacés tous les centimètres, pour mesurer et tracer des longueurs.

Activité 1 de découverte

Tâche

Trier, parmi différents crayons, tous ceux qui mesurent 9 cm.

Ce qui est visé en proposant cette tâche

Comprendre la signification des nombres inscrits sous les graduations d'une règle graduée en centimètres.

Lancement

L'enseignant présente la règle blanche comportant des tirets que les élèves utiliseront dans cette séance en expliquant que les traits sont espacés tous les centimètres.

Il affiche la feuille avec les huit crayons (Annexe 4.2) en racontant que Lila a mélangé les crayons neufs d'une boite ainsi que d'autres crayons. Les crayons neufs rentrent exactement dans leur boite. Ils mesurent exactement 9 cm de long.

Consigne :

« Utilise ta règle graduée pour mesurer les longueurs des crayons afin de trouver tous ceux qui mesurent 9 cm. Complète le tableau avec le numéro des crayons. »

Recherche

Procédure visée :

▸ utiliser la règle comme la règle rose, c'est-à-dire placer le premier trait de la règle à l'extrémité de chaque crayon et compter le nombre de centimètres (l'intervalle entre deux traits successifs) jusqu'à l'autre extrémité (on peut, en fait, placer d'autres tirets que le premier à l'extrémité du crayon mais il vaut mieux utiliser celui-ci, celui où sera écrit le zéro).

Erreurs possibles :

▸ placer le début de la règle, et non le premier tiret, à l'extrémité du crayon ;

▸ bien placer la règle mais commencer le comptage à partir de 1 au premier trait.

Mise en commun

▸ Faire l'inventaire des réponses pour le crayon 1 : mesure-t-il 9 cm de long ? Constater les désaccords pour faire expliciter l'utilisation de la règle.

▸ Demander aux élèves de placer la règle rose de leur matériel juste au-dessous des graduations de la règle comportant les tirets afin de comprendre la signification de ces tirets.

▸ Expliciter comment mesurer les crayons avec la règle comportant les tirets.

▸ Corriger, de la même façon un ou deux autres crayons, puis expliquer que, pour mesurer plus rapidement, on peut écrire sous les tirets la longueur entre chaque tiret et le premier.

▸ Faire ajouter 0, 1, 2, etc. sous chaque tiret. Pour 0, préciser que ce nombre est essentiel pour comprendre que c'est à partir de ce tiret que les mesures s'effectuent. Pour 1, montrer que c'est le bout du 1er centimètre, un trait mesure 1 cm si il arrive jusqu'à ce tiret. Il reprend l'explication pour le 2.

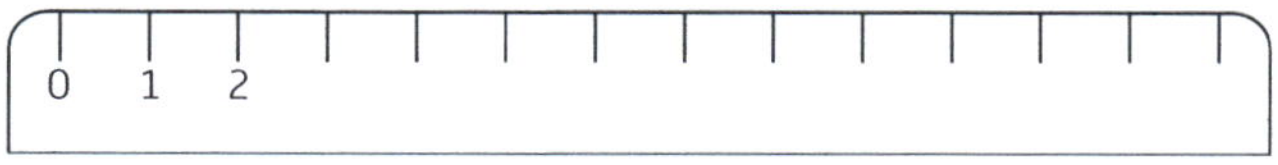

Réponses

Crayons 1 ; 3 ; 5 et 8.

Bilan

Pour mesurer en centimètres, je peux utiliser une règle avec des traits espacés d'un centimètre. Je place le premier trait, avec le 0, au début de l'objet à mesurer. Je compte le nombre d'intervalles pour trouver la mesure en cm. Si les nombres 0, 1, 2, etc. sont déjà écrits sous les traits, je mesure plus vite , je n'ai plus besoin de compter.

Activité 2 de réinvestissement Exercice 3 p. 11

Tâche

Mesurer des distances entre deux points et tracer tous les segments de 3 cm ou 4 cm reliant deux points.

Lancement

Pour faciliter la compréhension de la consigne, l'enseignant l'illustre avec un exemple en plaçant deux points au tableau (la distance entre ces deux points n'a pas d'importance). Il montre la distance qu'il faut mesurer et explique en traçant le segment qu'il faut le tracer s'il mesure 3 cm ou 4 cm. Il explique où se trouve le point lorsqu'on le marque avec une croix.

Recherche

Procédure visée :

▸ placer la règle le long de la droite (non tracée) entre les deux points avec le zéro à un point. Voir si le deuxième point se situe sur la graduation 3 ou 4 de la règle.

Erreurs possibles :

▸ mal placer la règle ;

▸ considérer les mesures proches de 3 cm ou 4 cm comme valables ;

▸ avoir des difficultés pour tracer un trait droit en maintenant la règle.

Différenciation

Pour les élèves en difficulté

Pour les élèves plaçant mal leur règle ou lisant mal les mesures, reprendre la règle rose avant de mesurer, à nouveau, avec la blanche.

On peut aider les élèves malhabiles mais mesurant correctement, en leur montrant comment placer leurs doigts. Cette compétence doit se travailler toute l'année sur toutes les occasions de classe qui nécessitent de tracer des traits.

Pour les élèves plus rapides

Exercice supplémentaire 3, fiche différenciation 4.

Mise en commun

▸ Demander ce que le dessin représente.

▸ Revenir sur le placement de la règle et sur la mesure en cm en montrant une ou deux mesures entre deux points. Il n'est pas utile d'effectuer toutes les mesures en collectif.

Réponse

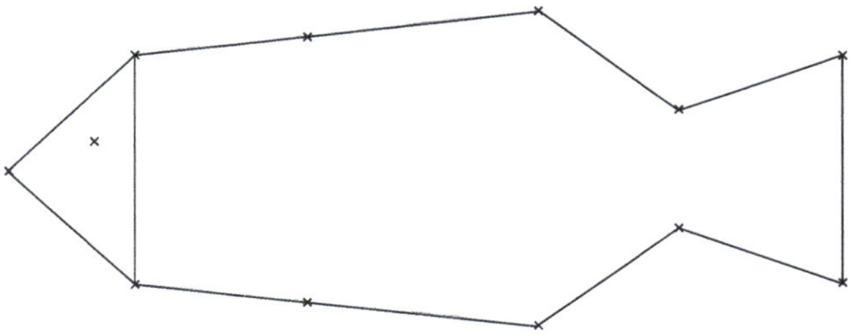

Séance 4

Rituels du jour

Suite orale	Lecture / écriture	Calcul mental
• Idem séance 1.	• Idem séance 1.	• Idem séance 1. *Calculs à proposer :* 5 + 8 ; 4 + 7 ; 8 + 6 ; 4 + 8 ; 6 + 5.

OBJECTIF DE LA SÉANCE

Utiliser la règle graduée en cm pour mesurer et tracer des longueurs.

Activité 1 de découverte

Tâche

Tracer un segment de 5 cm de longueur.

Ce qui est visé en proposant cette tâche

Comprendre l'utilisation d'une règle graduée en centimètres pour tracer un segment dont la mesure de longueur est donnée.

Lancement

L'enseignant présente aux élèves leur nouvelle règle * et demande ce que représentent les graduations. Il est probable que les élèves comprennent que cette règle est de même type que celle utilisée à la séance précédente. L'enseignant peut leur faire comparer la règle et la règle blanche avec des tirets espacés tous les centimètres utilisée à la séance précédente. La règle est la même que la règle blanche avec les tirets, elle est juste plus solide et donc plus pratique.

Les élèves disposent d'une feuille ou de leur cahier de brouillon. Ils doivent tracer un segment (un trait) de 5 cm de long.

Recherche

Procédure visée :

▸ commencer le segment à partir du zéro de la règle et le tracer jusqu'au trait numéroté 5 de la règle.

Erreurs possibles :

▸ commencer le segment au début de la règle ;

▸ faire un tracé très imprécis à cause d'un mauvais maniement de la règle.

Mise en commun

▸ Demander de reprendre la règle rose afin de vérifier que son tracé mesure bien 5 cm.

▸ Montrer au tableau la procédure pour tracer un segment de longueur donnée en précisant que l'unité de la règle du tableau est plus grande que le centimètre.

Institutionnalisation

Pour tracer un segment de longueur donnée, je commence le trait à partir du zéro de la règle et je le trace jusqu'à la graduation indiquant le nombre de cm voulu.

Dans le *Ce que j'ai découvert* p. 12, faire compléter la longueur du segment.

CE QUE J'AI DÉCOUVERT

Pour mesurer un segment (un trait délimité par deux extrémités) avec ma règle graduée :
– je place le zéro de la règle à une extrémité ;
– je regarde à quel nombre arrive l'autre extrémité du segment.

Ce nombre est la mesure en cm du segment.

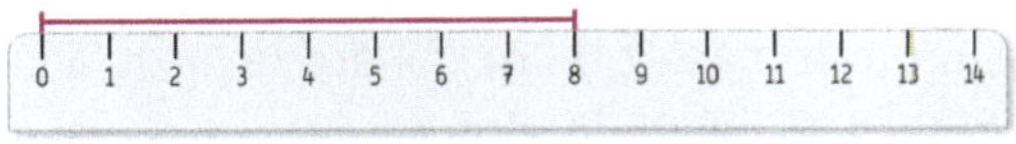

Longueur du segment = 8 cm.

Activité 2 de réinvestissement Exercice 4 et Exercice 5 p. 12

Tâche

Reproduire deux figures.

Lancement

Deux difficultés peuvent survenir dans la compréhension de la consigne :
– ne pas comprendre que « reproduire » signifie « tracer une figure qui doit être exactement la même que celle de gauche » ;
– ne pas comprendre que les deux côtés sont commencés pour aider à les tracer dans la bonne direction.

Pour aider à la compréhension de la consigne, l'enseignant peut montrer en exemple ce qu'il faut faire pour reproduire un des côtés.

Recherche

Procédure visée :

▸ mesurer les longueurs des côtés et les tracer à partir du sommet adéquat.

Erreurs possibles :

▸ commencer par tracer le côté vertical à partir de A en le prolongeant jusqu'au niveau de ce côté sur la figure initiale ;

▸ tracer les côtés en les mesurant à partir de la fin des segments commencés ;

▸ pour l'exercice 5, mesurer le côté oblique et essayer de le tracer à partir de sa mesure alors qu'il faut le tracer en dernier en rejoignant les deux sommets, sa mesure n'étant pas entière.

* Il est aussi possible de travailler avec la règle du matériel prédécoupé complétée à la séance 3.

Différenciation

Pour les élèves en difficulté

Photocopier sur papier calque les deux figures afin de les donner aux élèves pour que ceux-ci puissent voir les côtés qui sont mal reproduits.

Pour les élèves plus rapides

Exercice supplémentaire 5, fiche différenciation 4.

Mise en commun

▶ La mise en commun peut s'effectuer sur les mesures des différents côtés et sur les différents ordres possibles dans lequel il faut tracer les côtés.

Fin de séquence

Je m'entraine à mon rythme

La ligne brisée

Objectifs

- Mesurer, en cm, une ligne brisée.
- Tracer une ligne brisée, de mesure donnée, en cm.

Aide à apporter aux élèves en difficulté

Pour la longueur de A à D, décomposer le calcul en demandant de mesurer la longueur de A à B, puis de B à C et enfin de C à D.

Pour le tracé de la ligne de 30 cm, proposer de tracer une ligne brisée de trois morceaux dont la longueur totale mesure 30 cm.

Réponses

Longueur de la ligne brisée de A à D = 8 cm + 6 cm + 4 cm = 18 cm.

Il existe beaucoup de possibilités pour tracer une ligne brisée de 30 cm.

Je cherche

Les dominos

Objectif

- Développer des compétences de chercheur telles que l'observation, l'utilisation d'une procédure par tâtonnement, etc.

Réponse

Il faut retourner le domino avec 4 et 5 points.

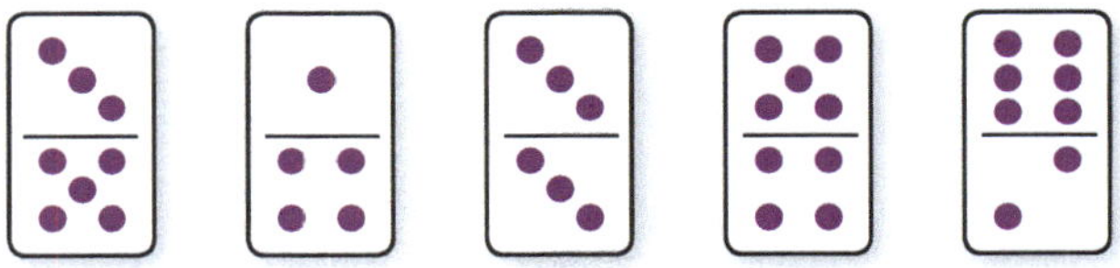

Résolution de problèmes de transformation

Sens de l'addition et de la soustraction (2)

pp. 18 à 23

Rituels de la semaine

Objectifs d'apprentissage

Suite orale

• Dire la suite orale des nombres **en avant, de 2 en 2, à partir de 0 puis d'un nombre pair jusqu'à 100 au maximum.**

Calcul mental

• Connaitre ou reconstruire très rapidement les résultats des tables d'addition de 1 à 5 et de 10.

Séquence d'apprentissage

Place dans l'ensemble des séquences « Résolution de problèmes numériques »

3. Problèmes de réunion avec recherche du tout ou d'une partie	**5. Problèmes de transformation avec recherche de la quantité finale et de la transformation**	10. Problèmes de groupements avec recherche de la quantité totale	16. Problèmes de transformation avec recherche de la quantité initiale	23. Problèmes de groupements et de partages avec recherche du nombre de parts et de la valeur d'une part	27. Problèmes de transformation et de réunion	31. Problèmes de comparaison	34. Organisation et gestion des données

Objectifs de la séquence

• Déterminer, en identifiant l'addition ou la soustraction, la quantité finale après transformation.

• Déterminer, par procédure personnelle, la transformation.

Objectifs d'apprentissage du BO

• Résoudre des problèmes additifs en une étape de type parties-tout.

• Résoudre des problèmes additifs en deux étapes.

Pourquoi résoudre des problèmes de transformation par ajout et par retrait dans une même séquence ?

Dans la continuité de notre démarche en CP, nous travaillons dans la même séquence la recherche de l'état final et la recherche de la valeur de la transformation, dans les cas de transformations positives et négatives. En ce début d'année de CE1, la procédure experte, reconnaissance de l'opération en jeu (addition ou soustraction), est attendue pour la recherche de l'état final, la vérification des résultats par l'enseignant avec une calculatrice permet d'insister sur le sens des opérations en jeu en lien avec les symboles mathématiques. En revanche, la recherche de la valeur de la transformation sera résolue par des procédures personnelles (procédure experte maitrisée plutôt en CE2).

Quel que soit le problème, il faut encourager les élèves à s'engager dans une démarche, même si elle est moins experte que souhaité, et à s'interroger sur la cohérence de sa réponse. Mieux vaut un élève qui tâtonne qu'un élève qui reste bloqué.

Remarque importante : Nous avons fait le choix de mettre, comme en séquence 3, des données inutiles à la résolution dans certains énoncés pour ne pas habituer les élèves à utiliser toutes les données chiffrées d'un énoncé et les obliger à toujours réfléchir au sens du problème.

Structure de la séquence

- Séance 1 : découverte : recherche de la quantité finale
- Séance 2 : réinvestissement
- Séance 3 : découverte : recherche de la transformation
- Séance 4 : réinvestissement
- Fin de séquence : entrainement et recherche

Matériel nécessaire

Matériel à télécharger pour l'ensemble de la séquence :
– Fiche annexe « Frises » , fiches Annexes 5.1 et 5.2.
– Fiche différenciation 5 pour tous les exercices supplémentaires de la séquence.
– Fiche évaluation 5.
– Les posters *Problèmes de transformation (1 et 2)*.

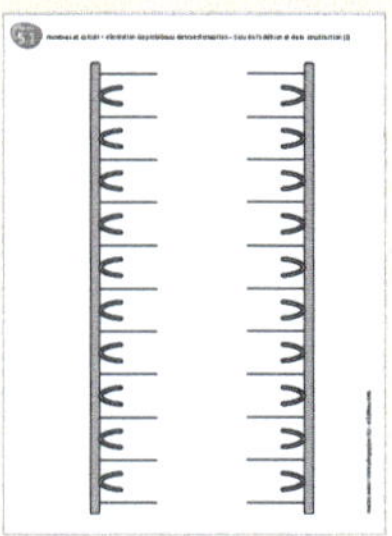
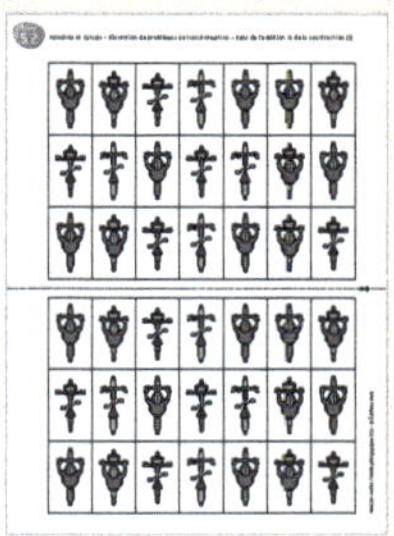
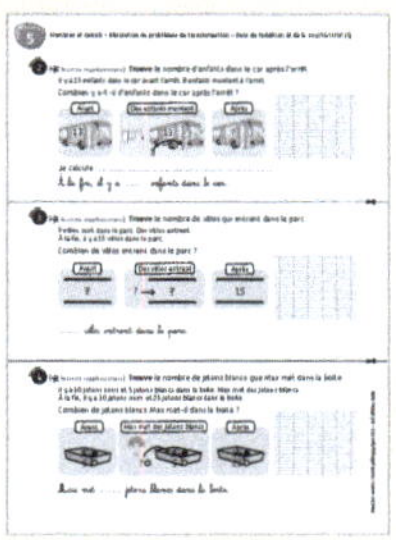
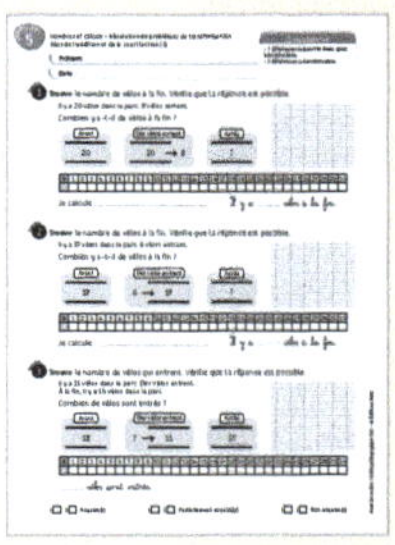

	Matériel pour l'enseignant	**Matériel pour les élèves**
Séance 1	– Le parc à vélos et les cartes vélo agrandie s (annexes 5.1 et 5.2) – La frise numérique jusqu'à 30 (annexe « Frises ») agrandie – Des post-it – Une calculatrice – Le poster *Problèmes de transformation (1)* 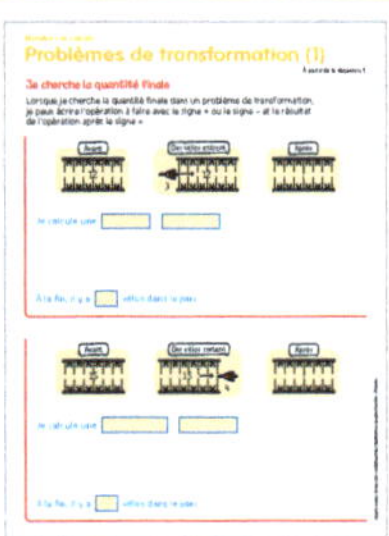	– Une ardoise – 30 carrés unité – Une frise numérique jusqu'à 30 (annexe « Frises ») – Le fichier de l'élève p. 18 – Mémo 5.1 *Différenciation :* le parc à vélo et les cartes vélos (Annexes 5.1 et 5.2)
Séance 2	– Le parc à vélos et les cartes vélo agrandies (Annexes 5.1 et 5.2) – La frise numérique jusqu'à 30 – Une calculatrice – Le poster *Problèmes de transformation (1)*	– Une ardoise – Des crayons de couleur – Le fichier de l'élève p. 19 *Différenciation :* 30 carrés unité ; exercice supplémentaire 2, fiche différenciation 3
Séance 3	– Le parc à vélos et les cartes vélo agrandies (Annexes 5.1 et 5.2) – La frise numérique jusqu'à 30 – Les carrés unité magnétiques – Les posters *Problèmes de transformation (1 et 2)* 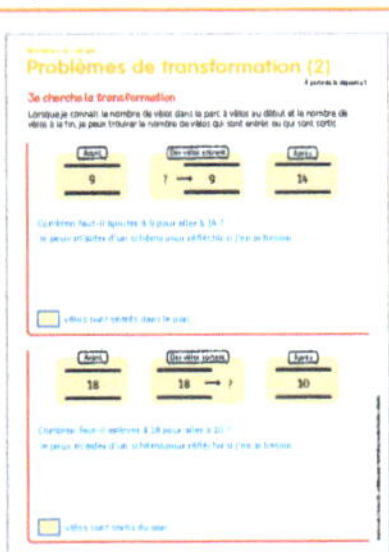	– Une ardoise – 30 carrés unité – Une frise numérique jusqu'à 30 (annexe « Frises ») – Le fichier de l'élève p. 20 – Mémo 5.2 *Différenciation :* Le parc à vélo et les vélos (Annexes 5.1 et 5.2)
Séance 4	– Le parc à vélos et les cartes vélo agrandies (Annexes 5.1 et 5.2) – La frise numérique jusqu'à 30 – Les posters *Problèmes de transformation (1 et 2)*	– Le fichier de l'élève p. 21-22 – Exercices supplémentaires 3 et 4, fiche différenciation 3 *Différenciation :* Le parc à vélo et les vélos (Annexes 5.1 et 5.2) ; les carrés unité
Fin de séquence		– Le fichier de l'élève p. 23 *Différenciation :* 3 frises numériques jusqu'à 30 (annexe « Frises ») ; les carrés unité

Séance 1

Rituels du jour

Suite orale

• À tour de rôle, les élèves énoncent la suite orale des nombres en avant, de 2 en 2, à partir 0 jusqu'à 100 au maximum.

Calcul mental

L'enseignant dit 7 calculs d'addition de 1 à 5 ou de 10. Les élèves écrivent les résultats au fur et à mesure dans les cases d'une ligne de leur feuille de calcul mental.
À la correction, l'enseignant rappelle qu'on peut inverser les deux termes si le calcul nous parait plus simple. L'enseignant montre le calcul avec les doigts et rappelle les décompositions des nombres (double + 1 ; décomposition en 10 + x) permettant de trouver le résultat si on ne l'a pas mémorisé. À la fin de la séance, l'enseignant fait compléter les tables de 1 à 5 et 10 (fichier élève pages 100-101) pour que les élèves les apprennent.
Calculs à proposer : **3 + 5** ; **6 + 3** ; **6 + 10** ; **8 + 3** ; **5 + 1** ; **9 + 4** ; **3 + 10**.

Objectifs de la séance

• Déterminer, par addition ou soustraction, à l'aide d'un calcul mental, des doigts ou de la frise numérique, la quantité finale après une transformation.
• Vérifier la cohérence de son résultat en revenant au texte de l'énoncé.

Activité de découverte

Étape 1

Tâche

Trouver le nombre de vélos dans un parc après l'entrée de quelques-uns.

Ce qui est visé en proposant cette tâche

Comprendre que l'addition permet de trouver la quantité finale dans une situation de transformation positive.

Lancement

L'enseignant affiche ou dessine 3 parcs à vélos pour reproduire l'illustration ci-après.

Il énonce le problème en s'appuyant sur ces illustrations pour faire comprendre aux élèves cette représentation sous forme de bande dessinée : « Vous allez devoir chercher le nombre de vélos dans le parc à vélos à la fin. Au début, il y a 12 vélos garés dans le parc, 3 vélos entrent. Combien de vélos y a-t-il dans le parc à la fin ? »

Après avoir vérifié la compréhension de la situation et de la question, l'enseignant rappelle qu'il faut vérifier que sa réponse est possible.

Recherche

Les élèves disposent de leur ardoise pour écrire leur réponse, mais aussi pour dessiner s'ils le désirent, et d'une frise numérique et de carrés unité.

Ce type de problème a déjà été rencontré en CP, et même en GS. Il est attendu des élèves de CE1 qu'ils reconnaissent l'addition qui est en jeu, toutefois, certains élèves ont encore besoin de matériel pour mimer la situation dont ils ne se sont pas encore créé une image mentale.

Procédure visée :

► reconnaissance de l'addition 12 + 3, puis calcul mental, utilisation des doigts ou de la frise pour surcompter (avec ou sans utilisation des carrés) ;

► vérification de la cohérence de la réponse en revenant à l'énoncé.

Procédure possible, mais la mise en commun en montrera les limites :

► dessin ou schématisation des vélos, recomptage du tout d'un en un.

Erreurs possibles :

► incompréhension de la transformation de la quantité ;

► erreur en dénombrant le tout ;

► erreur en voulant utiliser un calcul mental.

Différenciation

Après des essais infructueux sans matériel, le parc et les vélos (Annexes 5.1 et 5.2) peuvent être fournis.

Mise en commun

► Discussion pour faire ressortir les différentes procédures permettant de trouver la solution, en particulier, le surcomptage à partir de 12, qui est illustré avec les carrés unité sur la frise affichée au tableau : les 12 carrés représentant l'état initial sont placés avec des post-it, par exemple, comme illustré dans le *Ce que j'ai découvert* p. 18, puis 3 carrés sont ajoutés un à un. Un arc de cercle sous la frise met en évidence le fait que c'est le nombre final qui est recherché.

► Collecte des réponses et analyse de leur cohérence en revenant à l'énoncé : des vélos entrent, il y en a donc plus à la fin qu'au début.

► Analyse des erreurs en distinguant les erreurs de compréhension de la situation des erreurs d'exécution des procédures.

▸ Si certains élèves ont utilisé des dessins plus ou moins schématiques, étude de ceux-ci afin de faire ressortir qu'il est inutile de faire de jolis dessins : cela prend du temps et ce n'est pas plus efficace pour trouver la solution.

▸ Le cas échéant, mise en évidence des limites de l'utilisation des dessins même schématiques (temps nécessaire).

▸ Si nécessaire, vérification finale en plaçant les 12 vélos dans le parc, puis en ajoutant les 3 vélos entrants pour compter le tout.

▸ Verbalisation claire du résultat obtenu : 12 plus 3, ça fait 15, 12 plus 3 « égale » 15.

▸ Réintroduction de l'écriture mathématique 12 + 3 = 15 en rappelant la signification des symboles.

▸ Vérification par l'enseignant avec une calculatrice pour mettre en évidence le rôle de l'addition et le sens des symboles + et = dans cette situation.

▸ Reprise de l'énoncé du problème en insistant sur la chronologie des évènements, et donc sur le fait qu'il y a plus de vélos à la fin qu'au début. Cette reprise est accompagnée d'une schématisation : un premier rectangle est dessiné, surmonté d'un arc de cercle et du nombre 12 (le 12 n'est pas écrit à l'intérieur du rectangle, cela pourrait créer des confusions dans le cas d'une transformation négative). Un deuxième rectangle est dessiné accolé pour signifier l'augmentation, surmonté de la même manière. Enfin, un arc de cercle soulignant le tout avec un point d'interrogation montre ce qui est cherché (cf. *Ce que j'ai découvert* p. 18). Elle peut être réalisée sous la frise accrochée au tableau en adaptant la taille des rectangles.

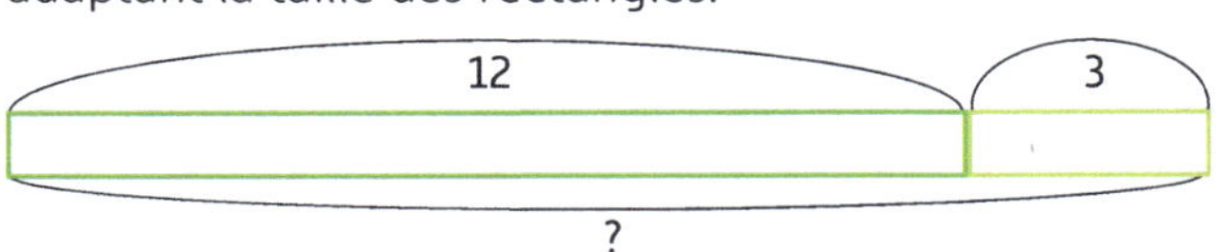

▸ Une autre schématisation peut être proposée, elle permet de mieux visualiser la transformation. Une droite orientée est tracée et le nombre 12, état initial, est marqué en notant la légende (début). Une flèche est tracée vers la droite en expliquant qu'elle est tracée dans ce sens car des vélos entrent, donc le nombre de vélos augmente. Un repère surmonté d'un point d'interrogation est tracé au bout de la flèche en notant la légende (fin). La transformation est notée au-dessus de la flèche. Cette représentation peut être tracée au tableau sous la frise numérique pour faire le lien entre les deux (le travail sur la droite graduée, entamé en CP, sera repris et approfondi en séquence 28). Le nombre cherché est plus grand que 12.

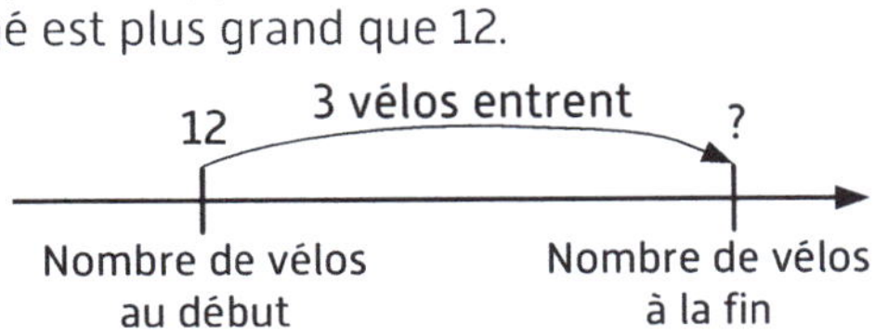

▸ Par la suite, ces schématisations pourront être proposées aux élèves lors des mises en commun pour les aider à structurer leur pensée, **mais en aucun cas exigée lors des résolutions**.

ÉTAPE 2

Tâche

Trouver le nombre de vélos dans un parc à vélos après la sortie de quelques-uns.

Ce qui est visé en proposant cette tâche

Comprendre que la soustraction permet de trouver la quantité finale dans une situation de transformation négative.

Lancement

La démarche est la même qu'à l'étape 1 avec ce nouvel énoncé de problème : « Vous allez devoir chercher le nombre de vélos dans le parc à la fin. Au début, il y a 15 vélos garés dans le parc, 4 vélos sortent. Combien de vélos y a-t-il dans le parc à la fin ? »

Recherche

Le déroulement est similaire à celui de l'étape 1. L'enseignant insiste sur le fait que, cette fois, les vélos sortent.

Procédures visées :

▸ reconnaissance de la soustraction, puis calcul mental, utilisation des doigts ou de la frise numérique pour décompter (avec ou sans utilisation des carrés) ;

▸ vérification de la cohérence de la réponse en revenant à l'énoncé.

Procédure possible, mais la mise en commun en montrera les limites :

▸ dessin ou schématisation des vélos, recomptage de ce qui reste d'un en un.

Erreurs possibles :

▸ incompréhension de la transformation de la quantité ;

▸ erreur en dénombrant le tout ;

▸ erreur en voulant utiliser un calcul mental.

Mise en commun

▸ Collecte des réponses et étude de leur cohérence en appui sur l'énoncé.

▸ Discussion pour faire ressortir les différentes procédures permettant de trouver la solution. En particulier le décomptage à l'aide de la frise comme illustré dans le *Ce que j'ai découvert* p. 18.

▸ Analyse des erreurs en distinguant les erreurs de compréhension de la situation et d'exécution d'une procédure.

▸ Étude des dessins le cas échéant, tout en en montrant les limites (temps nécessaire par rapport au calcul).

▸ Si nécessaire, vérification finale en plaçant les 15 vélos dans le parc, puis en enlevant les 4 vélos sortants pour compter ce qui reste.

▸ Verbalisation claire du résultat obtenu : 15 moins 4, ça fait 11, 15 moins 4 « égale » 11.

▸ Réintroduction de l'écriture mathématique 15 – 4 = 11 en rappelant la signification des symboles.

▸ Vérification de l'opération par l'enseignant avec sa calculatrice.

▸ Reprise de l'énoncé du problème en insistant sur la chronologie des évènements et sur le fait qu'à la fin il y a moins de vélos dans le parc qu'au début. Cette reprise est accompagnée des schématisations de mêmes types que les précédentes. Cette fois, le rectangle du schéma en barres signifiant la diminution est dessiné à l'intérieur du rectangle initial. Les nombres indiquant la quantité initiale et la transformation restent écrits au-dessus des rectangles pour ne pas modifier la place des nombres ayant le même statut (*cf.* Ce que J'ai découvert p. 18).

Les schémas avec la droite numérique peuvent être tracés par les élèves dans l'espace disponible mais seulement s'ils ont été étudiés et par les élèves qui le souhaitent.

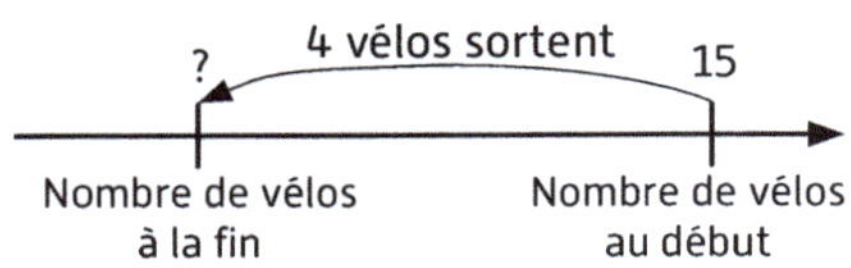

Institutionnalisation

L'enseignant revient sur les données des problèmes et leur question. Dans ces problèmes, on connait le nombre de vélos dans le parc au début et le nombre de vélos qui entrent ou qui sortent. Le nombre de vélos augmente quand des vélos entrent, il diminue quand des vélos sortent. On cherche le nombre de vélos dans le parc à la fin en effectuant une addition ou une soustraction. Il faut toujours commencer par se demander s'il y a plus ou moins de vélos à la fin. L'enseignant s'appuie sur les exemples travaillés pour insister sur ce fait.

Le poster *Problèmes de transformation (1)* est affiché en ne laissant visible que le premier tiers. Il est complété en fixant les étiquettes « 12 + 3 = 15 » et « 15 – 4 = 11 » et les étiquettes « 15 » et « 11 » dans les phrases réponses. Les espaces vides permettent de coller une frise ou un schéma, selon ce qui aura été utilisé en classe.

Dans le Ce que J'ai découvert p. 18, l'enseignant fait écrire le nombre final de vélos en revenant sur la signification du schéma, le calcul en langage mathématique et le résultat dans la phrase réponse.

Les schémas avec la droite numérique peuvent être tracés par les élèves dans l'espace disponible mais seulement s'ils ont été étudiés et par les élèves qui le souhaitent.

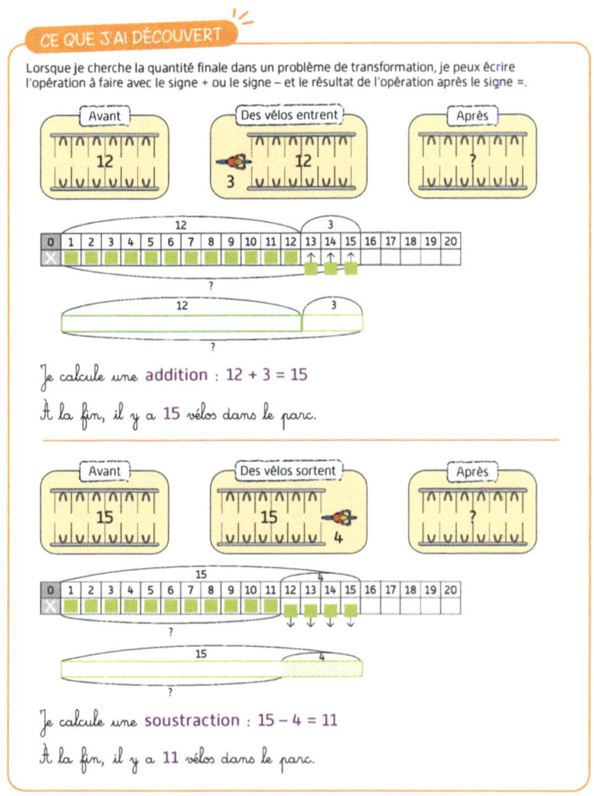

Séance 2

Rituels du jour

Suite orale
- À tour de rôle, les élèves énoncent la suite orale des nombres en avant, de 2 en 2, à partir d'un nombre pair jusqu'à 100 au maximum.

Calcul mental
- Idem séance 1.

Calculs à proposer : 8 + 10 ; 7 + 5 ; 9 + 2 ; 3 + 4 ; 2 + 10 ; 5 + 3 ; 8 + 5.

Objectifs de la séance
- Déterminer par addition ou soustraction, à l'aide d'un calcul mental ou de la frise numérique, la quantité finale après transformation positive ou négative dans différents contextes.
- Vérifier la cohérence de son résultat en revenant au texte de l'énoncé.

Activité 1 de réinvestissement

Exercice 1 p. 19

Étape 1

Tâche

Rédiger un énoncé de problème correspondant à l'illustration du premier item de l'exercice 1 p. 19.

Lancement

Les étapes 1 et 2 de cette activité ont pour objectif d'amener les élèves à s'approprier la structure d'un énoncé de problème.

Le fichier n'est pas encore utilisé. Le problème du premier item de l'exercice 1 p. 19 est illustré comme sur le fichier (ou projeté) au tableau sans le commenter.

L'enseignant demande aux élèves de raconter l'histoire et de trouver la question à laquelle on peut répondre.

Recherche

Les élèves écrivent l'histoire et la question sur leur ardoise. Les élèves non-scripteurs peuvent être en binôme avec un élève scripteur.

Mise en commun

- Lecture de quelques histoires qui présentent des différences notables.
- Mise de côté des histoires qui ne correspondent pas à l'illustration en mettant en évidence les raisons de cette mise à l'écart.
- Étude des histoires qui conviennent avec, le cas échéant, une réflexion sur les détails racontés qui n'apportent pas d'éléments intéressants au niveau de la résolution du problème.
- Étude des questions posées en faisant la distinction entre les questions dont la réponse est dans le texte (« Combien y a-t-il de vélos garés au début ? », « Combien de vélos sortent ? ») et la question pour laquelle il faut réfléchir, faire un calcul.
- Un texte épuré est finalement retenu et écrit sur un côté du tableau, par exemple : « Il y a 17 vélos dans le parc. 5 vélos entrent. Combien de vélos sont dans le parc à la fin ? »

Étape 2

Tâche

Rédiger un énoncé de problème correspondant à l'illustration du second item de l'exercice 1 p. 19.

Déroulement

Le déroulement est identique à celui de l'étape précédente, mais pour la situation du second item de l'exercice 1 p. 19. Le fichier n'est donc toujours pas utilisé.

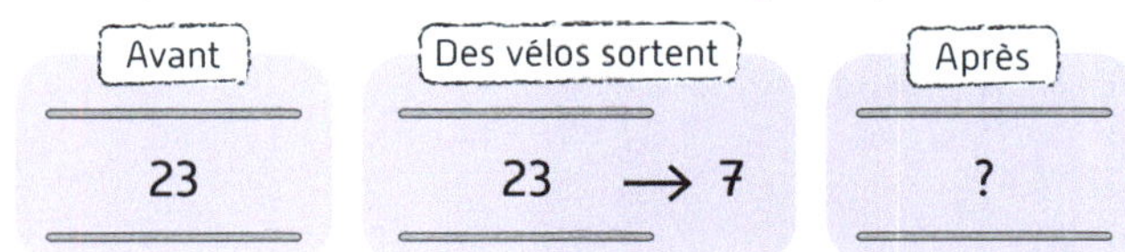

Exemple d'énoncé à retenir : « Il y a 23 vélos dans le parc. 7 vélos sortent. Combien de vélos y a-t-il à la fin ? »

Étape 3

Tâche

Trouver le nombre final de vélos dans le parc après une transformation positive.

Lancement

L'enseignant montre que le premier problème de l'exercice 1 p. 19 est celui que les élèves ont rédigé en premier. Il leur demande de le résoudre en précisant qu'ils peuvent utiliser l'espace quadrillé s'ils en ont besoin, ou un cahier de recherche si cet espace est trop petit. Ils peuvent aussi utiliser la frise pour trouver le résultat.

Recherche

Les élèves ne sont pas contraints à utiliser tel ou tel support, ils font selon leur besoin. Néanmoins, ils peuvent être conseillés s'ils ne trouvent pas la bonne réponse. Les carrés unité ne sont pas fournis ici, les élèves peuvent surcompter sur la frise en pointant du doigt les cases ou en les coloriant. Cette dernière procédure sera présentée lors de la mise en commun, même si elle n'est pas apparue.

L'écriture mathématique de l'opération en jeu est attendue, quelle que soit la méthode utilisée pour trouver la somme.

Les procédures visées et les erreurs possibles sont les mêmes que celles décrites dans la séance 1.

Mise en commun

- Collecte des réponses et étude de leur pertience.
- Discussion autour des procédures de résolution pour rejeter les erronées et hiérarchiser les correctes.
- Écriture mathématique de l'addition : 17 + 5 = 22.
- Validation sur la frise, en montrant comment on peut en colorier les cases pour trouver le résultat, les couleurs permettant ici de distinguer les vélos présents au départ et les vélos entrés par la suite. Les schémas peuvent être proposés, mais en aucun cas imposés. Les schémas peuvent être des aides mais pas des objectifs.

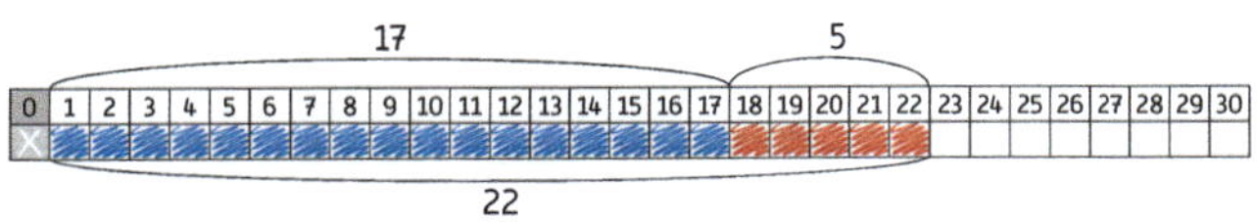

- Vérification par l'enseignant, à l'aide d'une calculatrice, pour valider l'addition et l'utilisation des signe + et = dans l'écriture mathématique.

L'appui sur le poster *Problèmes de transformation (1)* est systématique.

ÉTAPE 4

Tâche

Trouver le nombre final de vélos dans le parc après une transformation négative.

Déroulement

Il est similaire à celui de l'étape précédente avec le deuxième problème de l'exercice 1 p. 19.

L'utilisation de la frise est également illustrée, comme ci-dessous, et les schémas peuvent être proposés.

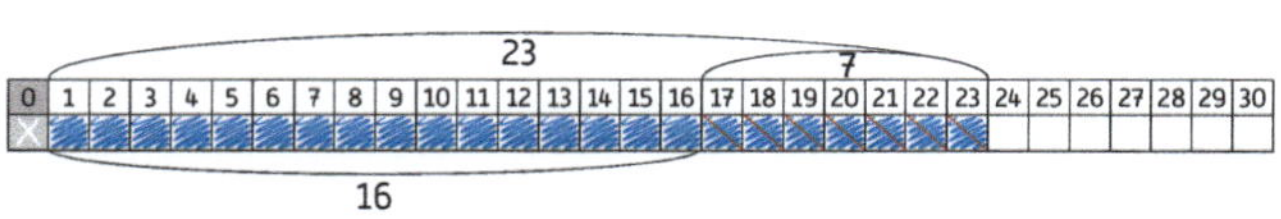

L'opération 23 – 7 = 16 est validée par l'enseignant avec la calculatrice et en appui sur le poster *Problèmes de transformation (1)*.

Réponses

1. 17 + 5 = 22. Il y a 22 vélos dans le parc à la fin.
2. 23 – 7 = 16. Il y a 16 vélos à la fin.

Activité 2 de réinvestissement Exercice 2 p. 19

Tâche

Déterminer une quantité finale d'enfants après une transformation positive.

Déroulement

Ce problème permet de changer de contexte et donc de commencer à généraliser les procédures de résolution.

L'enseignant demande aux élèves une lecture silencieuse de l'énoncé, puis à quelques-uns de raconter l'histoire. Après s'être assuré de la bonne compréhension de tous, en particulier du fait que le « 18 » écrit sur le car représente le nombre d'enfants présents dans ce car avant l'arrêt et que le « 7 » représente le nombre d'enfants qui montent, il laisse les élèves résoudre le problème en aidant les plus fragiles à bien comprendre l'énoncé et son illustration.

Les procédures visées et les erreurs possibles sont les mêmes que celles déjà décrites dans le déroulé de l'exercice 1.

Différenciation

Pour les élèves en difficulté

Après avoir essayé sans matériel, on peut le fournir (carrés unité) aux élèves qui ne sont pas encore capables de déterminer sans celui-ci le résultat après la transformation.

Pour les élèves les plus rapides

Exercice supplémentaire 2, fiche différenciation 5

Réponse

18 + 7 = 25. Il y a 25 enfants dans le car à la fin.

Bilan

Retour sur la question à se poser avant de commencer à chercher (« Est-ce qu'il y a plus ou moins d'enfants à la fin ? »), sur les procédures de résolution des problèmes rencontrés en lien avec la structure des problèmes (quantités qui augmentent ou diminuent), ainsi que sur les opérations à effectuer et leur écriture mathématique.

Séance 3

Rituels du jour

Suite orale
- Idem séance 2.

Calcul mental
- Idem séance 1.

Calculs à proposer : 6 + 5 ; 9 + 10 ; 7 + 2 ; 9 + 3 ; 5 + 4 ; 7 + 10 ; 8 + 1.

Objectifs de la séance
- Déterminer, par une procédure personnelle, la transformation.
- Vérifier la cohérence de son résultat en revenant au texte de l'énoncé.

Activité de découverte

Étape 1

Tâche

Trouver le nombre de vélos qui sont entrés dans un parc connaissant leur nombre initial et leur nombre final.

Ce qui est visé en proposant cette tâche

Comprendre que l'on peut déterminer l'augmentation en connaissant les états initial et final.

Lancement

L'enseignant énonce le problème « 9 vélos sont garés dans le parc. Des vélos entrent. Maintenant, il y a 14 vélos dans le parc. Combien de vélos sont entrés ? » et demande d'écrire la réponse sur l'ardoise.

Il représente la situation comme ci-dessous :

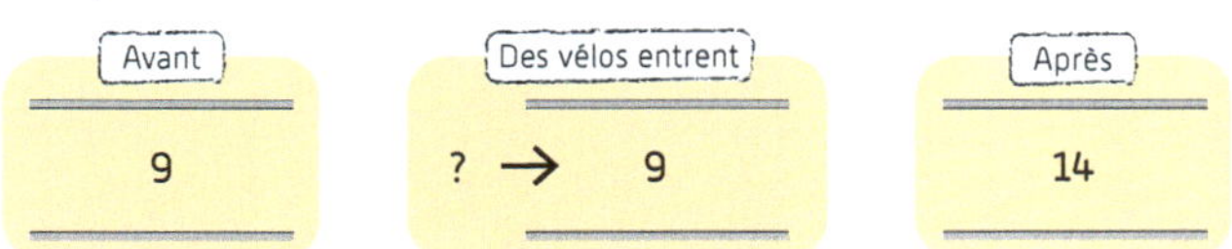

Recherche

La recherche peut être organisée par binôme, les élèves disposent de leur ardoise, de la frise numérique et des carrés unité.

La frise va jusqu'à 30 pour laisser la place aux erreurs. La réussite doit témoigner de la compréhension du problème et non être contrainte par le matériel.

Procédures possibles :

- utilisation des carrés unité, avec ou sans la frise, pour évaluer l'écart entre 9 et 14 ;
- schéma des 9 vélos et ajout en comptant d'un en un pour aller jusqu'à 14 ;
- évaluation mentale de l'écart entre 9 et 14, en s'aidant éventuellement des doigts ou de la frise numérique ;
- utilisation de résultats mémorisés ou reconstruits. Je sais que 9 et 5, ça fait 14 ;
- dans tous les cas, vérification que la réponse est possible.

Erreurs possibles :

- incompréhension du problème, les deux nombres sont ajoutés ;
- erreur en surcomptant ;
- utilisation d'un résultat mal mémorisé.

Différenciation

Pour les élèves en difficulté

Après une recherche infructueuse, on peut fournir les cartes vélo et un parc aux élèves qui ne se sont pas encore construit une image mentale de la situation.

Mise en commun

- Discussion pour faire ressortir les différentes procédures permettant de trouver la solution. En particulier, le surcomptage à partir de 9 pour aller jusqu'à 14 avec les carrés unité sur la frise affichée au tableau, comme illustré dans le *Ce que j'ai découvert* p. 20 : les 9 carrés représentant l'état initial sont placés, puis des carrés sont ajoutés un à un jusqu'à atteindre 14, puis dénombrés. Un arc de cercle au-dessus de la frise met en évidence le fait que c'est le nombre de carrés ajoutés qui est recherché.
- Analyse des erreurs, puis des procédures justes.
- Validation avec le matériel une fois les procédures exposées.
- Verbalisation claire du résultat obtenu : de 9 pour aller à 14, il faut ajouter 5.
- Reprise de l'énoncé du problème en insistant sur la chronologie des évènements. Cette reprise est accompagnée d'une schématisation : un premier rectangle est dessiné, surmonté d'un arc de cercle et du nombre 9. Un deuxième rectangle est dessiné accolé pour signifier l'augmentation, surmonté de la même manière, mais avec un point d'interrogation signifiant que c'est ce que l'on cherche. Enfin, un arc de cercle soulignant le tout avec 14, l'état final (*cf.* *Ce que j'ai découvert* p. 20).

La schématisation avec la droite peut aussi être proposée.

Étape 2

Tâche

Trouver le nombre de vélos qui sont sortis d'un parc, connaissant leur nombre initial et leur nombre final.

Ce qui est visé en proposant cette tâche

Même visée que lors de la séance 1, mais avec un problème de diminution.

Déroulement

Le déroulement est similaire à celui de l'étape précédente avec le problème suivant : « Vous devez chercher le nombre de vélos qui sortent du parc. Il y a 18 vélos garés dans le parc. Des vélos sortent. Maintenant, il y a 10 vélos. Combien de vélos sortent ? »

Le problème est toujours illustré au tableau, l'énoncé écrit.

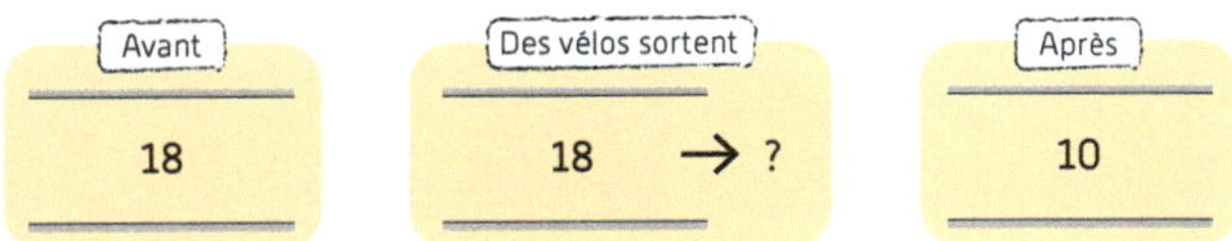

Reprise de l'énoncé du problème en insistant sur la chronologie des évènements. Cette reprise est accompagnée d'une schématisation du même type que la précédente. Cette fois, le rectangle signifiant la diminution est dessiné à l'intérieur du rectangle initial. Les nombres indiquant les quantités initiale et finale restent écrits au-dessus et en dessous des rectangles pour ne pas modifier la place des nombres ayant le même statut (*cf.* Ce que j'ai découvert p. 20).

La schématisation avec la droite numérique peut être proposée.

Institutionnalisation

Dans les problèmes, on connait le nombre de vélos au départ et le nombre de vélos à la fin. On cherche le nombre de vélos qui sont entrés ou sortis. On peut trouver le nombre de vélos en faisant un dessin ou un schéma, en utilisant ses doigts ou en se servant d'un résultat qu'on a mémorisé.

Il faut toujours commencer par se demander si le nombre de vélos dans le parc augmente ou diminue pour savoir si des vélos sortent ou rentrent. L'enseignant s'appuie sur les exemples travaillés pour insister sur ce fait.

Les procédures évoquées dans ce bilan dépendront de celles utilisées par les élèves. Ne seront citées que celles apparues dans la classe, cependant celle avec la frise sera exposée quoi qu'il en soit.

Dans le Ce que j'ai découvert p. 20, l'enseignant fait écrire le nombre de vélos en revenant sur la signification des schémas faisant faire, éventuellement et pas forcément par tous, les schémas avec la droite numérique.

Le poster *Problèmes de transformation (2)* est affiché et les étiquettes « 5 » et « 8 » sont collées dans les phrases réponses. Les espaces vides permettent de coller une frise, un schéma… suivant ce qui aura été utilisé en classe.

CE QUE J'AI DÉCOUVERT

Lorsque je connais le nombre de vélos dans le parc au début et le nombre de vélos dans le parc à la fin, je peux calculer le nombre de vélos qui sont entrés ou qui sont sortis.

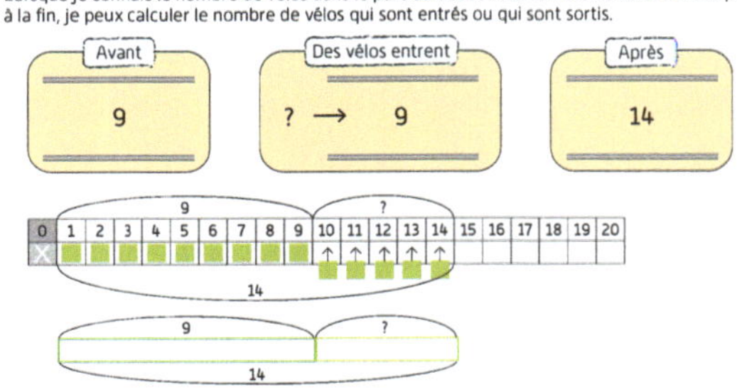

Combien faut-il ajouter à 9 pour aller à 14 ?

5 vélos sont entrés dans le parc.

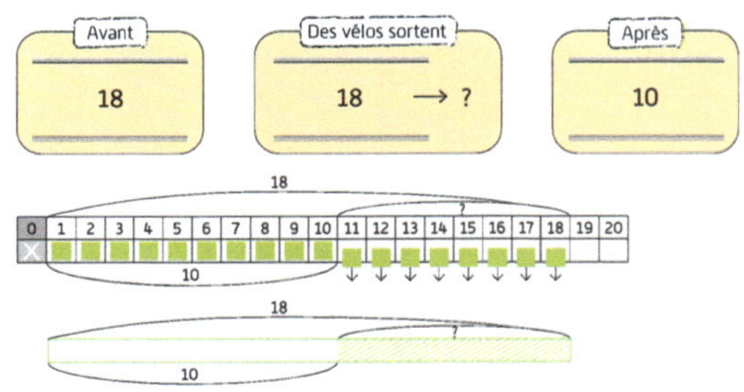

Combien faut-il enlever à 18 pour aller à 10 ?

8 vélos sont sortis du parc.

Séance 4

Rituels du jour

Suite orale	Calcul mental
• Idem séance 2.	• Idem séance 1. *Calculs à proposer* : 1 + 10 ; 8 + 4 ; 9 + 5 ; 10 + 3 ; 6 + 2 ; 7 + 4 ; 5 + 10.

Objectifs de la séance

- Déterminer, par procédure personnelle, la valeur d'une transformation dans différents contextes.
- Déterminer, par procédure experte, la quantité finale, dans différents contextes.
- Résoudre des problèmes additifs en deux étapes.

Remarque : De nombreux problèmes sont proposés ici. Il ne s'agit pas nécessairement de les faire résoudre tous, mais cela permet à l'enseignant de choisir ceux qu'il veut faire résoudre en fonction des besoins de ses élèves.

Activité 1 de réinvestissement Exercice 3 p. 21

Étape 1

Tâche

Déterminer la valeur de la diminution.

Lancement

L'enseignant demande aux élèves une lecture silencieuse du premier énoncé, puis à quelques-uns de raconter l'histoire. Après s'être assuré de la bonne compréhension de tous, il laisse les élèves résoudre le problème.

Recherche

Les élèves n'ont pas les carrés unité mais disposent de la frise numérique sur le fichier.

Procédures visées :

- décompter avec les doigts de 12 à 9 et compter les doigts levés ;
- utiliser la frise pour décompter de 12 à 9 et trouver qu'il faut reculer en faisant 3 « pas » ;
- colorier 12 cases de la frise, puis barrer les cases à partir de la fin pour en garder 9 non barrées. Compter les cases barrées.

Erreurs possibles :

- erreur de compréhension de la situation ;
- erreur dans le décomptage, par exemple en comptant le nombre de vélos partis et en obtenant ainsi la réponse 4.

Différenciation

Pour les élèves en difficulté

Après des essais infructueux sans matériel concret, on peut le fournir aux élèves qui ne sont pas encore capables de déterminer sans celui-ci la valeur de la transformation.

Mise en commun

- Collecte des réponses et étude de leur cohérence.
- Discussion sur les procédures utilisées pour rejeter celles qui témoignent d'une incompréhension de la situation.
- Mise en valeur de la dernière procédure citée plus haut, même si elle n'a pas été utilisée par les élèves.
- Validation de la réponse en reprenant l'histoire dans l'ordre chronologique et en s'appuyant sur le poster et, éventuellement, sur des schémas.

Étape 2

Tâche

Déterminer la valeur de l'augmentation.

Déroulement

Il est similaire à celui de l'étape précédente.

Procédures visées :

- surcompter avec les doigts de 8 à 15 et compter les doigts levés ;
- utiliser la frise pour surcompter de 8 à 15 et trouver qu'il faut avancer en faisant 7 « pas » ;
- colorier 8 cases de la frise d'une couleur, puis colorier les cases suivantes d'une autre couleur pour arriver à 15. Compter le nombre de cases de la deuxième couleur.

Erreurs possibles :

- erreur de compréhension de la situation ;
- erreur de comptage.

Différenciation

Pour les élèves en difficulté

Après des essais infructueux sans matériel concret, on peut le fournir aux élèves qui ne sont pas encore capables de déterminer sans celui-ci la valeur de la transformation.

Pour les élèves les plus rapides

Exercice supplémentaire 3, fiche différenciation 5

Mise en commun

- Collecte des réponses et étude de leur cohérence.
- Discussion sur les procédures utilisées pour rejeter celles qui témoignent d'une incompréhension de la situation.
- Mise en valeur de la dernière procédure citée plus haut, même si elle n'a pas été utilisée par les élèves.
- Validation de la réponse en reprenant l'histoire dans l'ordre chronologique et en s'appuyant sur le poster et, éventuellement, sur des schémas.

Réponses

1. 3 vélos sont sortis.
2. 7 vélos sont entrés.

Activité 2 de réinvestissement Exercice 4 p. 22

Tâche

Déterminer la quantité finale, puis la valeur de la transformation.

Déroulement

Cet exercice propose un problème à deux étapes, décomposées en deux sous-problèmes. Pour résoudre le deuxième sous-problème, il faut comprendre que le nombre d'enfants dans le car avant le deuxième arrêt est le nombre d'enfants après le premier arrêt.

L'enseignant veillera à cette compréhension et fera compléter les pointillés de l'énoncé de la question b.

Le premier sous-problème est une recherche d'état final. Il est souhaité que les élèves identifient l'addition et l'écrivent en ligne dans l'espace quadrillé.

Le deuxième sous-problème est un problème de recherche de la diminution. Une procédure personnelle est attendue.

Différenciation

Pour les élèves en difficulté

Après des essais infructueux sans matériel concret, on peut le fournir aux élèves qui ne sont pas encore capables de déterminer sans celui-ci la valeur de la transformation.

Pour les élèves les plus rapides

Exercice supplémentaire 4, fiche différenciation 5

Réponses

a. 15 + 8 = 23. Après le premier arrêt, il y a 23 enfants dans le car.

b. 10 enfants descendent du car au deuxième arrêt.

Fin de séquence

Je m'entraine à mon rythme

Le va-et-vient des oiseaux

Objectif

- S'entrainer à trouver la quantité finale ou la valeur de la transformation subie par une quantité.

Les questions de ce problème sont enchainées. Le nombre trouvé est le nombre à prendre en compte pour la situation initiale de la question suivante.

Chaque question correspond à une recherche d'état final ou de transformation.

Lors de l'évaluation d'un tel exercice, il faut distinguer ce qui relève du raisonnement et ce qui relève du calcul. Un élève peut, par exemple, avoir fait une erreur de calcul dès la première question, erreur qui va impacter tous les résultats suivants, mais avoir raisonné juste à chaque étape. Il est essentiel que cet élève prenne conscience qu'il a bien raisonné, mais que son erreur de calcul a entrainé les résultats faux qui ont suivi.

Aide à apporter aux élèves en difficulté

Les élèves qui ne comprennent pas encore ce que l'on cherche dans ces situations peuvent être accompagnés pour mimer les actions à l'aide de matériel (carrés unité). Il est important qu'ils commencent à comprendre la transformation d'une collection : elle augmente ou elle diminue. Il s'agira ensuite de quantifier la valeur finale, l'augmentation ou la réduction.

Réponses

Cas 1 : 10 + 4 = 14 (recherche d'état final).

Cas 2 : 14 – 6 = 8 (recherche d'état final).

Cas 3 : Combien pour aller de 8 à 12 ? 4 (recherche de la transformation).

Je cherche

Les couleurs des cartes

Objectif

- Développer des compétences de chercheur : prendre des initiatives, faire preuve de persévérance, être organisé, etc.

Réponse

pp. 24 à 27

Écritures chiffrées des nombres jusqu'à 199

Rituels quotidiens

Objectifs d'apprentissage

Suite orale

- Dire la suite orale des nombres **en avant, de 2 en 2, à partir de 1 puis d'un nombre impair jusqu'à 99 au maximum**.

Calcul mental

- Connaitre les résultats des tables d'addition de 1 à 5 et de 10 dans les 2 sens.

Séquence d'apprentissage

Place dans l'ensemble des séquences « Construire la numération écrite chiffrée »

1. Écritures chiffrées et comparaison des nombres jusqu'à 99	**6. Écritures chiffrées des nombres jusqu'à 199**	9. Comparaison des nombres jusqu'à 199	13. Écritures chiffrées des nombres jusqu'à 999	18. Comparaison des nombres jusqu'à 999

Objectif de la séquence

Indiquer et comparer des quantités en utilisant la signification de l'écriture chiffrée : introduire la valeur des chiffres en fonction de leur position dans l'écriture des nombres de 1 à 199.

Objectifs d'apprentissage du BO

- Connaitre et utiliser la relation entre unités et dizaines, entre dizaines et centaines, entre unités et centaines.
- Connaitre et utiliser diverses représentations d'un nombre et passer de l'une à l'autre.
- Connaitre la valeur des chiffres en fonction de leur position dans un nombre.

Pourquoi cette progression pour introduire les nombres au-delà de 99 ?

Cette séquence introduit une notion clé du CE1, la centaine. Elle commence avec des manipulations comme c'est toujours le cas pour les notions nouvelles. Dès la séquence 7, le matériel de numération utilisé ici sera remplacé par les étiquettes détachables du fichier élève. Elles serviront alors notamment pour les nombres supérieurs à 200, pour l'apprentissage de l'addition et de la soustraction posées en colonnes. Ensuite, il servira essentiellement pour une autovalidation des réponses des élèves et pour la différenciation.

Cette séquence fait suite à la séquence 1 qui concerne les nombres inférieurs à 100 déjà vus au CP. Le travail se poursuit sur les différentes représentations du nombre : les unités de numération, le nom des nombres et les écritures chiffrées. Cette fois-ci, il s'agit d'aller au-delà de 99. Dans la 1re séance de cette séquence, une écriture telle que 132 est vue comme étant 13 dizaines et 2 unités restantes, ce qui est la suite logique de l'écriture des nombres vue au CP. Cela permet ainsi d'aborder la décomposition 132 = 13 d + 2 u. L'introduction de la centaine se fait durant les 2e et 3e séances, en mobilisant le nom du nombre pour lequel « cent » est prononcé.

Remarques importantes : les notions sont introduites via le jeu de cartes 1·2 que les élèves connaissent déjà depuis la séquence 1.

Un nombre comme 132 est successivement vu comme étant :
– 13 d + 2 u (continuation de la logique d'écriture du CP) ;
– 1 c + 32 u (en relation avec le nom du nombre « cent-trente-deux ») ;
– 1 c + 3 d + 2 u (en utilisant l'écriture 1 c + 32 u et le fait que 32 u = 3 d + 2 u) ;
– 132 u (comptage un à un).

À chaque fois, on fait correspondre une organisation différente de la même collection, afin de montrer que toutes les désignations précédentes sont celles du même nombre.

Une des difficultés est de faire prendre conscience aux élèves que toutes ces désignations sont valables, quelle que soit la manière dont se présente la collection (qu'elle soit organisée ou non). Par exemple, le nombre d'objets d'une collection peut s'écrire indifféremment 132 ; 13 d + 2 u ; 1 c + 32 u ; 1 c + 3 d + 2 u ; 132 u ; « cent-trente-deux » et se dire « cent-trente-deux ». Ce sont toutes des désignations du même nombre.

Structure de la séquence

- Séance 1 : découverte : savoir utiliser l'écriture chiffrée pour indiquer une quantité comportant plus de dix dizaines
- Séance 2 : découverte : savoir utiliser un groupement de dix dizaines pour écrire un nombre
- Séance 3 : découverte : définir la centaine comme dix dizaines, et voir qu'elle est égale à cent unités
- Séance 4 : réinvestissement
- Fin de séquence : entrainement et recherche

Matériel nécessaire

Matériel à télécharger pour l'ensemble de la séquence :
– Fiches Annexes 6.1 et 6.2.
– Fiche différenciation 6 pour tous les exercices supplémentaires de la séquence.
– Fiche évaluation 6.
– Le poster *Les écritures chiffrées des nombres jusqu'à 199.*

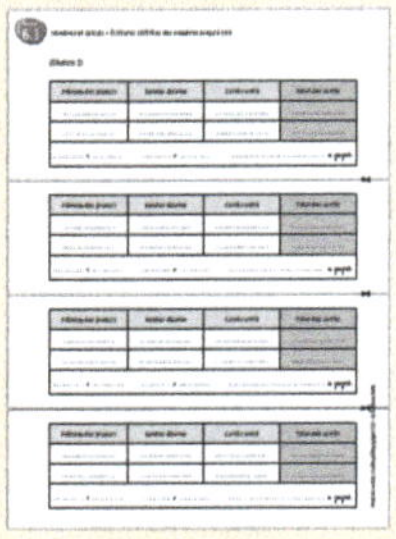
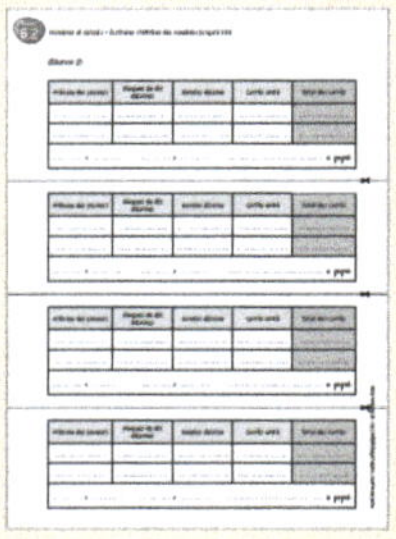
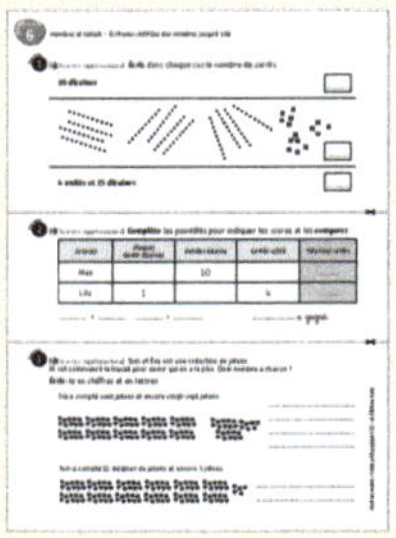
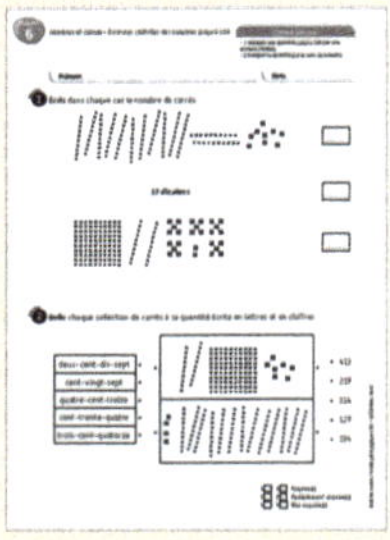

	Matériel pour l'enseignant	Matériel pour les élèves
Séance 1	– Les carrés unité et les bandes dizaine pour le tableau afin de valider les comparaisons – Une reproduction agrandie de l'exercice 1 p. 24	**Matériel par binôme** – Le matériel « Jeu de cartes » pour deux joueurs (possibilité de mettre un troisième élève en arbitre) – Le matériel de numération : **exactement** 4 carrés unité et 24 bandes dizaine pour les deux joueurs – 3 barquettes pour deux joueurs : une pour mettre les 4 carrés unité et les 24 bandes dizaine (la réserve commune) et une pour chaque joueur (chacun y mettra les carrés qu'il gagnera au jeu) – Les feuilles de score à photocopier (Annexe 6.1) – Une ardoise par élève – Le fichier de l'élève p. 24 – Mémo 6.1 *Différenciation :* exercice supplémentaire 1, fiche différenciation 6, mémo 1 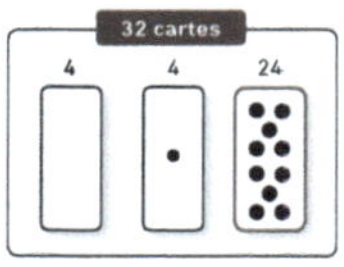
Séance 2	– Le matériel de numération pour le tableau pour valider les comparaisons : les carrés unité, les bandes dizaine et une plaque « dix dizaines » – Une reproduction agrandie de l'exercice 2 p. 25	**Matériel par binôme** – Le matériel « Jeu de cartes » pour deux joueurs (possibilité de mettre un troisième élève en arbitre) – Le matériel de numération : **exactement** 4 carrés unité, 20 bandes dizaine et 1 plaque « dix dizaines » pour les deux joueurs – 3 barquettes pour deux joueurs : une pour mettre les 4 carrés unité, 20 bandes dizaine et **1 plaque « dix dizaines »** (la réserve), et une pour chaque joueur (chacun y mettra les carrés qu'il gagnera au jeu) – Les feuilles de score à photocopier (Annexe 6.2) – Une ardoise par élève – Le fichier de l'élève p. 25 *Différenciation :* exercice supplémentaire 2, fiche différenciation 6 ; mémos 1 et 6.1 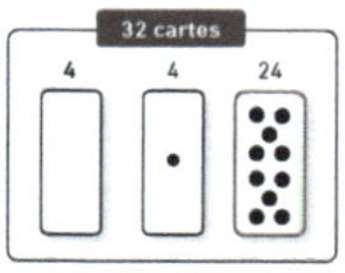

Séance 3	– Le matériel de numération pour le tableau pour valider les réponses : des carrés unité, des bandes dizaine et une plaque « dix dizaines » – Le poster *Les écritures chiffrées des nombres jusqu'à 199* 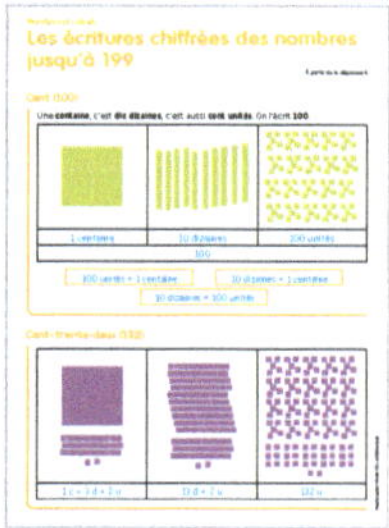	**Matériel par élève** – Un cahier de recherche ou une ardoise – Une réserve de matériel de numération : carrés unité, bandes dizaine et la plaque « dix dizaines » dans une barquette – Le fichier de l'élève p. 24 et 26 – Mémo 6.2
Séance 4	– Le matériel de numération aimanté pour valider les réponses : des carrés unité, des bandes dizaine et la plaque centaine – Une reproduction agrandie de l'exercice 3 p. 26 – Le poster *Les écritures chiffrées des nombres jusqu'à 199*	**Matériel par élève** – Un cahier de recherche ou une ardoise – La réserve de matériel de numération disponible pour chaque élève : carrés unité, bandes dizaine et plaque centaine dans une barquette – Le fichier de l'élève p. 26 *Différenciation* : exercice supplémentaire 3, fiche différenciation 6 ; Mémo 6
Fin de séquence		**Matériel par élève** – Le fichier de l'élève p. 27

Séance 1

Rituels du Jour

Suite orale

• À tour de rôle, les élèves énoncent la suite orale des nombres en avant, de 2 en 2, à partir 1 jusqu'à 199 au maximum.

Calcul mental

• L'enseignant dit 7 calculs d'addition de 1 à 5 et de 10, dans les deux sens : soit un calcul d'une somme (exemple : 3 + 5), soit un calcul de complément (exemple : 3 + ? = 8). Le calcul de complément est écrit sous la forme 3 + ? = 8 et énoncé de deux façons : « Combien pour aller de trois à huit ? Combien faut-il ajouter à trois pour avoir huit ? ». Les élèves écrivent les résultats au fur et à mesure dans les cases d'une ligne de leur feuille de calcul mental. À la correction, pour les calculs de compléments, la correction s'effectue à partir des doigts et des jetons sur la frise. On montre combien il faut ajouter de doigts ou de jetons aux doigts déjà levés ou aux jetons déjà placés pour obtenir le nombre désiré.
Calculs à proposer : 3 + 5 ; 6 + ? = 16 ; 8 + 3 ; 3 + ? = 8 ; 5 + 1 ; 9 + 4 ; 4 + ? = 6.

Objectifs de la séance

• Indiquer et comparer des quantités en utilisant la signification de l'écriture chiffrée.
• Introduire une écriture telle que 132 comme étant 13 dizaines et 2 unités restantes (la centaine est introduite dans les séances suivantes).

Activité 1 de découverte

Tâche

Jouer au « Jeu de cartes » (2 à 3 parties) et indiquer le score de chacun sur une feuille de score (Annexe 6.1).

Ce qui est visé en proposant cette tâche

Comprendre comment comparer des nombres en considérant la signification des chiffres dans leur écriture chiffrée : cas où il y a plus de dix dizaines.

Lancement

L'enseignant indique aux élèves qu'ils vont jouer au « Jeu de cartes » à deux et devront remplir une feuille de score.

Il réexplique les règles du jeu (voir séquence 1) et distribue ensuite le matériel pour chaque binôme de joueurs (il peut y avoir un arbitre qui distribue les carrés). Il précise que les joueurs doivent écrire leur score (le nombre de carrés gagnés par chacun) et se mettre d'accord sur le gagnant à la fin de cette partie. Si les deux ont autant de carrés, ils gagnent tous les deux. S'ils sont d'accord, ils peuvent faire une autre partie en mélangeant les cartes.

Recherche

Procédure visée :

▸ écriture chiffrée du score en accolant le nombre de dizaines et le nombre d'unités restantes : ici, une quantité comme 13 bandes dizaine et 2 carrés unité est vue comme 13 dizaines et 2 unités (132). Il est inutile ici de savoir le nom du nombre qui n'a d'ailleurs pas encore été travaillé.

Procédure possible :

▸ comptage et transcription du nom du nombre en écriture chiffrée (possible pour certains élèves, mais non attendue car les élèves n'ont pas encore appris cette année à écrire les nombres au-delà de 99).

Erreurs possibles :

▸ ne pas mobiliser les connaissances déjà travaillées concernant l'écriture chiffrée des nombres ;

▸ additionner le nombre de bandes dizaine et le nombre de carrés unité ;

▸ écrire le nombre en commençant par le nombre de carrés unité ;

▸ ne tenir compte que d'un des deux nombres, soit les bandes dizaine, soit les carrés unité.

Différenciation

Faire verbaliser la procédure pour écrire les nombres (obtenir le nombre de dizaines et d'unités, accoler les deux nombres écrits avec des chiffres dans le bon ordre) : faire référence aux *Ce que J'ai découvert* de la séquence 1.

Pour les élèves plus rapides

Faire plus de parties en autonomie.

Mise en commun

Étudier uniquement les trois parties suivantes proposées en collectif par l'enseignant, en demandant les réponses sur ardoise.

• **Partie 1 : explicitation de la valeur des chiffres selon leur position**

Joueurs	Bandes dizaine	Carrés unité	Total des carrés
Lila	9	3	......
Max	15	1	......
.... <	.... >		.... a gagné.

– Reproduire la feuille de score ci-dessus au tableau puis demander les réponses des élèves (nombre total de carrés) sur ardoise pour la première case, puis la deuxième. La comparaison se fait ensuite.
– Concernant l'écriture du total, discuter des procédures.

La validation se fait en référence à la signification des chiffres de la séquence 1 (voir les *Ce que J'ai découvert*). Dans cette séance 1 de la séquence 6, l'écriture chiffrée 151 signifie donc 15 dizaines et 1 unité restante (la centaine est introduite dans les séances suivantes). Pour l'écriture des nombres avec les chiffres, il n'est pas nécessaire ici de recourir au matériel du tableau qui pourrait induire une des stratégies de comptage avec la comptine des dizaines (dix, vingt, trente, quarante, etc.) qui fait obstacle au savoir visé. En effet, ce type de comptage ne permet pas de connaitre le nombre de dizaines (alors qu'il est donné) et pose des difficultés au-delà de cent. L'enseignant peut dire le nom du nombre si les élèves le demandent mais l'explication du mot « cent » dans le nom du nombre intervient en séance 3.
– Concernant la détermination du gagnant, valider la comparaison des deux nombres à l'aide, cette fois-ci, du matériel de numération au tableau : montrer ainsi que le nombre de dizaines dans chaque nombre permet de conclure.

• **Partie 2 : réinvestissement de la valeur des chiffres selon leur position**

Joueurs	Bandes dizaine	Carrés unité	Total des carrés
Éva	14	1	......
Tom	10	3	......
.... <	.... >		.... a gagné.

– Déroulement identique au cas précédent (partie 1).
– Pour les deux nombres 141 et 103, c'est l'occasion d'utiliser aussi les signes d'inégalités < et > et les expressions « supérieur à », « inférieur à », « plus grand que », « plus petit que ».

• **Partie 3 : le rôle du chiffre « 0 » (zéro)**

Joueurs	Bandes dizaine	Carrés unité	Total des carrés
Max	15		......
Tom	9	4	......
.... <	.... >		.... a gagné.

– Pour la première ligne, ne pas écrire « 0 » dans la case des carrés unité afin de mettre en évidence dans la mise en commun le rôle du chiffre « 0 » (zéro) qui est nécessaire pour indiquer l'absence d'unités restantes : sinon certains élèves recopient simplement les chiffres dans l'ordre.
– Concernant le gagnant, utiliser le matériel de numération au tableau et montrer ainsi que le nombre de dizaines permet de valider la comparaison des nombres.
– Pour les deux nombres 150 et 94, c'est à nouveau l'occasion d'utiliser aussi les signes d'inégalités < et >.

Institutionnalisation

L'enseignant fait verbaliser ce qui a été appris concernant l'écriture des nombres qui comportent plus de dix dizaines en s'appuyant sur des nombres rencontrés lors de la mise en commun (par exemple 141, 150).

Il y a cette fois-ci trois chiffres. Les deux de gauche (ou les deux premiers) indiquent le nombre de dizaines (14 dizaines pour 141 ; 15 dizaines pour 150). Celui de droite indique le nombre d'unités restantes (1 unité restante pour 141 et 0 unité restante pour 150).

Dans le *Ce que J'ai découvert* p. 24, faire remplir uniquement la première ligne de l'encadré ainsi que les écritures chiffrées dans les cases et la ligne de comparaison. Les deux lignes de pointillés qui restent seront remplies en séance 3 de cette séquence.

Activité 2 de réinvestissement

Exercice 1 p. 24

Tâche

Connaissant le nombre de dizaines et d'unités restantes, donner l'écriture chiffrée d'un nombre de carrés.

Déroulement

L'exercice agrandi est affiché au tableau, la consigne est lue, les zones de réponse sont indiquées pour chacun des trois cas.

Recherche

L'enseignant relève les difficultés des élèves pour s'en servir dans la mise en commun qui suit. Il peut attirer l'attention sur le *Ce que j'ai découvert* qui se trouve au-dessus (et en particulier la nécessité du zéro pour le cas 3).

Procédures visées :

- cas 1 et 3 : ce sont les procédures vues dans l'activité de découverte ;
- cas 2 : la procédure attendue est le comptage un à un du nombre de dizaines (12) et du nombre d'unités restantes (9). Les chiffres sont ensuite accolés ; inutile de connaitre le nom du nombre. Toutes les dizaines sont bien visibles, sauf une qu'il reste à constituer (on peut repérer assez facilement deux « cinq »).

Différenciation

Pour les élèves en difficulté

Faire verbaliser la procédure pour écrire les nombres. Faire référence au *Ce que j'ai découvert*. Le matériel peut être fourni mais uniquement pour vérifier la réponse. Faire remarquer aux élèves qu'il est inutile de connaitre le nom du nombre pour savoir son écriture chiffrée.

Pour les élèves plus rapides

Une fois les réponses produites, donner le matériel pour la vérification, puis donner l'exercice supplémentaire 1, fiche différenciation 6.

Mise en commun

- Cas 1 et 3 : ce sont des applications directes du savoir énoncé dans le *Ce que j'ai découvert* qui peut donc servir de référence pour la mise en commun.
- Cas 2 : c'est l'occasion d'insister sur le fait que, pour écrire le nombre, il faut considérer toutes les dizaines, ne pas en oublier. L'erreur possible ici mène à 11 dizaines et 19 unités, donc à écrire 1119 au lieu de 129.

Réponses

Cas 1 : 125.

Cas 2 : 129.

Cas 3 : 180.

Bilan

Revenir sur le fait que l'écriture d'un nombre de trois chiffres indique toujours le nombre le plus grand de dizaines et le nombre d'unités restantes (moins de dix).

Séance 2

Rituels du jour

Suite orale

- À tour de rôle, les élèves énoncent la suite orale des nombres en avant, de 2 en 2, à partir d'un nombre pair jusqu'à 100 au maximum.

Calcul mental

- Idem séance 1.

Calculs à proposer : 7 + 5 ; 9 + ? = 11 ; 3 + 4 ; 5 + ? = 8 ; 8 + 5 ; 8 + ? = 10 ; 1 + ? = 6.

Objectif de la séance

Introduire la plaque du matériel de numération comme étant dix dizaines.

Remarque importante : cette séance sert à introduire la plaque comportant cent carrés comme étant « dix dizaines », ce qui permet d'écrire les nombres comme dans la séance précédente, et permet dans la séance suivante l'introduction de la centaine en lien avec le nom du nombre.

Activité 1 de découverte

Remarque importante : il est important de respecter le nombre et les valeurs des cartes prévues, mais aussi le matériel de numération pour la réserve commune : 4 carrés unité, 20 bandes dizaine, 1 plaque « dix dizaines » pour les deux joueurs. En effet, les élèves doivent ne pas avoir assez de bandes dizaine et, au moment où ils sont ainsi bloqués, pouvoir échanger 10 dizaines qu'ils auront déjà collectées contre la plaque « dix dizaines ».

Tâche

La tâche est identique à la séance précédente : jouer au « Jeu de cartes » (2 à 3 parties) et indiquer le score de chacun sur une feuille de score (Annexe 6.2). Cependant, la présence d'une plaque « dix dizaines » et le nombre insuffisant de bandes dizaine va obliger l'élève à échanger dix bandes dizaine contre la plaque « dix dizaines ».

Ce qui est visé en proposant cette tâche

Comprendre l'usage d'un groupement de dix dizaines dans certaines comparaisons.

Lancement

L'enseignant indique aux élèves qu'ils vont jouer au « Jeu de cartes » à deux et devront remplir une feuille de score.

Il réexplique les règles du jeu si nécessaire. Il montre qu'il y a maintenant aussi la possibilité de prendre une plaque avec des carrés. Elle comporte dix dizaines de carrés (ne pas nommer cette plaque centaine pour l'instant mais « dix dizaines »). La plaque est montrée et dix bandes dizaine y sont superposées, puis comptées une à une de 1 à 10.

L'enseignant distribue ensuite le matériel exact pour chaque paire de joueurs (il peut y avoir un arbitre qui distribue les carrés).

Recherche

Procédures possibles pour collecter les carrés :

- à chaque carte « un », un carré unité est pris, à chaque carte « dix » une bande dizaine est prise ;
- au moment où il ne reste plus de bandes dizaine, se posera un problème. La procédure attendue est d'échanger tout d'abord dix des bandes dizaine collectées contre une plaque « dix dizaines ».

Procédures visées et possibles pour écrire le score et comparer :

- identiques à la séance précédente, avec la mise en valeur de celle consistant à dénombrer les dizaines puis les unités restantes pour obtenir l'écriture chiffrée.

Erreurs pour écrire le score et comparer :

- tenter de passer par le nom du nombre et échouer ;
- ne pas compter correctement la quantité de dizaines ;
- ne pas réinvestir les connaissances précédemment vues pour l'écriture des nombres avec des chiffres ;
- ne pas considérer la plaque comme comportant dix dizaines.

Différenciation

Pour les élèves en difficulté

Faire verbaliser la procédure pour écrire les nombres : se référer au *Ce que j'ai découvert* précédent, et à ceux de la séquence 1.

Pour les élèves plus rapides

Faire d'autres parties en autonomie.

Mise en commun

Étudier uniquement les trois parties suivantes proposées en collectif par l'enseignant, en demandant les réponses sur ardoise.

- **Partie 1 : explicitation de la valeur des chiffres selon leur position**

Prénom des joueurs	Plaques de dix dizaines	Bandes dizaine	Carrés unité	Total des carrés
Éva		13	2	......
Lila	1	1	2	......
.... <	.... >		.... a gagné.	

Reproduire la feuille de score puis demander les réponses des élèves sur ardoise. Faire expliciter certaines procédures.
La validation se fait en référence à la signification des chiffres du *Ce que j'ai découvert* de la séance précédente. Le matériel du tableau permet de compter toutes les dizaines une à une, y compris celles qui sont sur une plaque. Il est intéressant de proposer aussi de faire ce comptage en échangeant la plaque contre dix dizaines. L'écriture chiffrée 112 signifie donc toujours pour l'instant 11 dizaines et 2 unités restantes, même dans le cas où la plaque « dix dizaines » est utilisée (la signification du premier chiffre « 1 » est introduite dans la séance suivante avec le mot « cent »).
Concernant le gagnant, comparer les nombres avec le matériel de numération du tableau et montrer ainsi que le nombre de dizaines permet de conclure. C'est l'occasion d'utiliser aussi les signes d'inégalités < et > et les expressions « supérieur à », « inférieur à », « plus grand que », « plus petit que ».

- **Partie 2 : réinvestissement de la valeur des chiffres selon leur position**

Prénom des joueurs	Plaques de dix dizaines	Bandes dizaine	Carrés unité	Total des carrés
Tom	1	2	3	......
Lila		12	1	......
.... <	.... >		.... a gagné.	

Même déroulement.
Faire remarquer que le nombre de dizaines et identique pour les deux nombres, même si certaines se trouvent sur une plaque.

• **Partie 3 : le rôle du chiffre « 0 » (zéro)**

Prénom des joueurs	Plaques de dix dizaines	Bandes dizaine	Carrés unité	Total des carrés
Tom	1	3		......
Lila		11	4	......
.... <		.... >		.... a gagné.

– Même déroulement. Les cases laissées vides le sont sciemment (ne pas y mettre de « 0 ») afin de montrer le rôle et la nécessité du zéro : sinon certains élèves recopient simplement les chiffres dans l'ordre.
– Mettre en évidence le rôle du chiffre « 0 » (zéro) qui est nécessaire pour indiquer l'absence d'unités restantes.

Bilan

L'enseignant fait à nouveau verbaliser ce qui a été appris concernant l'écriture des nombres qui comportent plus de dix dizaines : il y a cette fois-ci trois chiffres, les deux de gauche indiquent le nombre de dizaines et celui de droite indique le nombre d'unités restantes. Il signale que la plaque introduite comporte dix dizaines de carrés, c'est la plaque « dix dizaines ».

Activité 2 de réinvestissement

Exercice 2 p. 25

Tâche

Compléter des feuilles de score issues des parties fictives de jeu de cartes entre Max, Lila, Éva et Tom.

Lancement

L'enseignant explique aux élèves qu'ils devront compléter les feuilles de score de leur fichier, sans avoir le matériel de numération qui ne leur sera fourni que pour vérifier.

Recherche

Procédure visée pour les deux premiers cas :

▸ écriture du score avec des chiffres en accolant le nombre de dizaines et le nombre d'unités restantes.

Erreurs possibles pour les deux premiers cas :

▸ ne pas considérer les dix dizaines correspondant à la plaque « dix dizaines » ;

▸ ne pas mobiliser les connaissances déjà travaillées concernant l'écriture chiffrée des nombres ;

▸ additionner le nombre de dizaines et le nombre d'unités ;

▸ écrire le nombre en commençant par le nombre d'unités ;

▸ ne tenir compte que d'un des trois nombres, soit le nombre de plaques, soit le nombre de bandes, soit le nombre de carrés unité.

Procédure visée et erreur possible pour les trois derniers cas :

▸ une difficulté supplémentaire intervient du fait qu'il y a parfois plus de dix carrés.

Les élèves auront alors à mobiliser leurs connaissances concernant la signification des chiffres : déterminer toutes les dizaines, même celles qui ne sont pas immédiatement apparentes (se référer à la séquence 1, p. 7 du fichier de l'élève).

Différenciation

Pour les élèves en difficulté

Une fois les réponses produites, donner le matériel de numération (carrés unité, bandes dizaine, plaque « dix dizaines ») pour la vérification, et voir avec les élèves comment ils procèdent.

Pour les élèves plus rapides

Une fois les réponses produites, donner le matériel pour la vérification, puis donner l'exercice supplémentaire 2, fiche différenciation 6.

Mise en commun

Le premier et le dernier cas peuvent être traités en collectif en utilisant le matériel du tableau.

Réponses

Max	160	124 < 160	160 > 124	Max a gagné.
Lila	124			
Éva	151	133 < 151	151 > 133	Éva a gagné.
Lila	133			
Max	90	90 < 93	93 > 90	Tom a gagné.
Tom	93			
Éva	143	142 < 143	143 > 142	Éva a gagné.
Max	142			
Tom	105	105 < 110	110 > 105	Lila a gagné.
Lila	110			

Bilan

La nouvelle plaque est constituée de dix dizaines. Lorsqu'on a une telle plaque, il faut en tenir compte pour dénombrer les dizaines. Cela permet d'écrire les nombres avec les chiffres et aussi de les comparer.

Il ne faut pas oublier que 10 unités égalent 1 dizaine.

Séance 3

Rituels du jour

Suite orale
• Idem séance 2.

Calcul mental
• Idem séance 1.
Calculs à proposer : 7 + ? = 9 ; 6 + 5 ; 9 + ? = 12 ; 5 + 4 ; 3 + ? = 6 ; 8 + ? = 9 ; 4 + ? = 7.

OBJECTIF DE LA SÉANCE
Compréhension de la plaque « dix dizaines » du matériel de numération en termes de cent unités.

Remarque importante : dans cette séance, il est demandé d'écrire avec des lettres le nom de certains nombres. Même si l'enseignant indique la bonne orthographe, l'enjeu n'est pas ici cette orthographe mais la connaissance du nom à l'oral qui permettra de faire apparaitre la plaque « dix dizaines » comme étant constituée de cent carrés.

Activité 1 de découverte

ÉTAPE 1

Tâche

Écrire en chiffres, puis en lettres, le nombre de carrés donnés sous forme de dizaines et d'unités (moins de dix unités restantes) : 2 bandes dizaine et 4 carrés unité.

Ce qui est visé en proposant cette tâche

Rappeler comment dire et écrire un nombre inférieur à 100 en mobilisant deux procédures de dénombrement : la comptine des dizaines pour dire le nombre, le comptage un à un des dizaines pour écrire le nombre.

Lancement

L'enseignant indique que les élèves vont devoir prendre une quantité de carrés. Il va falloir écrire sur leur ardoise (ou cahier de recherche) le nombre de carrés avec des chiffres et avec des lettres.

L'enseignant leur indique le matériel à sortir de leur barquette et à mettre sur la table : 2 bandes dizaine et 4 carrés unité.

Recherche

Procédures visées :

▸ comptage des dizaines et des carrés restants et écriture chiffrée en termes de nombre de dizaines et d'unités restantes, écriture de « 24 » (avec les deux chiffres 2 et 4). Puis lecture de « 24 » (« vingt-quatre ») et transcription écrite littérale ;

▸ comptage de dix en dix, puis de un en un (dix, vingt, vingt-et-un, vingt-deux, vingt-trois, vingt-quatre) menant à l'obtention du nom du nombre « vingt-quatre » (oral), puis à son écriture littérale. Transcription du nom du nombre en chiffres « 24 ».

Procédure possible :

▸ comptage de un en un de tous les carrés, obtention du nom du nombre (oral), écriture en lettres de ce nom, et transcription du nom du nombre en écriture chiffrée.

Erreurs possibles (selon les procédures) :

▸ non-compréhension de l'écriture chiffrée en termes de nombre de dizaines et d'unités restantes ;

▸ dans le comptage :
– problème de connaissance de la comptine de un en un ou de dix en dix ;
– ou problème d'énumération : les élèves oublient un élément, en comptent un autre deux fois ;
– les élèves mélangent le comptage des dizaines et des unités (ce qui les conduit, par exemple, à compter un, deux, trois, quatre, cinq, six « objets » ou dix, vingt, trente, quarante, cinquante, soixante « objets ») ;

▸ dans la transcription écrite du nom du nombre : les élèves ne savent pas écrire le nom obtenu à l'oral (cela peut être simplement des difficultés orthographiques, ce qui ne sera pas un obstacle pour les mathématiques en jeu).

Mise en commun

▸ Le matériel du tableau est sorti. L'enseignant s'appuie sur d'éventuelles erreurs (mais pas sur les erreurs d'orthographe) et met en parallèle les deux procédures possibles : obtenir d'abord l'écriture chiffrée (en comptant les nombres de dizaines et d'unités restantes), puis le nom du nombre ou bien l'inverse.

▸ La solution est donnée au tableau et « vingt-quatre » est écrit à côté de 24. Le tableau n'est pas effacé.

24 vingt-quatre

ÉTAPE 2

Tâche

La tâche est identique avec cette fois-ci : 1 plaque « dix dizaines », 2 bandes dizaine et 4 carrés unité.

Ce qui est visé en proposant cette tâche

Définir la centaine comme dix dizaines, et voir qu'une centaine est égale à cent unités.

Lancement

L'enseignant demande aux élèves de sortir de leur barquette 1 plaque « dix dizaines » afin qu'ils aient maintenant sur leur table 1 plaque « dix dizaines », 2 bandes dizaine et 4 carrés unité. Ils doivent faire la même chose que précédemment : écrire sur leur ardoise (ou cahier de recherche) le nombre avec des chiffres et avec des lettres.

Recherche

Il n'est pas attendu que les élèves réussissent cette tâche vu ce qu'ils ont appris jusqu'à présent. Cet obstacle est intentionnel pour que l'enseignant apporte le nouveau nom du nombre de carrés sur la plaque : « cent ». Toutefois, certains élèves peuvent avoir plus de connaissances en numération et réussir la tâche.

Procédure possible :

- compter, de dix en dix, les dizaines sur la plaque et les bandes dizaine pour aller jusqu'à « cent-vingt », puis ajouter quatre, de un en un, pour trouver le nom du nombre « cent-vingt-quatre ». Traduire le nom du nombre en écriture chiffrée ou écrire le nombre à partir des nombres de dizaines et d'unités restantes.

Erreur possible :

- dans la désignation orale du nom du nombre : les élèves ne savent pas dire le nom du nombre.

Mise en commun

- Grâce au matériel du tableau les propositions des élèves sont discutées.
- Pour l'écriture chiffrée, les justifications sont données en référence au nombre de dizaines. En particulier, 1 plaque « dix dizaines » et encore 2 dizaines font 12 douzaines (et il y a encore 4 carrés).
- En ce qui concerne le nom du nombre, la réponse « cent-vingt-quatre » est écrite au tableau : il est possible qu'aucun élève ne l'ait sue, c'est l'occasion de l'indiquer en donnant une explication.

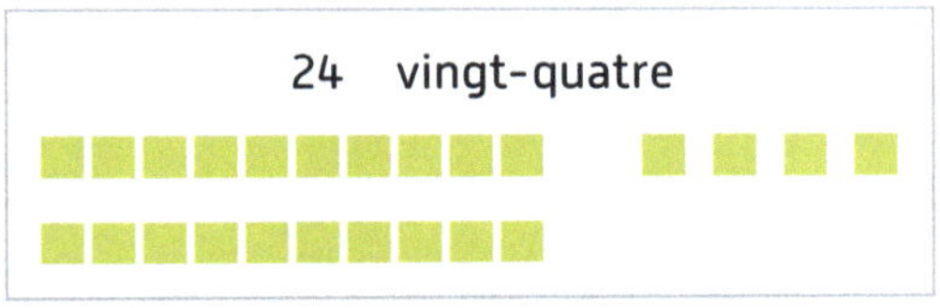

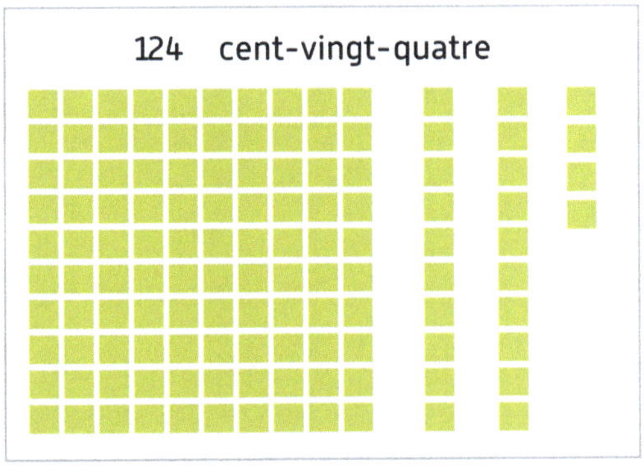

- En comparant comment se lisent et s'écrivent les deux nombres 24 et 124, l'enseignant fait remarquer que le « 1 » de « 124 » se lit « cent ». Il demande pourquoi. La réponse attendue est « car il y a cent carrés ». Il demande ensuite comment on peut vérifier qu'il y a cent carrés. Deux réponses justes sont attendues : compter de un en un ou compter de dix en dix, au moins jusqu'à quatre-vingt-dix, puis de un en un. Il répète les réponses données par les élèves pour les faire discuter, puis il les présente. Si les deux réponses justes ne sont pas données, l'enseignant les explique.

Institutionnalisation

Introduire le mot « centaine » qui veut dire à la fois dix dizaines et cent.

Faire compléter le *Ce que j'ai découvert* p. 26.

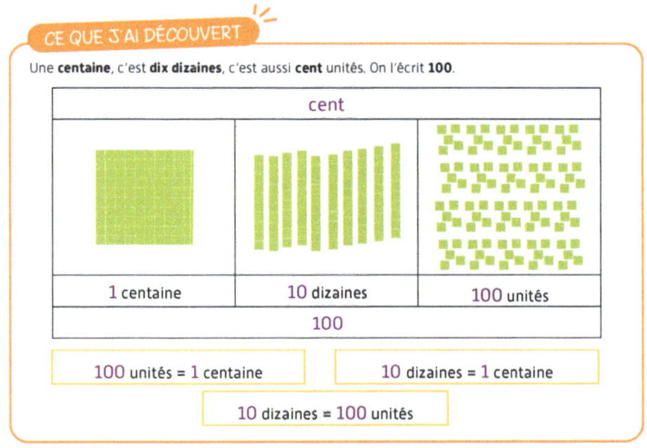

Puis faire compléter les lignes de pointillés du *Ce que j'ai découvert* p. 24 et faire entourer dix dizaines de chaque côté.

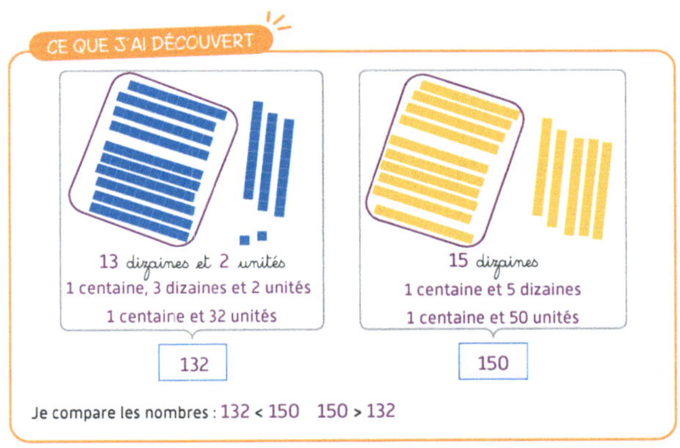

Activité 2 de réinvestissement

Tâche

Même tâche que précédemment.

Déroulement

L'enseignant indique le matériel à sortir et les élèves écrivent le nombre en chiffres et en lettres.

Cas 1 : 1 plaque centaine, 3 bandes dizaine, 0 carré unité.

Cas 2 : 1 plaque centaine, 0 bande dizaine, 6 carrés unité.

Cas 3 : 12 bandes dizaine et 2 carrés unité.

Mise en commun

Faire référence aux *Ce que j'ai découvert* précédents.

Réponses

Cas 1 : 130 ; « cent-trente ».

Cas 2 : 106 ; « cent-six ».

Cas 3 : 122 ; « cent-vingt-deux ».

Bilan

L'enseignant revient sur le fait que le mot « centaine » veut dire à la fois dix dizaines et cent. Une centaine, c'est cent unités et c'est aussi dix dizaines.

Le poster *Les écritures chiffrées des nombres jusqu'à 199* est montré aux élèves, explicité et affiché dans la classe.

Séance 4

Rituels du Jour

Suite orale
- Idem séance 2.

Calcul mental
- Idem séance 1.

Calculs à proposer : 8 + ? = 12 ; 9 + 5 ; 3 + ? = 7 ; 6 + ? = 9 ; 7 + 4 ; 2 + ? = 6 ; 10 + ? = 13.

Objectif de la séance

Écrire en chiffres et en lettres des nombres indiqués par des quantités sous la forme de plaques centaine, bandes dizaine et carrés unité.

Remarque importante : dans cette séance, il est demandé d'écrire avec des lettres le nom de certains nombres. Même si l'enseignant indique la bonne orthographe, l'enjeu n'est pas ici cette orthographe mais la connaissance du nom à l'oral qui permettra de faire apparaitre la centaine.

Activité 1 de réinvestissement

Tâche

Mêmes tâches que la séance précédente, la collection étant constituée au fur à mesure à partir de celle déjà constituée.

Déroulement

L'enseignant indique le matériel à sortir et les élèves écrivent à chaque fois le nombre en chiffres et en lettres. Les réponses sont mises en commun et validées au fur et à mesure.

– Collection initiale à constituer par les élèves : 1 plaque centaine.

– 2e collection : ajout de 3 carrés unité → 1 plaque centaine et 3 carrés unité.

– 3e collection : ajout de 1 bande dizaine → 1 plaque centaine, 1 bande dizaine et 3 carrés unité.

– 4e collection : ajout de 5 bandes dizaine → 1 plaque centaine, 6 bandes dizaine et 3 carrés unité.

– 5e collection : ajout de 7 carrés unité → 1 plaque centaine, 6 bandes dizaine et 10 carrés unité.

Mise en commun

▸ Faire référence aux *Ce que j'ai découvert* précédents, en particulier, relier les réponses aux différentes organisations de la collection.

▸ Mettre en évidence que les réponses peuvent aussi s'obtenir à partir des écritures des nombres précédents sans être obligé de tout reconsidérer. Une procédure de calcul mental est aussi possible.

Réponses

Collection initiale : 100 ; « cent ».

2e collection : 103 ; « cent-trois ».

3e collection : 113 ; « cent-treize ».

4e collection : 163 ; « cent-soixante-trois ».

5e collection : 170 ; « cent-soixante-dix ».

Activité 2 de réinvestissement

Tâche

Même tâche que la séance précédente.

Déroulement

L'enseignant indique le matériel à sortir et les élèves écrivent à chaque fois le nombre en chiffres et en lettres. Des échanges peuvent être faits, mais ce n'est ni nécessaire, ni obligatoire. Les réponses sont validées et mises en commun au fur et à mesure.

– Collection initiale à constituer par les élèves : 5 bandes dizaine.

– 2e collection : ajout de 7 carrés unité → 5 bandes dizaine et 7 carrés unité.

– 3e collection : ajout de 3 carrés unité → 5 bandes dizaine et 10 carrés unité (ou 6 bandes dizaine si l'échange est fait).

– 4e collection : ajout de 4 bandes dizaine → 9 bandes dizaine et 10 carrés unité (ou 10 bandes dizaine ou 1 plaque centaine si l'échange est fait).

– 5e collection : ajout de 15 carrés unité → 9 bandes dizaine et 25 carrés unité (ou, si des échanges sont faits, 10 bandes dizaine et 15 carrés unité, ou 1 plaque centaine et 15 carrés unité, ou encore 1 plaque centaine, 1 bande dizaine et 5 carrés unité).

Mise en commun

▸ Valider en faisant référence aux *Ce que j'ai découvert* précédents, en particulier, relier les réponses aux différentes organisations de la collection.

▸ Les réponses peuvent aussi s'obtenir à partir des écritures des nombres précédents sans être obligé de tout reconsidérer. Une procédure de calcul mental est aussi possible.

Réponses

Collection initiale : 50 ; « cinquante ».

2e collection : 57 ; « cinquante-sept ».

3e collection : 60 ; « soixante ».

4e collection : 100 ; « cent ».

5e collection : 115 ; « cent-quinze ».

Activité 3 de réinvestissement

Exercice 3 p. 26

Tâche

Associer quantité, écriture chiffrée et nom du nombre.

Déroulement

Indiquer ce qu'il y a à faire. Selon les connaissances des élèves, les écritures littérales peuvent être lues, mais pas les écritures chiffrées (sinon une partie de la réponse est donnée).

Différenciation

Pour les élèves en difficulté

Donner le matériel de numération pour qu'ils vérifient leur réponse et faire référence au poster *Les écritures chiffrées des nombres jusqu'à 199* affiché dans la classe.

Pour les élèves plus rapides

Exercice supplémentaire 3, fiche différenciation 6.

Mise en commun

Pour chaque collection, mettre en avant le lien entre l'organisation de la collection et le nom du nombre, puis l'organisation de la collection et l'écriture chiffrée du nombre.

Réponses

Collection bleue : « cent-treize » ; 113.

Collection rose : « cent-quarante-trois » ; 143.

Collection violette : « cent-cinq » ; 105.

Bilan

Mettre en évidence l'utilisation de différentes organisations de la collection selon les besoins : écriture chiffrée ou nom du nombre.

Fin de séquence

Je m'entraine à mon rythme

Des chiffres et des lettres

Objectif

- Utiliser différentes organisations de la quantité pour l'exprimer sous forme d'une écriture chiffrée et d'une écriture littérale.

Aide à apporter aux élèves en difficulté

Identifier tout d'abord si l'élève sait dire le nombre sans savoir l'écrire avec des lettres. Identifier aussi s'il sait l'écrire avec des chiffres sans savoir nécessairement le dire. Montrer qu'il est possible de l'écrire avec des chiffres sans savoir le dire, voire de le dire sans savoir l'écrire (avec des lettres ou avec des chiffres). Fournir le matériel de numération afin de lui permettre d'élaborer une collection et d'en changer l'organisation selon les besoins. Se référer aux différents *Ce que j'ai découvert* et aux activités effectuées en classe et faire référence au poster *Les écritures chiffrées des nombres jusqu'à 199* affiché dans la classe.

Réponses

Collection bleue : 128 ; « cent-vingt-huit ».

Collection jaune : 152 ; « cent-cinquante-deux ».

Collection violette : 109 ; « cent-neuf ».

Je cherche

Sudoku

Objectifs

- Développer des compétences de chercheur telles que l'observation, l'utilisation d'une procédure par tâtonnement, etc.
- Se repérer dans un tableau.

L'enseignant prendra le temps d'expliciter la règle du jeu en faisant quelques exemples et contrexemples au tableau. Il peut utiliser pour ce faire les erreurs de Tom, Lila et Max.

Réponse

Addition posée en colonnes (1)

Avec des nombres à deux chiffres

pp. 28 à 31

Rituels quotidiens

Objectifs d'apprentissage	
Suite orale	**Calcul mental**
• Dire la suite orale des nombres en avant, **de 1 en 1, à partir de 200 ou d'un nombre supérieur à 200 jusqu'à 300 au maximum**.	• Additionner ou soustraire 9 à un nombre.

Séquence d'apprentissage

Place dans l'ensemble des séquences « Calculer et repérer »				
7. Addition posée en colonnes (1)	14. Addition posée en colonnes (2)	19. Soustraction posée en colonnes (1)	25. Soustraction posée en colonnes (2)	28. Repérage sur une droite graduée et encadrement

Objectif de la séquence

Revoir l'addition posée en colonnes avec des nombres à deux chiffres.

Objectif d'apprentissage du BO

Poser et effectuer des additions en colonnes.

Pourquoi revenir durant toute la séquence 7 sur la technique opératoire de l'addition posée ?

L'apprentissage des techniques opératoires de l'addition posée se fait en lien avec la numération et les propriétés des opérations. Les élèves ont déjà vu au CP l'algorithme de calcul posé pour l'addition avec des nombres à deux chiffres, le résultat étant aussi un nombre à deux chiffres. Certains élèves ne se souviennent pas forcément de cet apprentissage, alors que d'autres ne donnent pas nécessairement du sens à l'algorithme même s'ils peuvent l'effectuer sans erreur. L'objectif du CE1 est d'étendre la maitrise et la compréhension de cet algorithme aux nombres à trois chiffres. La justification de l'algorithme est basée sur le sens des chiffres dans les écritures chiffrées. Elle permet ainsi de renforcer la compréhension de la numération écrite chiffrée, ce qui constitue l'apprentissage visé prioritairement, bien plus que celui de la prouesse technique.

Grâce au travail sur la numération écrite chiffrée effectué auparavant, et en particulier sur l'introduction de la centaine, la séquence 7 va permettre à tous les élèves de revoir le lien entre l'algorithme de l'addition posée et le sens des chiffres. De cette manière, le passage en séquence 14 à l'addition des nombres à trois chiffres sera facilité.

Remarques importantes : l'algorithme de l'addition posée pour les nombres à deux chiffres a été mis en œuvre au CP uniquement pour un résultat comportant également deux chiffres. Cette année, les élèves ont vu que les deux premiers chiffres d'un nombre à trois chiffres indiquent un nombre de dizaines. Cela permet alors d'étendre plus facilement l'algorithme vu au CP lorsque le résultat comporte trois chiffres. Dans cette séquence 7, le résultat ne comporte au maximum qu'une centaine, puisque seuls ces nombres ont été étudiés.

Le nouveau matériel de numération composé d'étiquettes centaine, dizaine et unité est introduit en séance 2 car il permet de faciliter les manipulations associées à la compréhension de l'algorithme. Dans ce nouveau matériel, la quantité n'est plus visible, elle n'est qu'indiquée. Il se peut donc que certains élèves aient encore besoin de l'ancien matériel, plaques centaine, bandes dizaine et carrés unité[1]. Cet ancien matériel pourra alors être proposé aux élèves pour valider leur réponse, tout en montrant comment la validation peut se faire avec le nouveau matériel.

L'arbre à calcul utilisé en séances 1 et 2 n'est qu'un intermédiaire pour faire le lien entre l'algorithme de l'addition posée et la signification des chiffres. Les élèves n'en auront donc qu'une utilisation temporaire. Ce sont

1. dans la boite *Matériel de manipulation pour les élèves – Haut les maths ! CE1-CE2*.

en fait essentiellement les différentes appellations des nombres en termes de centaines, dizaines et unités qui sont requis tout au long de l'année (ce sont les unités de numération signalées dans les programmes).

Structure de la séquence

- Séance 1 : découverte : additionner en ligne deux nombres à deux chiffres
- Séance 2 : découverte : découvrir les nouvelles étiquettes de numération en les utilisant pour additionner des nombres
- Séance 3 : découverte : rappeler l'algorithme de l'addition posée en colonnes pour deux nombres à deux chiffres
- Séance 4 : découverte : étendre l'algorithme de l'addition posée en colonnes dans le cas d'un résultat comportant plus de deux chiffres et de sommes de plus de deux termes
- Fin de séquence : entrainement et recherche

Matériel nécessaire

Matériel à télécharger pour l'ensemble de la séquence :
– Fiche évaluation 7
– Matériel de numération pour l'enseignant
– Les posters *Les écritures chiffrées des nombres jusqu'à 199, Problèmes de réunion, Problèmes de transformation (1) et (2), L'addition posée en colonnes des nombres à deux chiffres.*

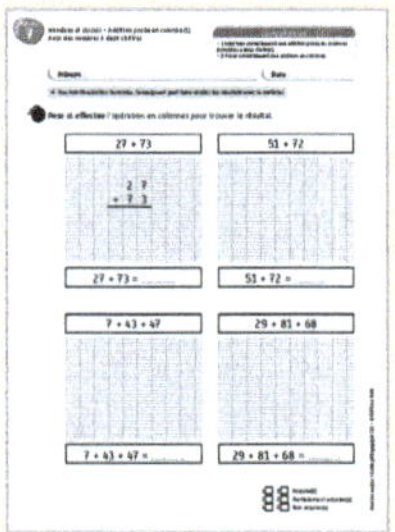

	Matériel pour l'enseignant	Matériel pour les élèves
Séance 1	– Le matériel de numération : bandes dizaine et carrés unité (au moins 9 bandes dizaine et 13 carrés unité) – Le poster *Les écritures chiffrées des nombres jusqu'à 199* – Le poster *Problèmes de réunion* – Les posters *Problèmes de transformation* (1) et (2) – Une calculatrice 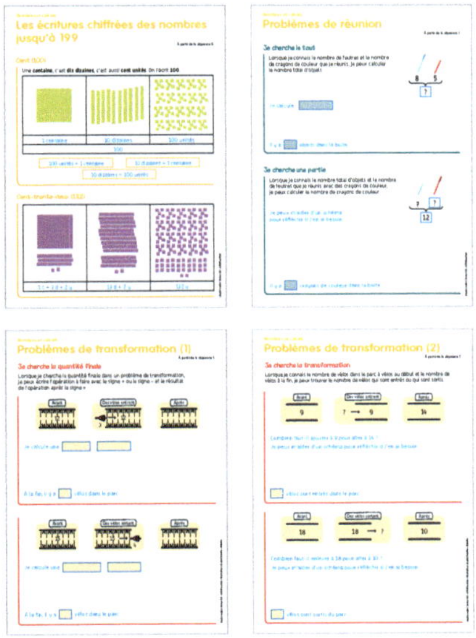	**Matériel par élève** – Le matériel de numération : plaque centaine, bandes dizaine et carrés unité (1 plaque centaine, 9 bandes dizaine et 20 carrés unité) – Une ardoise
Séance 2	– Le matériel de numération pour le tableau (carrés unité, barres dizaine, plaques centaine) afin de le comparer avec le nouveau et de l'utiliser pour la vérification selon les besoins des élèves – Le nouveau matériel de numération pour le tableau : les étiquettes unité, dizaine, centaine – Le poster *Les écritures chiffrées des nombres jusqu'à 199* – Le poster *Problèmes de réunion* – Les posters *Problèmes de transformation* (1) et (2)	**Matériel par élève** – Le nouveau matériel de numération : les étiquettes unité, dizaine, centaine (au moins 1 étiquette centaine, 9 étiquettes dizaine et 13 étiquettes unité) 3 – Les plaques centaine, bandes dizaine et carrés unité peuvent être utilisés pour la vérification. – Une ardoise – Le fichier de l'élève p. 28-29 – Mémo 7

Séance 3	– Le nouveau matériel de numération pour le tableau : les étiquettes unité, dizaine, centaine – L'ancien matériel de numération pour le tableau (carrés unité, bandes dizaine et plaques centaine) : à utiliser si cela s'avère nécessaire pour certains élèves – Le poster *L'addition posée en colonnes avec des nombres à 2 chiffres* 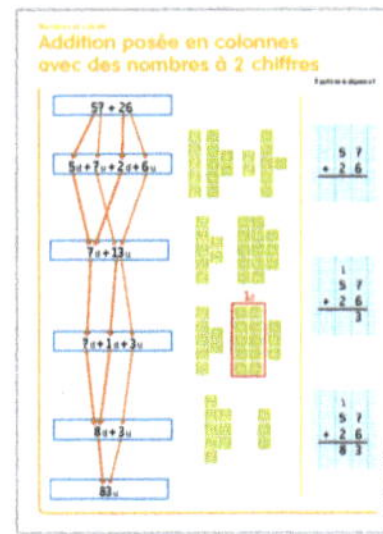	**Matériel par élève** – Le nouveau matériel de numération : étiquettes unité, dizaine, centaine (les centaines dans une barquette, les dizaines dans une autre, et les unités dans une troisième) – L'ancien matériel de numération (carrés unité, bandes dizaine et plaques centaine) : à utiliser si cela s'avère nécessaire pour certains élèves – Une ardoise – Le fichier de l'élève p. 28 et 30 – Mémo 7
Séance 4	– Le matériel de numération (carrés unité, bandes dizaine, plaques centaine) : uniquement si besoin (selon les élèves) – Le nouveau matériel de numération pour le tableau : les étiquettes unité, dizaine, centaine	**Matériel par élève** – L'ancien matériel de numération (carrés unité, bandes dizaine, plaques centaine) : uniquement si besoin (selon les élèves) – Le nouveau matériel de numération : les étiquettes unité, dizaine, centaine – Le fichier de l'élève p. 30 *Différenciation :* Ce que J'ai découvert p. 28 ou Mémo 7
Fin de séquence		**Matériel par élève** – Le fichier de l'élève p. 31

Séance 1

Rituels du jour

Suite orale

• À tour de rôle, les élèves énoncent la suite orale des nombres en avant, de 1 en 1, à partir de 200 jusqu'à 300 au maximum.

Calcul mental

L'enseignant propose un calcul de somme d'un nombre (jusqu'à 10) avec 9. Il corrige juste après pour faire expliciter les procédures pour trouver la somme : aide des doigts et surcomptage ; utilisation de la procédure déjà vue pour se ramener à une somme de 10 + un nombre ; additionner 10 et retirer 1. Si cette dernière procédure n'a pas été explicitée, l'enseignant la met en évidence. Il demande d'effectuer les calculs suivants avec cette procédure. La correction s'effectue après les 6 autres calculs proposés.
À la fin de la séance, il fait compléter la table d'addition de 9 (fichier élève p. 101).
Calculs à proposer : 6 + 9 ; 2 + 9 ; 5 + 9 ; 7 + 9 ; 4 + 9 ; 8 + 9 ; 3 + 9.

Objectif de la séance

Additionner en ligne des nombres à deux chiffres grâce au matériel de numération, bandes dizaine et carrés unité : les sommes ne dépassent pas 100 et ne comportent que deux termes.

Remarque : les élèves n'ont pas besoin du fichier dans cette séance 1. Le Ce que J'ai découvert est rempli à la fin de la séance 2, car il met en jeu le nouveau matériel de numération (des étiquettes) qui n'est pas encore utilisé en séance 1.

Activité de découverte

Remarque : la plaque centaine est fournie aux élèves alors qu'elle ne sert pas ici puisque le résultat des additions ne dépasse pas cent. Cela permet de vérifier si certains élèves l'utilisent à tort et donc de faire une mise au point à ce sujet.

Étape 1

Tâche

Effectuer l'opération 57 + 26 avec le matériel de numération plaque centaine, bandes dizaine et carrés unité.

Ce qui est visé en proposant cette tâche

Additionner en ligne des nombres à deux chiffres : cas nécessitant de ne prendre en compte que 1 dizaine = 10 unités grâce au matériel de numération.

Lancement

57 + 26 est écrit au tableau. L'enseignant indique que les élèves doivent faire cette opération en s'aidant du matériel de numération qui leur est fourni. Ils doivent écrire leur résultat sur une ardoise.

Recherche

Procédures visées :

▸ réunion : constitution de deux collections de carrés : l'une de 5 bandes dizaine et 7 carrés unité, l'autre de 2 bandes dizaine et 6 carrés unité. Réunion des deux collections, puis comptage du nombre de dizaines et d'unités restantes (moins de dix) pour obtenir l'écriture chiffrée 83 (ordre des chiffres à respecter). Ceci nécessite de considérer une dizaine avec les 13 carrés unité obtenus : il n'est pas nécessaire de faire un échange mais certains élèves peuvent le faire s'ils le désirent ;

- transformation : constitution d'une première collection de carrés de 5 bandes dizaine et 7 carrés unité, puis transformation en ajoutant 2 bandes dizaine et 6 carrés unité. Comptage du nombre de dizaines et d'unités restantes (moins de dix) pour obtenir l'écriture chiffrée 83 (ordre des chiffres à respecter). Ceci nécessite de considérer une dizaine avec les 13 carrés unité obtenus : il n'est pas nécessaire de faire un échange mais certains élèves peuvent le faire s'ils le désirent.

Procédure possible :

- commencer comme pour les procédures visées ci-dessus, mais terminer en passant par le nom du nombre de la collection obtenue (quatre-vingt-trois) avant de l'écrire.

Erreurs possibles :

- dans le dénombrement, pour constituer les deux collections, puis la réunion ou la transformation ;
- dans le sens donné aux chiffres des écritures chiffrées ;
- dans la transcription en écriture chiffrée d'un nom de nombre (oral), si cette procédure est utilisée.

Différenciation

Pour les élèves en difficulté

Rappeler le lien entre les chiffres de l'écriture chiffrée d'un nombre et l'organisation d'une collection en dizaines et unités restantes (poster *Les écritures chiffrées des nombres jusqu'à 199*). Rappeler le lien entre l'addition et une situation de réunion de collections (poster *Problèmes de réunion*) et entre l'addition et une situation de transformation de collection (poster *Problèmes de transformation*).

Mise en commun

- À l'aide du matériel de numération, faire le lien entre un arbre à calcul et les actions faites avec le matériel : la constitution de deux collections, leur ajout (transformation ou réunion), la nouvelle dizaine à faire apparaitre, les expressions en termes de dizaines et unités, le codage final avec deux chiffres dans le bon ordre.

57 + 26 = 5d + 7u + 2d + 6u
7d + 13u
7d + 1d + 3u
8d + 3u
83

Chaque ligne de ce calcul en ligne est écrite alors que les actions correspondantes sont effectuées simultanément avec le matériel du tableau.

- Validation par l'enseignant avec la calculatrice.

ÉTAPE 2

Tâche

Effectuer l'opération 42 + 35 avec le même matériel de numération : plaque centaine, bandes dizaine et carrés unité.

Ce qui est visé en proposant cette tâche

Additionner en ligne des nombres à deux chiffres : cas ne nécessitant pas de prendre en compte que 1 dizaine = 10 unités grâce au matériel de numération.

Déroulement

Identique à l'étape précédente. Ici, il n'y a cependant pas de nouvelle dizaine à faire apparaitre.

Mise en commun

- Identique à l'étape précédente.
- Validation par l'enseignant avec la calculatrice.

ÉTAPE 3

Tâche

Effectuer l'opération 56 + 34 avec le même matériel de numération : plaque centaine, bandes dizaine et carrés unité.

Ce qui est visé en proposant cette tâche

Additionner en ligne des nombres à deux chiffres : cas nécessitant de prendre en compte que 1 dizaine = 10 unités et mobilisation du zéro pour signifier l'absence d'unités restantes.

Déroulement

Identique à l'étape précédente. Une nouvelle dizaine est à faire apparaitre, il ne reste pas de carrés unité. La présence du zéro est requise pour écrire le nombre.

Mise en commun

- Identique à l'étape précédente, avec une attention particulière portée à la signification du zéro.
- Validation par l'enseignant avec la calculatrice.

Institutionnalisation

Reprendre les différentes étapes pour faire une addition avec le matériel : la constitution de deux collections grâce à la signification des chiffres, leur ajout et finalement l'obtention du résultat en ayant ou non à faire apparaitre une nouvelle dizaine.

Refaire le lien entre calcul en ligne et manipulation en s'appuyant sur un des calculs de la séance. Faire ressortir qu'il faut ajouter les unités avec les unités, les dizaines avec les dizaines. Il faut commencer par les unités car parfois elles permettent de constituer une dizaine de plus.

S'il reste du temps, proposer un autre calcul : 39 + 52.

Le *Ce que j'ai découvert* ne sera complété qu'à la séance suivante.

Séance 2

Rituels du jour

Suite orale

- À tour de rôle, les élèves énoncent la suite orale des nombres en avant, de 1 en 1, à partir d'un nombre supérieur à 200 jusqu'à 300 au maximum.

Calcul mental

L'enseignant propose un calcul de somme d'un nombre (entre 10 et 90) avec 9. Il corrige juste après pour faire expliciter la procédure vue à la séance précédente pour des nombres inférieurs à 10 : additionner 10 et retirer 1. 6 autres calculs sont proposés. La correction s'effectue après les 6 calculs proposés.

Calculs à proposer : 53 + 9 ; 36 + 9 ; 28 + 9 ; 42 + 9 ; 65 + 9 ; 87 + 9 ; 74 + 9.

Objectif de la séance

S'entrainer à l'addition de nombres à deux chiffres avec le nouveau matériel de numération (étiquettes unité, dizaine, centaine) : les sommes peuvent dépasser 100.

Activité 1 de découverte

Tâche

Effectuer l'opération 57 + 26 avec le nouveau matériel de numération : étiquettes unité, dizaine, centaine.

Ce qui est visé en proposant cette tâche

Découvrir les nouvelles étiquettes de numération en les utilisant pour additionner des nombres.

Lancement

L'enseignant présente le nouveau matériel. Afin de faire comprendre ce qu'il représente, il demande de le comparer avec l'ancien. Les inscriptions recto/verso sont aussi explicitées :

- au verso de l'étiquette 1 unité, un carré est représenté ;
- au verso de l'étiquette 1 dizaine / 10 unités, dix carrés (une dizaine de carrés) sont représentés ;
- au verso de l'étiquette 1 centaine / 10 dizaines / 100 unités, cent carrés (une centaine de carrés ou encore dix dizaines de carrés) sont représentés.

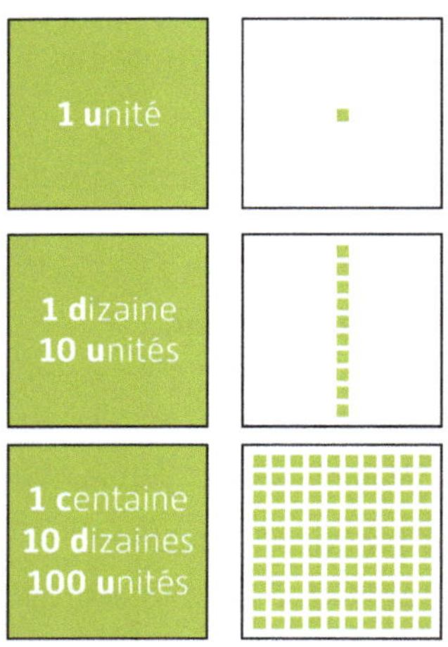

Ensuite l'enseignant demande aux élèves d'effectuer l'opération 57 + 26 avec ce nouveau matériel.

Déroulement

Identique à la séance précédente dans laquelle l'opération a déjà été faite avec l'ancien matériel de numération, ce qui devrait faciliter la réalisation de la tâche à réaliser.

Mise en commun

Identique à la séance précédente avec le nouveau matériel de numération (étiquettes).

Différenciation

Pour les élèves en difficulté

Évoquer les étapes vues durant la séance précédente avec l'ancien matériel de numération : rappeler le lien entre les chiffres de l'écriture chiffrée d'un nombre et l'organisation d'une collection en dizaines et unités restantes (poster *Les écritures chiffrées des nombres jusqu'à 199*). Rappeler le lien entre l'addition et une situation de réunion de collections (poster *Problèmes de réunion*).

Une fois les essais faits avec les étiquettes, fournir si nécessaire l'ancien matériel de numération (plaque centaine, bandes dizaine et carrés unité).

Institutionnalisation

Dans le *Ce que j'ai découvert* p. 28, compléter les deux colonnes de gauche. La colonne de droite comportant une trame quadrillée sera complétée en séance 3.

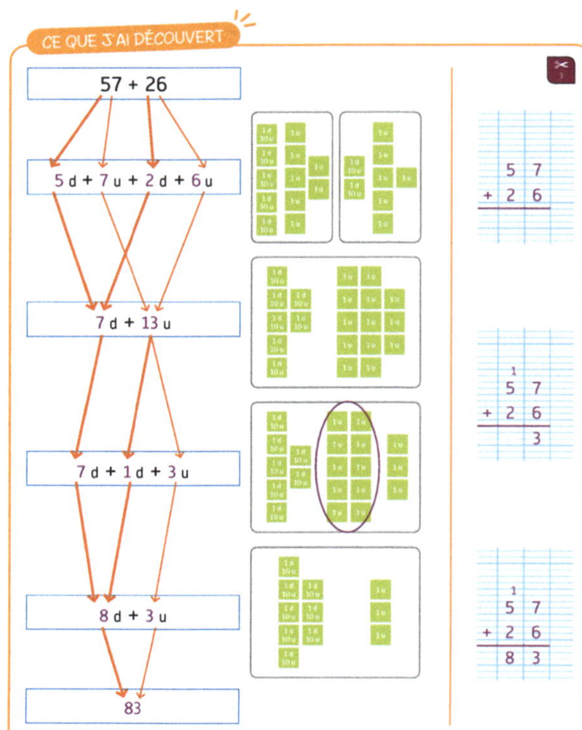

Pour faire des calculs, je peux utiliser ce que disent les chiffres et vérifier ensuite avec le matériel.

Activité 2 de réinvestissement Exercice 1 p. 29

Tâche

Faire des arbres à calcul pour additionner les nombres proposés. Vérifier ensuite avec les étiquettes unité, dizaine, centaine.

Lancement

L'enseignant explique que le travail demandé est le même que dans la partie de gauche du *Ce que j'ai découvert* que les élèves viennent de compléter. La différence réside dans le fait que le matériel est utilisé après avoir fait l'arbre à calcul pour vérifier ce qu'ils ont fait. Ils pourront alors corriger en gommant ce qui ne convient pas.

Recherche

Procédure visée :

- décomposition des deux nombres en termes de dizaines et unités en utilisant la signification des chiffres. Représentation mentale de la situation de manipulation des étiquettes pour éventuellement constituer de nouvelles dizaines et regrouper toutes les dizaines. Utilisation à nouveau de la signification des chiffres pour passer d'une dénomination en termes de dizaines et d'unités (moins de dix unités restantes) à l'écriture chiffrée du nombre.

Procédure possible :

- utilisation du nom des nombres pour effectuer les étapes de la procédure précédente.

Erreurs possibles :

- dans le calcul, pour obtenir le nombre final de dizaines, en particulier lorsqu'il est supérieur ou égal à 10 ;
- dans la conception de la signification des chiffres des écritures chiffrées ;
- en regroupant les dizaines avec les unités.

Différenciation

Pour les élèves en difficulté

Une fois leurs essais faits et les vérifications effectuées avec les étiquettes unité, dizaine, centaine, donner les carrés unité, bandes dizaine et plaque centaine.

Pour les élèves plus rapides

Donner les opérations suivantes à faire sur leur cahier de recherche : 32 + 28 ; 57 + 57 ; 24 + 55.

Remarque : pour les résultats supérieurs à cent, on obtient bien en premier lieu un nombre de dizaines supérieur à dix (*Exemple :* 58 + 71, il y a 12 dizaines). La centaine peut survenir en particulier quand il s'agit de nommer le nombre : à ce moment l'étiquette 1 centaine peut aussi être utilisée en mettant en évidence que dix dizaines égalent une centaine.

Mise en commun

- Demander les réponses, puis valider au tableau avec les étiquettes unité, dizaine, centaine.
- La verbalisation des résultats se fait en termes de nombres de dizaines et d'unités restantes (par exemple 12 dizaines et 9 unités pour 58 + 71).
- Demander aux élèves de dire oralement le nom du nombre obtenu après calcul (dans l'exemple précité, c'est « cent-vingt-neuf ») et (pour les résultats des deux derniers calculs) sa désignation en termes de centaine, de dizaines et d'unités restantes (par exemple 1 centaine, 2 dizaines, 9 unités), puis de nombre de centaine et d'unités restantes (par exemple 1 centaine et 29 unités restantes).

Bilan

Les arbres à calcul permettent de faire des additions en s'imaginant avoir des étiquettes.

Refaire le lien entre calcul en ligne (arbre à calcul) et manipulation en s'appuyant sur un des calculs de la séance. Faire ressortir qu'il faut ajouter les unités avec les unités, les dizaines avec les dizaines. Il faut commencer par les unités car parfois elles permettent de constituer une dizaine de plus.

Réponses

48 + 34 = 82 ; 8 dizaines et 2 unités ; « quatre-vingt-deux ».

57 + 23 = 80 ; 8 dizaines et 0 unité ; « quatre-vingts ».

58 + 71 = 129 ; 12 dizaines et 9 unités ; « cent-vingt-neuf » ; 1 centaine, 2 dizaines et 9 unités ; 1 centaine et 29 unités.

69 + 64 = 133 ; 13 dizaines et 3 unités ; « cent-trente-trois » ; 1 centaine, 3 dizaines et 3 unités ; 1 centaine et 33 unités.

Séance 3

Rituels du Jour

Suite orale
- Idem séance 2.

Calcul mental
L'enseignant propose un calcul d'une soustraction de 9 à un nombre. Il corrige juste après pour faire expliciter les procédures et faire ressortir que soustraire 9 à un nombre équivaut à soustraire 10 et ajouter 1. Il demande d'effectuer les calculs suivants avec cette procédure. La correction s'effectue après les 6 autres calculs proposés.
Calculs à proposer : 24 – 9 ; 46 – 9 ; 35 – 9 ; 52 – 9 ; 68 – 9 ; 43 – 9 ; 87 – 9.

Objectif de la séance
Revoir l'algorithme de l'addition posée en colonnes des nombres à deux chiffres sans matériel et le comprendre en relation avec la signification des chiffres. Les sommes ne comportent que deux termes.

Remarque : certaines présentations de l'algorithme de l'addition posée diffèrent un peu selon la forme de la retenue (qui peut être entourée par exemple) ou la possibilité d'écrire à côté en ligne une addition d'unités. Toutes ces formes sont acceptées dès qu'elles mènent au résultat exact.

Activité 1 de découverte

Tâche
Retrouver, parmi différentes propositions, les étapes de l'opération posée 57 + 26. Les justifier grâce à un calcul en ligne (arbre à calcul) et aux étiquettes unité, dizaine, centaine.

Ce qui est visé en proposant cette tâche
Rappeler l'algorithme de l'addition posée en colonnes et le comprendre.

Étape 1

Lancement
L'enseignant écrit 57 + 26 au tableau. Il demande aux élèves de prendre les étiquettes correspondant à 57 et à 26. Il vérifie que tout le monde a bien pris les bonnes étiquettes : 5 étiquettes dizaine et 7 étiquettes unité pour 57 ; 2 étiquettes dizaine et 6 étiquettes unité pour 26. L'enseignant rappelle qu'il y a une autre façon de trouver la réponse que le calcul en ligne : on peut poser le calcul. Il explique qu'il va faire des propositions et les élèves écrivent sur leur ardoise la proposition qu'ils choisissent.

Les trois propositions à mettre au tableau pour poser le calcul :

A	B	C
5 7 + 2 6 ———	5 7 + 2 6 ———	5 7 + 2 6 ———

Recherche
Les élèves écrivent sur leur ardoise la proposition qu'ils retiennent.

Procédure visée :

5 7
+ 2 6
———

- 57 est traduit avec 5 étiquettes dizaine et 7 étiquettes unité, 26 avec 2 étiquettes dizaine et 6 étiquettes unité.

La mise en évidence du rôle de chaque chiffre avec les étiquettes permet de justifier le placement des chiffres (les unités sous les unités, les dizaines sous les dizaines).

Erreur possible :
- ne pas voir la différence entre les trois propositions.

Mise en commun
- Demander la justification aux élèves qui ont choisi la proposition C.
- Faire ressortir que cela permet de séparer en deux colonnes les unités restantes qu'il faudra additionner entre elles et les dizaines qu'il faudra additionner entre elles.
- Écrire la première ligne de l'arbre à calcul :

57 + 26
↙ ↓ ↓ ↘
5d + 7u + 2d + 6u

- Indiquer que le trait remplace le signe « = » : il sépare le calcul à faire de la réponse. La réponse est donc écrite sous le trait.

Étape 2

Lancement
Les trois propositions à mettre au tableau pour poursuivre le calcul posé :

A	B	C
5 7 + 2 6 ——— 1 3	1 5 7 + 2 6 ——— 3	5 7 + 2 6 ——— 3

Recherche
Les élèves écrivent sur leur ardoise la proposition qu'ils retiennent.

Procédure visée :

```
   1
   5 7
 + 2 6
 -----
     3
```

▸ Il y a 13 étiquettes unités (7 + 6 = 13).

10 étiquettes « 1 unité » sont une dizaine. L'échange de dix étiquettes unité contre une étiquette « 1 dizaine » est possible mais pas obligatoire.

Le chiffre « 3 » sous le trait est associé aux 3 étiquettes unité restantes. Le chiffre 1 (la retenue) est associé à la dizaine nouvellement considérée.

Erreurs possibles :

▸ regrouper les étiquettes unité pour en trouver 13 et proposer la réponse A où il est écrit 13 au résultat du calcul des unités ;

▸ regrouper les étiquettes unité pour en trouver 13 et considérer 10 unités comme une dizaine (en échangeant ou non) et déterminer qu'il reste 3 unités. Proposer la réponse C où il est écrit 3 au résultat du calcul des unités en oubliant qu'il y a une dizaine supplémentaire ;

▸ additionner les étiquettes dizaine et unité et ne trouver aucun des résultats proposés.

Mise en commun

▸ Demander la justification aux élèves qui ont choisi la réponse A. Faire ressortir que le 1 au résultat correspond à une dizaine. Or, il y a d'autres dizaines à prendre en compte.

▸ Faire comparer les réponses B et C pour voir la différence afin de justifier la retenue en s'aidant du matériel. « 3 » indique les unités restantes dans le résultat du calcul, on place donc 3 à l'endroit où on va obtenir ce résultat, sous la barre. « 1 » indique qu'on a une nouvelle dizaine. On doit l'additionner avec celles des deux nombres à additionner, on la met donc dans la colonne des dizaines.

▸ Introduire le mot « retenue » qui signifie « je n'oublie pas » et l'expression « je retiens ».

▸ Écrire la suite de l'arbre à calcul :

```
5d + 7u + 2d + 6u
    7d + 13u
  7d + 1d + 3u
```

ÉTAPE 3

Lancement

Les trois propositions à mettre au tableau pour finir le calcul posé :

A	B	C
1 5 7 + 2 6 8 3	1 5 7 + 2 6 7 3	1 5 7 + 2 6 1 7 3

Recherche

Les élèves écrivent sur leur ardoise la proposition qu'ils retiennent.

Procédure visée :

```
   1
   5 7
 + 2 6
 -----
   8 3
```

▸ le chiffre « 8 » sous la barre est associé au nombre de dizaines que l'on peut considérer : 1 + 5 + 2.

Erreur possible :

▸ si l'élève n'a pas appris l'algorithme en CP ou ne s'en souvient pas, de multiples erreurs peuvent survenir : elles seront traitées dans la mise en commun.

Mise en commun

▸ Demander la justification aux élèves qui ont choisi la réponse C. Rappeler que le chiffre 1 dans 173 signifie 1 centaine. Montrer, avec le matériel, qu'il n'y a pas de centaine.

▸ Faire comparer les réponses A et B pour voir la différence afin de justifier que le calcul donne 8 dizaines en s'aidant du matériel.

▸ Écrire la fin du calcul en ligne :

```
7d + 1d + 3u
   8d + 3u
     83u
```

Institutionnalisation

Dans le *Ce que j'ai découvert* p. 28, compléter la colonne de droite par l'opération posée.

Mettre au tableau le poster *L'addition en colonnes avec des nombres à 2 chiffres* et le commenter.

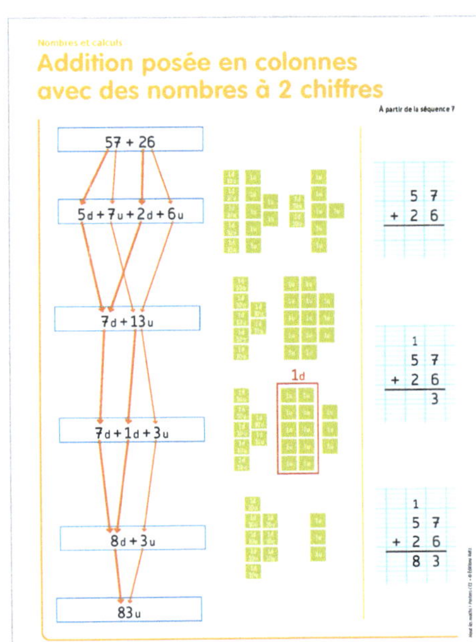

Activité 2 de réinvestissement Exercice 2 p. 30

Tâche

Effectuer des opérations en colonnes sans matériel, puis vérifier avec les étiquettes unité, dizaine, centaine (ou par un calcul mental pour les plus aguerris).

Lancement

Demander aux élèves d'effectuer les opérations de l'exercice 2. Ils devront vérifier avec les étiquettes.

Recherche

La nouveauté ici est que le nombre de dizaines dépasse parfois dix. Cela ne devrait pas poser de problèmes aux élèves qui ont compris l'algorithme, mais demandera une attention particulière dans la mise en commun et le bilan.

Procédure visée :

- représentation mentale de la situation de manipulation des étiquettes en particulier pour éventuellement constituer de nouvelles dizaines et regrouper toutes les dizaines. Se référer aux étapes de l'algorithme exposé dans la séance de découverte et dans le *Ce que j'ai découvert*.

Erreurs possibles :

- dans le calcul pour obtenir le nombre final de dizaines ;
- dans la conception de la signification des chiffres des écritures chiffrées ;
- dans l'ordre des étapes de l'algorithme (qui est alors effectué sans lui donner du sens) ;
- du fait que parfois le nombre de dizaines dépasse dix : les élèves qui sont bloqués n'ont pas encore correctement relié l'algorithme au sens des chiffres dans les écritures chiffrées ;
- oubli de la retenue.

Différenciation

Pour les élèves en difficulté

Une fois leur essai fait sur le fichier et les étiquettes utilisées pour vérifier, donner les carrés unité et les bandes dizaine. Faire aussi référence au *Ce que j'ai découvert* précédent.

Pour les élèves plus rapides

Donner les opérations suivantes à faire sur leur cahier de recherche : 39 + 35, puis 45 + 45.

Mise en commun

- Reprendre les arguments de la situation de découverte pour un calcul sans retenue et un autre avec.
- Porter attention aux deux derniers calculs 87 + 28 et 75 + 74 pour lesquels le nombre de dizaines dépasse dix. Rien ne change dans l'algorithme, le résultat est cependant un nombre à 3 chiffres dont les deux premiers (dans le sens de lecture) indiquent un nombre de dizaines (se référer à la séquence 8 à ce sujet).
- Les résultats pourront s'énoncer en termes de dizaines et unités restantes, donc, dans un premier temps, sans nécessairement faire appel à la centaine qui peut être mise en exergue si on demande en outre le nom du nombre.

Bilan

Revenir sur les éléments essentiels à retenir pour poser une addition en colonnes et leur justification.

Réponses

73 + 24 = 97 ; 9 dizaines et 7 unités restantes.
34 + 56 = 90 ; 9 dizaines et 0 unité restante.
87 + 28 = 115 ; 11 dizaines et 5 unités restantes.
75 + 74 = 149 ; 14 dizaines et 9 unités restantes.

Séance 4

Rituels du jour

Suite orale	Calcul mental
• Idem séance 2.	• 7 calculs d'addition ou de soustraction de 9 à un nombre sont proposés. *Calculs à proposer :* 18 + 9 ; 23 – 9 ; 54 + 9 ; 57 – 9 ; 75 – 9 ; 46 + 9 ; 32 – 9.

Objectif de la séance

S'entrainer à l'addition posée en colonnes de nombres à un ou deux chiffres : les sommes peuvent dépasser 100 et comporter plus de deux termes.

Activité 1 de découverte

Tâche

Sur le cahier de recherche : poser et effectuer 25 + 4 + 36 sans matériel, puis vérifier avec les étiquettes (ou par un calcul mental pour les plus aguerris).

Ce qui est visé en proposant cette tâche

Étendre l'algorithme de l'addition posée en colonnes dans le cas d'un résultat comportant plus de deux chiffres et de sommes de plus de deux termes.

Lancement

Écrire en ligne au tableau 25 + 4 + 36. Demander aux élèves de poser l'opération en colonnes, puis de vérifier le résultat avec les étiquettes.

Recherche

Procédure visée :

- celle utilisée dans la séance précédente.

Erreurs possibles :

- celles déjà listées précédemment ;
- placer à tort le nombre 4 dans la colonne où se trouvent les chiffres des dizaines des deux autres nombres : il peut alors être pris pour 4 dizaines.

Différenciation

Pour les élèves en difficulté

Une fois leurs essais faits et les vérifications effectuées avec les étiquettes unité, dizaine, centaine, donner les carrés unité, bandes dizaine et plaques centaine. Faire aussi référence au Ce que j'ai découvert p. 28.

Mise en commun

- Demander les réponses, puis valider au tableau avec le matériel de numération des étiquettes unité, dizaine, centaine.
- Une attention particulière est portée à la place de « 4 » pour poser l'opération. Il s'agit de le prendre en compte pour 4 unités et non pas 4 dizaines (auquel cas on aurait 40).

Réponse

$$\begin{array}{r} {}^{1} \\ 25 \\ 4 \\ +\,36 \\ \hline 65 \end{array}$$

Bilan

L'addition posée de 3 nombres ou plus s'effectue comme celle de 2 nombres, en positionnant les chiffres des unités les uns sous les autres et les chiffres des dizaines les uns sous les autres.

Activité 2 de réinvestissement

Exercice 3 p. 30

Tâche

Poser et effectuer des opérations en colonnes sans matériel, puis vérifier avec les étiquettes (ou par un calcul mental pour les plus aguerris).

Déroulement

Identique à celui de l'exercice 2. Les élèves ont cette fois-ci à placer les nombres à ajouter pour poser l'opération.

Différenciation

Pour les élèves en difficulté

Une fois leurs essais faits et les vérifications effectuées avec les étiquettes unité, dizaine, centaine, donner les carrés unité, bandes dizaine et plaques centaine. Faire aussi référence au Ce que j'ai découvert p. 28.

Pour les élèves plus rapides

Donner les opérations suivantes à faire sur leur cahier de recherche : 62 + 39 + 75, puis 43 + 67 + 7.

Mise en commun

- Demander les réponses, puis valider au tableau avec les étiquettes unité, dizaine, centaine.
- Les résultats pourront s'énoncer en termes de dizaines et unités restantes, donc, dans un premier temps, sans nécessairement faire appel à la centaine qui peut être mise en exergue si on demande en outre le nom du nombre.

Réponses

38 + 91 = 129 ; 12 dizaines et 9 unités.

83 + 49 = 132 ; 13 dizaines et 2 unités.

52 + 48 = 100 ; 10 dizaines et 0 unité.

95 + 45 + 32 = 172 ; 17 dizaines et 2 unités.

9 + 71 + 45 = 125 ; 12 dizaines et 5 unités.

Bilan

Le principe des additions en colonnes ne change pas quand on a trois nombres à additionner ou quand un des nombres n'a qu'un chiffre. Pour poser l'opération, il faut écrire chaque nombre sur une ligne, les uns en dessous des autres, il faut positionner les chiffres des unités les uns sous les autres et les chiffres des dizaines aussi les uns sous les autres.

Fin de séquence

Je m'entraine à mon rythme

L'addition en colonnes

Objectif

- S'entrainer à effectuer des additions posées en colonnes avec des nombres à un ou deux chiffres et des sommes de deux à trois termes.

Aide à apporter aux élèves en difficulté

Une fois leurs essais faits et les vérifications effectuées avec les étiquettes unité, dizaine, centaine, donner les carrés unité, bandes dizaine et plaques centaine. Faire aussi référence au *Ce que j'ai découvert* de cette séquence 7.

Réponses

58 + 32 = 90.

74 + 94 + 8 = 176.

Je cherche

Les triangles cachés

Objectif

- Percevoir les sous-figures dans une figure.

Réponses

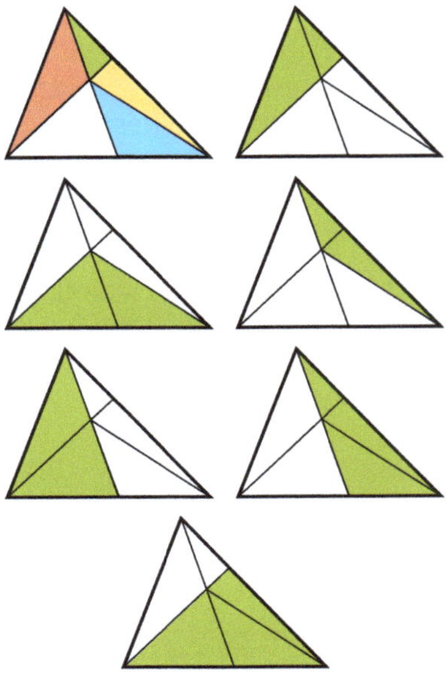

Alignement et milieu

Rituels quotidiens

Objectifs d'apprentissage	
Suite orale	**Calcul mental**
• Dire la suite orale des nombres en avant, **de 1 en 1, à partir de n'importe quel nombre jusqu'à 1000 au maximum**.	• Connaitre ou reconstruire très rapidement les résultats des tables d'addition de 1 à 10.

Séquence d'apprentissage

Place dans l'ensemble des séquences « Espace et géométrie »							
2. Carré et angle droit	**8. Alignement et milieu**	11. Rectangle	17. Solides	21. Repérage dans l'espace	24. Tracé de carrés et de rectangles	29. Triangle rectangle	33. Cercle et compas

Objectifs de la séquence

- Vérifier l'alignement de points en utilisant la règle.
- Vérifier et reporter des égalités de longueurs.
- Vérifier et placer le milieu d'un segment.

Objectif d'apprentissage du BO

Utiliser la règle pour vérifier des alignements.

Comment introduire la notion d'alignement de points ?

Puisque la mesure de longueurs de segments et de lignes brisées a été travaillée précédemment, nous avons choisi de nous appuyer sur cette notion pour introduire l'alignement de points. La distance d'un point A (fixe) à un point B (fixe) en passant par un autre point C varie suivant l'emplacement de C. Pour que la distance soit la plus courte possible, le point C doit être aligné avec A et B

Cette situation permet de prolonger la notion de points alignés vers la notion de milieu. Le point C, aligné avec A et B, qui est à la même distance de A que de B, est le milieu du segment [AB].

Remarques importantes : Les mots comme « segment » ou « droite » ne sont pas définis de façon formelle mais prennent sens en situation.

Les séances nécessitent de mesurer des longueurs en centimètres. La remarque faite à la séquence 4 (p. 53) concernant la difficulté à mesurer ces longueurs au tableau reste valable. L'enseignant choisit de travailler au tableau soit avec la règle de 1 m usuelle pour le tableau en agrandissant dix fois les longueurs des élèves, soit avec la photocopie de la règle de l'élève agrandie au même taux que la reproduction agrandie des exercices.

Structure de la séquence

- Séance 1 : découverte : points alignés
- Séance 2 : réinvestissement
- Séance 3 : découverte : milieu d'un segment
- Séance 4 : réinvestissement
- Fin de séquence : entrainement et recherche

Matériel nécessaire

Matériel à télécharger pour l'ensemble de la séquence :
- Fiche Annexe 8*.
- Fiche différenciation 8* pour tous les exercices supplémentaires de la séquence.
- Fiche évaluation 8.

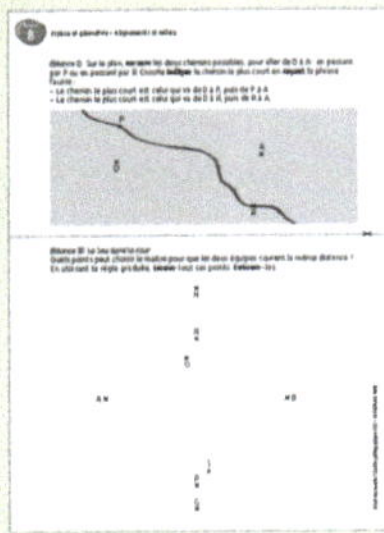

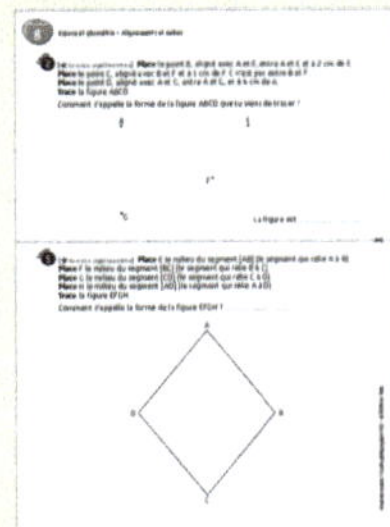

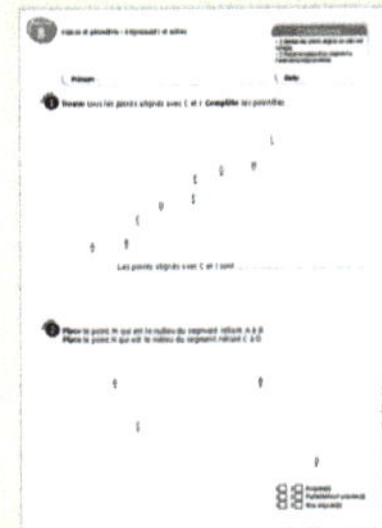

* Les ressources suivies d'un astérisque sont également proposées à photocopier p. 346 pour faciliter une reproduction à taille réelle.

	Matériel pour l'enseignant	Matériel pour les élèves
Séance 1	– Le plan de la course agrandi (Annexe 8) – La règle de 1 m usuelle pour le tableau, ou la photocopie de la règle de l'élève, agrandie au même taux que la reproduction agrandie du plan de la course	**Matériel par élève** – Le plan de la course à photocopier (Annexe 8) – La règle graduée en centimètres du matériel élève [1] – Une ardoise – Le fichier de l'élève p. 14 – Mémo 8.1
Séance 2	– La reproduction agrandie des exercices 1 et 2 p. 14 – La règle de 1 m usuelle pour le tableau, ou la photocopie de la règle de l'élève, agrandie au même taux que la reproduction agrandie des exercices	**Matériel par élève** – La règle graduée en centimètres du matériel élève – Le fichier de l'élève p. 14 *Différenciation :* exercice supplémentaire 2, fiche différenciation 8
Séance 3	– La reproduction agrandie du jeu dans la cour (Annexe 8) – La règle de 1 m usuelle pour le tableau, ou la photocopie de la règle de l'élève, agrandie au même taux que la reproduction agrandie des exercices – Le gabarit d'angle droit du matériel enseignant et une bande de papier – La reproduction agrandie de l'exercice 3 p. 15	**Matériel par élève** – La photocopie du jeu dans la cour (Annexe 8) – La règle graduée en centimètres du matériel élève – Le fichier de l'élève p. 15 – Mémo 8.2
Séance 4	– La reproduction agrandie des exercices 4 et 5 p. 16 – La règle de 1 m usuelle pour le tableau, ou la photocopie de la règle de l'élève, agrandie au même taux que la reproduction agrandie des exercices	**Matériel par élève** – La règle graduée en centimètres du matériel élève – Le fichier de l'élève p. 16 *Différenciation :* exercice supplémentaire 5, fiche différenciation 8
Fin de séquence		**Matériel par élève** – Le fichier de l'élève p. 17

1 À défaut, les élèves pourront utiliserla règle graduée en cm du matériel prédécoupé, complétée en séquence 4.

Séance 1

Rituels du jour

Suite orale

• À tour de rôle, les élèves énoncent la suite orale des nombres en avant, de 1 en 1, à partir d'un nombre indiqué par l'enseignant. C'est l'enseignant qui arrête l'énoncé de la suite quand il le souhaite. À cette occasion, la suite est énoncée au moins une fois jusqu'à 999 et l'enseignant indique le nom du nombre suivant : « mille ».

Calcul mental

L'enseignant dit sept calculs d'addition de 1 à 10. Les élèves écrivent les résultats au fur et à mesure dans les cases d'une ligne de leur feuille de calcul mental. Lors de la correction, l'enseignant explicite les procédures permettant de trouver le résultat si on ne l'a pas mémorisé (double + 1, se ramener à une somme de 10 + un nombre, etc.). À la fin de la séance, l'enseignant fait compléter les tables de 6 à 8 (fichier élève page 101) pour que les élèves les apprennent.

Calculs à proposer : 6 + 7 ; 4 + 8 ; 8 + 6 ; 3 + 6 ; 9 + 8 ; 4 + 7 ; 5 + 8.

Objectifs de la séance

- Définir la notion d'alignement.
- Vérifier l'alignement des points en utilisant une règle.

Activité de découverte

Étape 1

Tâche

Mesurer deux lignes brisées symbolisant des chemins sur un plan afin de déterminer le plus court (de D à A en passant par P et de D à A en passant par R).

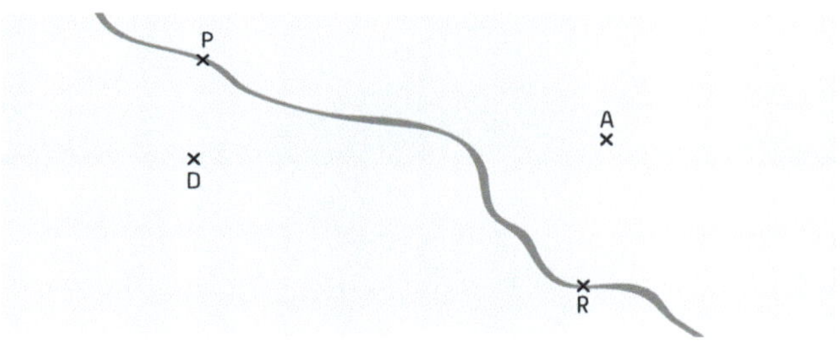

Ce qui est visé en proposant cette tâche

Comprendre que deux trajets allant d'un même point de départ à un même point d'arrivée en passant par un autre point ne sont pas forcément de la même longueur.

Cette étape prépare l'étape suivante, qui sera la recherche du trajet le plus court.

Lancement

L'enseignant présente le plan (Annexe 8) en expliquant qu'il représente un champ traversé par une rivière dans lequel a lieu une course. Il montre le point D de départ de la course, le point A de l'arrivée et la rivière. Il y a deux ponts sur la rivière ; l'un indiqué sur le plan par le point P et l'autre indiqué par le point R.

L'enseignant précise (en le montrant) que les différents endroits (ponts, départ, arrivée), indiqués par des croix, se situent exactement là où se coupent les deux traits qui forment la croix.

Un coureur veut prendre le chemin le plus court. Il hésite entre deux possibilités :
– aller en ligne droite jusqu'au pont P, puis aller tout droit jusqu'à A ;
– aller en ligne droite jusqu'au pont R, puis aller tout droit jusqu'à A.

L'enseignant indique aux élèves qu'ils doivent mesurer les deux chemins possibles pour trouver le chemin le plus court.

Recherche

Procédure visée :

▸ mesurer, avec la règle graduée en cm, la longueur de D à P (2 cm), puis de P à A (8 cm) et ajouter les deux mesures en cm (10 cm). Faire de même de D à R (8 cm), puis de R à A (3 cm) et trouver 11 cm pour ce chemin.

Erreurs possibles :

▸ considérer que les deux chemins sont de même longueur puisqu'ils vont tous les deux de D à A ;

▸ mal utiliser sa règle.

Mise en commun

▸ Faire l'inventaire des réponses pour engager une discussion sur la procédure à utiliser pour mesurer les deux chemins.

▸ Rappeler, si besoin, le positionnement de la règle.

▸ Demander la mesure des longueurs DP et PA pour déterminer la longueur totale et faire de même pour l'autre chemin.

▸ Conclure en faisant ressortir que les deux chemins ne sont pas de même longueur même s'ils partent tous les deux de D pour arriver à A. Le détour est plus grand pour le chemin passant par R.

Étape 2

Tâche

Déterminer le chemin le plus court pour aller de D à A en passant par la rivière.

Ce qui est visé en proposant cette tâche

Comprendre que le trajet le plus court pour aller du point de départ au point d'arrivée en passant par un autre point est le trajet en ligne droite, donc celui où les trois points sont situés sur une seule droite. Introduire la notion de points alignés.

Lancement

L'enseignant indique la suite de l'exercice : « Un autre coureur décide de traverser la rivière à pied (puisque ce n'est pas profond). Où doit-il traverser la rivière pour faire le chemin le plus court possible entre D et A ? Placez le point où il doit traverser. Marquez le point avec une croix et appelez le N. »

Recherche

Procédure visée :

- chercher le chemin qui mène directement de D à A sans faire de détour et déterminer que ce chemin est en ligne droite. Prendre sa règle pour relier D à A et placer N à l'intersection de ce segment et de la rivière.

Erreurs possibles :

- placer un point N sur la rivière approximativement en restant sur une recherche visuelle ;
- tracer un trait de D à A à main levée pour placer le point N à l'intersection de ce trait et de la rivière.

Mise en commun

- Proposer quelques placements du point N effectués par les élèves, des placements erronés et le placement correct.
- Pour chaque placement, demander aux élèves de justifier s'il est correct ou non.
- Faire ressortir que le chemin le plus court est en ligne droite, donc le point N est situé sur le trait entre D et A. On dit que N est aligné avec D et A.

Institutionnalisation

On dit qu'un point est aligné avec d'autres points s'ils sont tous situés sur la même droite, le même trait droit, tracé avec une règle.

Dans le *Ce que j'ai découvert* p. 14, faire tracer le trait droit qui passe par A et B.

CE QUE J'AI DÉCOUVERT

On dit que des points sont alignés si on peut les relier en traçant un trait droit avec la règle.

Je trace le trait droit de A à B.

A, **C** et **B** ne sont pas alignés.
A, **D** et **B** sont alignés.

Séance 2

Rituels du jour

Suite orale
- Idem séance 1.

Calcul mental
- Idem séance 1.

Calculs à proposer : 5 + 4 ; 8 + 3 ; 4 + 9 ; 6 + 10 ; 6 + 8 ; 7 + 3 ; 9 + 7.

OBJECTIF DE LA SÉANCE

Vérifier un alignement ou placer des points alignés en utilisant la règle, les points pouvant être placés à l'extérieur du segment.

Activité 1 de réinvestissement — Exercice 1 p. 14

Tâche

Des points étant placés, déterminer les points alignés avec deux points donnés.

Lancement

Pour faciliter la compréhension de la consigne, l'enseignant montre le couloir de course, entre les deux rangées de plots (de croix). Il précise que les plots sont marqués avec des croix ; ils se situent là où se croisent les deux traits de la croix.

Recherche

Procédure visée :

- tracer le trait à la règle de A à B et celui de J à K. Identifier que les points alignés avec A et B sont ceux qui sont situés sur cette droite et écrire les noms (lettres) des points. Faire de même pour les points alignés avec J et K.

Erreurs possibles :

- tracer les traits reliant A et B ou J et K sans la règle, ou en traçant une ligne brisée ;

- tracer un trait entre A et B ou J et K, mais sans être précis ou en partant des extrémités des croix ;
- se fier uniquement à la perception visuelle.

Mise en commun

- Faire l'inventaire des réponses pour les points alignés avec A et B. Faire discuter sur les désaccords pour faire ressortir la procédure. Identifier les points alignés avec A et B.
- Faire de même pour J et K.

Réponses

Les points alignés avec A et B sont D et E.

Les points alignés avec J et K sont L, N et P.

Activité 2 de réinvestissement Exercice 2 p. 14

Tâche

Placer des points alignés avec des points donnés et à une distance donnée d'un point.

Lancement

Lors de la lecture de la consigne, l'enseignant rappelle qu'un point se marque avec une croix. Le point est situé là où se croisent les deux traits de la croix.

Recherche

Procédure visée :

- tracer le trait à la règle de A à B. Utiliser la règle graduée pour mesurer 3 cm à partir de A et placer le point C entre A et B. C peut aussi être placé à gauche de A et non entre A et B, mais il est peu probable que les élèves choisissent cette solution. Pour placer D, il faut prolonger le trait droit allant de A à B. On peut le prolonger à droite de B ou à gauche de A. Il est probable que les élèves placent D à droite de B. En revanche, pour placer E, il faut prolonger le trait droit allant de A à B vers la gauche.

Erreurs possibles :

- tracer le trait reliant A et B sans la règle ;
- penser que les points alignés avec A et B sont entre A et B et considérer qu'il est impossible de placer D et E.

Différenciation

Pour les élèves en difficulté

Dire aux élèves de prolonger le trait tracé de A à B des deux côtés des deux points. Expliquer qu'un point aligné avec A et B n'est pas forcément situé entre A et B.

Pour les élèves plus rapides

Exercice supplémentaire 2, fiche différenciation 8.

Mise en commun

- Demander la procédure pour placer C. Si tous les élèves ont placé le point C entre A et B, il n'est pas utile de faire ressortir l'autre possibilité puisque les deux items suivants obligent à placer les points à l'extérieur.
- Demander la procédure pour placer D. Montrer qu'il est nécessaire de prolonger le trait allant de A à B. Montrer les deux cas possibles.
- Demander la procédure pour placer E.

Réponses

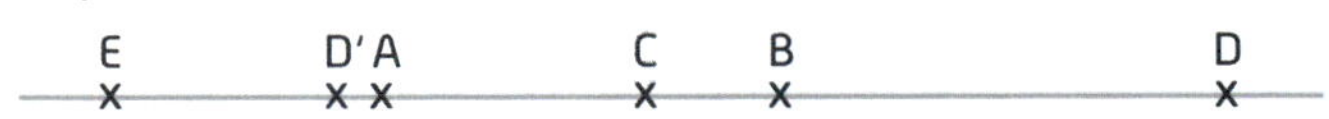

D' est l'autre possibilité pour le placement de D.

Bilan

Un point aligné avec deux autres points peut être entre ces deux points ou à l'extérieur, mais il est sur la ligne droite passant par les deux points.

Séance 3

Rituels du jour

Suite orale

- Idem séance 1.

Calcul mental

- Idem séance 1.

Calculs à proposer : 5 + 9 ; 4 + 3 ; 7 + 7 ; 2 + 9 ; 8 + 10 ; 9 + 5 ; 3 + 8.

Objectifs de la séance

- Définir le milieu d'un segment.
- Utiliser la règle graduée pour vérifier le milieu d'un segment.

Activité 1 de découverte

Étape 1

Tâche

Trouver tous les points à égale distance de deux points donnés (Annexe 8).

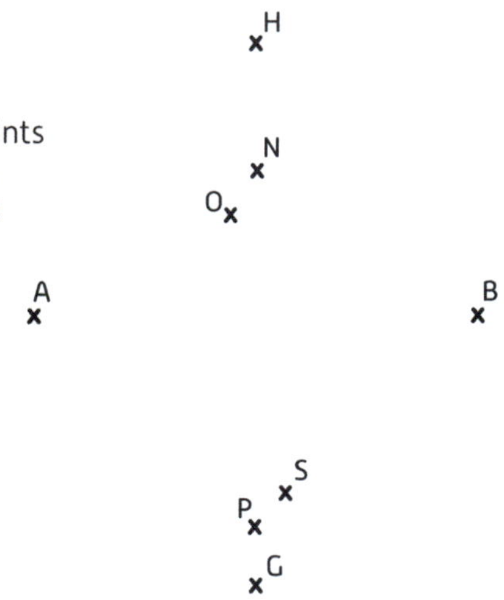

Ce qui est visé en proposant cette tâche

Préparer l'étape suivante, qui sera la recherche du milieu (point à égale distance de 2 points et à la distance la plus courte entre ces 2 points) en recherchant les points à égale distance entre 2 points.

Lancement

L'enseignant explique la situation.

Les élèves de la classe de Lila, Tom, Max et Éva font un jeu dans la cour. Ils forment deux équipes. Une équipe part d'un endroit nommé A sur le plan et l'autre équipe part d'un endroit différent nommé B sur le plan. Les deux équipes doivent rejoindre le même endroit. Le maitre hésite entre six endroits pour l'arrivée. Sur le plan, on voit ces 6 points appelés O, N, H, S, P et G.

Les deux équipes doivent courir la même distance.

Les élèves doivent entourer tous les points d'arrivée possibles parmi les six points O, N, H, S, P et G.

Recherche

Procédure visée :

- mesurer, avec la règle graduée en cm, les distances entre chaque point (O, N, H, S, P et G) et A, puis entre chaque point et B. Entourer les points qui sont à la même distance de A que B, à savoir N (à 6 cm de A et B), P (à 7 cm de A et B), H et G (à 8 cm de A et B).

Erreurs possibles :

- ne pas penser à mesurer les distances avec la règle graduée et se contenter d'une procédure perceptive ;
- mal utiliser sa règle.

Mise en commun

- Faire l'inventaire des réponses pour faire ressortir la nécessité d'utiliser la règle graduée.
- Rappeler, si besoin, le positionnement de la règle.
- Tracer les différents segments reliant A ou B aux points et écrire la mesure de longueur de chaque segment.
- Conclure sur les points à la même distance de A que B.

Étape 2

Tâche

Déterminer le point à égale distance de A et B, mais le plus près possible de ces deux points.

Ce qui est visé en proposant cette tâche

Introduire la notion de milieu.

Lancement

L'enseignant indique la suite de l'exercice : « Le maitre décide de choisir un autre point d'arrivée. Il veut que les deux équipes courent la même distance mais aussi la plus petite distance possible. Place ce point sur le plan que tu appelles R. »

Recherche

Procédure visée :

- réinvestir ce qui a été vu en séance 1, à savoir que le chemin le plus court passant par trois points est celui pour lequel les trois points sont alignés. Mesurer la longueur AB puis partager cette mesure en deux mesures égales : AB mesure 10 cm donc le point R doit se trouver à 5 cm de A et B.

Erreurs possibles :

- placer un point avec une recherche visuelle ;
- chercher le point le plus près de A et B parmi les points déjà placés.

Mise en commun

- Faire expliciter quelques procédures utilisées par les élèves pour les discuter.
- Faire ressortir que le chemin le plus court est en ligne droite, donc le point R est situé sur le trait droit entre A et B. Pour que la distance entre A et R soit la même que celle entre B et R, R doit être le milieu de [AB].

Institutionnalisation

Le point situé sur le segment reliant A et B et à la même distance de A et B s'appelle le milieu du segment [AB].

Dans le *Ce que j'ai découvert* p. 15, faire tracer le segment [AB], puis faire compléter les mesures de AM et de MB.

CE QUE J'AI DÉCOUVERT

Le milieu du segment qui relie **A** à **B** (le trait qui relie **A** à **B**) est le point de ce segment qui le partage en deux segments de la même longueur.

Je trace le segment qui relie A à B pour vérifier que M est aligné avec A et B.
Je mesure les longueurs AM et MB en cm.

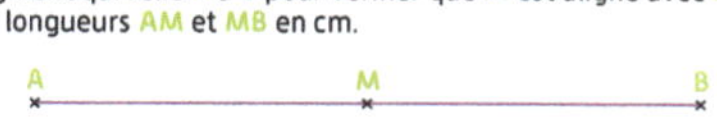

AM = 5 cm MB = 5 cm
M est le milieu du segment qui relie A à B.

Activité 2 de réinvestissement

Exercice 3 p. 15

Tâche

Trouver, parmi différents points déjà placés, les milieux de segments.

Lancement

Lors de l'explication de la consigne, l'enseignant insiste sur le fait que les milieux à trouver font partie des points déjà placés.

Recherche

Procédure visée :

▸ tracer les différents segments, les mesurer pour déterminer qu'ils font tous 8 cm. Comprendre que le milieu se situe à 4 cm (la moitié de 8) de l'extrémité de chaque segment. Trouver ce point et le nommer. Relier les différents milieux. Reconnaitre perceptivement ou avec les instruments la figure comme un carré.

Erreurs possibles :

▸ choisir les milieux visuellement ;

▸ ne pas reconnaitre la figure EFGH.

Différenciation

Pour les élèves en difficulté

Dire aux élèves de tracer le carré ABCD, puis de montrer le segment qui relie A à B et celui qui relie B à C.

Mise en commun

▸ Demander la procédure pour trouver le milieu de [AB] et la faire expliciter.

▸ Faire de même pour les autres milieux.

▸ Si besoin, demander aux élèves de tourner leur fichier pour placer EFGH dans la position prototypique pour reconnaitre perceptivement le carré. Rappeler que le carré « même penché » reste un carré. Demander comment vérifier que la figure est bien un carré pour faire ressortir les propriétés du carré et le besoin des instruments. Effectuer cette vérification avec une bande de papier (pour les longueurs) et le gabarit d'angle droit. Il n'est pas nécessaire que les élèves le fassent individuellement.

Réponses

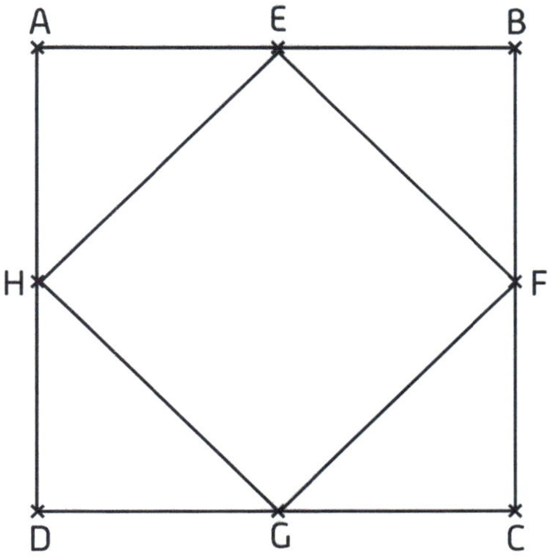

Bilan

Le milieu d'un segment qui relie A à B est le point qui se situe à la même distance de A et de B.

Séance 4

Rituels du jour

Suite orale
• Idem séance 1.

Calcul mental
• Idem séance 1.
Calculs à proposer : 3 + 9 ; 5 + 6 ; 7 + 5 ; 6 + 7 ; 5 + 8 ; 7 + 10 ; 3 + 5.

Objectif de la séance

Placer le milieu d'un segment en utilisant la règle graduée.

Activité de réinvestissement Exercice 4 et Exercice 5 p. 16

Tâche

Tracer des figures à partir de placements de milieux de segments donnés.

Lancement

Expliciter la consigne des deux exercices (qui ne diffèrent que par la figure à construire) pour que les élèves puissent travailler à leur rythme.

Recherche

Procédure visée :

▸ mesurer les différents segments. Calculer la moitié des différentes mesures pour placer les milieux en mesurant la longueur à partir de l'extrémité de chaque segment. Nommer ce point. Relier les différents milieux.

Erreurs possibles :

▸ choisir les milieux visuellement ;

▸ mal mesurer ;

▸ se tromper en calculant la moitié.

Différenciation

Pour les élèves en difficulté

Dire aux élèves de tracer chaque segment dont il faut trouver le milieu. Vérifier la bonne utilisation de la règle graduée pour mesurer le segment.

Pour les élèves plus rapides

Exercice supplémentaire 5, fiche différenciation 8.

Mise en commun

- Demander la procédure pour trouver le milieu de [AB] et la faire expliciter.
- Faire de même pour les autres milieux.
- Il n'est pas nécessaire de corriger collectivement les deux exercices.

Fin de séquence

Je m'entraine à mon rythme

Le nom de la figure

Objectifs

- Placer des points alignés avec des points donnés.
- Placer le milieu d'un segment.

Aide à apporter aux élèves en difficulté

Pour le milieu, faire tracer le segment pour le mesurer ensuite.

Pour les points alignés avec deux autres points, faire prolonger la ligne droite entre ces deux points.

Réponses

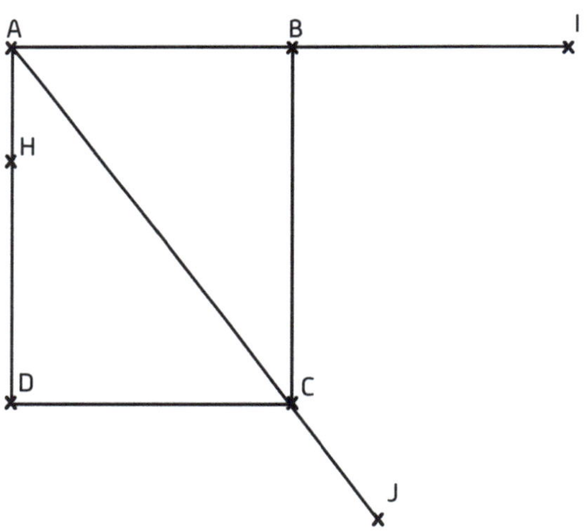

La figure ABCD est un rectangle.

Je cherche

La chasse au trésor

Objectif

- Réinvestir la capacité à comparer des nombres écrits en chiffres.

Réponse

La touche 32.

pp. 32 à 37

Comparaison des nombres jusqu'à 199

Rituels quotidiens

Objectifs d'apprentissage

Suite orale

- Dire la suite orale des nombres en avant, de 1 en 1, à partir de n'importe quel nombre jusqu'à 1000 au maximum.

Calcul mental

- Connaitre ou reconstruire très rapidement les résultats des tables d'addition de 1 à 10 dans les deux sens.

Séquence d'apprentissage

Place dans l'ensemble des séquences « Construire la numération écrite chiffrée »

1. Écritures chiffrées et comparaison des nombres jusqu'à 99	6. Écritures chiffrées des nombres jusqu'à 199	**9. Comparaison des nombres jusqu'à 199**	13. Écritures chiffrées des nombres jusqu'à 999	18. Comparaison des nombres jusqu'à 999

OBJECTIF DE LA SÉQUENCE

Réinvestir la signification de l'écriture chiffrée des nombres inférieurs à 199 pour indiquer, réaliser et comparer des quantités dans divers contextes.

OBJECTIFS D'APPRENTISSAGE DU BO

- Dénombrer des collections en les organisant.
- Connaitre la valeur des chiffres en fonction de leur position dans un nombre.
- Comparer des nombres entiers en utilisant les symboles (=, <, >).
- Comprendre et savoir utiliser les expressions « égal à », « supérieur à », « inférieur à »

Pourquoi renforcer la signification des chiffres pour les nombres jusqu'à 199 ?

Cette séquence 9 continue d'aborder l'écriture chiffrée comme un moyen d'indiquer un nombre d'objets, sans nécessairement passer par le nom du nombre. Il s'agit toujours de coder des quantités organisées en centaine, dizaines et unités avec trois chiffres, dans la continuité du sens élaboré à la séquence 6. La centaine sera à la fois perçue comme cent unités et dix dizaines.

Afin de renforcer cette compréhension des écritures chiffrées, on se limite ici encore à des nombres ne comportant aucune ou qu'une seule centaine : les nombres à plusieurs centaines sont abordés en séquence 13. Les collections seront totalement, partiellement ou non organisées, et il s'agira plus particulièrement de les comparer. Cette comparaison pourra se faire en lien avec la signification des écritures chiffrées qui sont traduites en termes de centaine, dizaines et unités. Pour les élèves les plus en difficulté, il sera toujours possible de revenir alors à une correspondance matérielle terme à terme, centaine/centaine, dizaine/dizaine, unité/unité.

Remarques importantes : dans cette séquence, l'énumération des collections à dénombrer est souvent facilitée du fait qu'on incite les élèves à rendre visible des dizaines et le cas échéant la centaine. Dans certains cas, les dizaines et la centaine sont assez faciles à constituer ou à reconnaitre (par exemple, en repérant deux groupes de cinq pour une dizaine, ou dix dizaines pour la centaine). Dans d'autres cas, il sera très utile de cocher les objets et de rendre visibles les dizaines (en les entourant par exemple) ou la centaine. Comme pour les nombres inférieurs à 99, les difficultés d'énumération (oublier un objet, prendre en compte plusieurs fois un autre) ne sont pas à confondre avec une mauvaise compréhension des écritures chiffrées : des élèves peuvent échouer à cause de l'énumération alors qu'ils ont compris la valeur des chiffres en fonction de leur rang dans l'écriture d'un nombre.

Structure de la séquence

- Séance 1 : découverte : savoir décomposer un nombre de différentes façons en unités de numération
- Séance 2 : réinvestissement
- Séance 3 : réinvestissement
- Séance 4 : découverte : savoir ranger des nombres grâce à leur écriture chiffrée
- Fin de séquence : entrainement et recherche

Matériel nécessaire

Matériel à télécharger pour l'ensemble de la séquence :

– Fiches Annexes 9.1, 9.2, 9.3, 9.4 et 9.5.
– Fiche différenciation 9 pour tous les exercices supplémentaires de la séquence.
– Fiche évaluation 9.
– Le poster *100 carrés.*

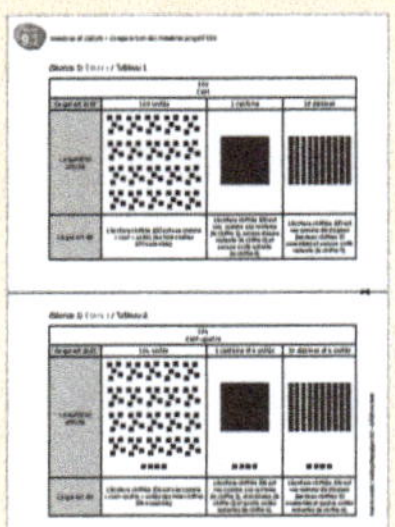
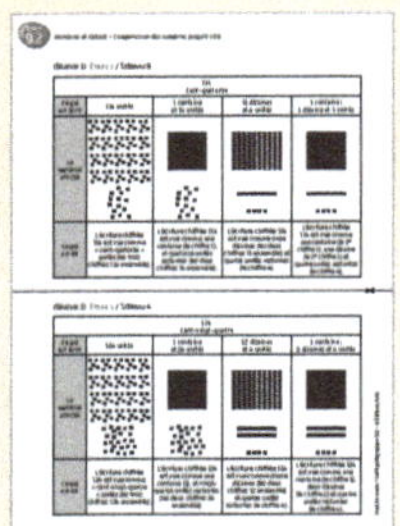
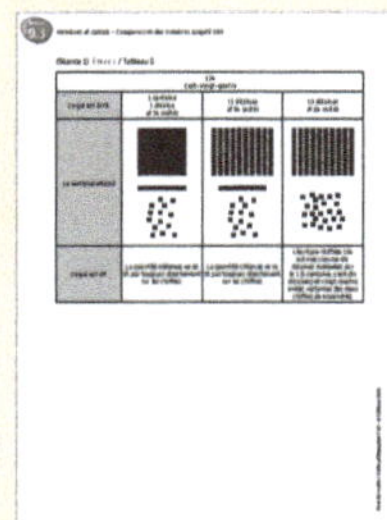
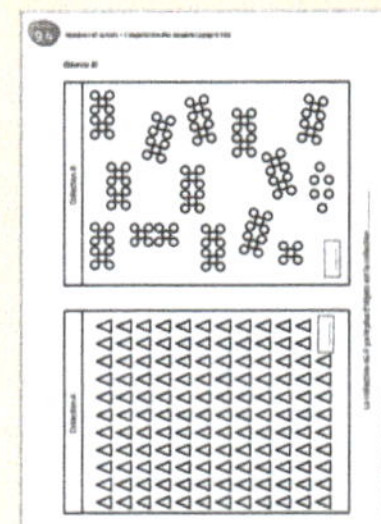
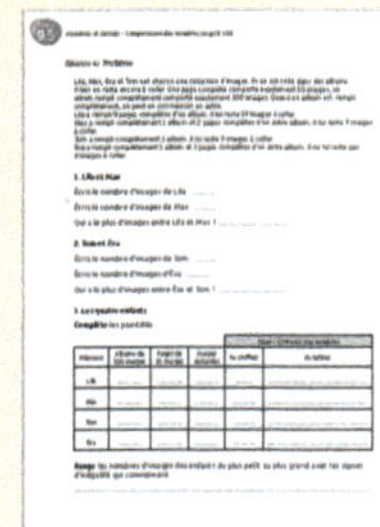
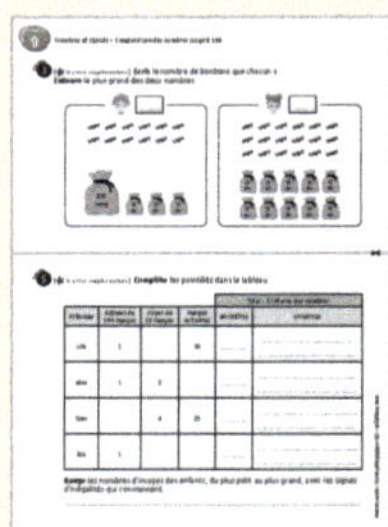
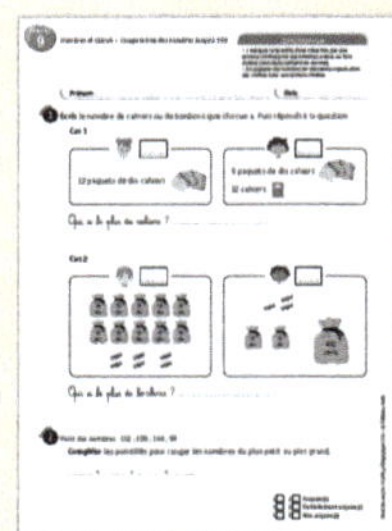

	Matériel pour l'enseignant	Matériel pour les élèves
Séance 1	– Tout le matériel de numération : les plaques centaine, les bandes dizaine et les carrés unité (au moins 56 carrés unité, 16 bandes dizaine et 2 plaques centaine) – Le poster *100 carrés* – Les tableaux des Annexes 9.1, 9.2 et 9.3 – La reproduction agrandie de l'exercice 1 p. 32 	**Matériel par binôme** – Le matériel de numération : tout le matériel dont dispose chaque élève est mis en commun, au minimum 156 carrés unité, 16 bandes dizaine et 2 plaques centaine – 4 barquettes : une pour la réserve, trois pour constituer les collections demandées simultanément – Une ardoise – Le fichier de l'élève p. 32 – Mémo 9
Séance 2	– La reproduction agrandie des exercices 2 et 3 p. 33-34	**Matériel par élève** – Le fichier de l'élève p. 33-34 *Différenciation :* exercice supplémentaire 3, fiche différenciation 9 ; matériel de numération
Séance 3	– Les deux collections A et B à comparer et à agrandir, Annexe 9.4 – La reproduction agrandie de l'exercice 4 p. 35	**Matériel par élève** – Les deux collections A et B à comparer, Annexe 9.4 – Le fichier de l'élève p. 35
Séance 4	– Matériel de numération : plaques centaine, bandes dizaine et carrés unité – Le problème agrandi de l'Annexe 9.5 (ou écrit au tableau par l'enseignant) – La reproduction agrandie de l'exercice 5 p. 36	**Matériel par élève** – Le problème de l'Annexe 9.5 – Un cahier de recherche – Le fichier de l'élève p. 36 *Différenciation :* exercice supplémentaire 5, fiche différenciation 9 ; matériel de numération
Fin de séquence		**Matériel par élève** – Le fichier de l'élève p. 37 *Différenciation :* matériel de numération

Séance 1

Rituels du jour

Suite orale

• Identique à la semaine précédente.

Calcul mental

• L'enseignant dit sept calculs d'addition de 1 à 10 dans les deux sens : soit un calcul d'une somme (exemple : 5 + 8), soit un calcul de complément (exemple : 5 + ? = 8). Le calcul de complément est écrit sous la forme 5 + ? = 8 et énoncé de deux façons : « Combien pour aller de cinq à huit ? Combien faut-il ajouter à cinq pour avoir huit ? ». Les élèves écrivent les résultats au fur et à mesure dans les cases d'une ligne de leur feuille de calcul mental.
Lors de la correction pour les sommes, l'enseignant explicite les procédures permettant de trouver le résultat si on ne l'a pas mémorisé. Pour les calculs de compléments, la correction s'effectue à partir de la frise. Si c'est un complément à un nombre supérieur à 10, le calcul s'effectue en deux étapes : calcul du complément à 10 (en s'appuyant sur l'affiche si besoin) puis calcul de 10 pour aller au nombre. Les élèves notent les additions pour lesquelles ils se sont trompés. Ils doivent les apprendre pour améliorer leurs scores à la séance suivante.
Calculs à proposer : **7 + 9** ; **5 + 8** ; **8 + ? = 14** ; **4 + ? = 11** ; **7 + 8** ; **6 + ? = 16** ; **4 + 6**.

Objectif de la séance

Réaliser une quantité donnée par son écriture chiffrée en ayant besoin de prendre plus de cent éléments isolés.

Activité 1 de découverte

Étape 1

Tâche

Prendre le nombre de carrés écrit au tableau en chiffres (100) et en lettres (« cent »), le type de matériel étant imposé à chaque fois (soit que des carrés unité, soit que des bandes dizaine, soit que des plaques centaine).

Ce qui est visé en proposant cette tâche

Rappeler qu'une centaine, c'est dix dizaines et cent unités.

Lancement

Le nombre 100 est écrit au tableau en chiffres et en lettres « cent » (et il est prononcé). L'enseignant indique aux élèves que chaque binôme doit constituer trois collections différentes de cent dans trois barquettes différentes. Les trois collections sont à réaliser avec la réserve distribuée :
– 1re barquette : en utilisant uniquement les carrés unité ;
– 2e barquette : en utilisant uniquement les bandes dizaine ;
– 3e barquette : en utilisant uniquement les plaques centaine.

Les trois barquettes vides sont distribuées à chaque binôme ainsi que la barquette contenant la réserve (au minimum 156 carrés unité, 16 bandes dizaine et 2 plaques centaine).

Indiquer qu'il peut en rester dans cette réserve, mais qu'il doit y avoir exactement le nombre demandé dans chacune des barquettes.

Une fois les quantités réalisées, les élèves ne devront pas vider les barquettes car ils vont constituer de nouvelles collections à partir de celles-ci.

Recherche

Remarque : la constitution de la collection de 100 carrés est fastidieuse pour l'élève mais indispensable : ceci permet de relier ce nombre avec la quantité qu'il désigne. Au tableau, l'enseignant utilise le poster *100 carrés*.

Procédure visée :

▸ les trois possibilités attendues sont 100 carrés, 10 bandes dizaine et 1 plaque centaine.

Erreur possible :

▸ dans le comptage, dans le sens donné aux chiffres ou au nom du nombre.

Différenciation

Pour les élèves en difficulté

Les aider dans l'énumération en aménageant leur travail. Pour la collection des 100 carrés unité, on peut aussi leur indiquer qu'il suffit que chacun en compte 50.

Les élèves les plus rapides peuvent aider les plus lents à constituer la collection de 100 carrés.

Mise en commun

▸ Demander les différentes façons d'obtenir la quantité avec le matériel. Mettre chacune en rapport avec la signification des chiffres.

▸ Au tableau, reproduire le tableau de l'Annexe 9.1 en plaçant le poster *100 carrés* dans la première colonne, la plaque centaine dans la deuxième colonne et dix bandes dizaine dans la troisième. Laisser de la place libre en dessous qui sera complétée dans les étapes suivantes.

Étape 2

Tâche

Idem avec successivement 104, 114, 124, à partir des trois collections de 100 déjà constituées. Le type de matériel n'est plus imposé pour compléter les collections au fur et à mesure.

Ce qui est visé en proposant cette tâche

Être capable de décomposer un nombre de différentes façons en unités de numération, en considérant la signification des chiffres de son écriture chiffrée.

Déroulement

Le nombre 104 est écrit au tableau en chiffres et en lettres (et il est prononcé). Demander aux élèves de compléter chacune des trois barquettes qu'ils ont déjà (une avec 100 carrés, une autre avec 1 plaque centaine et la dernière avec 10 bandes dizaine) pour obtenir le nouveau nombre écrit au tableau.

On demande de compléter ainsi de suite les trois collections obtenues simultanément, en écrivant en chiffres et en lettres les nombres suivants : 114 et 124.

La mise en commun est faite après chaque nombre : 104, puis 114 et enfin 124

Procédure visée :

- ajouter la quantité nécessaire à chaque fois.

Mises en commun

- Pour 104, demander ce qu'il fallait ajouter et comment on le savait :
  – avec l'écriture chiffrée, on voit le « 4 » qui a remplacé le 0 des unités ;
  – et avec le nom du nombre « cent-quatre », c'est cent et encore quatre.
  – Puis demander les différentes quantités obtenues avec le matériel, mettre chacune en rapport avec la signification des chiffres : voir le tableau 2 de l'Annexe 9.1.
- Pour 114, demander ce qu'il fallait ajouter et comment on le savait :
  – avec l'écriture chiffrée, on voit le « 1 » qui a remplacé le 0 des dizaines ;
  – et avec le nom du nombre « cent-quatorze », c'est cent-quatre et encore dix.
  – Puis demander les différentes quantités obtenues avec le matériel, mettre chacune en rapport avec la signification des chiffres. La dizaine peut être ajoutée avec 1 bande dizaine ou bien avec 10 carrés seuls ce qui donne les différentes possibilités du tableau 3 de l'Annexe 9.2.
- Pour 124, demander ce qu'il fallait ajouter et comment on le savait :
  – avec l'écriture chiffrée, on voit le « 2 » qui a remplacé le 1 des dizaines,
  – et avec le nom du nombre « cent-vingt-quatre », c'est cent-quatorze et encore dix.
  – Puis demander les différentes quantités obtenues avec le matériel, mettre chacune en rapport avec la signification des chiffres. La dizaine peut être ajoutée avec 1 bande dizaine ou bien avec 10 carrés seuls. Ce qui donne les différentes possibilités du tableau 4 de l'Annexe 9.2.

Remarque : suivant le temps et la place sur le tableau, on peut aussi traiter certains autres cas. Par exemple, le cas de 10 bandes dizaine et 24 carrés unité. L'écriture chiffrée 124 est alors vue comme dix dizaines indiquées par le premier chiffre 1 (1 centaine, c'est dix dizaines) et vingt-quatre unités restantes (les deux chiffres 24 ensemble). Certains de ces autres cas sont indiqués dans le tableau 5 de l'Annexe 9.3.

Institutionnalisation

Dans le *Ce que j'ai découvert* p. 32, faire compléter les pointillés par le nombre d'unités, de dizaines et de centaines indiquant l'organisation de la quantité.

CE QUE J'AI DÉCOUVERT

124 s'écrit **cent-vingt-quatre**.
Les chiffres d'une écriture chiffrée indiquent un nombre de centaines, un nombre de dizaines et un nombre d'unités.

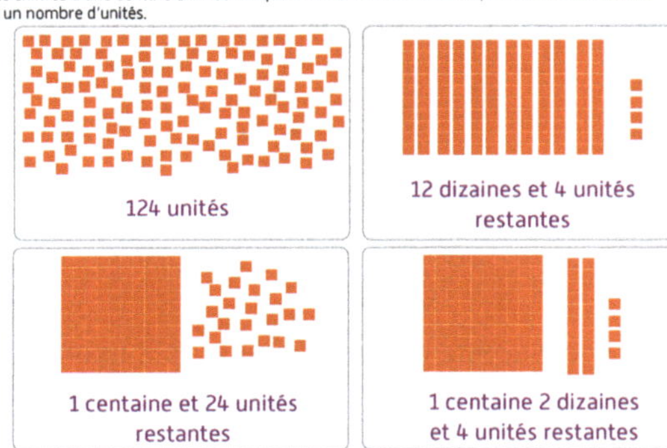

Activité 2 de réinvestissement — Exercice 1 p. 32

Tâche

L'écriture chiffrée d'un nombre est donnée. Décomposer ce nombre de différentes façons en centaine, dizaines et unités.

Déroulement

La consigne est lue. Préciser aux élèves que la collection rouge est une réserve de carrés. Les élèves doivent imaginer différentes façons de prélever la quantité indiquée par le nombre écrit : 136. On doit écrire une possibilité par ligne.

> **Différenciation**
>
> *Pour les élèves en difficulté*
>
> Une fois les réponses écrites, fournir le matériel de numération plaque centaine, bandes dizaine et carrés unité. Ne demander que quatre solutions.
>
> *Pour les élèves plus rapides*
>
> Demander de remplir tout le tableau.

Mise en commun

La mise en commun et les validations peuvent se faire au tableau en utilisant le matériel de numération.

L'argumentation reprend ce qui a été en jeu dans la situation de découverte précédente.

Réponses

Seules les 4 premières réponses sont attendues de la plupart des élèves.

Plaques centaine	Bandes dizaine	Carrés unité	Total
1	3	6	**136**
1	0	36	**136**
0	10	36	**136**
0	13	6	**136**
1	2	16	**136**
0	12	16	**136**
1	1	26	**136**
0	11	26	**136**

Bilan

Les chiffres de l'écriture chiffrée d'un nombre peuvent être reliés à différentes organisations d'une collection.

Séance 2

Rituels du jour

Suite orale

- Idem séance 1.

Calcul mental

- Idem séance 1.

Calculs à proposer : 5 + 7 ; 4 + ? = 12 ; 6 + 9 ; 8 + ? = 17 ; 7 + 4 ; 10 + 8 ; 8 + 6.

OBJECTIF DE LA SÉANCE

Indiquer la quantité par une écriture chiffrée, puis comparer ces quantités. Les collections dessinées ou décrites sont partiellement ou totalement organisées en dizaines et centaine.

Activité 1 de réinvestissement

Exercice 2 p. 33

Tâche

Indiquer par une écriture chiffrée la quantité d'une collection. Cette dernière est donnée sous forme d'objets isolés (en nombre inférieurs ou supérieurs à 10) ainsi que de groupements de dix. Comparer ensuite ces quantités.

Lancement

La consigne est lue et explicitée avec les élèves.

Recherche

Procédure visée :

- identifier des dizaines et en constituer d'autres quand c'est possible. Coder ensuite l'organisation pour obtenir l'écriture chiffrée : soit en considérant un nombre de dizaines et d'unités restantes, soit en envisageant en outre une centaine (10 dizaines).

Procédure possible :

- à partir de la collection organisée en dizaines, compter en utilisant la comptine des dizaines (dix, vingt, etc.) pour obtenir le nom du nombre, puis passer de ce nom de nombre à son écriture chiffrée.

Procédure possible mais la mise en commun en montrera les limites :

- comptage un à un pour obtenir le nom du nombre, puis passer de ce nom de nombre à son écriture chiffrée.

Erreur possible :

- dans le comptage, dans le sens donné aux chiffres ou au nom du nombre.

Différenciation

Pour les élèves en difficulté

Fournir le matériel de numération plaque centaine, bandes dizaine et carrés unité.

Mise en commun

Elles peuvent se faire au tableau en utilisant le matériel de numération.

L'argumentation reprend ce qui a été en jeu dans la situation de découverte de la séance précédente. Le comptage un à un est présenté comme trop long et source d'erreurs.

Réponses

Cas 1 :

Max (crayons rouges) : 129 ; 12 dizaines et 9 unités restantes ou bien 1 centaine (dix dizaines), 2 dizaines et 9 unités restantes.

Lila (crayons verts) : 123 ; 12 dizaines et 3 unités restantes ou bien 1 centaine (dix dizaines) 2 dizaines et 3 unités restantes ou encore 1 centaine (dix dizaines) et 23 unités restantes.

123 < 129 (C'est Max qui a le plus de crayons.)

Cas 2 :

Tom (crayons violets) : 129 ; 12 dizaines et 9 unités restantes ou bien 1 centaine (dix dizaines), 2 dizaines et 9 unités restantes.

Éva (crayons bleus) : 172 ; 17 dizaines et 2 unités restantes ou bien 1 centaine (dix dizaines) 7 dizaines et 2 unités restantes.

129 < 172 (C'est Éva qui a le plus de crayons.)

Activité 2 de réinvestissement

Exercice 3 p. 34

Tâche

Même tâche que précédemment dans d'autres contextes. Certaines quantités ne sont pas visibles mais indiquées par des écritures chiffrées et littérales, ou encore en termes de nombres de dizaines et unités.

Déroulement

Le déroulement est similaire à celui de l'activité précédente.

> **Différenciation**
>
> *Pour les élèves en difficulté*
>
> Fournir le matériel de numération plaque centaine, bandes dizaine et carrés unité.
>
> *Pour les élèves plus rapides*
>
> Exercice supplémentaire 3, fiche différenciation 9.

Mise en commun

Elles peuvent se faire au tableau en utilisant le matériel de numération. L'argumentation reprend ce qui a été en jeu dans la situation de découverte de la séance précédente.

Réponses

Cas 1 :

Tom (cahiers) : 174 ; 17 dizaines et 4 unités restantes ou bien 1 centaine (dix dizaines), 7 dizaines et 4 unités restantes.

Éva (cahiers) : 105 ; 10 dizaines et 5 unités restantes ou bien 1 centaine (dix dizaines) 0 dizaine et 5 unités restantes.

Le plus grand des nombres à entourer est 174 (Tom).

Cas 2 :

Max (cahiers) : 180 ; 18 dizaines et 0 unité restante.

Lila (cahiers) : 190 ; 19 dizaines et 0 unité restante.

Le plus grand des nombres à entourer est 190 (Lila).

Cas 3 :

Éva (bonbons) : 155 ; 1 centaine, 5 dizaines et 5 unités restantes.

Lila (bonbons) : 157 ; 15 dizaines et 7 unités restantes.

Le plus grand des nombres à entourer est 157 (Lila).

Cas 4 :

Tom (bonbons) : 170 ; 1 centaine, 7 dizaines et 0 unité restante.

Max (bonbons) : 156 ; 15 dizaines et 6 unités restantes.

Le plus grand des nombres à entourer est 170 (Tom).

Bilan

L'organisation en dizaines d'une collection permet d'écrire avec des chiffres le nombre de ses éléments. On peut considérer un nombre de dizaines et d'unités restantes (moins de dix) ou bien une centaine (dix dizaines), des dizaines et des unités restantes (moins de dix dizaines restantes et moins de dix unités restantes).

Séance 3

Rituels du Jour

Suite orale	Calcul mental
• Idem séance 1.	• Idem séance 1. *Calculs à proposer :* 3 + ? = 9 ; 8 + 5 ; 8 + ? = 11 ; 9 + 7 ; 8 + 9 ; 4 + ? = 9 ; 8 + 4.

Objectif de la séance

Indiquer la quantité par une écriture chiffrée, puis comparer ces quantités. Tous les éléments des collections sont dessinés et les collections sont partiellement organisées en dizaines et centaine ou bien non organisées.

Activité 1 de réinvestissement

Tâche

Écrire les nombres de triangles et de cercles pour pouvoir indiquer la collection comportant le plus d'objets.

Lancement

Les élèves disposent chacun des collections A et B : l'une de triangles, l'autre de cercles (Annexe 9.4).

L'enseignant indique que les élèves auront à écrire le nombre de triangles et le nombre de cercles pour pouvoir indiquer la collection comportant le plus d'objets. Les espaces de réponse sont montrés.

Recherche

Procédures visées et possibles pour les écritures chiffrées :

▸ voir la séance précédente : pour les triangles, il n'est pas facile de repérer des dizaines, mais leur disposition en tableau (lignes, colonnes) permet de répéter un motif de dizaine, par exemple dix triangles sur les onze que comporte une ligne (voir la différenciation ci-après).

Procédure visée pour la comparaison :

▸ comparer les nombres grâce à ce que signifient leurs chiffres. L'organisation produite dans chaque collection permet de mettre en exergue le sens donné aux chiffres et de valider la comparaison par correspondance terme à terme centaine/centaine, dizaine/dizaine, unité/unité.

Procédure possible pour la comparaison :

▸ comparer les nombres grâce à l'ordre d'apparition de leur nom dans la comptine numérique.

Différenciation

Pour les élèves en difficulté

Pour la collection de triangles, faire repérer un motif de dizaine qui peut être répété : par exemple dix triangles sur les onze que comporte une ligne ou des alignements de deux fois cinq triangles ou encore cinq paires de deux triangles.

Mise en commun

Elles peuvent se faire au tableau en utilisant le matériel de numération et avec une représentation agrandie des collections A et B. L'argumentation reprend ce qui a été en jeu dans la situation de découverte de la séance précédente. Le comptage un à un est présenté comme trop long et source d'erreurs.

Réponses

Collection A : 130 triangles.

Collection B : 131 cercles.

Activité 2 de réinvestissement

Exercice 4 p. 35

Tâche

Comparer deux collections dessinées (l'une de fourchettes, l'autre de cuillères) qui sont partiellement organisées avec des dizaines ou une centaine.

Déroulement

Faire remarquer tout d'abord que Tom et Éva sont en train de décrire ce qu'ils ont fait sur la table. Demander aux élèves s'ils voient dans chacune des collections ce que veulent dire Éva et Tom : les dizaines chez Éva et la centaine chez Tom. La suite du déroulement est identique à l'activité précédente.

Différenciation

Pour les élèves en difficulté

Les aider dans l'énumération des objets en leur montrant comment ne pas en oublier en les cochant.

Pour les élèves plus rapides

Leur demander de vérifier leur résultat, puis de comparer avec le résultat d'autres élèves qui ont fini : c'est l'occasion qu'ils s'aperçoivent que, même s'ils n'ont pas dénombré de la même façon, ils auront le même résultat s'ils ne se sont pas trompés.

Mise en commun

▸ Faire ressortir qu'entourer dix paquets de dix fourchettes (une centaine) et les dizaines permet de comparer directement les collections en faisant des correspondances terme à terme centaine/centaine, dizaine/dizaine, unité/unité.

▸ Relier l'organisation centaine, dizaine, unité optimale (c'est-à-dire qu'il reste à chaque fois moins de dix dizaines et dix unités) avec les 3 chiffres de l'écriture chiffrée du nombre. La correspondance terme à terme permet en outre de valider le fait que 123 élèves peuvent manger à la cantine en ayant chacun sa fourchette et sa cuillère.

Réponses

Il y a 123 fourchettes et 125 cuillères.

123 < 125 ; 125 > 123 ; 123 élèves peuvent manger à la cantine en ayant chacun sa fourchette et sa cuillère.

Bilan

L'organisation en dizaines et centaine d'une collection permet d'écrire avec des chiffres le nombre de ses éléments. On peut considérer un nombre de dizaines et d'unités restantes (moins de dix) ou bien une centaine (dix dizaines), des dizaines (moins de dix) et des unités restantes (moins de dix).

Il est possible de comparer les nombres en regardant uniquement les chiffres qui les composent : le chiffre des centaines puis, s'ils sont égaux, le chiffre des dizaines et, s'ils sont encore égaux, le chiffre des unités. La justification des principes de comparaison avec les chiffres provient du lien avec l'organisation en centaine(s), dizaine(s) et unité(s).

Séance 4

Rituels du jour

Suite orale	Calcul mental
• Idem séance 1.	• Idem séance 1. *Calculs à proposer :* 6 + ? = 9 ; 7 + ? = 14 ; 9 + 8 ; 5 + ? = 14 ; 5 + 6 ; 2 + ? = 11 ; 3 + 7.

Objectif de la séance

Ranger de deux à quatre nombres qui indiquent des quantités. Ces quantités sont données par des écritures chiffrées ou par un nombre de groupes de centaine, de dizaines et d'unités.

Activité 1 de découverte

Tâche

Résoudre un problème dans lequel il faudra traduire en écriture chiffrée des quantités exprimées en termes de dizaines et unités, puis les ranger.

Ce qui est visé en proposant cette tâche

Savoir ordonner plusieurs nombres en considérant leur écriture chiffrée.

Lancement

Le texte du problème de l'Annexe 9.5 est lu et distribué. Les trois questions sont identifiées.

Recherche

Les élèves peuvent répondre aux questions 1, 2 et 3 à leur rythme.

Question 1 : les albums d'images de Lila et Max.

Procédures visées pour le nombre d'images de Lila :

▸ remarquer que 9 pages de dix images, c'est 9 dizaines, et 17 images, c'est 1 dizaine et 7 images restantes. Lila a donc 10 dizaines et 7 unités restantes, c'est-à-dire 107 images ;

▸ remarquer que 9 pages de dix images, c'est 9 dizaines, et 17 images, c'est 1 dizaine et 7 images restantes. Lila a donc 10 dizaines et 7 images, c'est-à-dire 1 centaine 0 dizaine et 7 unités restantes, autrement dit 107 images.

Procédure visée pour le nombre d'images de Max :

▸ remarquer qu'un album de 100 images, c'est 1 centaine d'images, 2 pages de dix images, c'est 2 dizaines, et il y a 7 images restantes. Max a donc 1 centaine, 2 dizaines et 7 unités restantes, c'est-à-dire 127 images.

Procédure visée pour la comparaison :

▸ s'appuyer sur la signification des chiffres des deux nombres en termes de centaine, dizaines et unités.

Procédure possible pour la comparaison :

▸ utiliser le nom des nombres (oral) et leur ordre d'arrivée dans la comptine numérique.

Question 2 : les albums d'images de Tom et Éva.

Procédures visées pour le nombre d'images de Tom :

▸ remarquer qu'un album de 100 images, c'est 1 centaine d'images, il y a 7 images restantes. Tom a donc 1 centaine et 7 unités restantes, c'est-à-dire 107 images ;

▸ remarquer qu'un album de 100 images, c'est 1 centaine d'images donc 10 dizaines et il y a 7 images restantes. Tom a donc 10 dizaines et 7 unités restantes, c'est-à-dire 107 images.

Procédure visée pour le nombre d'images d'Éva :

▸ Remarquer qu'un album de 100 images c'est 1 centaine d'images, 3 pages de dix images c'est 3 dizaines, et il y a 0 image restante. Éva a donc 1 centaine, 3 dizaines et 0 unité restante, c'est-à-dire 130 images.

Procédure visée pour la comparaison :

▸ s'appuyer sur la signification des chiffres des quatre nombres en termes de centaine, dizaines et unités.

Procédure possible pour la comparaison :

▸ utiliser le nom des nombres (oral) et leur ordre d'arrivée dans la comptine numérique.

Question 3 : les albums d'images d'Éva, Tom, Lila et Max

Procédure visée pour l'écriture chiffrée du nombre total d'images de chaque enfant :

▸ recopier les résultats obtenus dans les deux questions précédentes.

Procédure visée pour l'écriture littérale du nombre total d'images de chaque enfant :

▸ écrire avec des lettres le nombre de centaines, puis traduire avec des lettres le nombre à deux chiffres qui suit.

Procédure visée pour la comparaison :

▸ s'appuyer sur la signification des chiffres des quatre nombres en termes de centaine, dizaines et unités.

Procédure possible pour la comparaison :

▸ utiliser le nom des nombres (oral) et leur ordre d'arrivée dans la comptine numérique.

Différenciation

Pour les élèves en difficulté

Une fois leurs essais effectués, donner le matériel de numération plaque centaine, bandes dizaine et carrés unité pour qu'ils réalisent les collections et vérifient leurs réponses. Faire d'abord le point sur les deux premières questions. Pour la question 3, faire différencier les zones qui correspondent aux données du problème de celles qui correspondent aux réponses aux questions. Ne pas leur demander dans cette séance les écritures littérales.

Mise en commun

La mise en commun et la validation s'appuient sur la signification des chiffres comme dans les séances précédentes. Selon nécessité, utiliser le matériel de numération : plaque centaine, bandes dizaine et carrés unité.

Réponses

Question 1 : Lila 107 ; Max 127 ; Max a plus d'images que Lila.

Question 2 : Tom 107 ; Éva 130 ; Éva a plus d'images que Tom.

Question 3 :

Prénoms	Album de 100 pages	Pages de 10 images	Images restantes	Total – Écritures du nombre en chiffres	Total – Écritures du nombre en lettres
Lila		9	17	107	Cent-sept
Max	1	2	7	127	Cent-vingt-sept
Tom	1		7	107	Cent-sept
Éva	1	3	0	130	Cent-trente

Bilan

pour comparer et ranger plusieurs nombres, on peut utiliser la signification des chiffres dans leur écriture chiffrée.

Activité 2 de réinvestissement Exercice 5 p. 36

Tâches

▸ Résoudre des problèmes dans lesquels il faudra ranger des quantités exprimées sous différentes formes : écritures chiffrées, désignation en termes de centaine, dizaine(s), unité(s).

▸ Donner les écritures, chiffrée et en lettres, de nombres dont une décomposition en unités de numération sont données.

Lancement

Les textes des problèmes de l'exercice 5 sont lus.

Le denier exercice est mis en parallèle avec celui de l'activité de découverte : il s'agit ici de timbres et non d'images et le tableau est déjà rempli avec ce que l'on connait.

Recherche

Les élèves peuvent répondre aux différents problèmes à leur rythme.

Différenciation

Pour les élèves en difficulté

Une fois leurs essais effectués, donner le matériel de numération (plaque centaine, bandes dizaine et carrés unité) pour qu'ils réalisent les collections et vérifient leurs réponses.

Pour les élèves plus rapides

Exercice supplémentaire 5, fiche différenciation 9.

Cas 1. a. : les albums de timbres de Lila et Max.

Procédure visée pour le nombre de timbres de Lila :

▸ remarquer qu'un album de 100 timbres, c'est 1 centaine de timbres, deux pages de dix timbres, c'est 2 dizaines, et 29 timbres, c'est 2 dizaines et 9 timbres restants. Lila a donc 1 centaine, 4 dizaines et 9 unités restantes, c'est-à-dire 149 timbres.

Procédure visée pour la comparaison :

▸ s'appuyer sur la signification des chiffres des deux nombres en termes de centaine, dizaines et unités.

Procédure possible pour la comparaison :

▸ utiliser le nom des nombres (oral) et leur ordre d'arrivée dans la comptine numérique.

Cas 1. b. : les albums de timbres de Lila, Tom, Éva et Max (texte sans tableau).

Procédure visée pour le nombre de timbres de Lila :

▸ remarquer qu'un album de 100 timbres, c'est 1 centaine de timbres, 9 pages de dix timbres, c'est 9 dizaines, et il y a 4 timbres restants. Lila a donc 1 centaine, 9 dizaines et 4 unités restantes, c'est-à-dire 194 timbres.

Procédure visée pour la comparaison :

▸ s'appuyer sur la signification des chiffres des quatre nombres en termes de centaine, dizaines et unités.

Procédure possible pour la comparaison :

▸ utiliser le nom des nombres (oral) et leur ordre d'arrivée dans la comptine numérique

Cas 2 : les albums de timbres d'Éva, Tom, Lila et Max (données dans le tableau).

Procédure visée pour l'écriture chiffrée du nombre total d'images de chaque enfant :

▸ remarquer qu'un album de 100 timbres, c'est une centaine de timbres et une page de dix timbres, c'est une dizaine. S'il y a plus de neuf unités, considérer le nombre de dizaines (il peut se lire directement en considérant la signification des chiffres).

▸ dans le cas où il y a plus de neuf dizaines, il est possible soit de considérer ce nombre de dizaines qui donne alors les deux premiers chiffres (dans le sens de lecture) du nombre à 3 chiffres cherché et le nombre d'unités restantes (moins de dix unités restantes), soit de considérer une centaine (dix dizaines), le nombre de dizaines restantes (moins de dix dizaines restantes) et le nombre d'unités restantes (moins de dix unités restantes).

Procédures visée et possible pour la comparaison :

▸ identique au cas précédent.

Procédure visée pour l'écriture littérale du nombre total d'images :

▸ écrire avec des lettres le nombre de centaines, puis traduire avec des lettres le nombre à deux chiffres qui suit.

Mise en commun

La mise en commun et la validation s'appuient sur la signification des chiffres comme dans les séances précédentes. Selon nécessité, utiliser le matériel de numération aimanté : plaque centaine, bandes dizaine et carrés unité.

Réponses

Cas 1. a : Lila a 149 timbres. Max a le plus de timbres. 152 > 149 ; 149 < 152.

Cas 1. b : Lila a 194 timbres. Lila a le plus de timbres. Éva a le moins de timbres. 107 < 149 < 170 < 194.

Cas 2 : Éva : 172 ; Tom : 179 ; Lila : 194 ; Max : 100 ; Lila a le plus de timbres ; Max a le moins de timbres ; 100 < 172 < 179 < 194.

Fin de séquence

Je m'entraine à mon rythme

Les nombres en chiffres et les collections

Objectif

• Réinvestir la signification des chiffres dans une écriture chiffrée de nombres à trois chiffres (une seule centaine) pour indiquer des quantités et les comparer.

Aide à apporter aux élèves en difficulté

Une fois les premières réponses avancées, donner le matériel de numération pour les valider. Ne pas favoriser cependant le comptage (ni un à un, ni dix par dix), mais valoriser le fait de rendre visibles des dizaines et centaine (dix dizaines). Faire aussi référence aux exercices de cette séquence.

Réponses

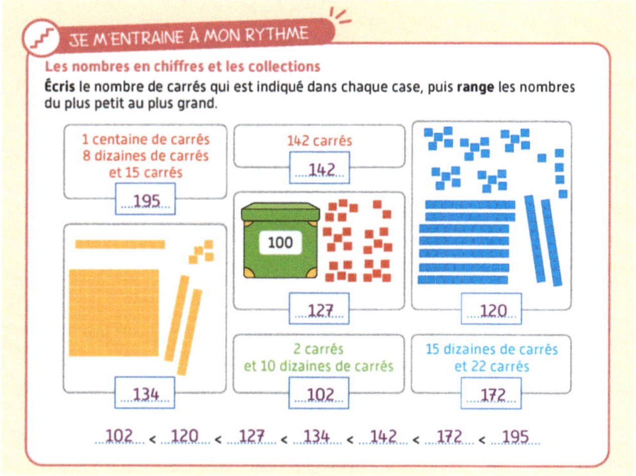

Je cherche

Les balançoires

Objectifs

• Tester, faire des essais pour chercher la solution à un problème.

• Utiliser la transitivité de la relation d'ordre pour la grandeur « masse ».

Remarque : le nom de l'enfant n'est pas au-dessus de son image, ce qui peut gêner certains élèves, alors qu'ils peuvent avoir compris la transitivité pour les masses.

Réponse

Jordan, Noé, Lucas, Sarah.

pp. 38 à 41

Résolution de problèmes de groupements

Sens de la multiplication et de la division (1)

Rituels quotidiens

Objectifs d'apprentissage	
Lecture/écriture	**Calcul mental**
• Lire et écrire les nombres jusqu'à 200.	• Ajouter un nombre inférieur à 9 à un nombre en passant la dizaine supérieure si besoin.

Séquence d'apprentissage

Place dans l'ensemble des séquences « Résolution de problèmes numériques »

3. Problèmes de réunion avec recherche du tout ou d'une partie	5. Problèmes de transformation avec recherche de la quantité finale et de la transformation	**10. Problèmes de groupements avec recherche de la quantité totale**	16. Problèmes de transformation avec recherche de la quantité initiale	23. Problèmes de groupements et de partages avec recherche du nombre de parts et de la valeur d'une part	27. Problèmes de transformation et de réunion	31. Problèmes de comparaison	34. Organisation et gestion des données

Objectifs de la séquence

- Déterminer, par multiplication, le nombre total d'objets dans des situations de groupements de quantités identiques.
- Introduire le signe de la multiplication ×.

Objectifs d'apprentissage du BO

- Comprendre et utiliser le symbole ×.
- Comprendre et savoir que la multiplication est commutative.
- Résoudre des problèmes multiplicatifs en une étape.
- Résoudre des problèmes mixtes en deux étapes (une étape additive et une étape multiplicative).

Pourquoi choisir des nombres d'itérations assez grands ?

De la même façon qu'il a défini une catégorisation des problèmes des structures additives, Gérard Vergnaud a classé les problèmes des structures multiplicatives. Le terme « problème multiplicatif » concerne tous les problèmes pouvant se résoudre par une multiplication ou une division. En CE1, les élèves rencontrent un type de problèmes, les problèmes de proportionnalité avec la présence de l'unité – par exemple : « Une boite contient 6 œufs, combien contiennent 3 boites ? » – sans toutefois que la notion de proportionnalité soit explicitement abordée (elle ne sera mise en évidence qu'au cycle 3).

La multiplication n'a de sens que si elle est plus efficace qu'une addition réitérée, donc si le nombre d'itérations est grand. Or, dans ce cas, les élèves n'ont pas les moyens de trouver le résultat de la multiplication par un calcul mental ou posé ; le répertoire de calculs (Annexe 10.3) permet de le faire. Celui-ci contient un certain nombre d'additions et de multiplications. Certaines permettent de résoudre le problème, d'autres sont là pour obliger l'élève à réfléchir. S'il ne figurait que les opérations utiles, il n'y aurait plus de problème à résoudre mais juste une recherche des nombres de l'énoncé.

Nous avons fait le choix de définir 14 × 6 comme signifiant 6 + 6 + … + 6 avec 14 itérations du nombre 6, plutôt que 14 itéré 6 fois. Ce choix a été guidé par l'oralisation « 14 fois 6 » comprise comme « 14 fois le nombre 6 » plutôt que « le nombre 14, 6 fois ». Ce choix se retrouve dans la façon d'écrire les tables de multiplication (p. 102-103). Cependant, nous abordons très tôt le fait que 14 × 6 = 6 × 14 de façon à ce que les deux écritures soient considérées comme justes.

Structure de la séquence

- Séance 1 : découverte : recherche du tout par addition réitérée
- Séance 2 : découverte : introduction de la multiplication
- Séance 3 : découverte : reconnaissance de la commutativité de la multiplication
- Séance 4 : réinvestissement
- Fin de séquence : entrainement et recherche

Matériel nécessaire

Matériel à télécharger pour l'ensemble de la séquence :
– Fiches Annexes 10.1, 10.2 et 10.3 et la Fiche annexe « Frises ».
– Fiche différenciation 10 pour tous les exercices supplémentaires de la séquence.
– Fiche évaluation 10.
– Les posters *Problèmes de groupements et de partages (1)* et *Problèmes de réunion.*

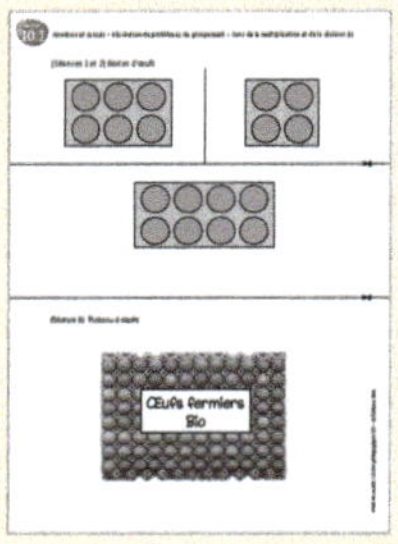
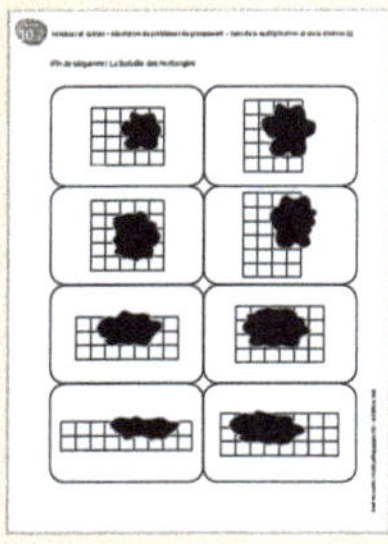
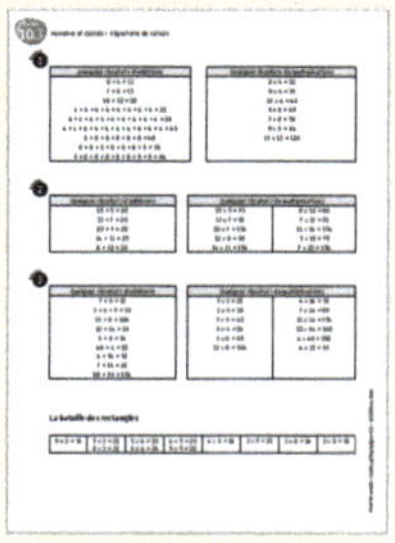

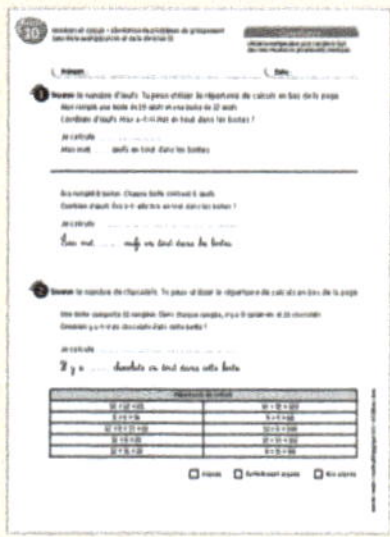

	Matériel pour l'enseignant	Matériel pour les élèves
Séance 1	– 3 boites à œufs de 6 emplacements – 7 boites à œufs de 4 emplacements – Tout matériel représentant les œufs – Le poster *Problèmes de groupements et de partages (1)* – Une frise jusqu'à 10 (Annexe frises) et des post-it 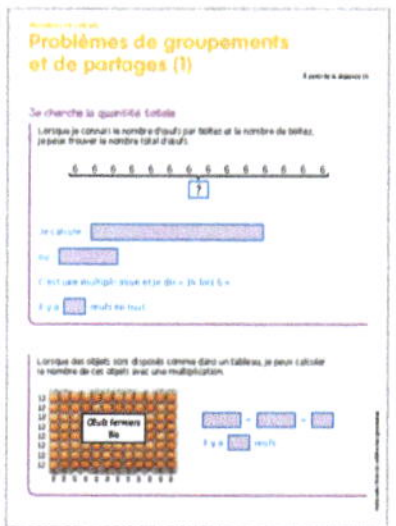	**Matériel par élève** – Une ardoise – Une frise jusqu'à 30 (Annexe frises) – Des carrés unité *Différenciation :* des représentations des boites pour la différenciation (Annexe 10.1)
Séance 2	– Une ou deux boites à œufs de 6 emplacements – Le poster *Problèmes de groupements et de partages (1)* – Une calculatrice – La reproduction agrandie de l'exercice 1 p. 38	**Matériel par élève** – Le répertoire de calculs (Annexe 10.3) – Une ardoise – Le fichier de l'élève p. 38 – Mémo 10.1. *Différenciation :* des représentations des boites pour la différenciation (Annexe 10.1) + exercice supplémentaire 1, fiche différenciation 10
Séance 3	– Une représentation d'un plateau d'œufs (Annexe 10.1) – Le poster *Problèmes de groupements et de partages (1)* – La reproduction agrandie de l'exercice 2 p. 39 – Une calculatrice	**Matériel par élève** – Une représentation d'un plateau d'œufs (Annexe 10.1) – Une ardoise et son feutre – Le répertoire de calculs (Annexe 10.3) – Le fichier de l'élève page p. 39 – Mémo 10.2. *Différenciation :* exercice supplémentaire 2, fiche différenciation 10
Séance 4	– Les posters *Problèmes de groupements et de partages (1)* et *Problèmes de réunion* – La reproduction agrandie de l'exercice 3 p. 40 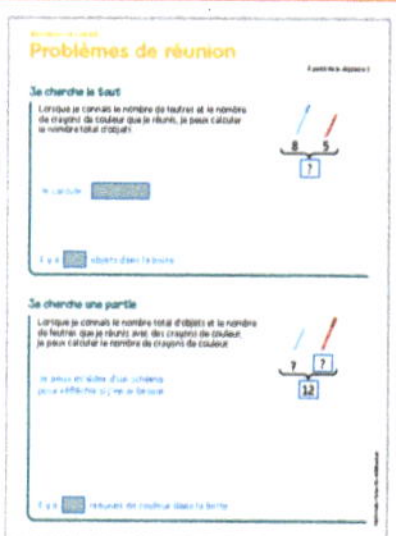	**Matériel par élève** – Une ardoise – Le répertoire de calculs (Annexe 10.3) – Le fichier de l'élève page p. 40 *Différenciation :* exercice supplémentaire 3, fiche différenciation 10
Fin de séquence		**Matériel par élève** – Le fichier de l'élève p. 41 – Les cartes de la bataille des rectangles (Annexe 10.2) – Le répertoire de calculs (Annexe 10.3)

Séance 1

Rituels du jour

Lecture/écriture

- L'enseignant écrit un nombre entre 100 et 200 au tableau sans le nommer. Exemple : 137. Il demande aux élèves de réfléchir au nom de ce nombre sans le dire. Il interroge un élève et demande aux autres s'ils sont d'accord. Pour corriger, l'enseignant demande la signification du 1, du 3 et du 7 : 1 centaine, 3 dizaines et 7 « tout seuls ». La centaine se dit « cent » et la lecture de 3 dizaines et 7 unités est rappelée : trente pour 3 dizaines puis trente-sept pour les sept unités.
- L'activité réciproque est proposée. La procédure mise en avant est celle utilisant l'expression avec la centaine et les dizaines : par exemple à l'oral « cent-trente-cinq » se traduit en 1 centaine, 3 dizaines et 5, et s'écrit donc « 135 ».

Calcul mental

- L'enseignant dit et écrit le calcul. Les élèves notent leur résultat sur l'ardoise. L'enseignant corrige puis continue ainsi pour proposer 5 calculs.

Pour la correction, lorsque le résultat de l'addition ne passe pas à une dizaine supérieure, l'enseignant s'appuie sur la décomposition du nombre en dizaines et unités. Exemple : 72 + 5 c'est 7 dizaines et 2 unités auxquelles on ajoute 5 unités.
Lorsque le résultat de l'addition passe à une dizaine supérieure, la procédure s'appuie sur la décomposition du nombre à un chiffre en une somme de deux nombres afin de transformer l'addition en une addition d'un nombre entier de dizaines avec un nombre à un chiffre. Cette décomposition est écrite au tableau.

Exemple : 76 + 6 = 76 + 4 + 2
= 80 + 2

Calculs à proposer : **76 + 6 ; 124 + 5 ; 89 + 4 ; 143 + 6 ; 171 + 7.**

Objectif de la séance

Déterminer par une addition réitérée la quantité totale dans une situation où plusieurs quantités égales sont regroupées.

Activité de découverte

Étape 1

Tâche

Trouver le nombre d'œufs que l'on utilise pour remplir 3 boites contenant 6 œufs chacune.

Ce qui est visé en proposant cette tâche

Comprendre que l'addition réitérée permet de trouver le nombre total d'œufs dans une situation de groupement.

Lancement

L'enseignant montre le matériel qui représentera les œufs, les trois boites, il insiste sur le fait qu'elles sont identiques et contiennent chacune 6 œufs, puis prend un temps pour expliquer le « chacune ». Il commence à remplir une boite et précise qu'une boite est remplie lorsqu'il n'y a plus d'emplacement vide et qu'il n'y a qu'un seul œuf par emplacement. Il pose les trois boites fermées sur son bureau. Il énonce le problème : « Vous devez trouver le nombre d'œufs que l'on utilise lorsqu'on remplit 3 boites. Chaque boite contient 6 œufs. » Enfin, il écrit au tableau : « 3 boites avec 6 œufs dans chaque boite. »

Recherche

Les élèves disposent de leur ardoise, de leur frise et de 30 carrés unité. La difficulté ne doit pas reposer sur le calcul lui-même, mais sur la compréhension du calcul à faire. On souhaite faire émerger que l'addition réitérée de 3 fois le nombre 6 permet de répondre à la question. Les élèves utilisent leur ardoise pour représenter les œufs s'ils ne savent pas encore quel calcul faire, ou pour écrire le calcul en ligne et ainsi montrer leur démarche. Ils peuvent placer 3 fois 6 carrés unités sur la frise pour atteindre 18.

Procédures visées :

- dessin ou schématisation des boites et des œufs, puis dénombrement par comptage un à un ou surcomptage ;
- utiliser la frise et les carrés unité pour trouver le résultat ;
- calcul mental de l'addition réitérée 6 + 6 + 6 ;
- vérification de la cohérence de la réponse.

Erreurs possibles :

- incompréhension de la situation pouvant se traduire par l'addition des deux nombres de l'énoncé ;
- erreur en dénombrant le tout ;
- erreur en exécutant l'addition réitérée.

Différenciation

Pour les élèves en difficulté

Après quelques essais infructueux sans matériel, donner des boites, ou des images de boite (Annexe 10.1).

Mise en commun

- Collecte des réponses et étude de leur pertinence.
- Discussion autour des différentes procédures utilisées et mise en valeur de l'addition réitérée.
- Si des dessins plus ou moins schématiques ont été réalisés, leur validité et leur efficacité sont étudiées.
- Analyse des erreurs suivant leur nature (erreur de procédure ou erreur d'exécution).
- Recherche du nombre total en utilisant une frise affichée et des post-it.

▸ Vérification finale en plaçant du matériel représentant les œufs dans les boites.

▸ Verbalisation claire du résultat obtenu : « On a utilisé 18 œufs ; 6 œufs, et encore 6 œufs, et encore 6 œufs, ça fait 18 œufs ; 6 œufs plus 6 œufs plus 6 œufs, ça fait 18 œufs. »

▸ Écriture mathématique de l'addition réitérée : $6 + 6 + 6 = 18$.

▸ Introduction du terme «fois » : « On additionne 3 fois le nombre 6. »

▸ Démonstration de l'utilisation de la frise numérique avec les post-it pour à la fois illustrer l'itération des 6 œufs et trouver le résultat de l'addition réitérée.

▸ La structure du problème peut être analysée à l'aide d'un schéma, qui montre la réunion de quantités égales, comme ci-dessous. Ce schéma est présenté au tableau sous la frise numérique.

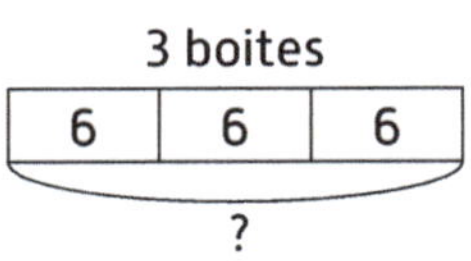

Étape 2

Tâche

Trouver le nombre d'œufs que l'on utilise pour remplir 7 boites contenant 4 œufs chacune.

Ce qui est visé en proposant cette tâche

Utiliser l'addition réitérée pour trouver le nombre d'œufs dans une situation de groupement.

Déroulement

Le déroulement est similaire à celui de l'étape 1 avec le problème suivant : « Combien faut-il d'œufs pour remplir 7 boites ? Chaque boite contient 4 œufs. »

Le schéma ci-dessous peut être proposé lors de la mise en commun après avoir utilisé la frise et les post-it pour illustrer la résolution du problème.

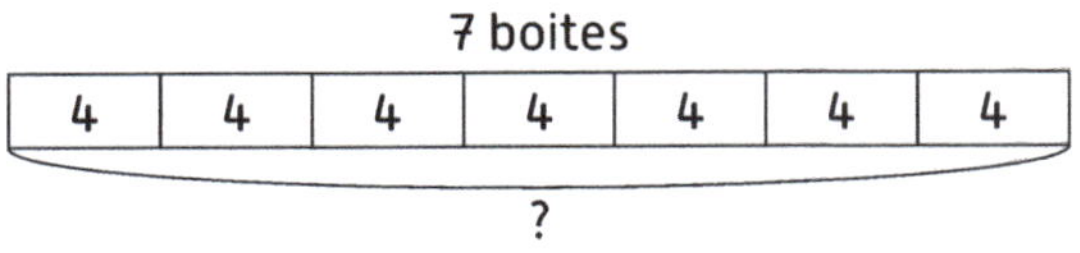

Bilan

Dans le premier problème, on avait 3 boites de 6 œufs. Pour trouver le nombre total d'œufs, on a additionné 3 fois le nombre 6. Dans le deuxième problème, on avait 7 boites de 4 œufs, on a additionné 7 fois le nombre 4. Dans tous ces problèmes, on additionne plusieurs fois le même nombre.

L'encadré *Ce que j'ai découvert* p. 38 sera complété en séance 2.

Séance 2

Rituels du jour

Lecture/écriture	Calcul mental
• Idem séance 1.	• Idem séance 1. *Calculs à proposer :* 58 + 5 ; 135 + 2 ; 166 + 8 ; 94 + 6 ; 108 + 3.

Objectifs de la séance

- Faire découvrir et utiliser la multiplication pour déterminer la quantité totale dans une situation de groupement.
- Introduire le signe ×.

Activité 1 de découverte

Tâche

Trouver le nombre d'œufs que l'on utilise pour remplir 14 boites contenant 6 œufs chacune.

Ce qui est visé en proposant cette tâche

Introduire la multiplication et le symbole × lors de la mise en commun.

Lancement

Similaire à celui de la séance 1, mais les élèves n'ont plus les carrés ni la frise qui serait de toute façon trop courte.

Recherche

Le nombre d'itérations est volontairement important pour donner du sens à la multiplication. Additionner 14 fois le nombre 6 est long et on risque de se tromper si on calcule mentalement (6 + 6 = 12 ; 12 + 6 = 18 ; etc.). Le but est d'amener les élèves à penser multiplication plutôt qu'addition réitérée. Pour cela, il faudra que le calcul des additions soit fastidieux et source d'erreur et qu'ils aient un autre moyen d'avoir le résultat de la multiplication (le répertoire de calculs qui sera fourni à partir de l'exercice 1.

Les élèves ont leur ardoise.

Procédure visée :

▸ calcul de l'addition réitérée de 14 fois le nombre 6.

Erreurs possibles :

▸ erreur du nombre de 6 considérés ;

▸ erreur de compréhension de la situation, qui peut amener le calcul 14 + 6.

Différenciation

Pour les élèves en difficulté

Après avoir essayé sans matériel, on peut fournir aux élèves qui ne se représentent pas encore la situation quelques boites ou images de boites (Annexe 10.1), mais pas les 14, afin qu'ils ne puissent pas compter de un en un les œufs nécessaires.

Mise en commun

▸ Collecte des résultats obtenus. Cette collecte devrait faire apparaitre des désaccords étant donné le nombre d'itérations. Certains élèves n'auront peut-être pas persévéré jusqu'au bout.

▸ Faire ressortir, en évoquant la réunion de 14 boites, qu'il faut additionner 14 fois le nombre 6 puis constater que le calcul est long et source d'erreurs.

▸ Un schéma montrant la réunion de 14 fois 6 rectangles identiques est réalisé. Le dessin de 14 rectangles étant long, le nombre d'itérations pourra être noté, comme sur le schéma ci-dessous, et les pointillés seront expliqués.

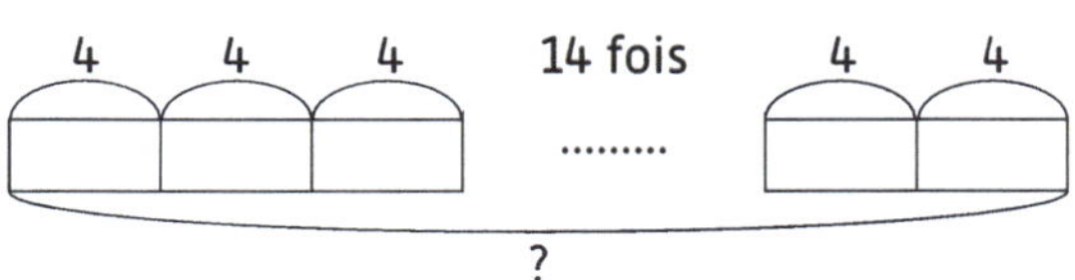

▸ L'enseignant utilise sa calculatrice pour trouver le résultat, 84, en additionnant 14 fois le nombre 6 avant de montrer le calcul avec la multiplication. Il tape sur sa calculatrice **1 4 6** = pour constater que la machine affiche 84, le nombre d'œufs. Il indique que l'on dit « 14 fois 6 » et que l'opération s'appelle une multiplication.

▸ 3 L'écriture mathématique est utilisée :
14 ×6 = 6 + 6 + 6 + 6 + 6 + 6 + 6 + 6 + 6 + 6 + 6 + 6 + 6 + 6.

Institutionnalisation

La multiplication est l'opération qui permet de calculer plus rapidement l'addition répétée d'un même nombre. Illustrer ce fait par la traduction de quelques additions réitérées. Par exemple, l'enseignant écrit au tableau 5 + 5 + 5, les élèves le traduisent par une multiplication sur leur ardoise. L'égalité des deux calculs est vérifiée à la calculatrice par l'enseignant.

Le poster *Problèmes de groupements et de partages (1)* est affiché de façon à ne laisser apparaitre que la première partie. Il est complété en collant les étiquettes 6 + 6 + 6 + 6 + 6 + 6 + 6 + 6 + 6 + 6 + 6 + 6 + 6 = 84 et 14 6 = 84 et 84.

Ce que j'ai découvert p. 38 est complété.

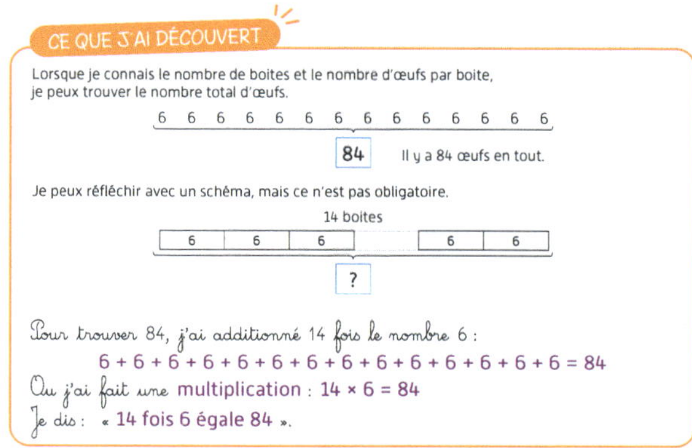
CE QUE J'AI DÉCOUVERT

Lorsque je connais le nombre de boites et le nombre d'œufs par boite, je peux trouver le nombre total d'œufs.

6 6 6 6 6 6 6 6 6 6 6 6 6 6

84 Il y a 84 œufs en tout.

Je peux réfléchir avec un schéma, mais ce n'est pas obligatoire.

14 boites

6 | 6 | 6 | 6 | 6

?

Pour trouver 84, j'ai additionné 14 fois le nombre 6 :
6 + 6 + 6 + 6 + 6 + 6 + 6 + 6 + 6 + 6 + 6 + 6 + 6 + 6 = 84
Ou j'ai fait une multiplication : 14 × 6 = 84
Je dis : « 14 fois 6 égale 84 ».

Activité 2 de réinvestissement

Exercice 1 p. 38

Tâche

Déterminer, avec le répertoire de calculs, une quantité totale d'œufs pour remplir un nombre donné de boites identiques.

Lancement

En explicitant la consigne, préciser que « remplir » signifie que l'on remplit complètement, qu'on met un œuf dans chaque emplacement, qu'il ne reste aucun emplacement vide.

Introduire la partie du répertoire de calculs (Annexe 10.2) qui contient les résultats nécessaires à la résolution de problèmes de la séance. Préciser que la feuille contient plus d'opérations que nécessaire. Il faut d'abord réfléchir à ce qu'il faut faire pour trouver la réponse et, si on a besoin du résultat d'une opération que l'on ne sait pas calculer, alors on peut chercher si on le trouve dans le répertoire. On n'est pas obligé de s'en servir.

L'enseignant sera vigilant à ce que la résolution des problèmes ne devienne pas une pêche à la bonne opération.

Recherche

Cet exercice est une application directe de ce qui vient d'être institutionnalisé grâce à la situation de découverte. Les procédures attendues sont celles mises en valeur lors de la mise en commun de l'activité de découverte.

Différenciation

Pour les élèves en difficulté

Après avoir essayé sans matériel, on peut en fournir aux élèves pour qu'ils se représentent la situation (Annexe 10.1).

Pour les élèves plus rapides

Exercice supplémentaire 1, fiche différenciation 10.

Mise en commun

- Collecte des réponses.
- Retour sur l'énoncé du problème en insistant sur la structure du problème : réunion de plusieurs groupements de tailles égales. Un schéma comme proposé précédemment peut aider à comprendre cette structure.
- Analyse des erreurs, en particulier la confusion entre les symboles + et . Dans le cas où elle serait apparue, revenir sur la signification du symbole + et attirer l'attention sur l'ordre de grandeur du résultat.
- Si des élèves ont proposé 9 + 9 + 9 + 9 au premier item, revenir sur le sens de l'addition. C'est le nombre d'œufs par boite qui est itéré.
- Discussion autour des procédures de résolution et des écritures mathématiques produites. Si des élèves ont proposé 4 9 au lieu du 9 4 attendu, ne pas leur dire que leur réponse est fausse, même si elle ne correspond pas à l'écriture des additions réitérés de 4. Les questionner sur les significations des 4 et du 9 (le 4 itéré 9 fois dans ce cas). Mais si des élèves ont indiqué 9 + 9 + 9 + 9, les questionner sur la signification des 9. Ce sont les nombres des boites et non ceux des œufs.
- Validation en calculant avec la calculatrice le résultat en utilisant d'une part la multiplication et, d'autre part, une addition réitérée.

L'appui sur le poster *Problèmes de groupements et de partages (1)* est systématique.

Réponses

Cas 1 : 4 + 4 + 4 + 4 + 4 + 4 + 4 + 4 + 4 = 36 ; 9 × 4 = 36

Cas 2 : 8 + 8 + 8 + 8 + 8 + 8 + 8 = 56 ; 7 × 8 = 56

Bilan

Retour sur les procédures de résolution des problèmes rencontrés en lien avec la structure des problèmes (quantités de même taille réunies), sur les opérations à effectuer et leur écriture mathématique.

Séance 3

Rituels du jour

Lecture/écriture	**Calcul mental**
• Idem séance 1.	• Idem séance 1. *Calculs à proposer :* 186 + 3 ; 67 + 4 ; 121 + 6 ; 147 + 8 ; 74 + 5.

Objectifs de la séance

- Réinvestir la multiplication dans des situations de groupements de plusieurs quantités identiques.
- Comprendre que la multiplication est commutative.

Activité 1 de découverte

Étape 1

Tâche

Trouver le nombre d'œufs sur un plateau.

Lancement

L'enseignant affiche l'agrandissement du plateau d'œufs et distribue l'Annexe 10.1.

Une partie du plateau d'œufs (constitué de 8 lignes sur 12 colonnes) est caché au centre.

L'enseignant indique la tâche : « Vous devez trouver le nombre d'œufs sur le plateau. Vous pouvez utiliser votre répertoire de calculs si vous pensez en avoir besoin. Vous écrirez votre réponse sur l'ardoise. » Il insiste sur le fait que le plateau est plein, qu'il y a des œufs sous l'étiquette et disposés de la même manière.

Recherche

Les élèves ont leur ardoise et la partie du répertoire de calculs concernant la séance 3.

Procédures visées :

- dénombrement des œufs sur une ligne (12), puis dénombrement des lignes (8), puis produit de ces deux nombres : 8 × 12 car 8 fois 12 œufs.
- dénombrement des œufs par colonne (8), puis dénombrement des colonnes (12), puis produit de ces deux nombres : 12 × 8 car 12 fois 8 œufs.

Procédures possibles :

- utilisation d'une addition réitérée (8 + 8 + … + 8, ou 12 + 12 + … + 12)

Erreurs possibles :

- erreur dans le dénombrement des œufs dans une ligne ou dans une colonne ;
- erreur de calcul si l'addition réitérée est encore utilisée ;
- utilisation de l'addition, car seule opération maitrisée, entrainant le calcul de 12 + 8.

Mise en commun

- Traitement des erreurs de procédure qui montrent une incompréhension de la multiplication, qui est l'enjeu dans cette séance.

▸ Traitement des erreurs d'exécution, par exemple une erreur dans l'énumération des œufs par ligne ou par colonne. L'enseignant peut rappeler que cocher les œufs au fur et à mesure peut aider.

▸ Discussion pour faire ressortir que le nombre d'œufs se calcule aussi bien en effectuant 12 × 8 (8 œufs par ligne et 12 lignes) que 8 × 12 (12 œufs par colonne et 8 colonnes). Si l'un des deux calculs n'a pas émergé, l'enseignant demande si on aurait pu procéder de cette façon. Pour expliciter ces deux procédures, un 8 est écrit sous chaque colonne d'œufs, et un 12 au bout de chaque ligne (*cf.* Ce que J'ai découvert p. 39).

▸ Institutionnalisation du fait que 12 × 8 = 8 × 12 puisque les deux calculs donnent le nombre d'œufs de ce plateau.

Institutionnalisation

L'enseignant fait observer que le calcul du nombre d'œufs a permis de se rendre compte que 12 × 8 = 8 × 12. Il montre, avec sa calculatrice, que l'on peut inverser les deux nombres dans le calcul d'une multiplication.

L'enseignant complète la deuxième partie du poster *Problèmes de groupements et de partages (1)* en collant les étiquettes 12 × 8 = 8 × 12 = 96 et 96.

L'enseignant fait compléter les pointillés de Ce que J'ai découvert p. 39 par les élèves.

CE QUE J'AI DÉCOUVERT

Lorsque des objets sont disposés comme dans un tableau, je peux calculer le nombre de ces objets avec une multiplication.

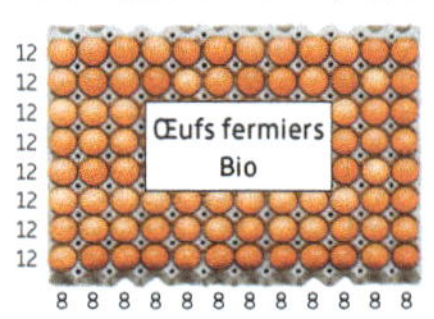

12 × 8 = 8 × 12 = 96

Il y a 96 œufs.

Activité 2 de réinvestissement Exercice 2 p. 39

Tâche

Déterminer, avec le répertoire de calculs, la quantité totale d'objets dans une situation où ils sont disposés en tableau.

Lancement

En faisant expliciter la consigne, l'enseignant indique que les objets sont bien tous présents et bien « rangés », même si certains sont masqués.

Recherche

Procédures visées et erreurs possibles :

▸ similaires à celles citées dans l'activité 1 de cette séance.

Différenciation

Pour les élèves en difficulté

L'enseignant pourra aider à l'énumération des éléments par ligne ou par colonne de façon à ce que toute l'attention de l'élève ne soit pas uniquement concentrée sur ce point. Il peut même indiquer les nombres en question aux élèves qui ont entrepris la bonne démarche mais n'arrivent pas au bon nombre. Ils pourraient penser qu'ils se trompent dans la démarche et se décourager. Il peut également proposer un agrandissement de l'exercice pour faciliter le pointage des éléments à dénombrer.

Avec les élèves qui ont des difficultés de compréhension de la situation, il fera faire le lien avec le Ce que J'ai découvert p. 39 et le poster *Problèmes de groupements et de partages (1)*.

Pour les élèves plus rapides

Exercice supplémentaire 2, fiche différenciation 10.

Mise en commun

▸ Traitement des erreurs en faisant bien distinguer ce qui relève d'une procédure erronée, c'est-à-dire qui ne permet pas d'aboutir à la bonne réponse, d'une erreur d'exécution, par exemple un mauvais comptage des carrés ou des radis sur une ligne ou une colonne.

▸ La commutativité (mot qui n'est pas utilisé avec les élèves) de la multiplication est mise en évidence en utilisant les procédures des élèves et leurs résultats ou en proposant les opérations dans l'autre sens si tous les ont écrites dans le même sens. L'enseignant peut aussi proposer aux élèves de tourner leur fichier d'un quart de tour pour inverser le rôle des lignes des colonnes.

▸ Valider les réponses quel que soit l'ordre des nombres, mais l'objectif n'est pas de demander d'écrire la multiplication dans les deux sens (13 × 7 et 7 × 13).

Réponses

Cas 1 : 13 × 7 = 91 ou 7 × 13 = 91

Cas 2 : 15 × 5 = 75 ou 5 × 15 = 75

Cas 3 : 22 × 7 = 154 ou 7 × 22 = 154

Bilan

Retour sur les procédures de résolution des problèmes rencontrés en lien avec la structure des problèmes et appui sur le poster *Problèmes de groupements et de partages (1)*.

Séance 4

Rituels du jour

Lecture/écriture	**Calcul mental**
• Idem séance 1.	• Idem séance 1. *Calculs à proposer :* 192 + 8 ; 83 + 5 ; 157 + 7 ; 28 + 8 ; 79 + 3.

Objectifs de la séance

- Réinvestir la multiplication dans des situations de regroupement de plusieurs quantités identiques.
- Résoudre des problèmes avec parfois des données inutiles.

Activité de réinvestissement Exercice 3 p. 40

Tâche

Résoudre des problèmes, l'un relevant des structures additives, les autres des structures multiplicatives.

Lancement

L'enseignant explicite avec les élèves les problèmes à résoudre. Il insiste sur le fait qu'il faut bien lire les énoncés, qu'il faut bien essayer d'imaginer la situation. Il ne faut pas toujours utiliser tous les nombres de l'énoncé et il faut réfléchir à l'opération.

Recherche

Les élèves ont leur ardoise et la partie du répertoire de calculs concernant la séance 4.

Le premier problème permet un réinvestissement de la multiplication, qui remplace une addition réitérée.

Le deuxième comporte une donnée inutile à la résolution, puisque la question ne porte que sur le nombre de caramels. Ceci est destiné à habituer les élèves à prendre le temps de réfléchir aux situations et à ne pas prendre mécaniquement les nombres de l'énoncé.

Le troisième est un problème additif pour, ici aussi, obliger l'élève à s'intéresser à la situation. Il est probable qu'un certain nombre d'élèves utilisent une multiplication puisque, depuis le début de la semaine, on travaille la multiplication.

Le quatrième problème est un problème à étapes : la première étape relève d'un calcul du tout dans une situation de groupement ; la seconde concerne le calcul de la quantité totale pour une situation de réunion.

Procédures visées :

- utilisation de la multiplication pour les problèmes 1, 2 et 4 ;
- utilisation de l'addition pour le problème 3.

Procédure possible, dont la mise en commun va montrer les limites :

- utilisation d'une addition réitérée pour les problèmes 1, 2 et 4.

Erreurs possibles :

- erreur dans le choix de l'opération utilisée ;
- utilisation d'une donnée inutile à la résolution.

Différenciation

Pour les élèves en difficulté

L'enseignant aidera à comprendre les situations en faisant le lien avec le Ce que j'ai découvert p. 39 et les posters *Problèmes de groupements et de partages (1)* et *Problèmes de réunion*. Il peut également proposer d'utiliser un cahier de recherche pour permettre une résolution avec des dessins ou des schémas.

Pour les élèves plus rapides

Exercice supplémentaire 3, fiche différenciation 10.

Mise en commun

- Traitement des erreurs en faisant bien distinguer ce qui relève d'une procédure erronée, c'est-à-dire qui ne permet pas d'aboutir à la bonne réponse, d'une erreur d'exécution.
- Démonstration des limites de l'addition réitérée lorsque les nombres sont grands.
- Explicitation des procédures à utiliser en s'appuyant sur les posters *Problèmes de groupements et de partages (1)* et *Problèmes de réunion* (problème 3 et deuxième question du problème 4).
- Validation des calculs proposés en revenant sur les égalités comme 13 × 8 = 8 × 13 et 12 + 14 = 14 + 12.

Réponses

Cas 1 : 13 × 8 = 104
Cas 2 : 7 × 6 = 42
Cas 3 : 12 + 14 = 26
Cas 4 : a. 6 × 8 = 48 ; b. 48 + 4 = 52

Bilan

L'enseignant revient sur le fait qu'il faut imaginer la situation dans sa tête (image mentale) pour choisir les données à utiliser et l'opération à faire. Il revient également sur l'utilisation de la multiplication pour remplacer une addition réitérée et pour calculer le nombre d'objets disposés en lignes et en colonnes.

Fin de séquence

Je m'entraine à mon rythme

La bataille des rectangles

Objectif

- S'entrainer à utiliser la multiplication pour dénombrer les cases d'un quadrillage de forme rectangulaire.

Les élèves jouent par deux à la bataille des rectangles dont la règle figure p. 41 du fichier de l'élève. Les cartes sont à photocopier et éventuellement plastifier (Annexe 10.2).

Les élèves ont la dernière partie du répertoire de calculs à disposition.

Aide à apporter aux élèves en difficulté

Des quadrillages équivalents mais sans les taches peuvent être proposés pour permettre le dénombrement des cases. L'enseignant aide à faire ensuite le lien entre ce dénombrement et l'addition réitérée, puis revient sur le sens de la multiplication.

Réponses

Les cartes montrent des rectangles comportant entre 18 et 24 cases.

Je cherche

Malle, ouvre-toi !

Objectif

- Développer des compétences de chercheur telles qu'émettre des hypothèses, faire des essais.

Réponses

	3	5	
7	1	8	2
	4	6	

Rectangle

pp. 18 à 21

Rituels quotidiens

Objectifs d'apprentissage

Lecture / écriture
- Lire et écrire les nombres jusqu'à 200.

Calcul mental
- Soustraire un nombre inférieur à 9 à un nombre en passant la dizaine inférieure si besoin.

Séquence d'apprentissage

Place dans l'ensemble des séquences « Espace et géométrie »

2. Carré et angle droit	8. Alignement et milieu	**11. Rectangle**	17. Solides	21. Repérage dans l'espace	24. Tracé de carrés et de rectangles	29. Triangle rectangle	33. Cercle et compas

Objectif de la séquence

Reconnaitre un carré ou un rectangle en ayant recours aux propriétés (longueurs des côtés et angles droits) et en utilisant un gabarit d'angle droit et une règle graduée.

Objectifs d'apprentissage du BO

- Reconnaitre, nommer et décrire un rectangle en utilisant le vocabulaire approprié.
- Connaitre les propriétés des angles et des égalités de longueur pour les rectangles.
- Reproduire ou construire un rectangle.

Quelle définition proposer pour le rectangle ?

Le carré a été défini comme étant une figure ayant quatre côtés de même longueur et quatre angles droits. Dans cette séquence, le rectangle est défini comme étant une figure à quatre côtés ayant quatre angles droits. Cette définition suffit pour tracer ou reconnaitre un rectangle. La propriété concernant l'égalité des longueurs des côtés opposés est étudiée dans cette séquence mais elle n'apparait pas comme nécessaire pour vérifier si une figure est un rectangle. Si un quadrilatère a quatre angles droits, ses côtés opposés sont nécessairement de même longueur. Le fait que le carré soit un rectangle particulier n'est pas explicité en CE1, mais il est recommandé de ne pas dire le contraire. *Exemple* : Éviter de dire : « Cette figure est un rectangle donc ce n'est pas un carré. »

Remarque importante : les termes « longueur » et « largeur » pour les côtés du rectangle ne sont pas introduits cette année pour ne pas engendrer des confusions entre les deux significations du mot « longueur ». Pour l'instant, le terme « longueur » est réservé pour la grandeur. On parle des longueurs des côtés d'une figure.

Structure de la séquence

- Séance 1 : découverte : angles droits dans le rectangle
- Séance 2 : découverte : égalité des longueurs des côtés opposés du rectangle
- Séance 3 : réinvestissement
- Séance 4 : réinvestissement
- Fin de séquence : entrainement et recherche

MATÉRIEL NÉCESSAIRE

Matériel à télécharger pour l'ensemble de la séquence :
– Fiches Annexes 11.1, 11.2, 11.3 et 11.4.
– Fiche différenciation 11* pour tous les exercices supplémentaires de la séquence.
– Fiche évaluation 11.
– Le poster *Le rectangle*.

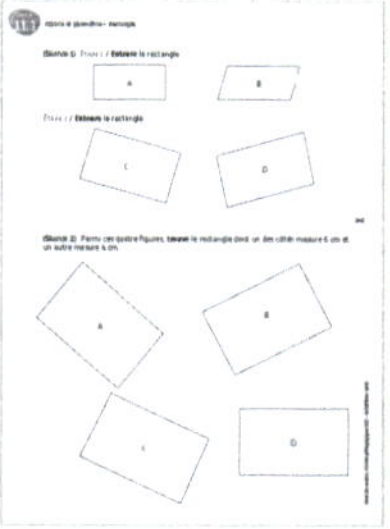
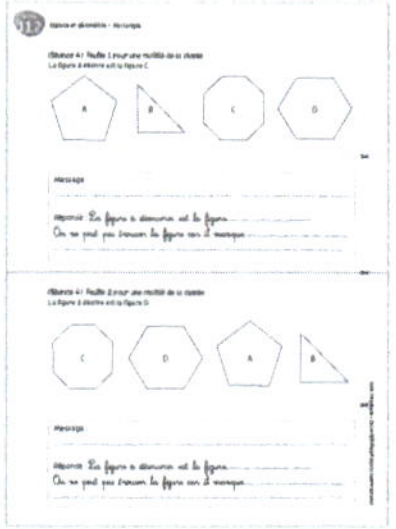
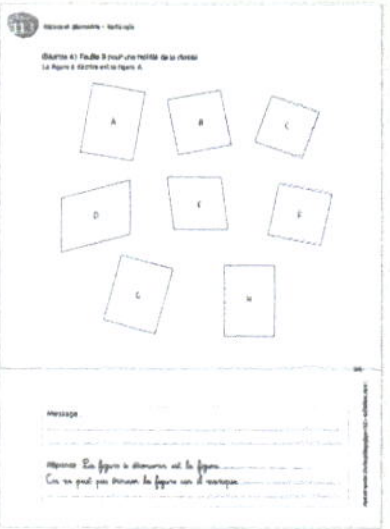
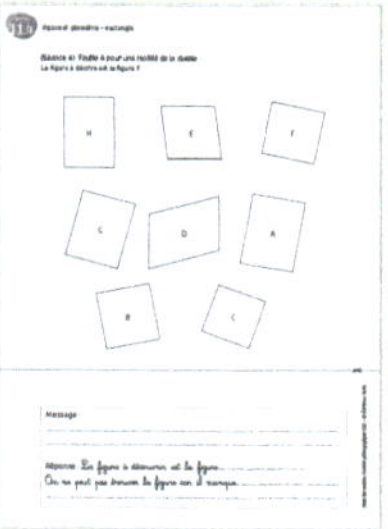

* Les ressources suivies d'un astérisque sont également proposées à photocopier p. 346 pour faciliter une reproduction à taille réelle.

	Matériel pour l'enseignant	Matériel pour les élèves
Séance 1	– Une reproduction agrandie des figures A, B, C et D de l'Annexe 11.1 – Un rectangle comme celui en carton des élèves, mais agrandi (par exemple : 12 cm sur 6 cm) – Le gabarit d'angle droit – La reproduction agrandie de l'exercice 1 p. 18	**Matériel par élève** – Les figures A, B, C et D de l'Annexe 11.1 – Le gabarit d'angle droit et le rectangle en carton 2 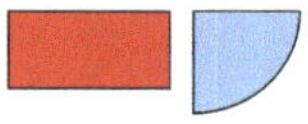 – Le fichier de l'élève p. 18 – Mémo 11.1
Séance 2	– Une reproduction agrandie des figures A, B, C et D de l'Annexe 11.1 – La règle de 1 m usuelle pour le tableau si les longueurs des figures agrandies ont été multipliées par 10, ou la photocopie de la règle de l'élève, agrandie au même taux que la reproduction agrandie des figures des élèves  – Le gabarit d'angle droit – La reproduction agrandie de l'exercice 2 p. 19 – Le poster *Le rectangle*	**Matériel par élève** – Les figures A, B, C et D de l'Annexe 11.1 – Le gabarit d'angle droit et la règle graduée du matériel élève [1] – Le fichier de l'élève p. 19 *Différenciation :* exercice supplémentaire 2, fiche différenciation 11 – Mémo 11.2
Séance 3	– Le gabarit d'angle droit – La règle de 1 m usuelle pour le tableau si les longueurs des figures agrandies ont été multipliées par 10, ou la photocopie de la règle de l'élève, agrandie au même taux que la reproduction agrandie de l'exercice – La reproduction agrandie de l'exercice 3 p. 20	**Matériel par élève** – Le gabarit d'angle droit et la règle graduée du matériel élève – Le fichier de l'élève p. 20 *Différenciation :* exercice supplémentaire 3, fiche différenciation 11
Séance 4	– Une reproduction agrandie des quatre figures, A à D, de l'Annexe 11.2 – Une reproduction agrandie des huit figures, A à H des Annexes 11.3 et 11.4 – Le gabarit d'angle droit – La règle de 1 m usuelle pour le tableau si les longueurs des figures agrandies ont été multipliées par 10, ou la photocopie de la règle de l'élève, agrandie au même taux que la reproduction agrandie des exercices	**Matériel par élève** – Les quatre figures, A à D, et le message à compléter de l'Annexe 11.2 – Les huit figures, A à H, et le message à compléter des Annexes 11.3 et 11.4 – Le gabarit d'angle droit et la règle graduée du matériel élève
Fin de séquence		**Matériel par élève** – Le fichier de l'élève p. 21 – Le gabarit d'angle droit et la règle graduée du matériel élève

1. À défaut, les élèves pourront utiliser le gabarit d'angle droit et la règle graduée en cm complétée en séquence 4 de leur matériel prédécoupé 2-4

Séance 1

Rituels du Jour

Lecture / écriture	Calcul mental
• Identique à la semaine précédente.	• L'enseignant dit et écrit le calcul. Les élèves notent leur résultat sur l'ardoise. L'enseignant corrige puis continue ainsi pour proposer 5 calculs. Pour la correction, lorsque le résultat de la soustraction ne passe pas à une dizaine inférieure, l'enseignant s'appuie sur la décomposition du nombre en dizaines et unités. *Exemple* : 78 – 5 c'est 7 dizaines et 8 unités auxquelles on retire 5 unités. Lorsque le résultat de la soustraction passe à une dizaine inférieure, la procédure s'appuie sur la transformation de la soustraction en deux soustractions successives : la première permet d'obtenir un nombre entier de dizaines. Cette décomposition est écrite au tableau. *Exemple* : 52 – 6 = 52 – 2 – 4 = 50 – 4 = 46 *Calculs à proposer* : **78 – 5** ; **52 – 6** ; **147 – 3** ; **64 – 7** ; **42 – 4**.

Objectif de la séance

Reconnaitre un rectangle en utilisant un gabarit d'angle droit.

Activité 1 de découverte

Étape 1

Tâche

Reconnaitre le rectangle parmi deux figures.

Ce qui est visé en proposant cette tâche

Reconnaitre perceptivement une figure comme étant un rectangle, ce qui servira pour la tâche suivante, où la perception ne suffit plus.

Lancement

L'enseignant présente les deux figures A et B de l'Annexe 11.1 et indique qu'une de ces figures est un rectangle mais pas l'autre. Il demande de faire une croix dans le rectangle.

Recherche

Procédure visée :

▸ reconnaitre visuellement que la figure B n'est pas un rectangle et en déduire que la figure A est un rectangle.

Mise en commun

▸ Faire l'inventaire des réponses pour engendrer une discussion.

▸ Dans cette étape, il n'est pas nécessaire de faire ressortir la présence des angles droits dans la figure A si les élèves ne le mentionnent pas.

▸ Demander aux élèves de prendre le rectangle du matériel et de vérifier, en superposant ce rectangle, que la figure A est le même rectangle.

Étape 2

Tâche

Indiquer si des figures sont des rectangles.

Ce qui est visé en proposant cette tâche

Trouver comment reconnaitre un rectangle lorsque la perception ne suffit pas.

Lancement

L'enseignant montre les deux figures C et D de l'Annexe 11.1 et explique qu'il s'agit maintenant de reconnaitre si chaque figure est un rectangle. Il faut faire une croix dans la figure si c'est un rectangle.

Recherche

Procédure visée :

▸ réinvestir la procédure effectuée précédemment qui utilisait le rectangle en carton pour vérifier que la figure A est un rectangle. Utiliser ce rectangle en carton pour le superposer sur les deux figures. Voir que la figure C a la même forme en étant agrandie et voir que la figure D n'a pas la même forme.

Procédure possible :

▸ rester sur la procédure visuelle et se contenter de celle-ci pour reconnaitre que C est un rectangle et que D n'en est pas un.

Erreurs possibles :

▸ penser qu'aucune figure n'est un rectangle puisqu'elles ne sont pas en position « prototypique » ;

▸ superposer le rectangle en carton et considérer que les deux figures ne sont pas des rectangles puisqu'elles ne se superposent pas exactement.

Mise en commun

▸ Faire l'inventaire des réponses pour engendrer une discussion.

▸ Faire ressortir de la discussion que la procédure visuelle ne suffit pas à reconnaitre un rectangle et qu'on peut utiliser le rectangle en carton.

▸ Montrer, en superposant le rectangle sur la figure D, que celle-ci n'a pas les « mêmes coins » que le rectangle en carton.

▸ Demander comment sont les coins du rectangle en carton pour faire ressortir que ce sont des angles droits.

▸ Faire vérifier, avec le gabarit d'angle droit, que les coins du rectangle en carton sont bien des angles droits.

▸ Vérifier, ensuite, avec le gabarit d'angle droit, que les coins de la figure D ne sont pas des angles droits.

▸ Superposer le rectangle en carton sur la figure C pour montrer que c'est le même mais agrandi.

▸ Vérifier, avec le gabarit d'angle droit, que la figure C a quatre angles droits.

▸ Conclure sur le fait qu'un rectangle a quatre angles droits.

Institutionnalisation

Pour vérifier si une figure est un rectangle, il faut vérifier qu'il y a quatre angles droits. On peut le vérifier avec un rectangle ou avec un gabarit d'angle droit.

Dans le *Ce que j'ai découvert* p. 18, lire l'encadré en précisant que les figures C et D sont celles de l'activité précédente.

Faire entourer le rectangle C.

CE QUE J'AI DÉCOUVERT

Un rectangle est une figure à quatre côtés et quatre angles droits.

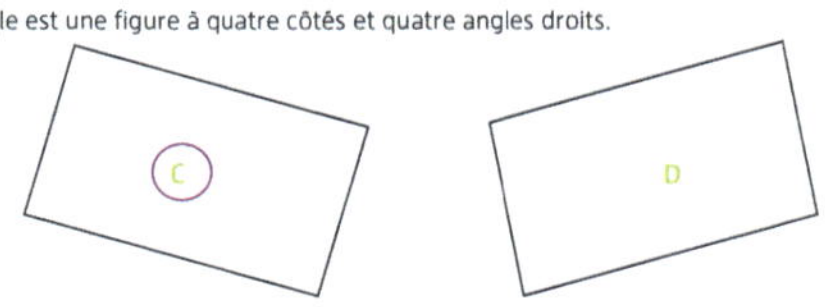

J'utilise le gabarit d'angle droit pour vérifier si la figure a des angles droits.
J'entoure le rectangle.

Activité 2 de réinvestissement (Exercice 1 p. 18)

Tâche

Parmi plusieurs figures, reconnaitre les rectangles.

Lancement

La nécessité d'utiliser le gabarit d'angle droit n'est pas rappelée dans la consigne afin de voir si les élèves ont compris que la perception ne suffit pas pour reconnaitre les rectangles.

Recherche

Procédure visée :

▸ écarter toutes les figures qui n'ont pas quatre côtés. Pour les figures restantes, utiliser le rectangle en carton ou le gabarit d'angle droit pour vérifier que les quatre angles sont droits.

Erreurs possibles :

▸ rester sur la procédure visuelle ;

▸ utiliser le rectangle en carton ou le gabarit d'angle droit mais en ne le plaçant pas correctement.

Mise en commun

▸ Faire ressortir la nécessité de vérifier si la figure a quatre angles droits avec le gabarit d'angle droit (plus pratique que le rectangle en carton).

▸ Montrer comment placer le gabarit.

Réponses

A, F et G sont des rectangles.

Bilan

Pour savoir si une figure est un rectangle, il faut vérifier qu'il y a quatre angles droits en utilisant le gabarit d'angle droit.

Séance 2

Rituels du jour

Lecture / écriture	Calcul mental
• Idem séance 1.	• Idem séance 1. *Calculs à proposer :* 89 – 7 ; 92 – 5 ; 126 – 4 ; 60 – 8 ; 71 – 3.

OBJECTIF DE LA SÉANCE

Reconnaitre un rectangle de mesures de côtés données en utilisant la règle graduée et le gabarit d'angle droit.

Activité 1 de découverte

Tâche

Trouver la figure qui est un rectangle dont les mesures des côtés sont données.

Ce qui est visé en proposant cette tâche

Aboutir à la propriété concernant les longueurs des côtés d'un rectangle (les côtés opposés sont de même longueur).

Lancement

L'enseignant distribue l'Annexe 11.1 avec les figures A, B, C et D. Lors de l'explication de la consigne, il insiste sur le fait que la figure à trouver doit être un rectangle et doit avoir un côté de longueur 6 cm et un côté de longueur 4 cm.

Recherche

Procédures visées :

▸ utiliser le gabarit d'angle droit pour reconnaitre les quatre angles droits dans les figures B et D ; puis utiliser la règle graduée pour mesurer les côtés des rectangles B et D ;

▸ utiliser la règle graduée pour sélectionner les figures ayant un côté de 6 cm et un de 4 cm (A, B et C) ; puis utiliser le gabarit d'angle droit pour vérifier si ces trois figures ont quatre angles droits.

Erreurs possibles :

▸ reconnaitre visuellement que D est un rectangle. Mesurer les côtés et considérer que la mesure de 3,8 cm fait 4 cm ;

▸ ne vérifier que la mesure des côtés et choisir la figure A ;

▸ penser qu'il ne faut qu'un seul côté mesurant 6 cm et un seul mesurant 4 cm et considérer qu'aucune figure ne correspond à la description.

Mise en commun

▸ Faire l'inventaire des réponses pour les faire justifier.

▸ Faire ressortir qu'il faut vérifier si les figures ont quatre angles droits avec le gabarit d'angle droit.

▸ Montrer que deux figures sont des rectangles : B et D.

▸ Mesurer les côtés des deux figures.

▸ Faire ressortir que deux côtés du rectangle B mesurent 6 cm et deux côtés mesurent 4 cm.

Institutionnalisation

Dans un rectangle, les deux côtés face à face ont la même longueur. Le vocabulaire « côtés opposés » peut être introduit sans qu'il ne soit exigible dans un premier temps.

Dans le *Ce que J'ai découvert* p. 19, faire vérifier, avec le gabarit d'angle droit, que la figure est un rectangle.

Faire repasser en rouge deux côtés de même longueur et en bleu les deux autres côtés de même longueur.

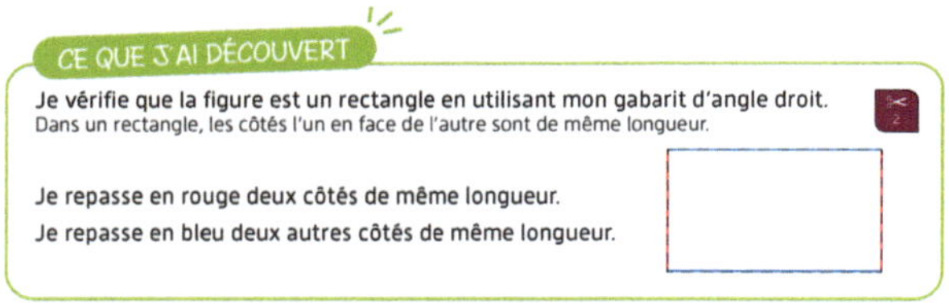
CE QUE J'AI DÉCOUVERT

Je vérifie que la figure est un rectangle en utilisant mon gabarit d'angle droit.
Dans un rectangle, les côtés l'un en face de l'autre sont de même longueur.

Je repasse en rouge deux côtés de même longueur.
Je repasse en bleu deux autres côtés de même longueur.

L'enseignant affiche le poster *Le rectangle*.

Activité 2 de réinvestissement Exercice 2 p. 19

Tâche

Retrouver les figures correspondant aux descriptions.

Lancement

Après avoir lu la consigne, l'enseignant précise qu'une seule figure correspond à une description à chaque fois.

Recherche

Procédures visées :

▸ utiliser le gabarit d'angle droit pour vérifier si les figures ont quatre angles droits. Utiliser la règle graduée pour mesurer les côtés des figures ayant 4 angles droits : C, D et F ;

▸ utiliser la règle graduée pour sélectionner les figures ayant des côtés de 5 cm et 3 cm (E et F). Utiliser le gabarit d'angle droit pour vérifier si ces deux figures ont quatre angles droits. Faire de même pour les deux autres cas.

Erreurs possibles :

▸ ne pas vérifier toutes les mesures ou tous les angles droits ;

▸ mal placer le gabarit d'angle droit ;

▸ mal utiliser la règle graduée pour mesurer.

Différenciation

Pour les élèves en difficulté

Une fois la recherche commencée, ne faire trouver qu'un ou deux rectangles au lieu des trois. Décomposer l'exercice en demandant de barrer toutes les figures qui n'ont pas quatre angles droits, puis, parmi les figures restantes, demander de mesurer les longueurs des côtés.

Pour les élèves plus rapides

Exercice supplémentaire 2, fiche différenciation 11.

Mise en commun

▸ Faire l'inventaire des réponses pour le premier cas pour expliciter ce qu'il faut vérifier.

▸ Vérifier les angles droits.

▸ Vérifier les mesures. On peut mesurer tous les côtés pour revenir sur la propriété des longueurs égales des côtés l'un en face de l'autre.

Réponses

Le rectangle ayant des côtés de longueurs 5 cm et 3 cm : F.

Le rectangle ayant des côtés de longueurs 2 cm et 6 cm : C.

Le carré ayant des côtés de longueur 4 cm : D.

Bilan

Retour sur les propriétés du rectangle et, si nécessaire, sur le maniement des outils règle graduée et gabarit d'angle droit.

Séance 3

Rituels du jour

Lecture / écriture	Calcul mental
• Idem séance 1.	• Idem séance 1. *Calculs à proposer :* 113 – 5 ; 168 – 6 ; 152 – 4 ; 179 – 3 ; 135 – 6.

Objectif de la séance

Réinvestir les propriétés relatives aux égalités de longueurs et aux angles droits pour reconnaitre les carrés, puis les rectangles parmi des figures.

Activité de réinvestissement

Exercice 3 p. 20

Tâche

Trouver tous les carrés parmi dix figures, puis trouver les rectangles parmi les figures restantes.

Lancement

Lors de la lecture de la consigne, l'enseignant insiste sur le fait qu'il faut d'abord trouver les carrés et qu'ensuite, il faut chercher les rectangles parmi les figures restantes. Les carrés étant des rectangles particuliers, si on demandait de chercher les rectangles parmi toutes les figures, il faudrait indiquer, entre autres, tous les carrés.

Recherche

Procédures visées :

▸ réinvestir les propriétés du carré pour reconnaitre les carrés. Utiliser le gabarit d'angle droit pour vérifier si les figures ont quatre angles droits et utiliser la règle graduée pour vérifier si les quatre côtés sont de même longueur ;

▸ réinvestir la propriété du rectangle pour reconnaitre les rectangles. Utiliser le gabarit d'angle droit pour vérifier si les figures ont quatre angles droits.

Erreurs possibles :

▸ mal placer le gabarit d'angle droit ;

▸ mal utiliser la règle graduée pour mesurer ;

▸ rester sur une procédure visuelle.

Différenciation

Pour les élèves en difficulté

Ne chercher les carrés et les rectangles que parmi les sept premières figures.

Pour les élèves plus rapides

Exercice supplémentaire 3, fiche différenciation 11.

Mise en commun

▸ Faire l'inventaire des réponses pour les carrés. Vérifier les angles droits puis les mesures.

▸ Faire l'inventaire des réponses pour les rectangles. Vérifier les angles droits.

Réponses

Les carrés : figures 1, 7 et 10.

Les rectangles parmi les figures restantes : figures 3 et 4.

Bilan

Retour sur les propriétés du carré et celles du rectangle, toujours sans dire qu'un rectangle doit avoir des longueurs différentes de côté (ce n'est pas le cas puisqu'un carré est un rectangle).

Séance 4

Rituels du jour

Lecture / écriture	Calcul mental
• Idem séance 1.	• Idem séance 1. *Calculs à proposer :* 174 – 5 ; 107 – 6 ; 103 – 4 ; 142 – 7 ; 188 – 5.

Objectif de la séance

Réinvestir les instruments et les propriétés relatives aux longueurs de côtés et aux angles droits pour décrire puis reconnaitre un carré et un rectangle.

Activité 1 de réinvestissement

Cette activité est destinée à comprendre l'activité d'émission-réception. Ici, les 4 figures (A à D) proposées se distinguent facilement, uniquement grâce à leur nombre de côtés. Le besoin de décrire la figure avec ses propriétés relatives aux longueurs de côtés et au nombre d'angles droits n'intervient qu'à l'activité 2 de réinvestissement, une fois que les élèves se sont appropriés la tâche d'émission-réception.

ÉTAPE 1

Tâche

Décrire une figure pour la faire reconnaitre.

Lancement

Avant l'explication de l'exercice, l'enseignant prévoit les binômes (en associant tous les élèves mauvais scripteurs avec un bon scripteur) et le partage de l'ensemble des binômes en deux groupes. Chaque binôme d'un groupe doit décrire une figure pour qu'un binôme de l'autre groupe puisse ensuite la reconnaitre parmi plusieurs figures et réciproquement. La figure n'est pas la même dans les deux groupes. Il faut donc qu'il y ait le même nombre de binômes dans les deux groupes. Si ce n'est pas le cas, laisser quelques élèves travailler seuls ou en trinôme. Les binômes qui n'ont pas la même figure ne doivent pas être à côté pour ne pas voir la figure décrite.

L'enseignant montre rapidement les figures en expliquant que chaque binôme va recevoir cette feuille avec des figures nommées de A à D (feuille 1 ou 2 de l'Annexe 11.2). Chaque binôme doit écrire un message qui décrit une figure qui sera indiquée sur la feuille. Décrire signifie « dire tout ce qu'il faut pour qu'un autre binôme puisse ensuite reconnaitre la figure parmi toutes les figures en lisant le message ». Dans la description, il est interdit de dire la lettre de la figure et de dire où elle est placée sur la feuille puisque les figures des deux moitiés de classe ne sont pas disposées de la même façon sur les feuilles.

L'enseignant montre la feuille sur laquelle il faut écrire le message. Lorsque tous les binômes auront écrit le message pour un autre groupe, les messages seront échangés. L'enseignant précise que les binômes n'ont pas tous la même figure à décrire et qu'ils doivent écrire leurs noms sur le message.

Il explique que, dans un second temps, les messages seront échangés. Avec ce message, chaque binôme devra reconnaitre quelle figure correspond à cette description. La ligne réponse est à compléter à ce moment-là.

Recherche

Procédure visée :

- compter le nombre de côtés de toutes les figures pour remarquer que celles-ci se distinguent par leur nombre de côtés. Écrire un message précisant le nombre de côtés.

Erreur possible :

- écrire un message donnant des informations incomplètes ou fausses. *Exemples* : une mesure d'un côté alors que celle-ci n'est pas un nombre entier de cm ; un nombre de côtés inexact.

Mise en commun

Il n'est pas fait de mise en commun dans cette étape. L'enseignant ramasse les messages des deux groupes de binômes (sans les mélanger).

ÉTAPE 2

Tâche

Parmi les différentes figures, reconnaitre la figure décrite dans le message.

Lancement

L'enseignant distribue, à chaque binôme, le message provenant d'un binôme ayant décrit l'autre figure.

Il explique, à nouveau, qu'il faut trouver, parmi les figures de la feuille, laquelle est décrite dans le message. La ligne réponse sous le message est à compléter par la lettre de la figure. L'enseignant précise que si le message manque d'informations pour reconnaitre la figure, il faut compléter la ligne correspondante en indiquant ce qu'il manque.

Recherche

Procédure visée si le message est complet :

- compter le nombre de côtés de chaque figure.

Procédure visée si le message est incomplet :

- indiquer qu'il manque le nombre de côtés.

Erreur possible si le message est complet :

- se tromper en comptant les côtés.

Erreur possible si le message est incomplet :

- se contenter des informations et ne pas se rendre compte qu'il y a plusieurs figures possibles.

Mise en commun

- Faire l'inventaire des réponses des binômes d'un groupe.
- Prendre un message pour lequel la réponse n'a pas été trouvée pour le lire à tous et étudier si ce message permet de trouver la figure. Identifier s'il manque une information.
- Prendre un message pour lequel une réponse fausse a été trouvée afin de savoir si c'est l'émetteur ou le récepteur qui s'est trompé.
- Prendre un message pour lequel la réponse juste a été trouvée afin de mettre en évidence ce qui permet de trouver la bonne réponse.
- Faire de même pour les réponses de l'autre groupe.

Activité 2 de réinvestissement

ÉTAPE 1

Tâche

Décrire une figure pour la faire reconnaitre.

Lancement

L'enseignant indique que les élèves vont faire l'activité à nouveau, mais avec des figures différentes (le nombre de côtés ne sera pas suffisant pour décrire la figure).

Une moitié de la classe reçoit la feuille avec les huit figures de A à H disposée d'une certaine façon et l'autre moitié de classe reçoit la feuille avec les mêmes figures mais disposées différemment (Annexe 11.3 ou 11.4).

Recherche

Procédures visées :

- utiliser le gabarit d'angle droit pour vérifier que la figure à décrire a quatre angles droits. Mesurer les longueurs des côtés. Écrire un message indiquant la nature de la figure (carré ou rectangle) et les longueurs des côtés ;
- même procédure que précédemment en écrivant un message n'indiquant pas la nature de la figure mais en précisant que la figure a quatre angles droits.

Erreurs possibles :

- n'écrire que les longueurs des côtés sans préciser la nature ou la présence des quatre angles droits ;
- indiquer seulement si c'est un carré ou un rectangle sans donner les longueurs des côtés.

Mise en commun

Il n'est pas fait de mise en commun dans cette étape. L'enseignant ramasse les messages des deux groupes de binômes (sans les mélanger).

ÉTAPE 2

Tâche

Parmi les différentes figures, reconnaitre la figure décrite dans le message.

Lancement

L'enseignant distribue, à chaque binôme, le message provenant d'un binôme ayant décrit l'autre figure.

Il rappelle qu'il faut trouver, parmi les figures de la feuille, laquelle est décrite dans le message. La ligne réponse sous le message est à compléter par la lettre de la figure. L'enseignant précise que, si le message manque d'informations pour reconnaitre la figure, il faut compléter la ligne correspondante en indiquant ce qu'il manque.

Recherche

Procédure visée si le message est complet :

- utiliser le gabarit d'angle droit pour vérifier les angles droits dans les figures. Utiliser la règle graduée pour mesurer les longueurs des côtés.

Procédure visée si le message est incomplet :

- indiquer qu'il manque soit le nombre d'angles droits, soit la nature de la figure, soit les longueurs des côtés.

Erreurs possibles si le message est complet :

- ne vérifier que les longueurs des côtés ;
- ne vérifier que les angles droits ;
- choisir un carré ou un rectangle visuellement ;
- choisir la figure qu'on a décrite.

Erreurs possibles si le message est incomplet :

- se contenter des informations et ne pas se rendre compte qu'il y a plusieurs figures possibles ;
- choisir un carré ou un rectangle visuellement ;
- choisir la figure qu'on a décrite.

Mise en commun

- Faire l'inventaire des réponses des binômes d'un groupe.
- Prendre un message pour lequel la réponse n'a pas été trouvée pour le lire à tous et étudier si ce message permet de trouver la figure. Identifier s'il manque une information.
- Prendre un message pour lequel une réponse fausse a été trouvée afin de savoir si c'est l'émetteur ou le récepteur qui s'est trompé.
- Prendre un message pour lequel la réponse juste a été trouvée afin de mettre en évidence ce qui permet de trouver la bonne réponse.
- Faire de même pour les réponses de l'autre groupe.

Bilan

Pour décrire une figure, il faut indiquer les longueurs de ses côtés, mais ce n'est pas suffisant : il faut aussi indiquer sa nature (par exemple, si c'est un carré ou un rectangle).

Fin de séquence

Je m'entraine à mon rythme

Les rectangles et les carrés

Objectif

- Reconnaitre un carré et un rectangle à partir des propriétés, et en utilisant le gabarit d'angle droit et la règle graduée.

Aide à apporter aux élèves en difficulté

Après quelques essais effectués, décomposer la recherche en demandant d'abord de rayer au crayon noir toutes les figures qui n'ont pas deux côtés de 3 cm de longueur et les deux autres de 2 cm de longueur. Parmi les figures restantes, demander ce qu'il faut faire pour trouver les rectangles. Aider les élèves à positionner le gabarit si besoin.

Faire de même pour les carrés.

Réponses

Rectangles de côtés de 3 cm et 2 cm : B et G.

Carrés de 3 cm de côtés : C et E.

Je cherche

Le carré magique

Objectifs

- Résoudre, avec une procédure personnelle, une addition à trou.
- Organiser ses calculs successifs pour déterminer l'inconnue.

Réponses

12

3	4	5
1	**4**	**7**
8	**4**	0

15

3	8	**4**
5	**5**	**5**
7	**2**	6

18

3	8	**7**
10	**6**	**2**
5	4	**9**

Rituels quotidiens

Objectifs d'apprentissage	
Suite orale	**Calcul mental**
• Dire la suite orale des nombres **en arrière, de 2 en 2, à partir de 100**.	• Connaitre les tables de multiplication de 2 et 10.

Séquence d'apprentissage

Place dans l'ensemble des séquences « Fractions »	
12. Fractions (1)	22. Fractions (2)

Objectifs de la séquence

- Introduire les fractions unitaires $\frac{1}{2}, \frac{1}{4}$ dans des situations de partage d'un tout.
- Introduire les fractions non unitaires.
- Introduire l'écriture fractionnaire.

Objectifs d'apprentissage du BO

- Savoir interpréter, représenter, écrire et lire les fractions $\frac{1}{2}, \frac{1}{4}$.
- Savoir interpréter, représenter, écrire et lire des fractions inférieures ou égales à 1.
- Connaitre et utiliser les mots « dénominateur » et « numérateur ».

Que doit être une fraction pour un élève de CE1 ?

Le concept de fractions est complexe car en rupture avec ce qui est connu jusqu'ici. De plus, les fractions ont plusieurs sens qui seront introduits au cours des cycles 2 et 3. Il n'est en général pas maitrisé complètement avant la fin du cycle 4. Pour acquérir cette maitrise, il est essentiel que les élèves en acquièrent une compréhension conceptuelle et non pas une pratique technique.

En CE1, Les fractions sont introduites comme de nouveaux nombres permettant de résoudre une situation de partage où les nombres entiers apparaissent comme insuffisants. Il est important de faire comprendre que les fractions désignent des nombres. *Exemple :* la situation de la deuxième étape de la 1re activité de découverte demande de partager 5 gâteaux entre 2 personnes pour que tout le monde en ait la même quantité. Le partage aboutit au fait qu'il faut partager un gâteau en deux parts égales. La quantité obtenue pour chacun ne peut être exprimée par un nombre entier, il faut un nouveau nombre appelé fraction.

Pour permettre une compréhension conceptuelle de la fraction, nous privilégions sa dénomination verbale dans la langue naturelle. L'écriture fractionnaire n'est pas une priorité, comme pour tout symbole mathématique. Elle doit permettre d'écrire efficacement un concept déjà compris, sinon on ajoute des difficultés.

Remarque : Dans les situations rencontrées au cours du CE1, le tout est le plus souvent une surface à partager. Nous envisageons dès maintenant que ce tout soit compris comme une unité, cela favorise alors l'introduction des fractions supérieures à 1.

Structure de la séquence

- Séance 1 : découverte : les fractions un demi et un quart sous leur aspect verbal
- Séance 2 : réinvestissement
- Séance 3 : découverte : Reconstitution de l'unité avec des demis et des quarts de cette unité

- Séance 4 : découverte : fractions de numérateur différent de 1 et écriture fractionnaire
- Fin de séquence : entrainement et recherche

Matériel nécessaire

Matériel à télécharger pour l'ensemble de la séquence :

- Matériel enseignant pour les fractions.
- Fiche différenciation 12* pour tous les exercices supplémentaires de la séquence.
- Fiche évaluation 12.

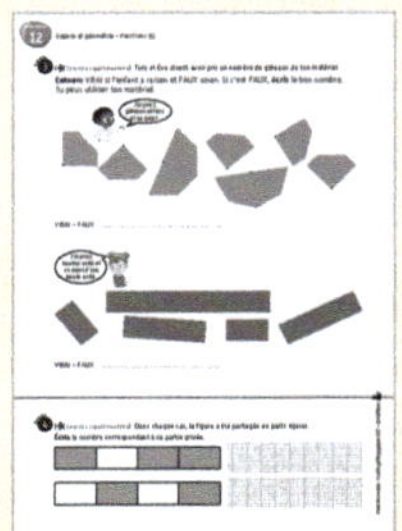
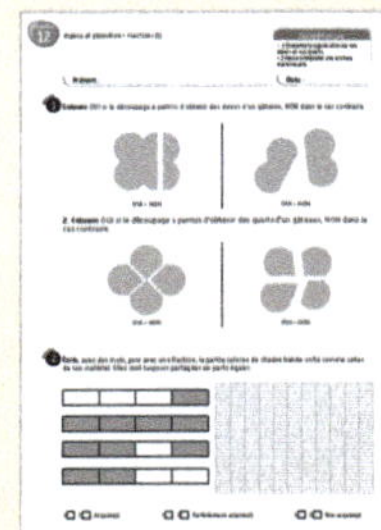

* Les ressources suivies d'un astérisque sont également proposées à photocopier p. 346 pour faciliter une reproduction à taille réelle.

	Matériel pour l'enseignant	Matériel pour les élèves
Séance 1	– Les gâteaux grand format (matériel enseignant) 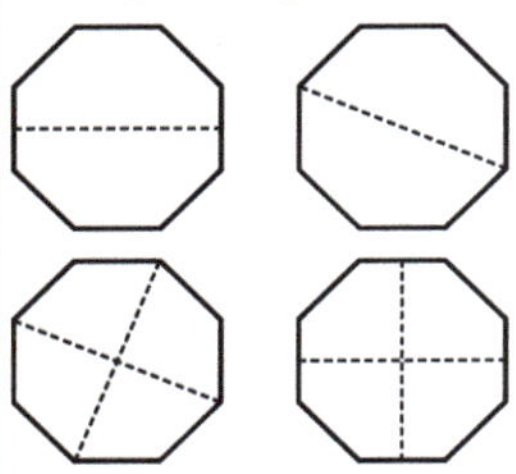	**Matériel par binôme** – Une barquette – 6 gâteaux sans prédécoupe **Matériel individuel** – Une ardoise par élève – Un gâteau prédécoupé en demi de chaque sorte – Un gâteau prédécoupé en quart de chaque sorte – Le fichier de l'élève p.42 – Mémo 12.1 et 12.2
Séance 2	– Les gâteaux grand format (matériel enseignant) – Les bandes unités grand format (matériel enseignant) 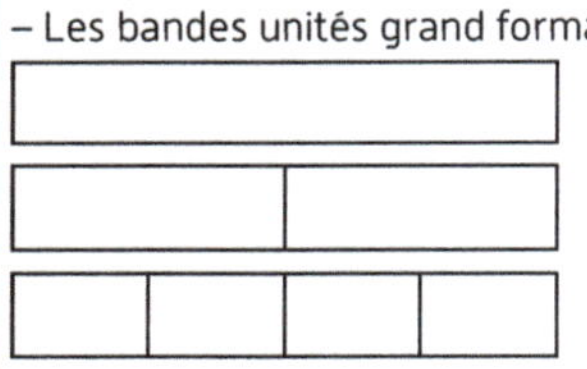 – La reproduction agrandie des exercices 1 et 2 p. 43	**Matériel individuel** – Le fichier de l'élève p.43 – Une barquette – 3 bandes unité – 1 bande prédécoupée en demis – 1 bande prédécoupée en quarts *Différenciation :* les demis et quarts de gâteau
Séance 3	– 2 demis identiques et 4 quarts identiques de gâteaux grand format (matériel enseignant) – La reproduction agrandie de l'exercice 3 p. 44	**Matériel individuel** – 3 demis de gâteaux coupés selon une diagonale (ou une médiane) – 5 quarts de gâteaux coupés selon une médiane (ou une diagonale) – Le fichier de l'élève p.44 – Mémo 12.3 *Différenciation :* Exercice supplémentaire 3, fiche différenciation 12 ; des demis de gâteaux, des demis et des quarts de bandes unité
Séance 4	– La reproduction agrandie des exercices 4 et 5 p. 45 et 46	**Matériel par binôme** – 12 quarts identiques de gâteaux – Une barquette **Matériel par élève** – Le fichier de l'élève p.45-46 – Mémo 12.4 *Différenciation :* Exercice supplémentaire 4, fiche différenciation 12 ; les demis et quarts de gâteaux
Fin de séquence		**Matériel individuel** – Le fichier de l'élève p.47 *Différenciation :* des carrés en papier pour permettre des pliages et découpages

Séance 1

Rituels du jour

Suite orale

- À tour de rôle, les élèves énoncent la suite orale des nombres en arrière, de 2 en 2, à partir de 100.

Calcul mental

- L'enseignant propose sept calculs dans la table de multiplication de 2 en rappelant qu'un nombre fois 2 c'est le même nombre que 2 fois un nombre, qui signifie le double de ce nombre. *Exemple* : 3 × 2 c'est égal à 2 × 3, c'est 2 fois 3, c'est le double de 3.
- À l'issue de cette séance, l'enseignant fait compléter la table de multiplication de 2 (fichier élève page 102).

Calculs à proposer : 3 × 2 ; 7 × 2 ; 5 × 2 ; 9 × 2 ; 6 × 2 ; 8 × 2 ; 4 × 2.

Objectif de la séance

- Dans une situation de partage donnée, découvrir l'insuffisance des nombres entiers puis découvrir les fractions « un demi » et « un quart » sous leur aspect verbal

Activité de découverte

Étape 1

Tâche

Partager 6 gâteaux entre deux personnes, chacun doit avoir la même quantité, c'est-à-dire le même nombre de gâteaux. Écrire sur une ardoise le nombre de gâteaux obtenus par personne.

Ce qui est visé en proposant cette tâche.

S'approprier le matériel, la tâche et utiliser un nombre entier pour répondre à la question.

Préparation

En amont de la séquence, l'enseignant aura récupéré les gâteaux du matériel prédécoupé sans découper tout de suite en deux ou en quatre ceux prévus à cet effet. Ainsi, il pourra préparer les barquettes des élèves comme détaillé dans le déroulé au fur et à mesure des séances.

Il photocopie le matériel grand format sur du papier de couleur et découpe 4 gâteaux qu'il garde entiers, deux gâteaux qu'il coupe en demis selon une diagonale et deux gâteaux en demis selon une médiane.

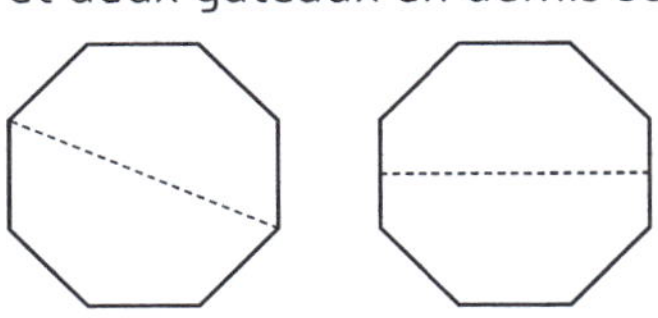

Lancement

Par binôme les élèves reçoivent une barquette contenant 6 gâteaux entiers sans traits de prédécoupe (matériel détachable).

L'enseignant fait remarquer que tous les gâteaux sont identiques et demande de le vérifier par superposition. Il donne ensuite la consigne : « par deux, vous devez vous partager les gâteaux de votre barquette de façon à avoir tous les deux la même quantité et qu'il n'y ait pas de reste. Chacun écrit sur son ardoise le nombre de gâteaux qu'il a reçus ».

Recherche

Les élèves disposent des gâteaux, ils peuvent se les distribuer un par un ou anticiper le partage à partir du nombre total de gâteaux. Ce nombre 6 est choisi de façon à ne pas poser de difficulté et permettre ainsi de vérifier la compréhension de la consigne, puisque chacun aura 3 gâteaux, un nombre entier. Il permet également de créer la rupture à l'étape 2.

L'enseignant intervient auprès des groupes qui se tromperaient malgré tout dans le partage des 6 gâteaux.

Mise en commun

Pour collecter les réponses, l'enseignant reformule la question de deux manières : « Combien de gâteaux avez-vous chacun ? Quel est votre nombre de gâteaux ? »

Le partage de 6 gâteaux entre deux personnes ne devrait pas poser de problème particulier grâce à la manipulation du matériel même si les situations de partage n'ont pas encore été rencontrées depuis le début de l'année. Elles l'ont été en CP.

On vérifie collectivement que les partages ont bien été effectués en revenant sur les contraintes, c'est-à-dire que chacun a reçu la même quantité de gâteaux et qu'il ne reste pas de gâteau pour annoncer le nombre de gâteaux par personne, c'est-à-dire 3.

Étape 2

Tâche

Partager 5 gâteaux entre deux personnes, chacun doit avoir la même quantité, c'est-à-dire le même nombre de gâteaux. Écrire sur l'ardoise, ou préparer une manière de dire, le nombre de gâteaux obtenu par personne.

Ce qui est visé en proposant cette tâche.

Comprendre que les nombres entiers ne permettent pas d'énoncer le nombre de gâteaux par personne lorsqu'on partage 5 gâteaux entre 2 personnes et utiliser les termes de moitié de la vie courante pour introduire « un demi ».

Remarque : Nous avons choisi de dire « un demi de » comme on dit « un quart de » de façon à isoler la fraction « un demi » du tout de référence et à bien le faire comprendre comme une nouvelle manière de désigner une quantité, donc comme un nombre.

Un gâteau est considéré comme un tout. Pour éviter les ambigüités, nous introduirons rapidement la notion d'unité. Un gâteau c'est une unité. En effet, lorsqu'il y a 6 gâteaux, qu'est le tout ? Un gâteau ou les 6 gâteaux ?

Lancement

Par binôme, les élèves remettent leurs gâteaux dans leur barquette et l'enseignant en enlève un. Les ciseaux ne sont pas encore sortis.

L'enseignant annonce que la consigne est la même : « par deux, vous devez vous partager les 5 gâteaux de votre barquette de façon à avoir tous les deux la même quantité et qu'il n'y a pas de reste. Chacun écrit sur son ardoise le nombre de gâteaux qu'il a reçus. »

Recherche

Les élèves disposent des gâteaux pour effectuer le partage. L'enseignant ne précise rien de plus pour laisser les élèves chercher, se questionner et peut-être trouver la solution par eux-mêmes. En particulier, la nécessité des ciseaux n'est pas évoquée si les élèves ne demandent pas s'ils peuvent les utiliser.

Les gâteaux ont une forme octogonale pour faciliter un découpage en 2, 4 et 8.

Procédures visées :

- se répartir 2 gâteaux chacun, puis découvrir qu'il faut partager le gâteau restant en deux parties égales en le coupant ;
- trouver le découpage en parts égales soit par pliage, soit en utilisant les particularités géométriques du gâteau.

Erreurs possibles :

- laisser de côté le gâteau restant ;
- couper en deux parties inégales.

L'enseignant peut intervenir auprès des binômes qui laisseraient un gâteau de côté pour leur rappeler qu'il ne doit rien rester, ou bien faire une mise en commun intermédiaire si peu de binômes, ou aucun, ne pensent à demander l'autorisation de couper.

Les binômes sont alors invités à sortir une paire de ciseaux et la recherche est relancée sans autre précision. La mise en commun aura pour rôle de vérifier si les découpages ont permis d'obtenir la même quantité pour chacun.

Chaque élève note ensuite le nombre de gâteaux qu'il a obtenus sur son ardoise, ou prépare une réponse orale. Il est probable que la plupart d'entre eux utilisent le terme « moitié » ou peut-être « demi » utilisés dans la vie courante.

Mise en commun

- Reformulation de la question de deux manières comme à l'étape 1. La question « combien de... ? » est peut-être mieux comprise dans ce cadre des nombres non entiers que « Quel est le nombre de... ? » mais cette dernière formulation est importante pour faire comprendre que les fractions sont des nombres. Ces deux formulations pourront être utilisées systématiquement.
- Collecte des diverses façons d'énoncer la réponse sans faire pour l'instant de commentaires : il peut y avoir des réponses fausses du type « 3 gâteaux » correspondant au nombre de morceaux (gâteaux entiers ou non) qu'ils ont et d'autres exactes comme « 2 gâteaux et une moitié » ou « 2 gâteaux et un demi ».
- Recherche d'un moyen de vérification de l'égalité des parts pour s'assurer que les deux membres du binôme ont bien autant de gâteaux. Les élèves devraient proposer de les superposer, comme ils l'ont fait avec leurs gâteaux entiers en début de séance.
- Vérification effective des découpages de chaque binôme.
- Analyse des erreurs, en particulier les découpages en deux parties inégales sont exploités pour insister sur le fait que les deux parties doivent pouvoir se superposer pour être sûr qu'elles sont égales.
- Si aucune erreur n'apparait, l'enseignant découpe lui-même un (ou plusieurs) gâteau(x) de son matériel agrandi en deux parties inégales pour traiter la question, il fait circuler ces deux morceaux pour permettre aux élèves de répondre à la question.
- Explicitation des procédures de réussite du partage égal : l'utilisation de la forme des gâteaux qui permet de le couper en moitiés facilement.
- Partage d'un des gâteaux du matériel agrandi (Annexe 12.1) pour un affichage d'une moitié au tableau et introduction du fait qu'une moitié de gâteau est un nombre de gâteau et qu'on le nomme « un demi » d'un gâteau. Écriture sous l'affichage d'« un demi d'un gâteau ».
- L'enseignant revient alors sur la formulation des élèves quant au nombre de gâteaux que chacun a. En particulier la réponse 3 est invalidée car il y a moins de 3 gâteaux mais plus de 2 gâteaux. Cet encadrement est important, il montre qu'il existe des quantités entre les quantités entières. Un lien peut être fait avec les longueurs non entières en cm rencontrées lors de la séquence 4.
- La réponse au problème est finalement formulée ainsi « Chacun de vous a 2 gâteaux entiers et un demi d'un gâteau. »

Remarque : Si certains élèves connaissent et utilisent déjà l'écriture fractionnaire du nombre $\frac{1}{2}$, leur réponse sera validée mais pas exploitée collectivement pour garder l'attention sur le sens des mots demi (puis quart à partir de la séance 2). Cette écriture sera introduite en séance 4.

▸ Deux gâteaux prédécoupés en moitié de manières différentes sont distribués à chaque élève pour qu'il les coupe et vérifie l'égalité des parts de façon à ancrer par le geste l'objectif d'apprentissage. Ces demis sont conservés pour resservir dans la suite de la séquence.

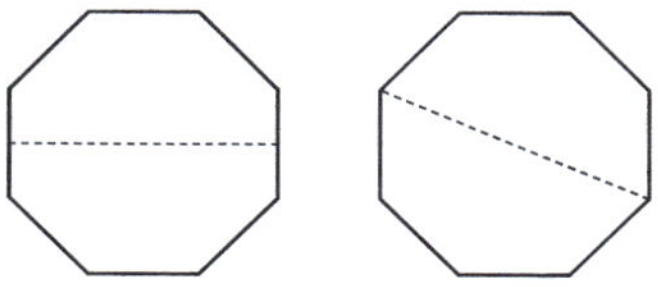

Remarque : la superposition est nécessaire pour que les élèves comprennent le fait que les deux parties sont des moitiés égales. Les deux formes de découpage permettent de comprendre qu'il n'y a pas qu'une seule façon de partager en moitié. En revanche, les élèves ne comprendront pas tous tout de suite que des moitiés de forme différente représentent la même quantité bien qu'elles ne sont pas superposables. Là réside une difficulté conceptuelle qui sera dépassée plus ou moins vite selon les élèves.

ÉTAPE 3

Tâche

Partager 5 gâteaux entre quatre personnes, chacun doit avoir la même quantité, c'est-à-dire le même nombre de gâteaux. Écrire sur l'ardoise le nombre de gâteaux obtenus par personne.

Ce qui est visé en proposant cette tâche

Introduire le quart d'un gâteau comme étant la taille d'un morceau d'un gâteau coupé en quatre parts égales.

Lancement

Les élèves sont regroupés par 4, ils mettent 5 gâteaux dans leur barquette.

L'enseignant annonce que la consigne est la même mais cette fois-ci par groupe de quatre : « par quatre, vous devez vous partager les gâteaux de votre barquette de façon à avoir tous les deux la même quantité et qu'il n'y ait pas de reste. Chacun écrit sur son ardoise le nombre de gâteaux qu'il a reçus ou prépare une façon de le dire. »

Recherche

Procédures visées :

▸ se répartir 1 gâteau chacun puis découvrir qu'il faut partager le gâteau restant en quatre parties égales en le coupant ;

▸ trouver le découpage en parts égales soit par pliage, soit en utilisant les particularités géométriques du gâteau.

Erreurs possibles :

▸ laisser de côté le gâteau restant ;

▸ couper en quatre parties inégales.

Le déroulement de cette phase est similaire à celui de l'étape 2 à ceci près que les élèves ont leurs ciseaux et devraient transférer la procédure découverte.

Mise en commun

Elle est similaire à celle de l'étape 2.

Il peut y avoir des réponses fausses du type « 2 gâteaux » correspondant au nombre de morceaux (gâteaux entiers ou non) qu'ils ont et d'autres exactes comme « 1 gâteau et un quart d'un gâteau. »

Écriture sous l'affichage d'« un quart d'un gâteau » obtenu avec le matériel agrandi.

Retour sur la formulation des élèves quant au nombre de gâteaux que chacun a. En particulier la réponse 2 est invalidée car il y a moins de 2 gâteaux (mais plus de 1 gâteau). La réponse au problème est finalement formulée ainsi « Chacun de vous a 1 gâteau entier et un quart d'un gâteau. »

Deux gâteaux partagés en quarts de manières différentes sont distribués à chaque élève pour qu'il les coupe et vérifie l'égalité des parts.

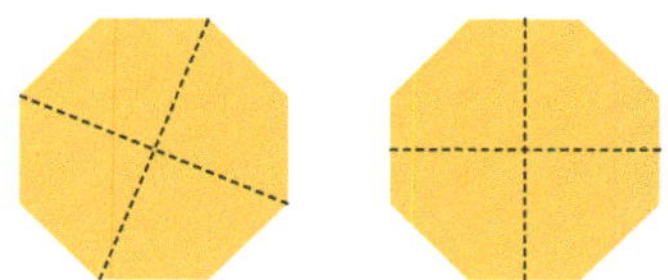

Institutionnalisation

Les *Ce que j'ai découvert* **1 et 2** p. 42 sont lus collectivement et complétés. Les demis et quarts de gâteaux découpés permettent une vérification des découpages illustrés par superposition. Cette procédure sera réinvestie lors des exercices. Dans cette optique, les demis et quarts de gâteau sont conservés.

CE QUE J'AI DÉCOUVERT 1

Lorsque je coupe un gâteau en deux parts égales, j'obtiens un demi d'un gâteau et un autre demi du gâteau.

J'entoure OUI si le découpage permet d'obtenir des demis d'un gâteau ou NON dans le cas contraire.

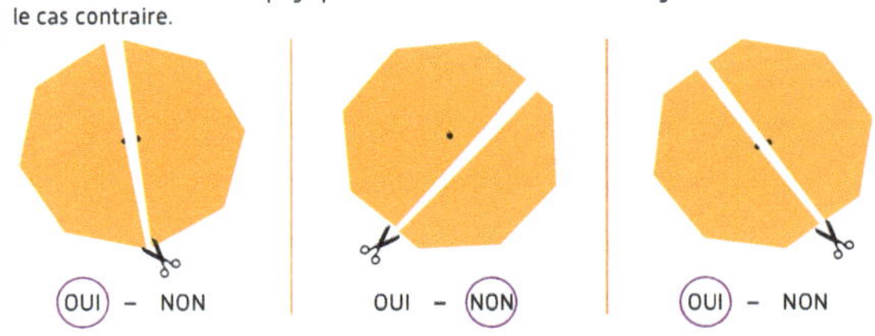

Pour obtenir un demi d'un gâteau, je le partage en deux parts égales.
Je prends une part.

CE QUE J'AI DÉCOUVERT 2

Lorsque je coupe un gâteau en quatre parts égales, j'obtiens des quarts d'un gâteau.

J'entoure OUI si le découpage permet d'obtenir des quarts d'un gâteau ou NON dans le cas contraire.

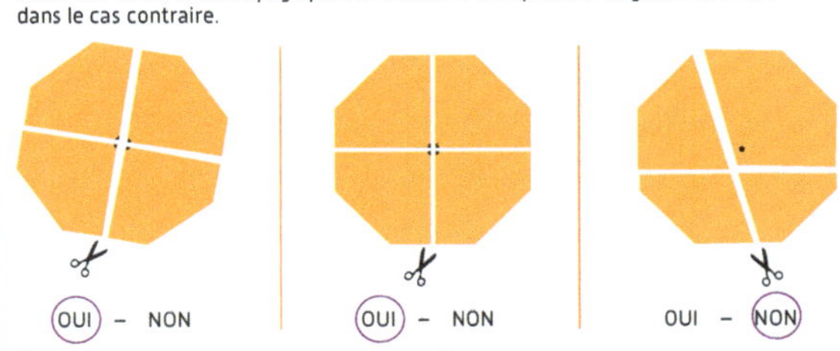

Pour obtenir un quart d'un gâteau, je le partage en quatre parts égales.
Je prends une part.

Un demi et un quart sont des **nombres** appelés **fractions**.

Séance 2

Rituels du Jour

Suite orale

- Idem séance 1.

Calcul mental

- L'enseignant propose sept calculs dans la table de multiplication de 10 puis les corrige en s'appuyant sur le fait que 10 est une dizaine. *Exemple* : 3 × 10 c'est 3 fois 10 donc 3 fois une dizaine. Le résultat est 3 dizaines donc 30. L'enseignant évite de dire qu'il faut ajouter un zéro puisque cette règle peut devenir un obstacle lors de multiplication d'un décimal par 10.
- À l'issue de cette séance, l'enseignant fait compléter la table de multiplication de 10 (fichier élève page 103).

Calculs à proposer : 3 × 10 ; 7 × 10 ; 5 × 10 ; 9 × 10 ; 6 × 10 ; 8 × 10 ; 4 × 10.

Objectif de la séance

Reconnaitre un demi et un quart en variant les unités.

Activité 1 de réinvestissement — Exercice 1 p. 43

Tâche

Identifier les figures représentant les nombres indiqués par une fraction, « un demi » ou « un quart », dans le contexte des gâteaux.

Lancement

Après explicitation de la consigne, l'enseignant demande de préparer une explication de son choix de réponse pour préparer la mise en commun.

Recherche

Procédure visée :

- repérer par la vue que les partages sont inégaux pour Éva et Max et penser qu'ils sont égaux pour Tom et Lila.

Erreur possible :

- ne tenir compte que du nombre de parts dans les partages et pas de leur égalité.

Différenciation

Pour les élèves en difficulté

Après un temps de réflexion, proposer les demis et les quarts de gâteau découpés lors de la séance 1 pour permettre une superposition.

Pour les élèves plus rapides

Organiser un tutorat.

Mise en commun

Pour chaque cas,

- faire l'inventaire des réponses ;
- demander les arguments pour les réponses fournies ;
- faire valider avec le matériel prédécoupé.

Réponses

Tom : OUI
Éva : NON
Max : NON
Lila : OUI

Activité 2 de réinvestissement — Exercice 2 p. 43

Tâche

Identifier les figures représentant les fractions « un demi » et « un quart » dans le contexte de bandes unité rectangulaires fournies dans le matériel détachable.

Lancement

L'enseignant distribue à chaque élève trois bandes unité et demande de réaliser des demis d'une des bandes et des quarts d'une deuxième bande. La troisième reste entière. C'est la référence, la nouvelle unité.

Après vérification et validation des procédures, une bande du matériel prédécoupé en demis et une en quarts sont distribuées de façon à avoir du matériel adapté pour les exercices.

La consigne de l'exercice 2 est alors lue et l'enseignant en vérifie la compréhension.

Recherche

Les procédures visées et erreurs sont les mêmes que celles citées dans l'activité précédente.

Différenciation

Pour les élèves en difficulté

Après un temps de réflexion, les élèves sont invités à partager les bandes unité prédécoupées distribuées pour vérifier l'égalité des parts et ensuite les superposer sur les illustrations de l'exercice 2.

Pour les élèves plus rapides

Organiser un tutorat pour aider à la manipulation.

Mise en commun

Pour chaque cas :

- faire l'inventaire des réponses ;
- demander les arguments pour les réponses fournies ;
- faire valider avec le matériel prédécoupé et montrer que la place du demi ou du quart choisi dans la bande unité n'a pas d'importance.

Réponses

Cas 1 : NON

Cas 2 : OUI

Cas 3 : NON

Cas 4 : OUI

Séance 3

Rituels du jour

Suite orale	**Calcul mental**
• Idem séance 1.	• Idem séances 1 et 2. *Calculs à proposer* : 2 × 2 ; 10 × 10 ; 7 × 2 ; 5 × 10 ; 3 × 2 ; 8 × 10 ; 10 × 2.

Objectif de la séance

Découverte de la reconstitution de l'unité avec les demis et les quarts.

Activité 1 de découverte

Tâche

Prendre un gâteau en utilisant uniquement des demis et en utilisant uniquement des quarts.

Ce qui est visé en proposant cette tâche.

Comprendre que deux demis d'un gâteau font un gâteau entier, de même que quatre quarts d'un gâteau.

Lancement

L'enseignant donne la consigne : « Vous aurez dans vos barquettes des demis d'un gâteau et des quarts d'un gâteau. Vous devrez mettre sur vos tables deux gâteaux. »

Chaque élève reçoit une barquette contenant trois demis coupés selon une diagonale (ou une médiane) et cinq quarts coupés également selon des médianes (ou des diagonales). Les demis et les quarts ne doivent pas être découpés de la même manière de façon à éviter que les élèves ne reconstituent une unité avec un demi et deux quarts.

Recherche

Procédures visées :

- assembler façon puzzle deux demis pour reconstituer le gâteau ;
- de même avec quatre quarts.

Erreurs possibles :

- ne pas réussir à reconstituer un gâteau ;
- ne pas considérer que les demis ou les quarts rassemblés constituent un entier.

Mise en commun

- Reproduire au tableau les assemblages observés avec le matériel agrandi.
- Discuter de leur validité en revenant sur la consigne.

Institutionnalisation

Lire et compléter le *Ce que j'ai découvert* p. 44 en faisant coller les 2 demis et les 4 quarts utilisés dans la situation de découverte.

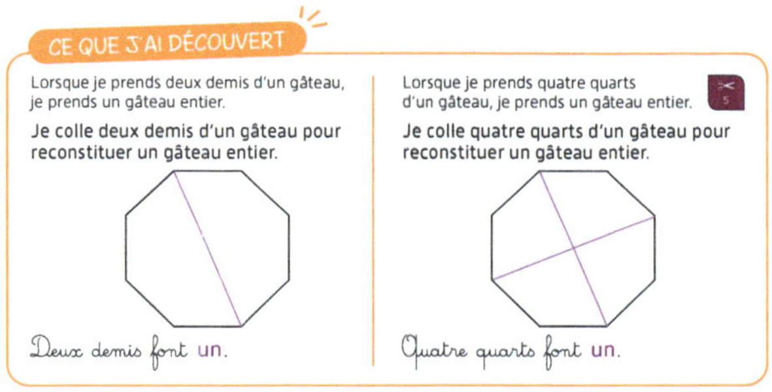

Activité 2 de réinvestissement — Exercice 3 p. 44

Tâche

Trouver si des affirmations sont vraies ou fausses en reconstituant mentalement des unités à partir de demis ou de quarts dans les contextes des gâteaux et des bandes.

Lancement

La consigne de l'exercice 3 est lue et explicitée.

Recherche

Procédures visées :

- utiliser le fait que 2 demis et 4 quarts font un ;
- prendre le matériel pour essayer de reconstituer les unités.

Erreur possible :

- confondre nombre de parts et nombre d'unités.

Différenciation

Pour les élèves en difficulté

Aider à l'utilisation du matériel détachable représenté dans l'exercice.

Pour les élèves plus rapides

Exercice supplémentaire 3, fiche différenciation 12.

Mise en commun

Pour chaque cas,

- faire l'inventaire des réponses ;
- demander les arguments pour les réponses fournies ;
- faire valider les réponses avec le matériel.

Réponses

Max : VRAI
Tom : FAUX
Lila : FAUX
Éva : VRAI

Bilan

Revenir sur le fait que deux demis et quatre quarts font une unité entière, par exemple un gâteau entier ou une bande unité entière.

Séance 4

Rituels du jour

Suite orale	Calcul mental
• Idem séance 1.	• Idem séances 1 et 2. *Calculs à proposer* : 4 × 10 ; 9 × 2 ; 7 × 10 ; 9 × 10 ; 7 × 2 ; 3 × 10 ; 5 × 2.

Objectifs de la séance

- Introduire l'écriture fractionnaire.
- Introduire les mots « numérateur » et « dénominateur ».

Activité 1 de découverte

Étape 1

Tâche

Écrire le nombre de gâteaux reçus après un partage en parts égales de 8 quarts de gâteaux par binôme.

Ce qui est visé en proposant cette tâche.

Appropriation de la tâche et retour sur l'égalité entre 4 quarts et un.

Lancement

L'enseignant donne la consigne : « Vous aurez dans vos barquettes des quarts de gâteau. Vous devrez vous les partager en parts égales et écrire sur votre ardoise le nombre de gâteaux que vous avez reçus. »

Chaque binôme reçoit une barquette contenant 8 quarts de gâteaux identiques.

Recherche

Cette première étape ne devrait pas poser de nouveaux problèmes. Chaque membre du binôme reçoit 4 quarts et pourra écrire qu'il a reçu 4 quarts de gâteau ou écrire un gâteau.

Mise en commun

- Collecter les réponses et analyser les erreurs s'il y en a.
- Valider les deux réponses 4 quarts et 1 et revenir sur l'égalité entre ces deux quantités.

Étape 2

Tâche

Écrire le nombre de gâteaux reçus après un partage en parts égales de 6 quarts de gâteaux par binôme.

Ce qui est visé en proposant cette tâche.

Introduire la fraction 3 quarts et son écriture fractionnaire.

Lancement

6 des quarts utilisés précédemment sont remis dans la barquette, les deux autres sont mis de côté ou ramassés.

La consigne est la même qu'à l'étape 1.

Recherche

Cette nouvelle étape ne devrait pas non plus poser de difficulté. Les élèves devraient écrire « 3 quarts » sur leur ardoise. Un affichage des institutionnalisations précédentes peut aider pour l'orthographe du mot « quart » à distinguer du nom commun « car ».

Procédure visée

- Se distribuer les quarts puis compter ceux obtenus pour écrire sur l'ardoise 3 quarts.

Erreur possible

- Après distribution, répondre 3 gâteaux en confondant les gâteaux et les fractions de gâteau.

Mise en commun

Collecter les réponses et analyser les erreurs s'il y en a. Certains élèves auront peut-être réuni deux des quarts reçus et répondu 1 demi et 1 quart. Cette réponse est bien sûr validée.

- Valider la réponse 3 quarts.
- Introduire au tableau l'écriture $\frac{3}{4}$ en notant la formulation verbale à côté.
- Faire réfléchir au sens de chacun des nombres écrits dans cette écriture en faisant attention à ne pas dire que le trait de fraction sépare ces deux nombres.

Remarque : Une des difficultés réside dans le fait qu'il faut percevoir que cette écriture fractionnaire désigne un seul nombre.

Étape 3

Tâche

Écrire le nombre de gâteaux reçus après un partage en parts égales de 12 quarts de gâteaux par binôme.

Ce qui est visé en proposant cette tâche.

Introduire la fraction 2 quarts et son écriture fractionnaire ainsi que l'égalité entre un demi et deux quarts.

Lancement

12 quarts identiques sont placés dans la barquette de chaque binôme.

La consigne est la même qu'à l'étape 1.

Recherche

Cette nouvelle étape ne devrait pas non plus poser de difficulté pour la partie partage.

Ce nombre 12 quarts à se partager amène chaque élève à recevoir plus d'un gâteau entier puisqu'il recevra 6 quarts. Cela ne devrait pas poser de problème particulier puisque les quarts sont une unité de comptage.

Cette situation amène à manipuler plus de 4 quarts, c'est-à-dire plus qu'une unité. Elle lance un travail qui permettra de surmonter la difficulté de conception des fractions supérieures lorsque celles-ci seront travaillées.

Procédures visées :

Se répartir les quarts, puis :

- écrire le nombre de quarts reçus, soit 6 quarts ;
- rassembler 4 quarts et écrire 1 gâteau et 2 quarts
- rassembler 4 quarts d'un côté, les deux derniers de l'autre et écrire 1 gâteau et 1 demi.

Erreur possible :

- confondre les gâteaux et les fractions de gâteau.

Mise en commun

- Collecter les réponses et analyser les erreurs s'il y en a.
- Valider la réponse 1 gâteau et 2 quarts.
- Valider la réponse 1 gâteau et 1 demi en montrant, par superposition, que 2 quarts et 1 demi d'un gâteau représentent la même quantité.
- Valider la réponse 6 quarts mais demander de reconstituer l'unité, le gâteau dès que c'est possible.
- Introduire au tableau les écritures $\frac{1}{2}$ et $\frac{1}{4}$ en essayant de les faire trouver par les élèves en s'appuyant sur le sens donné à l'étape précédente.
- Noter la formulation verbale à côté de chaque écriture fractionnaire.
- Conclure en écrivant au tableau que l'on peut écrire que chacun a reçu $1 + \frac{2}{4}$ ou $1 + \frac{1}{2}$.
- Si un élève propose d'écrire $\frac{6}{4}$, l'enseignant confirme que ce serait possible mais précise que si l'on peut reconstituer une unité, un gâteau, on le fait.

Institutionnalisation

Lire et compléter le *Ce que j'ai découvert* p. 45. Revenir sur le sens du mot « unité » dans les contextes rencontrés jusque-là.

Les termes « numérateur » (qui dénombre) et « dénominateur » (qui désigne) sont introduits et seront utilisés en situation lorsque cela s'avèrera utile mais le travail de compréhension des fractions ne réside pas dans l'apprentissage de ce vocabulaire. Le trait de fraction est également nommé mais sans jamais dire qu'il sépare les nombres du haut et du bas. Cela pourrait empêcher la perception de la fraction comme un seul nombre.

CE QUE J'AI DÉCOUVERT

Ces nouveaux nombres, les fractions, ont une nouvelle écriture.
Par exemple, voici l'écriture de trois quarts :

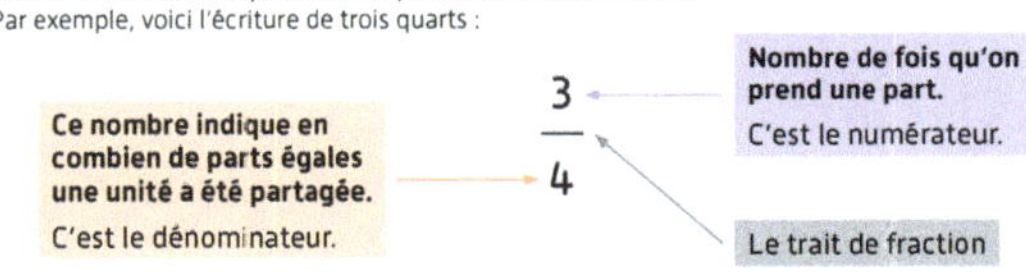

$\frac{1}{2}$ se lit « un demi » et signifie que l'on a partagé l'unité en 2 parts égales et que l'on a pris 1 fois une part.

$\frac{1}{4}$ se lit « un quart » et signifie que l'on a partagé l'unité en 4 parts égales et que l'on a pris 1 fois une part.

$\frac{2}{4}$ se lit « deux quarts » et signifie que l'on a partagé l'unité en 4 parts égales et que l'on a pris 2 fois une part.

Activité 2 de réinvestissement — Exercice 4 p. 45

Tâche

Écrire un nombre, éventuellement désigné par une fraction, correspondant à une partie colorée d'une figure.

Lancement

La consigne de l'exercice 4 est lue et explicitée.

Recherche

Le trait de fraction et les pointillés localisant les nombres attendus ne sont présents que sur le premier item pour aider les élèves dans l'utilisation du quadrillage. Le trait de fraction doit être placé sur la ligne principale de celui-ci. Pour les items suivants, rien n'est présent pour laisser l'initiative à l'élève. De plus, les proposer toujours pourrait nuire à la perception de la fraction comme un nombre, en effet, les élèves pourraient croire que c'est deux nombres puisqu'on leur proposerait toujours deux séries de pointillés à compléter. Et on n'obtiendrait pas la réponse « 1 » pour le troisième item.

Différenciation

Pour les élèves en difficulté

Les aider à nommer les fractions puis à utiliser le Ce que j'ai découvert.

Pour les élèves plus rapides

Exercice supplémentaire 4, fiche différenciation 12.

Mise en commun

Ne pourront être traités collectivement que les cas qui amènent une discussion.

Par exemple, le 3e cas qui permet de revenir sur le fait que $\frac{2}{2}$, c'est aussi 1, et le 4e cas sur le fait que $\frac{2}{4}$, c'est aussi $\frac{1}{2}$.

Réponses

Cas 1 : $\frac{1}{2}$

Cas 2 : $\frac{1}{4}$

Cas 3 : 1 ou $\frac{2}{2}$

Cas 4 : $\frac{1}{2}$ ou $\frac{2}{4}$

Cas 5 : $\frac{3}{4}$

Activité 3 de réinvestissement

Exercice 5 p. 46

Tâche

Écrire des nombres de gâteaux en reconstituant des unités.

Lancement

Remarque : Si la séance est trop longue, cet exercice peut ne pas être traité, ou seulement par les élèves plus rapides. Les objectifs d'apprentissage du CE1 pourront malgré tout être atteints.

La consigne de l'exercice 5 est lue et explicitée.

Recherche

Les quantités de gâteaux atteignent ou dépassent l'unité pour travailler la reconstitution d'une unité et pour ne pas laisser penser qu'on ne peut pas dépasser une unité. Cette idée pourrait bloquer les élèves dans leurs futurs apprentissages.

Différenciation

Pour les élèves en difficulté

Après une recherche infructueuse, le matériel peut être proposé pour que les élèves puissent reconstituer les unités. Les réponses peuvent être écrites avec des mots si l'écriture fractionnaire n'est pas encore maitrisée.

Pour les élèves plus rapides

Organiser un tutorat.

Mise en commun

Ne pourront être traités collectivement que les cas qui amènent une discussion.

Les réponses sont d'abord données de manière verbale pour permettre la vérification de la compréhension du concept de fraction. La maitrise de l'écriture fractionnaire relève d'une autre compétence qui sera peut-être maitrisée un peu plus tard.

Par exemple, pour le deuxième item, la réponse peut être formulée en disant qu'il y a trois demis gâteaux, mais on indiquera que pour écrire cette quantité avec les fractions qu'on connait, il faut réunir les demis. On a alors $1 + \frac{1}{2}$.

Réponses

Tom : 1 gâteau ou $\frac{1}{2} + \frac{2}{4}$ ou 1 demi + 2 quarts

Lila : $1 + \frac{1}{2}$ ou 1 + 1 demi

Max : $1 + \frac{1}{4}$ ou 1 plus un quart

Éva : $\frac{1}{2} + \frac{4}{4}$ ou $1 + \frac{1}{2}$ ou 1 demi et 4 quarts ou 1 + 1 demi.

Bilan

Revenir sur ce que sont un demi et un quart, sur les reconstitutions de l'unité en insistant sur l'aspect verbal.

Fin de séquence

Je m'entraine à mon rythme

Des carrés colorés

Objectif

- Interpréter, représenter, écrire et lire les fractions de dénominateur 2 ou 4.

> **Aide à apporter aux élèves en difficulté**
>
> Aider ces élèves à lire les nombres écrits à l'aide d'une fraction et revenir sur le sens des termes « demi » et « quart ».
>
> Des carrés peuvent être proposés pour réaliser les pliages correspondant aux illustrations.
>
> Demander une justification à l'oral en faisant éventuellement une dictée à l'adulte.

Réponses

1. Lila : **Faux.** Le carré n'est pas partagé en deux parties égales.

Tom : **Faux.** Elle a colorié $1 + \frac{3}{4}$.

Max : **Vrai.** Il a bien colorié la moitié du carré.

2. Plusieurs façons de colorier sont possibles.

$\frac{2}{4}$ 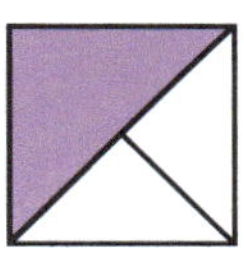

$\frac{3}{4}$ 

$\frac{1}{2}$ 

Je cherche

Le nombre de 9

Objectif

- Développer des compétences de chercheur : prendre des initiatives, faire preuve de persévérance, être organisé, etc.

Réponses

On écrit 20 fois le chiffre 9 pour écrire les nombres de 0 à 100 (10 fois au rang des unités : 9, 19, …, 99 et

10 fois au rang des dizaines : 90, 91, …, 99).

On écrit 40 fois le chiffre 9 pour écrire les nombres de 0 à 200 (20 fois pour les nombres de 0 à 100 et encore 20 fois pour les nombres de 101 à 200 : 109, 119, …, 199 et 190, 191, … 199).

Écritures chiffrées des nombres jusqu'à 999

pp. 48 à 51

Rituels quotidiens

Objectifs d'apprentissage	
Suite orale	**Calcul mental**
• Dire la suite orale des nombres en arrière, **de 2 en 2, à partir de 99**.	• Connaitre les tables de multiplication de 2 et 10 et quelques résultats de la table de 5 (1 × 5 ; 2 × 5 ; 3 × 5 ; 4 × 5 ; 6 × 5).

Séquence d'apprentissage

Place dans l'ensemble des séquences « Construire la numération écrite chiffrée »				
1. Écritures chiffrées et comparaison des nombres jusqu'à 99	6. Écritures chiffrées des nombres jusqu'à 199	9. Comparaison des nombres jusqu'à 199	**13. Écritures chiffrées des nombres jusqu'à 999**	18. Comparaison des nombres jusqu'à 999

Objectif de la séquence

Indiquer et réaliser des quantités en utilisant la signification de l'écriture chiffrée : introduire la valeur des chiffres en fonction de leur position dans l'écriture des nombres jusqu'à 999, notamment en mettant à jour les différentes expressions possibles du même nombre 2 c + 1 d + 3 u ; 2 c + 13 u ; 21 d + 3 u et 213 u.

Objectifs d'apprentissage du BO

- Connaitre et utiliser la relation entre unités et dizaines, entre dizaines et centaines, entre unités et centaines.
- Connaitre et utiliser diverses représentations d'un nombre et passer de l'une à l'autre.
- Connaitre la valeur des chiffres en fonction de leur position dans un nombre.

Pourquoi cette progression pour introduire les nombres au-delà de 199 ?

La centaine a été introduite en séquence 6 pour l'écriture chiffrée des nombres jusqu'à 199. Elle a été réinvestie en séquence 9 dans des problèmes de comparaison et en séquence 7 pour l'addition posée en colonnes. À chaque fois, une centaine au maximum était en jeu. Il s'agit maintenant d'étendre ces connaissances pour les nombres jusqu'à 999 : introduction d'un nombre de centaines supérieur à 1 dans cette séquence 13, puis réinvestissement en séquence 14 dans l'addition posée en colonnes et en séquence 18 dans des problèmes de comparaison.

Cette séquence 13 commence avec des manipulations comme c'est toujours le cas pour les notions nouvelles. Le matériel de numération des plaques centaine, bandes dizaine et carrés unité est tout d'abord utilisé pour faire le lien avec la quantité et l'introduction d'une deuxième centaine. Il est remplacé dès la première séance par les étiquettes détachables du fichier élève 3. De manière générale, le matériel manipulable servira ensuite pour vérifier les réponses.

Remarques importantes : en cohérence avec la conception des écritures chiffrées des séquences précédentes, dès la première séance de cette nouvelle séquence, un nombre tel que 213 est vu comme :
– 21 d + 3 u (continuation de la logique d'écriture du CP) ;
– 2 c + 13 u (en relation avec le nom du nombre « deux-cent-treize ») ;
– 2 c + 1 d + 3 u (en utilisant l'écriture 2 c + 13 u, le fait que 13 u = 1 d + 3 u mais aussi en prolongement de la séquence 6) ;
– 213 u (comptage un à un).

À chaque fois, on fait correspondre une organisation différente de la même collection (de carrés entre autres) ou une représentation du même nombre (via des étiquettes), afin de montrer que toutes les désignations précédentes sont celles du même nombre.

Une des difficultés est de faire prendre conscience aux élèves que toutes ces désignations sont valables, quelle que soit la manière dont se présente la collection (en particulier qu'elle soit organisée ou non) et quelle que soit sa représentation avec les étiquettes.

Structure de la séquence

- Séance 1 : découverte : savoir relier une décomposition en centaines, dizaines et unités à la définition des écritures chiffrées et une autre décomposition (en centaines et unités) au nom du nombre
- Séance 2 : découverte : donner du sens aux deux premiers chiffres des nombres à trois chiffres (en termes de dizaines)
- Séance 3 : découverte : être capable de mobiliser différentes décompositions des nombres à trois chiffres renvoyant à la signification de leurs chiffres (aspects positionnel et décimal)
- Séance 4 : réinvestissement
- Fin de séquence : entrainement et recherche

Matériel nécessaire

Matériel à télécharger pour l'ensemble de la séquence :
– Fiche Annexe 13.
– Fiche différenciation 13 pour tous les exercices supplémentaires de la séquence.
– Fiche évaluation 13.
– Posters *Les écritures chiffrées des nombres jusqu'à 199* et *jusqu'à 999*.

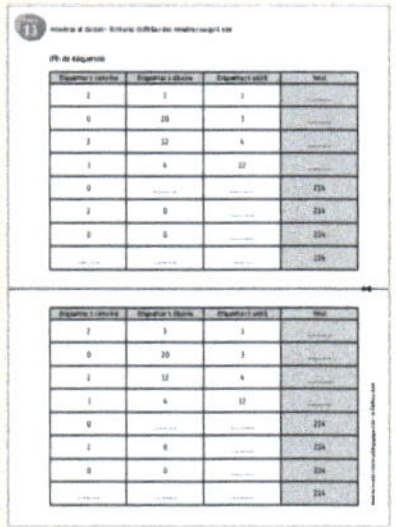
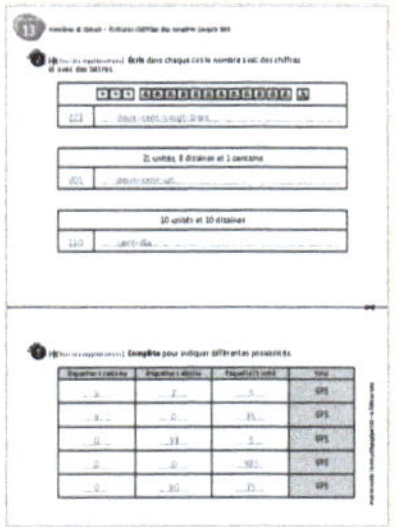

	Matériel pour l'enseignant	Matériel pour les élèves
Séance 1	– Matériel de numération : carrés unité, bandes dizaine, plaques centaine – Les étiquettes unité, dizaine, centaine : au moins 16 étiquettes unité, 1 étiquette dizaine et 4 étiquettes centaine – La reproduction agrandie de l'exercice 1 p. 48 – Le poster *Les écritures chiffrées des nombres jusqu'à 199* 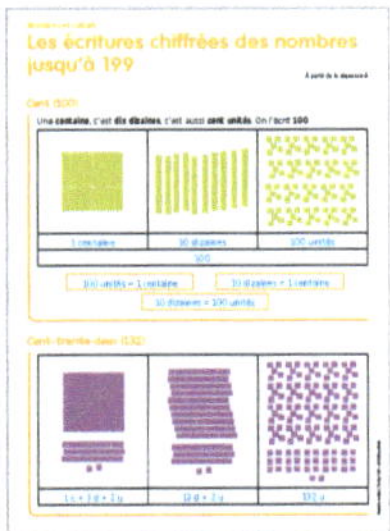	**Matériel par binôme** – Les carrés unité, bandes dizaine, plaques centaine : une réserve comportant au moins 40 carrés unité, 3 bandes dizaine et 2 plaques centaine – Les étiquettes unité, dizaine, centaine : une réserve comportant au moins 16 étiquettes unité, 1 étiquette dizaine et 4 étiquettes centaine  – 2 barquettes vides et 1 pour la réserve – Une ardoise ou un cahier de recherche – Le fichier de l'élève p. 48
Séance 2	– Les étiquettes unité, dizaine, centaine – Le poster *Les écritures chiffrées des nombres jusqu'à 199* – La reproduction agrandie de l'exercice 2 p. 49	**Matériel par binôme** – Les étiquettes unité, dizaine, centaine : une réserve comportant au moins 7 étiquettes unité, 30 étiquettes dizaine et une étiquette centaine – 1 barquette vide et 1 pour la réserve – Une ardoise – Le fichier de l'élève p. 48-49 *Différenciation* : exercice supplémentaire 2, fiche différenciation 13
Séance 3	– Les étiquettes unité, dizaine, centaine – Le poster *Les écritures chiffrées des nombres jusqu'à 199*	**Matériel par binôme** – Les étiquettes unité, dizaine, centaine : une réserve comportant au moins 13 étiquettes unité, 21 étiquettes dizaine et 2 étiquettes centaine – 1 barquette vide et 1 pour la réserve – Une ardoise – Le fichier de l'élève p. 48 – Mémo 13

Séance 4	– Les étiquettes unité, dizaine, centaine – Le poster *Les écritures chiffrées des nombres jusqu'à 999* – Les reproductions agrandies des exercices 3, 4 et 5 p. 49-50	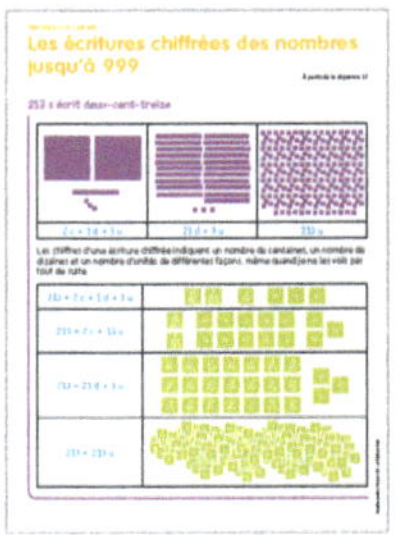	**Matériel par binôme** – Matériel de numération étiquettes unité, dizaine, centaine : uniquement pour la validation selon nécessité – Le fichier de l'élève p. 49-50 – Mémo 13 *Différenciation :* exercice supplémentaire 5, fiche différenciation 13
Fin de séquence			**Matériel par élève** – Le fichier de l'élève p. 51 *Différenciation :* Annexe 13

Séance 1

Rituels du jour

Suite orale

• À tour de rôle, les élèves énoncent la suite orale des nombres en arrière, de 2 en 2, à partir de 99.

Calcul mental

• L'enseignant propose 4 calculs des tables de 2 et 10 et les 3 calculs suivants : 1 × 5 ; 2 × 5 ; 3 × 5. La correction des calculs de la table de 5 s'effectue en revenant au sens de la multiplication. 1 × 5 se traduit une fois cinq donc cinq ; 2 × 5 signifie 2 fois 5, donc le double de 5 et 3 × 5 se calcule à partir du résultat de 2 × 5.

3 × 5 = 5 + 5 + 5 ou 2 × 5 + 5 3 × 5 = 15

• À l'issue de cette séance, l'enseignant fait compléter les trois premières lignes de la table de multiplication de 5 (fichier élève page 102).

Calculs à proposer : **6 × 10** ; **1 × 5** ; **7 × 2** : **2 × 5** ; **8 × 10** ; **3 × 5** ; **9 × 2**.

OBJECTIF DE LA SÉANCE

Indiquer des quantités, avec une écriture en chiffres et une écriture en lettres, en utilisant des égalités du type 2 c + 1 d + 3 u = 2 c + 13 u.

2 c + 1 d + 3 u est associé à la signification des chiffres de l'écriture chiffrée « 213 ».

2 c + 13 u est associé à signification du nom « deux-cent-treize ».

Activité 1 de découverte

ÉTAPE 1

Tâche

Réaliser une quantité de carrés avec les carrés unité, bandes dizaine, plaques centaine, puis écrire ce nombre avec des lettres et avec des chiffres.

Ce qui est visé en proposant cette tâche

Relier la décomposition en centaines, dizaines et unités à la définition de l'écriture chiffrée, et la décomposition en centaines et unités au nom du nombre. Cas d'un nombre comportant une seule centaine.

Lancement

Les élèves ont, par binôme, des réserves de carrés unité, bandes dizaine et plaques centaine. Ils ont aussi deux barquettes. On leur demande tout d'abord de mettre dans une première barquette, une plaque centaine, trois bandes dizaine et cinq carrés unité et, dans une deuxième barquette, une plaque centaine et trente-cinq carrés unité.

La consigne est orale.

On leur demande ensuite d'écrire sur une ardoise ou un cahier de recherche le nombre de carrés, avec des lettres et avec des chiffres, ceci pour chacune des collections.

Recherche

Procédures visées :

▸ pour la collection « une plaque centaine, trois bandes dizaine et cinq carrés unité », utilisation de la signification des chiffres pour obtenir l'écriture chiffrée, puis lecture de cette écriture chiffrée ;

▸ pour la collection « une plaque centaine et trente-cinq carrés unité », écriture du nom du nombre, puis sa traduction en chiffres.

Procédure possible :

▸ les élèves ayant la possibilité de manipuler les collections, il est possible qu'ils comptent de un en un ou de dix en dix à partir de cent pour obtenir le nom du nombre. Il est aussi possible qu'ils organisent la collection en centaine, dizaine et unité pour obtenir l'écriture chiffrée. Ils peuvent donc obtenir le nom du nombre et son écriture chiffrée de manière indépendante.

Erreurs possibles :

▸ dans le dénombrement des 35 carrés unité ;

▸ dans des règles de lecture/écriture des nombres, règles qui ne sont pas les seules possibilités pour obtenir les réponses puisque le nom du nombre et son écriture chiffrée peuvent s'obtenir de manière indépendante (*cf.* procédures possibles).

Mise en commun

▸ Quelques réponses erronées et les réponses exactes sont étudiées. L'enseignant distingue les erreurs mathématiques des erreurs orthographiques (l'orthographe exacte est indiquée mais n'est pas l'objet de l'apprentissage). Le matériel de numération du tableau est utilisé : les plaques centaine, bandes dizaine et carrés unité.

▸ Les égalités suivantes sont mises en avant : 135 = 1 c + 3 d + 5 u (signification des chiffres) et 135 = 1 c + 35 u (décomposition entendue dans le nom du nombre « cent-trente-cinq », c'est cent et trente-cinq, donc une centaine et trente-cinq unités).

▸ La validation peut aussi se faire en référence à la séquence 6 et au poster *Les écritures chiffrées des nombres jusqu'à 199*.

ÉTAPE 2

Tâche

À partir d'une des deux collections précédentes, ajouter une plaque centaine dans la barquette, et écrire le nombre en chiffres et en lettres.

Ce qui est visé en proposant cette tâche

Relier la décomposition en centaines, dizaines et unités à la définition de l'écriture chiffrée, et la décomposition en centaines et unités au nom du nombre. Cas d'un nombre comportant deux centaines.

Lancement

Demander de remettre le contenu de la barquette 1 c et 35 u dans la réserve.

Il ne reste qu'une barquette par binôme, celle contenant une plaque centaine, trois bandes dizaine et cinq carrés unité. Demander d'y ajouter une plaque centaine et d'écrire le nombre en chiffres et en lettres.

Recherche

Procédure visée :

▸ utilisation de la signification des chiffres pour obtenir l'écriture chiffrée (en prolongeant la logique de l'écriture chiffrée des nombres inférieurs à 199 vue dans les séquences 6, 7 et 9), puis lecture de cette écriture chiffrée.

Procédure possible :

▸ les élèves ayant la possibilité de manipuler les collections, il est possible qu'ils comptent de un en un ou de dix en dix à partir de cent ou de deux-cents pour obtenir le nom du nombre. Il est aussi possible qu'ils organisent la collection en centaines, dizaines et unités pour obtenir l'écriture chiffrée. Ils peuvent donc obtenir le nom du nombre et son écriture chiffrée de manière indépendante.

Erreurs possibles :

▸ dans le dénombrement des 35 unités ;

▸ dans des règles de lecture/écriture des nombres, règles qui ne sont pas les seules possibilités pour obtenir les réponses puisque le nom du nombre et son écriture chiffrée peuvent s'obtenir de manière indépendante (*cf.* procédures possibles).

Les procédures visées et les erreurs attendues ressemblent à la première étape, mais les élèves auront à généraliser leurs connaissances sur les nombres inférieurs à 199 (séquences 6, 7 et 9) à des nombres supérieurs, à la fois pour la signification des chiffres et pour le nom du nombre. Tous les élèves ne pourront pas forcément obtenir les bonnes réponses, mais la mise en commun permettra de donner la solution.

Mise en commun

▸ Quelques réponses erronées et les réponses exactes sont étudiées. L'enseignant distingue les erreurs mathématiques des erreurs orthographiques (l'orthographe exacte est indiquée mais n'est pas l'objet de l'apprentissage). Le matériel de numération du tableau est utilisé : les plaques centaine, bandes dizaine, carrés unité.

▸ L'égalité suivante est mise en avant :
235 = 2 c + 3 d + 5 u (signification des chiffres).

▸ L'autre égalité 235 = 2 c + 35 u peut être montrée aux élèves en lien avec celle obtenue précédemment (135 = 1 c + 35 u) et le fait que 3 d + 5 u = 35 u, en s'aidant du matériel de numération (2 plaques centaine et 35 carrés seuls) : elle permet alors de comprendre le nom du nombre « deux-cent-trente-cinq » comme étant deux-cents et trente-cinq donc deux centaines et trente-cinq unités.

Bilan

Les trois chiffres de l'écriture chiffrée 235 sont mis en relation avec la réalisation matérielle de la quantité en 2 centaines, 3 dizaines et 5 unités et donc la décomposition 2 c + 3 d + 5 u.

Les mots dans le nom « deux-cent-trente-cinq » sont mis en relation avec la réalisation matérielle de la quantité en deux centaines et trente-cinq unités et donc la décomposition 2 c + 35 u.

Étape 3

Remarque : les élèves doivent maintenant utiliser le matériel des étiquettes qui représente une quantité et permet d'en aborder de plus grandes. Ce matériel est un intermédiaire entre la quantité manipulable et les écritures chiffrées. Il permet de faire des manipulations pour comprendre les différentes décompositions du nombre qui sont sous-jacentes aux écritures chiffrées et qui sont un des objectifs de cette séquence.

La suite reprend en grande partie ce qui précède mais avec cette fois-ci les étiquettes et les nombres 113, puis 213.

Tâche

Représenter une quantité avec les étiquettes centaine, dizaine et unité, puis écrire ce nombre avec des lettres et avec des chiffres.

Ce qui est visé en proposant cette tâche

Relier la décomposition en centaines, dizaines et unités à la définition de l'écriture chiffrée, et la décomposition en centaines et unités au nom du nombre.

Lancement

Les élèves ont, par binôme, des réserves du matériel de numération « étiquettes ». Ils ont aussi 2 barquettes. L'enseignant leur demande tout d'abord de mettre, dans une première barquette, une étiquette centaine, une étiquette dizaine et trois étiquettes unité et, dans une deuxième barquette, une étiquette centaine et treize étiquettes unité.

La consigne est orale.

L'enseignant leur demande ensuite d'écrire sur une ardoise le nombre indiqué par ces étiquettes de la barquette, avec des lettres et avec des chiffres, ceci pour chacune des collections.

Recherche

Procédures visées :

▸ pour la barquette « une étiquette centaine, une étiquette dizaine et trois étiquettes unité », utilisation de la signification des chiffres pour obtenir l'écriture chiffrée, puis lecture de cette écriture chiffrée ;

▸ pour la barquette « une étiquette centaine et treize étiquettes unité », écriture du nom du nombre, puis sa traduction en chiffres.

Procédure possible :

▸ les élèves ayant la possibilité de manipuler les collections, il est possible qu'ils comptent de un en un ou de dix en dix à partir de cent pour obtenir le nom du nombre. Il est aussi possible qu'ils organisent la collection en centaines, dizaines et unités pour obtenir l'écriture chiffrée. Ils peuvent donc obtenir le nom du nombre et son écriture chiffrée de manière indépendante.

Erreurs possibles :

▸ dans le dénombrement, d'autant que certains élèves peuvent dénombrer les étiquettes et ne pas prendre en compte leurs valeurs différentes ;

▸ dans des règles de lecture/écriture des nombres, règles qui ne sont pas les seules possibilités pour obtenir les réponses puisque le nom du nombre et son écriture chiffrée peuvent s'obtenir de manière indépendante (*cf.* procédures possibles).

Mise en commun

Remarque : la difficulté vient ici de l'utilisation d'un matériel nouveau qui représente la quantité sans que celle-ci ne soit visible : on ne voit plus les cent carrés avec l'étiquette centaine, ni les dix carrés avec l'étiquette dizaine. C'est pourquoi dans cette Mise en commun les deux matériels de numération de l'enseignant sont utilisés simultanément : les étiquettes et les plaques/bandes/carrés pour montrer la correspondance.

▸ Quelques réponses erronées et les réponses exactes sont étudiées. L'enseignant distingue les erreurs mathématiques des erreurs orthographiques (l'orthographe exacte est indiquée mais n'est pas l'objet de l'apprentissage). Les deux matériels de numération du tableau sont utilisés : les étiquettes et les plaques/bandes/carrés pour montrer la correspondance en s'aidant avec le verso des étiquettes qui rappellent le matériel avec les carrés.

▸ Les égalités suivantes sont mises en avant : 113 = 1 c + 1 d + 3 u (signification des chiffres) et 113 = 1 c + 13 u (décomposition entendue dans le nom du nombre « cent-treize » c'est cent et treize donc une centaine et treize unités).

▸ La validation peut aussi se faire en référence au poster *Les écritures chiffrées des nombres jusqu'à 199* et à l'étape précédente avec les plaques, bandes et carrés.

Étape 4

Tâche

À partir des deux collections précédentes, ajouter une étiquette centaine dans chaque barquette, et écrire le nombre en chiffres et en lettres.

Ce qui est visé en proposant cette tâche

Relier la décomposition en centaines, dizaines et unités à la définition de l'écriture chiffrée, et la décomposition en centaines et unités au nom du nombre.

Lancement

Demander d'ajouter une étiquette centaine dans chaque barquette, et d'écrire le nombre en chiffres et en lettres.

Recherche

Procédures visées, procédures possibles et erreurs possibles :

- similaires à celles décrites dans l'étape 3.

Tous les élèves ne pourront pas forcément obtenir les bonnes réponses, mais la mise en commun permettra de donner la solution.

Mise en commun

Les chiffres de l'écriture chiffrée 213 sont mis en relation avec la barquette comportant 2 étiquettes centaine, 1 étiquette dizaine et 3 étiquettes unité et la décomposition 2 c + 1 d + 3 u.

Les mots du nom « deux-cent-treize » sont mis en relation avec la barquette comportant deux étiquettes centaine et treize étiquettes unité et la décomposition 2 c + 13 u.

Institutionnalisation

Dans le *Ce que j'ai découvert* p. 48, faire compléter les pointillés des deux premières cases.

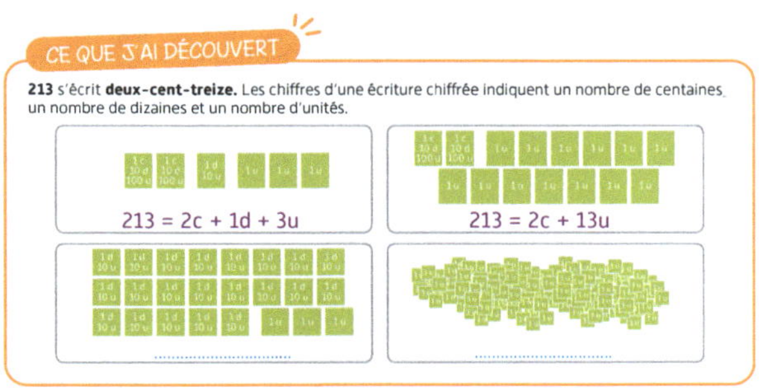

Le mémo 13 sera distribué en séance 3 lorsque ce *Ce que j'ai découvert* aura été entièrement complété.

Activité 2 de réinvestissement Exercice 1 p. 48

Tâche

Écrire un nombre avec des lettres et avec des chiffres, ce nombre est indiqué par des étiquettes unité, dizaine, centaine, par des plaques centaine, bandes dizaine et carrés unité ou en termes de dizaines, centaines et unités.

Déroulement

La consigne est explicitée avec les élèves et mise en parallèle avec l'activité de découverte. Montrer aux élèves où ils doivent écrire le nombre en chiffres et où ils doivent l'écrire en lettres.

> **Différenciation**
>
> *Pour les élèves en difficulté*
>
> Après que les élèves ont donné leurs réponses, l'enseignant leur demande de consulter le *Ce que j'ai découvert* au-dessus pour voir si ces réponses sont pertinentes.
>
> Après leurs essais sans matériel, les étiquettes et les carrés unité, bandes dizaine et plaques centaine peuvent être aussi fournis aux élèves afin de faire apparaitre les différentes façons d'indiquer le nombre : certaines sont plus appropriées pour écrire avec des chiffres, d'autres pour écrire avec des lettres.
>
> *Pour les élèves les plus rapides*
>
> Organiser un tutorat pour aider à gérer le matériel.

Mise en commun

La validation se fait en relation avec le *Ce que j'ai découvert* précédent. Chaque façon d'indiquer le nombre est mise en relation soit avec l'écriture chiffrée soit avec l'écriture littérale.

Réponses

Cas 1 : 263 ; « deux-cent-soixante-trois ».

Cas 2 : 217 ; « deux-cent-dix-sept ».

Cas 3 : 697 ; « six-cent-quatre-vingt-dix-sept ».

Cas 4 : 708 ; « sept-cent-huit ».

Bilan

Revenir avec le *Ce que j'ai découvert* sur les deux décompositions du nombre 213 = 2 c + 1 d + 3 u et 213 = 2 c + 13 u.

Séance 2

Rituels du jour

Suite orale	**Calcul mental**
• Idem séance 1.	• Idem séance 1. *Calculs à proposer :* 3 × 5 ; 8 × 2 ; 7 × 10 : 2 × 5 ; 3 × 10 ; 1 × 5 ; 6 × 2.

OBJECTIF DE LA SÉANCE

Indiquer des quantités, avec une écriture en chiffres et une écriture en lettres, en utilisant des égalités du type 2 c + 1 d + 3 u = 2 c + 13 u = 21 d + 3 u.

Remarque

2 c + 1 d + 3 u est associé à la signification de chacun des chiffres de l'écriture chiffrée « 213 ».

2 c + 13 u est associé au nom « deux-cent-treize ».

21 d + 3 u est associé à une signification des chiffres dans la continuité de celle du CP (un nombre de dizaines suivi d'un nombre d'unités restantes).

Activité 1 de découverte

Elle est similaire à celle de la séance précédente avec le matériel des étiquettes, mais la collection considérée comporte un nombre de dizaines supérieur à dix.

ÉTAPE 1

Tâche

Représenter une quantité avec les étiquettes dizaine (en nombre supérieur à dix) et unité, puis écrire ce nombre avec des lettres et avec des chiffres.

Ce qui est visé en proposant cette tâche

Donner du sens aux deux premiers chiffres des nombres à trois chiffres (en termes de dizaines). Cas de nombres jusqu'à 199.

Lancement

Les élèves ont, par binôme, une barquette réserve avec des étiquettes. Ils ont aussi une barquette vide. On leur demande tout d'abord de mettre dans cette barquette 11 étiquettes dizaine et 3 étiquettes unité. La consigne est orale.

On leur demande ensuite d'écrire sur une ardoise le nombre indiqué par ces étiquettes de la barquette, avec des lettres et avec des chiffres.

Recherche

Procédure visée :

▸ utilisation de la signification des chiffres pour obtenir l'écriture chiffrée (11 dizaines et 3 unités s'écrit 113), puis lecture de cette écriture chiffrée (une centaine et treize unités se dit « cent-treize »).

Procédures possibles et erreurs possibles :

▸ similaires à celles décrites dans l'étape 3 de la séance 1.

Mise en commun

▸ Quelques réponses erronées et les réponses exactes sont étudiées. L'enseignant distingue les erreurs orthographiques des erreurs mathématiques. Le matériel de numération du tableau est utilisé (les étiquettes et, si besoin, les plaques/bandes/ carrés).

▸ Sont mis en avant les apports de la séance précédente : 113 = 1 c + 1 d + 3 u (signification des chiffres pris un à un), 113 = 1 c + 13 u (décomposition entendue dans le nom du nombre : « cent-treize » c'est cent et treize donc 1 centaine et 13 unités).

▸ Est aussi mis en avant le fait que 113 = 11 d + 3 u avec les étiquettes contenues dans la barquette.

▸ La validation peut aussi se faire en référence à la séquence 6, au poster *Les écritures chiffrées des nombres jusqu'à 199* et à l'étape précédente avec le matériel des plaques, bandes, carrés.

ÉTAPE 2

Tâche

À partir de la collection précédente, ajouter 10 étiquettes dizaine, et écrire le nombre en chiffres et en lettres.

Ce qui est visé en proposant cette tâche

Donner du sens aux deux premiers chiffres des nombres à trois chiffres (en termes de dizaines). Cas de nombres supérieurs à 199.

Lancement

Identique au précédent.

Recherche

Remarque : les élèves auront à généraliser leurs connaissances sur les nombres jusqu'à 199 (séquences 6, 7 et 9 et étape précédente) à des nombres supérieurs : à la fois pour la signification des chiffres et pour le nom du nombre. Tous les élèves ne pourront pas forcément obtenir les bonnes réponses, mais la mise en commun permettra de donner la solution.

Procédures visées :

▸ étendre la compréhension de la signification de l'écriture chiffrée d'un nombre à trois chiffres en termes de nombre de dizaines (compris entre 10 et 19) et d'unités restantes à un nombre de dizaines plus grand : 21 dizaines et 3 unités s'écrit 213 (on accole le nombre de dizaines, 21, et celui des unités restantes, 3) ;

▸ considérer à chaque fois 10 dizaines comme 1 centaine (l'échange n'est pas obligatoire) et reprendre la procédure de la séance 1 : 2 centaines, 1 dizaine et 3 unités s'écrit 213.

Mise en commun

Les chiffres de l'écriture chiffrée 213 sont mis en relation :

– avec la barquette comportant 21 étiquettes dizaine et 3 étiquettes unité (21 dizaines et 3 unités) ;

– avec la signification de chacun des chiffres séparément (2 centaines, 1 dizaine et 3 unités) ;

– avec le nom « deux-cent-treize » (2 centaines et 13 unités).

Institutionnalisation

Dans le *Ce que J'ai découvert* p. 48, faire compléter les pointillés de la troisième case.

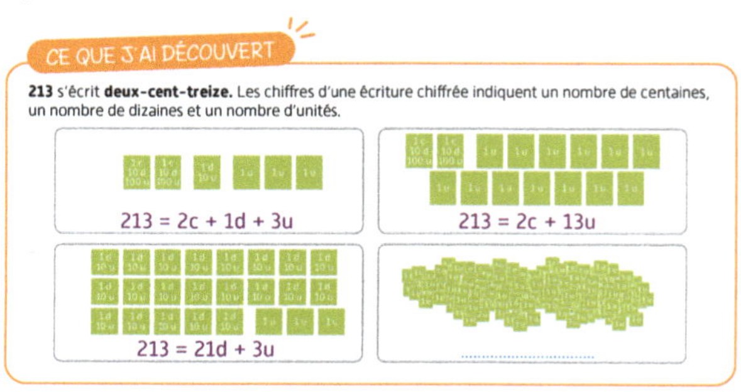

Activité 2 de réinvestissement

Étape 1

Tâche et déroulement

Identiques à ceux de l'étape précédente, avec dans la barquette 30 étiquettes dizaine et 7 étiquettes unité désignant un nombre que les élèves doivent écrire avec des lettres et des chiffres.

Mise en commun

Valider en référence au *Ce que j'ai découvert*. Montrer la nécessité et le rôle du zéro (« 0 »).

Étape 2

Tâche et déroulement

Identiques à ceux de l'étape précédente. On demande d'ajouter dans la barquette une étiquette centaine (on a donc 1 étiquette centaine, 30 étiquettes dizaine et 7 étiquettes unité), puis d'écrire sur l'ardoise avec des lettres et avec des chiffres le nombre que les étiquettes désignent.

Procédures visées pour l'écriture chiffrée :

- considérer 1 centaine comme 10 dizaines : on aura donc 40 dizaines et 7 unités, ce qui mène à l'écriture 407 ;
- considérer 30 dizaines comme 3 centaines : on aura donc 4 centaines et 7 unités, ce qui mène à l'écriture 407 (rôle du zéro).

Mise en commun

- Valider en référence au *Ce que j'ai découvert*. Mettre en parallèle les deux décompositions du même nombre 40 d + 7 u = 4 c + 7 u qui mènent à l'écriture chiffrée 407 et au nom « quatre-cent-sept » en faisant apparaitre le rôle du zéro.

Activité 3 de réinvestissement Exercice 2 p. 49

Tâche

Écrire un nombre avec des lettres et avec des chiffres. Ce nombre est indiqué par des étiquettes unité, dizaine, centaine, ou par des plaques centaine, bandes dizaine et carrés unité ou encore en termes de dizaines, centaines et unités.

Déroulement

La consigne est explicitée avec les élèves et mise en parallèle avec l'activité de découverte.

> **Différenciation**
>
> *Pour les élèves en difficulté*
>
> Après que les élèves ont donné leurs réponses, l'enseignant leur demande de consulter le *Ce que j'ai découvert* pour voir si leur réponse est pertinente.
>
> Une fois leurs réponses écrites, les étiquettes et les carrés unité, bandes dizaine et plaques centaine peuvent être fournis aux élèves afin de faire apparaitre les différentes façons d'indiquer le nombre : certaines sont plus appropriées pour écrire avec des chiffres d'autres pour écrire avec des lettres.
>
> *Pour les élèves plus rapides*
>
> Exercice supplémentaire 2, fiche différenciation 13.

Mise en commun

La validation se fait en relation avec le *Ce que j'ai découvert* précédent. Chaque façon d'indiquer le nombre est mise en relation soit avec l'écriture chiffrée (en utilisant les centaines ainsi qu'en n'utilisant que le nombre de dizaines), soit avec l'écriture littérale.

Réponses

Cas 1 : 202 (20 dizaines et 2 unités) ; « deux-cent-deux ».

Cas 2 : 209 (2 centaines et 9 unités ; soit 20 dizaines et 9 unités) ; « deux-cent-neuf ».

Cas 3 : 728 ; « sept-cent-vingt-huit ».

Cas 4 : 900 ; « neuf-cents ».

Bilan

Mettre en avant les différentes décompositions en relation avec la façon de considérer le nombre (*cf.* le *Ce que j'ai découvert*).

Revenir sur le rôle du zéro.

Séance 3

Rituels du jour

Suite orale

- Identique à la semaine précédente

Calcul mental

- L'enseignant propose, entre autres, 2 nouveaux calculs : 4 × 5 et 6 × 5.

Lors de la correction, ces calculs sont expliqués à partir des décompositions suivantes :

4 × 5 = 2 × 2 × 5 ou (2 × 5) + (2 × 5) — 4 × 5 = 20

6 × 5 = 2 × 3 × 5 ou 3 × 2 × 5 ; 6 × 5 = 2 × 15 ou 3 × 10 — 6 × 5 = 30

- À l'issue de cette séance, l'enseignant fait compléter ces deux résultats dans la table de multiplication de 5 (fichier élève page 102).

Calculs à proposer : 6 × 2 ; 3 × 5 ; 6 × 5 ; 4 × 10 ; 9 × 2 ; 2 × 5 ; 4 × 5.

Objectif de la séance

Établir les égalités du type :

2 c + 1 d + 3 u = 2 c + 13 u = 21 d + 3 u = 213 u.

Remarque :

21 d + 3 u est associé à la signification des chiffres et à une quantité exprimée uniquement avec des étiquettes dizaine et unité et un nombre minimal d'étiquettes (activité 1 étape 1).

2 c + 13 u est associé à la signification du nom « deux-cent-treize » et à une quantité exprimée uniquement avec des étiquettes centaine et unité et un nombre minimal d'étiquettes (activité 1 étape 2).

2 c + 1 d + 3 u est associé à la signification de chacun des chiffres de l'écriture chiffrée « 213 » et à une quantité exprimée avec un nombre minimal d'étiquettes (activité 1 étape 3).

213 u est associé à la signification des chiffres de l'écriture chiffrée « 213 » et à une quantité exprimée avec un nombre maximal d'étiquettes (activité 2).

Activité 1 de réinvestissement

Étape 1

Tâche

Prendre uniquement des étiquettes dizaine et unité (pas d'étiquettes centaine) et en prendre le moins possible pour indiquer un nombre écrit avec des chiffres.

Lancement

213 est écrit en chiffres au tableau, sans prononcer le nom du nombre.

L'enseignant demande aux élèves de prendre uniquement des étiquettes dizaine et unité et en prendre le moins possible.

Recherche

Les élèves écrivent sur leur ardoise le nombre d'étiquettes dizaine et celui d'étiquettes unité qu'ils ont prises.

Procédures visées :

- utiliser la signification des chiffres 213 = 21 d + 3 u, en comprenant que c'est ainsi qu'on obtient le moins d'étiquettes (24 étiquettes en tout : 21 étiquettes dizaine et 3 étiquettes unité) ;
- compter de dix en dix jusqu'à « deux-cent-dix » en prenant les étiquettes dizaine et compter leur nombre (vingt-et-un), puis surcompter à partir de « deux-cent-dix » jusqu'à « deux-cent-treize » en prenant les étiquettes unité et compter leur nombre (trois).

Erreurs possibles :

- mauvaise compréhension de la signification des chiffres (par exemple indiquer 2 dizaines et 13 unités) ;
- erreurs de comptage des dizaines ou des unités lorsque le comptage est utilisé.

Mise en commun

- Quelques réponses erronées sont tout d'abord étudiées en demandant la procédure.
- Mettre en avant qu'il faut prendre moins de dix étiquettes unité, car dès qu'il y en a dix on peut prendre une étiquette dizaine.
- La procédure d'obtention de la réponse en considérant les chiffres est exposée. On peut faire alors le lien avec la décomposition vue dans la séance précédente 213 = 21 d + 3 u.
- La réalisation matérielle se fait alors de manière collective : 21 étiquettes dizaine ainsi que 3 étiquettes unité sont mises au tableau.
- Écrire au tableau 213 = 21 d + 3 u. Ceci reste affiché.

Étape 2

Tâche

Prendre uniquement des étiquettes centaine et unité et en prendre le moins possible pour indiquer un nombre écrit avec des chiffres.

Lancement

213 est toujours écrit en chiffres au tableau. On demande d'indiquer ce nombre avec uniquement des étiquettes centaine et unité (pas d'étiquettes dizaine) et le moins possible d'étiquettes.

Recherche

Les élèves écrivent sur leur ardoise le nombre d'étiquettes centaine et celui d'étiquettes unité qu'ils ont prises.

Procédure visée :

- utiliser la signification des chiffres, 213 = 2 c + 13 u, ce qui se perçoit dans le nom du nombre « deux-cent-treize ».

Procédure possible :

- compter de cent en cent jusqu'à « deux-cents » en prenant les étiquettes centaine et compter leur nombre (deux), puis surcompter à partir de « deux-cents » jusqu'à « deux-cent-treize » en prenant les étiquettes unité et compter leur nombre (treize).

Erreurs possibles :

- mauvaise compréhension de la signification des chiffres ;
- erreurs de comptage des centaines ou des unités lorsque le comptage est utilisé.

Mise en commun

- Quelques réponses erronées sont tout d'abord étudiées en demandant la procédure.
- Mettre en avant qu'il faut prendre moins de cent étiquettes unité car, dès qu'il y en a cent, on peut prendre une étiquette centaine.
- Les deux procédures d'obtention de la réponse sont exposées, celle en considérant les chiffres, celle en considérant le nom du nombre.
- On peut faire alors le lien avec la décomposition vue dans la séance précédente 213 = 2 c + 13 u.
- La réalisation matérielle se fait alors de manière collective : 2 étiquettes centaine ainsi que 13 étiquettes unité sont mises au tableau.
- Écrire au tableau 213 = 2 c + 13 u. Ceci reste affiché.

ÉTAPE 3

Tâche

Prendre le moins possible d'étiquettes pour indiquer un nombre écrit avec des chiffres : on peut prendre les trois sortes d'étiquettes, des étiquettes centaine, des étiquettes dizaine et des étiquettes unité.

Lancement

213 est toujours écrit en chiffres au tableau. Demander aux élèves d'indiquer ce nombre avec le moins possible d'étiquettes : on peut prendre les trois sortes d'étiquettes (qui sont montrées).

Recherche

Les élèves écrivent sur leur ardoise le nombre d'étiquettes centaine, le nombre d'étiquettes dizaine et celui d'étiquettes unité.

Procédures visées :

▸ utiliser la signification des chiffres des écritures chiffrées ;

▸ faire des essais pour s'apercevoir que, dès qu'il y a 10 étiquettes d'une même sorte, on peut prendre à la place une seule étiquette d'une autre sorte (une étiquette dizaine pour dix étiquettes unité, une étiquette centaine pour dix étiquettes dizaine). En conclure qu'on peut (et doit) prendre moins de dix étiquettes de chaque sorte pour en avoir le moins : le relier à la signification de chaque chiffre dans l'écriture chiffrée 213 = 2 centaines + 1 dizaine + 3 unités.

Erreur possible :

▸ non compréhension ou non utilisation du fait que dix étiquettes d'une sorte peuvent être remplacées par une d'une autre sorte.

Mise en commun

▸ Quelques réponses erronées sont tout d'abord étudiées en demandant la procédure. Ceci permet de mettre en évidence le fait que dix étiquettes d'une sorte peuvent être remplacées par une d'une autre sorte : une étiquette dizaine remplace dix étiquettes unité, une étiquette centaine remplace dix étiquettes dizaine.

▸ Ensuite on peut faire le lien avec la décomposition 213 = 2 c + 1 d + 3 u.

▸ La réalisation matérielle se fait alors de manière collective : 2 étiquettes centaine, 1 étiquette dizaine ainsi que 3 étiquettes unité sont mises au tableau.

▸ Écrire au tableau 213 = 2 c + 1 d + 3 u. Ceci reste affiché.

Activité 2 de découverte

Tâche

Prendre le plus possible d'étiquettes pour indiquer un nombre écrit avec des chiffres : on peut prendre les trois sortes d'étiquettes, des étiquettes centaine, des étiquettes dizaine et des étiquettes unité.

Ce qui est visé en proposant cette tâche

Être capable de mobiliser la décomposition adéquate d'un nombre à trois chiffres pour résoudre un problème formulé en termes d'unités de numération : cas d'un nombre maximal d'unités.

Lancement

L'enseignant explique que, maintenant, c'est lui qui va prendre les étiquettes et il pourra utiliser s'il le veut toutes les étiquettes disponibles dans la classe. Il peut prendre les trois sortes d'étiquettes, mais il veut en prendre le maximum pour obtenir le nombre toujours écrit au tableau.

L'enseignant demande aux élèves d'écrire sur leur ardoise les étiquettes qu'il doit prendre s'il en veut le plus possible : le nombre d'étiquettes centaine, celui d'étiquettes dizaine et celui d'étiquettes unité.

Recherche

Les élèves écrivent sur leur ardoise le nombre d'étiquettes centaine, le nombre d'étiquettes dizaine et celui d'étiquettes unité.

Procédure visée :

▸ faire des essais pour s'apercevoir que, dès qu'il y a 1 étiquette dizaine, on peut mettre à la place dix étiquettes unité et que, dès qu'il y a 1 étiquette centaine, on peut soit mettre à la place dix étiquettes dizaine, puis, pour chaque dizaine, mettre à la place dix étiquettes unité, soit directement mettre à la place cent étiquettes unité.

Erreur possible :

▸ non compréhension ou non utilisation du fait qu'une étiquette d'une sorte (dizaine ou centaine) peut être remplacée par dix d'une autre sorte.

Mise en commun

▸ Quelques réponses erronées sont tout d'abord étudiées en demandant la procédure. Ceci permet de mettre en évidence le fait que pour les dizaines et les centaines, une étiquette d'une sorte peut être remplacée par dix d'une autre sorte : une étiquette dizaine remplacée par dix étiquettes unité, une étiquette centaine remplacée par dix étiquettes dizaine puis cent étiquettes unité.

▸ Ensuite, on peut faire le lien avec la décomposition 213 = 213 u. La réalisation matérielle se fait alors de manière collective pour atteindre la quantité. Chaque binôme peut amener l'un après l'autre dix étiquettes unité dans une grande barquette collective et le comptage se fait au fur et à mesure : on peut aussi convenir qu'il faut apporter 21 dizaines et 3 unités donc 21 barquettes comportant 10 étiquettes unité et 3 étiquettes unité. La manipulation s'arrête quand la quantité de « deux-cent-treize » étiquettes unité est obtenue.

Bien que longue, cette réalisation permet aux élèves de se rendre compte de la quantité.

Institutionnalisation

Mettre en rapport les différentes étapes de la séance avec les différentes cases du *Ce que j'ai découvert* p. 48. Faire compléter la quatrième case : 213 = 213 u.

Afficher le poster *Les écritures chiffrées des nombres jusqu'à 999* et le commenter avec les élèves.

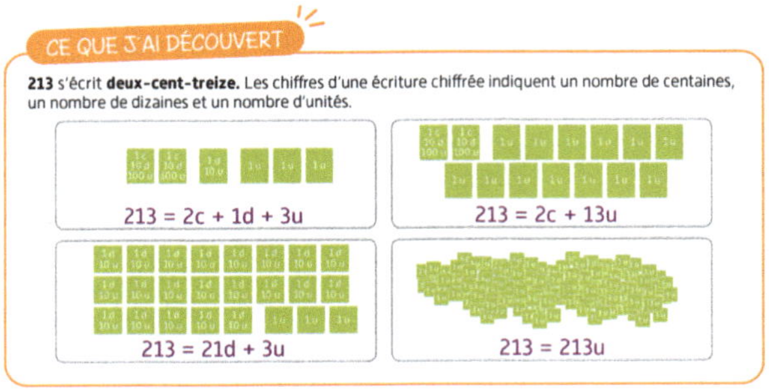

Séance 4

Rituels du jour

Suite orale	Calcul mental
• Idem séance 1.	• Idem séance 3. *Calculs à proposer :* 6 × 5 ; 9 × 10 ; 4 × 5 ; 7 × 2 ; 3 × 5 ; 5 × 10 ; 2 × 5.

Objectif de la séance

Décomposer des nombres en utilisant les égalités 2 c + 1 d + 3 u = 2 c + 13 u = 21 d + 3 u = 213 u, et donc l'aspect décimal 10 u = 1 d et 10 d = 1 c.

Activité 1 de réinvestissement — Exercice 3 p. 49

Tâche

Écrire un nombre avec des chiffres, ce nombre est indiqué en termes de centaines, dizaines et unités.

Lancement

La consigne est explicitée aux élèves.

Procédures visées :

▸ les procédures travaillées dans les séances précédentes, en particulier en lien avec les différentes décompositions du nombre.

Erreurs possibles :

▸ outre celles déjà signalées auparavant, les élèves peuvent aussi accoler les chiffres qui interviennent dans les nombres de centaines, dizaines et unités, sans considérer l'ordre dans lequel sont indiquées ces centaines, dizaines et unités. Ainsi la seconde proposition « 4 dizaines, 5 unités et 8 centaines » pourrait être traduite à tort par 458 au lieu de la réponse exacte 845.

Différenciation

Pour les élèves en difficulté

Après que les élèves ont donné leurs réponses, l'enseignant leur demande de consulter le *Ce que j'ai découvert* pour voir si leur réponse est pertinente. Faire référence au poster *Les écritures chiffrées des nombres jusqu'à 999.*

Après les essais des élèves, les étiquettes et les carrés unité, bandes dizaine, plaques centaine peuvent être aussi fournis afin de faire apparaitre les différentes façons d'indiquer le nombre : certaines sont plus appropriées pour écrire avec des chiffres, d'autres pour écrire avec des lettres.

Pour les élèves plus rapides

Organiser un tutorat pour aider à la lecture ou à la gestion du matériel.

Mise en commun

La validation se fait en relation avec le *Ce que j'ai découvert* précédent. Chaque façon d'indiquer le nombre est mise en relation soit avec l'écriture chiffrée (en utilisant les centaines ainsi qu'en n'utilisant que le nombre de dizaines), soit avec l'écriture littérale. Le matériel est sorti pour valider la réponse une fois la procédure sans étiquette étudiée.

Réponses

– Le nombre « 8 centaines, 4 dizaines et 5 unités » s'écrit 845.

– Le nombre « 4 dizaines, 5 unités et 8 centaines » s'écrit 845.

– Le nombre « 50 dizaines et 6 unités » s'écrit 506.

– Le nombre « 8 unités et 9 centaines » s'écrit 908.

– Le nombre « 6 centaines, 12 dizaines et 5 unités » s'écrit 725.

– Le nombre « 17 unités et 5 centaines » s'écrit 517.

– Le nombre « 13 unités, 4 centaines et 4 dizaines » s'écrit 453.

Bilan

Mettre en avant les différentes décompositions en relation avec la façon de considérer le nombre (*cf.* le Ce que j'ai découvert).

Revenir sur le rôle du zéro.

Revenir sur la procédure lorsqu'il y a plus de neuf unités et sur celle lorsqu'il y plus de neuf dizaines.

Activité 2 de réinvestissement Exercice 4 p. 50

Tâche

Décomposer un nombre avec des dizaines, centaines et unités, ce nombre étant écrit initialement avec des chiffres.

Lancement

La consigne est explicitée avec les élèves. Le matériel est montré mais n'est pas disponible pour faire l'exercice (le retirer s'il a été donné à certains élèves précédemment). Insister sur les deux conditions : pour la première partie du tableau, on doit compléter les lignes avec le moins d'étiquettes possible, pour la deuxième partie du tableau (une seule ligne), on doit avoir le plus d'étiquettes possible. L'enseignant rappelle le lien avec la séance précédente.

Procédures visées :

- les procédures travaillées dans les séances précédentes, en particulier en lien avec les différentes décompositions du nombre.

Erreurs possibles :

- outre celles déjà signalées auparavant, les élèves peuvent ne pas tenir compte des contraintes : le moins d'étiquettes possible, puis le plus d'étiquettes possible.

Différenciation

Pour les élèves en difficulté

Faire référence au poster *Les écritures chiffrées des nombres jusqu'à 999.*

Après que les élèves ont donné leurs réponses, l'enseignant leur fournit les étiquettes ou les carrés unité, bandes dizaine, plaques centaine afin de faire apparaitre les différentes façons d'indiquer le nombre : certaines sont plus appropriées pour écrire avec des chiffres, d'autres pour écrire avec des lettres.

Pour les élèves plus rapides

Organiser un tutorat.

Mise en commun

- La validation se fait en relation avec le Ce que j'ai découvert ou avec le poster *Les écritures chiffrées des nombres jusqu'à 999.*
- Chaque façon d'indiquer le nombre est mise en relation soit avec l'écriture chiffrée (en utilisant les centaines ainsi qu'en n'utilisant que le nombre de dizaines), soit avec l'écriture littérale.
- Le matériel est sorti pour valider certaines réponses une fois la procédure sans étiquette étudiée.

Réponses

Le moins d'étiquettes possible :

Étiquettes 1 centaine	Étiquettes 1 dizaine	Étiquettes 1 unité	Total
7	5	4	**754**
0	75	4	**754**
7	0	54	**754**
0	0	754	**754**
0	40	6	**406**
6	1	8	**618**
2	0	30	**230**
4	16	7	**567**
8	3	13	**843**

Le plus d'étiquettes possible :

Étiquettes 1 centaine	Étiquettes 1 dizaine	Étiquettes 1 unité	Total
0	0	754	**754**

Bilan

Revenir sur l'aspect décimal avec les égalités 10 unités = 1 dizaine et 10 dizaines = 1 centaine. C'est ce qui permet de trouver les bonnes réponses. Revenir ensuite sur les deux derniers cas.

Activité 3 de réinvestissement Exercice 5 p. 50

Tâche

Décomposer un nombre avec des dizaines, centaines et unités. Ce nombre est donné sous forme d'écriture chiffrée.

Déroulement

Identique à celui de l'exercice précédent. Cette fois-ci il n'y a pas de contraintes concernant le nombre d'étiquettes.

Différenciation

Pour les élèves en difficulté

Faire référence au poster *Les écritures chiffrées des nombres jusqu'à 999.*

Après avoir donné leurs réponses, les étiquettes et le matériel de numération carrés unité, bandes dizaine, plaques centaine peuvent être aussi fournis afin de faire apparaitre les différentes façons d'indiquer le nombre : certaines sont plus appropriées pour écrire avec des chiffres, d'autres pour écrire avec des lettres.

Pour les élèves plus rapides

Demander de produire un maximum de réponses possibles.

Exercice supplémentaire 5, fiche différenciation 13.

Mise en commun

- La validation se fait en relation avec le Ce que j'ai découvert ou avec le poster *Les écritures chiffrées des nombres jusqu'à 999.*

▸ Chaque façon d'indiquer le nombre est mise en relation, soit avec l'écriture chiffrée (en utilisant les centaines ainsi qu'en n'utilisant que le nombre de dizaines), soit avec l'écriture littérale.

▸ Le matériel est sorti pour valider certaines réponses une fois la procédure sans étiquette étudiée.

Réponses

Les quatre réponses les plus attendues (celles en jeu dans les séances précédentes) :

Étiquettes 1 centaine	Étiquettes 1 dizaine	Étiquettes 1 unité	Total
3	2	8	**328**
3	0	28	**328**
0	32	8	**328**
0	0	328	**328**
....	....	....	**328**

Des possibilités pour la dernière ligne mettent en jeu les égalités 1 d = 10 u, 10 d = 1 c et 100 u = 1 c.

3	1	18	**328**
0	30	28	**328**
0	31	18	**328**
2	12	8	**328**
2	11	18	**328**
2	10	28	**328**
2	0	128	**328**
1	22	8	**328**
1	21	18	**328**
1	20	28	**328**
1	10	128	**328**
1	0	228	**328**

Bilan

Revenir sur l'aspect décimal : 10 unités = 1 dizaine et 10 dizaines = 1 centaine. C'est ce qui permet de trouver un maximum de réponses. Insister sur les quatre réponses en lien avec le Ce que J'ai découvert et le poster *Les écritures chiffrées des nombres jusqu'à 999*.

Fin de séquence

Je m'entraine à mon rythme

Des étiquettes et des nombres

Objectif

Utiliser la compréhension de la signification des chiffres dans les écritures chiffrées pour décomposer un nombre de différentes façons en centaines, dizaines, unités :
– principe de position (un chiffre n'a pas la même signification selon sa position) ;
– aspect décimal (10 u = 1 d et 10 d = 1 c).

Aide à apporter aux élèves en difficulté

Le nombre d'étiquettes requises étant important ici, on peut proposer auparavant aux élèves de remplir le tableau de l'Annexe 13 puis de vérifier avec les étiquettes.

Réponses

Certaines lignes à partir de la quatrième (789) admettent plusieurs réponses. Ici sont indiquées celles requérant le moins d'étiquettes. Les élèves les plus rapides peuvent être sollicités pour en trouver d'autres encore.

Étiquettes 1 centaine	Étiquettes 1 dizaine	Étiquettes 1 unité	Total
8	4	5	**845**
0	50	6	**506**
7	12	5	**825**
8	4	15	**855**
0	78	9	**789**
7	0	89	**789**
0	0	789	**789**
7	8	9	**789**

Les possibilités pour la dernière ligne sont multiples (voir des exemples dans les réponses à l'exercice 5).

Je cherche

Les pesées

Remarque : avant de mettre les élèves en recherche, l'enseignant s'assure du fait qu'ils savent que l'objet le plus lourd est sur le plateau le plus bas. Il réalise une comparaison de masses avec une balance à plateau si nécessaire.

Objectifs

• Utiliser la propriété de transitivité dans la comparaison de masses pour déterminer de manière indirecte quel est l'objet le plus lourd.

• Utiliser la propriété d'additivité dans la comparaison de masses pour déterminer de manière indirecte quel est l'objet le plus lourd.

Réponses

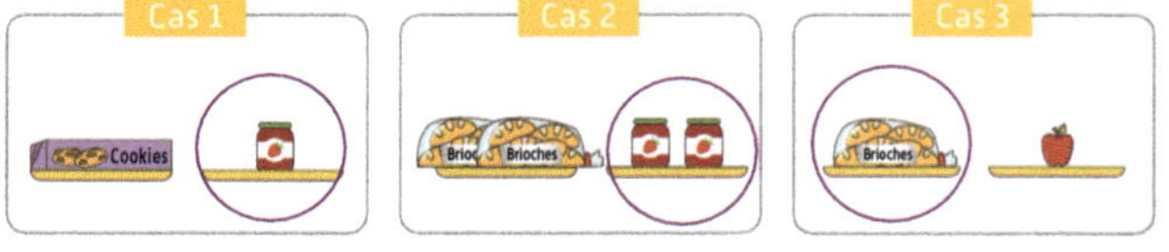

Remarque : la validation peut se faire avec les vraies pesées.

pp. 52 à 55

14 Addition posée en colonnes (2)

Avec des nombres à deux ou trois chiffres

Rituels quotidiens

Objectifs d'apprentissage	
Suite orale	**Calcul mental**
• Dire la suite orale des nombres en avant, **de 100 en 100, à partir de n'importe quel nombre**.	• Connaitre les tables de multiplication de 2, 5 et 10.

Séquence d'apprentissage

Place dans l'ensemble des séquences « Calculer et repérer »				
7. Addition posée en colonnes (1)	**14. Addition posée en colonnes (2)**	19. Soustraction posée en colonnes (1)	25. Soustraction posée en colonnes (2)	28. Repérage sur une droite graduée et encadrement

Objectif de la séquence

Étendre l'addition posée en colonnes des nombres à deux chiffres à ceux à trois chiffres.

Objectif d'apprentissage du BO

Poser et effectuer des additions en colonnes.

Pourquoi aborder maintenant la technique opératoire de l'addition posée pour des nombres à trois chiffres ?

Les élèves ont revu en séquence 7 l'algorithme de calcul posé pour l'addition avec des nombres à deux chiffres. L'objectif est maintenant d'étendre la maitrise et la compréhension de cet algorithme aux nombres à trois chiffres. La justification de l'algorithme est basée sur le sens des chiffres dans les écritures chiffrées qui a été travaillé lors de la séquence 13. Cette justification permet de renforcer la compréhension de la numération écrite chiffrée, ce qui constitue l'apprentissage visé prioritairement, bien plus que celui de prouesses techniques.

Remarques importantes : l'algorithme de l'addition posée pour les nombres à deux chiffres a été mis en œuvre au CP et en séquence 7 uniquement pour un résultat comportant au maximum une centaine. Pour les nombres à trois chiffres abordés ici, certains élèves pourraient utiliser des algorithmes calqués sur des automatismes, des théorèmes élève qui fonctionnaient pour l'addition posée des nombres à deux chiffres. Par exemple, certains élèves vont mettre systématiquement toutes les retenues à gauche, car, jusque-là, les retenues étaient nécessairement à gauche avec des nombres à deux chiffres. D'autres vont mettre systématiquement toutes les retenues dans la colonne des dizaines puisque, jusque-là, elles étaient toujours dans cette colonne. C'est pourquoi nous insistons ici sur le sens à donner aux « actions sur les chiffres » de l'algorithme de l'addition posée en les justifiant avec les principes de la numération décimale (aspect positionnel et aspect décimal) qui sont utilisés dans la manipulation des étiquettes unité, dizaine, centaine. Les élèves ont vu en séquence 13 que les deux premiers chiffres de n'importe quel nombre à trois chiffres indiquent un nombre de dizaines (213 = 21 d + 3 u) et qu'il se décompose de manière canonique en centaines, dizaines et unités (213 = 2 c + 1 d + 3 u). Cela permet alors de comprendre plus facilement l'algorithme étendu aux nombres comportant plus d'une centaine.

Dans le matériel de numération (composé d'étiquettes centaine, dizaine et unité), utilisé pour faciliter les manipulations associées à la compréhension de l'algorithme, la quantité n'est plus visible, elle n'est qu'indiquée. Si besoin, les élèves peuvent utiliser le verso des étiquettes où les quantités sont représentées.

Structure de la séquence

- Séance 1 : découverte : l'addition posée en colonnes de deux nombres à trois chiffres : cas d'une retenue pour les dizaines
- Séance 2 : découverte : l'addition posée en colonnes de deux nombres à trois chiffres : cas d'une retenue pour les centaines
- Séance 3 : découverte : l'addition posée en colonnes de deux nombres à trois chiffres : cas de retenues pour les dizaines et les centaines
- Séance 4 : découverte : l'addition posée en colonnes de plus de deux nombres à trois chiffres
- Fin de séquence : entrainement et recherche

Matériel nécessaire

Matériel à télécharger pour l'ensemble de la séquence :
– Fiche évaluation 14.
– Poster *Addition posée en colonnes avec des nombres à 3 chiffres.*

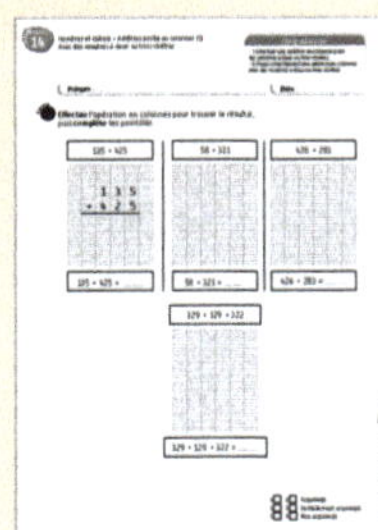

	Matériel pour l'enseignant	Matériel pour les élèves
Séance 1	– Les étiquettes unité, dizaine, centaine – La reproduction agrandie de l'exercice 1 p. 52	**Matériel par élève** – Au moins : 19 étiquettes unité, 9 étiquettes dizaine, 9 étiquettes centaine – Une ardoise ou un cahier de recherche – Le fichier de l'élève p. 52 *Différenciation :* le matériel de numération (carrés unité, bandes dizaine et plaques centaine)
Séance 2	– Les étiquettes unité, dizaine, centaine – La reproduction agrandie de l'exercice 2 p. 53	**Matériel par élève** – Les étiquettes unité, dizaine et centaine – Une ardoise ou un cahier de recherche – Le fichier de l'élève p. 52-53
Séance 3	– Les étiquettes unité, dizaine, centaine – La reproduction agrandie de l'exercice 3 p. 53	**Matériel par élève** – Les étiquettes unité, dizaine et centaine – Une ardoise ou un cahier de recherche – Le fichier de l'élève p. 53
Séance 4	– Les étiquettes unité, dizaine, centaine – Le poster *Addition posée en colonnes avec des nombres à 3 chiffres* 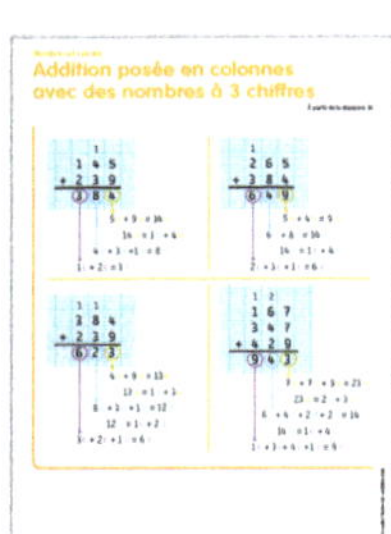 – La reproduction agrandie de l'exercice 4 p. 54	**Matériel par élève** – Les étiquettes unité, dizaine et centaine – Une ardoise ou un cahier de recherche – Le fichier de l'élève p. 52 et 54 – Mémo 14
Fin de séquence		**Matériel par élève** – Le fichier de l'élève p. 55

Séance 1

Rituels du jour

Suite orale

• À tour de rôle, les élèves énoncent la suite orale des nombres en avant, de 100 en 100, à partir de n'importe quel nombre.

Calcul mental

• L'enseignant propose 5 calculs déjà vus dans les semaines précédentes et les 2 calculs suivants : 8 × 5 ; 10 × 5. À la correction, ces calculs sont expliqués de la manière suivante :

8 × 5 = 2 × 4 × 5 ou 4 × 2 × 5 ; 8 × 5 = 2 × 20 ou 4 × 10 8 × 5 = 40

10 × 5 = 5 × 10 10 × 5 = 50

• À l'issue de cette séance, l'enseignant fait compléter les deux lignes de la table de multiplication de 5 (fichier élève page 102).

Calculs à proposer : **2 × 5 ; 4 × 5 ; 8 × 5 ; 7 × 10 ; 10 × 5 ; 3 × 5 ; 6 × 5.**

Objectif de la séance

Additionner en colonnes deux nombres dont au moins l'un des deux comporte trois chiffres : la somme des unités dépasse 9 mais la somme des dizaines ne dépasse pas 9.

Activité 1 de découverte

Étape 1

Tâche

Additionner en colonnes 143 + 247 (écrit en ligne au tableau), puis vérifier avec les étiquettes (avec les carrés/bandes/plaques pour les élèves en difficulté).

Ce qui est visé en proposant cette tâche

Mobiliser les connaissances concernant l'addition posée en colonnes des nombres à deux chiffres et la signification des écritures chiffrées des nombres à trois chiffres pour découvrir l'addition posée en colonnes des nombres à trois chiffres : cas d'une retenue pour les dizaines.

Lancement

L'enseignant écrit en ligne au tableau 143 + 247. Il demande aux élèves de poser et calculer l'opération (sur leur ardoise ou cahier de recherche), puis de vérifier avec les étiquettes unité, dizaine et centaine qui sont distribuées.

Recherche

Remarque : la réussite demande d'utiliser à la fois les connaissances sur l'addition posée de la séquence 7 et sur celles des nombres à 3 chiffres comportant plus d'une centaine de la séquence 13. Tous les élèves ne pourront pas forcément réussir. Dans le résultat, il y a exactement 10 unités, ce qui entraine une retenue d'une dizaine, mobilisant des connaissances anciennes sur la numération qui devraient être stabilisées pour la plupart des élèves.

Pendant que les élèves posent et calculent l'addition, l'enseignant repère quelques opérations mal posées ou mal effectuées pour les utiliser lors de la mise en commun.

Procédure visée :

		1	
	1	4	3
+	2	4	7
	3	9	0

Erreurs possibles :

- positionnement des chiffres et action sur les chiffres (algorithme de l'addition posée) révélant une mauvaise compréhension du système décimal (à relier avec la vérification avec les étiquettes). En particulier, certains élèves pourraient mettre la retenue le plus à gauche possible, c'est-à-dire ici dans la colonne des centaines ;
- erreur de calcul dans la somme des unités, des dizaines et des centaines (tables d'addition).

Mise en commun

- Faire écrire au tableau des opérations erronées repérées ainsi que l'opération correctement posée sans les commenter tout de suite.
- Effectuer les actions avec les étiquettes, puis les traduire par l'écriture de l'addition au fur et à mesure.
- Revenir sur les opérations des élèves notées au tableau et demander de repérer et expliquer les erreurs.

Action avec les étiquettes pour justifier les actions sur les chiffres	Action sur les chiffres
Afficher les deux collections d'étiquettes comme ci-dessous. 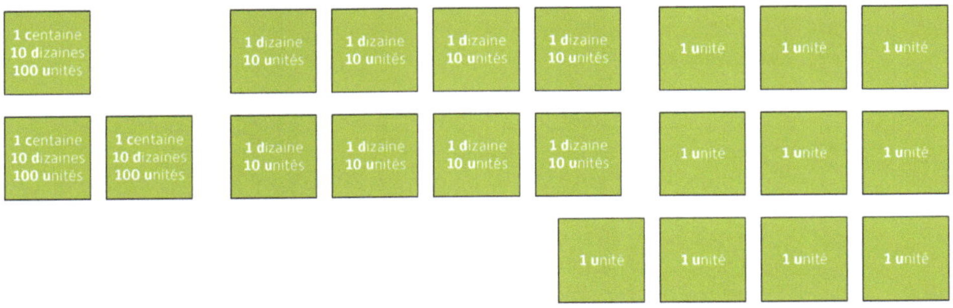 	Pose de l'addition : 1 4 3 + 2 4 7 ―――――
Les étiquettes unité sont rassemblées. Il y a dix étiquettes unité : il faudra donc considérer une dizaine en plus de celles des étiquettes dizaine. 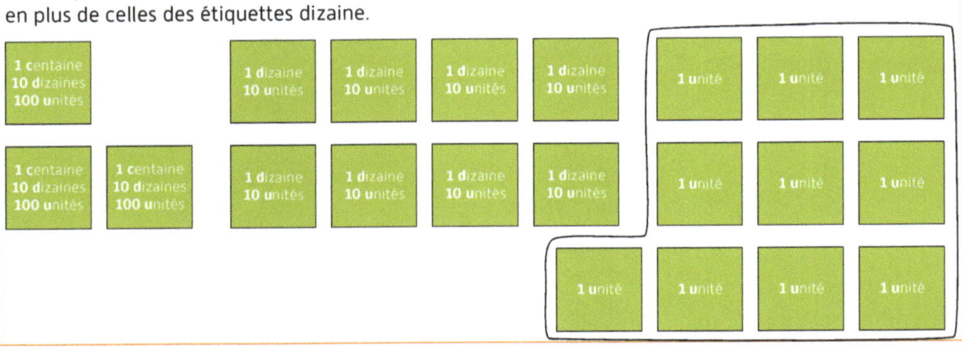 	Ajout des unités, 7 + 3 = 10, traduit par une retenue (un 1 dans la colonne des dizaines). On écrit 0 car il ne reste pas d'étiquette unité seule : 1 1 4 3 + 2 4 7 ――――― 0
Remplacement de dix unités contre une dizaine (non obligatoire mais cela rend plus visible le fonctionnement de l'algorithme sur les chiffres). Comptage des étiquettes dizaine, y compris de la dizaine provenant des 10 unités.  	Calcul de 4 + 4 + 1 : 1 1 4 3 + 2 4 7 ――――― 9 0
Comptage des centaines. 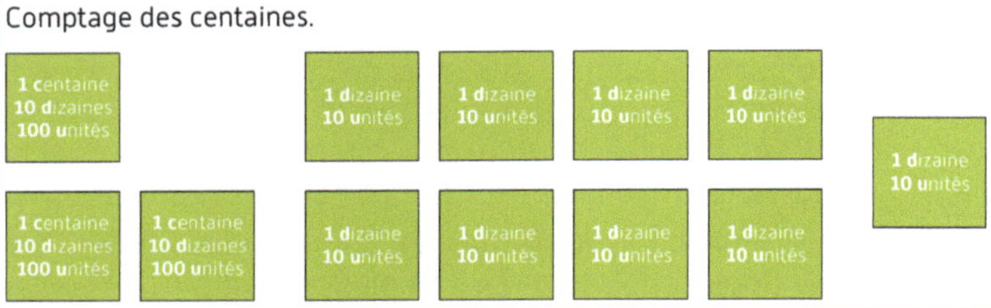 	Calcul de 1 + 2 : 1 1 4 3 + 2 4 7 ――――― 3 9 0

ÉTAPE 2

Tâche

Additionner en colonnes 145 + 239 (écrit en ligne au tableau), puis vérifier avec les étiquettes (avec les carrés/bandes/plaques pour les élèves en difficulté).

Ce qui est visé en proposant cette tâche

Réinvestir le calcul de l'addition posée en colonnes des nombres à trois chiffres : cas d'une retenue pour les dizaines.

Déroulement

Identique au précédent, en tenant compte de l'égalité 14 u = 1 d + 4 u.

Procédure attendue :

		1	
	1	4	5
+	2	3	9
	3	8	4

Erreurs possibles :

- positionnement des chiffres et action sur les chiffres (algorithme de l'addition posée) révélant une mauvaise compréhension du système décimal (à relier avec la vérification avec les étiquettes). En particulier, certains élèves pourraient mettre la retenue le plus à gauche possible, c'est-à-dire ici dans la colonne des centaines ;

- erreur de calcul dans la somme des unités, des dizaines et des centaines (tables d'addition).

Mise en commun

- Les actions sur les chiffres de l'algorithme de l'addition posée en colonnes sont effectuées au tableau alors que les actions correspondantes sont effectuées simultanément avec le matériel de numération des étiquettes (*cf.* étape précédente).

Institutionnalisation

L'enseignant revient sur l'algorithme décrit grâce aux manipulations : il faut aligner en colonnes les chiffres des unités, les chiffres des dizaines et les chiffres des centaines pour ajouter ce qui va ensemble. On commence par ajouter les unités. Elles peuvent constituer une dizaine supplémentaire qu'on écrit en retenue avec les autres dizaines pour ne pas l'oublier. On continue en ajoutant toutes les dizaines, puis les centaines.

Effacer l'addition au tableau et afficher un agrandissement de la première case du Ce que j'ai découvert p. 52. Compléter la première case en même temps que les élèves en commentant les actions et en réutilisant les étiquettes de numération si nécessaire.

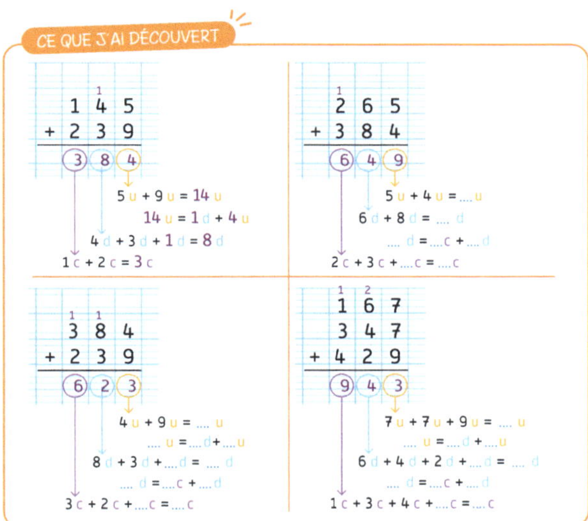

Activité 2 de réinvestissement Exercice 1 p. 52

Tâche

Effectuer des additions posées en colonnes. Vérifier avec les étiquettes.

Lancement

L'enseignant indique que les trois opérations peuvent être faites sans attendre la correction collective de chacune.

Il s'agit d'effectuer les opérations directement avec les chiffres sans écrire les explications qui sont dans le Ce que j'ai découvert. Des écrits sur un cahier de recherche ou une ardoise peuvent cependant être utilisés, en particulier pour noter et trouver le résultat des additions à faire dans chaque colonne (somme des unités, des dizaines, des centaines) : les tables d'addition p. 100-101 du fichier élève peuvent être consultées en cas de doute.

L'enseignant précise en outre que le matériel des étiquettes est utilisé uniquement pour vérifier et non pour faire l'opération.

Recherche

Procédure visée :

- la technique attendue qui est expliquée dans le Ce que j'ai découvert (sans écrire les justifications qui s'y trouvent).

Erreurs possibles :

- actions sur les chiffres (algorithme de l'addition posée) révélant une mauvaise compréhension du système décimal (à relier avec la vérification avec les étiquettes) ;
- erreur de calcul dans la somme des unités, des dizaines et des centaines (tables d'addition).

Différenciation

Pour les élèves en difficulté

Après avoir fait leurs calculs, les élèves peuvent à la fois consulter les tables d'addition p. 100-101 du fichier élève, et vérifier avec le matériel des carrés/bandes/plaques.

Pour les élèves plus rapides

Donner l'addition 245 + 328 à faire sur leur cahier de recherche ou leur ardoise. Il n'est pas nécessaire de la corriger collectivement, mais il est important de donner la réponse exacte aux élèves (245 + 328 = 573) afin qu'ils puissent savoir s'ils ont réussi. Préparer si possible des fiches d'autocorrection en ayant posé et effectué les opérations et les mettre à disposition au fond de la classe.

Mise en commun

- Corriger collectivement chacune des opérations en exécutant simultanément les actions avec les étiquettes au tableau.

Réponses

Cas 1 : 153 + 218 = 371.

Cas 2 : 243 + 154 = 397.

Cas 3 : 63 + 427 = 490.

Bilan

Revenir sur la technique vue dans la séance et sa justification (Ce que j'ai découvert) en mettant en exergue les points importants à retenir.

Séance 2

Rituels du jour

Suite orale
- Idem séance 1

Calcul mental
- Idem séance 1.

Calculs à proposer : 10 × 5 ; 9 × 10 ; 6 × 5 ; 3 × 2 ; 8 × 5 ; 2 × 5 ; 4 × 5.

Objectif de la séance

Additionner en colonnes deux nombres dont au moins l'un des deux comporte trois chiffres : la somme des unités ne dépasse pas 9, mais la somme des dizaines peut dépasser 9.

Activité 1 de découverte

Étape 1

Tâche

Additionner en colonnes 234 + 572 (écrit en ligne au tableau), puis vérifier avec les étiquettes.

Ce qui est visé en proposant cette tâche

Mobiliser les connaissances précédentes pour découvrir l'addition posée en colonnes des nombres à trois chiffres : cas d'une retenue pour les centaines.

Déroulement

Identique à celui de la séance précédente mais, cette fois-ci, le nombre de dizaines – qui est égal à dix – oblige à concevoir une nouvelle centaine.

Pendant que les élèves posent et calculent l'addition, l'enseignant repère quelques opérations mal posées ou mal effectuées pour les utiliser lors de la mise en commun.

Mise en commun

► Identique à la précédente dans le déroulement : les actions sur les chiffres sont mises en parallèle avec celles sur les étiquettes. Le tableau suivant met l'accent sur l'étape la plus importante.

Actions avec les étiquettes pour justifier les actions sur les chiffres	Actions sur les chiffres
Les étiquettes unité sont comptées, puis les étiquettes dizaine sont comptées. Il y a dix étiquettes dizaine (que l'on peut remplacer par une étiquette centaine) : il faut donc considérer une centaine en plus de celles des étiquettes centaine. 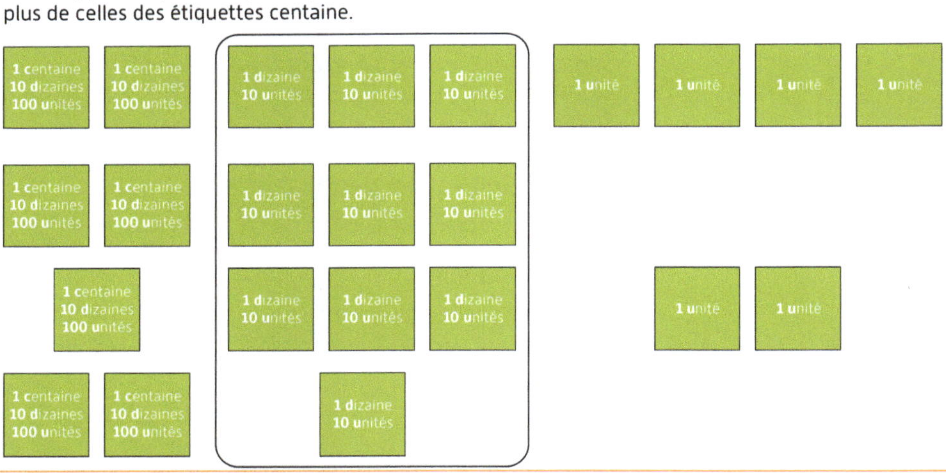	Ajout des unités : 4 + 2 = 6. Puis ajout des dizaines traduit par une retenue (un 1 dans la colonne des centaines). On écrit 0 car il ne reste pas d'étiquette dizaine seule : $\begin{array}{r} {\scriptstyle 1} \\ 234 \\ +\,572 \\ \hline 06 \end{array}$ Puis calcul des centaines : 2 + 5 + 1 à reporter dans l'addition qui a été posée afin de finir le calcul.

Étape 2

Tâche

Additionner en colonnes 265 + 384 (écrit en ligne au tableau), puis vérifier avec les étiquettes. Réinvestir le calcul de l'addition posée en colonnes des nombres à trois chiffres : cas d'une retenue pour les centaines.

Ce qui est visé en proposant cette tâche

Mobiliser les connaissances précédentes pour découvrir l'addition posée en colonnes des nombres à trois chiffres : cas d'une retenue pour les centaines.

Déroulement

Identique à la séance précédente.

Mise en commun

▸ Identique à la précédente dans le déroulement : les actions sur les chiffres sont mises en parallèle avec celles sur les étiquettes. Le nombre de dizaines qui dépasse dix oblige à concevoir une nouvelle centaine : on met donc 1 dans la colonne des centaines (1 de retenue, pour ne pas l'oublier) et il reste 4 dizaines dans la colonne des dizaines.

Institutionnalisation

L'enseignant revient sur l'algorithme décrit grâce aux manipulations : il faut aligner les chiffres des unités, les chiffres des dizaines et les chiffres des centaines pour ajouter ce qui va ensemble. On commence par ajouter les unités. Ici, il n'y a pas de dizaine supplémentaire. Puis on ajoute les dizaines, qui peuvent constituer une centaine supplémentaire qu'on écrit en retenue avec les autres centaines pour ne pas l'oublier. On termine en ajoutant les centaines.

Dans le *Ce que j'ai découvert* p. 52, effacer l'addition au tableau et afficher (ou projeter) un agrandissement de la deuxième case. Compléter la deuxième case en même temps que les élèves en commentant les actions et en réutilisant les étiquettes de numération si nécessaire.

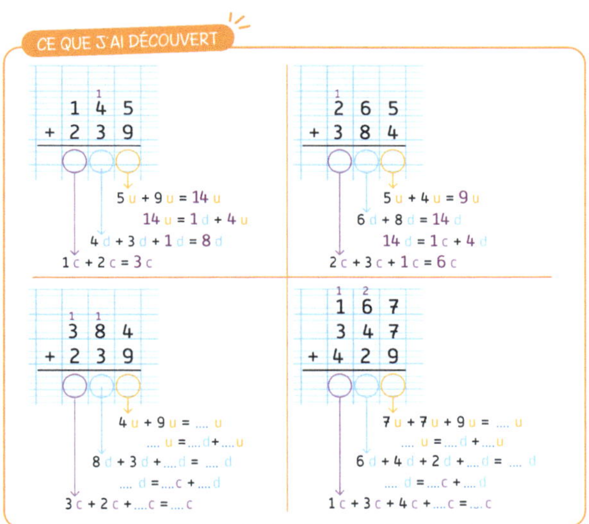

Activité 2 de réinvestissement

Exercice 2 p. 53

Tâche

Poser et effectuer des additions posées en colonnes.

Vérifier avec le matériel des étiquettes.

Lancement

L'enseignant indique que les trois opérations peuvent être faites sans attendre la correction collective de chacune.

Il s'agit d'effectuer les opérations directement avec les chiffres sans écrire les explications qui sont dans le *Ce que j'ai découvert*. Des écrits sur un cahier de recherche ou une ardoise peuvent cependant être utilisés, en particulier pour noter et trouver le résultat des additions à faire dans chaque colonne (somme des unités, des dizaines, des centaines) : les tables d'addition p. 100-101 du fichier élève peuvent être consultées en cas de doute.

L'enseignant précise, en outre, que le matériel des étiquettes est utilisé uniquement pour vérifier et non pour faire l'opération.

Recherche

Procédure visée :

▸ la technique attendue qui est expliquée dans le *Ce que j'ai découvert* (sans écrire les justifications qui s'y trouvent).

Erreurs possibles :

▸ positionnement des chiffres et actions sur les chiffres (algorithme de l'addition posée) révélant une mauvaise compréhension du système décimal (à relier avec la vérification avec les étiquettes) ;

▸ erreur de calcul dans la somme des unités, des dizaines et des centaines (tables d'addition).

Différenciation

Pour les élèves en difficulté

Après avoir fait leurs calculs, les élèves peuvent à la fois consulter les tables d'addition, p. 100-101, et vérifier avec le verso des étiquettes.

Pour les élèves plus rapides

Donner les additions 63 + 462 et 523 + 275 à faire sur leur cahier de recherche ou leur ardoise. Il n'est pas nécessaire de les corriger collectivement mais il est important de donner les réponses exactes aux élèves (63 + 462 = 525 et 523 + 275 = 798) afin qu'ils puissent savoir s'ils ont réussi. Préparer si possible des fiches d'autocorrection en ayant posé et effectué les opérations et les mettre à disposition au fond de la classe.

Mise en commun

▸ Corriger collectivement chacune des opérations en exécutant simultanément les actions avec les étiquettes au tableau.

Réponses

Cas 1 : 357 + 261 = 618.

Cas 2 : 233 + 174 = 407.

Cas 3 : 215 + 345 = 560.

Bilan

Revenir sur la technique vue dans la séance et sa justification (*Ce que j'ai découvert*) en mettant en exergue les points importants à retenir.

Séance 3

Rituels du Jour

Suite orale

- Idem séance 1

Calcul mental

- L'enseignant propose, entre autres, 3 nouveaux calculs : 5 × 5 ; 7 × 5 ; 9 × 5. À la correction, ces calculs sont expliqués à partir des décompositions suivantes :

5 × 5 = (4 × 5) + 5	5 × 5 = 25
7 × 5 = (6 × 5) + 5	7 × 5 = 35
9 × 5 = (10 × 5) – 5 ou (8 × 5) + 5	9 × 5 = 45

- À l'issue de cette séance, l'enseignant fait compléter la table de multiplication de 5 (fichier élève page 102).

Calculs à proposer : **8 × 5** ; **9 × 5** ; **6 × 5** ; **7 × 5** ; **4 × 5** ; **5 × 5** ; **10 × 5**.

Objectif de la séance

Additionner en colonnes deux nombres dont au moins l'un des deux comporte trois chiffres : la somme des unités et des dizaines peut dépasser 9.

Activité 1 de découverte

Étape 1

Tâche

Additionner en colonnes 267 + 163 (écrit en ligne au tableau), puis vérifier avec les étiquettes.

Ce qui est visé en proposant cette tâche

Mobiliser les connaissances précédentes pour découvrir l'addition posée en colonnes des nombres à trois chiffres : cas de retenues pour les dizaines et les centaines.

Déroulement

Identique à celui de la séance précédente mais, cette fois-ci, le nombre d'unités est égal à dix et il y a aussi plus de dix dizaines.

Mise en commun

- Identique à la précédente dans le déroulement : les actions sur les chiffres sont mises en parallèle avec celles sur les étiquettes.
- Le tableau suivant met l'accent sur les étapes les plus importantes.

Actions avec les étiquettes pour justifier les actions sur les chiffres	Actions sur les chiffres
Les étiquettes unités sont comptées. Il y en a dix ce qui permet de considérer une nouvelle dizaine en plus de celles des étiquettes dizaine. 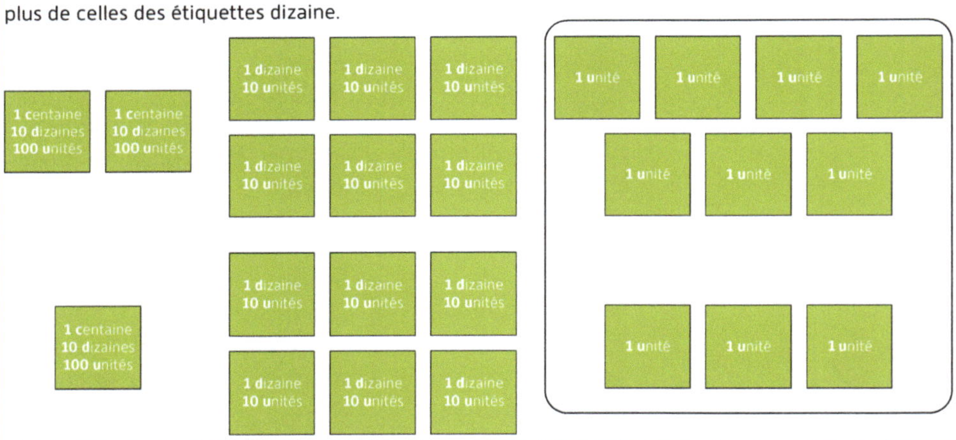	Ajout des unités, 7 + 3 = 10, traduit par une retenue (un 1 dans la colonne des dizaines). On écrit 0 car il ne reste pas d'étiquette unité seule : $\begin{array}{r} {\scriptstyle 1} \\ 267 \\ +\,163 \\ \hline 0 \end{array}$

La dizaine d'étiquettes unité a été remplacée par une étiquette dizaine et on compte les étiquettes dizaines. Il y en a 13 ce qui permet de considérer une nouvelle centaine en plus de celles des étiquettes centaine.

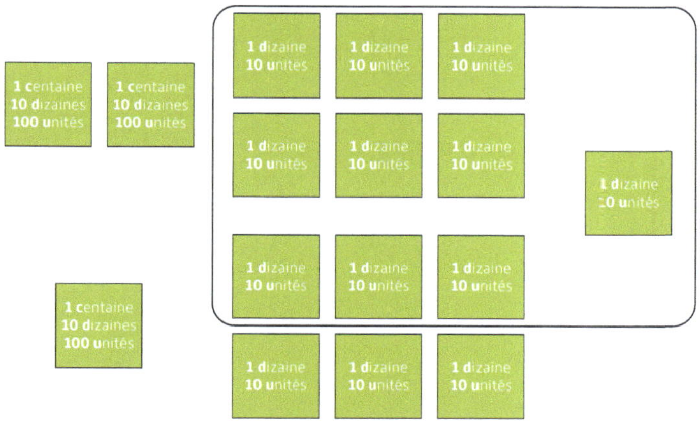

Ajout des dizaines, 6 + 6 + 1 = 13, traduit par une retenue (un 1 dans la colonne des centaines). On écrit 3 car il reste 3 étiquettes dizaine :

```
   1 1
   2 6 7
 + 1 6 3
 -------
     3 0
```

Puis calcul des centaines : 2 + 1 + 1 à reporter dans l'addition qui a été posée afin de finir le calcul.

Étape 2

Tâche

Additionner en colonnes 384 + 239 (écrit en ligne au tableau), puis vérifier avec les étiquettes.

Ce qui est visé en proposant cette tâche

Réinvestir l'addition posée en colonnes des nombres à trois chiffres : cas de retenues pour les dizaines et les centaines.

Déroulement

Identique à celui de l'étape précédente, mais le nombre de dizaines et d'unités dépassent dix.

Mise en commun

▸ Identique à la précédente dans le déroulement : les actions sur les chiffres sont mises en parallèle avec celles sur les étiquettes. Le nombre d'unités puis le nombre de dizaines dépassent dix. Cela oblige à concevoir une nouvelle dizaine puis une nouvelle centaine : on met donc 1 dans la colonne des dizaines (1 de retenue, pour ne pas l'oublier) et il reste 3 unités. Le nombre de dizaines (12) dépassant 9 oblige à concevoir une nouvelle centaine. On met 1 dans la colonne des centaines (1 de retenue, pour ne pas l'oublier) et on calcule le nombre de centaines.

Institutionnalisation

L'enseignant revient sur l'algorithme décrit grâce aux manipulations : il faut aligner en colonnes les chiffres des unités, les chiffres des dizaines et les chiffres des centaines pour ajouter ce qui va ensemble. On commence par ajouter les unités. Ici, il y a une dizaine supplémentaire qu'on écrit en retenue avec les autres dizaines pour ne pas l'oublier. Puis on ajoute les dizaines (avec celle supplémentaire), qui peuvent constituer une centaine supplémentaire qu'on écrit en retenue avec les autres centaines pour ne pas l'oublier. On termine en ajoutant les centaines.

Dans le *Ce que j'ai découvert* p. 52, effacer l'addition au tableau et afficher (ou projeter) un agrandissement de la troisième case. Compléter la troisième case en même temps que les élèves en commentant les actions et en réutilisant les étiquettes de numération si nécessaire.

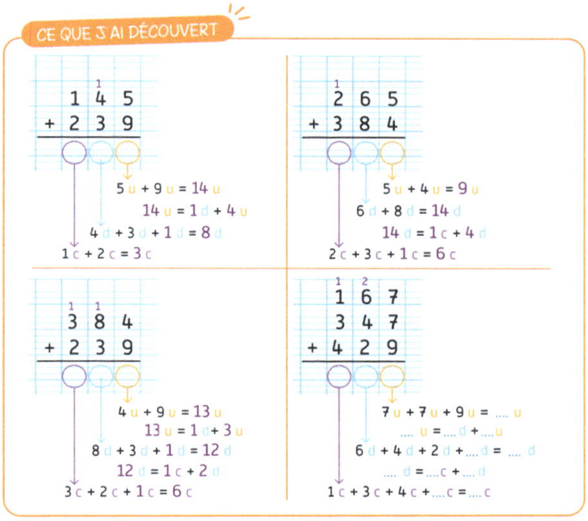

Activité 2 de réinvestissement Exercice 3 p. 53

Tâche

Poser et effectuer des additions posées en colonnes. Vérifier avec le matériel des étiquettes.

Lancement

Déroulement identique à celui de l'activité de réinvestissement de la séance précédente.

> **Différenciation**
>
> *Pour les élèves en difficulté*
>
> Après avoir fait leurs calculs, les élèves peuvent à la fois consulter les tables d'addition p. 100-101 du fichier élève, et vérifier avec le verso des étiquettes.

Différenciation

Pour les élèves plus rapides

Donner les additions 475 + 348 et 746 + 57 à faire sur leur cahier de recherche ou leur ardoise. Il n'est pas nécessaire de les corriger collectivement, mais il est important de donner les réponses exactes aux élèves (475 + 348 = 823 et 746 + 57 = 803) afin qu'ils puissent savoir s'ils ont réussi. Préparer si possible des fiches d'autocorrection en ayant posé et effectué les opérations et les mettre à disposition au fond de la classe.

Réponses

Cas 1 : 796 + 126 = 922.
Cas 2 : 567 + 238 = 805.
Cas 3 : 247 + 683 = 930.
Cas 4 : 632 + 349 = 981.
Cas 5 : 738 + 58 = 796.
Cas 6 : 38 + 584 = 622.

Bilan

Revenir sur la technique vue dans la séance et sa justification (Ce que j'ai découvert) en mettant en exergue les points importants à retenir.

Séance 4

Rituels du jour

Suite orale
- Idem séance 1

Calcul mental
- Idem séance 3

Calculs à proposer : 5 × 5 ; 6 × 10 ; 9 × 5 ; 6 × 5 ; 9 × 2 ; 7 × 5 ; 3 × 5.

OBJECTIF DE LA SÉANCE

Additionner en colonnes plus de deux nombres dont au moins l'un des deux comporte trois chiffres. La retenue peut excéder 1. La vérification se fait à l'aide des étiquettes.

Activité 1 de découverte

ÉTAPE 1

Tâche

Additionner en colonnes 143 + 325 + 431 (écrit en ligne au tableau), puis vérifier avec les étiquettes (avec les carrés/bandes/plaques pour les élèves en difficulté).

Ce qui est visé en proposant cette tâche

Réinvestir les connaissances précédentes pour additionner en colonnes trois nombres à trois chiffres : cas sans retenue.

Déroulement

Identique à celui de la séance précédente mais alors que le nombre de dizaines et le nombre d'unités ne dépassent pas dix, la somme proposée comporte, cette fois-ci, trois termes au lieu de deux.

Mise en commun

▸ Identique à la précédente dans le déroulement : les actions sur les chiffres sont mises en parallèle avec celles sur les étiquettes.

▸ Le nombre d'unités et de dizaines est inférieur à dix, il n'y a donc pas de retenues. Certaines procédures des élèves sont étudiées pour savoir comment ils généralisent leurs connaissances des additions posées de deux nombres à plus de deux nombres.

Bilan

Les principes de l'addition posée en colonnes ne changent pas quand on additionne trois nombres.

ÉTAPE 2

Tâche

Additionner en colonnes 167 + 347 + 429 (écrit en ligne au tableau), puis vérifier avec les étiquettes.

Ce qui est visé en proposant cette tâche

Réinvestir les connaissances précédentes pour additionner en colonnes trois nombres à trois chiffres : cas avec retenues.

Déroulement

Identique à celui de l'étape précédente mais cette fois-ci le nombre de dizaines dépasse dix et en outre le nombre d'unités dépasse vingt.

Mise en commun

▸ Identique à la précédente dans le déroulement : les actions sur les chiffres sont mises en parallèle avec celles sur les étiquettes.

▸ Le nombre d'unités qui dépasse vingt oblige à concevoir deux nouvelles dizaines : on met donc 2 (2 de retenue, pour ne pas l'oublier) dans la colonne des dizaines et il reste 3 unités dans la colonne des unités.

▸ Le nombre de dizaines qui dépasse dix oblige à concevoir une nouvelle centaine : on met donc 1 dans la colonne des centaines (1 de retenue, pour ne pas l'oublier) et il reste 4 dizaines dans la colonne des dizaines.

Institutionnalisation

Effacer l'addition au tableau et afficher (ou projeter) un agrandissement de la quatrième case du Ce que j'ai découvert p. 52. Compléter la dernière case en même temps que les élèves en commentant les actions et en réutilisant les étiquettes de numération si nécessaire.

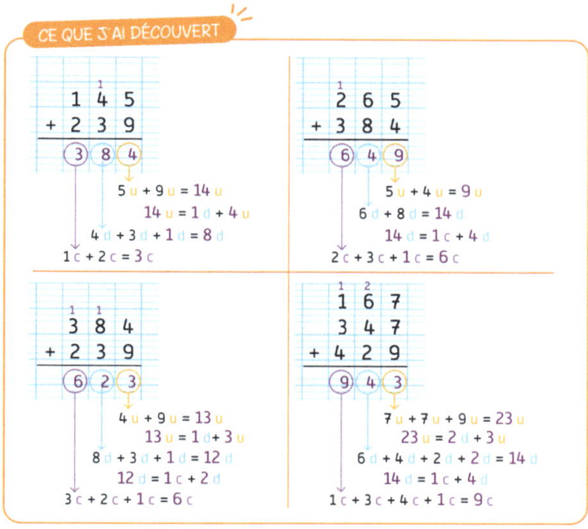

Sortir et commenter le poster *Addition posée en colonnes avec des nombres à 3 chiffres*.

Activité 2 de réinvestissement

Exercice 4 p. 54

Tâche

Poser et effectuer des additions posées en colonnes.

Vérifier avec le matériel des étiquettes.

Lancement

Déroulement identique à celui de l'activité de réinvestissement de la séance précédente. Il n'est pas nécessaire que tous les élèves fassent toutes les additions.

Différenciation

Pour les élèves en difficulté

Après avoir fait leurs calculs, les élèves peuvent à la fois consulter les tables d'addition, p. 100-101, du fichier élève et vérifier avec le verso des étiquettes.

Pour les élèves plus rapides

Donner les additions 615 + 35 + 220 et 65 + 230 + 345 + 73 à faire sur leur cahier de recherche ou leur ardoise. Il n'est pas nécessaire de les corriger collectivement, mais il est important de donner les réponses exactes aux élèves (615 + 35 + 220 = 870 et 65 + 230 + 345 + 73 = 713) afin qu'ils puissent savoir s'ils ont réussi. Préparer si possible des fiches d'autocorrection en ayant posé et effectué les opérations et les mettre à disposition au fond de la classe.

Réponses

Cas 1 : 358 + 243 + 352 = 953.

Cas 2 : 152 + 423 + 414 = 989.

Cas 3 : 695 + 25 + 153 = 873.

Cas 4 : 155 + 540 + 205 = 900.

Cas 5 : 549 + 218 + 157 = 924.

Cas 6 : 58 + 584 + 63 + 105 = 810.

Bilan

Revenir sur la technique vue dans la séance et sa justification (Ce que j'ai découvert) en mettant en exergue les points importants à retenir.

Fin de séquence

Je m'entraine à mon rythme

L'addition en colonnes

Objectif

Réinvestir les connaissances concernant l'addition en colonnes.

Aide à apporter aux élèves en difficulté

Après avoir fait leurs calculs, les élèves peuvent à la fois consulter les tables d'addition, pp. 100-101, du fichier élève et vérifier avec le verso des étiquettes.

Réponses

Cas 1 : 258 + 132 = 390.

Cas 2 : 312 + 28 + 517 = 857.

Cas 3 : 334 + 134 + 234 = 702.

Je cherche

Le dessin mystère

Objectif

Utiliser les connaissances sur la mesure de longueur avec une règle graduée (distance entre deux points) pour tracer une figure.

Réponse

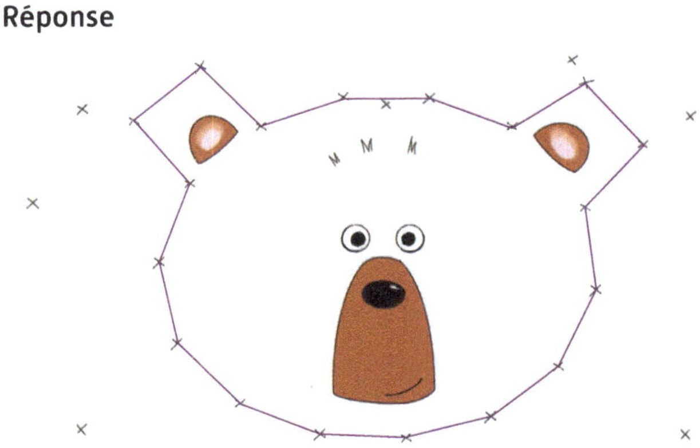

Monnaie – Euros, centimes, écriture à virgule

pp. 22 à 25

Rituels de la semaine

Objectifs d'apprentissage

Suite orale	Calcul mental
• Dire la suite orale des nombres **en arrière, de 100 en 100, à partir de n'importe quel nombre**.	• Connaitre les tables de multiplication de 2, 5 et 10 et quelques résultats de la table de 3 (1 × 3 ; 2 × 3 ; 3 × 3 ; 5 × 3 ; 6 × 3 ; 10 × 3).

Séquence d'apprentissage

Place dans l'ensemble des séquences « Grandeurs et mesures »

4. Longueur en cm	**15. Monnaie**	20. Unités de mesure de longueur (km, m, cm)	26. Lecture de l'heure – Durée en h	30. Masse	32. Durée en h et min

Objectifs de la séquence

- Connaitre et utiliser l'euro et le centime d'euro, et la relation qui les lie.
- Rendre la monnaie dans des cas simples.
- Introduire l'écriture à virgule.

Objectifs d'apprentissage du BO

▸ Connaitre le lien entre les euros et les centimes.
- Comparer les valeurs en euro de deux ensembles constitués de pièces et de billets.
- Déterminer la valeur en euro et centime d'euro d'un ensemble constitué de pièces et de billets.
- Constituer, avec des euros et des centimes d'euro, une somme d'argent d'une valeur donnée.
- Simuler des achats en manipulant des pièces et des billets fictifs. Rendre la monnaie.
- Connaitre le sens de l'écriture à virgule d'une somme d'argent.

Quelles sont les difficultés dans l'apprentissage de la monnaie ?

La première difficulté réside dans la compréhension du fait que le nombre de pièces n'indique pas la somme totale. Une même valeur peut s'obtenir avec des nombres différents de pièces. Cet obstacle a déjà été rencontré en CP, mais il n'est peut-être pas surmonté par tous les élèves. L'existence de deux sortes de matériel (les pièces et les billets) pour une même fonction est une deuxième difficulté. Une autre difficulté, appréhendée pour la première fois ici, concerne les deux unités possibles pour les prix et leur relation entre elles : 1 euro = 100 centimes. La dernière difficulté concerne le rendu de monnaie. Outre le fait que l'expression « rendre la monnaie » est souvent inconnue des élèves, comprendre ce qu'il faut rendre est souvent complexe pour les élèves. Deux procédures permettent de calculer le rendu de monnaie : soit avec une addition à trou, soit avec une soustraction. *Exemple :* pour un article de 36 € payé avec un billet de 50 €, on calcule soit la valeur pour aller de 36 à 50, soit on effectue la soustraction 50 – 36. Le rendu de monnaie pour une somme comportant des centimes est encore plus compliqué. *Exemple :* pour un article de 3 € 25 c payé en donnant 4 €, il faut considérer que 4 € équivalent à 3 € et 100 c pour chercher la valeur pour aller de 25 c à 100 c, ou calculer 100 – 25. Ce cas sera étudié en CE2, mais l'enseignant peut ajouter l'étude de ce cas s'il estime que ses élèves sont capables de le comprendre.

Structure de la séquence

- Séance 1 : découverte : billets et pièces en euros
- Séance 2 : découverte : pièces en centimes, écriture à virgule
- Séance 3 : réinvestissement
- Séance 4 : découverte et réinvestissement : rendre la monnaie
- Fin de séquence : entrainement et recherche

Matériel nécessaire

Matériel à télécharger pour l'ensemble de la séquence :
- Fiches Annexes 15.1, 15.2 et 15.3.
- Fiche différenciation 15 pour tous les exercices supplémentaires de la séquence.
- Fiche évaluation 15.
- Poster *La monnaie*.

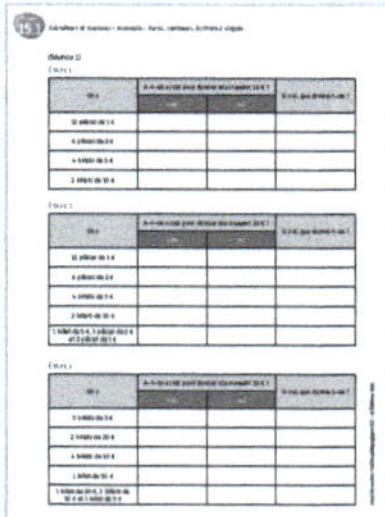

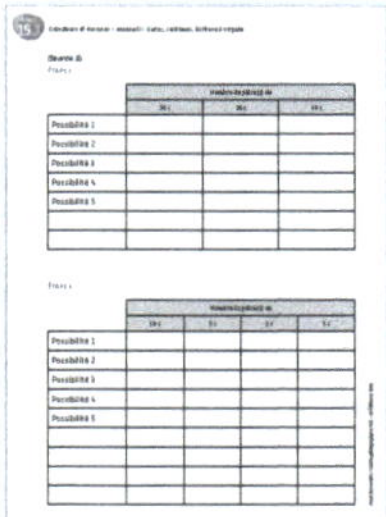
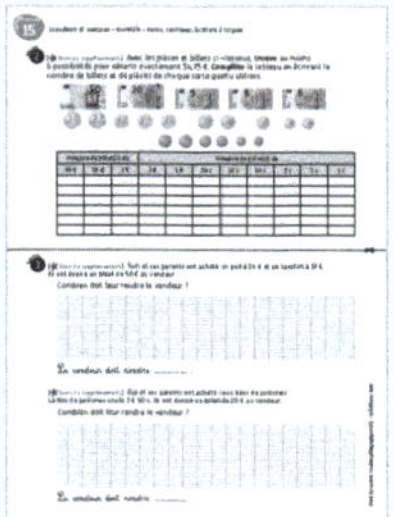
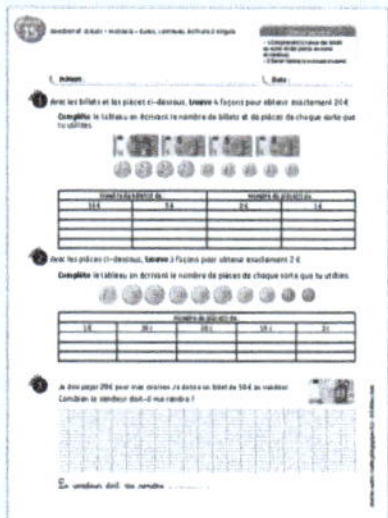

	Matériel pour l'enseignant	Matériel pour les élèves
Séance 1	– Reproduction agrandie d'un billet de 50 €, de 2 billets de 20 €, de 3 billets de 10 €, de 5 billets de 5 €, de 6 pièces de 2 € et de 12 pièces de 1 € – Reproduction agrandie des trois tableaux de l'Annexe 15.1 – Le poster *La monnaie* 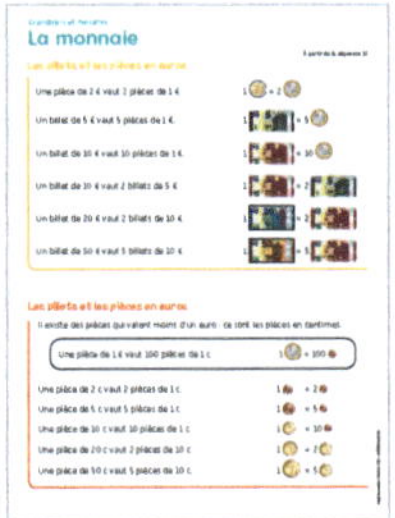 – La reproduction agrandie de l'exercice 1 p. 22	**Matériel par binôme**  – Une barquette avec les billets de 50 €, de 20 €, de 10 € et de 5 € et les pièces de 2 € et de 1 € – Reproduction des trois tableaux de l'Annexe 15.1 – Le fichier de l'élève p. 22 – Mémo 15.1 *Différenciation :* une ardoise
Séance 2	– L'image d'un paquet de gâteaux avec son prix (Annexe 15.2) – Au minimum, 2 pièces de 1 €, 2 pièces de 50 c, 5 pièces de 20 c, 10 pièces de 10 c, 2 pièces de 5 c, 5 pièces de 2 c et 10 pièces de 1 c – Le poster *La monnaie*	**Matériel par binôme** – Au minimum, 2 pièces de 1 €, 2 pièces de 50 c, 5 pièces de 20 c, 10 pièces de 10 c, 2 pièces de 5 c, 5 pièces de 2 c et 10 pièces de 1 c – Un cahier de brouillon ou une ardoise – L'Annexe 15.3 pour écrire les solutions des étapes 3 et 4. *Différenciation :* la calculatrice (si besoin) – Le fichier de l'élève p. 23 – Mémo 15.2
Séance 3	– Tous les billets et toutes les pièces – La reproduction agrandie de l'exercice 2 p. 23	**Matériel par élève** – Une barquette avec tous les billets et toutes les pièces – Un cahier de brouillon ou une ardoise – Le fichier de l'élève p. 23 *Différenciation :* exercice supplémentaire 2, fiche différenciation 15
Séance 4	– Tous les billets et toutes les pièces – La reproduction agrandie de l'exercice 3 p. 24	**Matériel par élève** – Une barquette avec tous les billets et toutes les pièces – Un cahier de brouillon ou une ardoise – Le fichier de l'élève p. 24 – Mémo 15.3 *Différenciation :* exercice supplémentaire 3, fiche différenciation 15
Fin de séquence		**Matériel par élève** – Le fichier de l'élève p. 25

Séance 1

Rituels du Jour

Suite orale

• À tour de rôle, les élèves énoncent la suite orale des nombres en arrière, de 100 en 100, à partir de n'importe quel nombre.

Calcul mental

• L'enseignant propose 3 calculs des tables de 2, 5 ou 10 et les 4 calculs suivants : 1 × 3 ; 2 × 3 ; 5 × 3 ; 10 × 3. A la correction, ces calculs sont expliqués à partir des décompositions suivantes :

1 × 3 c'est une fois 3	1 × 3 = 3
2 × 3 = le double de 3	2 × 3 = 6
5 × 3 = 3 × 5	5 × 3 = 15
10 × 3 = 3 × 10	10 × 3 = 30

• À l'issue de cette séance, l'enseignant fait compléter ces quatre lignes de la table de multiplication de 3 (fichier élève page 102).

Calculs à proposer : **2 × 3** ; **7 × 5** ; **5 × 3** ; **10 × 3** ; **1 × 3** ; **6 × 10** ; **8 × 2**.

Objectif de la séance

Connaitre les billets de 50 €, 20 €, 10 € et 5 €, et les pièces de 1 € et 2 €, et l'équivalence entre eux.

Activité 1 de découverte

Étape 1

Tâche

Indiquer, avec les billets et pièces donnés, si l'on peut payer le prix exact d'un objet à 10 € ni plus, ni moins. Si oui, préciser le nombre et les sortes de billets ou pièces utilisés.

Ce qui est visé en proposant cette tâche

(Re)trouver les équivalences entre un billet de 10 € et des billets de 5 €, ou avec des pièces de 1 € et 2 €.

Lancement

Chaque binôme dispose de tous leurs billets et leurs pièces en euros.

Le travail s'effectue par deux. L'enseignant explique qu'on veut acheter un objet qui coute 10 €.

Il montre la première ligne du premier tableau de l'Annexe 15.1 qui indique qu'on dispose de 12 pièces de 1 €. Consigne : « Avec cette somme, pouvez-vous acheter l'objet en donnant exactement la bonne somme ? Il peut vous rester de l'argent mais vous ne devez pas en donner trop. Si vous pouvez acheter l'objet à 10 €, précisez les pièces et les billets que vous dépensez. »

La compréhension de ce qu'il faut écrire dans le tableau étant assez difficile, l'enseignant peut proposer de ne faire que la première ligne pour la corriger immédiatement afin d'avoir un exemple avant de continuer tout l'exercice.

Recherche

Procédure visée :

▸ prendre une pièce ou un billet en tenant compte de sa valeur, prendre une autre pièce ou un autre billet en ajoutant sa valeur à la précédente et ainsi de suite jusqu'à trouver un total de 10 €.

Erreurs possibles :

▸ ne pas tenir compte de la valeur des pièces ou billets ;

▸ se tromper en calculant la somme au fur et à mesure des pièces ou des billets pris.

Mise en commun

▸ Reprendre chaque cas un par un en demandant qui pense qu'on peut acheter l'objet et qui est d'avis contraire.

▸ Faire discuter sur ce qu'il est nécessaire de prendre.

▸ Après tous les cas étudiés, rappeler quelques équivalences : un billet de 10 € vaut 2 billets de 5 €, ou 5 pièces de 2 €, ou 10 pièces de 1 €.

Étape 2

Tâche

Indiquer, avec les billets et pièces donnés, si l'on peut payer le prix exact d'un objet à 20 € ni plus, ni moins. Si oui, préciser le nombre et les sortes de billets ou pièces utilisés.

Ce qui est visé en proposant cette tâche

(Re)trouver l'équivalence entre un billet de 20 € et des billets de 10 €.

Déroulement

Même déroulement que pour l'étape 1 en utilisant le deuxième tableau de l'Annexe 15.1.

Conclure sur les équivalences :
– un billet de 10 € vaut 2 billets de 5 €, ou 5 pièces de 2 €, ou 10 pièces de 1 € ;
– un billet de 20 € vaut 2 billets de 10 €, ou 4 billets de 5 €, ou 10 pièces de 2 € et 20 pièces de 1 €.

Étape 3

Tâche

Indiquer, avec les billets donnés, si l'on peut payer le prix exact d'un objet à 50 € ni plus, ni moins. Si oui, préciser le nombre et les sortes de billets ou pièces utilisés.

Ce qui est visé en proposant cette tâche

Trouver l'équivalence entre un billet de 50 € et des billets de 10 €.

Déroulement

Même déroulement que pour l'étape 1 en utilisant le troisième tableau de l'Annexe 15.1.

Conclure sur l'équivalence : un billet de 50 € vaut 5 billets de 10 €.

Institutionnalisation

Revenir sur les différentes équivalences :
– un billet de 50 € vaut 5 billets de 10 € ;
– un billet de 20 € vaut 2 billets de 10 €, ou 4 billets de 5 €, ou 10 pièces de 2 €, ou 20 pièces de 1 € ;
– un billet de 10 € vaut 2 billets de 5 €, ou 5 pièces de 2 €, ou 10 pièces de 1 €.

Dans le *Ce que j'ai découvert* p. 22, faire compléter les pointillés avec les nombres adéquats.

CE QUE J'AI DÉCOUVERT

Une pièce de 2 € vaut 2 pièces de 1 €.
Un billet de 5 € vaut 5 pièces de 1 €.
Un billet de 10 € vaut 10 pièces de 1 €.
Un billet de 10 € vaut 2 billets de 5 €.
Un billet de 20 € vaut 2 billets de 10 €.
Un billet de 50 € vaut 5 billets de 10 €.

Afficher le poster *La monnaie* plié en deux pour ne montrer que la partie supérieure.

Activité 2 de réinvestissement Exercice 1 p. 22

Tâche

Trouver les billets et les pièces à prendre pour composer une somme donnée.

Lancement

Les élèves disposent des billets et des pièces. Ils doivent prendre ce qui est nécessaire pour que la somme totale soit 56 €.

Lorsqu'ils ont trouvé une solution, ils l'indiquent en complétant le tableau. Celui-ci doit être expliqué par l'enseignant. Avant de rechercher une autre solution, ils remettent l'argent dans la barquette.

Recherche

Procédure visée :

▸ trouver les billets possibles pour obtenir 50 €, et les pièces et les billets pour obtenir 6 €.

Erreur possible :

▸ se tromper en additionnant les valeurs des billets et des pièces.

> **Différenciation**
>
> *Pour les élèves en difficulté*
>
> Décomposer l'exercice en leur demandant d'écrire, sur leur ardoise, les possibilités pour obtenir 50 €, puis les possibilités pour obtenir 6 €.
>
> *Pour les élèves plus rapides*
>
> Demander de trouver d'autres possibilités si on dispose d'un billet de 5 € et d'une pièce de 2 € en plus. Les élèves écrivent les possibilités sur leur ardoise.

Mise en commun

▸ Étudier les différentes solutions trouvées par les élèves.

Réponses

Les 5 possibilités :
– 1 billet de 50 €, 1 billet de 5 €, une pièce de 1 €
– 1 billet de 50 €, 2 pièces de 2 €, 2 pièces de 1 €
– 2 billets de 20 €, 1 billet de 10 €, 1 billet de 5 €, une pièce de 1 €
– 2 billets de 20 €, 1 billet de 10 €, 2 pièces de 2 €, 2 pièces de 1 €
– 2 billets de 20 €, 2 billets de 5 €, 2 pièces de 2 €, 2 pièces de 1 €

Les autres possibilités avec un billet de 5 € et une pièce de 2 € en plus :
– 1 billet de 50 €, 3 pièces de 2 €.
– 2 billets de 20 €, 3 billets de 5 €, une pièce de 1 €
– 2 billets de 20 €, 1 billet de 10 €, 3 pièces de 2 €
– 2 billets de 20 €, 2 billets de 5 €, 3 pièces de 2 €

Bilan

Rappeler les équivalences.

Séance 2

Rituels du jour

Suite orale	Calcul mental
• Idem séance 1.	• Idem séance 1 *Calculs à proposer* : 10 × 3 ; 9 × 2 ; 5 × 3 ; 6 × 5 ; 2 × 3 ; 9 × 5 ; 7 × 2.

Objectifs de la séance

- Connaitre les pièces de 1 c, 2 c, 5 c, 10 c, 20 c et 50 c, et les équivalences entre elles et avec 1 €.
- Introduire l'écriture à virgule.

Activité de découverte

ÉTAPE 1

Tâche

Trouver à quoi correspond la valeur indiquée pour un paquet de gâteaux, cette valeur étant exprimée par un nombre suivi du symbole €, lui-même suivi aussi d'un autre nombre : 2 € 29.

Ce qui est visé en proposant cette tâche

Introduire la nouvelle unité de mesure, le centime, et l'équivalence entre euro et centimes.

Présenter l'écriture à virgule.

Lancement

L'enseignant montre le prix du paquet de gâteaux vu sur un catalogue publicitaire (Annexe 15.2). Consigne : « Ce prix n'indique pas un nombre unique d'euros comme 2 € ou 3 € mais un nombre d'euros suivi d'un autre nombre : 2 € 29. Que signifie ce nombre 29 ? »

Recherche

Procédure visée :

▸ comprendre que 2 € 29 est une valeur comprise entre 2 € et 3 €. Cela signifie qu'il existe une unité plus petite que les euros. C'est le centime d'euro.

Erreur possible :

▸ il est probable que la plupart des élèves pensent que 2 € 29 signifie 229 € ou 2 € et 29 € puisqu'ils ne peuvent pas inventer les centimes s'ils ne les connaissent pas. C'est à l'enseignant de présenter le centime dans la mise en commun.

Mise en commun

▸ Relever les différentes réponses.

▸ Invalider les réponses comme 29 € ou 229 € qui sont impossibles comme prix pour cet article.

▸ Présenter le centime d'euro, unité plus petite qui permet d'établir des prix compris entre deux valeurs entières d'euros. 2 € 29 signifie 2 € et 29 centimes.

▸ Dans centimes, on entend « cent ». 100 centimes égalent 1 euro. Le symbole du centime est c.

▸ Les prix sont souvent indiqués sous une autre forme : un nombre avec une virgule. 2 € 29 c est écrit sous la forme 2,29 €.

▸ Écrire au tableau : 100 c = 1 €.

ÉTAPE 2

Tâche

Parmi un ensemble de pièces en euros et en centimes, faire l'inventaire des différentes pièces en centimes.

Ce qui est visé en proposant cette tâche

Déterminer les différents types de pièces existantes en centimes.

Lancement

Donner la réserve d'argent à chaque binôme (avec toutes les pièces en centimes). Indiquer que, dans cette réserve, il y a toutes les sortes de pièces qui existent en centimes.

Chaque élève doit écrire la liste des différentes sortes de pièces en centimes.

Recherche

Procédure visée :

▸ faire l'inventaire des différentes pièces en centimes qui se trouvent dans la réserve d'argent.

Erreur possible :

▸ oublier une ou des sorte(s) de pièces.

Mise en commun

▸ Lister les différentes réponses proposées par les élèves en montrant les pièces correspondantes.

▸ Récapituler les différentes sortes de pièces en centimes : 1 c ; 2 c ; 5 c ; 10 c ; 20 c ; 50 c.

ÉTAPE 3

Tâche

Avec 2 pièces de 50 c, 5 pièces de 20 c et 10 pièces de 10 c, on veut payer 1 €.

Trouver au moins cinq possibilités.

Ce qui est visé en proposant cette tâche

Trouver les équivalences entre une pièce de 1 € et les pièces de 50 c, 20 c et 10 c.

Lancement

Indiquer l'argent à prendre pour chaque binôme. Consigne : « Avec votre argent, cherchez comment vous pouvez payer exactement 1 €. Il y a plusieurs possibilités. Trouvez au moins cinq possibilités. Écrivez les solutions dans le tableau de l'Annexe 15.3. » Rappeler qu'un euro vaut 100 centimes.

L'enseignant précise que, dès qu'on a trouvé une solution, on l'écrit et on peut réutiliser tout l'argent pour trouver une autre solution.

Recherche

Procédure visée :

▸ prendre les différentes pièces en centimes en calculant la somme au fur et à mesure.

Voici les différentes possibilités :

Pièce(s) de 50 c	Pièce(s) de 20 c	Pièce(s) de 10 c
		10
	1	8
	2	6
	3	4
	4	2
	5	
2		
1		5
1	1	3
1	2	1

Erreurs possibles :

▸ ne pas tenir compte de la valeur des pièces en centimes et considérer qu'elles ont toutes la même valeur ;

▸ se tromper en additionnant les centimes. On peut donner la calculatrice aux élèves qui ont beaucoup de difficultés à calculer les sommes.

Mise en commun

▸ Choisir quelques réponses proposées par les élèves pour les vérifier en utilisant les pièces afin de compter le total.

▸ Revenir sur la valeur des pièces et les équivalences entre elles.

ÉTAPE 4

Tâche

Avec 2 pièces de 10 c, 10 pièces de 1 c, 5 pièces de 2 c et 2 pièces de 5 c, on veut payer 10 c.

Trouver au moins cinq possibilités.

Ce qui est visé en proposant cette tâche

Trouver les équivalences entre une pièce de 10 c et les pièces de 5 c, 2 c et 1 c.

Déroulement

Identique à celui de l'étape 2.

Voici les différentes possibilités :

Pièce(s) de 10 c	Pièce(s) de 5 c	Pièce(s) de 2 c	Pièces de 1 c
1			
	1	2	1
	1	1	3
	1		5
		5	
		4	2
		3	4
		2	6
		1	8
			10

ÉTAPE 5

Tâche

Trouver s'il est possible de payer 1 € uniquement avec des pièces de 1 c.

Ce qui est visé en proposant cette tâche

Rendre plus concrète l'équivalence 1 € = 100 c en cherchant le nombre de pièces de 1 c nécessaires pour avoir 1 €.

Lancement

Consigne : « Est-il possible de payer 1 € en n'utilisant que des pièces de 1 c ? Si oui, comment ? »

Recherche

Procédure visée :

▸ utiliser l'équivalence 100 c = 1 €.

Erreur possible :

▸ il est possible que des élèves répondent qu'ils ne peuvent pas payer un euro puisqu'ils ne disposent que de dix pièces de 1 c.

Mise en commun

▸ Faire ressortir qu'il n'est pas possible de payer un euro avec les dix pièces de 1 c dont les élèves disposent. Demander s'il est possible de payer un euro en ayant plus de pièces de 1 c pour revenir sur l'équivalence entre 100 c et 1 €.

▸ Demander à dix élèves d'apporter, un par un, 10 c et calculer la somme au fur et à mesure en comptant de dix en dix (dix, vingt, trente, … cent) et en comptant le nombre de dizaines (1 dizaine, 2 dizaines, …, 10 dizaines donc cent).

Institutionnalisation

Revenir sur l'équivalence 100 c = 1 €, sur les équivalences entre les pièces en centimes et sur l'écriture à virgule pour indiquer des prix.

Dans le *Ce que j'ai découvert* p. 23, faire compléter les pointillés avec les nombres adéquats.

Explicitér la présence du c dans l'écriture du prix 2 € 29 c, elle permet de ne pas confondre les euros et les centimes. Mais souvent il n'est pas écrit.

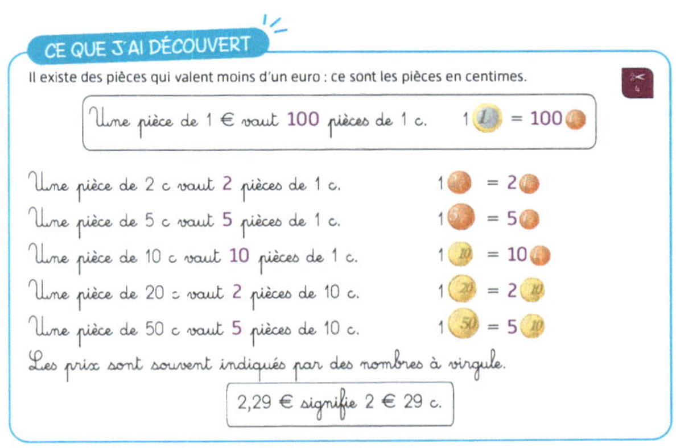
CE QUE J'AI DÉCOUVERT

Il existe des pièces qui valent moins d'un euro : ce sont les pièces en centimes.

Une pièce de 1 € vaut 100 pièces de 1 c. 1 = 100

Une pièce de 2 c vaut 2 pièces de 1 c. 1 = 2

Une pièce de 5 c vaut 5 pièces de 1 c. 1 = 5

Une pièce de 10 c vaut 10 pièces de 1 c. 1 = 10

Une pièce de 20 c vaut 2 pièces de 10 c. 1 = 2

Une pièce de 50 c vaut 5 pièces de 10 c. 1 = 5

Les prix sont souvent indiqués par des nombres à virgule.

2,29 € signifie 2 € 29 c.

Déplier le poster *La monnaie* pour l'afficher entièrement.

Séance 3

Rituels du Jour

Suite orale

- Idem séance 1

Calcul mental

- L'enseignant propose, entre autres, 2 nouveaux calculs : 3 × 3 ; 6 × 3. Les calculs sont expliqués à partir des décompositions suivantes :

3 × 3 = (2 × 3) + 3 ou 3 + 3 + 3 3 × 3 = 9
6 × 3 = (5 × 3) + 3 ou 2 × 3 × 3 6 × 3 = 18

- À l'issue de cette séance, l'enseignant fait compléter ces deux lignes de la table de multiplication de 3 (fichier élève page 102).

Calculs à proposer : **5 × 3** ; **6 × 3** ; **8 × 5** ; **9 × 2** ; **2 × 3** ; **3 × 3** ; **7 × 10**.

Objectif de la séance

Connaitre les billets et pièces en euros et centimes d'euro, et les équivalences entre eux.

Activité 1 de réinvestissement

Étape 1

Tâche

Trouver les billets et les pièces à prendre pour composer une somme donnée.

Lancement

Les élèves disposent de tous les billets et toutes les pièces en euros et centimes. Ils doivent prendre ce qui est nécessaire pour que la somme totale soit 26,85 €. L'enseignant écrit cette somme au tableau et rappelle que cette notation signifie 26 € 85 c.

Ils écrivent les billets et les pièces pris.

Lorsqu'ils ont trouvé une solution, ils remettent l'argent dans la barquette et recherchent une autre solution.

Les plus rapides peuvent trouver une troisième solution.

Recherche

Procédure visée :

▸ prendre des billets et des pièces en additionnant au fur et à mesure pour obtenir 26 €, puis prendre des pièces pour obtenir 85 c.

Erreur possible :

▸ se tromper en additionnant les billets ou les pièces.

Mise en commun

▸ Étudier quelques solutions trouvées par les élèves.

▸ Montrer que les différentes solutions n'utilisent pas le même nombre de pièces et de billets pour faire ressortir la solution qui utilise le moins de pièces et de billets.

Réponses

Beaucoup de solutions sont possibles. La solution utilisant le moins de pièces et de billets est la suivante : 1 billet de 20 €, 1 billet de 5 €, 1 pièce de 1 €, 1 pièce de 50 c, 1 pièce de 20 c, 1 pièce de 10 c, 1 pièce de 5 c.

Étape 2

Tâche

Trouver les billets et les pièces à prendre pour composer une somme donnée en prenant le moins de billets et de pièces possible.

Déroulement

Identique à l'étape 1 pour constituer une somme de 54,48 €, mais il n'y a qu'une solution à trouver : celle qui utilise le moins de billets et de pièces possible.

Réponse

1 billet de 50 €, 2 pièces de 2 €, 2 pièces de 20 c, 1 pièce de 5 c, 1 pièce de 2 c, 1 pièce de 1 c.

Activité 2 de réinvestissement

Exercice 2 p. 23

Tâche

Trouver les billets et les pièces à prendre pour composer une somme donnée.

Lancement

L'activité est la même que l'étape 1 de l'activité précédente, mais les élèves ne disposent plus des billets et pièces. L'enseignant explique comment compléter le tableau.

Recherche

Procédure visée :

▸ identifier les différentes possibilités pour obtenir 27 € en n'utilisant que les euros, puis en utilisant les euros et les pièces de 50 c ; identifier les différentes possibilités pour obtenir 40 c.

Erreurs possibles :

▸ se tromper en additionnant les euros ou les centimes ;

▸ ne trouver que la solution utilisant le moins de billets et de pièces possible.

Différenciation

Pour les élèves en difficulté

Donner les pièces et les billets.

Pour les élèves plus rapides

Exercice supplémentaire 2, fiche différenciation 15.

Mise en commun

Étudier chaque proposition trouvée par les élèves en utilisant les billets et les pièces.

Réponses

Voici les solutions possibles :

Nombre de billet(s) de		Nombre de pièce(s) de							
20 €	**5 €**	**2 €**	**1 €**	**50 c**	**20 c**	**10 c**	**5 c**	**2 c**	**1 c**
1	1	1			2				
1	1		2		2				
1	1	1			1	1	2		
1	1		2		1	1	2		
1	1		1	2	2				
1	1		1	2	1	1	2		
1	1	1			1	2			

Séance 4

Rituels du jour

Suite orale
- Idem séance 1

Calcul mental
- Idem séance 3.

Calculs à proposer : 3 × 3 ; 9 × 10 ; 6 × 3 ; 10 × 3 ; 9 × 5 ; 5 × 3 ; 7 × 2.

Objectif de la séance

Apprendre à rendre la monnaie.

Activité 1 de découverte

Tâche

Rendre la monnaie sur une somme uniquement en euros.

Ce qui est visé en proposant cette tâche

Comprendre ce que signifie « rendre la monnaie ».

Lancement

L'enseignant énonce le problème suivant : « Lila a acheté avec ses parents un cartable qui coutait 36 €. Ils ont donné un billet de 50 € au vendeur. Comme ils ont donné plus d'argent que le prix du cartable, ce vendeur doit leur rendre de l'argent. Cela signifie qu'il doit leur donner l'argent qui est en trop. » Combien d'argent le vendeur doit-il rendre ?

Les élèves disposent du matériel des pièces et billets. Ils peuvent travailler par deux et se répartir les rôles de l'acheteur et du vendeur.

Recherche

Les élèves de CE1 ne lient pas encore la recherche d'un écart ou d'un complément à la soustraction. Il est peu probable qu'ils calculent 50 – 36 pour résoudre ce problème. Ce n'est pas la procédure à privilégier même si elle apparait. Cela sera encore plus vrai lorsqu'il faudra chercher la monnaie à rendre sur un prix en euros et centimes.

Procédure visée :

- faire le calcul de 36 pour aller à 50 en décomposant en deux étapes de 36 pour aller à 40, puis de 40 pour aller à 50 ;

Procédure possible :

- calculer 50 – 36.

Erreurs possibles :

- ne pas comprendre que l'argent à rendre correspond au complément de 36 à 50 ;
- se tromper dans le calcul de 36 pour aller à 50, ou de 50 – 36.

Mise en commun

- Faire l'inventaire des propositions.
- Expliciter la procédure de recherche du complément et valider celle par soustraction si elle est apparue.

Institutionnalisation

Si j'achète un objet en donnant plus d'argent que le prix de l'objet, le vendeur doit me rendre de l'argent. Je calcule ce que le vendeur doit rendre en calculant ce que j'ai donné en trop, le complément de ce que j'ai donné au prix à payer.

Faire compléter le *Ce que j'ai découvert* p. 24.

CE QUE J'AI DÉCOUVERT

J'achète un cartable à 36 € en donnant un billet de 50 €.
Le vendeur me rend de la monnaie.

Je calcule l'argent qu'il me rend : de 36 pour aller à 50 ou 50 – 36.
Le vendeur me rend 14 €.

Activité 2 de réinvestissement
Exercice 3 p. 24

Tâche

Déterminer l'argent à rendre.

Lancement

Après lecture de la consigne, l'enseignant vérifie que les élèves ont compris qu'ils doivent trouver la somme à rendre par le vendeur.

Recherche

La procédure visée et les erreurs possibles sont les mêmes qu'à l'activité de découverte.

> **Différenciation**
>
> *Pour les élèves en difficulté*
>
> Après quelques essais, donner des billets et des pièces en nombre suffisant pour que les élèves puissent faire des échanges entre les billets et les pièces. Ils peuvent travailler par deux comme lors de la situation de découverte.
>
> *Pour les élèves plus rapides*
>
> Exercice supplémentaire 3, fiche différenciation 15.

Mise en commun

Les propositions des élèves sont discutées en les validant ou non en effectuant les échanges et les calculs.

Réponses

Cas 1 : 13 €

Cas 2 : 16 €

Cas 3 : 12 €

Cas 4 : 27 €

Bilan

Pour rendre la monnaie, on cherche ce qui a été donné en trop, le complément de la somme donnée au prix à payer..

Fin de séquence

Je m'entraine à mon rythme

La somme exacte

Objectif

• Connaitre et utiliser l'euro et le centime d'euro ainsi que la relation qui les lie.

> **Aide à apporter aux élèves en difficulté**
>
> Rappeler, si besoin, la signification de l'écriture 1,12 €.
>
> Avant de chercher 1 € 12 c, proposer de chercher différentes possibilités pour trouver 1 €. Donner les pièces pour vérifier les possibilités trouvées.

Réponses

Pièce(s) de 1 c	Pièce(s) de 2 c	Pièce(s) de 5 c	Pièce de 10 c	Pièce(s) de 20 c	Pièce(s) de 50 c
	1		1		2
2			1		2
	1	2			2
2		2			2
	1	2	1	2	1
2		2	1	2	1

Je cherche

Les étoiles

Objectifs

• Développer la capacité à analyser un polygone, en particulier grâce à ses sommets.

• S'entrainer à reproduire une figure sur quadrillage en s'aidant des sommets de la figure et des nœuds du quadrillage.

Réponse

Le placement de l'étoile dans le quadrillage au même endroit que sur le modèle n'est pas exigé. Cependant, l'étoile reproduite doit être exactement de la même forme et de la même taille que le modèle.

pp. 56 à 61

Résolution de problèmes de transformation

Sens de l'addition et de la soustraction (3)

Rituels de la semaine

Objectifs d'apprentissage

Lecture/écriture	Calcul mental
• Lire et écrire les nombres jusqu'à 999.	• Connaitre les tables de multiplication de 2, 3, 5, et 100.

Séquence d'apprentissage

Place dans l'ensemble des séquences « Résolution de problèmes numériques »

3. Problèmes de réunion avec recherche du tout ou d'une partie	5. Problèmes de transformation avec recherche de la quantité finale et de la transformation	10. Problèmes de groupements avec recherche de la quantité totale	**16. Problèmes de transformation avec recherche de la quantité initiale**	23. Problèmes de groupements et de partages avec recherche du nombre de parts et de la valeur d'une part	27. Problèmes de transformation et de réunion	31. Problèmes de comparaison	34. Organisation et gestion des données

Objectif de la séquence

Déterminer, par une procédure personnelle, la quantité initiale avant une transformation.

Objectifs d'apprentissage du BO

- Résoudre des problèmes additifs en une étape de type parties-tout.
- Résoudre des problèmes additifs en deux étapes.

Pourquoi cette nouvelle séquence sur les problèmes de transformations ?

Durant la séquence 5, les élèves ont résolu des problèmes de recherche de l'état final et de la valeur de la transformation dans les cas de transformations positives et négatives. Cette séquence 16 sera l'occasion de retravailler ces problèmes, mais l'objectif sera ici d'amener les élèves à être capables, par des procédures personnelles, de trouver l'état initial dans une situation de transformation. Il est indispensable que les élèves vivent de telles situations pour s'en forger des images mentales avant de pouvoir utiliser une procédure experte, la reconnaissance de l'opération en jeu, qui sera abordée en séquence 27.

Structure de la séquence

- Séance 1 : découverte : recherche de la quantité initiale
- Séance 2 : découverte : recherche de la quantité initiale en s'aidant de la frise numérique
- Séance 3 : réinvestissement
- Séance 4 : réinvestissement
- Fin de séquence : entrainement et recherche

Matériel nécessaire

Matériel à télécharger pour l'ensemble de la séquence :
- Fiche Annexe « Frises ».
- Fiches Annexes 5.1 et 5.2.
- Fiche différenciation 16 pour tous les exercices supplémentaires de la séquence.
- Fiche évaluation 16.
- Posters *Problèmes de transformation (1 à 3)*.

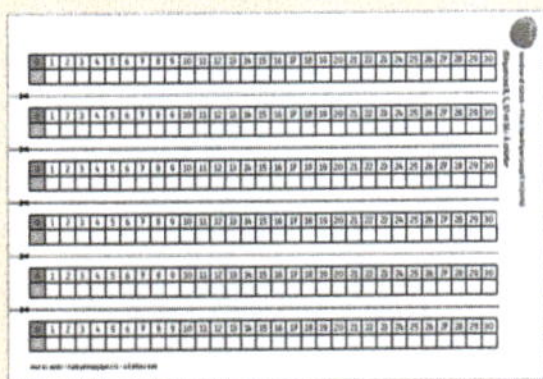
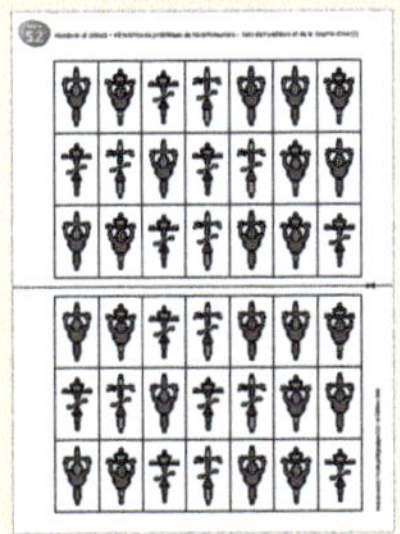
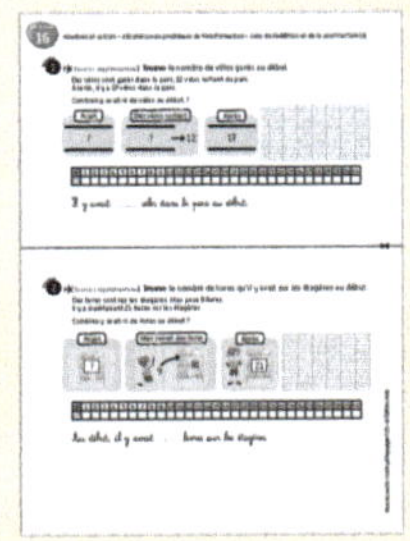
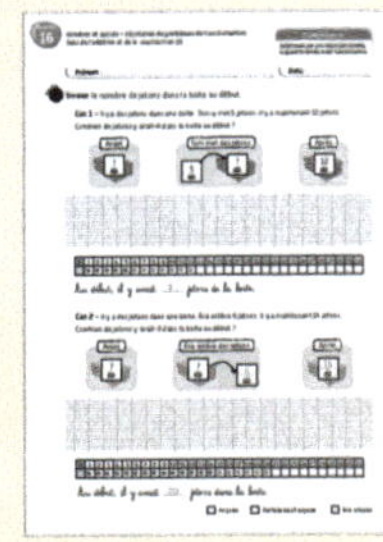

	Matériel pour l'enseignant	Matériel pour les élèves
Séance 1	– Le parc à vélos et les cartes vélo agrandis (Annexes 5.1 et 5.2) ou les carrés unité – La frise numérique jusqu'à 30 0 1 2 3 4 5 6 7 8 9 10 11 12 13 14 15 16 17 18 19 20 21 22 23 24 25 26 27 28 29 30 – Le poster *Problèmes de transformation (1)* 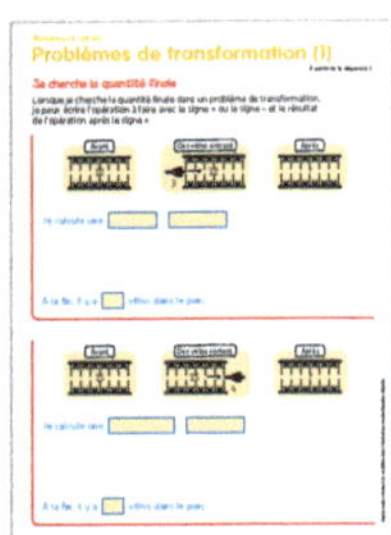	**Matériel par élève** – Une frise numérique jusqu'à 30 (Annexe « Frises ») – Les cartes vélo et le parc à vélos (Annexes 5.1 et 5.2) – Une ardoise
Séance 2	– Le parc à vélos et les cartes vélo agrandies (Annexes 5.1 et 5.2) – Les post-it – La frise numérique jusqu'à 30 – Les posters *Problèmes de transformation (1, 2 et 3)* 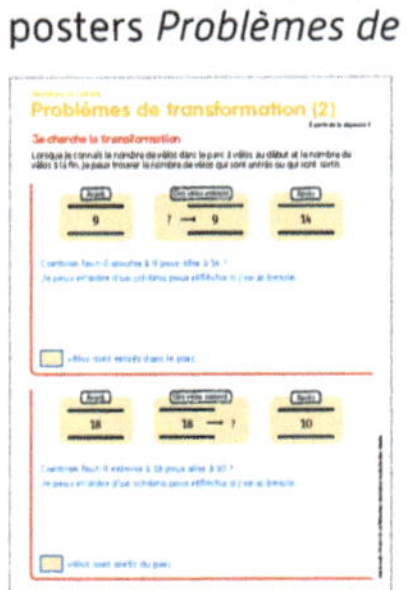 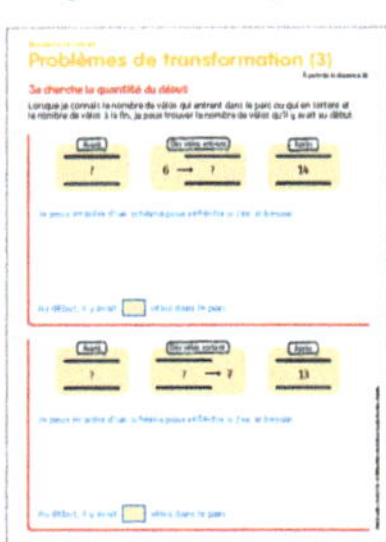	**Matériel par élève** – Une ardoise – Une frise numérique jusqu'à 30 (Annexe « Frises ») – 30 carrés unité – Le fichier de l'élève p. 56 *Différenciation* : parc à vélos et cartes vélo – Mémo 16
Séance 3	– La frise numérique jusqu'à 30 – Les posters *Problèmes de transformation (1, 2 et 3)* – Les reproductions agrandies des exercices 1 et 2 p. 57 et 58	**Matériel par élève** – Deux frises numériques jusqu'à 30 (Annexe « Frises ») – Le fichier de l'élève pp. 57-58 *Différenciation* : parc à vélos et cartes vélo (Annexes 5.1 et 5.2) ; carrés unité ; exercices supplémentaires 1 et 2, fiche différenciation 16
Séance 4	– La frise numérique jusqu'à 30 – Les posters *Problèmes de transformation (1, 2 et 3)* – La reproduction agrandie de l'exercice 3 p. 59 et 60	**Matériel par élève** – Le fichier de l'élève p. 59-60 *Différenciation* : une frise numérique (Annexe « Frises ») ; 30 carrés unité
Fin de séquence		**Matériel par élève** – Une ardoise – Une frise numérique jusqu'à 30 (Annexe « Frises ») – Le fichier de l'élève p. 61 *Différenciation* : 30 carrés unité

Séance 1

Rituels du jour

Lecture/écriture

L'enseignant écrit un nombre entre 200 et 999 au tableau sans le nommer. *Exemple :* 437. Il demande aux élèves de réfléchir au nom de ce nombre sans le dire. Il interroge un élève et demande aux autres s'ils sont d'accord. Pour corriger, l'enseignant demande la signification du 4, du 3 et du 7 : 4 centaines, 3 dizaines et 7 « tout seuls ». 4 centaines se dit « quatre-cent » et la lecture de 3 dizaines et 7 unités est rappelée : trente pour 3 dizaines puis trente-sept pour les sept unités.

- L'activité réciproque est proposée. La procédure mise en avant est celle utilisant l'expression avec les centaines et les dizaines : par exemple à l'oral « quatre-cent-trente-cinq » se traduit en 4 centaines, 3 dizaines et 5, et s'écrit donc « 435 ».

Calcul mental

- L'enseignant propose 5 calculs déjà vus dans les semaines précédentes et les 2 calculs suivants : 4×3 ; 7×3. Ces calculs sont expliqués à partir des décompositions suivantes :

$4 \times 3 = 2 \times 2 \times 3$ ou $(3 \times 3) + 3$ $\quad$ $4 \times 3 = 12$

$7 \times 3 = (6 \times 3) + 3$ $\quad$ $7 \times 3 = 21$

- À l'issue de cette séance, l'enseignant fait compléter ces deux lignes de la table de multiplication de 3 (fichier élève page 102).

Calculs à proposer : **3 × 3** ; **4 × 3** ; **5 × 5** ; **6 × 3** ; **7 × 3** ; **5 × 2** ; **3 × 5**.

Objectifs de la séance

- Déterminer, avec les cartes vélo et le parc, la quantité initiale avant une transformation positive ou négative.
- Vérifier la cohérence de son résultat en revenant au texte de l'énoncé.

Activité de découverte

Étape 1

Tâche

Trouver le nombre final de vélos dans le parc après l'entrée de plusieurs vélos.

Ce qui est visé en proposant cette tâche

Se remémorer ce qui a été appris autour des problèmes de transformations.

Lancement

Dans cette étape, l'enseignant donne un problème de recherche d'état final.

Il énonce le problème en mimant la situation au tableau et en l'illustrant au tableau comme ci-dessous.

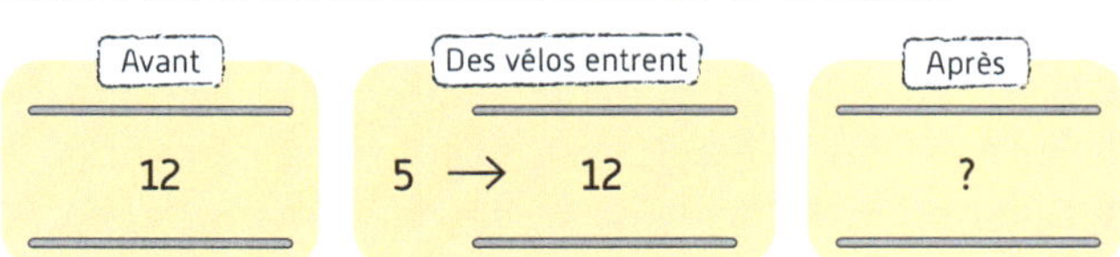

Énoncé du problème : « Vous devez trouver le nombre de vélos dans le parc à la fin. Au début, il y a 12 vélos garés dans le parc, 5 entrent. Combien de vélos y a-t-il dans le parc à la fin ? »

Recherche

Ce problème ne devrait pas poser de difficulté majeure. Il donne l'occasion de revenir sur ce qui a été travaillé en séquence 5. Les élèves n'ont pas encore à disposition le matériel parc à vélos et vélos. Les élèves sont invités à vérifier la cohérence de leur résultat numérique obtenu en revenant au texte de l'énoncé.

Procédure visée :

▸ calcul de la somme 12 + 5 en surcomptant sur les doigts, sur la frise numérique ou par calcul mental.

Procédure possible :

▸ dessin ou schématisation des vélos, recomptage du tout d'un en un.

Erreur possible :

▸ erreur de calcul.

Mise en commun

▸ Analyse des erreurs et explicitation des procédures qui permettent de réussir, en particulier l'addition.

▸ Mise en évidence du sens du problème en appui sur le poster *Problèmes de transformation (1)*.

▸ Des schémas comme ceux étudiés en séquence 5 peuvent être proposés mais sans leur donner de caractère obligatoire.

Ils sont toujours tracés dans l'ordre chronologique de l'histoire :

– pour le schéma en barres, le rectangle de la situation initiale en premier, puis l'ajout ou le retrait suivant le problème ;

– pour la droite numérique, le trait de la situation initiale (début) est marqué en premier, vers le milieu du morceau de droite tracé, avec la légende et la donnée 12, puis la flèche de la transformation dans le sens qui convient et enfin le repère de l'état final (fin)avec le point d'interrogation. La situation initiale est marquée vers le milieu du morceau de droite car les élèves n'anticipent pas la place à laisser suivant que les vélos entrent ou sortent.

▸ Validation par calcul et, si nécessaire, avec le matériel parc et vélos (Annexes 5.1 et 5.2).

Étape 2

Tâche

Trouver le nombre initial de vélos dans le parc avant l'entrée de plusieurs d'entre eux.

Ce qui est visé en proposant cette tâche

Comprendre que l'on peut trouver la quantité initiale dans un problème de transformation en se créant une image mentale de la situation. Vérifier la cohérence du résultat numérique obtenu en revenant au texte de l'énoncé.

Lancement

Le lancement est similaire à celui de l'étape 1 avec le problème suivant : « Vous devez trouver le nombre de vélos dans le parc au début. Au début, il y a des vélos garés dans un parc. 4 vélos entrent. Il y a 11 vélos dans le parc à la fin. Combien de vélos étaient dans le parc au début, avant l'entrée des 4 vélos ? »

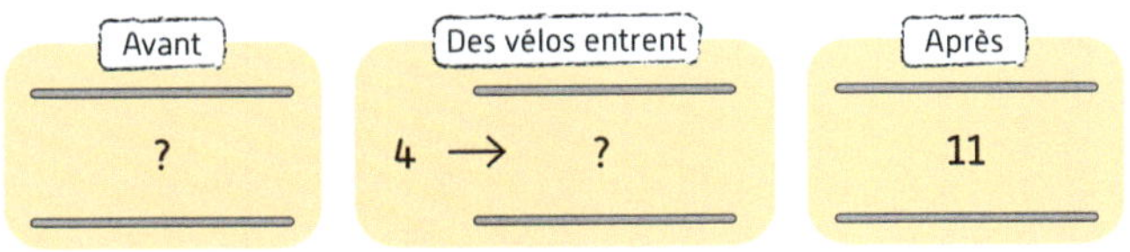

L'enseignant insiste sur le fait que, cette fois, il faut chercher le nombre de vélos du début, ce n'est pas la même chose que dans l'étape 1. Il peut demander aux élèves ce qui n'est pas pareil dans ce problème. Ils répondront certainement que les nombres sont différents. L'enseignant leur demande s'il n'y a pas autre chose qui est différent.

Recherche

Une fois l'énoncé explicité, les élèves cherchent en disposant du parc à vélos (Annexe 5.1) et des carrés unité ou les vélos (Annexe 5.2). Cette manipulation leur permet de se forger une image mentale de la nouvelle situation. Les élèves sont invités à vérifier la cohérence de leur résultat numérique obtenu en revenant au texte de l'énoncé.

Procédures visées :

- utiliser les carrés pour chercher par tâtonnement (placer x vélos dans le parc et en ajouter 4, compter le tout pour voir si ça fait 11) ;
- utiliser les vélos en plaçant 11 vélos dans le parc, puis en isolant les 4 entrés pour compter ceux qui étaient déjà là.

Erreurs possibles :

- incompréhension du problème : les deux nombres sont ajoutés ;
- erreur en réalisant l'une des deux quantités ;
- erreur en dénombrant les vélos ;
- erreur en surcomptant ;
- utilisation d'un résultat mal mémorisé.

Mise en commun

- Collecte des réponses au tableau.
- Analyse des erreurs. En particulier, mettre en évidence, par un questionnement judicieux le fait que le nombre de vélos au début est inférieur au nombre de vélos à la fin puisque des vélos sont entrés dans le parc.
- Discussion pour faire ressortir les différentes procédures utilisées par les élèves permettant de trouver la solution.
- Validation avec le matériel une fois les procédures exposées.
- Analyse de la structure du problème en appui sur des schémas en barres ou avec une droite orientée. Pour ce dernier, on commence par tracer, vers le milieu du morceau de droite, le repère de la situation initiale avec la légende et un point d'interrogation puis la flèche vers la droite (avec sa légende) puisque le nombre de vélos augmente et, enfin, le repère de l'état final avec la légende et le 9.
- Verbalisation du résultat trouvé : 7 auxquels on ajoute 4, ça fait 11
- Faire le lien avec le problème référence du poster *Problèmes de transformation (1).*

ÉTAPE 3

Tâche

Trouver le nombre initial de vélos dans le parc avant la sortie de plusieurs d'entre eux.

Ce qui est visé en proposant cette tâche

Même visée que lors de l'étape 2, mais avec un problème de transformation négative.

Déroulement

Le déroulement est similaire à celui décrit dans l'étape 2 avec le problème suivant : « Au début, il y a des vélos garés dans un parc. 6 vélos sortent. Il y a 9 vélos dans le parc à la fin. Combien de vélos étaient dans le parc au début, avant la sortie des 6 vélos ? »

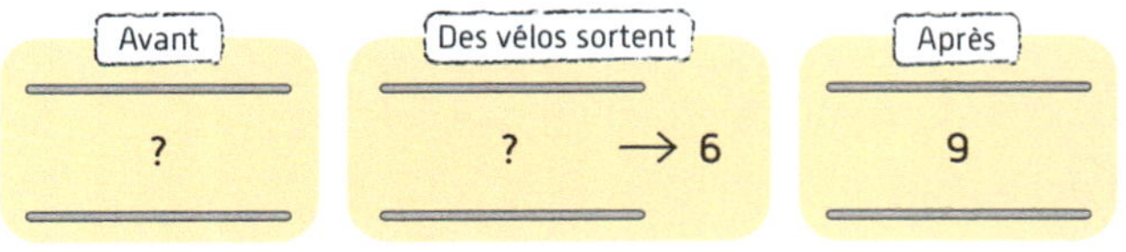

Mise en commun

- Collecte des réponses.
- Analyse des erreurs. En particulier, mettre en évidence, par un questionnement judicieux, le fait que le nombre de vélos au début est supérieur au nombre de vélos à la fin puisque des vélos sont sortis du parc.
- Discussion pour faire ressortir les différentes procédures utilisées par les élèves permettant de trouver la solution.
- Validation avec le matériel une fois les procédures exposées.
- Analyse de la structure du problème comme à l'étape 1 mais cette fois la flèche ira vers la gauche.
- Verbalisation du résultat trouvé : 15 dont on enlève 6, ça fait 9
- Faire le lien avec le problème référence du poster *Problèmes de transformation (1).*

Bilan

Dans ces nouveaux problèmes, on connait le nombre de vélos qui entrent ou qui sortent et le nombre de vélos à la fin, on cherche le nombre de vélos au début. Il faut toujours commencer par se demander s'il y avait plus ou moins de vélos au début.
L'encadré Ce que J'ai découvert p. 56 sera rempli en fin de séance 2.

Séance 2

Rituels du jour

Lecture/écriture
- Idem séance 1

Calcul mental
- Idem séance 1

Calculs à proposer 7 × 3 ; 8 × 5 ; 9 × 2 ; 4 × 3 ; 3 × 5 ; 2 × 3 ; 7 × 5.

OBJECTIFS DE LA SÉANCE
- Déterminer, avec des carrés unité et la frise numérique, la quantité initiale dans des situations où une quantité subit une transformation. Le contexte est toujours celui des vélos.
- Vérifier la cohérence de son résultat en revenant au texte de l'énoncé.

Activité de découverte

ÉTAPE 1

Tâche

Rédiger un énoncé de problème correspondant à une illustration.

Ce qui est visé en proposant cette tâche

Comprendre la structure d'un énoncé de problème : les données et l'inconnue.

Lancement

Le problème est illustré comme dans le *Ce que j'ai découvert* p. 56, sans explicitation de la part de l'enseignant puisque c'est l'objet de cette étape.

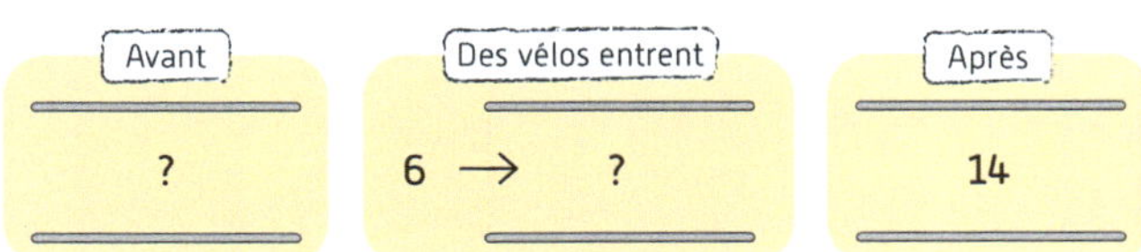

L'enseignant demande ensuite aux élèves de raconter l'histoire et de trouver la question à laquelle on peut répondre.

Recherche

Les élèves écrivent l'histoire sur leur ardoise. Les élèves non-scripteurs peuvent être en binôme avec un élève scripteur.

Mise en commun

▸ Lecture des histoires.

▸ Mise de côté des histoires qui ne correspondent pas au schéma en mettant en évidence les raisons de cette mise à l'écart.

▸ Étude des histoires qui conviennent avec, le cas échéant, une réflexion sur les détails racontés qui n'apportent pas d'éléments intéressants au niveau de la résolution du problème.

▸ Étude des questions posées en faisant la distinction entre les questions dont la réponse est dans le texte (« Combien y a-t-il de vélos garés à la fin ? Combien de vélos entrent ? ») et la question pour laquelle il faut réfléchir.

▸ Un texte épuré est finalement retenu et écrit au tableau. Par exemple : « Il y a des vélos garés dans le parc. 6 vélos entrent. Il y a 14 vélos à la fin. Combien de vélos étaient garés dans le parc au début ? »

ÉTAPE 2

Tâche

Déterminer la quantité initiale dans une situation de transformation positive.

Ce qui est visé en proposant cette tâche

Utiliser les carrés unité et la frise pour trouver la quantité initiale. Vérifier la cohérence du résultat numérique obtenu en revenant au texte de l'énoncé.

Lancement

Les élèves résolvent le problème de l'étape 1 avec la frise numérique et les carrés unité ou leur ardoise. Ils y écrivent leur réponse.

Recherche

Les élèves sont invités à vérifier la cohérence de leur résultat numérique obtenu en revenant au texte de l'énoncé. Procédures visées :

▸ 14 carrés sont placés sur la frise, puis les 6 derniers représentants les vélos entrés sont en partie retirés pour retrouver la situation initiale. Les carrés restants sont dénombrés ou leur nombre est directement lu sur la frise ;

▸ avec les carrés, mais sans la frise : les élèves prennent 14 carrés, puis isolent les 6 représentants les vélos entrés pour dénombrer les restants ;

▸ par tâtonnement avec les carrés, avec ou sans la frise : ils prennent un nombre de carrés au hasard, puis leur ajoutent 6 carrés et vérifient s'ils en obtiennent 14. Puis ils ajustent leurs essais petit à petit ;

▸ ils utilisent des procédures similaires aux deux dernières, mais par dessins sur l'ardoise.

Erreurs possibles :

▸ incompréhension de la situation et ajout des deux nombres ;

▸ erreur dans la manipulation.

> **Différenciation**
>
> *Pour les élèves en difficulté*
>
> Après des essais infructueux, donner le parc et les vélos (Annexes 5.1 et 5.2).

Mise en commun

▸ Discussion autour des procédures utilisées et des résultats obtenus pour analyser les erreurs et les réussites. En particulier, la vraisemblance d'un résultat est étudiée, demandant s'il y avait plus ou moins de vélos au début qu'à la fin.

- Étude des schémas éventuellement produits par les élèves.
- Mise en valeur de la procédure qui consiste à utiliser les carrés sur la frise numérique, même si elle n'a pas été utilisée par les élèves.
- Démonstration de la procédure utilisant un coloriage de la frise pour préparer la résolution des exercices à suivre : les 14 premières cases de la frise sont coloriées, puis les 6 dernières, représentant les 6 vélos entrés, sont distinguées soit par des flèches, soit par un arc de cercle, soit les deux (*cf.* Ce que j'ai découvert p. 46). Le nombre de vélos de l'état initial est alors lu sur la frise.
- Verbalisation claire de ce qui est cherché, puis de la réponse : « Il y avait moins de vélos au début. 8 vélos, plus les 6 qui entrent, cela fait bien 14 vélos à la fin. »
- Retour sur la structure du problème en appui, un schéma en barres et éventuellement un schéma avec la droite numérique.

ÉTAPES 3 ET 4

Tâches

Rédiger un énoncé de problème correspondant à une illustration, puis déterminer la quantité initiale dans une situation de transformation négative.

Déroulement

Le déroulement est similaire à celui des étapes 1 et 2 avec l'illustration suivante :

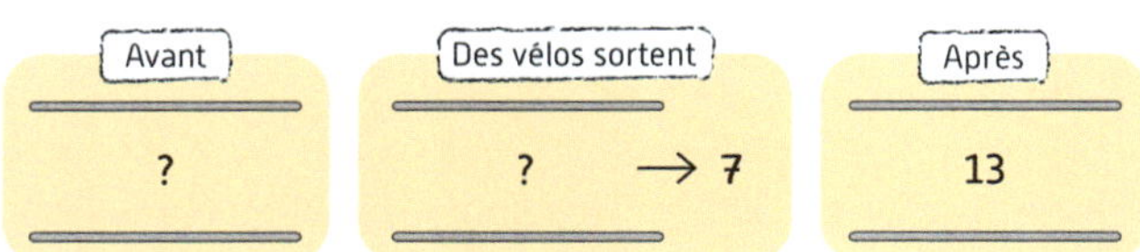

Exemple d'énoncé à retenir : « Il y a des vélos garés dans le parc. 7 vélos sortent. Il y a 13 vélos à la fin. Combien de vélos étaient garés dans le parc au début ? »

Procédures visées :

- placer 13 carrés sur la frise, puis y ajouter ceux qui représentent ceux qui sont sortis pour retrouver la situation initiale, dénombrer les carrés avec la frise ou par comptage ;
- procédure similaire, mais en utilisant les carrés sans la frise ;
- procédure similaire, mais avec un dessin sur l'ardoise.

Erreurs possibles :

- incompréhension de la situation se traduisant par le retrait de 7 à 13 ;
- erreur dans la manipulation.

Lors de la mise en commun des procédures de résolution, l'enseignant montre également comment utiliser la frise sans les carrés (*cf.* Ce que j'ai découvert p. 56 en remplaçant les carrés par du coloriage sommaire). Le schéma en barre et, éventuellement, celui avec la droite numérique soutiennent l'analyse de l'énoncé du problème.

Institutionnalisation

Retour sur la structure des problèmes en s'appuyant sur des schémas, comme ceux proposés lors de la séance. Le Ce que j'ai découvert p. 56 est alors complété. Les schémas avec la droite numérique peuvent être ajoutés dans les espaces disponibles par les élèves qui se les sont appropriés.

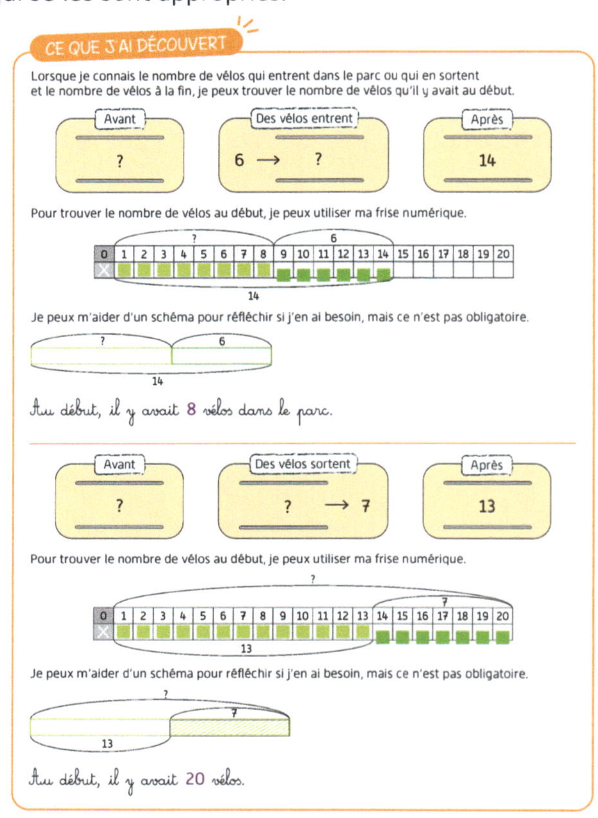

Le poster *Problèmes de transformation (3)* est complété avec les étiquettes 8 et 20. Les étiquettes des calculs seront collées en séquence 27.

Séance 3

Rituels du jour

Lecture/écriture

- Idem séance 1

Calcul mental

- L'enseignant propose, entre autres, 2 nouveaux calculs : 8 × 3 et 9 × 3. Ces calculs sont expliqués à partir des décompositions suivantes :

8 × 3 = 2 × 4 × 3 ou (7 × 3) + 3 8 × 3 = 24
9 × 3 = (10 × 3) – 3 9 × 3 = 27

- À l'issue de cette séance, l'enseignant fait compléter ces deux résultats dans la table de multiplication de 3 (fichier élève page 102).

Calculs à proposer : 7 × 3 ; 8 × 3 ; 10 × 3 ; 9 × 3 ; 9 × 5 ; 6 × 2 ; 4 × 3.

Objectifs de la séance

- Déterminer, par procédures personnelles sans matériel, la quantité initiale dans des situations où une quantité subit une transformation dans différents contextes.
- Vérifier la cohérence de son résultat en revenant au texte de l'énoncé.

Activité 1 de réinvestissement

Exercice 1 p. 57

Tâche

Trouver la quantité initiale connaissant la transformation et la quantité finale.

Déroulement

Le contexte est toujours celui des parcs et des vélos.

La procédure visée est l'utilisation de la frise en coloriant les cases comme il a été montré dans les mises en commun de la séance précédente. Les carrés unité ne sont plus disponibles dans un premier temps. D'autres procédures sont possibles : calcul sur les doigts, mental ou utilisation d'un résultat mémorisé.

Certains élèves auront pu utiliser un schéma pour comprendre la situation. Les élèves sont invités à vérifier la cohérence de leur résultat numérique obtenu en revenant au texte de l'énoncé.

Différenciation

Pour les élèves en difficulté

Après un temps de recherche infructueux, les carrés unité ou le parc et les vélos peuvent être mis à disposition.

Pour les élèves plus rapides

Exercice supplémentaire 1, fiche différenciation 16

Mise en commun

La mise en commun se déroule comme celle des étapes 2 et 3 de la situation de découverte de la séance 1.

Les résultats peuvent être vérifiés avec le matériel parc et vélos.

Réponses

Cas 1 : 12 vélos au début.

Cas 2 : 11 vélos au début.

Activité 2 de réinvestissement

Exercice 2 p. 58

Tâche

Trouver la quantité initiale connaissant la transformation et la quantité finale.

Déroulement

L'enseignant fait expliciter les énoncés des problèmes.

Les procédures sont les mêmes qu'à l'exercice précédent. Les élèves sont invités à vérifier la cohérence de leur résultat numérique obtenu en revenant au texte de l'énoncé.

Différenciation

Pour les élèves en difficulté

Après un temps de recherche infructueux, la frise et les carrés unité peuvent être proposés.

Pour les élèves plus rapides

Exercice supplémentaire 2, fiche différenciation 16

La mise en commun et la validation se déroulent comme lors des séances précédentes. L'enseignant peut utiliser les post-it pour représenter les livres.

Réponses

Cas 1 : 11 livres.

Cas 2 : 28 livres.

Bilan

L'enseignant revient avec les élèves sur les recherches effectuées (quantité initiale), la question à se poser avant de chercher une solution (« Y avait-il plus ou moins de livres au début ? ») et sur les procédures utilisées pour résoudre les problèmes. Il faut faire les liens entre les problèmes en s'appuyant sur les posters.

Séance 4

Rituels du jour

Lecture/écriture	Calcul mental
• Idem séance 1	• Idem séance 3. *Calculs à proposer* : 1 × 3 ; 9 × 3 ; 7 × 2 ; 8 × 3 ; 6 × 5 ; 4 × 3 ; 7 × 3.

Objectifs de la séance

- Déterminer, par procédures personnelles, sans matériel, la quantité initiale, la quantité finale ou la transformation dans des situations où une quantité subit une transformation.
- Vérifier la cohérence de son résultat en revenant au texte de l'énoncé.

Activité de réinvestissement

Exercice 3 p. 59

Tâche

Résoudre des problèmes de transformation.

Déroulement

L'enseignant peut choisir les problèmes à faire résoudre. Il n'est pas nécessaire de les faire résoudre tous par tous.

Avant de laisser les élèves travailler à leur rythme, l'enseignant indique qu'il faut mettre les nombres et le point d'interrogation aux bons endroits sur les pointillés. Ce travail peut être réalisé en commun pour le premier cas. Cette étape a pour objectif d'obliger les élèves à lire les énoncés et à s'approprier les problèmes et leur illustration.

Le premier problème est un problème de recherche de quantité initiale, le deuxième, une recherche de la transformation, le troisième, une recherche de quantité finale avec une donnée inutile à la résolution et le quatrième une recherche d'état initial avec une donnée inutile à la résolution. Les élèves sont invités à vérifier la cohérence de leur résultat numérique obtenu en revenant au texte de l'énoncé.

Différenciation

Pour les élèves en difficulté

L'enseignant peut aider les plus fragiles ou les non-lecteurs à compléter les pointillés.

Après un temps de recherche infructueux, du matériel peut être mis à disposition : par exemple, les carrés unité du matériel de l'élève.

Pour les élèves plus rapides

Organiser un tutorat pour aider à placer les données et les points d'interrogation.

La mise en commun et la validation se déroulent comme lors des séances précédentes. L'enseignant peut utiliser les post-it pour représenter les jetons.

Réponses

Cas 1 : Il y avait 7 jetons.

Cas 2 : Éva enlève 6 jetons.

Cas 3 : Il y a 15 jetons rouges à la fin.

Cas 4 : Au début, il y avait 27 jetons noirs.

Bilan

L'enseignant revient avec les élèves sur les recherches effectuées (quantité initiale, finale ou transformation) et sur les procédures utilisées pour résoudre les problèmes en appui sur les posters *Problèmes de transformation*.

Fin de séquence

Je m'entraine à mon rythme

La valse des oiseaux

Objectif

- S'entrainer à résoudre des problèmes de transformation

Contrairement à la séquence 3, les problèmes ici ne sont pas enchainés. Ce sont trois exercices indépendants : les deux premiers sont des recherches de la quantité initiale, le troisième, une recherche de transformation.

Les élèves disposent d'une ardoise et d'une frise numérique.

> **Aide à apporter aux élèves en difficulté**
>
> Les élèves qui ne comprennent pas encore ce que l'on cherche dans ces situations peuvent être accompagnés pour les mimer à l'aide de matériel (carrés unité). Il est important qu'ils commencent à comprendre l'évolution d'une collection : elle augmente ou elle diminue. Il s'agira ensuite de quantifier la quantité initiale, l'augmentation ou la réduction.

Réponses

Cas 1 : 22 canards.

Cas 2 : 16 oiseaux.

Cas 3 : 6 moineaux.

Je cherche

Le drapeau de la Colombie

Objectif

- Utiliser les fractions un demi et un quart pour désigner une partie d'un tout, le drapeau.

Un rectangle de la taille du dessin du drapeau peut être fourni.

Réponses

Jaune : un demi ou $\frac{1}{2}$.

Bleu : un quart ou $\frac{1}{4}$.

Rouge : un quart ou $\frac{1}{4}$.

Solides

pp. 26-29

Rituels de la semaine

Objectifs d'apprentissage	
Lecture/écriture • Lire et écrire les nombres jusqu'à 999.	**Calcul mental** • Connaitre les tables de multiplication de 2, 3, 5, 10 et quelques résultats de la table de 4 (1 × 4 ; 2 × 4 ; 3 × 4 ; 4 × 4 ; 5 × 4 ; 6 × 4 ; 10 × 4).

Séquence d'apprentissage

Place dans l'ensemble des séquences « Espace et géométrie »							
2. Carré et angle droit	8. Alignement et milieu	11. Rectangle	**17. Solides**	21. Repérage dans l'espace	24. Tracé de carrés et de rectangles	29. Triangle rectangle	33. Cercle et compas

Objectif de la séquence

Reconnaitre, nommer, décrire et construire certains solides.

Objectifs d'apprentissage du BO

- Reconnaitre les solides usuels suivants : cube, boule, cône, pyramide, cylindre, pavé.
- Nommer un cube, une boule, un pavé, un cône ou une pyramide.
- Décrire un cube, un pavé ou une pyramide en utilisant les termes « face », « sommet » et « arête ».
- Connaitre le nombre et la nature des faces d'un cube ou d'un pavé.
- Construire un cube, un pavé droit ou une pyramide.

Pourquoi faire manipuler des solides ?

Le travail en géométrie est toujours en premier lieu perceptif. Les élèves doivent pouvoir manipuler des solides pour pouvoir en analyser les caractéristiques et apprendre à maitriser le vocabulaire adéquat, vocabulaire qu'il ne faut pas confondre avec le vocabulaire lié aux figures planes. Résoudre des problèmes en manipulant les objets, en ayant un regard analytique, permet de se forger des images mentales. Le travail ne peut pas commencer par des représentations planes de ces solides.

Dans la continuité du travail entrepris au CP, les manipulations, par les élèves, de solides fournis avec le matériel détachable et de matériel courant adapté permettent d'introduire le vocabulaire géométrique en lui donnant du sens. La construction et l'observation de « squelettes » ou « maquettes » de solides préparent à la compréhension d'une représentation en perspective cavalière.

Remarques importantes :

Les objectifs ne résident pas dans l'apprentissage par cœur du nombre de faces, d'arêtes et de sommets des différents solides rencontrés mais dans la compréhension de ce que désignent ces termes et dans la capacité à les dénombrer.

Un pavé (droit) est un solide à six faces, toutes rectangulaires, ce qui inclut les carrés. Certains pavés n'ont aucune face carrée (par exemple le pavé L du matériel élève), d'autres en ont deux (par exemple le pavé C de l'enseignant ou le K de l'élève). Enfin d'autres ont leurs six faces carrées, ces pavés sont appelés cubes. Le cube est donc un cas particulier de pavé droit (qui est un cas particulier de prisme), tout comme un carré est un rectangle particulier. Cette classification n'est pas abordée au CE1. Cependant **il est important de ne jamais dire qu'un cube n'est pas un pavé**, cela créerait des blocages pour comprendre plus tard l'inclusion des cubes dans la famille des pavés.

Les solides utilisés lors de cette séquence pourront être assemblés en amont. L'aide d'adultes (enseignants, parents) peut s'avérer nécessaire pour détacher soigneusement les patrons des solides (fiches 6•7•8) sans les déchirer, ainsi que pour les assembler. L'utilisation de ruban adhésif rendra ces solides plus résistants.

Structure de la séquence

- Séance 1 : découverte : polyèdres et non-polyèdres
- Séance 2 : découverte : faces d'un polyèdre
- Séance 3 : découverte : arêtes et sommets d'un polyèdre
- Séance 4 : réinvestissement
- Fin de séquence : entrainement et recherche

Matériel nécessaire

Matériel à télécharger pour l'ensemble de la séquence :

- Annexe 17.
- Fiche évaluation 17.
- Matériel enseignant : les solides.

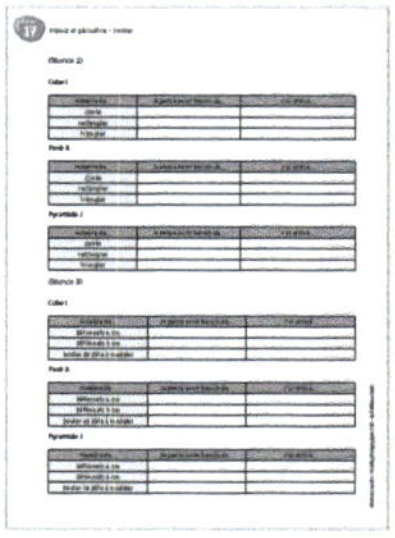
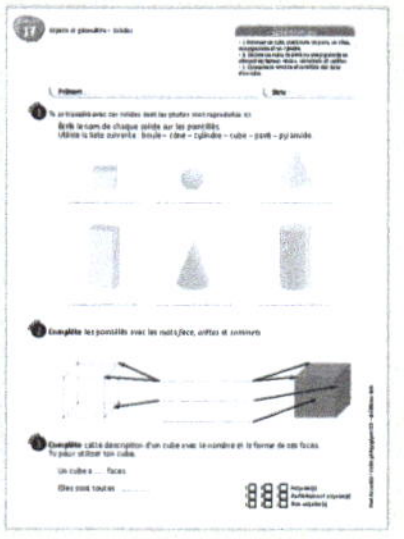

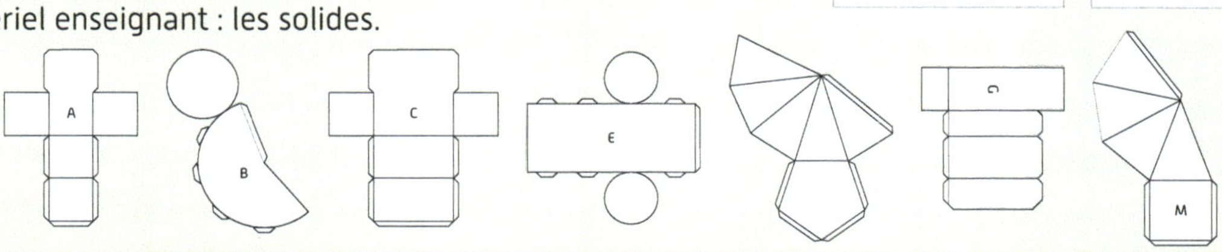

	Matériel pour l'enseignant	Matériel pour les élèves
Séance 1	– Les 7 solides à monter pour l'enseignant – Des objets du quotidien ayant des formes proches des standards de géométrie. Par exemple, ceux illustrés dans le fichier de l'élève : un ballon, une balle (de tennis ou autre), une boite d'allumettes, une boite de conserve cylindrique, un cornet de glace, une boite de céréales en forme de pavé, une pile bâton, un dé à jouer, un objet en forme de pyramide, et une balle de ping-pong sur laquelle inscrire D. – La reproduction agrandie de l'exercice 1 p. 26.	**Matériel par binôme** – Le fichier de l'élève p. 26. – Mémo 17.1
Séance 2	– Le cube A. – 6 carrés de 5 cm de côté découpés dans du papier. – Du ruban adhésif et une maire de ciseaux.	**Matériel individuel** – Le cube I, le pavé K et la pyramide J qui ont été assemblés préalablement avec l'aide d'un adulte (enseignant, parent) – Les polygones bleus – Du ruban adhésif et une maire de ciseaux – Les tableaux de l'Annexe 17 – Le fichier de l'élève p. 27. – Mémo 17.2 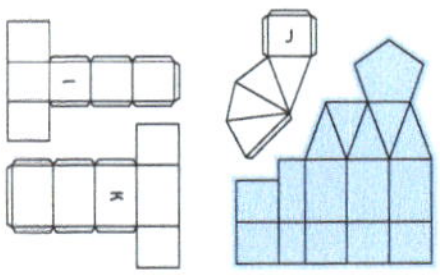 *Différenciation :* de la pâte à fixer ; le pavé L et la pyramide H.
Séance 3	– 12 bâtonnets de 4 cm de long et 8 boules de pâte à modeler pour le cube I. – 8 bâtonnets de 4 cm de long, 4 bâtonnets de 6 cm de long et 8 boules de pâte à modeler pour le pavé K. – 8 bâtonnets de 4 cm de long et 5 boules de pâte à modeler pour la pyramide J.	**Matériel individuel** – 25 bâtonnets de 4 cm de long, 10 bâtonnets de 6 cm de long – 22 boules de pâte à modeler ou une grosse – Une barquette – Les tableaux de l'Annexe 17 – Le cube I, le pavé K et la pyramide J – Le fichier de l'élève p. 27. – Mémo 17.3 *Différenciation :* le pavé L et la pyramide H et les bâtonnets adaptés.
Séance 4	– Les solides I, J, K, L, H. – Une boite opaque. – La reproduction agrandie de l'exercice 2 p. 28.	**Matériel par binôme** – Les cinq solides – Le fichier de l'élève p. 28 – Un sac opaque dans lequel il est possible de plonger les mains sans voir l'intérieur. 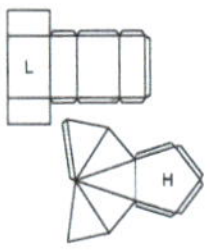
Fin de séquence		**Matériel individuel** – Les cinq solides – Le fichier de l'élève p. 29 **Différenciation pour le problème de recherche** *:* une frise numérique jusqu'à 30 (Annexe « Frises »)

Séance 1

Rituels du jour

Lecture/écriture

- Identique à la semaine précédente.

Calcul mental

- L'enseignant propose 2 calculs déjà vus dans les semaines précédentes et les 5 calculs suivants : 1 × 4 ; 2 × 4, 3 × 4, 5 × 4, 10 × 4. Ces calculs sont expliqués à partir des décompositions suivantes :

1 × 4 signifie une fois 4	1 × 4 = 4
2 × 4 = le double de 4	2 × 4 = 8
3 × 4 = 4 × 3	3 × 4 = 12
5 × 4 = 4 × 5	5 × 4 = 20
10 × 4 = 4 × 10	10 × 4 = 40

- À l'issue de cette séance, l'enseignant fait compléter ces cinq lignes de la table de multiplication de 4 (fichier élève page 102).

Calculs à proposer : 2 × 4 ; 8 × 3 ; 5 × 4 ; 10 × 4 ; 7 × 5 ; 3 × 4 ; 1 × 4.

OBJECTIF DE LA SÉANCE

Reconnaitre, nommer les solides usuels suivants : cube, boule, cône, cylindre, pavé, pyramide.

Activité 1 de découverte

ÉTAPE 1

Tâche

Comprendre le critère de tri réalisé par l'enseignant.

Ce qui est visé en donnant cette tâche

Réintroduire le cube.

Lancement

Les sept solides de l'enseignant (le cube A, le cône B, les pavés C et G, la boule D, le cylindre E et la pyramide F) ainsi que les cinq solides du matériel de l'élève sont placés en vrac sur une table. Cette collection est complétée d'objets du quotidien dont la forme simple se rapproche du cube, du pavé, d'une boule, d'un cône, d'un cylindre ou d'une pyramide. Il serait préférable d'avoir au moins deux ou trois objets pour chaque forme.

Les élèves sont rassemblés autour de la table.

L'enseignant commence par réunir les différents cubes puis demande aux élèves pourquoi il les a mis ensemble.

Déroulement

La recherche est collective, les mises en commun se font donc au fur et à mesure.

La réponse attendue à la question est que les objets se ressemblent. Le nom « cube » est soit connu des élèves, soit réintroduit par l'enseignant.

ÉTAPE 2

Tâche

Continuer le tri entamé à l'étape 1.

Ce qui est visé en donnant cette tâche

Réintroduire les noms de quelques solides usuels.

Déroulement

Un élève est invité à faire une nouvelle « famille de solides » en mettant ensemble ceux qui se ressemblent. Les autres discuteront autour de sa proposition. Une fois celle-ci validée par l'enseignant, le nom générique des solides est donné (cône, pavé, cylindre, boule, pyramide).

Institutionnalisation

L'enseignant introduit le terme « solide » en indiquant, par exemple, qu'en géométrie on appelle tous ces objets qui ont un volume, qui ne sont pas plats, des solides. Il prend soin de faire distinguer ce mot du contraire du mot « fragile ». Il précise que l'on est ici en géométrie en abordant le fait qu'il existe des registres différents de vocabulaire. Les noms des différents solides utilisés sont ensuite rappelés avant de faire ouvrir le fichier p. 26 pour remplir le *Ce que j'ai découvert* sans jamais dire qu'un cube n'est pas un pavé (cf. Remarques importantes p. 184).

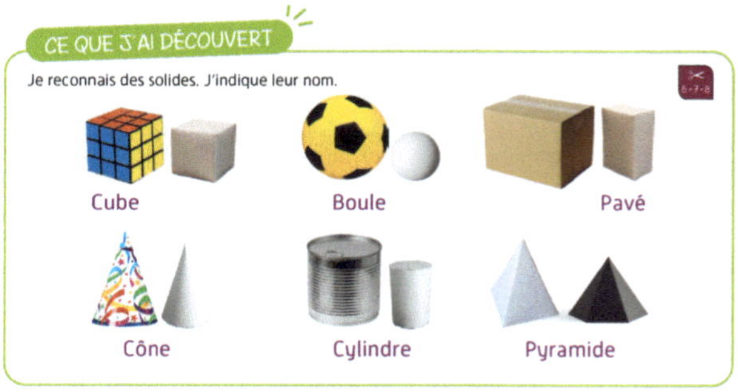

Activité 2 de réinvestissement Exercice 1 p. 26

Tâche

Associer certains objets du quotidien au nom de leur forme.

Lancement

L'enseignant s'assure que les élèves reconnaissent les objets sur les photos. Il peut faire le lien avec les objets qu'il a apportés qui restent disponibles. Le travail ne réside pas dans la reconnaissance des représentations des solides mais bien sûr l'identification des solides eux-mêmes. Le travail sur fichier doit simplement traduire le travail réalisé avec la manipulation, en garder la mémoire.

Recherche

Les élèves peuvent être autorisés à venir voir de plus près les solides du quotidien et du matériel collectif qui ont été réunis sur une même table si nécessaire.

Mise en commun

- Discussion autour des réponses proposées en s'appuyant sur la forme générale des objets.
- Si le dé est relié au « pavé », la réponse n'est pas considérée comme fausse mais l'enseignant demande s'il n'y a pas une autre réponse. Si le cas ne se présente pas, il n'est pas évoqué.
- Validation en rapprochant chaque objet du quotidien apporté au solide du matériel collectif auquel il correspond.

Réponses

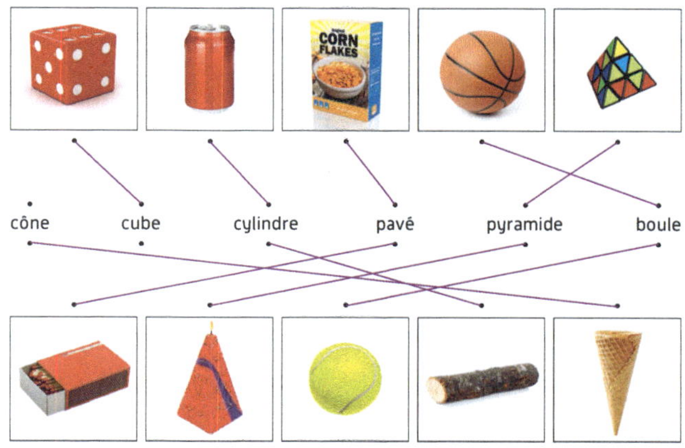

Bilan

Retour sur les noms des différents solides en montrant tour à tour un des solides de l'enseignant. Ces solides peuvent être placés sur une étagère et accompagnés d'une étiquette portant leur nom géométrique.

Séance 2

Rituels du Jour

Lecture/écriture	Calcul mental
• Idem séance 1.	• Idem séance 1. *Calculs à proposer* : 3 × 4 ; 7 × 2 ; 2 × 4 ; 5 × 4 ; 10 × 4 ; 3 × 5 ; 8 × 3.

Objectifs de la séance

- Décrire un cube, un pavé et une pyramide par la forme de leurs faces.
- Construire un cube, un pavé droit ou une pyramide.

Activité de découverte

Tâche

Reproduire un cube, un pavé et une pyramide en assemblant leurs faces avec les formes du matériel prédécoupé.

Ce qui est visé en proposant cette tâche

Définir la notion de face en s'intéressant aux formes des faces d'un cube, d'un pavé et d'une pyramide et à leur nombre.

Lancement

L'enseignant présente la tâche : « En travaillant par deux, vous allez construire un cube comme le cube I, un pavé comme le pavé K et la pyramide J que vous avez sur votre table. Vous utiliserez les formes qu'il faut parmi celles que vous avez dans votre barquette. Mais, pour chaque solide, vous devez d'abord déterminer les formes dont vous avez besoin et leur nombre et l'écrire dans la première colonne vide des tableaux que je vous distribuerai (Annexe 17). Vous aurez, à votre disposition des triangles, des carrés et des rectangles. Mettez-vous d'accord. Ensuite utilisez du ruban adhésif pour assembler les formes. »

L'enseignant montre les polygones du matériel élève, distribue les tableaux (Annexe 17) et montre comment remplir la première colonne en donnant un exemple.

Il montre également comment assembler deux formes avec le ruban adhésif.

Il précise enfin de construire les solides un par un en commençant par le cube.

Recherche

Les élèves travaillent par deux pour favoriser les échanges et l'argumentation. Ils peuvent chacun utiliser leurs solides pour l'analyser, en compter les faces mais ils devront en construire un seul pour le binôme. Le matériel détachable les y contraint puisqu'il n'y a pas assez de carrés bleus dans le matériel pour construire un cube. Il faut donc travailler en collaborant. Ils doivent se mettre d'accord et écrire dans le tableau le matériel qu'ils pensent nécessaire.

Procédures visées :

- analyser les formes des faces des solides ;
- dénombrer les faces pour chaque sorte ;
- les assembler avec du ruban adhésif pour construire les solides.

Erreurs possibles :

- erreur dans l'analyse des formes ;
- erreur dans le dénombrement des faces ;
- erreur dans l'agencement des faces.

Les erreurs de choix de formes ou de leur nombre peuvent être rectifiées durant la phase de recherche.

Différenciation

Pour les élèves en difficulté

Si certains élèves ont trop de difficultés à assembler les formes pour construire leurs solides, leur demander de les couvrir avec les formes du matériel en les collant avec de la pâte à fixer.

Pour les élèves plus rapides

Si certains binômes sont beaucoup plus rapides, il est possible de leur donner le pavé L à construire ou la pyramide J.

Mise en commun

Chaque solide est étudié tout à tour.

- La validation est immédiate par la réussite de la construction des solides.
- Analyse des erreurs en s'appuyant sur les corrections effectuées lors de la construction.
- Discussion autour des formes choisies et leur nombre ainsi que sur les procédures pour arriver à ce choix.
- Remplissage de la deuxième colonne du tableau concerné.
- Mise en évidence d'une procédure efficace pour dénombrer les faces d'un solide : le tenir entre les doigts d'une main et ne pas le faire tourner durant le comptage des faces, choisir un trajet d'énumération pertinent. Éventuellement numéroter les faces lorsqu'on peut écrire sur le solide.

Institutionnalisation

Le terme « face » est réintroduit (nous l'avons introduit en CP), il désigne les surfaces planes que les élèves appellent intuitivement, à tort, les côtés.

L'encadré Ce que J'ai découvert 1 p. 27 est complété.

CE QUE J'AI DÉCOUVERT

Pour construire un solide, j'assemble des formes géométriques.
Ce sont ses faces.

Je dois bien observer les formes des faces du solide et leur nombre.

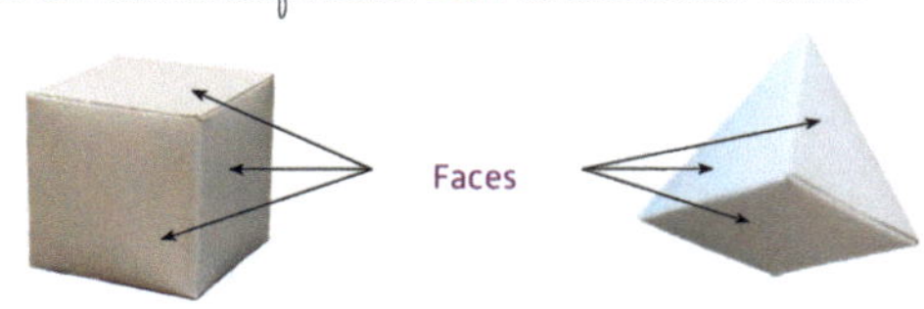

Séance 3

Rituels du Jour

Lecture/écriture

- Idem séance 1.

Calcul mental

- L'enseignant propose, entre autres, 2 nouveaux calculs : 4 × 4 et 6 × 4. Ces calculs sont expliqués à partir des décompositions suivantes :

4 × 4 = 2 × 2 × 4 ou (3 × 4) + 4   4 × 4 = 16
6 × 4 = 2 × 3 × 4 ou (5 × 4) + 4   6 × 4 = 24

- À l'issue de cette séance, l'enseignant fait compléter ces deux résultats dans la table de multiplication de 4 (fichier élève page 102).

Calculs à proposer : 3 × 4 ; 4 × 4 ; 7 × 3 ; 9 × 2 ; 5 × 4 ; 6 × 4 ; 4 × 3.

Objectifs de la séance

- Définir ce que sont les arêtes et les sommets d'un solide.
- Déterminer le nombre d'arêtes et de sommets d'un cube, d'un pavé et d'une pyramide.

Activité de découverte

Tâche

Construire le « squelette » du cube I, du pavé K et de la pyramide J à l'aide de bâtonnets et de boules de pâte à modeler.

Ce qui est visé en proposant cette tâche

Introduire les notions d'arête et de sommet.

Apprendre à dénombrer les arêtes et les sommets d'un polyèdre.

Préparation du matériel

La construction du « squelette » des trois polyèdres nécessite la préparation de bâtonnets et de boules de pâte à modeler.

	Cube I	Pavé K	Pyramide J
Nombre de bâtonnets 4 cm	12	8	4
Nombre de bâtonnets 6 cm		4	4
Nombre de boules de pâte à modeler	8	8	5

Les bâtonnets peuvent être des morceaux de pailles, des piques en bois, etc.

L'enseignant prépare des barquettes dans lesquelles il place 25 bâtonnets de 4 cm de long, 10 bâtonnets de 6 cm de long et 22 boules de pâte à modeler s'il souhaite que les élèves n'aient pas besoin de défaire un squelette construit pour faire le suivant. Il peut également donner une grosse boule de pâte à modeler en laissant à la charge des élèves la réalisation des petites boules pour attacher les bâtonnets.

Lancement

L'enseignant présente le squelette d'un cube qu'il a réalisé pour montrer le but à atteindre et donne la consigne : « Je vais vous donner une barquette pour deux. Dans cette barquette, il y a des bâtonnets et de la pâte à modeler. Vous prenez ce dont vous avez besoin pour construire comme moi le squelette du cube I. » Le cas échéant, il indique qu'il faudra préparer soi-même les petites boules de pâte à modeler. « Avant de commencer, vous écrivez dans le tableau (Annexe 17) les nombres de bâtonnets et de boules de pâtes à modeler dont vous pensez avoir besoin. Ensuite vous pouvez construire le pavé K puis la pyramide J. »

Recherche

Les élèves ont les trois solides à disposition. Ils doivent se mettre d'accord sur le matériel à prendre dans la barquette puisqu'ils fabriqueront leur squelette à deux et l'écrire dans les tableaux.

Mise en commun

Pour chaque solide tour à tour :

▸ Analyse des erreurs et des bonnes réponses.

▸ Introduction des mots « arête » et « sommet » en faisant le lien entre bâtonnets et « bords » des faces, entre boules de pâte et « pointes » du cube, premier solide traité. Ce vocabulaire est mobilisé ensuite pour chaque solide, et le cas particulier de la pyramide permet de faire la différence entre les sommets d'un solide et le sommet d'une montagne. Une pyramide a plusieurs sommets, pas seulement le plus haut d'entre eux lorsqu'elle repose sur sa base, face non triangulaire (sauf dans le cas du tétraèdre).

▸ Explicitation d'une procédure pour dénombrer les arêtes et les sommets : ne pas tourner le solide dans tous les sens pour pouvoir organiser un parcours sur le solide. On retrouve les problèmes d'énumération.

▸ Les quantités de bâtonnets et boules de pâte à modeler utilisés pour chaque solide sont notées dans les tableaux pour en garder trace pour la résolution de l'exercice 2.

Institutionnalisation

Les termes « arête » et « sommet » sont de nouveau explicités. Pour cela un nouveau solide peut être utilisé.

L'encadré *Ce que j'ai découvert 2* p. 27 est complété en revenant sur l'activité.

CE QUE J'AI DÉCOUVERT

Pour fabriquer les squelettes des solides, je dois prendre le bon nombre de bâtonnets et de boules.

Les bâtonnets représentent les arêtes.

Les boules représentent les sommets.

Séance 4

Rituels du jour

Lecture/écriture

• Idem séance 1.

Calcul mental

• Idem séance 3.

Calculs à proposer : 1×4 ; 3×4 ; 9×3 ; 10×10 ; 4×4 ; 6×3 ; 6×4.

Objectif de la séance

• Savoir déterminer le nombre d'arêtes, de faces et de sommets d'un solide

• Utiliser le nombre d'arêtes, de faces et de sommets pour reconnaitre un solide

Activité 1 de réinvestissement

Exercice 2 p. 28

Tâche

Compléter des fiches d'identité des solides I, L, K et J.

Lancement

L'enseignant fait redire ce que sont les faces, les arêtes et les sommets d'un solide en demandant de les montrer sur l'un d'entre eux. Il fait expliciter ensuite la consigne de l'exercice.

Recherche

Les élèves complètent les fiches d'identité en s'aidant des solides laissés à disposition.

Mise en commun

Elle peut être brève en privilégiant une correction individuelle pour répondre aux besoins et laisser du temps à une ou deux autres activités de réinvestissement hors fichier.

Réponses

Cube I : 6 faces carrées, 12 arêtes, 8 sommets.

Pavé L : 6 faces rectangulaires, 12 arêtes, 8 sommets.

Pavé K : 2 faces carrées, 4 faces rectangulaires, 12 arêtes, 8 sommets.

Pyramide J : 1 face carrée et 4 faces triangulaires, 8 arêtes, 5 sommets.

Nous proposons ici plusieurs activités de réinvestissement qui peuvent être menées lors de cette séance ou lors de rituels.

Activité 2 de réinvestissement – L'intrus

Tâche

Trouver l'intrus dans un ensemble de solides.

Ce qui est visé en proposant cette tâche

S'intéresser aux propriétés des faces délimitant des polyèdres usuels.

Lancement

L'enseignant donne la consigne en précisant que l'on travaille sur les propriétés des solides, pas sur leur nom : « Vous allez bien observer les solides que vous poserez sur votre table ; vous devrez trouver l'intrus, c'est-à-dire celui qui ne va pas avec les autres. Vous écrirez la lettre qui est inscrite dessus sur votre ardoise et vous devrez expliquer pourquoi vous pensez que c'est celui-là. »

Les élèves placent sur leur table les solides de leur matériel indiqués par l'enseignant.

Recherche

Dans certains cas, plusieurs réponses sont possibles. Il faut que l'élève justifie sa réponse en montrant que l'intrus qu'il a retenu est le seul à avoir la propriété qu'il précise.

Cas 1 : les cinq solides du matériel de l'élève. L'intrus : le cube, seul à avoir toutes ses faces identiques ; ou la pyramide H, seule à avoir une face à 5 côtés ; ou la pyramide J, seule à avoir 5 faces.

Cas 2 : mettre les pavés K et L, la pyramide J sur la table. L'intrus : la pyramide J, seule à avoir des faces triangulaires ou à avoir 5 faces.

Cas 3 : mettre les pyramides H et J et le pavé L sur la table. L'intrus : le pavé L, seul à ne pas avoir de face triangulaire ; ou la pyramide J, seule à avoir 5 faces.

Mise en commun

▸ Les réponses erronées sont rejetées en montrant en quoi le solide cité n'est pas un intrus (l'enseignant montre qu'au moins deux solides exposés possèdent la propriété proposée par un élève pour justifier de son refus).

▸ Toutes les réponses justifiées par l'énonciation d'une propriété caractérisant un seul des solides sont validées.

Activité 3 de réinvestissement – Jeu du portrait

Tâche

Trouver le solide caché par l'enseignant (jeu du portrait).

Déroulement

L'enseignant cache un des solides du matériel élève dans sa boite. Chaque élève a ses cinq solides sur sa table.

Consigne :

« J'ai caché un solide dans ma boite. Je vais vous donner des indices pour retrouver le solide que j'ai caché. Quand vous êtes sûrs de la réponse, vous écrivez la lettre de ce solide sur votre ardoise. »

Entre chaque indice, qu'il écrit au tableau au fur et à mesure, l'enseignant laisse le temps aux élèves de faire le tri des solides sur leur table pour écarter les solides qui ne correspondent pas.

Voici des exemples d'indices pour faire trouver les différents solides :

▸ Avec un seul indice :
– le cube I : « Il (le solide caché) n'a que des faces carrées. »
– la pyramide J : « Il a cinq faces. »

▸ Avec deux indices :
– le pavé L : « Il a des faces en forme de rectangle. Il n'a aucune face carrée. »
– la pyramide H : « Il a 6 faces. Il n'a aucune face rectangulaire. »
– le pavé K : « Il a deux faces carrées. Les autres faces sont des rectangles. »
– la pyramide J : « Il a une face carrée et des faces en forme de triangle. »

La validation se fait par la sortie de la boite du solide caché et par un retour sur les indices donnés.

Activité 4 de réinvestissement – Jeu de Kim

Tâche

Reconnaitre un solide par le toucher.

Déroulement

Les élèves ont beaucoup observé les solides durant la semaine, ils ont dû s'en construire des images mentales. Il s'agit maintenant de solliciter le sens du toucher, et ainsi de mobiliser ces images mentales.

Les élèves sont par binôme, les solides de l'un d'entre eux sont sur la table, ceux de l'autre sont dans une boite qui peut se fermer.

Le premier choisit en cachette un solide de la boite et le met dans un sac. Le deuxième plonge ses mains dans le sac sans regarder et doit reconnaitre le solide. Il peut dire son nom ou bien montrer son jumeau (celui qui est pareil) sur la table. S'il se trompe, celui qui a caché le solide lui donne une deuxième chance. La réponse est vérifiée en sortant le solide du sac.

Les élèves recommencent alors en inversant les rôles.

À titre d'exemple, l'enseignant peut jouer une première fois avec un élève pour expliciter les consignes.

Bilan

L'enseignant revient sur le fait que l'on reconnait un solide aux formes de ses faces.

Fin de séquence

Je m'entraine

Assemblages de solides

Objectif

- Reproduire un assemblage de solides.

1. Jeu à deux

Variante 1 : sans verbalisation

Les élèves sont en binômes, chacun avec ses solides. L'un réalise un assemblage avec ses propres solides tout en le cachant (derrière un livre ouvert par exemple). Une fois l'assemblage terminé, il retire le livre, et le deuxième élève doit le reproduire. Les rôles sont ensuite inversés.

Variante 2 : avec verbalisation

Cette fois, l'élève cacheur ne montre pas son assemblage mais le décrit, par exemple : « En premier, j'ai posé le cube sur la table. J'ai posé dessus le pavé sans carré et par-dessus la pyramide ». Il n'est pas autorisé à utiliser les lettres écrites sur les solides. Le deuxième élève doit réaliser le même. Si les élèves n'ont pas retenu le nom du prisme, soit il est retiré des solides disponibles, soit l'enseignant en fixe un au tableau et écrit son nom.

Les rôles sont ensuite inversés.

2. À partir des photos

Les élèves reproduisent les assemblages photographiés. Chaque assemblage est comparé entre voisins puis validé.

Aide à apporter aux élèves en difficulté

L'enseignant peut jouer avec les élèves en difficulté pour les aider à reconnaitre et nommer les solides.

Il peut leur faire décrire les photos pour les aider à associer les solides photographiés et les solides réels.

Je cherche

La grande roue

Objectifs

- Résoudre des problèmes de transformation.
- Développer des compétences de chercheur : faire preuve d'initiative, de persévérance, être organisé, etc.

L'enseignant s'assurera de la compréhension des illustrations dans ce nouveau contexte. Il attirera l'attention des élèves sur le fait que les questions sont enchainées. En particulier pour le troisième arrêt lors duquel des personnes montent et d'autres descendent.

Il faut compléter les pointillés dans l'ordre. Les élèves utilisent un cahier de brouillon, une ardoise pour chercher. Une frise numérique jusqu'à 30 (Annexe « Frises ») peut être laissée à disposition même si les nombres ont été choisis pour faciliter un calcul mental. Cependant, les procédures personnelles sont tout à fait recevables, en particulier lorsqu'il s'agit de trouver le nombre de personnes qui montent ou descendent. Rappelons qu'il vaut mieux un élève qui cherche à réfléchir qu'un élève qui reste bloqué car il ne connait pas la procédure experte.

Réponses

Arrêt 1 : 20 personnes dans la roue ; **arrêt 2 :** 8 personnes montent ; **arrêt 3 :** 30 personnes dans la roue ; **arrêt 4 :** 6 personnes descendent.

Comparaison des nombres jusqu'à 999

pp. 62 à 65

Rituels de la semaine

Objectifs d'apprentissage

Lecture/écriture	Calcul mental
• Lire et écrire les nombres jusqu'à 999.	• Connaitre les tables de multiplication de 2, 3, 4, 5, et 10.

Séquence d'apprentissage

Place dans l'ensemble des séquences « Construire la numération écrite chiffrée »

1. Écritures chiffrées et comparaison des nombres jusqu'à 99	6. Écritures chiffrées des nombres jusqu'à 199	9. Comparaison des nombres jusqu'à 199	13. Écritures chiffrées des nombres jusqu'à 999	**18. Comparaison des nombres jusqu'à 999**

Objectif de la séquence

Réinvestir la signification de l'écriture chiffrée des nombres inférieurs à 999 pour indiquer, réaliser et comparer des quantités dans divers contextes.

Objectifs d'apprentissage du BO

- Dénombrer des collections en les organisant.
- Connaitre la valeur des chiffres en fonction de leur position dans un nombre.
- Comparer des nombres entiers en utilisant les symboles (=, <, >).
- Comprendre et savoir utiliser les expressions « égal à », « supérieur à », « inférieur à ».
- Ordonner des nombres dans l'ordre croissant ou décroissant.

Pourquoi renforcer la signification des chiffres pour les nombres jusqu'à 999 ?

Cette séquence 18 continue d'aborder l'écriture chiffrée comme un moyen d'indiquer un nombre d'objets, sans nécessairement passer par le nom du nombre. La centaine est toujours perçue comme à la fois cent unités et dix dizaines, et la dizaine comme dix unités.

Concernant ces nombres jusqu'à 999, nous reprenons la progression concernant les nombres inférieurs à 199 introduits en séquence 6 et réutilisés pour des comparaisons et des additions posées en colonnes en séquences 7 et 9. Dans cette séquence 18, les nombres jusqu'à 999, introduits en séquence 13 et réinvestis dans les additions posées en colonnes en séquence 14, sont donc mobilisés pour des comparaisons.

Ces comparaisons se font le plus souvent en référence à des quantités que les nombres désignent, quantités elles-mêmes indiquées par des étiquettes ou des désignations en termes de centaines, dizaines et unités. Nous évitons ainsi un apprentissage mécanique d'une règle de comparaison chiffre à chiffre afin de retravailler la compréhension de la numération écrite chiffrée dans son aspect positionnel (un chiffre a une signification différente selon sa position) et son aspect décimal (dix unités d'un certain rang constituent une unité d'un rang supérieur, autrement dit 10 u = 1 d, 10 d = 1 c et donc 100 u = 1 c). C'est pourquoi nous proposons des compositions (obtenir l'écriture chiffrée à partir d'une désignation en termes d'unités, dizaines et centaines) et décompositions (obtenir une désignation en termes d'unités, dizaines et centaines à partir de l'écriture chiffrée), non seulement avec un ordre d'énonciation des unités de numération qui n'est en général pas l'ordre canonique, centaines, dizaines puis unités, mais aussi avec des nombres d'unités et dizaines qui dépassent parfois neuf.

Pour les élèves les plus en difficulté, pour valider une comparaison, il sera toujours possible de revenir à une correspondance matérielle terme à terme, centaine/centaine, dizaine/dizaine, unité/unité.

Remarques importantes : dans cette séquence, nous n'avons pas proposé de dénombrer des collections. En effet, l'énumération prend beaucoup de temps et pourrait devenir l'activité réelle des élèves, les détournant de l'apprentissage visé sur la compréhension de la numération écrite chiffrée pour comparer des nombres.

Les deux premières séances débutent par le « Jeu de cartes » déjà vu aux séquences précédentes. La composition du jeu de cartes fourni aux binômes est indiquée pour chaque séance. Elle est à respecter strictement. C'est ainsi que les élèves vont être confrontés aux apprentissages spécifiques visés à chaque séance, et ceci de manière progressive. En revanche, le matériel manipulable des étiquettes unité, dizaine, centaine n'est pas limité : il faut que les élèves puissent prendre les étiquettes correspondant aux cartes sans être obligé de faire des échanges.

Structure de la séquence

- Séance 1 : découverte : savoir comparer des nombres exprimés en unités de numération (le nombre de dizaines et le nombre d'unités sont inférieurs à 10)
- Séance 2 : réinvestissement : le nombre de dizaines et le nombre d'unités sont supérieurs à 10, mais pas simultanément
- Séance 3 : réinvestissement : cas général
- Séance 4 : réinvestissement
- Fin de séquence : entrainement et recherche

Matériel nécessaire

Matériel à télécharger pour l'ensemble de la séquence :
– Fiches Annexes 18.1 et 18.2.
– Fiche différenciation 18 pour tous les exercices supplémentaires de la séquence.
– Fiche évaluation 18.

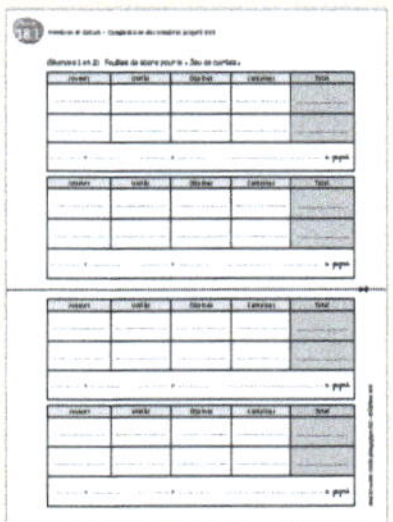
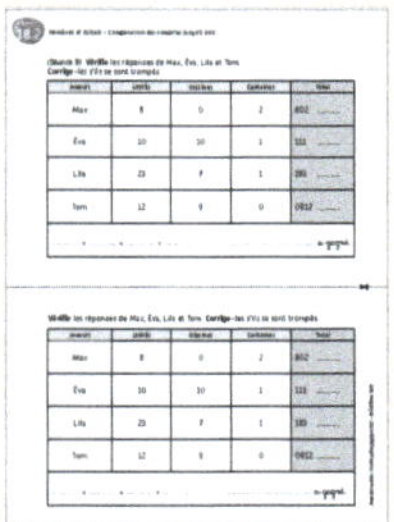
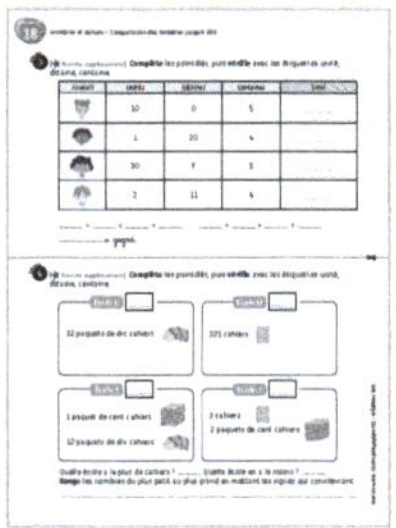

	Matériel pour l'enseignant	Matériel pour les élèves
Séance 1	– Les étiquettes unité, dizaine, centaine – Une feuille de score agrandie permettant plusieurs parties, Annexe 18.1 (ou possibilité d'écrire directement au tableau) – La reproduction agrandie de l'exercice 1 p. 62 (ou possibilité d'écrire directement au tableau)	**Matériel par binôme** – 28 cartes du Jeu de cartes – Une réserve d'étiquettes unité, dizaine, centaine – 3 barquettes pour deux joueurs : une pour mettre la réserve d'étiquettes, et une pour chaque joueur 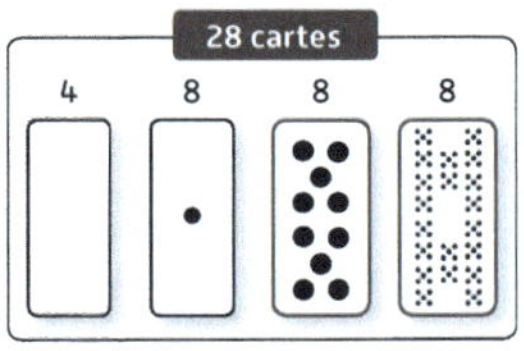 – Une feuille de score permettant plusieurs parties, Annexe 18.1 – Une ardoise pour la mise en commun – Le fichier de l'élève p. 62 – Mémo 18
Séance 2	– Les étiquettes unité, dizaine, centaine – Une feuille de score agrandie permettant plusieurs parties, Annexe 18.1 (ou possibilité d'écrire directement au tableau) – La reproduction agrandie de l'exercice 2 p. 63 (ou possibilité d'écrire directement au tableau)	**Matériel par binôme** – 38 cartes du Jeu de cartes – Une réserve d'étiquettes (au moins 6 étiquettes unité, 24 étiquettes dizaine, 6 étiquettes centaine) – 3 barquettes pour deux joueurs : une pour mettre la réserve d'étiquettes, et une pour chaque joueur 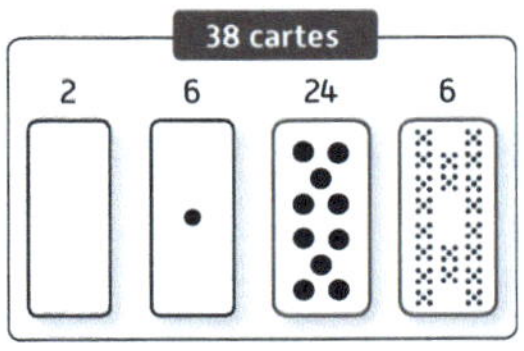 – Une feuille de score permettant plusieurs parties, Annexe 18.1 – Une ardoise pour la mise en commun – Le fichier de l'élève p. 63 – Mémo 18

Séance 3	– Les étiquettes unité, dizaine, centaine – Une feuille de score déjà remplie agrandie, Annexe 18.2 (ou possibilité d'écrire directement au tableau) – La reproduction agrandie de l'exercice 3 p. 63 (ou possibilité d'écrire directement au tableau)	**Matériel par élève** – Une réserve d'étiquettes (possibilité de la fournir par binôme) – Une feuille de score à vérifier, Annexe 18.2 – Une ardoise – Un cahier de recherche – Le fichier de l'élève p. 63 – Mémo 18 *Différenciation :* exercice supplémentaire 3, fiche différenciation 18
Séance 4	– Les étiquettes unité, dizaine, centaine – La reproduction agrandie de l'exercice 4 p. 64	**Matériel par élève** – Une réserve d'étiquettes (possibilité de la fournir par binôme) – Une ardoise – Un cahier de recherche – Le fichier de l'élève p. 64 – Mémo 18 *Différenciation :* exercice supplémentaire 4, fiche différenciation 18
Fin de séquence		**Matériel par élève** – Le fichier de l'élève p. 65 *Différenciation :* une réserve d'étiquettes

Séance 1

Rituels du jour

Lecture/écriture

• Identique à la semaine précédente.

Calcul mental

• L'enseignant propose 5 calculs déjà vus dans les semaines précédentes et les 2 calculs suivants : 7 × 4 ; 9 × 4. Ces calculs sont expliqués à partir des décompositions suivantes :

7 × 4 = (6 × 4) + 4 ou 7 × 4 = 4 × 7 = 2 × 2 × 7 — 7 × 4 = 28

9 × 4 = (10 × 4) – 4 — 9 × 4 = 36

• À l'issue de cette séance, l'enseignant fait compléter ces deux lignes de la table de multiplication de 4 (fichier élève page 102).

Calculs à proposer : 6 × 4 ; 7 × 4 ; 8 × 5 ; 10 × 4 ; 9 × 4 ; 6 × 3 ; 3 × 4.

Objectif de la séance

Comparer et ranger des quantités à partir de l'écriture chiffrée traduite en centaines, dizaines et unités : le nombre de dizaines et le nombre d'unités étant inférieurs à 10.

Activité 1 de découverte

Remarque importante : dans les tableaux de la feuille de score, les étiquettes ne sont pas mises dans l'ordre centaine, dizaine, unité afin de ne pas engager les élèves à utiliser des procédures systématiques.

Tâche

Jouer au « Jeu de cartes » pour obtenir des étiquettes. Remplir une feuille de score (Annexe 18.1) et comparer les scores obtenus.

Ce qui est visé en proposant cette tâche

Mobiliser les connaissances sur la signification des écritures chiffrées pour comparer des nombres exprimés en unités de numération : cas où le nombre de dizaines et le nombre d'unités sont inférieurs à 10.

Lancement

L'enseignant indique aux élèves qu'ils vont jouer au « Jeu de cartes ». Il y a deux changements par rapport à la dernière fois qu'ils ont joué. D'abord, il faut prendre des étiquettes unité, dizaine, centaine et non plus des carrés unité, bandes dizaine et plaques centaine, ensuite il y a une nouvelle carte : la carte « cent » qui est présentée à ce moment.

Les élèves devront remplir une feuille de score et déterminer le gagnant. L'enseignant distribue le matériel par binôme : le jeu de 28 cartes (*cf.* matériel p. précédente), la réserve d'étiquettes dans une barquette, 2 barquettes vides et une feuille de score.

Les élèves font au moins deux parties.

Recherche

L'enseignant fait attention à ce que les élèves prennent les étiquettes pertinentes suivant la carte du jeu tirée afin de ne pas avoir à traiter cet élément dans la mise en commun.

Le total devrait apparaitre comme un bon moyen de comparer en utilisant les chiffres, alors que la collection d'étiquettes est un bon moyen de vérifier.

Procédure visée pour écrire le score de chacun :

▸ utilisation du sens des chiffres des écritures chiffrées, il y a ici moins de dix unités, dizaines et centaines.

Procédure possible pour écrire le score de chacun :

▸ utilisation du nom des nombres pour ensuite les écrire avec des chiffres.

Erreurs possibles pour écrire le score de chacun, selon la procédure adoptée :

▸ mauvaise compréhension de la valeur d'un chiffre selon sa position : en particulier, les chiffres sont alignés dans l'ordre d'apparition dans le tableau (sens de lecture), sans se soucier s'ils se réfèrent à la centaine, dizaine ou unité (les unités de numération sont en effet présentées dans un ordre différent de celui des chiffres à écrire) ;

▸ erreur pour obtenir le nom du nombre à partir des étiquettes ;

▸ erreur pour obtenir l'écriture chiffrée à partir du nom du nombre.

Procédures visées pour comparer :

▸ utilisation du sens des chiffres des écritures chiffrées des scores obtenus (colonne « Total »), vérification à l'aide des étiquettes ;

▸ utilisation du nom des nombres (ordre d'apparition dans la comptine numérique).

Procédure possible pour comparer :

▸ utilisation uniquement des étiquettes (correspondance terme à terme unité/unité, dizaine/dizaine, centaine/centaine).

Erreurs possibles, suivant la procédure adoptée pour comparer :

▸ mauvaise compréhension de la signification des chiffres ;

▸ mauvaise connaissance des noms des nombres ou de leur classement dans la suite orale ;

▸ mauvaise comparaison avec les étiquettes : les élèves se fient au nombre d'étiquettes et pas à leur valeur ou ils ne réussissent pas à comparer les collections quand il faut comparer des étiquettes de valeurs différentes (par exemple 1 centaine et 3 dizaines).

Différenciation

Pour les élèves en difficulté

Une fois les réponses écrites, demander d'argumenter et utiliser le verso des étiquettes montrant les quantités.

Pour les élèves plus rapides

Jouer plusieurs parties en donnant une autre feuille de score.

Mise en commun

La mise en commun s'effectue après que chaque binôme a fait au moins deux parties.

Trois feuilles de score vont être étudiées successivement (choix des parties imposé par l'enseignant).

Feuille de score étudiée n° 1

Joueurs	Unités	Dizaines	Centaines	Total
Max	4	2	5	......
Éva	4	6	3	......
.... <		.... >		.... a gagné.

▸ Les totaux sont écrits après avoir demandé aux élèves de les écrire sur leur ardoise, ce qui permet de revenir sur la signification des chiffres (attention ici à l'ordre des chiffres qui ne correspond pas à l'ordre de chaque sorte d'étiquette). À noter qu'il est inutile de savoir le nom du nombre, mais celui-ci est nommé une fois qu'il est écrit.

▸ Ensuite l'enseignant demande aux élèves d'écrire sur leur ardoise le plus grand des deux. Une discussion est engagée sur la justification de la réponse, notamment sur le nombre de centaines.

▸ La validation se fait à l'aide des étiquettes. Les deux collections d'étiquettes sont mises côte à côte au tableau. Les correspondances terme à terme centaine/centaine, dizaine/dizaine et unité/unité sont faites.

▸ Demander ce qu'il en est de la procédure consistant à compter le nombre d'étiquettes, sans considérer leur valeur.

▸ Conclure que c'est 524 le plus grand des deux nombres et écrire alors au tableau : 364 < 524 et 524 > 364.

Feuille de score étudiée n° 2

Joueurs	Unités	Dizaines	Centaines	Total
Tom	5	3	4	......
Lila	3	5	4	......
.... <		.... >		.... a gagné.

Le déroulement est identique au précédent.

▸ Les totaux sont validés après avoir demandé aux élèves d'écrire leurs réponses sur ardoise.

▸ Ensuite demander aux élèves d'entourer sur leur ardoise le plus grand des deux.

▸ Pour la validation, comme il y a le même nombre de centaines (qui se voit dans l'écriture chiffrée et s'entend dans le nom du nombre), il suffit soit de comparer le nombre d'unités restantes qui s'entend dans la suite du nom du nombre (« trente-cinq » et « cinquante-trois ») ou se lit sur l'écriture chiffrée (35 et 53), soit de comparer le nombre de dizaines qui se lit sur l'écriture chiffrée (3 et 5). Si nécessaire, proposer la validation à l'aide de la correspondance terme à terme des étiquettes au tableau.

▸ Conclure que c'est 453 le plus grand des deux nombres et écrire alors au tableau : 435 < 453 et 453 > 435.

Feuille de score étudiée n° 3

Joueurs	Unités	Dizaines	Centaines	Total
Lila	4	3	4	......
Éva	4	5	4	......
.... <	.... >	.... a gagné.		

▸ Le déroulement est identique au précédent.

▸ Conclure que c'est 454 le plus grand des deux nombres et écrire alors au tableau : 434 < 454 et 454 > 434.

Institutionnalisation

Conclure que la comparaison des nombres se fait grâce à la comparaison du nombre de centaines et si nécessaire ceux de dizaines ou d'unités.

Faire compléter les pointillés du *Ce que j'ai découvert* p. 62 et lire la phrase qui illustre les procédures de comparaison.

CE QUE J'AI DÉCOUVERT

Je mets les signes < ou > pour indiquer une comparaison.

454 > 434 434 < 454 524 > 364 364 < 524

Pour comparer deux nombres, c'est-à-dire indiquer quel est le plus petit et le plus grand, je compare le nombre de centaines puis, si nécessaire, le nombre de dizaines, puis s'il le faut le nombre d'unités.

Activité 2 de réinvestissement

Exercice 1 p. 62

Tâche

Écrire les scores et les comparer afin de compléter des feuilles de score du « Jeu de cartes » comportant différentes distributions des étiquettes unité, dizaine et centaine : il n'y a pas plus de 9 étiquettes de chaque sorte.

Lancement

Après la lecture et l'explicitation de la consigne en se référant à l'activité que les élèves viennent de vivre, l'enseignant fait observer les endroits pour écrire les réponses.

L'enseignant insiste sur le fait que les étiquettes sont utilisées uniquement pour vérifier et donc pas avant d'avoir écrit une réponse (qui peut être corrigée en cas d'invalidation après manipulation des étiquettes).

Recherche

Procédure visée pour écrire le score de chacun :

▸ principes sous-jacents similaires à l'activité de découverte, mais les élèves n'auront pas les étiquettes, ce qui ne permet pas de manipuler les dizaines ou centaines à prendre en compte. Le tableau engage, en outre, la prise en compte de l'ordre des unités, dizaines et centaines, inverse de celui utilisé dans l'écriture chiffrée.

Procédure possible pour écrire le score de chacun :

▸ utilisation du nom des nombres pour ensuite les écrire avec des chiffres, par exemple pour le premier cas : « huit-cent-trente-et-un » s'écrit 831.

Erreurs possibles pour écrire le score de chacun, selon la procédure adoptée :

▸ mauvaise compréhension de la valeur d'un chiffre selon sa position, on pourrait avoir ici par exemple pour le premier cas : 138 (Tom) et 457 (Lila) ;

▸ erreur pour obtenir le nom du nombre à partir des désignations en termes de centaines, unités et dizaines ;

▸ erreur pour obtenir l'écriture chiffrée à partir du nom du nombre ;

▸ erreur dans l'utilisation du zéro.

Procédures visées pour comparer :

▸ utilisation du sens des chiffres des écritures chiffrées des scores obtenus (colonne total) ;

▸ utilisation du nom des nombres (ordre d'apparition dans la comptine numérique).

Erreurs possibles, suivant la procédure adoptée pour comparer :

▸ mauvaise compréhension de la signification des chiffres ;

▸ mauvaise connaissance des noms des nombres ou de leur rangement dans la suite orale.

Différenciation

Pour les élèves en difficulté

Après que les élèves ont donné leurs réponses, leur fournir les étiquettes, et selon nécessité, utiliser le verso des étiquettes montrant les quantités.

Pour les élèves plus rapides

Jouer des parties au « Jeu de cartes » en notant les résultats sur une feuille de score.

Mise en commun

▸ Identique à celle de l'activité 1.

▸ Une attention est portée à :
– la signification des chiffres selon leur position ;
– la place et au rôle du zéro, en particulier dans le dernier cas pour lequel l'écriture 095 n'est pas valide, il est inutile de mettre le zéro ici alors que c'est nécessaire pour 105.

Réponses

Cas 1 : 831 (Tom) et 754 (Lila), Tom a gagné.

Cas 2 : 910 (Éva) et 805 (Max), Éva a gagné.

Cas 3 : 95 (Lila) et 105 (Max), Max a gagné.

Bilan

Revenir sur le *Ce que j'ai découvert* et montrer en quoi il s'applique aux cas rencontrés.

Séance 2

Rituels du Jour

Lecture/écriture	Calcul mental
• Idem séance 1	• Idem séance 1 *Calculs à proposer :* 9 × 4 ; 5 × 4 ; 8 × 3 ; 6 × 5 ; 2 × 4 ; 7 × 2 ; 7 × 4.

Objectif de la séance

Comparer des quantités à partir de l'écriture chiffrée traduite en centaines, dizaines et unités, le nombre de dizaines ou le nombre d'unités pouvant être supérieurs à 9 (mais pas les deux en même temps).

Activité 1 de réinvestissement

Tâche

Jouer au « Jeu de cartes » pour obtenir des étiquettes .

Remplir une feuille de score (Annexe 18.1) et comparer les scores obtenus.

Ce qui est visé en proposant cette tâche

Mobiliser les connaissances sur la signification des écritures chiffrées pour comparer des nombres exprimés en unités de numération : cas où le nombre de dizaines et le nombre d'unités peuvent être supérieurs à 9, mais pas les deux en même temps.

Lancement

L'enseignant indique aux élèves qu'ils vont jouer au « Jeu de cartes ».

Les élèves devront remplir une feuille de score et déterminer le gagnant. L'enseignant distribue le matériel par binôme : le jeu de 38 cartes (*cf.* matériel p. 193), la réserve d'étiquettes dans une barquette, 2 barquettes vides, une feuille de score.

Les élèves font au moins deux parties.

Recherche

L'enseignant fait attention à ce que les élèves prennent les étiquettes pertinentes suivant la carte tirée afin de ne pas avoir à traiter cet élément dans la mise en commun.

Le total devrait apparaitre comme un bon moyen de comparer en utilisant les chiffres, alors que la collection d'étiquettes est un bon moyen de vérifier.

Les procédures possibles et les erreurs sont celles listées dans la séance précédente. La spécificité de cette activité réside dans la possibilité d'avoir plus de neuf dizaines. Ceci nécessite alors soit une transformation des centaines en nombre de dizaines (3 c + 15 d + 1 u = 45 d + 1 u), soit d'envisager de nouvelles centaines (3 c + 15 d + 1 u = 4 c + 5 d + 1 u).

Différenciation

Pour les élèves en difficulté

Une fois les réponses écrites, demander d'argumenter et utiliser si nécessaire le verso des étiquettes. Inciter à faire des remplacements de type une centaine contre dix dizaines ou dix dizaines contre une centaine quand cela est nécessaire (cette dernière possibilité permet de revenir au cas de la 1re séance).

Pour les élèves plus rapides

Jouer plusieurs parties.

Mise en commun

La mise en commun s'effectue après que chaque binôme a fait au moins deux parties.

Deux feuilles de score vont être étudiées successivement (choix des parties imposé par l'enseignant).

Feuille de score étudiée n° 1

Joueurs	Unités	Dizaines	Centaines	Total
Tom	5	9	3	......
Éva	1	15	3	......
.... <		.... >		.... a gagné.

▶ Les totaux sont écrits après avoir demandé aux élèves de l'écrire sur leur ardoise, ce qui permet de revenir sur la signification des chiffres (attention ici à l'ordre des chiffres qui ne correspond pas à l'ordre de chaque sorte d'étiquette). À noter qu'il est inutile de savoir le nom du nombre, mais celui-ci est nommé une fois qu'il est écrit. La nouveauté vient du fait d'avoir plus de neuf dizaines pour le 2nd joueur. Les deux procédures 3 c + 15 d + 1 u = 45 d + 1 u et 3 c + 15 d + 1 u = 4 c + 5 d + 1 u sont envisagées pour obtenir l'écriture chiffrée 451.

▶ Ensuite l'enseignant demande aux élèves d'écrire sur leur ardoise le plus grand des deux nombres. Une discussion est engagée sur la justification de la réponse, notamment sur le nombre de centaines.

▶ Demander ce qu'il en est de la procédure consistant à compter le nombre d'étiquettes, sans considérer leur valeur.

▸ Conclure que c'est 451 le plus grand des deux nombres et écrire alors au tableau : 395 < 451 et 451 > 395.

Feuille de score étudiée n° 2

Joueurs	Unités	Dizaines	Centaines	Total
Lila	0	14	3	......
Max	6	10	3	......
.... <		.... >		.... a gagné.

Le déroulement est identique au précédent.

▸ Les totaux sont validés après avoir demandé aux élèves d'écrire leurs réponses sur ardoise. Les deux procédures sont étudiées pour chacun des cas : 3 c + 14 d = 44 d ou 3 c + 14 d = 4 c + 4 d et 3 c + 10 d + 6 u = 40 d + 6 u ou 3 c + 10 d + 6 u = 4 c + 6 u.

▸ Le rôle et la nécessité du zéro sont mis en exergue.

▸ Ensuite demander aux élèves d'écrire sur leur ardoise le plus grand des deux nombres.

▸ Pour la validation, comme il y a le même nombre de centaines (qui se voit dans l'écriture chiffrée et s'entend dans le nom du nombre), il suffit soit de comparer le nombre d'unités restantes qui s'entend dans la suite du nom du nombre (« quarante » et « six ») ou se lit sur l'écriture chiffrée (40 et 6), soit de comparer le nombre de dizaines qui se lit sur l'écriture chiffrée (4 et 0).

▸ Si nécessaire, proposer la validation à l'aide des étiquettes au tableau, en faisant apparaitre les remplacements nécessaires (10 d = 1 c ; 10 u = 1 d) pour les correspondances terme à terme centaine/centaine, dizaine/dizaine et unité/unité.

▸ Conclure que c'est 440 le plus grand des deux nombres et écrire alors au tableau : 406 < 440 et 440 > 406.

Bilan

Conclure que la comparaison des nombres se fait grâce à la connaissance du nombre de centaines et si nécessaire celui de dizaines ou d'unités, sans institutionnaliser de règles automatiques (insister sur la justification).

Activité 2 de réinvestissement

Exercice 2 p. 63

Tâche

Écrire les scores et les comparer afin de compléter des feuilles de score du « Jeu de cartes » comportant différentes distributions des étiquettes unité, dizaine et centaine : il y a soit plus de 9 unités, soit plus de 9 dizaines mais pas les deux en même temps.

Lancement

Après la lecture et l'explicitation de la consigne en se référant à l'activité que les élèves viennent de vivre, l'enseignant fait observer les endroits pour écrire les réponses. L'ardoise ou un cahier de recherche est fourni aux élèves.

L'enseignant insiste sur le fait que les étiquettes sont utilisées uniquement pour vérifier et donc pas avant d'avoir écrit une réponse (qui peut être corrigée en cas d'invalidation après manipulation des étiquettes).

Recherche

Procédure visée pour écrire le score de chacun :

▸ principes sous-jacents similaires à l'activité précédente, mais les élèves n'auront pas les étiquettes, ce qui ne permet pas de manipuler les dizaines ou centaines à prendre en compte (10 u = 1 d et 10 d = 1 c). Le tableau engage, en outre, la prise en compte de l'ordre des unités, dizaines et centaines, inverse de celui utilisé dans l'écriture chiffrée. Des écrits personnels pour la recherche sont donc attendus ; par exemple pour le premier cas : 15 d = 1 c + 5 d ; 1 c + 7 c = 8 c ; 8 c + 5 d = 850.

Ces écrits étant personnels, il n'est pas exigé qu'ils prennent une forme canonique. On pourrait aussi voir des arbres comme en séquence 7 ou encore des traces sur le tableau, par exemple :

Joueurs	Unités	Dizaines	Centaines	Total
Éva	0	15 →	7	**850**
Lila	12 →	4	8	**852**

Procédure possible pour écrire le score de chacun :

▸ utilisation du nom des nombres pour ensuite les écrire avec des chiffres, par exemple, pour le premier cas : « sept-cents » et « cent-cinquante » donc « huit-cent-cinquante » qui s'écrit 850.

Erreurs possibles pour écrire le score de chacun, selon la procédure adoptée :

▸ mauvaise compréhension de la valeur d'un chiffre selon sa position, on pourrait avoir ici par exemple pour le premier cas (Éva et Lila) :
– non prise en compte de l'ordre : 058 ou 58 (Éva) et 258 (Lila) ;
– non prise en compte de la décimalité (10 d = 1 c ; 10 u = 1 d) : 7 150 ou 715 ou 760 (Éva) et 8 412 ou 843 (Lila) ;
– non prise en compte de l'ordre et de la décimalité : 0157 ou 7 510 ou 157 ou 067 ou 67 (Éva) et 1 248 ou 348 (Lila) ;

▸ erreur pour obtenir le nom du nombre à partir des désignations en termes de centaines, unités et dizaines ;

▸ erreur pour obtenir l'écriture chiffrée à partir du nom du nombre ;

▸ erreur dans l'utilisation du zéro.

Procédures visées pour comparer :

▸ utilisation du sens des chiffres des écritures chiffrées des scores obtenus (colonne total) ;

▸ utilisation du nom des nombres (ordre d'apparition dans la comptine numérique).

Erreurs possibles, suivant la procédure adoptée pour comparer :

▸ mauvaise compréhension de la signification des chiffres ;

▸ mauvaise connaissance des noms des nombres ou de leur classement dans la suite orale.

Différenciation

Pour les élèves en difficulté

Après que les élèves ont donné leurs réponses, leur fournir les étiquettes, et selon nécessité, utiliser le verso des étiquettes.

Pour les élèves plus rapides

Jouer plusieurs parties.

Mise en commun

▸ Identique à l'activité 1.

▸ Une attention est portée à :
– la signification des chiffres selon leur position, avec en particulier ici les cas où il y a plus de dix unités (Lila dans le premier tableau et Tom dans le second) ;
– la place et au rôle du zéro (Éva dans le premier tableau et Max dans le second).

▸ À noter que pour la comparaison :
– il faut regarder le nombre d'unités restantes pour le premier cas (Éva et Lila) car il y a le même nombre de centaines et de dizaines (on peut aussi se référer aux noms des deux nombres et leur ordre d'énonciation dans la comptine numérique) ;
– le nombre de centaines dans le deuxième cas (Tom et Max) permet de conclure.

Réponses

Cas 1 : 850 (Éva) et 852 (Lila), Lila a gagné.

Cas 2 : 308 (Max) et 292 (Tom), Max a gagné.

Bilan

Revenir sur le *Ce que j'ai découvert* et montrer en quoi il s'applique aux cas rencontrés.

Séance 3

Rituels du jour

Lecture/écriture

• Idem séance 1.

Calcul mental

• L'enseignant propose, entre autres, le nouveau calcul : 8 × 4. Ce calcul est expliqué à partir des décompositions suivantes :
8 × 4 = 2 × 4 × 4 ou (7 × 4) + 4 8 × 4 = 32
• À l'issue de cette séance, l'enseignant fait compléter ce résultat dans la table de multiplication de 4 (fichier élève page 102).
Calculs à proposer : **7 × 4 ; 8 × 4 ; 7 × 3 ; 9 × 5 ; 4 × 3 ; 9 × 4 ; 4 × 4.**

Objectif de la séance

Comparer plus de deux quantités à partir de leur écriture chiffrée traduite en centaines, dizaines et unités, le nombre de dizaines ou le nombre d'unités pouvant être supérieur à 9.

Activité 1 de réinvestissement

Étape 1

Tâche

Vérifier une feuille de score de quatre joueurs. Les étiquettes sont fournies.

Ce qui est visé en proposant cette tâche

Mobiliser les connaissances sur la signification des écritures chiffrées pour exprimer des nombres exprimés en unités de numération : cas général.

Lancement

L'enseignant explique que les élèves auront à vérifier une feuille de score correspondant au « Jeu de cartes » auquel ont joué Max, Éva, Lila et Tom. Afficher la feuille au tableau (Annexe 18.2). Il faut vérifier la colonne « Total » (celle qui est grisée). S'ils pensent que l'enfant s'est trompé, il faut rayer le nombre et mettre la réponse exacte. La feuille de score de l'Annexe 18.2 est distribuée aux élèves ainsi que les étiquettes. Leur indiquer que les comparaisons seront remplies ensuite.

Recherche

Procédures visées :

▸ écrire le bon résultat à partir des étiquettes et comparer avec ce qui est écrit (voir les procédures détaillées dans les séances précédentes, avec ou sans étiquettes) ;

▸ partir de la proposition de total et comparer avec les étiquettes.

Erreurs possibles :

▸ voir les séances précédentes (erreurs avec ou sans étiquettes).

Mise en commun

▸ Pour chaque total, recenser les élèves qui pensent que ce qui est écrit est juste et ceux qui pensent que c'est faux.

▸ Demander d'argumenter et d'expliquer pourquoi l'enfant s'est trompé :
– Max n'a pas tenu compte de la valeur des étiquettes et a écrit les chiffres dans l'ordre où elles se sont présentées dans le tableau. Max aurait dû écrire 208 ;

– Éva pense que 10 dizaines, c'est comme dix donc elle écrit un 1 (idem pour les unités). Elle ne prend pas en compte que 10 u = 1 d et que 10 d = 1 c. Éva aurait dû écrire 210 ;
– Lila s'est trompée dans le nombre de dizaines. Lila aurait dû écrire 193 ;
– Tom écrit les chiffres à la suite, sans regarder le nombre de centaines, de dizaines et d'unités. Tom aurait dû écrire 102.

ÉTAPE 2

Tâche

Comparer les scores obtenus par les quatre joueurs (feuille de score précédente).

Ce qui est visé en proposant cette tâche

Mobiliser les connaissances sur la signification des écritures chiffrées pour les comparer.

Lancement

Demander de remplir les pointillés pour comparer les scores et indiquer celui qui a gagné.

Recherche

La difficulté supplémentaire principale est le fait de ranger quatre nombres.

Procédure visée :

▸ utiliser les connaissances sur la signification des chiffres pour effectuer la comparaison. Les deux nombres ayant une centaine indiquée par le 1 (193 et 102) sont inférieurs aux deux nombres ayant deux centaines indiquées par le 2 (208 et 210). La comparaison se ramène alors à faire deux fois celle de deux nombres, ce qui a déjà été vu dans les séances précédentes.

Erreurs possibles :

▸ pour comparer deux nombres, celles déjà signalées dans les séances précédentes ;

▸ pour ranger les quatre nombres, ne pas utiliser la transitivité de la relation d'ordre (inférieur à) et donc comparer les nombres deux à deux sans savoir comment en déduire le classement des quatre nombres ;

▸ dans la signification du signe <, confusion possible avec >, et non compréhension de son emploi successif pour ranger quatre nombres.

Mise en commun

▸ Écrire une première réponse au tableau (rangement erroné), et à partir de celle-ci identifier ce que les signes d'inégalité veulent dire : c'est-à-dire 102 < 193 < 208 < 210 signifie 102 < 193 et 193 < 208 et 208 < 210, ce qui veut dire qu'on les a placés du plus petit au plus grand (se référer à la file numérique).

▸ Vérifier alors l'exactitude de la réponse proposée : mettre en évidence le fait de pouvoir déjà indiquer que deux des nombres sont forcément inférieurs à deux autres en regardant le chiffre des centaines.

▸ Montrer qu'il suffit alors de comparer les nombres ayant le même chiffre des centaines pour pouvoir répondre : 102 < 193 < 208 < 210. C'est donc Éva (210) qui a gagné.

Bilan

Revenir sur la signification des chiffres dans les écritures chiffrées :
– l'aspect positionnel (Lila) ;
– l'aspect décimal : 10 u = 1 d, 10 d = 1 c, 100 u = 1 c (Tom, Éva et Max).

Revenir sur le *Ce que j'ai découvert* et montrer en quoi il s'applique aux cas rencontrés.

Activité 2 de réinvestissement

Exercice 3 p. 63

Tâche

Écrire quatre scores obtenus au « Jeu de cartes » et les comparer afin de compléter une feuille de score comportant différentes distributions d'étiquettes unité, dizaine et centaine : le nombre de dizaines et le nombre d'unités pouvant être supérieurs à 9.

Déroulement

Faire le lien avec l'activité précédente. Indiquer que les élèves ont cette fois-ci à écrire les scores puis à les comparer mais sans disposer des étiquettes. Les étiquettes ne sont utilisées que pour vérifier la réponse.

Procédure visée pour ranger les nombres :

▸ Le nombre 496 est plus petit que les autres car on identifie 4 centaines (indiqué par le chiffre 4) qui est inférieur au nombre de centaines des trois autres (indiqué par le chiffre 5). Pour ranger ces trois autres nombres (503, 504 et 512), il suffit soit de considérer le nombre d'unités restantes au-delà des 5 centaines (3, 4 et 12, ce qui s'entend quand on prononce le nom du nombre), soit de considérer le nombre de dizaines indiqué par le chiffre des dizaines (0 pour 503 et 504 et 1 pour 512) ; et pour les deux nombres qui ont le même nombre de dizaines (0), comparer le nombre d'unités indiqué par le chiffre des unités (3 pour 503 et 4 pour 504).

Erreurs possibles :

Les mêmes que l'activité et les séances précédentes.

Différenciation

Pour les élèves en difficulté

Une fois leurs essais effectués, identifier les erreurs qui proviennent de la compréhension de la tâche (rangement de quatre nombres indiqués par le signe <) ou de la stratégie (non utilisation de la comparaison des nombres deux à deux, puis de la transitivité). Selon les cas, demander de vérifier avec les étiquettes ou demander d'écrire à part des comparaisons de nombres deux à deux.

Pour les élèves plus rapides

Exercice supplémentaire 3, fiche différenciation 18.

Mise en commun

Similaire à celle de l'activité de découverte précédente. Mettre en parallèle plusieurs procédures pour comparer les nombres.

Réponses

Lila : 504 ; Tom : 512 ; Éva : 503 ; Max : 496.

496 < 503 < 504 < 512. C'est donc Tom (512) qui a gagné.

Bilan

Revenir sur le *Ce que j'ai découvert* et montrer en quoi il s'applique aux cas rencontrés (sans institutionnaliser de méthode).

Séance 4

Rituels du jour

Lecture/écriture
- Idem séance 1

Calcul mental
- Idem séance 3.

Calculs à proposer : 9 × 4 ; 5 × 3 ; 5 × 4 ; 7 × 5 ; 7 × 4 ; 10 × 4 ; 8 × 4.

OBJECTIF DE LA SÉANCE

Comparer des quantités non manipulables organisées partiellement en centaines, dizaines, unités.

Activité de réinvestissement — Exercice 4 p. 64

Tâche

Comparer des quantités de cahiers dont le nombre est donné sous différentes formes.

Déroulement

Après la lecture et l'explicitation de la consigne, l'enseignant fait observer les endroits pour écrire les réponses et les deux exercices séparés : dans le premier, il faut comparer le nombre de cahiers de deux écoles (A et B), et dans le deuxième le nombre de cahiers de quatre écoles (C, D, E et F). L'ardoise ou un cahier de recherche est fourni aux élèves.

L'enseignant insiste sur le fait que les étiquettes sont utilisées uniquement pour vérifier et donc pas avant d'avoir écrit une réponse (qui peut être gommée en cas d'invalidation après manipulation des étiquettes) et effectué des recherches en utilisant selon nécessité une ardoise ou un cahier de recherche.

Procédures visées et possibles pour l'écriture du nombre de cahiers :

- École A : 3 c + 2 d + 9 u = 329 ; possible mais non favorisé : 32 d + 9 u ;
- École B : 10 d = 1 c donc on a 3 c + 3 d qui s'écrit 330 ; possible 33 d ;
- École C : 10 u = 1 d donc 20 u = 2 d. On a donc en tout 38 d + 2 d qui est égal à 40 d qui s'écrit 400 ; possible 3 c + 8 d + 2 d = 3 c + 10 d et comme 10 d = 1 c, on a 4 c qui s'écrit 400 ;
- École D : 10 u = 1 d donc 15 u = 1 d + 5 u. On a donc en tout 29 d + 1 d + 5 u qui est égal à 30 d + 5 u qui s'écrit 305 ; possible 29 d + 15 u = 2 c + 9 d + 1 d + 5 u qui est égal à 2 c + 10 d + 5 u et comme 10 d = 1 c, on a 3 c + 5 u qui s'écrit 305 ;
- École E : on a 2 c + 42 u qui s'écrit 242 ; possible 2 c + 42 u = 2 c + 4 d + 2 u qui s'écrit 242.
- École F : 3 c + 12 d + 10 u = 3 c + 1 c + 2 d + 1 d qui est égal à 4 c + 3 d qui s'écrit 430 ; autre possibilité 43 d.

Autre procédure possible pour l'écriture du nombre de cahiers :

- passage par le nom du nombre.

Erreurs possibles pour l'écriture du nombre de cahiers :

- dans l'utilisation des égalités 10 u = 1 d et 10 d = 1 c ;
- dans la transcription de la quantité par le nom du nombre (problème de connaissance de la comptine numérique orale et de comptage), puis dans la transcription du nom du nombre en écriture chiffrée.

Les procédures pour la comparaison :

- Elles reprennent celles notifiées dans les séances précédentes et indiquées dans le *Ce que j'ai découvert*.

Différenciation

Pour les élèves en difficulté

Après que les élèves ont donné leurs réponses, leur fournir les étiquettes et, selon nécessité, utiliser le verso des étiquettes. Il s'agira de montrer que le matériel de numération peut représenter les quantités de cahiers en jeu ici.

Pour les élèves plus rapides

Exercice supplémentaire 4, fiche différenciation 18.

Mise en commun

- Rependre des arbres à calcul pour présenter les différentes solutions exposées dans les procédures visées (*cf.* p. 28 du fichier élève) et utiliser le matériel de numération des étiquettes dont il faudra montrer qu'il peut représenter la quantité de cahiers.
- Si possible mettre en parallèle plusieurs procédures, celles qui sont visées et certaines qui sont possibles.

▸ Valoriser celles qui utilisent la composition du nombre en termes d'unités et dizaines (41 d + 3 u), d'unités et centaines (4 c + 13 u) et d'unités, dizaines et centaines (4 c + 1 d + 3 u).

▸ Une attention est portée à la signification des chiffres selon leur position :
– aspect positionnel (école A) ;
– aspect positionnel et décimal (10 u = 1 d, 10 d = 1 c, 100 u = 1 c) : il y a plus de neuf unités uniquement (école E) ; il y a plus de dix dizaines uniquement (école B) ; il y a plus de neuf unités et plus de dizaines (écoles C, D et F) ;
– la place et le rôle du zéro (écoles B, C, D et F).

▸ Certains cas nécessitent de considérer plus d'une dizaine supplémentaire (écoles C, D, E).

▸ À noter que pour la comparaison :
– pour le 1er cas (écoles A et B), il suffit de regarder le nombre d'unités restantes au-delà des 3 centaines (29 u et 30 u) ou de dizaines (2 d et 3 d) car il y a le même nombre de centaines. On peut aussi se référer aux noms des deux nombres et leur ordre d'énonciation dans la comptine numérique ;
– pour le 2e cas (écoles C, D, E et F), le nombre de centaines permet de classer l'école E (242) et l'école D (305), mais aussi de dire que les deux dernières écoles ont plus de cahiers encore. Pour classer ces deux écoles (C et F), on peut revenir à une procédure vue dans le premier cas.

Réponses

Cas 1 : École A : 329 ; École B : 330.
L'école qui a le moins de cahiers est l'école A. L'école qui la plus de cahiers est l'école B.

329 < 330

Cas 2 : École C : 400 (40 dizaines) ; École D : 305 (30 dizaines et 5 unités) ; École E : 242 (2 centaines et 42 unités) ; École F : 430 (43 dizaines ou bien 4 centaines et 3 dizaines).
L'école qui a le moins de cahiers est l'école E (242 cahiers). L'école qui le plus de cahiers est l'école F (430 cahiers).

242 < 305 < 400 < 430

Bilan

Revenir sur le *Ce que j'ai découvert* et montrer en quoi il s'applique aux cas rencontrés.

Fin de séquence

Je m'entraine à mon rythme

Des nombres bien rangés

Objectif

• Réinvestir les connaissances concernant la signification des écritures chiffrées pour composer un nombre à partir d'une désignation en termes de nombres d'unités, dizaines et centaines (les unités et dizaines ne sont pas nécessairement inférieurs à 10) et pour comparer des nombres.

Aide à apporter aux élèves en difficulté

Fournir les étiquettes pour vérifier les réponses (et non pour les produire).

Si les élèves ont encore des difficultés, les faire jouer au « Jeu de cartes » dans cette séance et ultérieurement à d'autres moments. Il est possible de faire jouer ensemble des élèves ayant mieux compris et d'autres moins bien. Pour un jeu à quatre joueurs, on peut utiliser 100 cartes : 4 cartes « zéro », 36 cartes « un », 48 cartes « dix » et 12 cartes « cent ».

Réponses

Joueurs	Unités	Dizaines	Centaines	Total
Éva	13	7	3	**383**
Tom	2	21	2	**412**
Lila	10	8	5	**590**
Max	11	12	2	**331**
590 > 412 > 383 > 331				

Je cherche

Le compte est bon

Objectifs

• Tester, faire des essais pour chercher la solution à un problème.

• Trouver différentes décompositions additives d'un même nombre.

Remarque : si les élèves ne réussissent pas et se découragent au bout d'un certain temps, il est possible de les mettre en binôme.

Réponses

26 = 10 + 8 + 2 + 6 ; 26 = 10 + 8 + 2 + 5 + 1.

31 = 10 + 14 + 7 ; 31 = 10 + 12 + 8 + 1.

20 = 10 + 6 + 3 + 1 ; 20 = 8 + 6 + 5 + 1.

pp. 66 à 69

Soustraction posée en colonnes (1)

Avec des nombres à deux chiffres

Rituels de la semaine

Objectifs d'apprentissage

Suite orale

- Dire la suite orale des nombres **en avant, de 10 en 10, à partir de n'importe quel nombre.**

Calcul mental

- Ajouter ou soustraire un nombre entier de dizaines ou de centaines à un nombre, calculer les compléments correspondants.

Séquence d'apprentissage

Place dans l'ensemble des séquences « Calculer et repérer »

7. Addition posée en colonnes (1)	14. Addition posée en colonnes (2)	**19. Soustraction posée en colonnes (1)**	25. Soustraction posée en colonnes (2)	28. Repérage sur une droite graduée et encadrement

Objectif de la séquence

Calculer des différences de deux nombres à deux chiffres par un calcul posé en colonnes.

Objectif d'apprentissage du BO

Poser et effectuer des additions et des soustractions en colonnes.

Pourquoi aborder la soustraction posée à ce moment de l'année ?

Nous suivons les recommandations du programme prescrivant un apprentissage des techniques opératoires posées (addition, soustraction) en lien avec la numération et les propriétés des opérations. L'objectif n'est donc pas la mémorisation d'un algorithme sans sens, ni la virtuosité technique. De ce fait, nous avons attendu que les propriétés de la numération écrite chiffrée aient été largement abordées auparavant (séquences 1, 6, 9, 13 et 18), y compris dans les additions posées en colonnes (séquences 7 et 14).

Pourquoi le choix d'une technique par « cassage » ?

Nous avons choisi d'enseigner aux élèves la technique de soustraction par « cassage » (voir par exemple le Ce que j'ai découvert p. 66 ou le poster *Soustraction posée en colonnes avec des nombres à 2 chiffres*), celle la plus utilisée dans le monde et de plus en plus en France. Elle permet à la fois d'être facilement compréhensible par les élèves et de travailler le lien avec le sens des écritures chiffrées, dans la lignée de toute la progression adoptée dans le manuel. Cette technique se base essentiellement sur l'aspect positionnel (chaque chiffre renvoie à un nombre différent selon sa position) et à l'aspect décimal (10 u = 1 d, 10 d = 1 c et donc 100 u = 1 d). On doit envisager 1 dizaine comme 10 unités (puis 1 centaine comme 10 dizaines) alors que, pour l'addition posée, il fallait envisager 10 unités comme 1 dizaine (et 10 dizaines comme 1 centaine). L'aspect positionnel entre en jeu, quant à lui, dans le fait de positionner en colonnes les chiffres des unités les uns sous les autres, ainsi que ceux des dizaines et ceux des centaines.

La résolution de problèmes numériques a permis de donner du sens aux opérations et aux signes +, – et × (séquences 3, 5 et 16). Les élèves connaissent donc l'intérêt de trouver le résultat d'une soustraction, ce qui permet de se consacrer ici tout d'abord à la technique opératoire et non à la résolution de problèmes dans son ensemble. La manipulation du matériel de numération renvoie cependant à des situations de retrait (transformation négative, séquence 5). La contextualisation dans des problèmes divers est abordée dans la dernière séance de cette séquence 19 et reprise dans les séquences ultérieures concernant la résolution de problèmes numériques.

Remarques importantes : l'apprentissage de la soustraction posée en colonnes se fait en deux temps, reprenant ainsi la progression adoptée pour l'addition posée. D'abord, dans cette séquence, les nombres en jeu ont au maximum deux chiffres afin de se concentrer sur la compréhension du processus, puis elle est étendue aux nombres à trois chiffres en séquence 25.

Ce sont des opérations avec des « grands » nombres qui sont directement proposées ici, celles pour lesquelles il est difficile de trouver le résultat par un calcul mental. La justification de l'algorithme de la soustraction posée est basée sur le sens des chiffres des écritures chiffrées alors que le calcul mental s'appuie essentiellement sur la numération orale et des propriétés arithmétiques. Le choix entre une technique mentale et une technique de calcul posé est travaillé dans les séquences futures.

La soustraction posée en colonnes est introduite grâce aux carrés unité et aux bandes dizaine, ce matériel servant ensuite uniquement à vérifier les soustractions qui ont été posées en colonnes.

Structure de la séquence

- Séance 1 : découverte : savoir soustraire deux nombres à deux chiffres avec le matériel de numération
- Séance 2 : découverte : savoir poser en colonnes une soustraction de deux nombres à deux chiffres
- Séance 3 : réinvestissement
- Séance 4 : réinvestissement
- Fin de séquence : entrainement et recherche

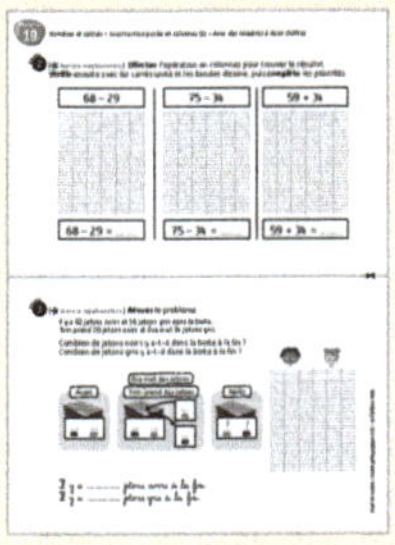

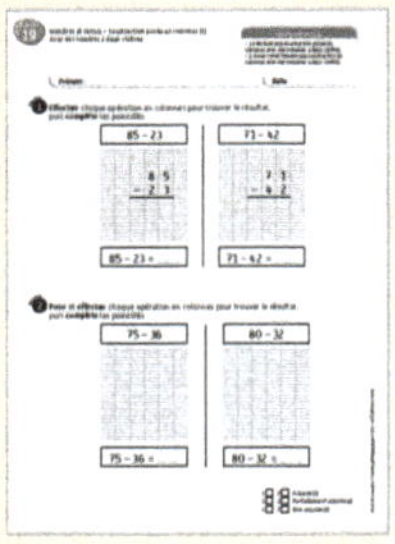

Matériel nécessaire

Matériel à télécharger pour l'ensemble de la séquence :
– Fiche différenciation 19 pour tous les exercices supplémentaires de la séquence.
– Fiche évaluation 19.
– Posters *Soustraction posée en colonnes avec des nombres à 2 chiffres* et *Problèmes de transformation (1 à 3)*.

	Matériel pour l'enseignant	Matériel pour les élèves
Séance 1	– Le matériel de numération : carrés unité et bandes dizaine	**Matériel par élève** – Le matériel de numération : une réserve minimale de 14 carrés unité et 8 bandes dizaine – Une ardoise
Séance 2	– Le matériel de numération : carrés unité et bandes dizaine – Le poster *Soustraction posée en colonnes avec des nombres à 2 chiffres* 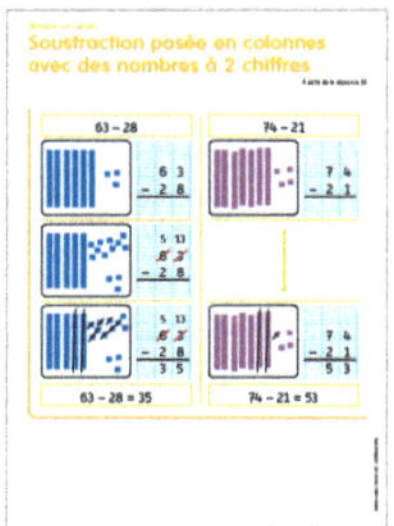 	**Matériel par élève** – Le matériel de numération : une réserve minimale de 19 carrés unité et 9 bandes dizaine – Une ardoise – Le fichier de l'élève p. 66 – Mémo 19
Séance 3	– Le matériel de numération : carrés unité et bandes dizaine – Le poster *Soustraction posée en colonnes avec des nombres à 2 chiffres*	**Matériel par élève** – Le matériel de numération : une réserve minimale de 19 carrés unité et 9 bandes dizaine – Le fichier de l'élève p. 66-67 *Différenciation* : exercice supplémentaire 2, fiche différenciation 19 ; Mémo 19
Séance 4	– Le matériel de numération : carrés unité et bandes dizaine – Le poster *Soustraction posée en colonnes avec des nombres à 2 chiffres* – Les posters *Problèmes de transformation (1, 2 et 3)* - la reproduction agrandie de l'exercice 3 p. 68 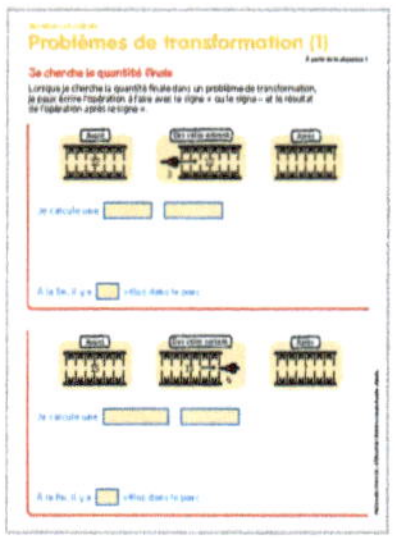 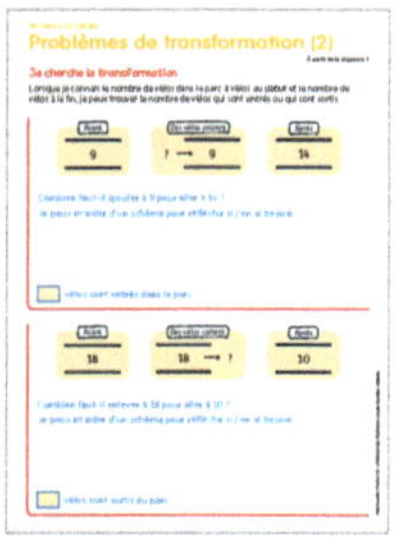 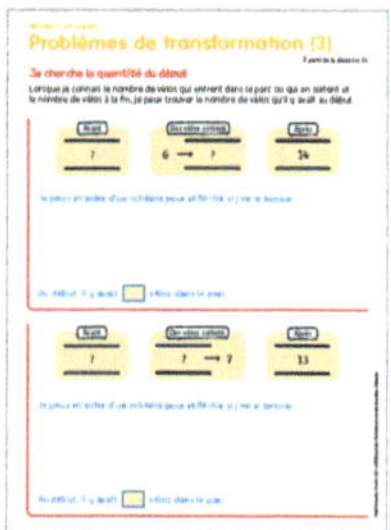 	**Matériel par élève** – Le matériel de numération : une réserve minimale de 19 carrés unité et 9 bandes dizaine – Le fichier de l'élève p. 68 *Différenciation* : exercice supplémentaire 3, fiche différenciation 19
Fin de séquence	– Le poster *Soustraction posée en colonnes avec des nombres à 2 chiffres*	**Matériel par élève** – Le fichier de l'élève p. 69 – *Différenciation* : Mémo 19 ; le matériel de numération

Séance 1

Rituels du jour

Suite orale

- À tour de rôle, les élèves énoncent la suite orale des nombres en avant, de 10 en 10, à partir de n'importe quel nombre.

Calcul mental

- L'enseignant énonce un calcul d'une somme ou d'une différence d'un nombre à un nombre de centaines entières ou un calcul d'un complément d'un nombre de centaines entières à un nombre. *Exemples :* 345 + 600 ou 756 – 300 ou 200 + ? = 854. Le calcul à effectuer est écrit au tableau.
- Les élèves écrivent la réponse sur leur ardoise. La correction s'effectue après chaque calcul en s'appuyant sur le nombre de centaines de chaque nombre. *Exemple :* 345 + 600 c'est 3 centaines 45 unités + 6 centaines. Le résultat est 9 centaines 45 unités donc 945. Pour le calcul d'un complément, la correction fait ressortir l'équivalence entre 300 + ? = 756 et 756 – 300.

Calculs à proposer : **345 + 600** ; **756 – 300** ; **300 + ? = 756** ; **200 + ? = 854** ; **632 – 300** ; **957 – 800** ; **769 + 200**.

Objectif de la séance

Avec du matériel permettant une décomposition en dizaines et unités, calculer des différences de deux nombres à deux chiffres sans et avec retenue.

Activité de découverte

Étape 1

Tâche

Avec des carrés unité et des bandes dizaine, calculer 47 – 24.

Ce qui est visé en proposant cette tâche

Mobiliser les connaissances sur la signification des écritures chiffrées pour soustraire deux nombres à deux chiffres avec le matériel de numération : cas ne nécessitant pas d'échange.

Lancement

« 47 – 24 = » est écrit au tableau.

L'enseignant indique aux élèves qu'ils doivent réaliser l'opération avec le matériel de numération qui va être distribué (carrés unité et bandes dizaine) et écrire le résultat sur leur ardoise. Ils doivent prendre la quantité indiquée par le premier nombre « 47 » et enlever celle indiquée par le deuxième nombre « 24 ».

Recherche

Procédures visées :

- 47 est constitué avec 4 bandes dizaine et 7 carrés unité. On enlève 24 (2 bandes dizaine et 4 carrés unité) ce qui donne 2 bandes dizaine et 3 carrés unité donc 47 – 24 = 23.

Erreurs possibles :

- prendre un matériel de numération ne correspondant pas au nombre 47 ou ne correspondant pas au nombre ôté 24 ;
- confondre addition et soustraction ou ne pas comprendre que le signe « – » correspond à une transformation négative (voir la séquence 5).

Mise en commun

- Reprendre les étapes à l'aide du matériel de numération du tableau en utilisant les expressions « dizaines » et « unités » qui sont reliées aux chiffres des deux nombres 47 et 24 : la constitution d'une collection de 4 dizaines et 7 unités ; le retrait de 2 dizaines et 4 unités (transformation négative) ; le codage final de la collection obtenue avec deux chiffres dans le bon ordre.
- Écrire 47 – 24 = 23.

Étape 2

Tâche

Avec des carrés unité et des bandes dizaine, calculer 54 – 28.

Ce qui est visé en proposant cette tâche

Mobiliser les connaissances sur la signification des écritures chiffrées pour soustraire deux nombres à deux chiffres avec le matériel de numération : cas nécessitant l'échange d'une bande dizaine contre dix carrés unité.

Lancement

Identique au précédent, on écrit cette fois-ci « 54 – 28 = » au tableau.

Recherche

Procédure visée :

- 54 est constitué avec 5 bandes dizaine et 4 carrés unité. Pour enlever 28 (2 bandes dizaine et 8 carrés unité), on remplace une des 5 bandes dizaine de 54 par 10 carrés unité, ce qui donne 4 bandes dizaine et 14 carrés unité auxquels on retire 2 bandes dizaine et 8 carrés unité : on obtient donc 2 bandes dizaine et 6 carrés unité, donc 54 – 28 = 26.

Erreurs possibles :

- celles citées dans l'étape 1 ;
- être bloqué par le fait que le retrait des 8 unités nécessite de remplacer une des 5 dizaines par 10 unités. Certains élèves pourraient, par exemple, essayer de retirer des dizaines entières.

Mise en commun

▸ Étudier collectivement une ou deux procédures erronées.

▸ Reprendre les étapes à l'aide du matériel de numération du tableau en utilisant les expressions dizaines et unités qui sont reliées aux chiffres des deux nombres 54 et 28 : la constitution d'une collection de 5 dizaines et 4 unités ; le retrait de 2 dizaines et 8 unités (transformation négative) qui nécessite de considérer 10 unités dans une des 5 dizaines constituées ; le codage final de la collection obtenue avec deux chiffres dans le bon ordre.

▸ Écrire 54 – 28 = 26.

ÉTAPE 3

Tâche

Avec des carrés unité et des bandes dizaine, calculer 72 – 34.

Ce qui est visé en proposant cette tâche

Mobiliser les connaissances sur la signification des écritures chiffrées pour soustraire deux nombres à deux chiffres avec le matériel de numération : cas nécessitant l'échange d'une bande dizaine contre dix carrés unité.

Déroulement

Identique au précédent, on écrit cette fois-ci « 72 – 34 = » au tableau.

Selon le temps qui reste, proposer aussi 65 – 35 en étape 4, qui nécessite d'écrire un zéro.

Bilan

Revenir sur la possibilité et les moyens de faire des soustractions avec le matériel, ce qui permet de calculer « avec les chiffres » quand un calcul mental est trop difficile (ou de vérifier son calcul mental).

Le fichier n'est pas ouvert. Le *Ce que j'ai découvert* n'intervient pas ici mais à la fin de la séance suivante.

Séance 2

Rituels du jour

Suite orale	**Calcul mental**
• Idem séance 1	• Idem séance 1 *Calculs à proposer* : 267 + 600 ; 912 – 400 ; 600 + ? = 963 ; 728 – 200 ; 300 + 436 ; 974 – 800 ; 500 + ? = 845.

OBJECTIF DE LA SÉANCE

Passer du calcul avec le matériel à un calcul avec l'opération posée en colonnes.

Activité de découverte

ÉTAPE 1

Tâche

Effectuer une soustraction sans retenue avec les carrés unité et les bandes dizaine.

Ce qui est visé en proposant cette tâche

Rappeler ce qui a été vu en séance précédente pour soustraire deux nombres à deux chiffres avec le matériel de numération : cas ne nécessitant pas d'échange.

Déroulement

« 74 – 21 = … » est écrit au tableau.

Déroulement identique à la séance précédente.

Cette première opération n'aborde pas la difficulté de la retenue qui sera traitée lors de l'étape 2.

Bilan

Rappeler les étapes pour effectuer un calcul avec le matériel.

ÉTAPE 2

Tâche

Relier les actions faites avec le matériel et celles faites sur les chiffres dans la soustraction posée en colonnes : cas d'une soustraction sans retenue.

Ce qui est visé en proposant cette tâche

Introduire l'algorithme de la soustraction posée de deux nombres à deux chiffres : cas sans retenue.

Déroulement

L'enseignant rappelle qu'une addition peut se poser en colonnes. Il indique que c'est aussi possible pour la soustraction. Il montre aux élèves comment poser l'opération en colonnes.

Le calcul posé est présenté en parallèle du calcul avec matériel. Les élèves regardent ce que fait l'enseignant. Un élève peut aussi l'assister pour les manipulations au tableau.

Opération en ligne écrite au tableau : 74 – 21 = …		
Actions avec le matériel du tableau	**Écriture au tableau**	**Remarques pour l'enseignant**
Prendre 74 carrés avec le matériel : 7 bandes dizaine et 4 carrés unité (l'écriture chiffrée est montrée afin que les élèves puissent utiliser la signification des chiffres). 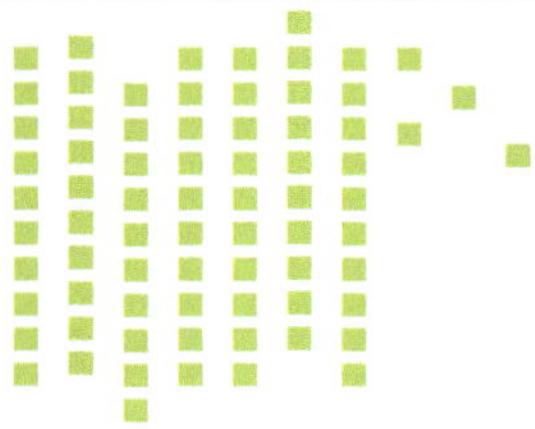	7 4 – 2 1	Rappeler qu'il s'agit de retirer 21 à 74 et donc qu'il faut constituer d'abord une collection de 74 carrés en se fiant aux chiffres : 7 dizaines et 4 unités. Il est inutile de connaitre le nom du nombre.
Ôter 21 carrés avec le matériel : d'abord 1 carré unité puis 2 bandes dizaine (l'écriture chiffrée est montrée afin que les élèves puissent utiliser la signification des chiffres). 	7 4 – 2 1 5 3	Les actions sur le matériel sont mises en relation avec celles sur les chiffres : **4 carrés moins 1 carré = 3 carrés ;** **7 dizaines moins 2 dizaines = 5 dizaines.**
Écrire le résultat de l'opération : 74 – 21 = 53		

Bilan

Pour trouver le résultat d'une soustraction, on peut poser l'opération en colonnes. On effectue des calculs sur les chiffres qui correspondent à des actions avec le matériel.

Étape 3

Tâche

Effectuer une soustraction avec retenue avec les carrés unité et les bandes dizaine.

Ce qui est visé en proposant cette tâche

Rappeler ce qui a été vu lors de la séance précédente pour soustraire deux nombres à deux chiffres avec le matériel de numération : cas nécessitant un échange d'une bande dizaine contre dix carrés unité.

Déroulement

« 63 – 28 = » est écrit au tableau.

Le déroulement est identique à l'étape 2 de la séance 1.

Étape 4

Tâche

Relier les actions faites avec le matériel de numération et celles faites sur les chiffres dans la soustraction posée en colonnes : cas d'une soustraction avec retenue.

Ce qui est visé en proposant cette tâche

Introduire l'algorithme de la soustraction posée de deux nombres à deux chiffres : cas avec retenue.

Déroulement

« 63 – 28 = » est écrit au tableau. L'enseignant montre aux élèves comment poser l'opération en colonnes.

Le calcul posé est présenté en parallèle du calcul avec le matériel. Les élèves regardent ce que fait l'enseignant. Un élève peut aussi l'assister pour les manipulations au tableau.

Opération en ligne écrite au tableau : 63 – 28 = …		
Actions avec le matériel du tableau	**Écriture au tableau**	**Remarques pour l'enseignant**
Prendre 63 carrés avec le matériel : 6 bandes dizaine et 3 carrés unité (l'écriture chiffrée est montrée afin que les élèves puissent utiliser la signification des chiffres). 	6 3 – 2 8	Rappeler qu'il s'agit de retirer 28 à 63 et donc qu'il faut constituer d'abord une collection de 63 carrés en se fiant aux chiffres : 6 dizaines et 3 unités. Il est inutile de connaitre le nom du nombre.
Avant d'aller plus loin, demander ce qu'il faut faire : si on peut facilement enlever 2 dizaines, on ne peut pas retirer 8 carrés sans défaire une dizaine. <u>Que devra-t-on faire</u> ? **Réponse :** remplacer une dizaine par 10 carrés unité. On anticipe alors en faisant le remplacement avant d'ôter quoi que ce soit.		
Remplacer une bande de dix carrés assemblés par dix carrés non assemblés. 	5 13 ~~6~~ ~~3~~ – 2 8	Les actions sur le matériel sont mises en relation avec celles sur les chiffres. Faire remarquer qu'il y a toujours 63 carrés : 5 dizaines et 13 carrés unité
Ôter 28 carrés avec le matériel : d'abord 8 carrés unité puis 2 bandes dizaine (l'écriture chiffrée est montrée afin que les élèves puissent utiliser la signification des chiffres). 	5 13 ~~6~~ ~~3~~ – 2 8 3 5	Les actions sur le matériel sont mises en relation avec celles sur les chiffres : **13 carrés moins 8 carrés = 5 carrés ;** **5 dizaines moins 2 dizaines = 3 dizaines.**
Écrire le résultat de l'opération : 63 – 28 = 35		

Institutionnalisation

Pour trouver le résultat d'une soustraction, on peut poser l'opération en colonnes. On effectue des calculs sur les chiffres qui correspondent à des actions avec le matériel. On doit parfois utiliser l'égalité 1 dizaine = 10 unités.

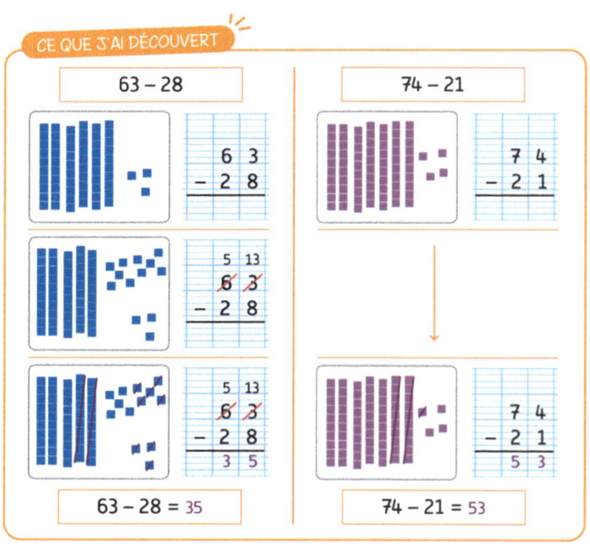

Le *Ce que j'ai découvert* p. 66 commence par l'opération 63 – 28 pour pouvoir faire plus aisément le lien avec ce qui vient d'être effectué.

Les élèves doivent barrer les carrés et les dizaines dans la dernière case et indiquer le résultat de l'opération en complétant les pointillés. Dans la colonne de l'opération 74 – 21, une étape n'est pas nécessaire car il n'y a pas besoin de désassembler une dizaine.

Afficher dans la classe le poster *Soustraction posée en colonnes avec des nombres à 2 chiffres* et le commenter (c'est une reprise du *Ce que j'ai découvert*).

Séance 3

Rituels du jour

Suite orale
- Idem séance 1

Calcul mental
- L'enseignant énonce un calcul d'une somme ou d'une différence d'un nombre à un nombre de dizaines entières ou un calcul d'un complément d'un nombre de dizaines entières à un nombre. *Exemples :* 136 + 60 ou 273 – 40 ou 50 + ? = 194. Le calcul à effectuer est écrit au tableau.
- Les élèves écrivent la réponse sur leur ardoise. La correction s'effectue après chaque calcul en s'appuyant sur le nombre de dizaines de chaque nombre. *Exemple :* 136 + 60 c'est 13 dizaines 6 unités + 6 dizaines. Le résultat est 19 dizaines 6 unités donc 196. Pour le calcul d'un complément, la correction fait ressortir l'équivalence entre 60 + ? = 136 et 136 – 60.

Calculs à proposer : **136 + 60 = ?** ; **273 – 40** ; **50 + ? = 194** ; **485 – 60** ; **20 + ? = 587** ; **30 + 842** ; **695 – 80**.

Objectif de la séance

S'entrainer aux soustractions posées en colonnes.

Activité 1 de réinvestissement

Exercice 1 p. 66

Tâche

Effectuer les opérations posées en colonnes. Vérifier ensuite avec le matériel de numération.

Déroulement

Lire la consigne. Insister sur le fait que, pour chacune des opérations, le matériel n'est utilisé que pour vérifier, donc après avoir écrit une réponse.

Différenciation

Pour les élèves en difficulté

Évoquer la séance 2 avec le Ce que j'ai découvert p. 66 et le poster *Soustraction posée en colonnes avec des nombres à 2 chiffres*.

Voir si l'élève est capable d'effectuer l'opération avec le matériel (identifier le cas échéant quelles sont les étapes qui posent un problème), puis s'il est capable de transcrire ces étapes dans l'algorithme de la soustraction posée.

Voir, en particulier, si les difficultés viennent de la compréhension de l'écriture chiffrée ou des calculs des différences entre unités et entre dizaines.

Mise en commun

Corriger de manière détaillée chacune des trois opérations. Mettre en parallèle à chaque fois un ou deux algorithmes faux avec un exact : au-delà du résultat, les élèves doivent retrouver les erreurs éventuellement commises et leur raison.

Réponses

45 – 27 = 18.
79 – 25 = 54.
90 – 68 = 22.

Bilan

Revenir sur les points essentiels à retenir en distinguant les étapes, le sens à leur donner en évoquant le matériel, et les différents types d'erreur possible.

Activité 2 de réinvestissement

Exercice 2 p. 67

Tâche

Poser, puis effectuer les opérations posées en colonnes (il y a des soustractions et des additions). Vérifier avec le matériel de numération.

Déroulement

Lire la consigne. Insister sur le fait que, pour toutes les opérations, le matériel n'est utilisé que pour vérifier, donc après avoir écrit une réponse. Il n'est pas nécessaire que tous les élèves effectuent tous les calculs.

Différenciation

Pour les élèves en difficulté

Évoquer la séance vécue la dernière fois avec le Ce que j'ai découvert et le poster *Soustraction posée en colonnes avec des nombres à 2 chiffres*.

Voir si l'élève est capable d'effectuer l'opération avec le matériel (identifier le cas échéant quelles sont les étapes qui posent un problème), puis s'il est capable de transcrire ces étapes dans l'algorithme de la soustraction posée.

Voir, en particulier, si les difficultés viennent de la compréhension de l'écriture chiffrée ou des calculs des différences entre unités et entre dizaines

Pour les élèves plus rapides

Exercice supplémentaire 2, fiche différenciation 19.
Il est important de donner la réponse exacte aux élèves afin qu'ils puissent savoir s'ils ont réussi. Préparer, si possible, des fiches d'autocorrection en ayant posé et effectué les opérations et les mettre à disposition au fond de la classe.

Mise en commun

▸ Corriger de manière détaillée quelques opérations (par exemple celles de la première ligne 83 – 38 ; 95 – 45 ; 54 – 37). Mettre en parallèle à chaque fois un ou deux algorithmes faux avec un exact : au-delà du résultat, les élèves doivent retrouver les erreurs éventuellement commises et leur raison.

▸ Donner les réponses aux autres opérations sans détailler ou relever les fichiers pour indiquer à chaque élève quels résultats sont exacts et lesquels sont faux.

▸ Proposer (à un autre moment) aux élèves de reprendre leurs calculs erronés.

Réponses

83 – 38 = 45 ; 95 – 45 = 50 ; 54 – 37 = 17.
54 + 37 = 91 ; 75 – 15 = 60 ; 75 + 15 = 90.
80 – 46 = 34 ; 80 + 39 = 119 ; 78 – 39 = 39.

Bilan

Revenir sur les points essentiels à retenir en distinguant les étapes, le sens à leur donner en évoquant le matériel et les différents types d'erreur possible.

Séance 4

Rituels du jour

Suite orale

• Idem séance 1

Calcul mental

• Idem séance 3.
Calculs à proposer : 30 + ? = 652 ; 583 + 50 ; 40 + ? = 295 ; 60 + 194 ; 183 – 50 ; 476 – 70 ; 272 + 70.

Objectif de la séance

Résoudre des problèmes relevant de l'addition ou de la soustraction en mobilisant les opérations posées en colonnes.

Activité de réinvestissement

Exercice 3 p. 68

Tâche

Résoudre des problèmes dont le type a déjà été vu (recherche de l'état final après transformation), problèmes mettant en jeu l'addition ou la soustraction. Les nombres en jeu rendent pertinent le fait de poser les opérations plutôt que de faire un calcul mental. Vérifier ensuite avec le matériel de numération.

Déroulement

La consigne est lue et les trois cas identifiés avec les zones de recherche et de réponse. Ensuite, selon les compétences de lecture des élèves de la classe, chaque problème est lu, puis résolu par les élèves, s'ensuit la mise en commun ; ou les trois problèmes sont lus et les élèves les cherchent à leur rythme. Une boite peut être utilisée pour mimer les actions, sans pour autant prendre les quantités exactes des problèmes.

Différenciation

Pour les élèves en difficulté

Proposer de garder le texte du problème en diminuant les nombres, puis de faire l'opération avec le matériel pour ces petits nombres (et avec une boite). Demander alors quelle est l'opération en jeu (addition ou soustraction). Puis demander à nouveau de résoudre le problème : cette fois-ci, le matériel ne sert qu'à vérifier.

Remédier aux difficultés dans les opérations posées comme dans la séance précédente.

Pour les élèves plus rapides

Exercice supplémentaire 3, fiche différenciation 19.
Il est important de donner la réponse exacte aux élèves afin qu'ils puissent savoir s'ils ont réussi. Préparer si possible des fiches d'autocorrection en ayant posé et effectué les opérations et les mettre à disposition au fond de la classe.

Mise en commun

Utiliser les posters *Problèmes de transformation* pour reconnaitre le type de problème.

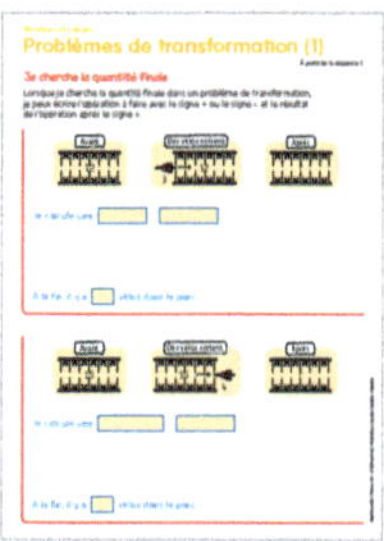
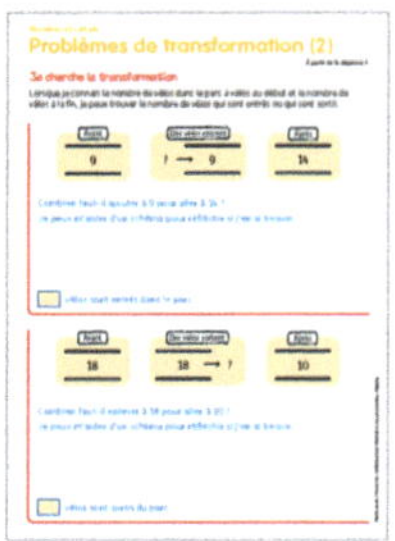
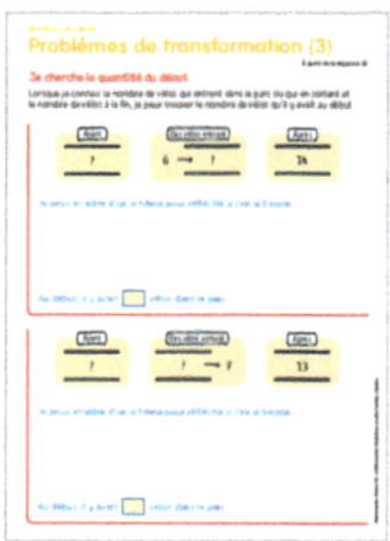

Étudier ensuite deux propositions d'élèves par problème qui sont mises en parallèles et questionnées.

Distinguer le fait de choisir la bonne opération et les bons nombres (donc le choix du calcul à faire) et la recherche du résultat du calcul par une opération posée en colonnes.

Revenir sur la technique de la soustraction posée en colonnes, en particulier, la justification des actions sur les chiffres (algorithme) en lien avec celles sur le matériel.

Réponses

Cas 1 : 57 + 28 = 85. Il y a 85 jetons dans la boite à la fin.

Cas 2 : 75 – 28 = 47. Il y a 47 jetons dans la boite à la fin.

Cas 3 : 42 + 38 = 80. Il y a 80 jetons roses à la fin. 97 – 54 = 43. Il y a 43 jetons bleus à la fin.

Bilan

Distinguer le fait de bien choisir l'opération à faire et celui de savoir trouver le résultat en posant l'opération.

Pour l'opération à effectuer en colonnes, mettre en évidence l'utilisation :
– de l'aspect positionnel : les chiffres sont alignés en colonnes car, selon sa position, chacun renvoie à l'unité ou à la dizaine ;
– de l'aspect décimal (1 d = 10 u) : on peut donc considérer les unités dans une dizaine quand cela est nécessaire pour en ôter.

Fin de séquence

Je m'entraine à mon rythme

La soustraction en colonnes

Objectif

• S'entrainer aux soustractions posées en colonnes pour le nombre à deux chiffres.

Les élèves pourront vérifier avec le matériel.

Aide à apporter aux élèves en difficulté

Évoquer la séance 2 avec le Ce que j'ai découvert p. 66 et le poster *Soustraction posée en colonnes avec des nombres à 2 chiffres*.

Voir si l'élève est capable d'effectuer l'opération avec le matériel (identifier le cas échéant quelles sont les étapes qui posent un problème), puis s'il est capable de transcrire ces étapes dans l'algorithme de la soustraction posée.

Voir, en particulier, si les difficultés viennent de la compréhension de l'écriture chiffrée ou des calculs des différences entre unités et entre dizaines.

Réponses

58 – 32 = 26.
74 – 47 = 27.
94 – 14 = 80.

Je cherche

Les pièces

Objectif

• Réinvestir les valeurs des pièces en euros et centimes et l'équivalence entre les euros et les centimes.

Réponses

1 € + 20 c + 20 c + 10 c.

1 € + 20 c + 10 c + 10 c + 10 c.

50 c + 50 c + 50 c.

50 c + 50 c + 20 c + 20 c + 10 c.

50 c + 50 c + 20 c + 10 c + 10 c + 10 c.

Unités de mesure de longueur : km – m – cm

pp. 30-33

Rituels de la semaine

Objectifs d'apprentissage	
Suite orale	**Calcul mental**
• Dire la suite orale des nombres en avant, de 10 en 10, à partir de n'importe quel nombre.	• Calculer les doubles des nombres 20, 25, 30, 35, 40, 45, 50, 100, 150, 200, 250, 300 et 500.

Séquence d'apprentissage

Place dans l'ensemble des séquences « Grandeurs et mesures »					
4. Longueur en cm	15. Monnaie	**20. Unités de mesure de longueur (km, m, cm)**	26. Lecture de l'heure – Durée en h	30. Masse	32. Durée en h et min

Objectifs de la séquence

- Utiliser les unités usuelles cm, m et km pour mesurer, estimer ou comparer des longueurs et tracer des segments de longueurs données.
- Connaitre et utiliser l'équivalence entre m et cm, et entre km et m.

Objectifs d'apprentissage du BO

- Connaitre et utiliser les unités mètre, centimètre, kilomètre et les symboles associés (m, cm et km).
- Choisir l'unité la mieux adaptée pour exprimer une longueur.
- Connaitre les relations entre les unités de longueur usuelles.
- Connaitre quelques longueurs de référence.
- Estimer la longueur d'un objet du quotidien.

Comment travailler les équivalences entre les unités de longueur ?

En CE1, le programme recommande d'introduire trois unités de longueur : m, cm et km.

Avant de proposer des exercices de conversion, il est essentiel d'établir, chez les élèves, une image mentale de chaque unité. Le km est vu comme une unité à utiliser pour les grandes distances. Un kilomètre, c'est dix fois 100 mètres. À cette occasion, l'enseignant introduit le nombre « mille », qui se note 1 000 (10 centaines). Les équivalences entre m et cm sont travaillées à partir de la relation 1 m = 100 cm. La conversion de m en cm se base sur l'addition de centaines.

Exemple : 2 m = 100 cm + 100 cm = 200 cm.

La conversion de cm en m se base sur la décomposition additive des nombres en centaines.

Exemple : 250 cm = 100 cm + 100 cm + 50 cm = 2 m 50 cm.

Nous ne préconisons pas l'emploi de tableau pour convertir des mesures de longueurs d'une unité à une autre, puisque toutes les unités ne sont pas encore introduites, il y aurait des colonnes non identifiées, mais surtout parce qu'une utilisation systématique des tableaux de conversion fait complètement perdre de vue les relations décimales qui unissent les unités rencontrées. Notre système métrique a été construit en appui sur la numération décimale.

Remarque importante : l'image mentale de chaque unité de longueur est souvent assez longue à installer chez les élèves. Pour prolonger cette séquence, il est intéressant de mener une séquence en athlétisme soit sur le lancer, soit sur le saut en longueur. Les longueurs des sauts ou des lancers peuvent être mesurées soit avec des encadrements de mètres (« entre 2 et 3 mètres »), soit en mètres et centimètres (« 2 m et 50 cm »).

Structure de la séquence

- Séance 1 : découverte : mesure en m et équivalence entre m et cm.

- Séance 2 : réinvestissement
- Séance 3 : découverte : mesure en km
- Séance 4 : réinvestissement.
- Fin de séquence : entrainement et recherche

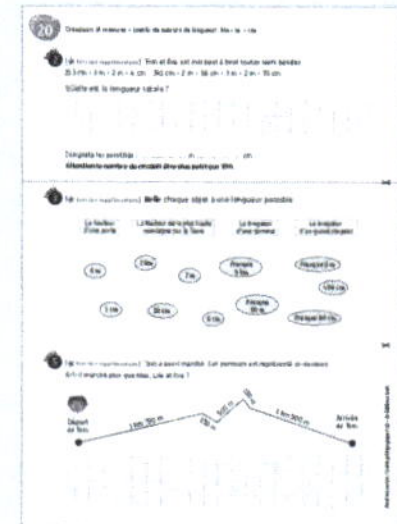

Matériel nécessaire

Matériel à télécharger pour l'ensemble de la séquence :
– Fiche différenciation 20
– Fiche évaluation 20.
– Poster *Longueur*.

	Matériel pour l'enseignant	Matériel pour les élèves
Séance 1	– Une grande bande de plus de 2 m (par exemple une bande découpée dans un rouleau de papier cadeau)	**Matériel par binôme** – Une ardoise – La règle graduée en cm du matériel * – Le fichier de l'élève p. 30 – Mémo 20.1
Séance 2	– La reproduction agrandie des exercices 1 et 2 p. 30	**Matériel individuel** – Le fichier de l'élève p. 30 *Différenciation* : exercice supplémentaire 2, fiche différenciation 20
Séance 3	– 4 plots à installer dans la cour (ou dans le gymnase) – Une règle graduée en cm et une bande de 1 m de longueur (à emporter pour l'activité de découverte hors de la classe) – La reproduction agrandie de l'exercice 3 p. 31	**Matériel individuel** – Une ardoise – Le fichier de l'élève p. 31 – Mémo 20.2 – La règle graduée en cm du matériel – Une bande de papier de 1 m *Différenciation* : exercice supplémentaire 3, fiche différenciation 20
Séance 4	– La reproduction agrandie des exercices 4 et 5 p. 32	**Matériel par binôme** – Une ardoise – Le fichier de l'élève p. 32 – La règle graduée en cm du matériel – Une bande de papier de 1 m *Différenciation* : exercice supplémentaire 5, fiche différenciation 20
Fin de séquence		**Matériel individuel** – Le fichier de l'élève p. 33

* À défaut, les élèves pourront utiliser la règle du matériel prédécoupé, complétée en séquence 4.

Séance 1

Rituels du Jour

Suite orale
- Idem semaine précédente.

Calcul mental
- L'enseignant propose sept calculs de doubles d'un nombre de dizaines ou de centaines entières. À la correction, pour les dizaines entières, le calcul du double s'appuie sur le nombre de dizaines. *Exemple* : le double de 40 c'est le double de 4 dizaines donc c'est 8 dizaines. Le double de 40 est 80. Le double de 50 c'est 10 dizaines donc 100. Pour les centaines entières, le calcul du double s'appuie sur le nombre de centaines. Le double de 500 c'est 10 centaines qui s'écrit 1000 et se nomme « mille ». *Calculs à proposer* : les doubles de **40, 20, 300, 50, 200, 30, 500**.

Objectifs de la séance
- Comprendre que l'unité cm ne convient pas pour mesurer des longueurs assez grandes. Introduire le m.
- Utiliser l'équivalence entre 100 cm et 1 m.

Activité 1 de découverte

Remarque : avant la séance, l'enseignant fait une marque sur un mur qui servira pour l'étape 3, par exemple près de la porte de la classe, à exactement 1 m du sol.

ÉTAPE 1

Tâche

Choisir, parmi plusieurs propositions, la longueur d'un trajet donné.

Ce qui est visé en proposant cette tâche

Introduire la nouvelle unité de mesure : le mètre. 1 m correspond à 100 cm.

Lancement

L'enseignant explique qu'il va montrer un trajet et qu'il faudra estimer sa longueur. Pour cela, il faudra choisir entre cinq réponses qu'il va noter au tableau. Il se déplace en ligne droite d'un mur à un autre et demande quelle est la longueur de son trajet (d'une distance d'au moins 5 m). Il propose cinq réponses qu'il écrit au tableau :

10 cm – entre 30 et 40 cm – moins de 100 cm – entre 100 cm et 200 cm – plus de 200 cm.

Les élèves n'ont pas le droit de se déplacer. Ils écrivent la réponse sur leur ardoise. L'enseignant n'interdit pas de regarder la règle graduée mais ne le suggère pas non plus.

Recherche

Procédures visées :

▸ avoir une image mentale de la longueur de 10 cm (un peu moins que la longueur de leur main ou environ la moitié de la longueur de leur pied) pour savoir que ce ne peut pas être cette réponse, ni entre 30 et 40 cm. S'imaginer ce que peut être une longueur de 100 cm en considérant 10 cm + 10 cm + …, pour rejeter la réponse 100 cm. À partir de l'idée de ce que peut être une longueur de 100 cm, s'imaginer une longueur de 100 cm + 100 cm ;

▸ même procédure que précédemment mais en s'aidant de la règle pour concrétiser la longueur de 10 cm.

Erreurs possibles :

▸ considérer que la longueur est grande et choisir un grand nombre comme 100 cm sans vérifier la longueur que ça représente ;

▸ essayer d'utiliser sa règle sur la table pour trouver ce que représente la longueur 100 cm mais être bloqué pour 200 cm puisqu'on n'a pas le droit de se déplacer.

Mise en commun

▸ Les réponses sont comparées et testées. Pour 10 cm et entre 30 et 40 cm, il suffit de regarder la longueur sur la règle pour réfuter ces deux réponses. On peut faire mesurer aux élèves la longueur de leur main pour forger une image mentale de 10 cm.

▸ Pour 100 cm, l'enseignant prend une grande bande de papier (plus de 2 m), par exemple dans du papier cadeau, et annonce qu'il va découper une bande de 100 cm pour pouvoir comparer cette longueur avec la longueur du trajet fait en classe.

▸ Il demande comment faire pour découper une bande de 100 cm.

▸ Il faut mesurer 10 cm par 10 cm ou dix fois 10 cm puisqu'une centaine est dix dizaines. L'enseignant affiche la bande au tableau et utilise une règle pour marquer les traits espacés de 10 cm à partir d'une extrémité de la bande jusqu'à avoir 100 cm. Il découpe la bande de 100 cm et la compare avec la longueur du trajet qu'il a fait dans la classe.

▸ Il demande comment faire pour savoir ce que représentent 200 cm. Il découpe une autre bande de 100 cm pour la mettre au bout de la première bande de 100 cm.

▸ On voit que la longueur du trajet mesure beaucoup plus que 200 cm.

▸ L'enseignant explique que l'unité centimètre n'est pas pratique pour mesurer des longueurs comme celle de la classe car cela va faire des grands nombres. La règle graduée est trop petite, il faudrait la reporter beaucoup trop de fois.

▸ On utilise une unité plus grande : le mètre. Il montre la bande qu'il a découpée : c'est un mètre. Un mètre égale 100 cm, une centaine de centimètres. L'enseignant place la bande d'un mètre par terre et fait un grand pas. Il montre qu'un grand pas d'adulte mesure environ 1 m. On peut proposer à quelques élèves de faire un grand pas pour savoir s'il mesure 1 m ou moins. On voit ainsi que, pour un élève, il faut deux pas pour faire un mètre.

▸ L'enseignant fixe la bande d'un mètre sur un mur (mais pas sur le mur du tableau pour ne pas donner la réponse de l'étape suivante). Il écrit dessus 1 m = 100 cm.

ÉTAPE 2

Tâche

Choisir, parmi plusieurs propositions, la longueur d'un objet donné.

Ce qui est visé en proposant cette tâche

Installer une image mentale du mètre en mesurant une longueur horizontalement.

Lancement

On cherche la longueur du tableau. L'enseignant fait quatre propositions et les élèves écrivent la réponse sur l'ardoise :

10 cm – entre 1 m et 2 m (proposition à adapter en fonction du tableau de la classe) – environ 10 m – plus de 20 m.

Recherche

Procédures visées :

▸ avoir une image mentale de 10 cm et d'un mètre pour savoir que 10 cm est beaucoup trop petit pour la longueur du tableau et 10 m beaucoup trop grand ;

▸ utiliser sa règle sur la table pour trouver ce que représente la longueur 10 cm et regarder la bande de 1 m pour voir que la longueur du tableau fait entre 1 m et 2 m (ou proposition adaptée).

Erreur possible :

▸ considérer que la longueur est grande et choisir un grand nombre comme 10 m sans vérifier la longueur que cela représente.

Mise en commun

▸ Les réponses sont comparées et testées. Pour 10 cm, il suffit de regarder la longueur sur la règle pour réfuter cette réponse. Pour 10 m ou plus, rappeler qu'un mètre, c'est à peu près la longueur d'un grand pas d'adulte donc 10 m, c'est la longueur de 10 grand pas. Rappeler la longueur du trajet trouvée précédemment.

▸ Prendre la bande de 1 m pour valider la réponse correcte.

Étape 3

Tâche

Indiquer si une marque faite sur un mur est à un mètre du sol ou à plus ou moins d'un mètre.

Ce qui est visé en proposant cette tâche

Installer une image mentale du mètre en mesurant une longueur verticalement.

Lancement

L'enseignant montre la marque au mur (qu'il a tracée avant la séance). Il demande aux élèves d'écrire sur leur ardoise « 1 m », « plus de 1 m » ou « moins de 1 m » suivant qu'ils pensent que la marque est à un mètre du sol, ou plus, ou moins.

Recherche

Procédure visée :

▸ comparer la hauteur de la marque avec la longueur de la bande d'un mètre utilisée précédemment, ce qui n'est pas très facile puisque la bande n'est pas placée sous la marque.

Erreur possible :

▸ ne pas arriver à mobiliser une image mentale du mètre.

Mise en commun

▸ Dénombrer les élèves qui pensent que la marque est à 1 m, ceux qui pensent qu'elle est plus haute et ceux qui pensent qu'elle est moins haute.

▸ Placer la bande sous la marque pour montrer qu'elle est à 1 mètre du sol.

▸ Repérer où est placée cette marque par rapport à un élève de taille moyenne de la classe (ni le plus grand ni le plus petit) pour que les élèves acquièrent une image mentale du mètre par rapport à leur taille.

▸ La marque est laissée sur le mur de façon à permettre, à l'occasion, à chaque élève de pouvoir repérer la hauteur 1 m sur son propre corps en se plaçant à côté.

Institutionnalisation

Afficher la bande en traçant une flèche entre les deux extrémités et en écrivant 1 m puis en dessous 1 m = 100 cm

Lire le *Ce que j'ai découvert* p. 30, et le faire compléter. Expliciter l'illustration qui symbolise le fait qu'un grand pas d'adulte mesure 1 mètre.

CE QUE J'AI DÉCOUVERT

Pour mesurer des longueurs trop grandes pour être mesurées en centimètres, je peux utiliser une unité plus grande que le centimètre : **le mètre**.
Le mètre se note **m**.

Une longueur de 1 m correspond à une longueur de 100 cm.

1 m = 100 cm

Séance 2

Rituels du jour

Suite orale
• Idem séance 1.

Calcul mental
• L'enseignant propose deux calculs de doubles vus à la séance précédente et les calculs des doubles de 25, 35, 45, 150 et 250. Les doubles de 25, 35 ou 45 s'effectuent en les décomposant en une somme d'un nombre de dizaines entières et de 5. *Exemple :* le double de 25 c'est le double de 20 + le double de 5. Les doubles de 150 et 250 s'effectue en les décomposant respectivement en 100 + 50 et 200 + 50.
Calculs à proposer : **les doubles de 20, 25, 45, 35, 50, 150, 250.**

Objectif de la séance

• Réinvestir l'équivalence entre m et cm

Activité 1 de réinvestissement Exercice 1 p. 30

Tâche

Convertir des longueurs en centimètres ou en mètres données respectivement en mètres ou centimètres.

Lancement

L'enseignant lit et explique la consigne et s'assure que les élèves l'ont comprise.

Recherche

Procédures visées :

- pour passer des mètres en centimètres, utiliser 1 m = 100 cm et additionner mentalement 100 + 100 autant de fois que le nombre de mètres. *Exemple* : 3 m = 100 cm + 100 cm + 100 cm = 300 cm ;
- pour passer des mètres en centimètres, s'appuyer sur la numération. Un mètre, c'est une centaine de centimètres, donc 3 mètres, c'est 3 centaines de centimètres, donc 300 cm ;
- pour passer des centimètres en mètres, décomposer le nombre de centimètres en une addition réitérée d'une centaine, puis utiliser 100 cm = 1 m. *Exemple* : 500 cm = 100 cm + 100 cm + 100 cm + 100 cm + 100 cm, donc 500 cm = 1 m + 1 m + 1 m + 1 m + 1 m ;
- pour passer des centimètres en mètres, s'appuyer sur la numération. 500 centimètres, c'est cinq centaines de centimètres et une centaine de centimètres, c'est un mètre, donc, 5 centaines de centimètres, c'est 5 mètres.

Erreurs possibles :

- écrire le même nombre des deux côtés de l'égalité ;
- se tromper en additionnant les centaines ou en décomposant en centaines.

Mise en commun

- Utiliser les désaccords dans les réponses (s'il y en a) pour faire expliciter la procédure.
- Expliciter la procédure basée sur le calcul mental des additions réitérées de 100 et celle basée sur la numération. Mettre en valeur cette dernière procédure qui permet de travailler les liens entre les unités de longueur, ce que ne permet pas un tableau de conversion qui ne traite que l'aspect positionnel.
- Montrer, pour chaque cas corrigé, une distance dans la classe qui correspond à peu près à la mesure en m ou en cm. On peut utiliser la bande d'un mètre pour les mesurer.

Réponses

3 m = 300 cm.
500 cm = 5 m.
200 cm = 2 m.
7 m = 700 cm.

Activité 2 de réinvestissement Exercice 2 p. 30

Tâche

Additionner deux longueurs données l'une en mètres et l'autre en centimètres pour trouver un résultat en centimètres.

Lancement

L'enseignant explique la consigne en insistant sur le fait qu'il faut trouver la longueur totale des deux bandes en centimètres. Il peut illustrer la consigne en prenant deux bandes qu'il met bout à bout et en montrant la longueur totale.

Recherche

Procédure visée :

- convertir la mesure donnée en mètres en centimètres, puis additionner les deux mesures en centimètres.

Erreurs possibles :

- additionner les deux nombres sans conversion ;
- accoler les deux nombres pour en faire un troisième ;
- se tromper en convertissant en centimètres la mesure donnée en mètres ;
- bien convertir la mesure en centimètres mais se tromper dans l'addition des deux mesures en centimètres.

> **Différenciation**
>
> *Pour les élèves en difficulté*
>
> Demander de commencer par convertir en cm toutes les mesures données en m.
>
> *Pour les élèves plus rapides*
>
> Exercice supplémentaire 2, fiche différenciation 20.

Mise en commun

- Pour chaque cas, faire l'inventaire des réponses pour discuter sur la procédure employée.

Réponses

2 m + 73 cm = 273 cm ; 2 m + 4 cm = 204 cm.
56 cm + 3 m = 356 cm ; 3 m + 120 cm = 420 cm.
341 cm + 2 m = 541 cm ; 213 cm + 3 m = 513 cm.

Bilan

L'enseignant rappelle la relation d'équivalence 1 m = 100 cm = 1 centaine de cm et revient sur le fait que deux mesures ne peuvent s'additionner que si elles sont données dans la même unité.

Séance 3

Rituels du jour

Suite orale
- Idem séance 1

Calcul mental
- Idem séances 1 et 2.

Calculs à proposer : **les doubles de 50, 35, 150, 40, 500, 30, 200**.

Objectifs de la séance
- Introduire le km.
- Estimer des longueurs en km, m ou cm.

Activité 1 de découverte

Tâche

Choisir, parmi cinq propositions, la longueur d'un chemin donné.

Ce qui est visé en proposant cette tâche

Introduire la nouvelle unité de mesure : le kilomètre. 1 km correspond à dix fois 100 m.

Lancement

Pour cette activité, l'enseignant aura préalablement placé quatre plots dans la cour pour former un rectangle d'environ 100 m de périmètre, longueur qui n'est pas indiquée aux élèves. Cette séance peut être menée en parallèle avec une séquence d'EPS de course d'endurance où les élèves seront engagés dans un projet de courir longtemps sans s'arrêter, donc de faire le plus possible de tours de la cour.

On cherche la longueur d'une course dans la cour si on court dix tours.

L'enseignant donne le choix entre cinq réponses :
10 cm – environ 1 m – moins de 10 m – environ 100 m – plus de 500 m.

Les élèves écrivent la réponse sur l'ardoise.

Recherche

Procédure visée :

► avoir une image mentale de 10 cm et de 1 m pour savoir que 10 cm, 1 m et moins de 10 m sont beaucoup trop petits pour la longueur du trajet indiqué. Imaginer le nombre de pas nécessaires pour faire un tour afin de déduire qu'il faut beaucoup plus de 100 pas pour effectuer les dix tours.

Erreur possible :

► écarter les réponses de 10 cm et de 1 m, mais ne pas savoir entre les trois autres ou entre 100 m et plus de 500 m.

Mise en commun

► Les réponses sont comparées et testées. Pour 10 cm et 1 m, il suffit de regarder la longueur sur la règle et celle de la bande de 1 m pour réfuter ces deux réponses.

► Pour écarter la réponse moins de 10 m, il faut rappeler que deux pas, pour un élève, correspondent à peu près à une longueur d'un mètre. On demande à un élève de faire dix fois deux pas.

► Pour choisir entre les deux réponses restantes, les élèves peuvent mesurer la longueur d'un tour en comptant le nombre de mètres nécessaires (un mètre correspond à deux pas). Ainsi, ils trouveront que la longueur d'un tour mesure environ 100 m. Dix tours mesurent dix fois 100 m.

► L'enseignant explique que, de la même façon qu'on a eu besoin du mètre pour mesurer des longueurs trop grandes pour être mesurées en centimètres, on a besoin d'une autre unité que le mètre pour mesurer des longueurs très grandes, celles qui font plus de dix fois 100 m. L'unité est le kilomètre (km).

► L'enseignant précise que dix fois 100 m correspond à « mille mètres » et il écrit 1 km = 1000 m.

Institutionnalisation

Dans le *Ce que j'ai découvert* p. 31, les élèves complètent les pointillés.

L'enseignant indique une distance connue des élèves qui mesure à peu près un kilomètre (*exemple* : de l'école à la bibliothèque).

CE QUE J'AI DÉCOUVERT

Pour mesurer des grandes distances, j'utilise une unité plus grande que le mètre : le kilomètre.
Le kilomètre se note **km**.
Un kilomètre, c'est 10 fois 100 m.
1 km = 1000 m

Activité 2 de réinvestissement Exercice 3 p. 31

Tâche

Choisir l'unité convenable, entre le km, le m et le cm, pour mesurer des longueurs données.

Lancement

Lors de l'explication de la consigne, l'enseignant insiste sur le fait que les illustrations ne sont pas en grandeur réelle. Pour connaitre l'unité convenable, il faut imaginer l'objet en vraie grandeur. Pour la distance de Paris à Lyon, l'enseignant précise qu'il faudrait plusieurs jours pour aller de Paris à Lyon à vélo, même pour les coureurs du Tour de France. À pied, il faudrait plus de dix jours en marchant toute la journée.

Recherche

Procédure visée :

▶ avoir une image mentale d'un km, d'un m et d'un cm. Imaginer la longueur pour chaque mesure avec les différentes unités et étudier si elle correspond à la longueur réelle de l'objet.

Erreurs possibles :

▶ s'aider de sa règle graduée pour trouver les objets qui se mesurent en cm mais ne pas savoir pour les trois objets faisant appel aux m et km ;

▶ choisir l'unité en fonction du nombre : cm pour le nombre inférieur à 10, m pour les nombres entre 10 et 100, et km pour les nombres supérieurs à 100.

Différenciation

Pour les élèves en difficulté

Proposer les trois mesures en km, m et cm pour chaque objet (exemple pour le stylo : 15 cm ou 15 m ou 15 km) avec, à disposition, la règle graduée et la bande de longueur 1 m.

Pour les élèves plus rapides

Exercice supplémentaire 3, fiche différenciation 20.

Mise en commun

▶ Pour chaque objet, désigner une longueur correspondant à la mesure si celle-ci est en cm, en m ou en km. *Exemple pour 15* : montrer, avec la règle graduée, la longueur correspondant à 15 cm ; donner un exemple de longueur correspondant à 15 m (plus que la longueur de la classe) ; donner un exemple correspondant à 15 km (de l'école jusqu'à x). Identifier quelle longueur correspond à celle de l'objet proposé.

Réponses

Un stylo mesure environ 15 cm de longueur.

La distance de Paris à Lyon est d'environ 450 km.

La taille d'une mouche est d'environ 1 cm.

La hauteur de la tour Eiffel est d'environ 300 m.

À la naissance, un bébé mesure environ 50 cm.

La hauteur d'un immeuble de 4 étages est d'environ 15 m.

Bilan

Un mètre correspond à 100 cm, 1 centaine de cm. Un grand pas mesure environ 1 m. Pour les grandes distances, on utilise le kilomètre. Un kilomètre, c'est dix fois 100 mètres.

Séance 4

Rituels du jour

Suite orale	Calcul mental
• Idem séance 1	• Idem séances 1 et 2. *Calculs à proposer* : **les doubles de 250**, **45**, **25**, **400**, **20**, **100**, **300**.

OBJECTIF DE LA SÉANCE

Comparer des longueurs en utilisant les équivalences entre m et cm et entre km et m.

Activité 1 de réinvestissement

Exercice 4 p. 32

Tâche

Déterminer la longueur la plus grande entre deux mesures données dans des unités différentes : m et cm ou km et m.

Lancement

Après la lecture de la consigne, l'enseignant revient sur le fait qu'il y a deux tâches à effectuer : entourer la plus grande longueur et utiliser le signe d'inégalité.

Recherche

Procédures visées :

▶ convertir en cm la mesure donnée en m pour comparer les deux mesures en cm ;

▶ utiliser l'équivalence 1 km = 1 000 m pour comparer 600 m et 1 km ainsi que pour 1 km et 900 cm en ayant préalablement converti 900 cm en m.

Erreurs possibles :

▶ comparer les nombres sans prendre en compte les unités de mesure ;

▶ se tromper en convertissant les m en cm.

Différenciation

Pour les élèves en difficulté

Expliquer la conversion à effectuer pour chaque cas.

Pour les élèves plus rapides

Faire ranger les 8 mesures de l'exercice de la plus petite à la plus grande (475 cm – 5 m – 7 m – 780 cm – 900 cm – 600 m – 1 km).

Mise en commun

Pour chaque cas, faire l'inventaire des réponses puis faire expliciter la conversion nécessaire.

Réponses

475 cm < 5 m	600 m < 1 km
1 km > 900 cm	7 m < 780 cm

Activité 2 de réinvestissement

Exercice 5 p. 32

Tâche

Calculer les longueurs de trois lignes brisées pour les comparer en utilisant l'équivalence entre km et m.

Lancement

Après la lecture de la consigne, l'enseignant vérifie que les élèves ont compris que les parcours sont constitués de plusieurs morceaux (3 morceaux pour les deux premiers parcours et deux morceaux pour le troisième parcours).

Recherche

Procédure visée :

- additionner les deux ou trois longueurs constituant les parcours et convertir 1 000 m en 1 km.

Erreurs possibles :

- additionner les nombres sans prendre en compte les unités de mesure ;
- se tromper dans la comparaison du fait de n'avoir pas converti 1 000 m en km.

Différenciation

Pour les élèves en difficulté

Expliquer la conversion à effectuer pour chaque cas.

Pour les élèves plus rapides

Exercice supplémentaire 5, fiche différenciation 20

Mise en commun

Faire expliciter la nécessité d'additionner les mesures des longueurs de chaque parcours en additionnant les km avec les km et les m avec les m.

Faire ressortir le besoin de convertir 1 000 m en km pour déterminer le parcours le plus long.

Réponses

Longueur du parcours de Max : 1 km 150 m + 850 m + 2 km = 3 km 1000 m = 4 km

Longueur du parcours de Lila : 500 m + 3 km 200 m + 300 m = 3 km 1000 m = 4 km

Longueur du parcours d'Éva : 3 km + 1 km= 4 km

Ils ont marché autant.

Fin de séquence

Je m'entraine à mon rythme

Les deux parcours

Objectif

- Calculer et comparer des longueurs en utilisant les équivalences entre m et cm et entre km et m.

Aide à apporter aux élèves en difficulté

Indiquer les mesures à convertir en s'aidant des mémos si besoin.

Réponses

1. Longueur du chemin 1 = 250 m + 9 m (900 cm) + 500 m + 200 m = 959 m

959 m < 1000 m (1 km) donc le chemin le plus court est le chemin 1.

2. Longueur du chemin 2 = 1000 m

400 m + 350 m + ? m = 1000 m ; 750 m + ? m = 1 000 m, donc la longueur du 3e morceau est 250 m.

Je cherche

Les suites de nombres (1)

Objectif

- Développer les capacités de raisonnement inductif et déductif.

Réponses

1 – 4 – 7 – 10 – 13 – **16** – **19** – **22**

32 – 28 – 24 – 20 – 16 – **12** – **8** – **4**

1 – 2 – 4 – 8 – 16 – **32** – **64** – **128**

1 – 2 – 4 – 7 – 11 – **16** – **22** – **29**

La dernière suite est plus difficile car la règle est évolutive.

On commence par ajouter 1, puis 2, puis 3, etc. L'enseignant peut orienter les élèves vers une recherche des ajouts faits pour passer d'un nombre à son successeur dans la suite.

21 Repérage dans l'espace

pp. 34 à 37

Rituels de la semaine

Objectifs d'apprentissage

Calcul mental

- Calculer les moitiés des nombres pairs de 2 à 30 et des dizaines entières 40, 50, 60, 70, 80, 90 et 100.
- Ajouter 9, 11, 19, 21 ou 29 à un nombre.

Séquence d'apprentissage

Place dans l'ensemble des séquences « Espace et géométrie »

2. Carré et angle droit	8. Alignement et milieu	11. Rectangle	17. Solides	**21. Repérage dans l'espace**	24. Tracé de carrés et de rectangles	29. Triangle rectangle	33. Cercle et compas

Objectifs de la séquence

- Se déplacer dans l'espace réel à partir d'un trajet tracé sur un plan.
- Décrire un déplacement dans l'espace réel et sur un plan.

Objectifs d'apprentissage du BO

- Connaitre et utiliser le vocabulaire lié aux positions relatives.
- Situer des personnes ou des objets les uns par rapport aux autres ou par rapport à d'autres repères dans un espace familier.
- Construire et utiliser des représentations d'un espace familier pour localiser, mémoriser ou communiquer un emplacement.

Pourquoi passer par la maquette pour travailler la liaison entre l'espace réel et le plan ?

Une des compétences à acquérir dans le repérage dans l'espace consiste à décrire un trajet à partir d'un plan et, inversement, à tracer sur le plan un trajet décrit. Pour cela, le premier prérequis est de comprendre qu'un plan est une vue de dessus de l'espace réel. Avant de travailler sur un espace vaste, il est nécessaire d'étudier un plan pour un espace connu et restreint tel que la classe. Il est difficile, pour les élèves, d'imaginer leur classe vue de dessus. Le passage par la maquette facilite cette vision. L'association entre des objets situés sur une maquette et ceux situés sur un plan permet d'appréhender le plan. Cette association est simple lorsque la maquette et le plan sont orientés de la même façon mais plus compliquée quand l'orientation est différente. Pourtant, c'est ce cas qui nécessite de prendre des repères dans l'espace de la maquette et du plan. Ce travail est indispensable avant de passer à un plan d'un espace plus vaste.

Remarques importantes : la complication due à la différence d'orientation entre le plan et la maquette s'accroit lorsqu'il s'agit de la liaison entre un espace réel et son plan. Beaucoup d'adultes ont besoin de tourner le plan pour le placer dans leur sens afin de savoir s'il faut tourner à droite ou à gauche. Cette compétence est longue à acquérir, et il est possible que beaucoup d'élèves échouent aux exercices où le plan n'est pas orienté comme l'espace réel. Mais c'est en proposant et en répétant ces situations aux jeunes élèves qu'ils acquerront le repérage dans l'espace. Le repérage dans l'espace doit continuer à être travaillé dans d'autres domaines comme « Questionner le monde » ou l'EPS dans des contextes variés (sorties de la classe, courses d'orientation…).

Pour la séance 1, l'enseignant doit préparer un plan de sa classe où il fait apparaitre les murs, les portes et meubles principaux de la classe (armoires, bureau, tables). Si possible, il prépare aussi une maquette de la classe avec ces mêmes objets qu'il présente aux élèves quelques jours avant la séance.

Avec la maquette, la séance 1 nécessite de représenter, sur une feuille, quatre plans de la classe ne comportant que les objets présents dans la maquette (voir modèle Annexe 21.1). Sur deux de ces plans, un objet n'est pas placé au bon endroit.

À défaut d'une maquette de sa classe, l'enseignant peut réaliser la maquette de la classe représentée en Annexe 21.2. Il peut aussi se contenter de cette unique représentation (donc sans maquette) si les élèves ont déjà travaillé sur les maquettes en CP.

Structure de la séquence

- Séance 1 : découverte et réinvestissement : lien entre maquette et plan
- Séance 2 : découverte : lien entre l'espace réel et un plan
- Séance 3 : découverte et réinvestissement : description d'un déplacement sur un plan
- Séance 4 : réinvestissement
- Fin de séquence : entrainement et recherche

Matériel nécessaire

Matériel à télécharger pour l'ensemble de la séquence :
– Fiches Annexes 21.1 et 21.2.
– Fiche différenciation 21. pour tous les exercices supplémentaires de la séquence.
– Fiche évaluation 21.

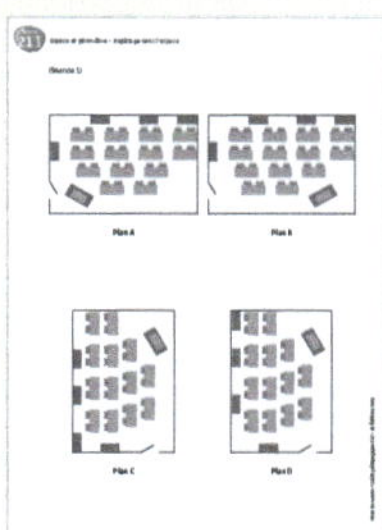
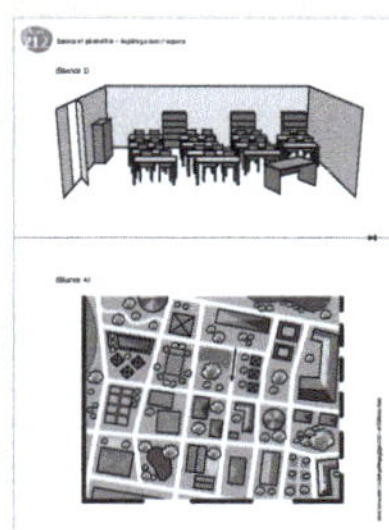
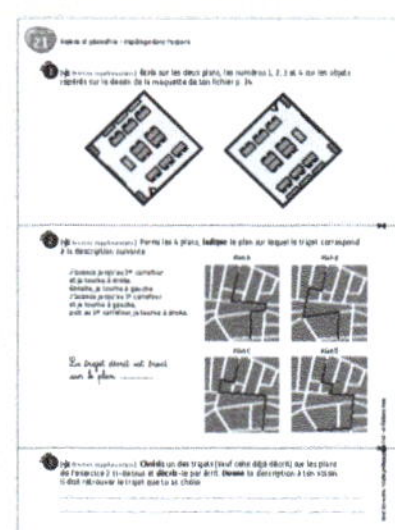

	Matériel pour l'enseignant	Matériel pour les élèves
Séance 1	– Une maquette de la classe ou de la classe représentée en Annexe 21.2 – Une photo de la maquette vue de dessus (pour la validation) – La reproduction agrandie de la feuille montrant quatre plans de la classe, dont deux faux – À défaut de maquette, les reproductions agrandies des Annexes 21.1 et 21.2, constituées d'une photo d'une maquette fictive de classe, vue presque de face, et de quatre plans de classe, dont deux ne correspondent pas à la classe de la maquette. – Un véritable plan de la classe montrant les principaux meubles (celui fourni aux élèves, mais agrandi) – La reproduction agrandie de l'exercice 1 p. 34	**Matériel par élève (ou binôme)** – Une photo (vue presque de face) de la maquette de la classe – Une feuille avec quatre plans de classe, dont deux sont les plans de la classe. – À défaut de maquette, la reproduction des Annexes 21.1 et 21.2, constituées d'une photo d'une maquette fictive de classe, vue presque de face, et de quatre plans de classe, dont deux ne correspondent pas à la classe de la maquette. – Un véritable plan de la classe montrant les principaux meubles – Une ardoise – Le fichier de l'élève p. 34 – Mémo 21. *Différenciation :* exercice supplémentaire 1, fiche différenciation 21.
Séance 2	– Un plan du rez-de-chaussée de l'école, de même type que le plan sécurité incendie de l'école. Sur ce plan, quatre endroits sont repérés dans la cour par une lettre A, B, C ou D. – 16 enveloppes placées dans la cour à 8 endroits différents. 2 enveloppes identiques sont placées à chaque endroit. 4 de ces endroits sont ceux marqués sur le plan de l'enseignant. Dans les 2 enveloppes placées à chacun des endroits A, B, C ou D, on trouve la phrase « Si vous cherchez l'endroit X (celui que le groupe doit trouver), vous avez GAGNÉ », et dans les 4 autres, placées à d'autres endroits, on trouve le mot « PERDU ». À chaque endroit à trouver (A, B, C ou D), il y a 2 enveloppes de façon qu'il reste une enveloppe au cas où un groupe prenne l'enveloppe alors que ce n'est pas cet endroit qu'il doit trouver. **Remarque :** la proposition faite ici implique que les élèves de la classe soient répartis en 4 groupes ; chaque groupe devant trouver un des quatre endroits. L'enseignant peut modifier la proposition pour augmenter le nombre de groupes, ce qui nécessite d'augmenter de la même façon le nombre d'endroits à trouver et le nombre d'enveloppes.	**Matériel par élève** – Un plan du rez-de-chaussée de l'école avec un endroit dans la cour repéré par une lettre A, B, C ou D.

	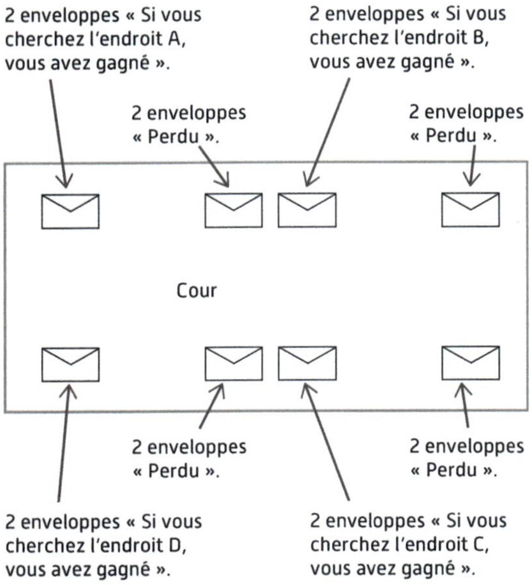 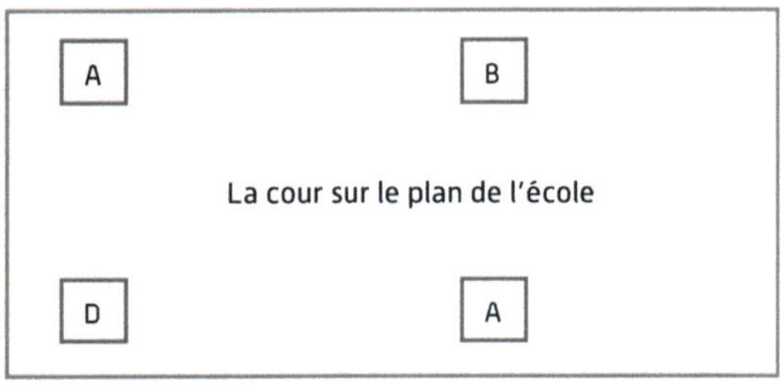	
Séance 3	– Un plan du rez-de-chaussée de l'école, de même type que le plan sécurité incendie de l'école – La reproduction agrandie de l'exercice 2 p. 35	**Matériel par élève** – Un plan du rez-de-chaussée de l'école – Un élastique (pour les élèves ayant encore des difficultés à repérer leur droite et leur gauche) – Le fichier de l'élève p. 35 *Différenciation :* exercice supplémentaire 2, fiche différenciation 21.
Séance 4	– Le plan agrandi de l'Annexe 21.2 – La reproduction agrandie de l'exercice 3 p. 36	**Matériel par élève** – Le plan de l'Annexe 21.2 – Un élastique (pour les élèves ayant encore des difficultés à repérer leur droite et leur gauche) – Le fichier élève p. 36 *Différenciation :* les personnages du matériel prédécoupé ; exercice supplémentaire 3, fiche différenciation 21.
Fin de séquence		**Matériel par élève** – Le fichier de l'élève p. 37 *Différenciation :* les personnages du matériel prédécoupé

Séance 1

Rituels du jour

Calcul mental

• L'enseignant propose sept calculs de moitiés de nombres pairs entre 2 et 30. la correction s'effectue après chaque calcul. Celui-ci s'effectue en cherchant le double de combien donne ce nombre. *Exemple :* la moitié de 14 se trouve en cherchant le nombre dont le double est 14. La moitié d'un nombre pair entre 20 et 30 peut aussi se calculer en décomposant le nombre en une somme de 20 et un autre nombre. *Exemple :* la moitié de 26 c'est la moitié de 20 + la moitié de 6.
Calculs à proposer : **les moitiés de 8** ; **20** ; **26** ; **14** ; **30** ; **22** ; **10**.

• L'enseignant propose un calcul d'une somme d'un nombre et de 9, 11, 19, 21, 29. L'enseignant corrige après chaque calcul. Il explicite la procédure. On ajoute le nombre de dizaines entières le plus proche et on retire 1 ou on ajoute 1. *Exemple :* 733 + 19 = 733 + 20 – 1. À cette séance, le résultat des calculs proposés ne passe pas à la centaine supérieure. Exemple : il n'est pas proposé de calcul tel que 583 + 29. 5 calculs sont proposés.
Calculs à proposer : **454 + 9** ; **733 + 19** ; **675 + 11** ; **867 + 21** ; **348 + 29**.

OBJECTIFS DE LA SÉANCE

• Comprendre le plan en tant que vue de dessus.
• Associer les objets sur une maquette ou dans l'espace réel aux objets représentés sur un plan.

Activité 1 de découverte

ÉTAPE 1

Tâche

Trouver les plans qui correspondent à la maquette (ou à la photo de la maquette).

Ce qui est visé en proposant cette tâche

Apprendre à faire le lien entre une maquette d'un lieu et le plan de ce lieu.

Lancement

L'enseignant indique l'enjeu de la séance : comprendre ce qu'est un plan de classe. Il demande si quelqu'un sait déjà ce que c'est. Les élèves devraient avoir déjà travaillé sur le plan en CP. Les réponses sont rapidement discutées sans entrer dans les détails (puisque c'est l'objectif de la séance) pour aboutir à une définition simple : le plan est une vue de dessus de la classe.

Cas où une maquette de classe est présente :

L'enseignant distribue la feuille avec les quatre plans qu'il a réalisés (2 justes, 2 faux). Il explique qu'il n'y a que deux plans qui sont justes et qu'il faut les trouver. Il distribue aussi la photocopie de la photo de la maquette vue presque de face.

Cas sans maquette :

L'enseignant montre la photo de la maquette (Annexe 21.2) en expliquant que Max et ses amis ont construit une maquette de leur classe. Ils l'ont prise en photo. Ils ont ensuite fait le plan de leur classe. L'enseignant montre la feuille avec les plans. Il précise qu'il y a des erreurs dans les plans (Annexe 21.1). Deux plans sont justes et les deux autres sont faux. Quels sont les plans justes ?

Les élèves écrivent, sur leur ardoise, les plans justes.

Recherche

Procédure visée :

▸ prendre des repères fixes sur les plans pour les retrouver sur la photo de la maquette (ou dans l'espace de la classe si c'est le plan de sa classe). On peut s'aider en tournant la feuille des plans pour orienter le plan comme sur la photo ; étudier la position des objets sur le plan par rapport à ces repères ou les uns par rapport aux autres. *Exemple* : Pour le plan A, s'apercevoir que le bureau est du côté de la porte d'entrée.

Erreurs possibles :

▸ ne pas comprendre qu'un plan ne montre que le dessus des objets ;

▸ ne prendre en compte que certains objets de la classe. *Exemple* : s'occuper uniquement des tables ;

▸ ne pas réussir à prendre des repères lorsque le plan est orienté différemment de l'espace réel.

Mise en commun

Remarque : La mise en commun sera adaptée aux plans réalisés s'il y avait une maquette dans la classe. Elle est décrite ici pour les plan de l'Annexe 21.2.

▸ Faire l'inventaire des réponses.

▸ Comparer les plans A et B pour montrer comment les distinguer en prenant un repère fixe comme la porte d'entrée.

▸ Faire expliciter la différence entre les plans C ou D et les plans A ou B pour faire ressortir que les plans ne sont pas orientés comme l'espace réel. On peut les tourner pour qu'il soit plus simple de prendre des repères.

▸ Récapituler que le plan A est faux car le bureau est près de la porte d'entrée et le plan C est faux car l'armoire dans le coin est collée au mur de la porte d'entrée. Les deux plans justes sont B et D.

▸ Pour le cas où la maquette de la classe est présente, l'enseignant photographie la maquette vue de dessus et montre cette photo pour la comparer avec les plans.

Étape 2

Tâche

Retrouver, sur le plan de la classe, des objets montrés dans la classe.

Ce qui est visé en proposant cette tâche

Apprendre à faire le lien entre un espace réel et le plan de cet espace.

Lancement

Si le plan utilisé dans l'étape 1 n'était pas celui de la classe, l'enseignant distribue à chaque élève un plan de la classe qu'il aura réalisé en amont sur lequel les éléments les plus importants de la classe apparaissent (meubles et tables).

Il énonce la consigne : « Je vais montrer une table ou un meuble de la classe et vous ferez une croix sur l'élément de votre plan qui correspond à cet objet. »

Recherche

Procédures visées :

▸ orienter le plan comme la classe, puis prendre des repères dans la classe pour les retrouver sur le plan ;

▸ prendre des repères fixes sur le plan et les mêmes dans la classe sans avoir besoin d'orienter le plan comme la classe.

Erreurs possibles :

▸ ne pas orienter le plan dans le même sens que l'espace réel mais prendre des repères comme s'il l'était ;

▸ se tromper en faisant correspondre un objet de l'espace réel avec le mauvais objet du plan.

Mise en commun

▸ Corriger après chaque objet désigné dans la classe.

▸ Demander à un élève de montrer, sur le plan agrandi au tableau, où se situe l'objet. Le plan peut ne pas être orienté comme la classe afin de faire ressortir la nécessité soit de le tourner, soit de prendre des repères.

▸ Demander l'avis des autres élèves sur la réponse proposée pour faire expliciter les repères pris pour reconnaitre l'objet sur le plan.

Institutionnalisation

L'enseignant lit le *Ce que j'ai découvert* p. 34.

CE QUE J'AI DÉCOUVERT

Le plan est une vue de dessus qui me permet de repérer la place des éléments en les situant les uns par rapport aux autres.

Activité 2 de réinvestissement — Exercice 1 p. 34

Tâche

Retrouver les endroits marqués sur une photo de maquette sur les deux plans correspondant à cette maquette.

Lancement

L'enseignant explique que chaque numéro (1, 2, 3 et 4) indique un objet sur le dessin de la maquette qu'il faut retrouver sur les deux plans. Il précise que les deux plans sont justes mais qu'ils sont orientés différemment.

Recherche

Procédure visée :

▸ prendre des repères fixes sur le plan pour les retrouver sur le dessin de la maquette (ou inversement). Utiliser ces repères pour situer chaque objet numéroté sur le dessin de la maquette afin de repérer cet objet sur le plan. Ces repères se retrouvent facilement sur le plan orienté comme la maquette mais plus difficilement sur l'autre plan.

Erreurs possibles :

▸ se tromper en faisant correspondre un objet de la maquette et un objet du plan ;

▸ pour le plan non orienté comme la maquette, prendre des repères comme s'il l'était.

Différenciation

Pour les élèves en difficulté

Demander d'entourer la porte sur le dessin de la maquette et sur les deux plans, puis d'entourer la rangée de tables la plus proche du mur de la porte.

Pour les élèves plus rapides

Exercice supplémentaire 1, fiche différenciation 21.

Mise en commun

▸ Pour chaque objet, faire expliciter où il se trouve sur le dessin de la maquette en prenant des repères par rapport à d'autres objets. *Exemple* : La bibliothèque numérotée ① est proche de l'armoire dans le coin, presque en face de la porte d'entrée.

▸ Identifier les repères cités sur les deux plans pour trouver l'objet numéroté.

Réponses

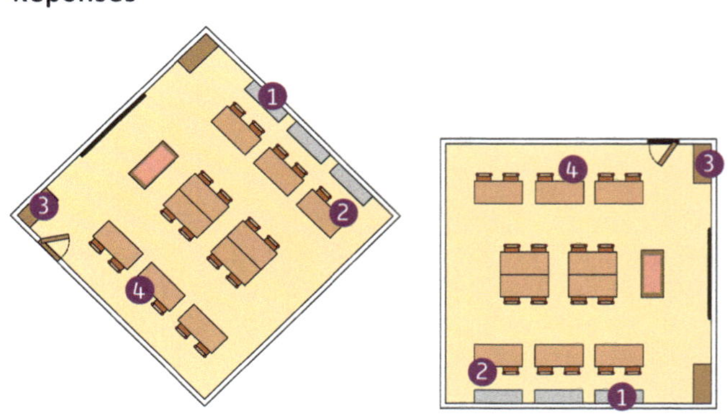

Bilan

Pour retrouver, sur un plan, un endroit montré dans l'espace, il faut situer cet endroit par rapport à des repères dans l'espace qu'on peut retrouver sur le plan.

Séance 2

Rituels du Jour

Calcul mental

• L'enseignant propose sept calculs de moitiés soit de nombres pairs entre 2 et 30, soit de nombres pairs de dizaines entières. Pour les nombres pairs de dizaines entières, le calcul de la moitié s'appuie sur le nombre de dizaines. *Exemple :* la moitié de 40 c'est la moitié de 4 dizaines.

Calculs à proposer : **les moitiés de 80** ; **24** ; **40** ; **12** ; **60** ; **28** ; **100**.

• Idem séance 1.

Calculs à proposer : **343 + 9** ; **560 + 29** ; **878 + 11** ; **868 + 21** ; **435 + 19**.

Objectif de la séance

Savoir repérer, dans un espace réel connu, des lieux indiqués sur un plan.

Activité de découverte

Tâche

Retrouver un endroit précis dans l'espace réel à partir d'un plan sur lequel cet endroit est indiqué.

Ce qui est visé en proposant cette tâche

Apprendre à prendre des repères sur un plan pour les retrouver dans l'espace réel.

Lancement

L'enseignant présente le plan de l'école et explique que ce plan sert à savoir où aller en cas d'incendie. Pour cela, il faut comprendre ce plan, ce qui va être l'enjeu de la séance. L'enseignant demande aux élèves de repérer leur classe sur le plan (ou un autre lieu si la classe des élèves n'est pas au rez-de-chaussée). Il explique ensuite que les élèves vont devoir se rendre à l'endroit indiqué par une lettre sur leur plan. L'activité a lieu par groupes, il est interdit de se séparer. Un groupe doit retrouver l'endroit noté A, un autre l'endroit B, un autre l'endroit C et le dernier l'endroit D. À ces endroits, il y a une enveloppe que les élèves doivent prendre sans l'ouvrir et revenir. Quand toutes les équipes seront revenues, les élèves ouvriront l'enveloppe. Si l'enveloppe contient la phrase « Si vous cherchez l'endroit *X* (celui que le groupe devait trouver), vous avez GAGNÉ », c'est que l'équipe a gagné, c'est-à-dire qu'elle est allée au bon endroit. Les groupes qui reviennent dispersés sont éliminés. Ce n'est pas une course. Il n'est pas utile de revenir en premier. On gagne si on retrouve le bon endroit marqué sur le plan.

Recherche

Procédure visée :

▸ prendre des repères fixes sur le plan pour les retrouver dans l'espace réel. Utiliser ces repères pour situer l'endroit où aller dans la cour.

Erreurs possibles :

▸ repérer des enveloppes dans la cour mais prendre n'importe quelle enveloppe ;

▸ se tromper en faisant correspondre à tort un endroit du plan et un endroit de l'espace réel.

Mise en commun

▸ Ouvrir les enveloppes pour recenser qui a gagné.

▸ Demander à ceux qui ont gagné comment ils ont fait pour repérer le bon endroit.

▸ À partir de ces explications, demander à ceux qui ont perdu s'ils ont compris pourquoi ils n'ont pas trouvé le bon endroit.

Bilan

▸ Pour retrouver, dans l'espace réel, un endroit indiqué sur un plan, il faut prendre des repères sur le plan pour comprendre où est situé ce lieu.

Séance 3

Rituels du Jour

Calcul mental

• L'enseignant propose sept calculs de moitiés soit de nombres pairs entre 2 et 30, soit de nombres pairs ou impairs de dizaines entières. Pour les nombres impairs de dizaines entières, le calcul de la moitié s'effectue en décomposant le nombre en une somme d'un nombre pair de dizaines et de 10. *Exemple :* la moitié de 50 c'est la moitié de 40 + la moitié de 10.

Calculs à proposer : **les moitiés de 50** ; **26** ; **90** ; **20** ; **100** ; **70** ; **28**.

• Reprendre l'activité décrite pour la séance 1 (p. 223) avec des calculs dont le résultat peut passer à la centaine supérieure. *Exemple :* 583 + 29. Dans ce cas, une étape supplémentaire de calcul peut être effectuée en décomposant le nombre de dizaines entières. *Exemple :* 583 + 29 = 583 + 30 – 1 = 583 + 20 + 10 – 1.

Calculs proposés : **583 + 29** ; **694 + 21** ; **485 + 11** ; **342 + 9** ; **897 + 29**.

Objectif de la séance

Reconnaitre ou tracer un déplacement sur un plan d'école à partir de sa description verbale.

Activité 1 de découverte

Tâche

Tracer, sur le plan, le déplacement décrit verbalement.

Ce qui est visé en proposant cette tâche

Faire le lien entre la description d'un déplacement dans un espace réel connu et le tracé de ce déplacement sur le plan.

Lancement

Avant de lancer l'activité, l'enseignant vérifie si les élèves connaissent leur droite et leur gauche. Il donne un élastique à mettre au poignet droit pour ceux qui ont encore des difficultés. L'enseignant indique qu'il va décrire un déplacement dans l'école et, au fur et à mesure, les élèves doivent tracer ce déplacement sur le plan. Il commence par préciser le point de départ pour que les élèves le retrouvent sur le plan. Il le montre ensuite sur le plan affiché au tableau. Il décrit ensuite le déplacement en laissant le temps nécessaire, à chaque consigne, pour que les élèves tracent le trajet.

Exemple à adapter selon la configuration de l'école : « Je sors de la classe et je tourne à gauche. » Il attend puis reprend : « J'avance tout droit jusqu'au prochain couloir et je tourne à droite. » Il attend à nouveau et continue ainsi jusqu'à un endroit qu'il a choisi comme point d'arrivée.

Recherche

Procédure visée :

▸ placer le plan dans le même sens que l'espace réel. Retrouver la droite et la gauche par rapport à soi.

Erreurs possibles :

▸ ne pas placer le plan dans le bon sens et penser qu'il l'est ;

▸ se tromper dans la droite et la gauche.

Mise en commun

▸ Demander aux élèves où arrive le trajet. Noter les différentes réponses.

▸ Reprendre toute la description en traçant au fur et à mesure le trajet sur le plan.

Bilan

▸ Pour comprendre un trajet sur un plan, il faut s'imaginer dans le sens du trajet pour repérer la droite et la gauche par rapport à soi. On peut tourner le plan pour s'orienter dans son sens.

Activité 2 de réinvestissement Exercice 2 p. 35

Tâche

Reconnaitre le déplacement qui correspond à la description.

Lancement

L'enseignant explique la consigne. Les élèves qui sont en grande difficulté de lecture travaillent en binôme avec un bon lecteur.

Recherche

Procédures visées :

▸ se projeter mentalement au départ du trajet et effectuer le déplacement mentalement en s'orientant à partir de sa gauche et sa droite ;

▸ tourner le plan à chaque changement de direction pour le placer toujours dans le même sens que sa position. Utiliser le repérage de sa droite ou de sa gauche pour voir si le trajet tracé correspond à la description.

Erreurs possibles :

▸ se tromper dans sa gauche et sa droite ;

▸ ne pas tourner le plan pour l'orienter comme sa position et continuer à prendre les repères droite/gauche par rapport à soi ;

▸ orienter les déplacements par rapport au plan et non par rapport à soi.

Différenciation

Pour les élèves en difficulté

Donner un des personnages du matériel détachable 5, pour que l'élève l'utilise pour effectuer le trajet. Le bras droit du personnage est levé pour faciliter la reconnaissance de sa droite et de sa gauche.

Pour les élèves plus rapides

Exercice supplémentaire 2, fiche différenciation 21.

Mise en commun

Les plans agrandis affichés au tableau ne peuvent pas servir de supports uniques à la mise en commun puisqu'ils sont posés verticalement alors que les élèves voient leurs plans horizontalement. Ces plans agrandis au tableau permettent de montrer de quel plan on parle lorsqu'on vérifie le trajet et de montrer qu'on peut le tourner pour le mettre dans l'orientation du personnage. La mise en commun s'effectue en deux temps.

▸ Les plans A et B sont d'abord étudiés. Un élève se place à un endroit dans la classe considéré comme la sortie de la classe 3. L'enseignant montre ce qui va être considéré comme les classes 1 et 2 et comme la cour de récréation. L'élève, qui joue le rôle de Max, lève son bras gauche et tourne à gauche. Les autres élèves indiquent, en regardant les plans A et B, si ce déplacement va vers la salle d'EPS ou la classe 4. Le plan A est rayé. L'élève jouant Max avance un peu, puis lève le bras droit et tourne à droite. Les élèves repèrent si ce déplacement va vers la cour de récréation ou le réfectoire. L'élève s'avance encore un peu, puis lève le bras droit et tourne à droite. Les élèves disent si cela correspond à un déplacement vers la cour de récréation ou vers le réfectoire.

▸ Pour les plans C et D, l'enseignant demande ce qui les différencie des plans A et B, puis il répertorie les procédures utilisées par les élèves pour ces plans afin de faire ressortir deux procédures possibles :
– on tourne les plans pour les mettre dans le sens qui facilite la lecture du trajet ;

– on s'imagine placé à chaque endroit dans le sens du trajet et on repère sa droite et sa gauche.

Une autre procédure possible est de comparer les trajets des plans C et D par rapport à celui de B que l'on sait juste. Comme cette procédure ne fait pas appel à la liaison entre l'espace réel et le plan, elle n'est utilisée qu'à la fin pour valider le plan C.

Réponses

Rayer les plans A et D (les plans B et C correspondent au trajet décrit).

Bilan

Revenir sur la nécessité de s'imaginer dans le sens du trajet pour repérer la droite et la gauche par rapport à soi.

Séance 4

Rituels du Jour

Calcul mental

• L'enseignant propose sept calculs de moitiés étudiées aux séances précédentes.
Calculs à proposer : **les moitiés de 14** ; **40** ; **70** ; **22** ; **80** ; **18** ; **90**.
• Idem séance 3.
Calculs à proposer : **494 + 9** ; **695 + 11** ; **72 + 21** ; **586 + 29** ; **393 + 21**.

Objectif de la séance

Reconnaitre et tracer un déplacement sur un plan de ville à partir de sa description verbale.

Activité 1 de réinvestissement

Tâche

Tracer le déplacement qui correspond à la description.

Ce qui est visé en proposant cette tâche

Faire le lien entre la description d'un déplacement dans un espace réel inconnu et le tracé de ce déplacement sur le plan.

Déroulement

Les élèves ayant encore des difficultés à repérer leur droite et leur gauche ont un élastique au poignet droit. L'enseignant distribue le plan aux élèves (Annexe 21.2) et leur demande ce qui est représenté sur ce plan. La discussion doit faire ressortir qu'on voit les routes d'un quartier de ville. L'enseignant explique qu'il faut tracer le trajet déjà commencé au fur et à mesure de sa description : « Tu continues d'avancer jusqu'au carrefour et à ce carrefour, tu tournes à droite. »

L'enseignant laisse un moment aux élèves pour tracer ce déplacement, puis propose de tracer ce déplacement sur le plan au tableau. Il trace le trajet jusqu'au carrefour qu'il aide à repérer et demande comment il doit poursuivre pour tourner à droite. Il montre les trois possibilités : vers le bord à grands pointillés noirs, vers le bord noir du plan ou vers le bord à petits pointillés noirs. Il fait l'inventaire des réponses. Il indique qu'il va effectuer le déplacement dans la classe comme sur le plan. Il se place face aux élèves et explique que le mur en face de lui correspond au bord du plan à grands pointillés. Il montre le mur à sa gauche et fait trouver s'il correspond au bord à petits pointillés ou au bord noir.

Il répète la description du trajet, il lève le bras droit pour tourner à droite, ce qui permet de savoir vers quel mur il doit se diriger donc vers quel bord du plan il faut tracer le trajet.

Il demande ensuite de retourner le plan dans le « bon sens » pour vérifier que le trajet tourne à droite.

Il replace le plan dans la position initiale et continue la description : « Tu avances pour prendre la deuxième route à gauche ».

L'enseignant laisse un moment aux élèves. Il demande aux élèves que veut dire « prendre la deuxième route à gauche », puis il vérifie les propositions des élèves de la même façon que précédemment.

Il continue la description : « Tu avances jusqu'au premier carrefour où tu tournes à droite et tu t'arrêtes au carrefour suivant. »

L'enseignant laisse un moment aux élèves, puis étudie les propositions pour tracer la suite du trajet et expliquer la proposition juste.

Réponse

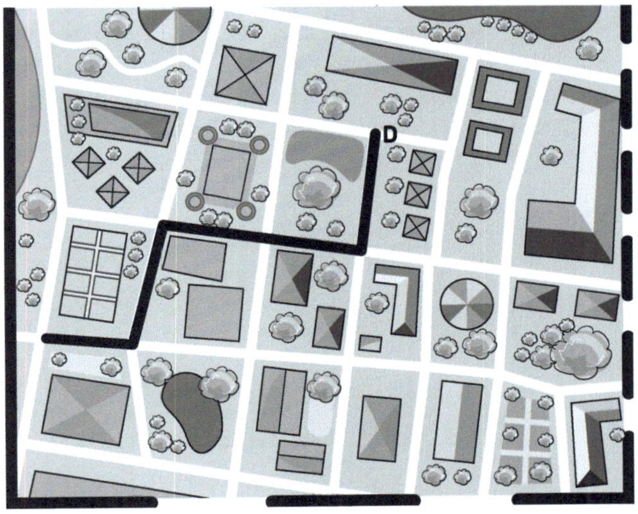

Activité 2 de réinvestissement

Exercice 3 p. 36

Tâche

Reconnaitre le déplacement qui correspond à la description.

Lancement

L'enseignant explique la consigne en précisant où se trouve Lila au départ.

Recherche

Procédures visées :

- se projeter mentalement au départ du trajet et effectuer le déplacement mentalement en s'orientant à partir de sa gauche et sa droite ;
- tourner le plan à chaque changement de direction pour le placer toujours dans le même sens que sa position. Utiliser le repérage de sa droite ou sa gauche pour voir si le trajet tracé correspond à la description.

Erreurs possibles :

- se tromper dans sa gauche et sa droite ;
- ne pas tourner le plan pour l'orienter comme sa position et continuer à prendre les repères de droite et gauche par rapport à soi.

Différenciation

Pour les élèves en difficulté

Donner un des personnages du matériel détachable 5, pour que l'élève l'utilise pour effectuer le trajet.

Pour les élèves plus rapides

Exercice supplémentaire 3, fiche différenciation 21.

Mise en commun

- Faire l'inventaire des réponses pour faire verbaliser les procédures.
- Faire ressortir les deux procédures possibles : tourner le plan à chaque changement de direction pour le placer toujours dans le même sens que sa position ou s'orienter mentalement dans le sens du déplacement.

Réponses

Rayer les plans A et C (les plans B et D correspondent au trajet décrit).

Bilan

Pour comprendre un déplacement sur un plan, il faut trouver la droite et la gauche en s'imaginant se déplacer dans le sens du trajet.

Remarque : une fois cette séance mise en œuvre, les activités de déplacement sur quadrillage qui préparent à la programmation pourront être mises en œuvre. Elles sont décrites pages 342 à 345.

Fin de séquence

Je m'entraine à mon rythme

Le tracé du trajet

Objectif

- Tracer un déplacement sur un plan de ville à partir de sa description verbale.

Aide à apporter aux élèves en difficulté

Associer les élèves mauvais lecteurs à un élève capable de lire la description. Donner un des personnages du matériel détachable 5 du fichier élève pour que l'élève l'utilise pour effectuer le trajet.

Réponse

Je cherche

Les cibles

Objectifs

- Réinvestir les connaissances sur le calcul (posé et mental) de sommes.
- Procéder par essais et analyse d'erreurs.

Si les élèves se découragent ou n'arrivent pas à trouver la solution malgré leurs essais, leur donner la calculatrice pour qu'ils fassent de nouveaux essais. Si certains élèves ont encore des difficultés, les aider en leur indiquant que, dans chaque cas, une flèche atteint 40.

Réponses

Première cible : 100 = 40 + 32 + 18 + 10.
Seconde cible : 100 = 23 + 17 + 40 + 20.

Fractions (2) 22

Rituels de la semaine

Objectifs d'apprentissage

Calcul mental

- Calculer les moitiés des nombres pairs de 2 à 30 et des dizaines et centaines entières.
- Multiplie, n'importe quel nombre inférieur à 100 par 10 et n'importe quel nombre inférieur à 10 par 100.

Séquence d'apprentissage

Place dans l'ensemble des séquences « Fractions »

12. Fractions (1)	**22. Fractions (2)**

Objectifs de la séquence

- Utiliser des fractions dans des situations de partage.
- Connaitre et comprendre l'écriture mathématique des fractions.
- Comparer des fractions.
- Additionner et soustraire des fractions de même dénominateur.

Objectifs d'apprentissage du BO

- Savoir interpréter, représenter, écrire et lire les fractions $\frac{1}{2}, \frac{1}{3}, \frac{1}{4}, \frac{1}{5}, \frac{1}{6}, \frac{1}{8}$ et $\frac{1}{10}$.
- Savoir interpréter, représenter, écrire et lire des fractions inférieures ou égales à 1.
- Connaitre et utiliser les mots « dénominateur » et « numérateur ».
- Comparer des fractions ayant le même dénominateur.
- Comparer des fractions dont le numérateur est 1.
- Additionner et soustraire des fractions de même dénominateur.

Quels sont les enjeux de cette seconde séquence sur les fractions ?

Lors de la séquence 12, les premières fractions, demis et quarts, ont été introduites. Il s'agit maintenant de commencer à généraliser la notion en introduisant des partages en huit, trois, etc. parties égales. Nous insistons toujours sur l'aspect verbal qui permet d'accéder au concept pour donner du sens aux écritures fractionnaires. Le travail se poursuit donc en manipulant des gâteaux et des bandes unités pour donner un sens très concret à ces nouveaux nombres désignés par des fractions.

Les comparaisons, additions et soustractions de fractions se font en appui sur la compréhension de ces concepts et jamais sur un travail technique alors dénué de sens. Pour cette raison, les nombres utilisés dans les exercices sont souvent écrits de manière littérale. Ainsi, par exemple, les élèves peuvent additionner ou soustraire des dixièmes comme une nouvelle unité de comptage.

Remarque importante : Même si les écritures fractionnaires ne sont pas encore utilisées pour écrire des nombres supérieurs à 1, il ne faut pas que les élèves pensent que c'est impossible. Si certains demandent si l'on peut écrire $\frac{3}{2}$, il leur sera répondu que oui. Il faut dans ce cas qu'ils comprennent qu'il s'agit de $1 + \frac{1}{2}$.

Structure de la séquence

- Séance 1 : découverte : les fractions en huitièmes
- Séance 2 : découverte : les fractions en tiers, cinquièmes, sixièmes et dixièmes.
- Séance 3 : réinvestissement
- Séance 4 : réinvestissement

Matériel nécessaire

Matériel à télécharger pour l'ensemble de la séquence :

- Matériel enseignant pour les fractions.
- Fiche évaluation 22.

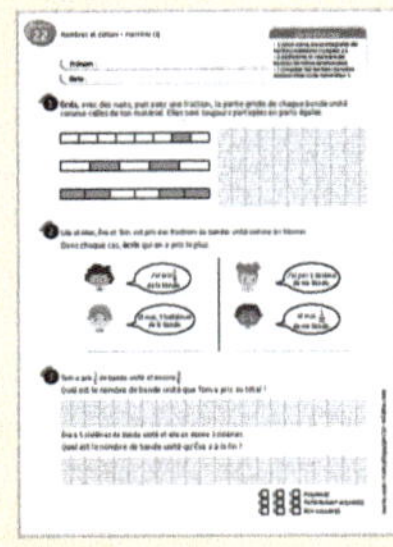

	Matériel pour l'enseignant *	Matériel pour les élèves
Séance 1	– Les gâteaux grand format (matériel enseignant) 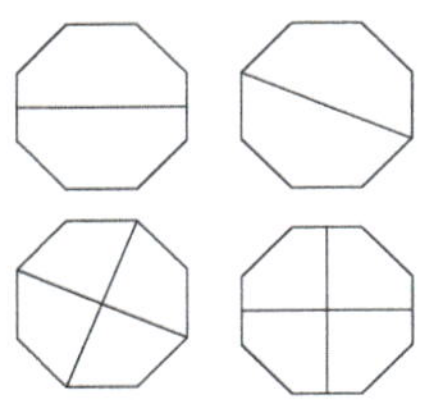 – Les bandes unité grand format (matériel enseignant) – La reproduction agrandie de l'exercice 1 p. 70. 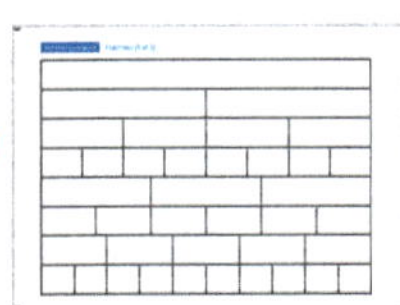	**Matériel individuel** – Une barquette – Les gâteaux (2 gâteaux entiers, 2 demis gâteau, 4 quarts de gâteau et un gâteau prédécoupé en huitième) – Des ciseaux pour l'étape 2 – Les bandes unité partagées en huitièmes pour l'exercice 1 – Une ardoise – Le fichier de l'élève p. 70. – Mémo 22.1
Séance 2	– Les bandes unité grand format (matériel enseignant)	**Matériel individuel** – Une barquette – Une bande unité de chaque sorte (partagées en 2, 3 4, 5, 6, 8 et 10 parties et une bande unité non partagée) – Une ardoise – Le fichier de l'élève p. 71. – Mémo 22.2
Séance 3	– Les bandes unité grand format partagées en cinquièmes, sixièmes et huitièmes (matériel enseignant) – La reproduction agrandie de l'exercice 2 p. 71.	**Matériel par binôme** – Une ardoise **Matériel individuel** – Une barquette – Une bande unité de chaque sorte (partagées en cinquièmes, sixièmes et huitièmes) – Le fichier de l'élève p. 71. *Différenciation :* les différentes bandes unité
Séance 4	– Le gâteau grand format partagé en huitièmes (matériel enseignant)  – La reproduction agrandie de l'exercice 3 p. 72.	**Matériel par binôme** – Une ardoise **Matériel par élève** – Une barquette – Les gâteaux partagés en huitièmes – Le fichier de l'élève p. 72. *Différenciation :* le matériel bandes unité et gâteaux
Fin de séquence		**Matériel individuel** – Le fichier de l'élève p. 73. – Une bande de papier, une règle graduée et un gabarit d'angle droit pour le problème de recherche *Différenciation :* des carrés en papier pour permettre des pliages et découpages

Séance 1

Rituels du Jour

Calcul mental

• L'enseignant propose sept calculs de moitiés de dizaines ou d'un nombre pair de centaines entières. À la correction, le calcul de la moitié d'un nombre pair de centaines s'appuie sur le nombre de centaines. Exemple : la moitié de 400 c'est la moitié de 4 centaines.

Calculs à proposer : **les moitiés de 400** ; **80** ; **600** ; **50** ; **200** ; **30** ; **1000**.

• L'enseignant propose un calcul d'une multiplication de 10 par un nombre à deux chiffres (exemple : 10 × 12) et corrige ensuite. La correction s'appuie la numération et sur la commutativité de la multiplication. *Exemple* : 12 × 10 ; 12 fois une dizaine est égal à 12 dizaines, donc 120. Il propose ensuite six calculs (soit 10 × un nombre, soit un nombre × 10), puis la correction est effectuée.

L'enseignant évite de dire qu'il faut ajouter un zéro puisque cette règle devient un obstacle lorsqu'il faut multiplier un décimal par 10.

Calculs à proposer : **12 × 10** ; **10 × 27** ; **6 × 10** ; **10 × 78** ; **57 × 10** ; **39 × 10** ; **40 × 10**.

Objectif de la séance

Découvrir les huitièmes.

Activité 1 de découverte

Étape 1

Tâche

Produire un demi et un quart de gâteau.

Ce qui est visé en donnant cette tâche

Remobiliser la connaissance des écritures $\frac{1}{2}$ et $\frac{1}{4}$.

Lancement

L'enseignant écrit au tableau les fractions $\frac{1}{2}$ et $\frac{1}{4}$ sans faire de commentaire.

Il donne la consigne : « Vous devez sortir de votre barquette ces nombres de gâteau » en désignant les nombres écrits au tableau mais sans les lire.

Il donne à chaque élève une barquette contenant deux gâteaux entiers sans marque de prédécoupe, au moins deux demis et quatre quarts de gâteaux. Ce matériel servira pour les deux étapes. Il ne donne pas de paire de ciseaux pour que les gâteaux entiers le restent.

Recherche

Les élèves doivent se souvenir de la signification des écritures fractionnaires de « un demi » et « un quart » pour extraire un demi et un quart de gâteau parmi ce qui leur a été distribué.

Mise en commun

▸ Comparaison des réponses proposées.

▸ Retour sur la signification des écritures $\frac{1}{2}$ et $\frac{1}{4}$ en rappelant leurs désignations orales, un demi et un quart.

Étape 2

Tâche

Partager un gâteau en huitièmes.

Ce qui est visé en donnant cette tâche

Introduire la définition du huitième d'un gâteau unité, considéré comme le tout.

Lancement

L'enseignant écrit au tableau la fraction $\frac{1}{8}$ sans faire de commentaire.

Il donne la consigne : « Vous devez poser sur votre table ce nombre de gâteau » en désignant le nombre écrit au tableau mais sans le lire. Il fait sortir une paire de ciseaux.

Recherche

Les élèves doivent interpréter l'écriture mathématique affichée au tableau en référence à ce qui a été appris lors de la séquence 12 et remobiliser durant l'étape 1. C'est-à-dire comprendre qu'il faut partager le gâteau en huit parts égales et en découper au moins une pour la donner. Sa forme le permet puisque c'est un octogone.

Mise en commun

▸ Comparer les différents morceaux réalisés par les élèves.

▸ Faire l'inventaire des procédures pour amener le fait qu'il faut partager le gâteau en 8 parts égales et extraire une des parts obtenues.

▸ Faire la part entre les erreurs de procédure et les erreurs de précision dans l'exécution du partage.

▸ Distribuer un gâteau prédécoupé en 8 parts 5 à chaque élève pour qu'il puisse réaliser le partage exact.

▸ Conclure sur le fait que le nombre $\frac{1}{8}$ se lit « un huitième » et que $\frac{1}{8}$ du gâteau, c'est une part lorsque l'on a partagé le gâteau en 8 parts égales.

Institutionnalisation

Revenir sur le sens du nombre « un huitième » et sur son écriture fractionnaire en faisant compléter le *Ce que j'ai découvert* de la page 70.

CE QUE J'AI DÉCOUVERT

Lorsque je coupe un gâteau en huit parts égales, j'obtiens des huitièmes d'un gâteau.
Je colorie un huitième d'un gâteau.

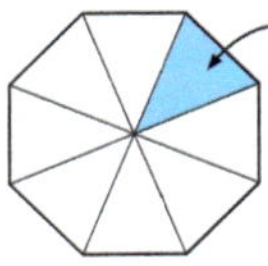

Un huitième de gâteau

Le nombre un huitième s'écrit : $\frac{1}{8}$

Activité 2 de réinvestissement — Exercice 1 p. 70

Tâche

Indiquer par Vrai ou Faux si les coloriages correspondent aux nombres indiqués.

Lancement

L'enseignant vérifie que les élèves comprennent la consigne et en particulier le fait que chaque gâteau dessiné représente le même gâteau que celui manipulé, c'est le gâteau unité et que chaque bande dessinée a la taille de la bande unité du matériel détachable.

L'enseignant distribue une bande unité comportant les marques de pliures en huitièmes (5).

Recherche

Les élèves peuvent utiliser leur matériel, les dessins sont à taille réelle. L'égalité des parts est indiquée dans l'énoncé, elle sera soulignée.

Le premier item est une application directe du *Ce que j'ai découvert*.

Les deuxième et troisième items permettent de définir $\frac{5}{8}$ comme étant $\frac{1}{8}+\frac{1}{8}+\frac{1}{8}+\frac{1}{8}+\frac{1}{8}$.
Le quatrième permet d'insister sur le rôle du dénominateur (nombre du bas) et de traiter ainsi une erreur courante.

Le cinquième permet de revenir sur le fait que si l'on prend autant de parts qu'on en a découpé, on prend le tout, l'unité.

Les sixième et septième, premiers cas avec la bande unité, permettent d'approfondir la réflexion sur la signification de la fraction sans réduire le travail à un travail de comptage de cases coloriées.

Le dernier item revient sur le rôle du dénominateur.

Procédures attendues :

- Vérifier qu'il y a bien 8 parts (l'égalité est affirmée dans l'énoncé) puis dénombrer les parts colorées.
- Pour le sixième item, comprendre que l'on peut rassembler les parts par deux.
- Pour le septième item, comprendre qu'il y a bien la moitié de la bande colorée, 4 parts sur 8.

Erreurs possibles :

- ne pas comprendre que $\frac{5}{8}=\frac{1}{8}+\frac{1}{8}+\frac{1}{8}+\frac{1}{8}+\frac{1}{8}$ et donc répondre faux au troisième item en étant gêné par le fait que les parts colorées ne sont pas adjacentes ;
- ne pas considérer que $\frac{8}{8}=1$ et donc répondre FAUX ;
- ne pas se détacher du nombre de parts pour les sixième et septième items et donc répondre FAUX ;
- ne pas faire attention au fait qu'il n'y a que 6 parts dans la dernière bande et donc répondre VRAI.

Différenciation

Pour les élèves en difficulté

Après essais infructueux, revenir sur le sens des écritures fractionnaires avec les mémos 12.3 et 22.1.

Pour les élèves plus rapides

Organiser un tutorat pour aider à la manipulation du matériel et à la compréhension des écritures fractionnaires.

Réponses

Vrai – Vrai – Vrai – Faux – Vrai – Vrai – Vrai – Faux.

Séance 2

Rituels du jour

Calcul mental

- L'enseignant propose sept calculs de moitiés soit de dizaines, soit de centaines. Pour les nombres impairs de centaines entières, le calcul de la moitié s'effectue en décomposant le nombre en une somme d'un nombre pair de centaines et de 100.
Exemple : la moitié de 500, c'est la moitié de 400 + la moitié de 100.
Calculs à proposer : **les moitiés de 100 ; 500 ; 40 ; 800 ; 300 ; 70 ; 900**.
- L'enseignant propose un calcul d'une multiplication de 100 par un nombre à un chiffre (exemple : 100 × 6) et corrige ensuite. La correction s'appuie la numération et sur la commutativité de la multiplication. *Exemple :* 100 × 6 = 6 × 100 ; 6 fois une centaine est égal à 6 centaines, donc 600. Il propose ensuite six calculs (soit 100 × un nombre, soit un nombre × 100), puis la correction est effectuée.
Calculs à proposer : **4 × 100 ; 100 × 6 ; 5 × 100 ; 100 × 7 ; 100 × 3 ; 100 × 9 ; 8 × 100**.

Objectifs de la séance

- Découvrir les tiers, cinquièmes, sixièmes et dixièmes.
- Reconstruire l'unité.
- Trouver le complément d'une fraction d'un tout par rapport à ce tout.

Activité de découverte

ÉTAPE 1

Tâche

Fractionner des bandes unités en choisissant celle qui est adaptée à la demande.

Ce qui est visé en proposant cette tâche

Comprendre le rôle du dénominateur en lien avec les désignations orales des fractions.

Lancement

L'enseignant écrit au tableau les nombres suivant sans les dire $\frac{1}{3}$, $\frac{1}{5}$, $\frac{1}{6}$ et $\frac{1}{10}$ accompagné chacun d'une couleur différente pour faciliter la mise en commun (par exemple $\frac{1}{3}$ en rouge, etc.) et donne la consigne : « Vous devez colorier ces quatre nombres de bande unité de votre matériel. Vous allez recevoir une barquette avec plusieurs bandes unité partagées en parts égales mais de différentes façons. À vous de choisir pour chaque nombre la bande qui vous permettra de colorier, comme c'est écrit au tableau. »

Chaque élève reçoit une barquette contenant une bande unité non marquée et une de chaque sorte disponible dans le matériel prédécoupée avec les marques de découpe en 2, 3, 4, 5, 6, 8 et 10 parties égales. À cette étape, les élèves colorient mais ne découpent pas les fractions demandées.

Avant de laisser les élèves chercher, l'enseignant peut faire vérifier par superposition que toutes les bandes fournies ont bien la même longueur.

Recherche

Procédure attendue :

▸ Comprendre le rôle du dénominateur et choisir la bande dont le partage correspond. Colorier une des parties.

Erreur possible :

▸ ne pas tenir compte du nombre de parts dans le partage et colorier un morceau dans n'importe quelle bande.

Mise en commun

Chaque nombre est traité un par un de la même manière.

▸ Constater les désaccords éventuels par comparaison des morceaux de bande unité coloriés.

▸ Discuter sur les erreurs produites pour revenir sur le lien entre le dénominateur (ou nombre du bas) et le nombre de parts égales dans le partage de la bande unité.

▸ Conclure en demandant aux élèves s'ils sauraient nommer les fractions écrites au tableau. La fraction $\frac{1}{3}$ sera probablement nommée « un troisième ». Cette réponse sera corrigée mais en disant que cela aurait pu s'appeler comme cela, c'est cohérent. Les noms sont écrits sous les fractions.

Remarque : le travail essentiel ne repose pas sur la maitrise des mots « numérateur » et « dénominateur » par les élèves mais l'enseignant les utilisera à bon escient.

ÉTAPE 2

Tâche

Trouver le complément à l'unité d'une fraction donnée.

Ce qui est visé en proposant cette tâche

Généraliser les égalités $\frac{2}{2} = 1$, $\frac{4}{4} = 1$ et $\frac{8}{8} = 1$ à $\frac{n}{n} = 1$ pour renforcer le lien entre les fractions unitaires et l'unité.

Lancement

Les élèves ont toujours leur barquette de matériel mais sont invités à ne pas l'utiliser dans un premier temps. Ils ont aussi leur ardoise.

L'enseignant donne une première consigne en montrant le matériel évoqué : « J'ai un cinquième de bande unité. Écrivez sur votre ardoise ce que je dois prendre en plus pour refaire la bande unité entière. »

Recherche

La réponse pourra être écrite en mots ou avec l'écriture fractionnaire.

Procédure attendue :

▸ Comprendre qu'il y a *n* parties égales et qu'il faut *n* de ces parties pour refaire l'unité puis trouver le complément du nombre de parts indiqué à *n*.

Erreur possible :

▸ ne pas comprendre que la bande unité correspond à 5 cinquièmes.

Mise en commun

▸ Faire l'inventaire des réponses sur les ardoises et discuter de leur validité en appui sur la manipulation effective par les élèves avec leur matériel.

▸ Conclure sur le fait qu'il faut 5 cinquièmes pour faire une unité, puisqu'elle avait été partagée en cinq parts égales et donc qu'il faut compléter le cinquième avec 4 autres cinquièmes.

▸ L'écriture fractionnaire $\frac{4}{5}$ du nombre quatre cinquièmes est écrite au tableau et interprétée comme correspondant à $\frac{1}{5}+\frac{1}{5}+\frac{1}{5}+\frac{1}{5}$ comme cela avait été travaillé avec les demis, les quarts et les huitièmes.

▸ Écrire au tableau $\frac{5}{5} = 1$ et le faire lire par les élèves.

Cette étape est reprise en variant le nombre donné au départ par l'enseignant, par exemple « deux tiers », « 4 sixièmes », « 3 dixièmes », etc.

Institutionnalisation

📖 Revenir sur le sens des nombres un tiers $(\frac{1}{3})$, un cinquième $(\frac{1}{5})$, un sixième $(\frac{1}{6})$, un dixième $(\frac{1}{10})$, sur leur écriture fractionnaire et sur le sens d'une fraction dont le numérateur n'est pas 1, comme $\frac{4}{5}$ par exemple, en faisant compléter le *Ce que j'ai découvert* de la page 71.

Les élèves seront amenés à remarquer que plus le nombre de parts égales est grand, plus les parts sont petites.

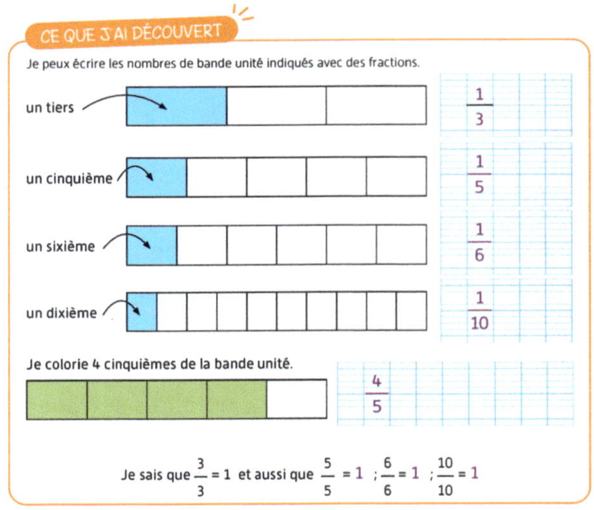

Séance 3

Rituels du jour

Calcul mental

• L'enseignant propose sept calculs de moitiés soit de nombres pairs entre 2 et 30, soit de dizaines ou centaines entières.

Calculs à proposer : **les moitiés de 200** ; **14** ; **90** ; **700** ; **30** ; **26** ; **600**.

• Idem séances 1 et 2.

Calculs à proposer : **100 × 2 ; 10 × 95 ; 80 × 10 ; 7 × 100 ; 10 × 61 ; 4 × 10 ; 10 × 72**.

OBJECTIF DE LA SÉANCE

Comparer des fractions.

Activité 1 de réinvestissement

ÉTAPE 1

Tâche

Trouver qui a pris le plus de bandes dans un cas où les deux ont des sixièmes.

Ce qui est visé en donnant cette tâche

Comparer des nombres donnés sous la forme de fractions de même dénominateur et énoncés verbalement.

Lancement

Les élèves sont en binôme, ils ont une seule ardoise et chacun reçoit une bande unité de son matériel respectivement partagées en 6 parts égales. L'enseignant dit à l'un de prendre 2 sixièmes de bande unité et à l'autre de prendre 3 sixièmes de bande unité sans montrer à l'autre ce qu'il a appris. Il demande de trouver, en gardant chacun sur sa table ce qu'il a pris, qui a le plus grand nombre de bande et d'écrire le prénom sur l'ardoise.

Recherche

Procédure visée :

► Comprendre que celui qui a pris le plus de morceaux a pris le plus grand nombre, puisque tous le morceaux ont la même taille.

Erreur possible :

► estimer qu'ils ont pris autant puisqu'ils ont pris tous les deux des sixièmes.

Mise en commun

► Faire l'inventaire des réponses demandant à ceux dont le prénom est écrit sur l'ardoise le nombre de bande qu'il a pris.

► Faire expliciter la procédure utilisée.

► Faire comparer les morceaux de bandes des 2 élèves et analyser les éventuelles erreurs.

► Illustrer avec les bandes agrandies du matériel enseignant.

► Conclure sur le fait que, si les deux ont des sixièmes, celui qui en a le plus a le nombre le plus grand.

► Demander si ce serait pareil si les deux avaient des tiers, ou des quarts, etc.

ÉTAPE 2

Tâche

Trouver qui a pris le plus de bandes dans un cas où les deux ont autant de morceaux, mais pas de la même taille (même numérateur mais dénominateurs différents).

Ce qui est visé en donnant cette tâche

Comparer des nombres donnés sous la forme de fractions de même numérateur et énoncés verbalement.

Déroulement

L'organisation est la même, les deux membres du binôme ne montrent pas ce qu'ils reçoivent. Cette fois un élève reçoit une bande unité partagée en cinq parties égales et doit prendre 2 cinquièmes, son binôme reçoit une bande unité partagée en huit parties égales et doit prendre 2 huitièmes.

Procédure visée :

- Comprendre que celui qui des huitièmes a autant de morceaux que l'autre, mais qu'ils sont plus petits.

Erreurs possibles :

- estimer qu'ils ont pris autant puisqu'ils ont pris tous les deux le même nombre de morceaux ;
- estimer que $\frac{2}{8}$ est supérieur à $\frac{2}{5}$ car 8 est plus grand que 5.

Mise en commun

La mise en commun est similaire à celle de l'étape 1. sur le fait que, si les deux élèves ont autant de morceaux, il faut faire attention au découpage de l'unité. Plus il y a de morceaux égaux, plus les morceaux sont petits. Les huitièmes sont plus petits que les cinquièmes.

Si le temps le permet, d'autres problèmes du même type sont proposés, soit le même dénominateur en variant les numérateurs, soit les mêmes numérateurs en variant les dénominateurs, avant de faire faire l'exercice 2 du fichier.

Activité 2 de réinvestissement

Exercice 2 p. 71

Tâche

Comparer des fractions de même dénominateur ou de dénominateurs différents mais avec le même numérateur.

Déroulement

L'enseignant ramasse le matériel et le met de côté pour la différenciation et la validation, il vérifie que les élèves comprennent la consigne.

Certains nombres sont écrits sous forme verbale et d'autres sous forme fractionnaire de façon que les élèves s'appuient toujours sur le sens des nombres et non sur une technique qu'ils auraient construite sans comprendre.

> **Différenciation**
>
> *Pour les élèves en difficulté*
>
> Après des essais infructueux, utilisation du matériel 5 pour comparer.
>
> *Pour les élèves plus rapides*
>
> Organiser un tutorat pour aider à la manipulation et à la compréhension des écritures fractionnaires.

Mise en commun

La correction de l'exercice s'appuie sur le sens des nombres et sur la manipulation du matériel.

Réponses

Éva a pris le plus car elle a plus de sixièmes.

Max a pris le plus car les tiers sont plus gros que les dixièmes et les quarts.

Séance 4

Rituels du jour

Calcul mental

- Idem séance 3.

Calculs à proposer : les moitiés de 18 ; 400 ; 50 ; 900 ; 70 ; 1000 ; 22.

- Idem séances 1 et 2.

Calculs à proposer : (47 × 10) + 3 ; (100 × 8) + 24 ; (10 × 56) + 7 ; (5 × 100) + 1 ; (10 × 30) + 83 ; (10 × 6) + 13 ; (100 × 2) + 46.

Objectif de la séance

Additionner et soustraire des fractions de même dénominateur.

Activité 1 de réinvestissement

Étape 1

Tâche

Trouver le nombre total de gâteaux dans une réunion de collections.

Ce qui est visé en donnant cette tâche

Comprendre l'addition de fractions de même dénominateur données sous leur forme verbale.

Lancement

Les élèves sont en binôme, ils ont une seule ardoise et chacun a les gâteaux de son matériel dans une barquette. L'enseignant dit à l'un de prendre 2 huitièmes de gâteau, et à l'autre de prendre 3 huitièmes de gâteau, toujours sans montrer à l'autre. Il demande d'écrire sur l'ardoise, en gardant chacun sur sa table ce qu'il a pris, le nombre total de gâteau s'ils les réunissent. Ce nombre pourra être écrit sous sa forme verbale ou avec son écriture fractionnaire.

Recherche

Procédure visée :

▸ Ajouter les nombres de huitièmes.

Erreurs possibles :

▸ ne pas comprendre qu'il faut ajouter les huitièmes ;

▸ ajouter les dénominateurs même si l'utilisation de la forme verbale, et donc du sens des fractions, doit permettre de ne pas voir apparaitre cette erreur.

Mise en commun

▸ Faire l'inventaire des réponses sous forme verbale.

▸ Faire expliciter la procédure utilisée et analyser les éventuelles erreurs.

▸ Validation en réunissant effectivement les deux collections.

▸ Écriture au tableau de l'addition en faisant le lien avec l'écriture de l'addition des nombres entiers : $\frac{2}{8}+\frac{3}{8}=\frac{5}{8}$. On fera attention à l'alignement des traits de fractions avec les signes + et =.

▸ Conclure sur le fait que l'on ajoute les nombres de huitièmes.

ÉTAPE 2

Tâche

Trouver le nombre de gâteau qu'il reste après retrait.

Ce qui est visé en donnant cette tâche

Comprendre la soustraction de fractions de même dénominateur données sous leur forme verbale.

Déroulement

L'organisation est similaire avec un nouveau problème : un des élèves du binôme prend 7 huitièmes d'un gâteau. Les deux doivent écrire ce qui lui resterait s'il donnait 4 huitièmes à son binôme. Ils doivent l'écrire sans le faire.

Procédure visée :

▸ soustraire 4 à 7 pour trouver le nombre de huitièmes restants.

Erreur possible :

▸ ne pas comprendre qu'il faut effectuer une soustraction.

Mise en commun

Conclure la mise en commun sur le fait l'on soustrait 4 à 7 pour trouver le nombre de huitièmes et écrire l'opération au tableau $\frac{7}{8} - \frac{4}{8}=\frac{3}{8}$ en faisant, là aussi, attention aux alignements.

Si le temps le permet, d'autres problèmes du même type sont proposés avant de faire faire l'exercice 3 du fichier.

Activité 2 de réinvestissement

Exercice 3 p. 72

Tâche

Calculer des additions et des soustractions de fractions de même dénominateur pour résoudre des problèmes.

Déroulement

L'enseignant ramasse le matériel et le met de côté pour la différenciation et la validation, il vérifie que les élèves comprennent la consigne du premier problème qui sera résolu et corrigé avant de laisser les élèves traiter les suivants. Cela permettra de bien préciser les attentes sur les formats de réponse attendus, sous forme verbale et sous forme fractionnaire.

Mise en commun après le 1er problème

Après un temps de recherche pour le premier problème :

▸ collecte des réponses ;

▸ analyse des erreurs ;

▸ réponse donnée sous les formes 8 dixièmes et $\frac{8}{10}$.

Les élèves travaillent ensuite à leur rythme.

Différenciation

Pour les élèves en difficulté

Après des essais infructueux, utilisation du matériel 5.

Pour les élèves plus rapides

Organiser un tutorat pour aider à la manipulation du matériel

Mise en commun

La correction des autres problèmes s'appuie sur le sens des opérations, des nombres et sur la manipulation du matériel.

Réponses

Éva a pris 8 dixièmes, $\frac{8}{10}$.

À la fin, Lila a 3 sixièmes, $\frac{3}{6}$.

Ensemble, Max et Tom ont 8 huitièmes, $\frac{8}{8}$ ou 1 gâteau entier.

Fin de séquence

Je m'entraine à mon rythme

Des carrés pour unité

Objectifs

- Savoir interpréter, représenter, écrire et lire des fractions inférieures ou égales à 1.
- Comparer des fractions ayant le même dénominateur.
- Additionner des fractions de même dénominateur.

> **Aide à apporter aux élèves en difficulté**
>
> Aider ces élèves à lire les nombres écrits à l'aide d'une fraction et revenir sur le sens des termes « demi » et « quart ».
>
> Des carrés peuvent être proposés pour réaliser les pliages correspondant aux illustrations.

Réponses

Les demis et les trois quarts des carrés peuvent être coloriés de différentes façons.

$\frac{3}{10} + \frac{4}{10} = \frac{7}{10}$. $\frac{7}{10}$ du rectangle est déjà colorié.

Elle coloriera en vert $\frac{3}{10}$ du rectangle.

$\frac{4}{10} > \frac{3}{10}$. C'est la couleur rouge la plus utilisée.

Je cherche

Le carré

Objectif

- Réinvestir les connaissances sur les propriétés du carré : côtés de même longueur (utilisation d'une bande de papier ou d'une règle graduée), angles droits reconnus de manière perceptive et vérifier avec un gabarit d'angle droit.

Réponse

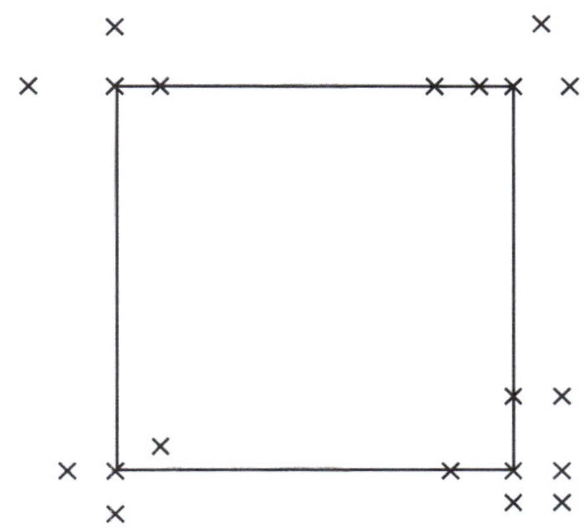

Résolution de problèmes de groupements et de partages

Sens de la multiplication et de la division (2)

pp. 74 à 77

Rituels quotidiens

Objectifs d'apprentissage

Calcul mental

- Calculer les moitiés des nombres pairs à deux chiffres ou des nombres à 3 chiffres se terminant par 0.

Séquence d'apprentissage

Place dans l'ensemble des séquences « Résolution de problèmes numérique »

3. Problèmes de réunion avec recherche du tout ou d'une partie	5. Problèmes de transformation avec recherche de la quantité finale et de la transformation	10. Problèmes de groupements avec recherche de la quantité totale	16. Problèmes de transformation avec recherche de la quantité initiale	**23. Problèmes de groupements et de partages avec recherche du nombre de parts et de la valeur d'une part**	27. Problèmes de transformation et de réunion	31. Problèmes de comparaison	34. Organisation et gestion des données

Objectif de la séquence

Déterminer, par une procédure personnelle (matériel, dessin, addition réitérée, multiplication à trou), le nombre de parts ou la valeur d'une part dans un problème de distribution ou de partage.

Objectif d'apprentissage du BO

Résoudre des problèmes multiplicatifs en une étape.

Quels sont les deux types de division ?

Dans sa classification des problèmes relevant des structures multiplicatives, Gérard Vergnaud a mis en évidence le fait que la division, utilisée pour résoudre un problème de proportionnalité avec présence de l'unité (*cf.* paragraphe équivalent de la séquence 10), permet de répondre à deux types de question : « Combien de fois ? » (division-quotition) et « Combien à chaque fois ? » (division-partition). Dans le premier cas, on cherche le nombre de parts dans une situation de partage ; dans le second cas, on cherche la valeur d'une part.

Les problèmes de recherche du nombre de parts sont mieux réussis que les seconds tant que les élèves utilisent des procédures personnelles. En effet, la manipulation, la représentation par dessin, le recours à une addition réitérée permettent de résoudre facilement le problème, puisque la taille des parts est connue. Il suffit de réaliser des paquets de la taille donnée, ou d'ajouter autant de fois que possible ce nombre, puis de constater le nombre de parts et le nombre d'objets restants.

Les problèmes de recherche de la valeur d'une part sont moins bien réussis. Les résolutions par manipulation ou dessin sont plus difficiles à concevoir puisqu'il ne s'agit plus de faire des paquets, leur taille n'étant pas connue. Par exemple, pour chercher combien d'œufs il y aura par panier quand on a 20 œufs que l'on veut répartir dans 5 paniers, en mettant le même nombre d'œufs par panier, on ne peut pas représenter 20 œufs, puis faire des paquets, puisqu'on en ignore la taille. Il est nécessaire de prévoir 5 espaces pour dessiner ces paniers, puis de distribuer les œufs un à un dans ces espaces. Cette anticipation des espaces est moins naturelle.

Remarque importante : la division euclidienne est la seule opération qui permet de trouver deux nombres, le quotient et le reste. Nous avons fait le choix de proposer tout de suite des situations dans lesquelles le reste n'est pas toujours nul et de faire écrire ce reste dans les réponses même lorsqu'il est nul, de façon à construire cette connaissance très tôt.

Structure de la séquence

- Séance 1 : découverte : recherche du nombre de parts dans une situation de partage avec ou sans reste
- Séance 2 : réinvestissement
- Séance 3 : découverte : recherche de la valeur d'une part dans une situation de partage avec ou sans reste
- Séance 4 : réinvestissement
- Fin de séquence : entrainement et recherche

Matériel nécessaire

Matériel à télécharger pour l'ensemble de la séquence :
– Fiche différenciation 23 pour tous les exercices supplémentaires de la séquence.
– Fiche évaluation 23.
– Posters *Problèmes de groupements et de partages (1 et 2)*

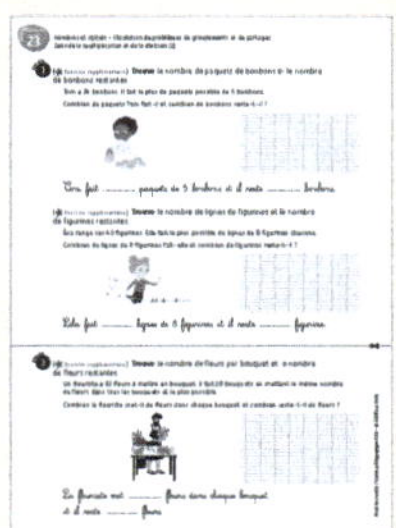
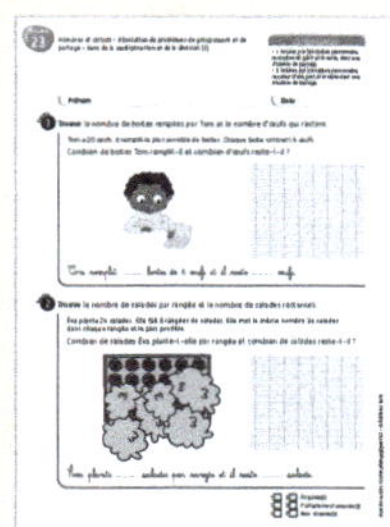

	Matériel pour l'enseignant	Matériel pour les élèves
Séance 1	– Les carrés unité (ou tout matériel représentant les œufs) – Le poster *Problèmes de groupements et de partages (1)* 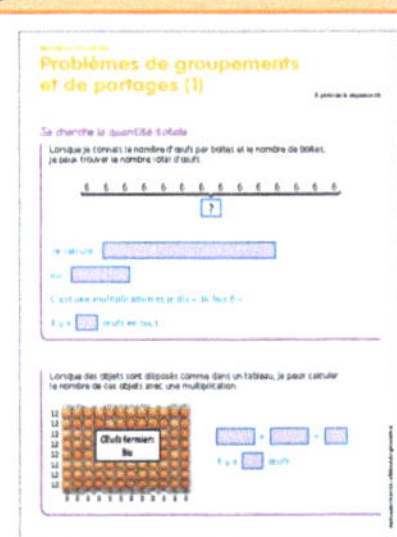	**Matériel par élève** – 20 carrés unité – Le fichier de l'élève p. 74 – Mémo 23.1
Séance 2	– 21 cartes – Les carrés unité – Le poster *Problèmes de groupements et de partages (1)* – La reproduction agrandie de l'exercice 1 p. 74	**Matériel par élève** – Une ardoise – Le fichier de l'élève p. 74 *Différenciation :* exercice supplémentaire 1, fiche différenciation 23 ; 21 cartes du « Jeu de cartes » 1-2 ; les carrés unité
Séance 3	– Les carrés unité (ou tout matériel représentant les œufs) – Le poster *Problèmes de groupements et de partages (2)* 	**Matériel par élève** – 15 carrés unité – Une barquette – Une ardoise ou un cahier de recherche – Le fichier de l'élève p. 75 – Mémo 23.2
Séance 4	– Le poster *Problèmes de groupements et de partages (2)* – Les reproductions agrandies des exercices 2 et 3 p. 75 et 76	**Matériel par élève** – Une ardoise ou un cahier de recherche – Le fichier de l'élève p. 75 et 76 *Différenciation :* exercice supplémentaire 3, fiche différenciation 23, les carrés unité
Fin de séquence		**Matériel par élève** – Le fichier de l'élève p. 77 *Différenciation :* Les carrés unité ; pour le Je cherche : 2 ou 3 carrés découpés de 7,5 cm de côtés.

Séance 1

Rituels du jour

Calcul mental

• L'enseignant propose un calcul d'une moitié d'un nombre à 2 chiffres. Il corrige ensuite en faisant expliciter les procédures utilisées par les élèves. Il fait ressortir la procédure de décomposition en dizaines et unités. *Exemple :* la moitié de 86, c'est la moitié de 80 + la moitié de 6. Lorsque le nombre de dizaines entières est un nombre impair (30, 50, 70, 90), on peut décomposer en une somme d'un nombre pair de dizaines et de 10. *Exemple :* la moitié de 58 = la moitié de 40 + la moitié de 10 + la moitié de 8. 7 calculs sont proposés. La correction s'effectue après chaque calcul. Les élèves peuvent noter les calculs intermédiaires.
Calculs à proposer : **les moitiés de 80** ; **86** ; **50** ; **58** ; **64** ; **72** ; **36**.

Objectif de la séance

Déterminer, par procédure personnelle, avec, puis sans matériel, le nombre de parts dans un problème de distribution ou de partage en parts égales, le reste n'étant pas toujours nul.

Activité de découverte

Étape 1

Tâche

Trouver le nombre de paniers et le nombre d'œufs par panier si l'on partage 12 œufs dans des paniers de façon à en avoir le même nombre dans chaque panier sans qu'il en reste.

Ce qui est visé en proposant cette tâche

Comprendre le partage en parts égales d'une collection de quantité donnée.

Lancement

Le poster *Problèmes de groupements et de partages (1)* a été placé tel qu'il a été utilisé lors de la séquence 10 dans un endroit bien visible des élèves, mais l'enseignant n'y fait pas référence avant la mise en commun.

Énoncé du problème : « J'ai 12 œufs. Je veux les répartir dans des paniers. Je veux en mettre le même nombre dans chaque panier. Je ne veux pas qu'il reste d'œuf en dehors des paniers. »

L'enseignant énonce le problème en précisant bien les contraintes : « Il y a le même nombre d'œufs dans chaque panier. Il ne doit pas rester d'œuf. »

Il écrit au tableau les contraintes pour faciliter la compréhension de la tâche :

- Quantité d'œufs à ranger : 12
- Nombre de paniers : inconnu
- Nombre d'œufs par panier : inconnu
- Les paniers contiennent-ils le même nombre d'œufs ? Oui
- Doit-il rester des œufs en dehors des paniers ? Non

Il peut donner un contrexemple en choisissant un panier contenant 10 œufs, et un autre contenant 2 œufs, pour montrer les contraintes non respectées.

Il annonce que le problème peut avoir plusieurs solutions (mais l'objectif n'est pas que tous les élèves trouvent toutes les solutions).

Recherche

Les élèves disposent des jetons (ou carrés unité).

L'enseignant circule pour vérifier que la consigne a été bien comprise et engager les élèves à faire des essais.

Procédure visée :

▸ Procéder par essais et analyse de ces essais pour trouver que l'on peut répartir 12 œufs dans 2 paniers (de 6 œufs), dans 3 paniers (de 4 œufs), dans 4 paniers (de 3 œufs), dans 6 paniers (de 2 œufs).

Erreurs possibles :

▸ ne pas faire un partage en parts égales ;

▸ laisser des œufs hors des paniers.

Mise en commun

▸ Discussion à propos des erreurs commises en revenant sur les contraintes du problème.

▸ Mise en valeur de différentes solutions du problème. Ne seront étudiées que les solutions trouvées dans la classe. Cependant, si tous les élèves trouvent la même, l'enseignant peut en proposer une autre en demandant de vérifier si elle est juste.

▸ Validation des solutions par additions réitérées et multiplication en référence à la séquence 10 et en appui sur le poster *Problèmes de groupements et de partages (1)*.

▸ Verbalisation claire de toutes les solutions obtenues sous la forme : « Je peux partager la collection de 12 œufs en 3 paniers de 4 œufs, il reste 0 œuf. 3 fois 4 égale 12. »

Étape 2

Tâche

Trouver le nombre maximum de paniers contenant 4 œufs chacun, que l'on peut remplir avec 20 œufs.

Ce qui est visé en proposant cette tâche

Résoudre un problème de recherche du nombre de parts dans un problème de partage où le reste est nul.

Lancement

L'enseignant énonce le problème. Il insiste sur le fait que, cette fois, tous les paniers doivent contenir 4 œufs. Il précise qu'il faut remplir le plus de paniers possible et qu'il faut donc qu'il reste le moins d'œufs possible hors des paniers.

Les contraintes sont écrites au tableau :

• Quantité d'œufs : 20

• Nombre d'œufs dans un panier : 4

• Nombre de paniers : …

• Doit-il rester des œufs en dehors des paniers ? Le moins possible.

Recherche

Les élèves disposent des jetons (ou carres unité).

L'enseignant circule pour vérifier que la consigne a été bien comprise et engager les élèves à faire des essais.

Procédures visées :

▸ Procéder par essais et analyse de ces essais pour trouver que l'on peut mettre 4 œufs dans 5 paniers.

Remarque : Les procédures qui suivent sont détaillées pour montrer les raisonnements possibles par calcul. Elles sont décrites parce qu'elles pourraient être utilisées par des élèves très habiles avec les nombres, mais il est peu probable de les voir apparaitre des cette étape puisqu'ils ont du matériel pour résoudre le problème. Il ne s'agit pas de les exiger, ni même de les montrer toutes. Certaines seront exploitées lors de la mise en commun, car visées a moyen terme.

▸ additions réitérées de 4 jusqu'à atteindre 20, comptage du nombre d'itérations des 4 (5 itérations), puis du nombre d'œufs restants : 0 ;

▸ utilisation du résultat mémorisé de 5×4.

Erreurs possibles :

▸ ne pas faire un partage en parts égales ;

▸ erreur dans le comptage des itérations des 4 ;

▸ erreur en voulant utiliser un résultat mal mémorisé.

Mise en commun

▸ Analyse des erreurs en distinguant celles qui relèvent d'une erreur de procédure de celles relevant d'une erreur d'exécution.

▸ Discussion autour des procédures de résolution : schématisation, utilisation de l'addition réitérée pour atteindre 20, utilisation de la multiplication pour trouver la solution en tâtonnant.

▸ Mise en évidence que l'on peut remplir 5 paniers, puisque 5 fois 4 est égal à 20.

▸ Validation au tableau en représentant les œufs et en les entourant par 4 puis en comptant le nombre de groupements réalisés.

▸ Verbalisation claire du résultat obtenu : « Avec 20 œufs, on peut remplir 5 boites de 4 œufs chacune et il reste 0 œuf. 20, c'est 5 fois 4. »

ÉTAPE 3

Tâche

Trouver le nombre maximum de paniers contenant 6 œufs chacun, que l'on peut remplir avec 20 œufs.

Ce qui est visé en proposant cette tâche

Résoudre, sans matériel, un problème de recherche du nombre de parts dans un problème de partage où le reste n'est pas nul.

Déroulement

Les phases de lancement et de recherche sont similaires à celles de l'étape 2, si ce n'est que le matériel est rangé et une ardoise est disponible. Ce matériel pourra, cependant, être redonné aux élèves en trop grande difficulté.

La nouvelle procédure visée consiste en une représentation des 20 œufs et la réalisation de paquets de 6 œufs pour enfin compter les paquets réalisés et les oeufs restants : 3 paquets et 2 œufs restants..

Ici, le nombre 20 ne pourra pas être atteint par additions réitérées de 6, on ne peut que s'en approcher. Cela pourra gêner quelques élèves. Il faut s'en approcher au plus près sans le dépasser. Rappeler aux élèves qu'il peut rester des œufs qu'on ne peut pas mettre dans les paniers, mais qu'il doit en rester le moins possible, donc moins de 6.

Mise en commun

▸ Analyse des erreurs.

▸ Discussion autour des procédures de résolution : représentation plus ou moins schématique, utilisation de l'addition réitérée pour s'approcher de 20, utilisation de la multiplication pour trouver la solution en tâtonnant. Le résultat de 3×6 peut être obtenu à partir de 2×6, le double de 6.

▸ Mise en évidence que l'on peut remplir 3 paniers, puisque 3 fois 6 est égal à 18 ($6 + 6 + 6 = 18$), mais pas 4 paniers, puisque 4 fois 6 est égal à 24 ($6 + 6 + 6 + 6 = 24$).

▸ Verbalisation claire du résultat obtenu : « Avec 20 œufs, on peut remplir 3 paniers de 6 œufs chacun et il reste 2 œufs. 20, c'est 3 fois 6 plus 2. »

Institutionnalisation

L'enseignant effectue un retour sur la procédure de partage et sur le fait que lorsqu'on veut faire des parts égales, il y a parfois un reste.

La partie supérieur du poster *Problèmes de groupements et de partages (1)* est affichée et complétée en collant les étiquettes 5 et 0 dans la partie de gauche et les étiquettes 3 et 2 dans la partie de droite pour compléter les réponses.

Les élèves complètent le Ce que J'ai découvert p. 74 en entourant les œufs par paquets de 4 à gauche, puis en complétant l'égalité et les phrases comme ci-dessous.

Puis faire entourer les œufs par 6 dans la partie droite et compléter les égalités et les phrases.

CE QUE J'AI DÉCOUVERT

Lorsque je connais le nombre total d'œufs par panier, tous les paniers étant identiques, je peux trouver le nombre de paniers que je peux remplir.

• Pour un panier de 4 places :

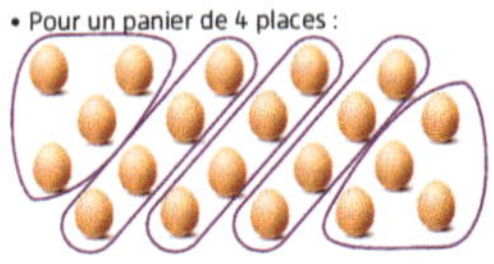

Avec 20 oeufs, je peux remplir
5 paniers de 4 oeufs.
Il reste 0 oeuf.

• Pour un panier de 6 places :

Avec 20 oeufs, je peux remplir
3 paniers de 6 oeufs.
Il reste 2 oeufs.

Séance 2

Rituels du jour

Calcul mental

• Idem séance 1.
Calculs à proposer : **les moitiés de 94** ; **48** ; **26** ; **32** ; **78** ; **54** ; **62**.

OBJECTIF DE LA SÉANCE

Déterminer, par procédure personnelle, sans matériel, le nombre de parts dans un problème de distribution ou de partage en parts égales, le reste n'étant pas toujours nul, dans d'autres contextes que la situation de référence.

Activité 1 de réinvestissement

Tâche

Trouver le nombre de paquets de 9 cartes que l'on peut faire avec 21 cartes.

Lancement

L'enseignant énonce le nouveau problème : « J'ai 21 cartes. Je veux faire le plus possible de paquets de 9 cartes. Il doit me rester le moins de cartes possible. Vous devez trouver le nombre de paquets que je peux faire. »

Il écrit au tableau les contraintes pour faciliter la compréhension de la tâche.

- Quantité de cartes : 21
- Nombre de cartes dans chaque paquet : 9
- Doit-il rester des cartes ? Le moins possible

Recherche

Les élèves disposent uniquement de leur ardoise.

Procédures visées :

- utilisation d'une représentation plus ou moins schématique des 21 cartes pour les entourer par 9, dénombrement des 2 paquets réalisés et des 3 cartes restantes ;
- additions réitérées de 9 jusqu'à s'approcher au plus près de 21, comptage du nombre d'itérations des 9 (2 itérations), puis du nombre de cartes restantes : 3 ;
- utilisation du résultat mémorisé du double de 9, conclure que l'on fait 2 paquets et qu'il reste 3 cartes (18 + 3 = 21).

Erreurs possibles :

- ne pas faire un partage en parts égales ;
- ne pas faire tous les paquets possibles ;
- erreur dans le comptage des itérations des 9 ;
- erreur en voulant utiliser un résultat mal mémorisé.

Différenciation

Pour les élèves en difficulté

Après un temps de recherche infructueuse ou pour vérifier les réponses produites, les cartes de numération peuvent être données. Les faire utiliser côté points invisibles afin que les élèves ne soient pas tentés de rassembler les cartes similaires. N'importe quel jeu de cartes convient. On peut également donner 21 carrés unité à la place des cartes.

Mise en commun

- Discussion à propos des erreurs commises en revenant sur les contraintes du problème.
- Validation de la solution par additions réitérées et multiplication en référence à la séquence 10 et en appui sur le poster *Problèmes de groupements et de partages (1)*.
- Si nécessaire, validation avec 21 cartes et représentation au tableau.
- Verbalisation claire de la réponse : « Je peux partager le paquet de 21 cartes en 2 paquets de 9 cartes, et il reste 3 cartes seules. »

Activité 2 de réinvestissement

Exercice 1 p. 74

Tâche

Résoudre des problèmes de partage avec reste.

Lancement

L'enseignant demande aux élèves une lecture silencieuse des énoncés, puis à quelques-uns de raconter les histoires. Après s'être assuré de la bonne compréhension des situations, le parallèle est fait entre les deux situations et celles vécues dans la classe lors de la séance 1 et le jour même avec les cartes.

En faisant expliciter la consigne par les élèves, l'enseignant est attentif au fait que ceux-ci ont bien compris qu'il faut, dans chaque cas, trouver deux nombres : les nombres de paquets et d'images restantes et les nombres de lignes de figurines et de figurines restantes.

Recherche

Les élèves travaillent à leur rythme. Si l'espace de recherche n'est pas suffisant, un cahier de recherche peut être laissé à disposition. Le deuxième problème peut être résolu grâce aux connaissances portant sur la numération décimale : 56, c'est 5 dizaines et 6 unités.

Différenciation

Pour les élèves en difficulté

Une aide à la lecture des énoncés peut être fournie, soit par une relecture par l'adulte, soit par un pair bon lecteur.

Après des essais infructueux, on peut fournir aux élèves du matériel (carrés unité, cartes) pour qu'ils se représentent la situation.

Pour les élèves plus rapides

Exercice supplémentaire 1, fiche différenciation 23.

Mise en commun

- Pour chaque problème, retour sur l'énoncé en insistant sur la structure du problème : partage en parts égales avec reste, en faisant le lien avec les problèmes de la séance 1 et celui avec les cartes.
- Discussion autour des procédures de résolution et des écritures mathématiques produites.
- Validation avec du matériel, une schématisation et par calcul.
- L'appui sur le poster *Problèmes de groupements et de partages (1)* est systématique.

Réponses

Cas 1 : 4 paquets et il reste 3 images.

Cas 2 : 5 lignes et il reste 6 figurines.

Bilan

Retour sur les procédures de résolution des problèmes rencontrés en lien avec la structure des problèmes (quantités de même taille réunies).

Séance 3

Rituels du jour

Calcul mental

- L'enseignant propose un calcul d'une moitié d'un nombre à 3 chiffres finissant par 0 et dont le nombre de centaines est pair. Il corrige ensuite en faisant expliciter les procédures utilisées par les élèves. Il fait ressortir la procédure de décomposition en centaines et dizaines. *Exemple* : la moitié de 470, c'est la moitié de 400 + la moitié de 70 qu'on peut encore décomposer en la moitié de 400 + la moitié de 60 + la moitié de 10. 7 calculs sont proposés. La correction s'effectue après chaque calcul. Les élèves peuvent noter les calculs intermédiaires.
Calculs à proposer : **les moitiés de 460** ; **470** ; **810** ; **620** ; **290** ; **650** ; **830**.

Objectif de la séance

Déterminer, par procédure personnelle, avec, puis sans matériel, la valeur d'une part dans un problème de distribution ou de partage en parts égales, le reste n'étant pas toujours nul.

Activité de découverte

Étape 1

Tâche

Trouver, avec du matériel, le nombre d'œufs par panier dans une situation de distribution avec reste nul. Le nombre de paniers est donné.

Ce qui est visé en proposant cette tâche

Trouver une procédure personnelle pour résoudre un problème de recherche de la valeur d'une part dans un problème de partage où le reste est nul.

Lancement

L'enseignant énonce le nouveau problème : « J'ai 15 œufs. Je les mets dans 3 paniers. Je mets le même nombre d'œufs dans chaque panier. Je mets le plus possible d'œufs dans chaque panier. Combien ai-je mis d'œufs dans chaque panier et reste-t-il des œufs de côté ? » L'enseignant insiste sur le fait que le nombre de paniers est donné dans le problème : il y a 3 paniers. Il précise qu'on met le plus possible d'œufs dans les paniers, donc il doit rester le moins possible d'œufs de côté.

L'enseignant écrit au tableau les contraintes pour faciliter la compréhension de la tâche :

- Quantité d'œufs : 15
- Nombre de paniers : 3
- Nombre d'œufs dans un panier : ...
- Nombre d'œufs restants : ...

Recherche

Après l'explicitation de la consigne par les élèves, l'enseignant demande de réfléchir en utilisant les carrés unité, l'ardoise ou un cahier de recherche.

Procédures visées :

▸ procédure par essais-erreurs : tentatives de réalisation d'un partage des 15 carrés en 3 parts de même taille, par exemple en formant des groupes de 3 œufs (carrés unité) pour constater que l'on peut en mettre plus. Puis essai avec 4 carrés (ou tout autre nombre), et ainsi de suite jusqu'à trouver la bonne réponse ;

▸ répartition des carrés unité d'un en un en 3 tas, puis dénombrement des carrés unité dans chaque tas ;

▸ représentation des 3 paniers, puis des 15 œufs en les dessinant d'un en un dans les paniers, dénombrement des 5 œufs par panier ;

▸ utilisation du résultat mémorisé de 3×5.

Remarque : Les procédures qui suivent sont détaillées pour montrer les raisonnements possibles par calcul. Elles sont décrites parce qu'elles pourraient être utilisées par des élèves très habiles avec les nombres, mais il est peu probable de les voir apparaitre dès cette étape puisqu'ils ont du matériel pour résoudre le problème. Il ne s'agit pas de les exiger, ni même de les montrer toutes. Certaines seront exploitées lors de la mise en commun car visées à moyen terme.

▸ Addition réitérée, recherche par tâtonnement : on essaie un nombre d'œufs par panier et on ajoute 3 fois ce nombre. Par exemple, si on met 3 œufs par panier, $3 + 3 + 3 = 9$, cela fait 9 œufs en tout. On peut essayer de mettre plus d'œufs par panier. On essaie $5 + 5 + 5 = 15$; 5 est la bonne réponse.

▸ Addition réitérée en réalisant (imaginant) une répartition d'un en un des œufs dans les paniers : on met un premier œuf dans chaque panier, cela représente 3 œufs. Puis un deuxième œuf, on a donc rangé $3 + 3$ œufs, soit 6 œufs. Puis un troisième œuf, et ensuite de suite jusqu'au cinquième. On a donc rangé $3 + 3 + 3 + 3 + 3$ œufs, soit 15. Chaque panier contient 5 œufs (le nombre d'itérations du 3).

▸ Soustraction réitérée : on met un premier œuf dans chaque panier, cela représente 3 œufs, il reste $15 - 3$, soit 12 œufs à ranger. On met un deuxième œuf, il reste $12 - 3$ œufs à ranger, etc. jusqu'à ce qu'il ne reste plus d'œufs. Ici, il y a 5 œufs par panier (le nombre de soustractions du 3) et il reste 0 œuf.

▸ Multiplication, recherche par tâtonnement : cette procédure est proche de celle par addition réitérée, la multiplication la remplaçant. Si je mets 4 œufs par panier, $3 \times 4 = 12$, je peux mettre plus d'œufs : $3 \times 5 = 15$.

Erreurs possibles :

▸ ne pas faire une distribution en parts égales ;

▸ ne pas distribuer au maximum ;

▸ erreur de calcul en mettant en œuvre une procédure pertinente parmi celles proposées ci-dessus ;

▸ erreur en voulant utiliser un résultat mal mémorisé.

Mise en commun

Remarque : la mise en commun doit permettre aux élèves de bien comprendre les situations et d'aller à leur rythme vers des procédures plus expertes. Il s'agit donc d'expliciter certaines procédures de résolution, mais sans les exiger toutes par la suite. Rappelons qu'il est important que les élèves se sentent autorisés à utiliser des procédures moins expertes tant que nécessaire. D'autant qu'il s'agit ici d'une première approche de ce type de problème.

▸ Analyse des erreurs en distinguant celles qui révèlent une mauvaise compréhension de la situation de celles qui relèvent d'une erreur de mise en œuvre d'une procédure qui permettrait d'aboutir.

▸ Discussion autour des procédures de résolution apparues dans la classe.

▸ Mise en œuvre au tableau de la procédure en représentant les œufs en les répartissant un par un dans des paniers schématisés. Cette représentation est réalisée dans un espace qui permettra de ne pas l'effacer avant la fin de la séance.

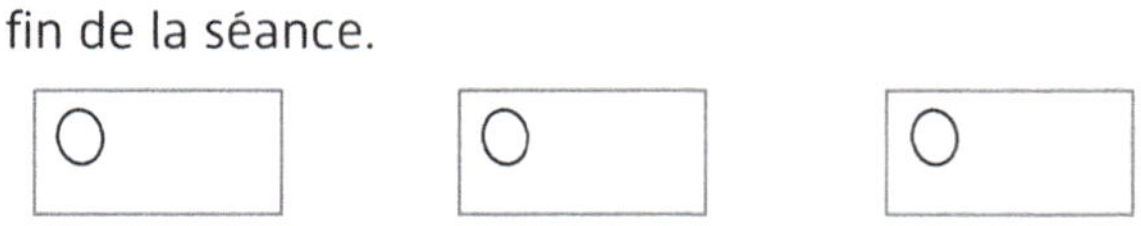

Au fur et à mesure de cette répartition d'œufs dans chaque panier, l'enseignant écrit les calculs à côté du dessin en les explicitant : « Je mets un œuf par panier, j'utilise donc 3 œufs. Combien reste-t-il d'œufs à ranger ? $15 - 3 = 12$, il reste 12 œufs. » La soustraction $15 - 3 = 12$ est écrite à côté du dessin. « Je mets un deuxième œuf. Combien reste-t-il d'œufs à ranger ? 12 – 3 = 9, il reste 9 œufs », etc. jusqu'au reste 0. Il conclut : « J'ai mis 5 œufs par panier et il en reste 0. »

- Vérification avec l'addition réitérée qui correspond à l'illustration 5 + 5 + 5 = 15, et donc avec la multiplication 3 × 5 = 15, en écrivant 5 à proximité de chaque panier, le nombre d'œufs par panier finalement trouvé. Ces opérations sont également écrites au tableau sous l'illustration.

5 5 5

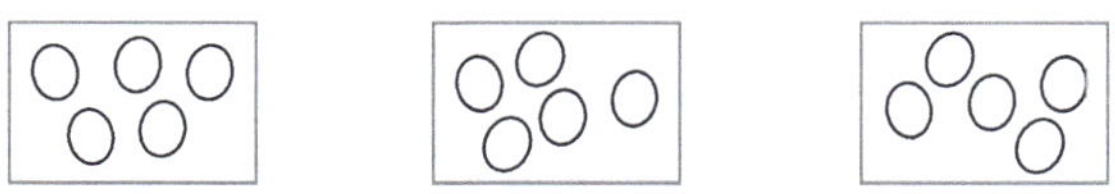

5 + 5 + 5 = 15 3 × 5 = 15

- Verbalisation claire du résultat obtenu : « Avec 15 œufs, on fait 3 paniers de 5 œufs et il reste 0 œuf. »

ÉTAPE 2

Tâche

Trouver, sans matériel, le nombre d'œufs par panier dans une situation de distribution avec reste non nul.

Ce qui est visé en proposant cette tâche

Trouver une procédure personnelle sans matériel pour résoudre un problème de recherche du nombre de parts dans un problème de partage où le reste n'est pas nul.

Déroulement

Le déroulement est similaire à celui de l'étape 1 avec ce nouveau problème, mais sans matériel : « Il y a 22 œufs à placer dans des paniers. J'ai 4 paniers. Je mets le plus possible d'œufs dans chaque panier. Tous les paniers contiennent le même nombre d'œufs. Combien y a-t-il d'œufs par panier et combien reste-t-il d'œufs non rangés ? » L'enseignant insiste sur le fait que le nombre de paniers a changé.

Les contraintes sont notées au tableau :
Nombre d'œufs : 22
Nombre de paniers : 4
Nombre d'œufs par panier : …
Nombre d'œufs restants : …

Procédures visées :

- Représentation des 4 paniers, puis des 22 œufs en les représentant d'un en un dans les paniers ; dénombrement des 5 œufs par panier et des 2 œufs restants.
- Addition réitérée, recherche par tâtonnement : on essaie un nombre d'œufs par panier et on ajoute 4 fois ce nombre. Par exemple, si on met 3 œufs par panier, 3 + 3 + 3 + 3 = 12, cela fait 12 œufs en tout. On peut essayer de mettre plus d'œufs par panier. Et ainsi de suite jusqu'à trouver 5 œufs par panier et 2 œufs restants.
- Addition réitérée en réalisant (imaginant) une répartition d'un en un des œufs dans les paniers : on met un premier œuf dans chaque panier, cela représente 4 œufs. Puis un deuxième œuf, on a donc réparti 4 + 4 œufs, soit 8 œufs, etc. jusqu'au cinquième œuf, on a rangé 20 œufs. Pour en mettre un de plus, il en faudrait encore 4 et il n'en reste que 2. Chaque panier contient 5 œufs (le nombre d'itérations du 4) et il en reste 2.
- Soustraction réitérée : on met un premier œuf dans chaque panier, cela représente 4 œufs, il reste 22 – 4, soit 18 œufs à ranger. On met un deuxième œuf, il reste 18 – 4 œufs à ranger, etc. jusqu'à ce qu'il reste 2 œufs, c'est-à-dire pas assez pour ajouter un œuf dans chaque panier. Il y a 5 œufs par panier (le nombre de soustractions du 4) et il reste 2 œufs.

Procédure possible :

- utilisation du résultat mémorisé 4 × 5 = 20 pour conclure qu'on peut mettre 5 œufs par panier et qu'il en reste 2.

Erreurs possibles

- Les mêmes que celles décrites à l'étape 1

Mise en commun

La mise en commun et la validation se déroulent de la même façon qu'à l'étape 1.

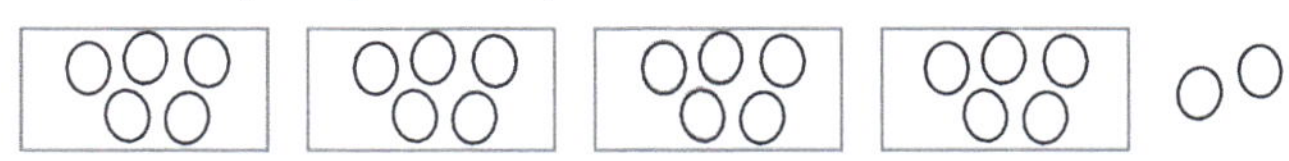

5 5 5 5 2

5 + 5 + 5 + 5 = 4 × 5 = 20 20 + 2 = 22

La partie inférieure du poster *Problèmes de groupements et de partages (2)* est complété. Les étiquettes 5 et 2 sont collées dans les phrases réponses en revenant sur les procédures dégagées à l'étape 2. L'enseignant revient sur la différence entre ce problème et ceux de la première séance (recherche du nombre de parts). Ici, on cherche le nombre d'œufs par panier, contrairement aux problèmes précédents, où l'on cherche le nombre de paniers.

Institutionnalisation

L'enseignant effectue un retour sur la procédure de distribution et sur le fait que lorsqu'on veut faire des parts égales, il y a parfois un reste. Il répète que ces problèmes peuvent être résolus en dessinant ou en faisant des calculs.

Le premier problème du *Ce que j'ai découvert* p. 75 est lu, il s'agit du problème de l'étape 1, puis les élèves dessinent les œufs dans chaque panier et complètent les phrases.

Il en est de même pour le second problème, qui correspond à celui de l'étape 2.

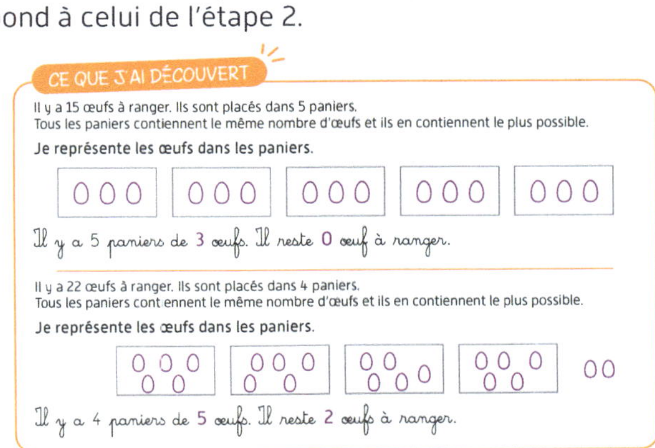

Séance 4

Rituels du jour

Calcul mental

• L'enseignant propose un calcul d'une moitié d'un nombre à 3 chiffres finissant par 0. Il corrige ensuite. Lorsque le nombre de centaines est impair, la décomposition en centaines et dizaines peut être encore décomposée en une somme d'un nombre pair de centaines et de 100. *Exemple :* la moitié de 580 = la moitié de 500 + la moitié de 80 = la moitié de 400 + la moitié de 100 + la moitié de 80. Le cas où les deux nombres de centaines et de dizaines sont impairs n'est pas étudiés dans cette séance. 7 calculs sont proposés. La correction s'effectue après chaque calcul. Les élèves peuvent noter les calculs intermédiaires.

Calculs à proposer : **les moitiés de 500** ; **580** ; **340** ; **870** ; **150** ; **760** ; **920**.

Objectif de la séance

Déterminer, le tout, le nombre de parts ou la valeur d'une part dans un problème de distribution ou de partage en parts égales, le reste n'étant pas toujours nul, dans divers contextes.

Activité 1 de réinvestissement

Exercice 2 p. 75

Tâche

Trouver le nombre de bonbons par sachet ou le nombre de sachets dans une situation de partage (ou distribution), et le nombre de bonbons restants.

Lancement

L'enseignant demande aux élèves une lecture silencieuse du premier énoncé, puis à quelques-uns de raconter l'histoire.

Les contraintes sont notées au tableau :
Nombre de bonbons : 17
Nombre de sachets : 5
Nombre de bonbons dans un sachet : …
Nombre de bonbons restants : …

L'enseignant demande aux élèves une lecture silencieuse du second énoncé, puis à quelques-uns de raconter l'histoire.

Les contraintes sont notées au tableau :
Nombre de bonbons : 27
Nombre de sachets : 4
Nombre de bonbons dans un sachet : …
Nombre de bonbons restants : …

Déroulement

Les procédures visées et les erreurs possibles pour les items sont les mêmes que dans l'étape 2 de la séance précédente.

Différenciation

Pour les élèves en difficulté

Après un temps de recherche infructueux, l'enseignant peut conseiller, pour le premier item, de représenter les 5 sachets qui permettront de répartir les bonbons, et de représenter les bonbons pour le deuxième item. Si cela ne suffit pas, les carrés unité peuvent être fournis.

La mise en commun se déroule comme lors de la séance précédente. L'enseignant revient sur la structure des problèmes : partage en parts égales avec reste et en le rapprochant du problème de référence du poster *Problèmes de groupements et de partages (2)*.

Réponses

Cas 1 : 3 bonbons par sachet, il reste 2 bonbons.

Cas 2 : 6 bonbons par sachet, il reste 3 bonbons.

Activité 2 de réinvestissement

Exercice 3 p. 76

Les problèmes sont nombreux pour permettre à l'enseignant de les choisir en fonction des besoins de ses élèves.

Déroulement

Le déroulement est similaire à celui de l'activité 1, si ce n'est que les trois problèmes devront être explicités puisque les contextes sont différents.

Le premier problème est un problème de recherche de la valeur d'une part, le reste n'est pas nul. Les connaissances en numération peuvent permettre de résoudre le problème.

Le deuxième problème se résout par une multiplication. C'est un problème de groupements, comme il a été rencontré en séquence 10, avec recherche de la quantité totale. Il s'agit d'éviter de créer des automatismes et d'obliger les élèves à réfléchir au sens du problème.

Le dernier problème est un problème de recherche de la valeur d'une part, le reste est nul. Les doubles et moitiés permettent de résoudre le problème.

Rappelons, ici encore, que les procédures expertes basées sur la numération ou les moitiés sont possibles, mais pas exigibles à ce niveau de classe. Elles seront néanmoins exploitées lors de la mise en commun.

La mise en commun se déroule comme lors de la séance 3. L'appui sur les posters *Problèmes de groupement et de partages* reste systématique en faisant le lien avec le problème de référence.

Différenciation

Pour les élèves en difficulté

Une aide à la lecture des énoncés peut être fournie, soit par une relecture par l'adulte, soit par un pair bon lecteur.

Après des essais infructueux, on peut fournir aux élèves du matériel (carrés unité) pour qu'ils se représentent la situation.

Pour les élèves plus rapides

Exercice supplémentaire 3, fiche différenciation 23.

Réponses

Cas 1 : 5 images, il reste 7 images.

Cas 2 : 50 briques

Cas 3 : 32 perles, il reste 0 perle.

Bilan

Retour sur les procédures de résolution des problèmes rencontrées en lien avec la structure des problèmes en s'appuyant sur la situation de référence des posters *Problèmes de groupements et de partages*.

Fin de séquence

Je m'entraine à mon rythme

Le défi maths

Objectifs

- s'entrainer à déterminer, par procédure personnelle, la valeur d'une part ou le nombre de parts dans un partage en parts égales.

Aide à apporter aux élèves en difficulté

Une aide à la lecture des énoncés peut être fournie, soit par une relecture par l'adulte, soit par un pair bon lecteur.

Des espaces peuvent être préparés par l'enseignant pour matérialiser les 7 équipes du deuxième problème, aux élèves ensuite de répartir les 28 élèves. Le dessin des 3 zones pour le troisième problème sera d'abord laissé à la charge de l'élève.

Après des essais infructueux, on peut fournir aux élèves du matériel (carrés unité) pour qu'ils se représentent la situation.

Réponses

Problème 1 : 5 équipes et il reste 3 élèves sans équipe.

Problème 2 : 4 élèves par équipe et il reste 0 élève sans équipe.

Problème 3 : 9 élèves par équipe et il reste 1 élève sans équipe.

Je cherche

La figure à trouver

Objectifs

- Faire des conjonctures, les tester pour les valider.
- Réinvestir les connaissances concernant les rectangles et carrés : mesure de la longueur des côtés, reconnaissance des figures même dans une position non prototypique – figures « penchées » – et utilisation du gabarit d'angle droit pour vérifier les angles droits.
- Reconnaitre une figure dans un assemblage.

Réponse

Seule la figure en haut à droite convient. Voici les deux carrés grisés et le rectangle coloré :

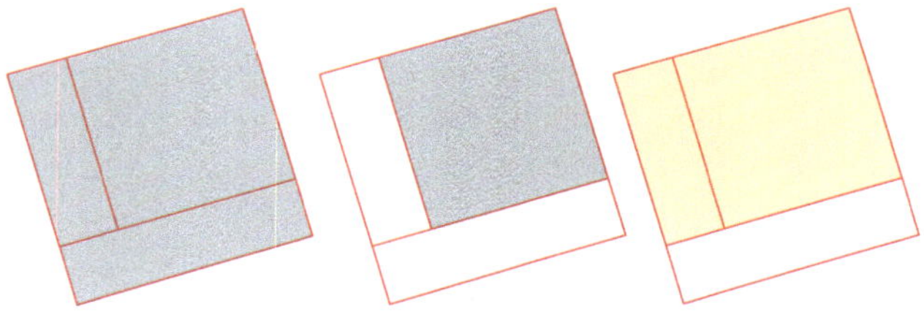

Tracé de carrés et de rectangles

pp. 38 à 41

Rituels de la semaine

Objectifs d'apprentissage

Suite orale

- Dire la suite orale des nombres **en arrière, de 10 en 10, à partir de n'importe quel nombre.**

Calcul mental

- Connaitre les tables de multiplication de 2, 3, 4, 5, 10 et quelques résultats de la table de 6 (1 × 6 ; 2 × 6 ; 3 × 6 ; 4 × 6 ; 5 × 6 ; 6 × 6 ; 8 × 6 ; 10 × 6).

Séquence d'apprentissage

Place dans l'ensemble des séquences « Espace et géométrie »

2. Carré et angle droit	8. Alignement et milieu	11. Rectangle	17. Solides	21. Repérage dans l'espace	**24. Tracé de carrés et de rectangles**	29. Triangle rectangle	33. Cercle et compas

Objectif de la séquence

Tracer un carré et un rectangle en utilisant des instruments (gabarit d'angle droit, règle graduée).

Objectifs d'apprentissage du BO

- Reproduire ou construire un carré, un rectangle, un assemblage de ces figures.
- Utiliser la règle graduée et l'équerre comme instruments de tracé.

Pourquoi demander de compléter un carré ou un rectangle plutôt que d'en construire ?

Compléter un carré ou un rectangle sous-entend qu'une partie de la figure est déjà tracée alors que construire un carré ou un rectangle de dimensions données permet à l'élève de le tracer dans l'orientation qu'il souhaite. Sans contrainte, la plupart des élèves construisent leurs figures avec des côtés parallèles aux bords de la feuille. En les orientant ainsi, ils n'éprouvent pas le besoin d'utiliser le gabarit d'angle droit. Certains arrivent presque à tracer des horizontales et verticales sans autre instrument que la règle. Pour leur faire prendre conscience de la nécessité du gabarit d'angle droit, il faut leur bloquer la possibilité de tracer des horizontales et verticales. Pour cela, il suffit de tracer un côté de la figure ou le commencement d'un côté.

Remarque : Nous préconisons l'utilisation d'un gabarit d'angle droit plutôt qu'une équerre du commerce. Ces dernières comportent trois angles, ce qui crée des difficultés d'identification de l'angle droit et sont le plus souvent graduées, ce qui crée de la confusion entre les rôles des outils.

Structure de la séquence

- Séance 1 : découverte : tracés de carrés et rectangles sur papier pointé ou blanc
- Séance 2 : réinvestissement
- Séance 3 : découverte : description de carrés et rectangles pour les faire reproduire
- Séance 4 : réinvestissement : tracés de figures composées
- Fin de séquence : entrainement et recherche

Matériel nécessaire

Matériel à télécharger pour l'ensemble de la séquence :
– Fiches Annexes 24.1 et 24.2*.
– Fiche différenciation 24 pour tous les exercices supplémentaires de la séquence.
– Fiche évaluation 24.

* Les ressources suivies d'un astérisque sont également proposées à photocopier p. 346 pour faciliter une reproduction à l'échelle.

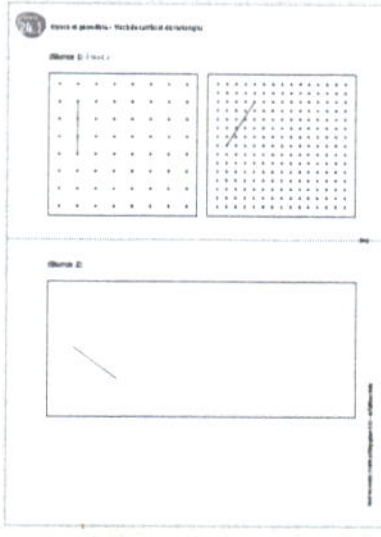 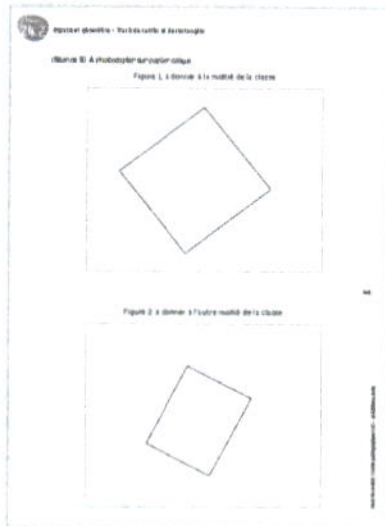 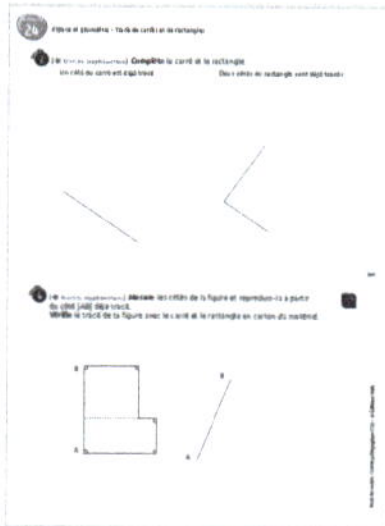 

	Matériel pour l'enseignant	Matériel pour les élèves
Séance 1	– La reproduction agrandie de l'Annexe 24.1, où un côté de carré est tracé sur du papier pointé – Une règle graduée – Le gabarit d'angle droit – La reproduction agrandi de l'exercice 1 p. 38	**Matériel par élève** – Annexe 24.1 – La règle graduée et le gabarit d'angle droit * – Le carré et le rectangle rouges – Le fichier de l'élève p. 38 – Mémo 24 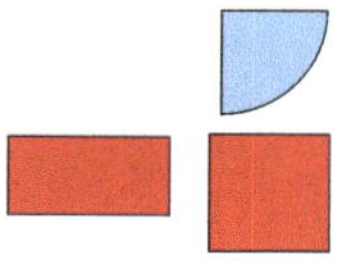
Séance 2	– La reproduction agrandie de l'Annexe 24.1, où un côté de carré est tracé sur du papier blanc. – La règle graduée – Le gabarit d'angle droit – La reproduction agrandie de l'exercice 2 p. 39	**Matériel par élève** – La reproduction de l'Annexe 24.1 – La règle graduée et le gabarit d'angle droit – Le carré et le rectangle rouges – Le fichier de l'élève p. 39 *Différenciation :* exercice supplémentaire 2, fiche différenciation 24
Séance 3	– Une règle graduée – Le gabarit d'angle droit – La reproduction agrandie de l'exercice 3 p. 40	**Matériel par élève** – La photocopie, sur papier calque, de l'Annexe 24.2 – La règle graduée et le gabarit d'angle droit – Une feuille pour écrire le message, puis pour tracer la figure – Le fichier de l'élève p. 40
Séance 4	– Une règle graduée – Le gabarit d'angle droit – La reproduction agrandie de l'exercice 4 p. 40	**Matériel par élève** – La règle graduée – Le gabarit d'angle droit, le carré rouge – Le fichier de l'élève p. 40 *Différenciation :* exercice supplémentaire 4, fiche différenciation 24
Fin de séquence		**Matériel par élève** – Le fichier de l'élève p. 41

* À défaut, travailler avec la règle du matériel prédécoupé complétée à la séance 3.

Séance 1

Rituels du Jour

Suite orale

• À tour de rôle, les élèves énoncent la suite orale des nombres en arrière, de 10 en 10, à partir d'un nombre inférieur à 1000.

Calcul mental

• L'enseignant propose un calcul dans les tables de 2 à 5 et les six calculs suivants : 1 × 6 ; 2 × 6, 3 × 6 ; 4 × 6 ; 5 × 6, 10 × 6 (pas dans l'ordre). À la correction, les calculs sont expliqués en rappelant qu'ils sont déjà connus puisque 3 × 6 (par exemple) est égal à 6 × 3.

1 × 6 signifie une fois 6	1 × 6 = 6
2 × 6 = le double de 6	2 × 6 = 12
3 × 6 = 6 × 3 ou 2 × (3 × 3) donc le double de 9	3 × 6 = 18
4 × 6 = 6 × 4 ou 2 × (3 × 4) donc le double de 12	4 × 6 = 24
5 × 6 = 6 × 5 ou 2 × (3 × 5) donc le double de 15	5 × 6 = 30
10 × 6 = 6 × 10	10 × 6 = 60

• À l'issue de cette séance, l'enseignant fait compléter ces six lignes de la table de multiplication de 6 (fichier élève page 102).

Calculs à proposer : 4 × 6 ; 10 × 6 ; 8 × 3 ; 3 × 6 ; 2 × 6 ; 5 × 6 ; 1 × 6.

Objectif de la séance

Compléter un carré et un rectangle sur papier pointé.

Activité 1 de découverte

Tâche

Compléter deux carrés dont l'un des côtés est déjà tracé sur papier pointé (Annexe 24.1) ; pour l'un des carrés, le côté est vertical et pour l'autre, le côté est oblique.

Ce qui est visé en proposant cette tâche

Comprendre que, pour tracer un carré, il faut tracer des angles droits, ce qui nécessite d'utiliser un gabarit d'angle droit.

Lancement

Sur la reproduction agrandie, l'enseignant montre les côtés de deux carrés qui sont déjà tracés. Il faut compléter ces deux carrés. L'Annexe 24.1 est distribuée.

Recherche

Procédures visées pour le carré avec le côté vertical :

- mesurer, avec la règle graduée, le côté déjà tracé. Utiliser le papier pointé pour tracer deux angles droits à partir des extrémités du côté tracé. Utiliser la règle graduée pour reporter les mesures afin d'obtenir quatre côtés de même longueur ;
- utiliser le papier pointé pour tracer deux côtés horizontaux et l'autre côté vertical. Utiliser l'unité du papier pointé (la longueur entre deux points) pour mesurer et reporter les longueurs afin d'obtenir quatre côtés de même longueur ;
- mesurer, avec la règle graduée, le côté déjà tracé. Utiliser le gabarit d'angle droit pour tracer deux angles droits à partir des extrémités du côté tracé. Utiliser la règle graduée pour reporter les mesures afin d'obtenir quatre côtés de même longueur.

Procédures visées pour le carré avec le côté oblique :

- mesurer, avec la règle graduée, le côté déjà tracé. Tracer les angles droits en s'aidant des points, en testant et contrôlant perceptivement. Utiliser la règle graduée pour reporter les mesures afin d'obtenir quatre côtés de même longueur ;
- mesurer, avec la règle graduée, le côté déjà tracé. Utiliser le gabarit d'angle droit pour tracer deux angles droits à partir des extrémités du côté tracé. Utiliser la règle graduée pour reporter les mesures afin d'obtenir quatre côtés de même longueur.

Erreurs possibles (les erreurs sont attendues pour le carré avec un côté oblique) :

- tracer à main levée une figure ressemblant à un carré ;
- tracer les côtés avec la règle pour rejoindre un point sans faire attention aux angles droits ;
- mal placer le gabarit d'angle droit.

Mise en commun

- L'enseignant fait expliciter à quelques élèves leur procédure pour tracer le premier carré. La propriété de l'égalité de longueur des quatre côtés du carré est rappelée. Si tous les élèves ont mesuré le côté en utilisant les points, l'enseignant précise que la règle graduée peut aussi être utilisée puisqu'elle permet de mesurer le côté en cm.
- L'enseignant révèle que le carré est identique à leur carré rouge en carton. Il propose aux élèves de vérifier leur tracé en superposant le carré en carton.
- L'enseignant indique que le second carré est aussi le même que celui en carton. Les élèves vérifient la justesse du tracé de leur second carré.
- L'enseignant interroge quelques élèves, qui se sont trompés, pour qu'ils explicitent ce qui ne convient pas dans leur tracé. Il demande ensuite leur procédure à des élèves ayant réussi. La propriété des angles droits du carré est rappelée.
- La procédure pour tracer l'angle droit est explicitée : utiliser le gabarit d'angle droit en plaçant un de ses côtés sur le côté déjà tracé.

Institutionnalisation

Le *Ce que j'ai découvert* p. 38 est lu et la phrase est complétée.

CE QUE J'AI DÉCOUVERT

Pour tracer un angle droit à partir d'un côté déjà tracé, j'utilise un gabarit d'angle droit.

1. Je place le gabarit à une extrémité du côté déjà tracé et le long de ce côté.
2. Je trace le nouveau côté le long de l'autre côté du gabarit.

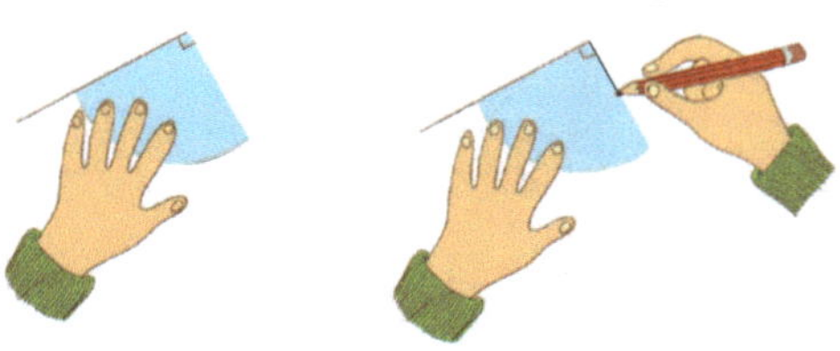

Activité 2 de réinvestissement

Exercice 1 p. 38

Tâche

Compléter un carré et un rectangle dont certains côtés sont déjà tracés sur papier pointé.

Lancement

En expliquant la consigne, l'enseignant s'assure que les élèves ont compris que la figure à tracer pour le cas 1 est un carré et pour le cas 2 un rectangle.

Recherche

Les mêmes procédures qu'à l'activité de découverte sont attendues avec, en plus, l'utilisation des propriétés du rectangle.

Mise en commun

- L'enseignant fait expliciter à quelques élèves leur procédure pour tracer le carré.
- L'utilisation du gabarit de l'angle droit est montrée.
- L'exactitude du tracé du carré peut s'effectuer en repérant la position du sommet le plus bas sur la feuille : au cinquième point de la quatrième ligne en partant du bas.
- Même déroulement pour expliciter le tracé du rectangle.
- Le rectangle en carton du matériel sert à la vérification.

Séance 2

Rituels du jour

Suite orale

- Idem séance 1

Calcul mental

- L'enseignant propose, entre autres, deux nouveaux calculs : 6 × 6 et 8 × 6. À la correction, ces calculs sont expliqués à partir des décompositions suivantes :

6 × 6 = 2 × (3 × 6) donc le double de 18 ou (5 × 6) + 6 — 6 × 6 = 36
8 × 6 = 2 × (4 × 6) donc le double de 24 — 8 × 6 = 48

- À l'issue de cette séance, l'enseignant fait compléter ces deux résultats dans la table de multiplication de 6 (fichier élève page 102).

Calculs à proposer : 3 × 6 ; 6 × 6 ; 7 × 4 ; 4 × 6 ; 8 × 6 ; 9 × 3 ; 5 × 6.

Objectif de la séance

Sur papier blanc, en utilisant des instruments (gabarit d'angle droit, règle graduée), compléter un carré, un côté étant tracé, ou compléter un rectangle, deux côtés étant tracés.

Activité 1 de réinvestissement

Tâche

Compléter un carré dont un côté est déjà tracé sur papier blanc.

Lancement

L'enseignant distribue la feuille blanche sur laquelle un côté du carré est déjà tracé (Annexe 24.1).

La consigne est très courte puisqu'il suffit de compléter le carré. Il faudra être attentif à ce que les élèves ne prennent pas leur carré en carton dans la phase de recherche.

Recherche

Procédure visée :

- mesurer, avec la règle graduée, le côté déjà tracé. Utiliser le gabarit d'angle droit pour tracer deux angles droits à partir des extrémités du côté tracé. Utiliser la règle graduée pour reporter les mesures afin d'obtenir quatre côtés de même longueur.

Erreurs possibles :

- tracer, à main levée ou avec la règle, une figure ressemblant à un carré ;
- être malhabile avec le gabarit d'angle droit ;
- mal placer le gabarit d'angle droit.

Mise en commun

- L'enseignant fait expliciter à quelques élèves leur procédure pour tracer le carré.
- L'enseignant demande aux élèves de vérifier leur tracé en superposant le carré en carton.
- Le tracé en utilisant le gabarit de l'angle droit est montré.

Activité 2 de réinvestissement

Exercice 2 p. 39

Tâche

Compléter des carrés et des rectangles dont certains côtés sont déjà tracés sur papier blanc.

Déroulement

Le déroulement est identique à celui de l'activité précédente.

Une difficulté supplémentaire survient au troisième cas puisqu'il faut prolonger un des côtés tracés du carré.

Différenciation

Pour les élèves en difficulté

Pour les difficultés à maintenir le gabarit d'angle droit, montrer comment placer les doigts ou donner de la pâte adhésive.

Pour les difficultés conceptuelles, faire lire les *Ce que j'ai découvert* p. 18 et 38 du fichier élève, et rappeler le placement du gabarit d'angle droit.

Pour les élèves plus rapides

Exercice supplémentaire 2, fiche différenciation 24.

Mise en commun

La mise en commun revient sur l'utilisation de la règle graduée et du gabarit d'angle droit.

Les élèves vérifient leur rectangle avec le rectangle de leur matériel et leurs carrés en binôme en accolant leurs deux rectangles en carton.

Bilan

Pour tracer un carré, on utilise le gabarit d'angle droit pour les quatre angles droits et la règle graduée pour les quatre côtés de même longueur.

Pour tracer un rectangle, on utilise le gabarit d'angle droit pour les quatre angles droits et la règle graduée pour les côtés opposés (face à face) de même longueur.

Séance 3

Rituels du jour

Suite orale
- Idem séance 1

Calcul mental
- L'enseignant propose sept calculs dans les tables de 2 à 5 et ceux appris dans la table de 6. Les décompositions ou l'utilisation de la commutativité permettant de retrouver rapidement les résultats sont rappelées à la correction.
Calculs à proposer : 10×6 ; 8×5 ; 6×6 ; 6×4 ; 8×6 ; 9×4 ; 5×6.

Objectif de la séance
Décrire et tracer, sur papier blanc, un carré et un rectangle.

Activité 1 de découverte

Étape 1

Tâche

Écrire un message décrivant une figure déjà tracée sur papier calque ; ce message est destiné à un autre élève pour qu'il la trace. La moitié des élèves reçoit une feuille de papier calque sur laquelle est tracé un carré de 6 cm de côté et l'autre moitié des élèves reçoit une feuille de papier calque sur laquelle est tracé un rectangle de 5 cm sur 4 cm (Annexe 24.2). Les élèves ne connaissent pas les dimensions des figures.

Ce qui est visé en proposant cette tâche

Comprendre que, pour décrire une figure en vue de la faire tracer, il faut indiquer la nature de la figure et les longueurs de ses côtés.

Lancement

L'enseignant explique que chaque élève va recevoir une figure qu'il ne doit pas montrer aux autres. Chaque élève doit écrire un message qui donne les indications nécessaires pour qu'un autre élève puisse tracer exactement la même figure. Le message ne doit comporter aucun dessin. L'enseignant précise qu'il ne faut pas expliquer comment faire pour tracer la figure mais juste dire comment est la figure.

Le message doit donner les indications nécessaires pour qu'avec celles-ci un autre élève puisse construire la même figure.

L'enseignant distribue le calque du carré à la moitié des élèves et le calque du rectangle à l'autre moitié. Puis il leur distribue une feuille blanche pour qu'ils écrivent leur message dans la partie supérieure. La partie inférieure sera utilisée ultérieurement par un autre élève pour tracer la figure à partir de la description qui s'y trouve.

Recherche

Procédure visée :

- reconnaitre que la figure est un carré ou un rectangle. Cette reconnaissance nécessite l'utilisation du gabarit d'angle droit mais il est probable que les élèves n'en sentent pas la nécessité puisqu'ils travaillent depuis deux séances uniquement sur les carrés et les rectangles. Mesurer les côtés de la figure. Indiquer sur le message la nature de la figure (carré ou rectangle) et la longueur des côtés.

Erreurs possibles :

- ne pas indiquer la nature de la figure ;
- ne pas indiquer les mesures ou se tromper en les mesurant ;
- essayer de décrire comment faire pour la tracer.

Il n'est pas effectué de mise en commun après cette recherche.

Étape 2

Tâche

Tracer une figure à partir de sa description.

Ce qui est visé en proposant cette tâche

Tracer la figure décrite afin d'utiliser ce tracé pour valider ou non sa description.

Lancement

Lorsque tous les élèves ont écrit leur message, l'enseignant ramasse les feuilles pour distribuer le message du carré à ceux qui ont décrit le rectangle et inversement.

L'enseignant indique aux élèves qu'ils doivent tracer la figure sur la partie inférieure de la feuille où se trouve le message. Lorsque chaque élève aura tracé la figure décrite dans le message, il vérifiera que son tracé est juste en superposant la figure sur papier calque lors de la mise en commun.

Recherche

Procédure visée :

- utiliser la règle graduée pour la mesure des côtés et le gabarit d'angle droit pour tracer les angles droits.

Erreurs possibles :

- mal utiliser la règle graduée pour tracer des côtés de la longueur indiquée ;

▸ mal utiliser ou ne pas utiliser le gabarit d'angle droit pour tracer les angles droits ;

▸ être imprécis dans les tracés mais mobiliser les instruments à bon escient. En CE1, il est normal que des élèves soient encore malhabiles ; la priorité est donnée à l'utilisation des instruments en fonction des propriétés.

Mise en commun

▸ Faire comparer la figure tracée avec la figure initiale en superposant celle-ci sur la figure tracée.

▸ Étudier quelques messages n'ayant pas permis un tracé correct, puis ceux qui ont permis un tracé correct.

▸ Questionner sur les raisons possibles des figures fausses alors que le message était juste.

▸ Expliciter que pour décrire la figure, on doit indiquer si c'est un carré ou un rectangle et indiquer les mesures des côtés.

Puis que pour tracer un carré, on utilise le gabarit d'angle droit pour les quatre angles droits et la règle graduée pour les quatre côtés de même longueur.

Enfin, que pour tracer un rectangle, on utilise le gabarit d'angle droit pour les quatre angles droits et la règle graduée pour les côtés opposés de même longueur.

Activité 2 de réinvestissement Exercice 3 p. 40

Tâche

Décrire la figure tracée.

Lancement

L'enseignant explique qu'il faut écrire le message, comme dans l'activité précédente, qui permettrait à quelqu'un de tracer exactement la même figure. Il précise qu'ici il s'agit juste d'écrire le message et qu'il n'y aura pas d'échange. Il rappelle que la figure n'a pas besoin d'être dans la même position puisqu'on peut la tourner comme on veut.

Recherche

Les mêmes procédures que précédemment.

Mise en commun

▸ Étudier quelques messages faux puis les messages corrects.

Réponse

Les réponses considérées comme justes doivent préciser qu'il faut tracer un rectangle dont les longueurs de côtés sont 6 cm et 3 cm. *Exemple* : « Trace un rectangle. Ses côtés doivent mesurer 6 cm et 3 cm de long. »

Bilan

Revenir sur les éléments nécessaires dans une description de figure.

Séance 4

Rituels du jour

Suite orale	Calcul mental
• Idem séance 1	• Idem séance 3. *Calculs à proposer* : 6 × 5 ; 4 × 6 ; 9 × 5 ; 6 × 3 ; 8 × 3 ; 6 × 5 ; 8 × 6.

OBJECTIF DE LA SÉANCE

Sur papier blanc, en utilisant des instruments (gabarit d'angle droit, règle graduée), reproduire une figure composée.

Activité de réinvestissement Exercice 4 p. 40

Tâche

Reproduire une figure composée où les angles droits et les mesures sont indiqués.

Lancement

Dans la consigne, l'enseignant veille à ce que les élèves comprennent le symbole de l'angle droit et qu'il faut tracer la figure à partir du côté déjà tracé, même s'il n'est pas orienté comme dans la figure à reproduire.

Recherche

Procédure visée :

▸ tracer un deuxième côté en utilisant le gabarit d'angle droit puis la règle pour le faire de la longueur adéquate. Continuer ainsi pour les autres côtés.

Erreurs possibles :

▸ mal utiliser la règle graduée pour tracer des côtés de la longueur indiquée ;

▸ mal utiliser ou ne pas utiliser le gabarit d'angle droit pour tracer les angles droits ;

▸ vouloir tracer en premier le côté « oblique » dans le premier dessin ;

▸ au second cas, tracer les côtés dans la même position que sur le modèle, c'est-à-dire sans considérer la rotation.

Différenciation

Pour les élèves en difficulté

Pour les difficultés à maintenir le gabarit d'angle droit, montrer comment placer les doigts ou donner de la pâte adhésive.

Pour les difficultés conceptuelles, indiquer l'ordre dans lequel il faut tracer les côtés et, si besoin, rappeler l'utilisation du gabarit d'angle droit

Pour les élèves plus rapides

Exercice supplémentaire 4, fiche différenciation 24.

Mise en commun

- Faire vérifier aux élèves leur tracé en utilisant le carré rouge en carton. Pour le cas 1, ils placent le carré le long du côté [AB] à partir de B. Pour le cas 2, ils vérifient par binôme en accolant deux carrés l'un en dessous de l'autre, puis en déplaçant le carré.
- Faire verbaliser les élèves qui se sont trompés sur les causes possibles de leurs erreurs.
- Montrer la procédure.

Bilan

Pour reproduire une figure, on étudie si elle a des angles doits qu'on trace avec le gabarit d'angle droit, et on respecte les longueurs de la figure à reproduire.

Fin de séquence

Je m'entraine à mon rythme

Tracés à partir d'un côté

Objectif

- Compléter un carré et un rectangle, sur papier blanc, à partir d'un côté.

Aide à apporter aux élèves en difficulté

Identifier si les difficultés proviennent du mauvais maintien des instruments ou de leur mauvaise utilisation. Dans ce dernier cas, suivant les difficultés, rappeler les définitions du carré et du rectangle, à quoi sert un gabarit, comment le positionner et comment positionner la règle graduée.

Réponses

Vérifier avec le carré et le rectangle rouges.

Je cherche

Les décompositions

Objectif

- Réinvestir les connaissances sur la numération décimale pour décomposer un nombre en centaines, dizaines et unités à partir de son écriture chiffrée.

Réponses

Beaucoup de réponses sont possibles. En voici quelques-unes, les quatre premières sont les plus attendues :

Étiquettes 1 centaine	Étiquettes 1 dizaine	Étiquettes 1 unité	Total
4	7	8	**478**
0	47	8	**478**
0	0	478	**478**
4	0	78	**478**
4	6	18	**478**
4	5	28	**478**
3	17	8	**478**
3	16	18	**478**
2	27	8	**478**

pp. 78 à 81

Soustraction posée en colonnes (2)

Avec des nombres à trois chiffres

Rituels de la semaine

Objectifs d'apprentissage	
Suite orale	**Calcul mental**
• Dire la suite orale des nombres en arrière, de 10 en 10, à partir de n'importe quel nombre.	• Connaitre les tables de multiplication de 2, 3, 4, 5, 6 et 10.

Séquence d'apprentissage

Place dans l'ensemble des séquences « Calculer et repérer »				
7. Addition posée en colonnes (1)	14. Addition posée en colonnes (2)	19. Soustraction posée en colonnes (1)	**25. Soustraction posée en colonnes (2)**	28. Repérage sur une droite graduée et encadrement

Objectif de la séquence

Calculer des différences de deux nombres à deux ou trois chiffres par un calcul posé en colonnes.

Objectif d'apprentissage du BO

Poser et effectuer des additions et des soustractions en colonnes.

Pourquoi poursuivre avec la même technique pour les grands nombres mais en changeant le matériel de numération ?

Nous suivons les recommandations du programme prescrivant un apprentissage des techniques opératoires posées (addition, soustraction) en lien avec la numération et les propriétés des opérations. L'objectif n'est donc pas la mémorisation d'un algorithme sans sens, ni la virtuosité technique.

Pour ces raisons, nous avons choisi d'enseigner aux élèves la technique de soustraction par « cassage ». On doit envisager 1 dizaine comme 10 unités (puis 1 centaine comme 10 dizaines) alors que, pour l'addition posée, il fallait envisager 10 unités comme 1 dizaine (et 10 dizaines comme 1 centaine). L'aspect positionnel entre en jeu quant à lui dans le fait de positionner en colonnes les chiffres des unités les uns sous les autres, ainsi que ceux des dizaines et ceux des centaines. Nous continuons ici pour les nombres à trois chiffres.

La soustraction posée en colonnes a été introduite grâce au matériel de numération des carrés unité et des bandes dizaine, mais les nombres étant ici encore plus grands que ceux de la séquence 19, c'est maintenant les étiquettes unité, dizaine, centaine qui sont utilisées. Les élèves les ont déjà manipulées, en particulier pour l'addition posée en colonnes. Après avoir été utilisé pour comprendre l'algorithme de la technique de la soustraction posée, ce matériel ne sert plus qu'à vérifier les soustractions qui ont été posées en colonnes.

Remarques importantes : la résolution de problèmes numériques a permis de donner du sens aux opérations et aux signes +, – et × (séquences 3, 5, 14 et 16). Les élèves connaissent donc l'intérêt de trouver le résultat d'une soustraction, ce qui permet de se consacrer à la technique opératoire et non à la résolution de problèmes dans son ensemble. La manipulation du matériel de numération renvoie cependant à des situations de retrait.

Des opérations avec des « grands » nombres sont directement proposées ici, pour lesquelles il est difficile de trouver le résultat par un calcul mental. La justification de l'algorithme de la soustraction posée est basée sur le sens des chiffres des écritures chiffrées, alors que le calcul mental s'appuie essentiellement sur la numération orale et des propriétés arithmétiques. Le choix entre une technique mentale et une technique de calcul posé est travaillé tout au long de l'année.

Certaines opérations posées en colonnes nécessitent un « cassage » à la fois de la dizaine et de la centaine. Les écritures peuvent apparaitre alors assez complexes, mais elles sont plus facilement justifiables et compréhensibles que celles utilisées dans la technique de conservation des écarts, voir l'avant-propos p. 15. Ces cas ne seront cependant pas les plus nombreux dans cette séquence. L'objectif est que les élèves comprennent la technique de la soustraction posée en lien avec les règles de la numération décimale. De ce fait, nous proposons d'aborder, dans un premier temps, des opérations qui ne nécessitent pas un double « cassage » de la dizaine et de la centaine. Ce n'est qu'en séance 4 que ce double « cassage » est abordé. Il apparait alors comme un prolongement de ce qui été vu au début de la séquence.

Structure de la séquence

- Séance 1 : découverte : savoir soustraire deux nombres à trois chiffres avec le matériel de numération
- Séance 2 : découverte : savoir poser en colonnes une soustraction de deux nombres à trois chiffres (cas particuliers)
- Séance 3 : réinvestissement
- Séance 4 : découverte : savoir poser en colonnes une soustraction de deux nombres à trois chiffres (cas général)
- Fin de séquence : entrainement et recherche

Matériel nécessaire

Matériel à télécharger pour l'ensemble de la séquence :
– Fiche évaluation 25.
– Posters *Problèmes de transformation (1 à 3)*, *Soustraction posée en colonnes avec des nombres à 2 chiffres* et *à 3 chiffres*, *Addition posée en colonnes avec des nombres à 3 chiffres*.

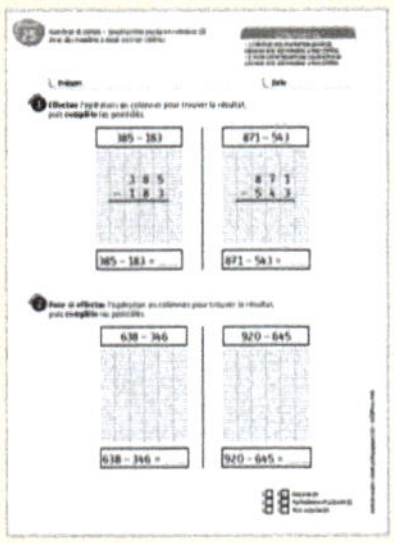

	Matériel pour l'enseignant	Matériel pour les élèves
Séance 1	– Les étiquettes unité, dizaine, centaine agrandies pour le tableau – Les posters *Problèmes de transformation* 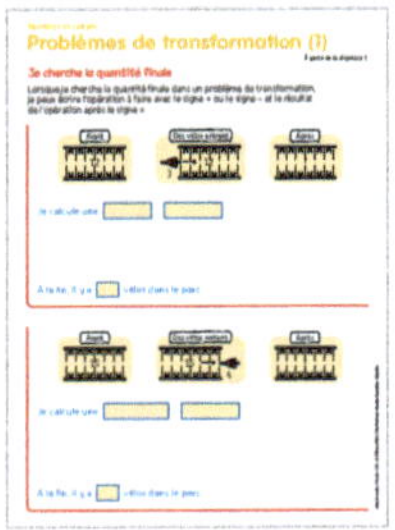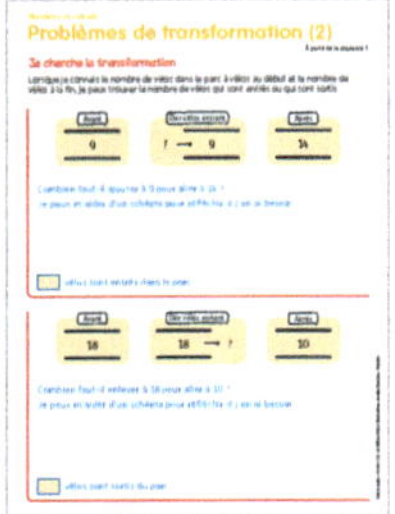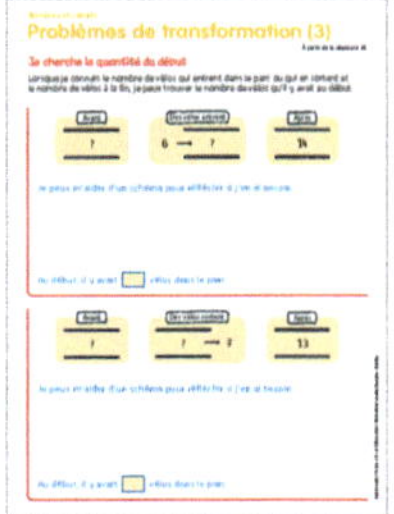	**Matériel par élève** – Les étiquettes unité, dizaine, centaine : une réserve de 19 unités, 19 dizaines et 9 centaines 3  – Une ardoise
Séance 2	– Les étiquettes unité, dizaine, centaine agrandies pour le tableau – Le poster *Soustraction posée en colonnes avec des nombres à 2 chiffres* – Le poster *Soustraction posée en colonnes avec des nombres à 3 chiffres* 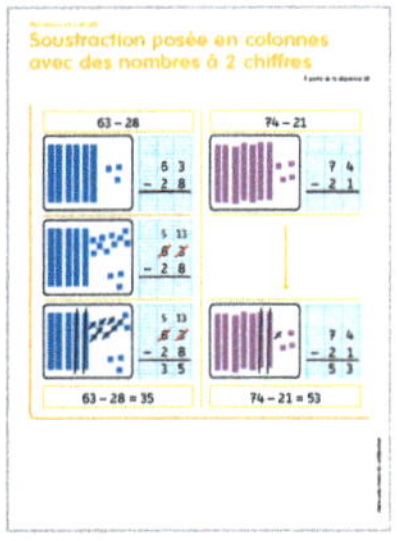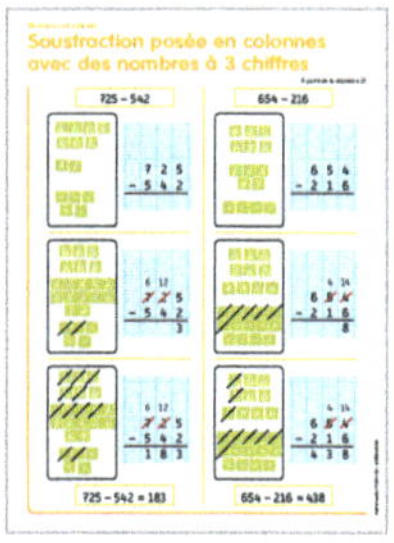	**Matériel par élève** – Les étiquettes unité, dizaine, centaine : une réserve minimale de 19 unités, 19 dizaines et 9 centaines 3 – Une ardoise – Le fichier de l'élève p. 78 – Mémo 25
Séance 3	– Les étiquettes unité, dizaine, centaine agrandies pour le tableau – Le poster *Soustraction posée en colonnes avec des nombres à 3 chiffres* – Le poster *Addition posée en colonnes avec des nombres à 3 chiffres* – Les reproductions agrandies des exercices 1, 2 et 3 p. 79 et 80 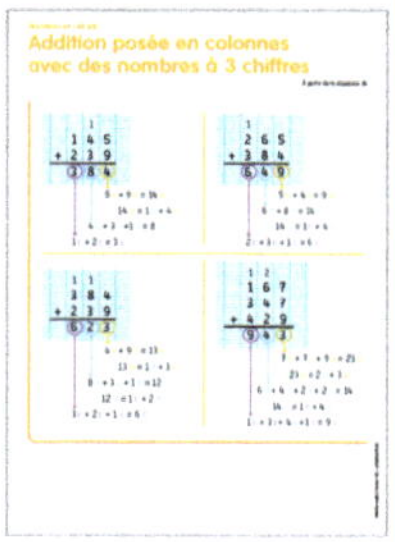	**Matériel par élève** – Les étiquettes unité, dizaine, centaine : une réserve minimale de 19 unités, 19 dizaines et 9 centaines 3 – Une ardoise – Le fichier de l'élève p. 79 et 80 – Mémo 25

Séance 4	– Les étiquettes unité, dizaine, centaine agrandies pour le tableau – Le poster *Soustraction posée en colonnes avec des nombres à 3 chiffres* – Le poster *Addition posée en colonnes avec des nombres à 3 chiffres* – La reproduction agrandie de l'exercice 4 p. 80	**Matériel par élève** – Les étiquettes unité, dizaine, centaine : une réserve minimale de 19 unités, 19 dizaines et 9 centaines – Une ardoise – Le fichier de l'élève p. 80
Fin de séquence	– Le poster *Soustraction posée en colonnes avec des nombres à 3 chiffres* – Le poster *Addition posée en colonnes avec des nombres à 3 chiffres*	**Matériel par élève** – Le fichier de l'élève p. 81 *Différenciation* : les étiquettes unité, dizaine, centaine

Séance 1

Rituels du jour

Suite orale

• Identique à la semaine précédente.

Calcul mental

• L'enseignant propose cinq calculs déjà vus dans les semaines précédentes et les deux calculs suivants : 7 × 6 ; 9 × 6. A la correction, ces deux calculs sont expliqués à partir des décompositions suivantes :

7 × 6 = (6 × 6) + 6 7 × 6 = 42
9 × 6 = (10 × 6) – 6 9 × 6 = 54

• À l'issue de cette séance, l'enseignant fait compléter ces deux lignes de la table de multiplication de 6 (fichier élève page 102).

Calculs à proposer : 6 × 6 ; 7 × 6 ; 9 × 3 ; 5 × 4 ; 9 × 6 ; 7 × 4 ; 3 × 6.

Objectif de la séance

Avec du matériel permettant une décomposition en dizaines et unités, calculer des différences de deux nombres à trois chiffres : le « cassage » concerne la dizaine (1 dizaine conçue comme 10 unités) ou la centaine (1 centaine conçue comme 10 dizaines), mais pas les deux à la fois.

Activité de découverte

Étape 1

Tâche

Avec des étiquettes unité, dizaine, centaine, calculer 357 – 123.

Ce qui est visé en proposant cette tâche

Mobiliser les connaissances sur la signification des écritures chiffrées pour soustraire deux nombres à trois chiffres avec le matériel de numération : cas ne nécessitant pas d'échange.

Lancement

Écrire « 357 – 123 = » au tableau. Indiquer aux élèves qu'ils doivent réaliser l'opération avec le matériel de numération qui va être distribué (étiquettes unité, dizaine, centaine) et écrire le résultat sur leur ardoise. Rappeler aux élèves qu'ils doivent prendre la quantité indiquée par le premier nombre « 357 » et enlever celle indiquée par le deuxième nombre « 123 ».

Recherche

Procédure visée :

▸ 357 est constitué avec 3 étiquettes centaine, 5 étiquettes dizaine et 7 étiquettes unité. On enlève 123 (1 étiquette centaine, 2 étiquettes dizaine et 3 étiquettes unité), ce qui donne 2 étiquettes centaine, 3 étiquettes dizaine et 4 étiquettes unité, donc 357 – 123 = 234.

Erreurs possibles :

▸ prendre un matériel de numération ne correspondant pas au nombre 357 ou ne pas ôter les étiquettes indiquées par 123 ;

▸ confondre addition et soustraction ou ne pas comprendre que le signe « – » correspond à une transformation négative (voir la séquence 5).

Mise en commun

▸ Montrer les 3 posters *Problèmes de transformation* et demander quelle est la situation qui correspond aux manipulations demandées.

▸ Reprendre les manipulations à faire à l'aide des étiquettes en utilisant les termes « centaine », « dizaine » et « unité » qui sont reliés aux chiffres des deux nombres 357 et 123 :

– la constitution d'une collection de 3 centaines, 5 dizaines et 7 unités ;
– le retrait de 3 unités, puis 2 dizaines et enfin 1 centaine (transformation négative) ;
– le codage final de la collection obtenue avec trois chiffres dans le bon ordre (234).

Étape 2

Tâche

Avec des étiquettes unité, dizaine, centaine, calculer 374 – 128. Le « cassage » concerne la dizaine (remplacement d'une étiquette dizaine par dix étiquettes unité).

Ce qui est visé en proposant cette tâche

Mobiliser les connaissances sur la signification des écritures chiffrées pour soustraire deux nombres à trois chiffres avec le matériel de numération : cas nécessitant l'échange d'une étiquette dizaine par dix étiquettes unité.

Lancement

Identique au précédent, écrire cette fois-ci « 374 – 128 = » au tableau.

Recherche

Procédure visée :

▸ 374 est constitué avec 3 étiquettes centaine, 7 étiquettes dizaine et 4 étiquettes unité. Pour enlever 128 (1 étiquette centaine, 2 étiquettes dizaine et 8 étiquettes unité), il va falloir remplacer une étiquette dizaine par dix étiquettes unité. On obtient ensuite finalement 2 étiquettes centaine, 4 étiquettes dizaine et 6 étiquettes unité et donc 374 – 128 = 246.

Erreurs possibles :

▸ celles de l'étape 1 ;

▸ ne pas savoir comment enlever 8 étiquettes unité quand il n'y en a que 4.

Mise en commun

▸ Demander ce qui est différent par rapport au calcul précédent.

▸ Reprendre les étapes à l'aide des étiquettes en utilisant les termes « centaine », « dizaine » et « unité » qui sont reliés aux chiffres des deux nombres 374 et 128 :
– la constitution d'une collection d'étiquettes : 3 centaines, 7 dizaines et 4 unités ;
– le retrait de 8 étiquettes unité qui nécessite de remplacer une des 7 dizaines par dix étiquettes unité : il est ensuite possible de faire le retrait des 8 unités puisqu'on a maintenant 14 étiquettes unités (il reste 6 unités) ;
– le retrait de 2 étiquettes dizaine dans les 6 étiquettes dizaine restantes (il reste donc finalement 4 dizaines) ;
– puis le retrait de 1 étiquette centaine (il reste donc finalement 2 centaines) ;
– et enfin le codage final de la collection obtenue avec trois chiffres dans le bon ordre (246).

Étape 3

Tâche

Avec des étiquettes unité, dizaine, centaine, calculer 427 – 273. Le « cassage » concerne la centaine (remplacement d'une étiquette centaine par dix étiquettes dizaine).

Ce qui est visé en proposant cette tâche

Mobiliser les connaissances sur la signification des écritures chiffrées pour soustraire deux nombres à trois chiffres avec le matériel de numération : cas nécessitant l'échange d'une étiquette centaine par dix étiquettes dizaine.

Lancement

Identique au précédent, on écrit cette fois-ci « 427 – 273 = » au tableau.

Recherche

Procédure visée :

▸ 427 est constitué avec 4 étiquettes centaine, 2 étiquettes dizaine et 7 étiquettes unité. Pour enlever 273 (2 étiquettes centaine, 7 étiquettes dizaine et 3 étiquettes unité), il va falloir remplacer une étiquette centaine par dix étiquettes dizaine. On obtient finalement 1 étiquette centaine, 5 étiquettes dizaine et 4 étiquettes unité et donc 427 – 273 = 154.

Erreurs possibles :

▸ celles de l'étape 1 ;

▸ ne pas savoir comment enlever 7 étiquettes dizaine quand il n'y en a que 2.

Mise en commun

▸ Demander ce qui est différent par rapport au calcul précédent.

▸ Reprendre les étapes à l'aide des étiquettes en utilisant les termes « centaine », « dizaine » et « unité » qui sont reliés aux chiffres des deux nombres 427 et 273 :
– la constitution d'une collection d'étiquettes : 4 centaines, 2 dizaines et 7 unités ;
– le retrait de 3 étiquettes unité ;
– le retrait de 7 étiquettes dizaine qui nécessite de remplacer une des 4 centaines par dix étiquettes dizaine : il est ensuite possible de faire le retrait des 7 dizaines puisqu'on a maintenant 12 étiquettes dizaine (il reste finalement 5 dizaines) ;
– puis le retrait de 2 étiquettes centaine dans les 3 étiquettes centaine restantes (il reste finalement 1 centaine) ;
– et enfin le codage final de la collection obtenue avec trois chiffres dans le bon ordre (154).

Bilan

Reprendre les étapes pour faire des soustractions avec les étiquettes et, selon le cas, la nécessité de remplacer une étiquette dizaine par 10 étiquettes unités ou une étiquette centaine par 10 étiquettes dizaines.

> Le fichier n'est pas ouvert. Le *Ce que j'ai découvert* n'intervient pas ici mais à la fin de la séance suivante.

Séance 2

Rituels du jour

Suite orale	**Calcul mental**
• Idem séance 1	• L'enseignant propose sept calculs dans les tables de 2 à 6 et de 10. *Calculs à proposer* : **7 × 6** ; **6 × 4** ; **3 × 5** ; **9 × 6** ; **7 × 3** ; **7 × 5** ; **8 × 6**.

Objectif de la séance

Passer du calcul avec les étiquettes à un calcul avec l'opération posée en colonnes : le « cassage » est pour la dizaine ou pour la centaine mais pas les deux à la fois.

Activité 1 de découverte

Étape 1

Tâche

Effectuer une soustraction avec le matériel : le « cassage » concerne les dizaines (remplacement d'une étiquette dizaine par dix étiquettes unité).

Ce qui est visé en proposant cette tâche

Rappeler ce qui a été vu en séance précédente pour soustraire deux nombres à trois chiffres avec le matériel de numération : cas nécessitant l'échange d'une étiquette dizaine par dix étiquettes unité.

Lancement

« 654 – 216 = » est écrit au tableau. Indiquer aux élèves qu'ils vont devoir faire l'opération avec le matériel comme lors de la séance précédente. Distribuer les étiquettes unité, dizaine, centaine.

Recherche

L'enseignant guide les élèves en difficulté vers la procédure visée.

Procédure visée :

► 654 est constitué avec 6 étiquettes centaine, 5 étiquettes dizaine et 4 étiquettes unité. Pour enlever 216 (2 étiquettes centaine, 1 étiquette dizaine et 6 étiquettes unité), il va falloir remplacer une étiquette dizaine par dix étiquettes unité. On obtient ensuite finalement 4 étiquettes centaine, 3 étiquettes dizaine et 8 étiquettes unité et donc 654 – 216 = 438.

Erreurs possibles :

► voir séance précédente, étape 2.

Mise en commun

► Identiques à celles de la séance 1, étape 2.

Étape 2

Tâche pour les étapes 2 et 3

Retrouver, parmi différentes propositions, les étapes de l'opération posée 654 – 216. Les justifier avec les étiquettes unité, dizaine, centaine.

Ce qui est visé en proposant cette tâche

Introduire le positionnement des chiffres dans l'algorithme de la soustraction posée en colonnes de deux nombres à trois chiffres : cas nécessitant d'envisager une dizaine comme dix unités.

Déroulement

L'enseignant rappelle qu'il y a une autre façon de trouver le résultat que le calcul avec le matériel : on peut poser le calcul. Il explique qu'il va faire des propositions et les élèves écrivent sur leur ardoise la proposition qu'ils pensent correcte.

Les trois propositions à mettre au tableau pour poser le calcul :

A	B	C
6 5 4 –2 1 6	6 5 4 – 2 1 6	6 5 4 – 2 1 6

Les élèves écrivent sur leur ardoise la proposition qu'ils retiennent.

Mise en commun

► Réaliser au tableau la collection d'étiquettes correspondant à 654 : 6 étiquettes centaine, 5 étiquettes dizaine, 4 étiquettes unité.

► La mise en évidence du rôle de chaque chiffre avec les étiquettes permet de justifier le placement des chiffres (les unités sous les unités, les dizaines sous les dizaines, les centaines sous les centaines) : seule la proposition C est valable pour bien effectuer l'opération ensuite.

Étape 3

Ce qui est visé en proposant cette tâche

Introduire le traitement des unités dans l'algorithme de la soustraction posée en colonnes de deux nombres à trois chiffres : cas nécessitant d'envisager une dizaine comme dix unités.

Déroulement

Identique à celui de l'étape précédente avec les trois propositions pour poursuivre le calcul posé :

A	B	C
6 5 4 – 2 1 6 2	4 14 6 ~~5~~ ~~4~~ – 2 1 6 8	14 6 5 ~~4~~ – 2 1 6 8

Les élèves écrivent sur leur ardoise la proposition qu'ils retiennent.

Mise en commun

- Demander la justification aux élèves qui ont choisi la réponse A. Faire ressortir l'impossibilité de retirer 6 étiquettes s'il n'y en a que 4.
- Comparer les propositions B et C. Valider la proposition B avec la manipulation avec les étiquettes : remplacement d'une étiquette dizaine par 10 étiquettes unités.

ÉTAPE 4

Tâche

Terminer la soustraction posée en colonnes.

Ce qui est visé en proposant cette tâche

Présenter l'algorithme complet de la soustraction posée en colonnes de deux nombres à trois chiffres : cas nécessitant d'envisager une dizaine comme dix unités.

Déroulement

Demander aux élèves de finir le calcul sur leur ardoise ou un cahier de recherche.

Procédure visée :

		4	14
	6	~~5~~	~~4~~
–	2	1	6
	4	3	8

Erreurs possibles :

- si l'élève ne se réfère pas aux manipulations des étiquettes de multiples erreurs peuvent survenir ; elles seront traitées dans la mise en commun ;
- erreur dans le calcul de 4 – 1 et celui de 6 – 2.

Mise en commun

- Relier les actions faites avec le matériel et celles faites sur les chiffres dans la soustraction posée en colonnes.

Mise en commun à la fin de l'étape 4

Après avoir ôté les 6 unités, finir le processus en ôtant 1 dizaine puis 2 centaines, avec les étiquettes :
4 d – 1 d = 3 d ; 6 c – 2 c = 4 c.

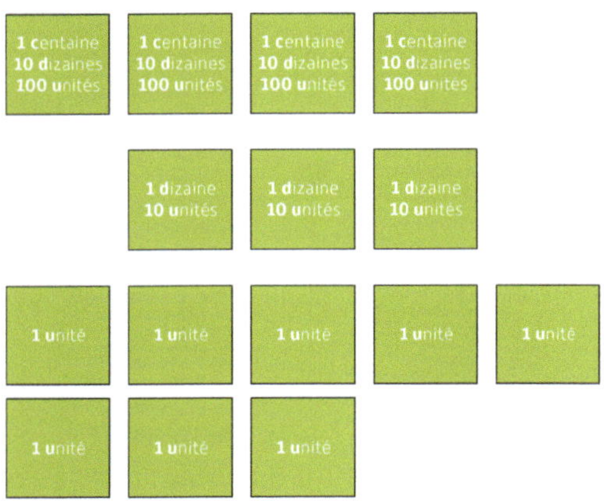

654 – 216 = 438

		4	14
	6	~~5~~	~~4~~
–	2	1	6
	4	3	8

Bilan

Pour trouver le résultat d'une soustraction, on peut poser l'opération en colonnes. On effectue des calculs sur les chiffres qui correspondent à des actions avec le matériel.

Montrer le poster *Soustraction posée en colonnes avec des nombres à 2 chiffres*, introduit séquence 19, pour montrer les similitudes avec la soustraction posée en colonnes pour des nombres à deux chiffres.

Activité 2 de découverte

Tâche

Effectuer une soustraction avec le matériel : le « cassage » concerne les centaines (remplacement d'une étiquette centaine par dix étiquettes dizaine).

Ce qui est visé en proposant cette tâche

Mobiliser les connaissances sur la signification des écritures chiffrées pour soustraire deux nombres à trois chiffres avec le matériel de numération : cas nécessitant de considérer l'échange d'une étiquette centaine contre dix étiquettes dizaine. Présenter ensuite l'algorithme.

Déroulement

Reprendre le même déroulement que dans l'activité de découverte précédente. Écrire au tableau cette fois-ci l'opération « 725 – 542 = ».

Étape 1 : les élèves font l'opération avec les étiquettes.

Étape 2 : pour poser l'opération, les élèves choisissent parmi ces trois cas :

A	B	C
7 2 5 – 5 4 2 2 3	12 7 ~~2~~ 5 – 5 4 2 8 3	6 12 ~~7~~ ~~2~~ 5 – 5 4 2 8 3

Étape 3 : les élèves terminent l'opération sur ardoise ou cahier de recherche.

Mise en commun

▸ L'enseignant s'appuie sur les réponses des élèves et valide la technique opératoire en présentant, en parallèle, les actions réalisées avec le matériel et celles faites sur les chiffres dans la soustraction posée en colonnes.

Institutionnalisation

Pour trouver le résultat d'une soustraction, on peut poser l'opération en colonnes. On effectue des calculs sur les chiffres qui correspondent à des actions avec le matériel. On doit parfois utiliser les égalités : 1 dizaine = 10 unités et 1 centaine = 10 dizaines.

Faire remplir le *Ce que j'ai découvert* p. 78. Les élèves doivent barrer les étiquettes unité, dizaine et centaine dans la dernière case de chaque opération et indiquer le résultat de l'opération en complétant les pointillés.

Afficher le poster *Soustraction posée en colonnes avec des nombres à 3 chiffres* et le commenter.

Revenir sur les points essentiels à retenir en distinguant les étapes, le sens à leur donner en évoquant le matériel et les différents types d'erreur possible.

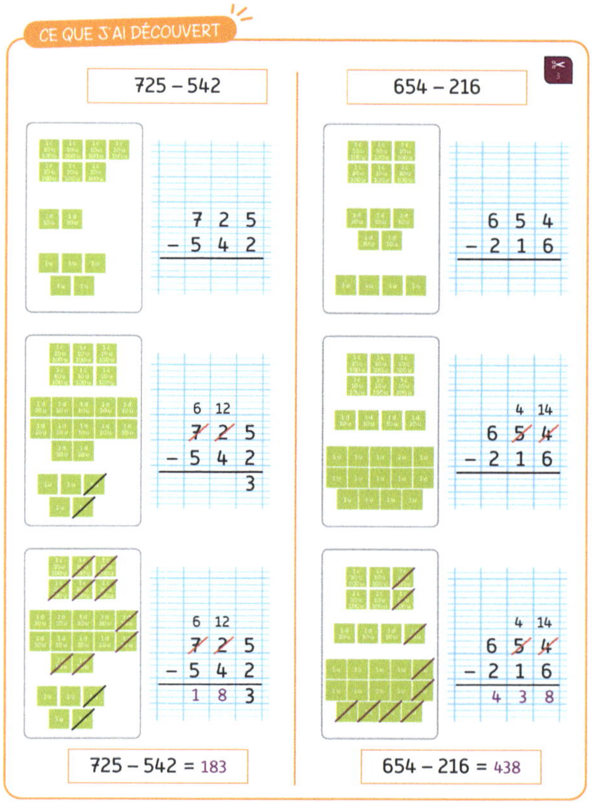

Séance 3

Rituels du jour

Suite orale	Calcul mental
• Idem séance 1	• Idem séance 2. *Calculs à proposer* : 9 × 4 ; 6 × 6 ; 8 × 3 ; 7 × 6 ; 6 × 5 ; 3 × 3 ; 7 × 4.

OBJECTIF DE LA SÉANCE

S'entrainer à la technique de la soustraction posée en colonnes : le « cassage » concerne la dizaine (remplacement d'une dizaine par dix unités) ou la centaine (remplacement d'une centaine par dix dizaines) mais pas les deux à la fois.

Activité 1 de réinvestissement Exercice 1 p. 79

Tâche

Effectuer les opérations posées en colonnes. Vérifier avec les étiquettes.

Déroulement

Lire la consigne et indiquer que les opérations sont déjà posées. Il faut les effectuer et écrire le résultat trouvé.

Le matériel ne peut être utilisé qu'une fois l'opération faite, pour la vérifier. L'élève pourra alors corriger sa réponse le cas échéant.

Recherche

Procédure visée :

▸ effectuer l'opération en se représentant mentalement les manipulations avec les étiquettes.

Erreurs possibles :

- celles signalées concernant les procédures avec le matériel ;
- erreurs de calculs pour soustraire les unités entre elles, les dizaines et les centaines entre elles.

Différenciation

Pour les élèves en difficulté

Toujours sans matériel, demander de suivre ce qui est indiqué dans le *Ce que j'ai découvert* ou le poster *Soustraction posée en colonnes avec des nombres à 3 chiffres*.

En cas d'échec, voir si l'élève est capable d'effectuer l'opération avec le matériel (identifier le cas échéant quelles sont les étapes qui posent des problèmes), puis s'il est capable de transcrire ces étapes dans l'algorithme de la soustraction posée.

Voir en particulier si les difficultés viennent de la compréhension de l'écriture chiffrée ou des calculs des différences entre unités, entre dizaines ou entre centaines.

Pour les élèves plus rapides

Donner les opérations suivantes à faire sur un cahier de recherche : 782 – 654 ; 329 – 238.

Il est important de donner la réponse exacte aux élèves afin qu'ils puissent savoir s'ils ont réussi. Préparer si possible des fiches d'autocorrection en ayant posé et effectué les opérations et les mettre à disposition au fond de la classe.

Mise en commun

- Successivement pour chaque opération, inscrire au tableau une ou deux réponses erronées (poser l'opération en entier au tableau), ainsi que celle exacte (pas nécessairement dans cet ordre).
- Demander aux élèves de chercher s'il y a des erreurs dans la façon dont a été effectuée l'opération et de comprendre leurs raisons.

Réponses

575 – 159 = 416.

647 – 285 = 362.

Activité 2 de réinvestissement

Exercice 2 p. 79

Tâche

Effectuer les opérations posées en colonnes. Vérifier avec le matériel.

Déroulement

Identique à l'exercice 1 p. 79.

Différenciation

Pour les élèves en difficulté

Identique à celle de l'exercice 1 p. 79.

Mise en commun

- Étudier collectivement uniquement deux soustractions : 763 – 358 et 837 – 65.
- Pour chacune de ces deux opérations, 763 – 358 et 837 – 65, inscrire au tableau une ou deux réponses erronées en choisissant les erreurs les plus fréquemment rencontrées (poser l'opération en entier au tableau), ainsi que celle exacte (pas nécessairement dans cet ordre).
- Demander aux élèves de chercher s'il y a des erreurs dans la façon dont a été effectuée chaque opération et de comprendre leurs raisons.
- Valider avec le matériel de numération.
- Corriger les autres opérations ou ne donner que le résultat pour permettre ultérieurement aux élèves qui se sont trompés d'essayer à nouveau.

Réponses

949 – 528 = 421 ; 763 – 358 = 405.

365 – 143 = 222 ; 504 – 132 = 372 ; 837 – 65 = 772.

Activité 3 de réinvestissement

Exercice 3 p. 80

Tâche

Poser, puis effectuer les opérations posées en colonnes. Vérifier avec le matériel.

Déroulement

Identique au précédent. Il y a cette fois-ci une addition. Laisser les élèves le remarquer afin d'exercer leur vigilance : ceci est facilité ici puisque les deux termes de l'addition sont les mêmes que ceux de la soustraction.

Différenciation

Pour les élèves en difficulté

Identique à celle de l'exercice 1 p. 79.

Pour les élèves plus rapides

Donner les opérations suivantes à faire sur un cahier de recherche : 452 – 237 ; 937 – 282.

Prévoir les fiches d'autocorrection.

Mise en commun

- Pour chacune des deux opérations, inscrire au tableau une ou deux réponses erronées en choisissant les erreurs les plus fréquemment rencontrées (poser l'opération en entier au tableau), ainsi que celle exacte (pas nécessairement dans cet ordre).
- Demander aux élèves de chercher s'il y a des erreurs dans la façon dont a été effectuée l'opération et de comprendre leurs raisons.
- Valider avec le matériel de numération.

Réponses

670 – 258 = 412.

670 + 258 = 928.

Bilan

Revenir sur les erreurs les plus fréquentes et leurs causes.

S'appuyer sur les posters *Soustraction posée en colonnes avec des nombres à 3 chiffres* et *Addition posée en colonnes avec des nombres à 3 chiffres* ainsi que sur le matériel de numération pour rappeler la technique et les propriétés sous-jacentes relatives à la numération écrite chiffrée.

Séance 4

Rituels du jour

Suite orale
- Idem séance 1

Calcul mental
- Idem séance 2.

Calculs à proposer : 8 × 6 ; 5 × 6 ; 6 × 3 ; 7 × 6 ; 9 × 3 ; 6 × 4 ; 9 × 6.

Objectifs de la séance
- Passer du calcul avec le matériel à un calcul avec l'opération posée en colonnes : le « cassage » est pour la dizaine et pour la centaine, les deux à la fois.
- S'entrainer à poser en colonnes et effectuer des soustractions et des additions.

Activité 1 de découverte

Tâche

Effectuer et poser une soustraction sans le matériel. Vérifier avec le matériel de numération : le « cassage » concerne la dizaine et la centaine.

Ce qui est visé en proposant cette tâche

Mobiliser les connaissances sur la signification des écritures chiffrées pour soustraire deux nombres à trois chiffres avec le matériel de numération : cas nécessitant de considérer l'échange d'une étiquette dizaine contre dix étiquettes unité et simultanément d'une étiquette centaine contre dix étiquettes dizaine. Présenter ensuite l'algorithme.

Lancement

« 463 − 189 = » est écrit au tableau. L'enseignant indique qu'ils vont devoir faire l'opération sans le matériel de numération (étiquettes). Ce matériel ne leur sera donné que pour vérifier.

Recherche

Indiquer aux élèves d'effectuer l'opération demandée sans le matériel en se rappelant ce qui a été fait précédemment.

Guider les élèves en difficulté vers la procédure visée.

Rappeler en particulier de s'imaginer les étiquettes correspondant à 463. Ensuite, pour ôter 189, s'imaginer comment ôter les unités, puis les dizaines et enfin les centaines en se fiant aux chiffres de 189.

Procédure visée :

- effectuer l'opération en se représentant mentalement les manipulations avec les étiquettes. Utiliser les connaissances concernant les soustractions posées précédemment.

Erreurs possibles :

- erreurs dues à la mauvaise compréhension de la technique pour les soustractions posées dans les cas précédents ;
- difficulté à gérer le fait qu'il y ait deux « cassages » (remplacement d'une dizaine par 10 unités et d'une centaine par 10 dizaines) ;
- erreurs de calculs pour soustraire les unités, dizaines ou centaines entre elles.

Distribuer ensuite le matériel de numération (étiquettes) pour valider.

Procédure de validation visée :

- 463 est constitué avec 4 étiquettes centaine, 6 étiquettes dizaine et 3 étiquettes unité. Pour enlever 189 (1 étiquette centaine, 8 étiquettes dizaine et 9 étiquettes unité), il va falloir tout d'abord remplacer une étiquette dizaine par dix étiquettes unité, puis 1 étiquette centaine par dix étiquettes dizaine. On obtient finalement 2 étiquettes centaine, 7 étiquettes dizaine et 4 étiquettes unité et donc 463 − 189 = 274.

Erreurs possibles dans la validation :

- voir séance précédente ;
- certains élèves ne penseront pas à remplacer une étiquette dizaine par dix unités, puis une étiquette centaine par dix dizaines.

Mise en commun

- Rappeler que la soustraction a déjà été posée pour des nombres à trois chiffres en montrant le poster *Soustraction posée en colonnes avec des nombres à 3 chiffres.*

▸ Souligner que, contrairement aux opérations déjà rencontrées et celles qui sont sur le poster, deux remplacements sont à faire : une dizaine par dix unités et une centaine par dix dizaines.

▸ Présenter ensuite le calcul posé : les actions sur les chiffres sont faites parallèlement aux actions sur le matériel des étiquettes.

<table>
<tr><td colspan="2">Opération en ligne écrite au tableau : 463 – 189 = …</td></tr>
<tr><th>Actions avec le matériel du tableau</th><th>Écritures au tableau</th></tr>
<tr><td>Prendre les étiquettes qui vont représenter 463 (l'écriture chiffrée est montrée afin que les élèves puissent utiliser la signification des chiffres).
1 centaine 10 dizaines 100 unités
1 centaine 10 dizaines 100 unités
1 centaine 10 dizaines 100 unités
1 centaine 10 dizaines 100 unités
1 dizaine 10 unités
1 dizaine 10 unités
1 dizaine 10 unités
1 dizaine 10 unités
1 dizaine 10 unités
1 dizaine 10 unités
1 unité
1 unité
1 unité</td><td>4 6 3
– 1 8 9</td></tr>
<tr><td colspan="2">Avant d'aller plus loin, demander ce qu'il faut faire :
on ne peut pas retirer 9 étiquettes unité puisqu'il n'y en a que 3.
<u>Que devra-t-on faire ?</u> Réponse : remplacer une étiquette dizaine par dix étiquettes unité.
On anticipe alors en faisant le remplacement avant même de s'occuper des dizaines et des centaines.</td></tr>
<tr><td>Remplacer une étiquette dizaine par dix étiquettes unité. Faire remarquer que les étiquettes indiquent toujours 463 : 4 centaines, 5 dizaines et 13 unités.
1 centaine 10 dizaines 100 unités
1 centaine 10 dizaines 100 unités
1 centaine 10 dizaines 100 unités
1 centaine 10 dizaines 100 unités
1 dizaine 10 unités
1 dizaine 10 unités
1 dizaine 10 unités
1 dizaine 10 unités
1 dizaine 10 unités
1 unité
1 unité
1 unité
1 unité
1 unité
1 unité
1 unité
1 unité
1 unité
1 unité
1 unité
1 unité
1 unité</td><td>5 13
4 <s>6</s> <s>3</s>
– 1 8 9</td></tr>
<tr><td>Ôter 9 étiquettes unité (indiquées par le chiffre des unités de 189) : 13 u – 9 u = 4 u.
1 centaine 10 dizaines 100 unités
1 centaine 10 dizaines 100 unités
1 centaine 10 dizaines 100 unités
1 centaine 10 dizaines 100 unités
1 dizaine 10 unités
1 dizaine 10 unités
1 dizaine 10 unités
1 dizaine 10 unités
1 dizaine 10 unités
1 unité
1 unité
1 unité
1 unité</td><td>5 13
4 <s>6</s> <s>3</s>
– 1 8 9
4</td></tr>
</table>

Avant d'aller plus loin, demander ce qu'il faut faire :
on ne peut pas retirer 8 étiquettes dizaine puisqu'il n'y a que 5 étiquettes dizaine.
<u>Que devra-t-on faire ?</u>
Réponse : remplacer une étiquette centaine par dix étiquettes dizaines.
On anticipe alors en faisant le remplacement avant même de s'occuper des centaines.

15
3 ~~5~~ 13
~~4~~ ~~6~~ ~~3~~
− 1 8 9
4

Ôter 8 étiquettes dizaines, puis 1 étiquette centaine : **15 d − 8 d = 7 d ; 3 c − 1 c = 2 c.**

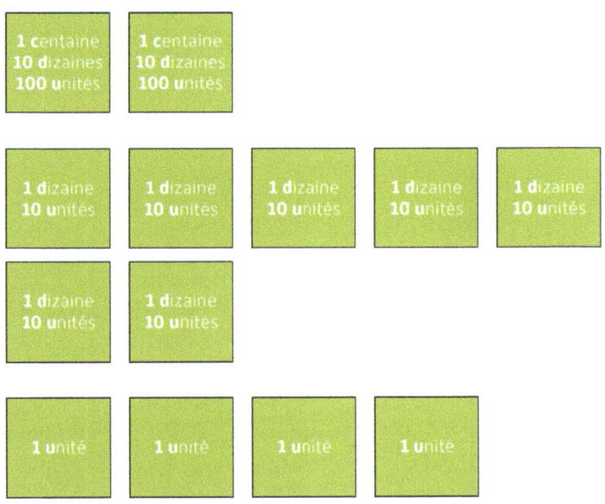

15
3 ~~5~~ 13
~~4~~ ~~6~~ ~~3~~
− 1 8 9
2 7 4

463 − 189 = 274

Bilan

Pour trouver le résultat d'une soustraction, on peut poser l'opération en colonnes. On effectue des calculs sur les chiffres qui correspondent à des actions avec le matériel. Il peut y avoir des remplacements d'une dizaine par 10 unités et d'une centaine par 10 dizaines, mais ce n'est pas toujours nécessaire.

Activité 2 de réinvestissement

Exercice 4 p. 80

Tâche

Poser, puis effectuer les opérations posées en colonnes. Vérifier ensuite avec le matériel.

Déroulement

Identique à celui de la séance précédente. À nouveau une addition est proposée, facilement repérable car reprenant les termes de la soustraction qui la précède.

Différenciation

Pour les élèves en difficulté

Après des essais infructueux sans matériel, voir si l'élève est capable d'effectuer l'opération avec le matériel (identifier le cas échéant quelles sont les étapes qui posent des problèmes), puis s'il est capable de transcrire ces étapes dans l'algorithme de la soustraction posée.

Voir, en particulier, si les difficultés viennent de la compréhension de l'écriture chiffrée ou des calculs des différences entre unités, entre dizaines ou entre centaines.

Pour les élèves plus rapides

Donner les opérations suivantes à faire sur un cahier de recherche : 947 − 459 ; 546 − 278.

Prévoir les fiches d'autocorrection.

Mise en commun

▶ Étudier collectivement les deux premières soustractions : 832 – 675 et 851 – 86.

▶ Pour chacune de ces deux opérations, 832 – 675 et 851 – 86, inscrire au tableau une ou deux réponses erronées en choisissant les erreurs les plus fréquemment rencontrées (poser l'opération en entier au tableau), ainsi que celle exacte (pas nécessairement dans cet ordre).

▶ Demander aux élèves de chercher s'il y a des erreurs dans la façon dont a été effectuée l'opération et de comprendre leurs raisons.

▶ Valider avec le matériel de numération.

▶ Corriger les autres opérations ou ne donner que le résultat pour permettre ultérieurement aux élèves qui se sont trompés d'essayer à nouveau.

Réponses

832 – 675 = 157 ; 851 – 86 = 765.

832 – 75 = 757 ; 832 + 75 = 907.

Bilan

Revenir sur les erreurs les plus fréquentes et leurs causes.

S'appuyer sur les posters *Soustraction posée en colonnes avec des nombres à 3 chiffres* et *Addition posée en colonnes avec des nombres à 3 chiffres* ainsi que sur le matériel de numération pour rappeler la technique et les propriétés sous-jacentes relatives à la numération.

Fin de séquence

Je m'entraine à mon rythme

La soustraction en colonnes

Objectif

• Réinvestir les connaissances concernant la soustraction en colonnes.

Aide à apporter aux élèves en difficulté

Évoquer la séance avec le *Ce que j'ai découvert* et le poster *Soustraction posée en colonnes avec des nombres à 3 chiffres.*

Après avoir essayé sans matériel et échoué, voir si l'élève est capable d'effectuer l'opération avec le matériel (identifier le cas échéant quelles sont les étapes qui posent des problèmes), puis s'il est capable de transcrire ces étapes dans l'algorithme de la soustraction posée.

Voir en particulier si les difficultés viennent de la compréhension de l'écriture chiffrée ou des calculs des différences entre unités et entre dizaines.

Réponses

458 – 72 = 386 ; 642 – 357 = 285 ; 980 – 253 = 727.

Je cherche

Les taches

Objectif

• Utiliser la propriété du carré concernant la longueur de ses côtés pour restaurer un carré.

En déduire une procédure pour restaurer un rectangle en utilisant la propriété du rectangle concernant soit les longueurs des côtés, soit la présence des angles droits.

Réponses

Cette figure est un carré.

Cette figure est un rectangle.

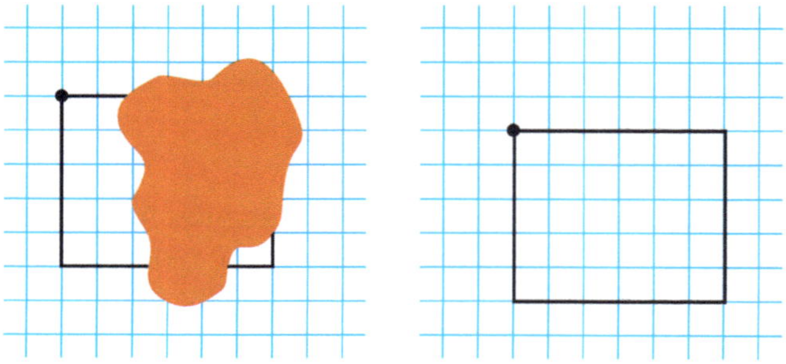

pp. 42-45

Lecture de l'heure – Mesure de durée (en h)

Rituels de la semaine

Objectifs d'apprentissage

Suite orale

• Dire la suite orale des nombres **en avant, de 5 en 5, à partir de 0 puis d'un multiple de 5.**

Calcul mental

• Connaitre les tables de multiplication de 2, 3, 4, 5, 6, 10 et quelques résultats de la table de 7 (1 × 7 ; 2 × 7, 3 × 7, 4 × 7, 5 × 7, 6 × 7, 9 × 7, 10 × 7).

Séquence d'apprentissage

Place dans l'ensemble des séquences « Grandeurs et mesures »					
4. Longueur en cm	15. Monnaie	20. Unités de mesure de longueur (km, m, cm)	**26. Lecture de l'heure – Durée en h**	30. Masse	32. Durée en h et min

Objectifs de la séquence

• Lire l'heure sur une horloge à aiguilles (lorsque l'heure est donnée en heures entières, en heures et demi-heure ou en heures et quarts d'heure).

• Utiliser les heures du matin et celles de l'après-midi.

• Additionner ou soustraire des durées données en heures entières, en heures et demi-heure ou en heures et quart d'heure.

Objectifs d'apprentissage du B.O :

• Lire l'heure sur une horloge à aiguilles (lorsque l'heure est donnée en heures entières, en heures et demi-heure ou en heures et quart d'heure).

• Positionner les aiguilles d'une horloge correspondant à une heure donnée en heures entières, en heures et demi-heure ou en heures et quart d'heure.

• Connaitre, utiliser et distinguer les heures du matin et celles de l'après-midi.

• Comparer des durées écoulées entre deux instants affichés sur une horloge (pour des intervalles de temps situés dans une même journée, avec des heures données en heures entières, en heures et demi-heure ou en heures et quarts d'heure).

Comment comprendre la lecture de l'heure en demi-heure et quart d'heure à partir des fractions ?

Les élèves ont appris la lecture des heures entières au CP. Celle-ci est malgré tout révisée lors de la 1re séance de cette séquence pour que les élèves comprennent qu'en une heure, la grande aiguille fait un tour ; elle part du 12 pour revenir au 12. Lorsque la grande aiguille part du 12 pour arriver au 6, elle a parcouru une part du tour partagé en 2 parts égales, donc un demi-tour. Le tour correspondant à une heure, la durée écoulée est une demi-heure. Lorsque la grande aiguille part du 12 pour arriver au 3, elle a parcouru une part du tour partagé en 4 parts égales, donc un quart de tour. La durée écoulée est un quart d'heure. Lorsque la grande aiguille part du 12 pour arriver sur le 9, il est rare qu'on exprime l'heure en utilisant trois quarts d'heure. On ne dit pas « il est 10 heures trois quarts » mais plutôt « il est 11 heures moins le quart ». C'est cette expression qui est travaillée dans cette séquence.

Remarque importante : Pour cette séquence, il faut disposer d'une horloge à aiguilles qui puisse se régler à une heure souhaitée et pour laquelle on puisse montrer le déplacement des aiguilles comme dans la réalité mais en accéléré. L'important est de voir que les deux aiguilles se déplacent en même temps mais pas à la même vitesse.

Structure de la séquence

• Séance 1 : découverte : lecture de l'heure sur une horloge à aiguilles lorsque l'heure est donnée en heures entières

- Séance 2 : découverte : les heures du matin et de l'après-midi
- Séance 3 : découverte : les heures et demi-heure et quart d'heure
- Séance 4 : réinvestissement
- Fin de séquence : entrainement et recherche

Matériel nécessaire

Matériel à télécharger pour l'ensemble de la séquence :

– Fiches Annexes 26.1 à 26.7.

– Fiche différenciation 26.

– Fiche évaluation 26.

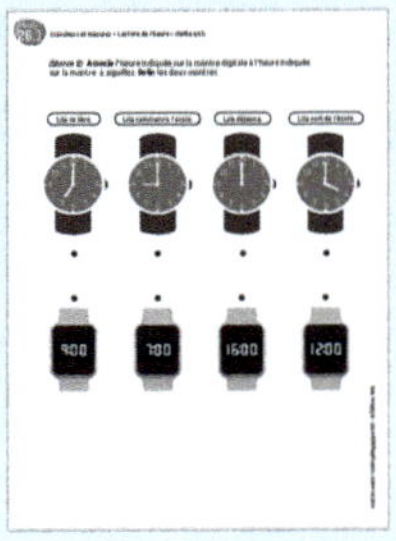
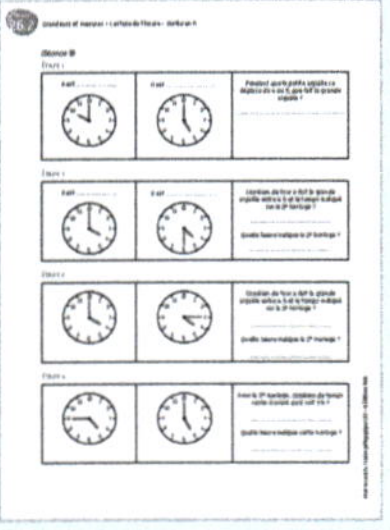

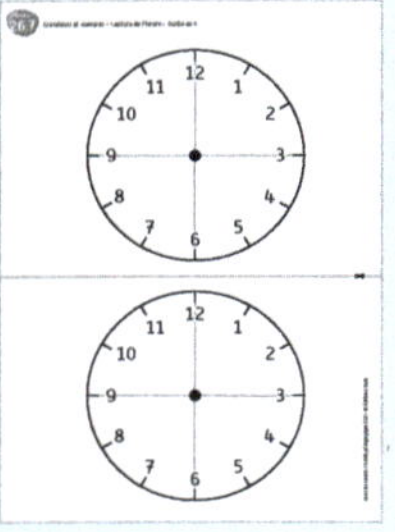
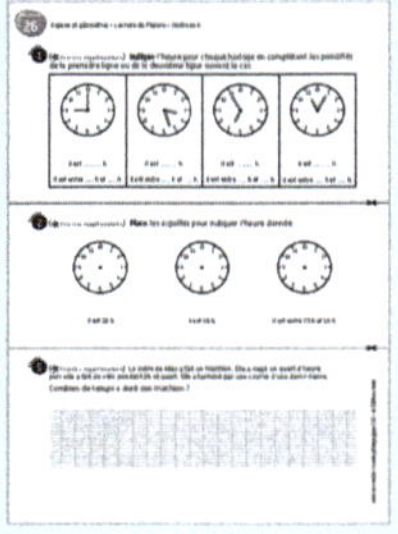
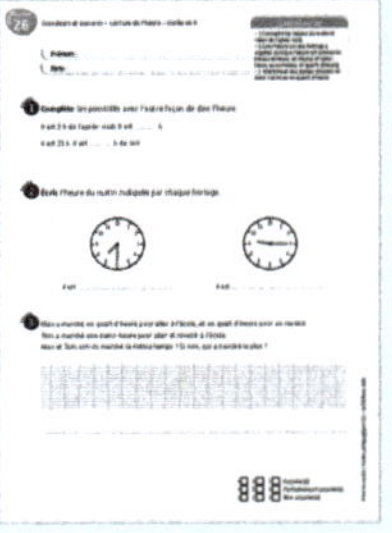

	Matériel pour l'enseignant	Matériel pour les élèves
Séance 1	– Une horloge à aiguilles. – La reproduction agrandie de l'exercice 1 p. 42.	– Le fichier de l'élève p. 42. – Mémo 26.1. *Différenciation :* une horloge à aiguilles, exercice supplémentaire 1, fiche différenciation 26.
Séance 2	– La reproduction agrandie de l'Annexe 26.1. – La reproduction agrandie de l'exercice 2 p. 42.	– L'Annexe 26.1 comportant deux montres indiquant quatre instants de la journée. – Le fichier de l'élève p. 42. – Mémo 26.2. *Différenciation :* exercice supplémentaire 2, fiche différenciation 26.
Séance 3	– Une horloge à aiguilles. – La photocopie agrandie des Annexes 26.3 à 26.6. – La reproduction agrandie de l'exercice 3 p. 43.	– Les Annexes 26.2 à 26.6. – Le fichier de l'élève p. 43. – Mémo 26.3.
Séance 4	– La photocopie agrandie de l'Annexe 26.7. – La reproduction agrandie de l'exercice 5 p. 44.	– Le fichier de l'élève p. 44. *Différenciation :* l'Annexe 26.7, exercice supplémentaire 5, fiche différenciation 26.
Fin de séquence		– Le fichier de l'élève p. 45. – Une horloge à aiguilles.

Séance 1

Rituels du Jour

Suite orale

• À tour de rôle, les élèves énoncent la suite orale des nombres en avant, de 5 en 5, à partir de 0.

Calcul mental

• L'enseignant propose les sept calculs suivants : 1 × 7 ; 2 × 7, 3 × 7, 4 × 7, 5 × 7, 6 × 7, 10 × 7 (pas dans l'ordre). À la correction, les calculs sont expliqués en rappelant qu'ils sont déjà connus puisque 3 × 7 (par exemple) est égal à 7 × 3.

1 × 7 signifie une fois 7	1 × 7 = 7
2 × 7 = le double de 7	2 × 7 = 14
3 × 7 = 7 × 3	3 × 7 = 21
4 × 7 = 7 × 4	4 × 7 = 28
5 × 7 = 7 × 5	5 × 7 = 35
6 × 7 = 7 × 6	6 × 7 = 42
10 × 7 = 7 × 10	10 × 7 = 70

• À l'issue de cette séance, l'enseignant fait compléter ces sept lignes de la table de multiplication de 7 (fichier élève page 103).

Calculs à proposer : **4 × 7 ; 1 × 7 ; 3 × 7 ; 5 × 7 ; 6 × 7 ; 2 × 7 ; 10 × 7**.

Objectif de la séance

Lire l'heure sur une horloge à aiguilles lorsque l'heure est donnée en heures entières.

Activité 1 de découverte

Tâche

Déterminer le rôle de la petite aiguille.

Ce qui est visé en proposant cette tâche

Comprendre que la petite aiguille indique les heures.

Lancement

L'enseignant règle l'horloge sur une heure entière (comme 10 h ou 11 h). Il la montre aux élèves et dit : « Je vois, sur l'horloge, qu'il est… (exemple : 10 heures) ». Il demande aux élèves comment il a su qu'il était 10 heures. Il laisse les élèves réfléchir un moment puis interroge quelques élèves.

Recherche

Procédure visée :

▸ voir que la petite aiguille est sur le 10, en décuire que cette aiguille indique les heures.

Erreur possible :

▸ peu d'erreurs sont possibles hormis le fait de ne pas avoir de réponse.

Mise en commun

La discussion doit faire ressortir que la petite aiguille indique les heures. Si elle est pointée exactement sur le 10, c'est qu'il est exactement 10 heures. L'enseignant précise que la grande aiguille est sur le 12 lorsque la petite aiguille est exactement sur 10. Il montre que cette grande aiguille se déplace lorsque la petite aiguille n'est plus exactement sur le 10. Il explique que cette grande aiguille indique les minutes mais qu'on ne s'y intéresse pas pour l'instant. Il ajoute que lorsque la petite aiguille n'est plus exactement sur le 10, mais entre le 10 et le 11, cela signifie qu'il est entre 10 h et 11 h.

Institutionnalisation

Revenir sur le rôle de la petite aiguille de l'horloge : elle indique les heures entières quand elle montre exactement le nombre d'heures, la grande aiguille est sur le 12. Lorsque la petite aiguille est entre deux nombres, par exemple entre le 10 et le 11, c'est qu'il est entre 10 h et 11 h ; la grande aiguille n'est plus sur le 12.

Faire compléter la première partie de l'encadré *Ce que J'ai découvert* p.42.

CE QUE J'AI DÉCOUVERT

La petite aiguille d'une horloge indique les heures.
Elle indique les heures entières si elle est positionnée exactement vers le nombre.
Dans ce cas, la grande aiguille est sur le 12.

Je sais quelle horloge indique 5 h, et quelle horloge indique qu'il est entre 5 h et 6 h.

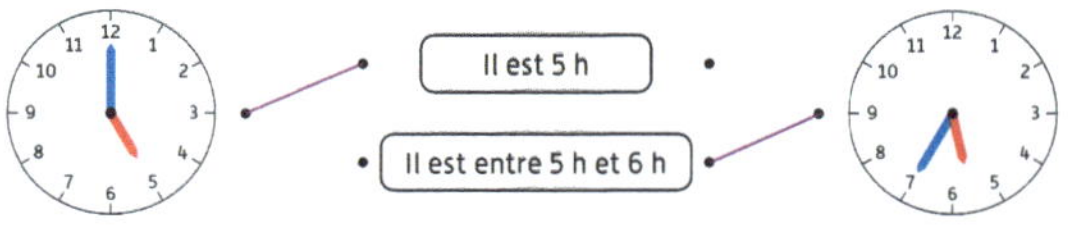

Activité 2 de réinvestissement

Exercice 1 p. 42

Tâche

Tracer la petite aiguille sur chaque horloge pour qu'elle indique l'heure donnée.

Déroulement

Lors de l'explication de la consigne, bien préciser que la grande aiguille est déjà placée et qu'il faut tracer la petite aiguille. L'erreur la plus probable est pour l'heure entre 8 et 9 h où certains élèves pourraient ne pas tracer la petite aiguille entre les deux nombres.

Faire la correction en se référant au *Ce que J'ai découvert* p.42, et en utilisant une horloge.

Différenciation

Pour les élèves en difficulté

Donner l'horloge pour qu'ils la règlent aux heures indiquées.

Pour les élèves plus rapides

Exercice supplémentaire 1, fiche différenciation 26.

Bilan

Revenir sur le rôle de la petite aiguille. S'il reste du temps, faire quelques exercices d'entrainement avec une horloge présentée aux élèves. Régler l'horloge soit sur une heure entière, soit sur une heure comprise entre deux heures entières. Les élèves disent s'il est une heure pile et laquelle, ou s'il est entre x et y h.

Réponses

Il est 7 h

Il est entre 8 h et 9 h

Il est 2 h

Séance 2

Rituels du jour

Suite orale

• À tour de rôle, les élèves énoncent la suite orale des nombres en avant, de 5 en 5, à partir d'un multiple de 5 donné par l'enseignant, jusqu'à 995 au maximum.

Calcul mental

• L'enseignant propose, entre autres, un nouveau calcul : 9 × 7. Le calcul est expliqué à partir de la décomposition suivante :
9 × 7 = 10 × 7 – 7 9 × 7 = 63
• À l'issue de cette séance, l'enseignant fait compléter ce résultat dans la table de multiplication de 7 (fichier élève page 103).
Calculs à proposer : **10 × 7** ; **9 × 7** ; **4 × 7** ; **9 × 3** ; **6 × 6** ; **8 × 5** ; **6 × 7**.

Objectif de la séance

Connaitre, utiliser et distinguer les heures du matin et celles de l'après-midi.

Activité 1 de découverte

Tâche

Faire correspondre l'heure lue sur une montre à aiguilles et l'heure lue sur une montre digitale.

Ce qui est visé en proposant cette tâche

Comprendre qu'il y a deux façons de dire les heures de l'après-midi. Exemple : 4 h ou 16 h.

Lancement

L'enseignant explique que Lila et Éva ont une montre, mais Lila a une montre à aiguilles et Éva une montre digitale (avec des nombres à la place des aiguilles).

L'enseignant montre la photocopie agrandie de l'Annexe 26.1 avec la montre à aiguilles indiquant l'heure de quatre moments dans la journée. Il cite les quatre moments et l'heure qu'indique la montre à aiguilles de Lila.

Il explique que la montre d'Éva indique, elle aussi, les quatre moments de la journée de Lila. Il faut relier la montre d'Éva à celle de Lila qui indique le même moment.

Recherche

Procédures visées :

▸ relier les montres indiquant les heures du matin 7 h, 9 h et 12 h. Relier celles qui restent ;

▸ savoir qu'il y a 24 h dans une journée et que les heures de l'après-midi peuvent se donner de deux façons : 4 h ou 12 h + 4 h, c'est-à-dire 16 h.

Erreur possible :

▸ relier les montres indiquant les heures du matin 7 h et 9 h et ne pas savoir pour les deux autres.

Mise en commun

La mise en commun porte principalement sur la liaison entre 4 h sur la montre à aiguilles et 16 h sur la montre digitale. On cherche pourquoi la montre digitale indique 16 h et la montre à aiguilles 4 h. Pour cela, on revient sur les heures du matin qui sont indiquées de la même manière sur les deux montres. Lorsque la montre indique 7 h, cela signifie qu'il s'est écoulé 7 h depuis l'instant 0 h du jour, appelé aussi « minuit ». On change de jour à minuit, à 0 h. À 12h (heure du déjeuner), qu'on appelle aussi « midi », il s'est écoulé 12 h depuis 0 h (minuit). La petite aiguille a fait un tour complet, elle est revenue sur le 12.

▸ Dans une heure, elle sera sur le 1, il se sera écoulé 13 h depuis minuit (0 h). On dit 13 h ou 1 h de l'après-midi. On dit après-midi mais cela signifie après l'heure de midi.

▸ Une heure après 1 h de l'après-midi, l'aiguille sera sur le 2, il se sera écoulé 14 h depuis minuit. On dit 2 h de l'après-midi ou 14 h.

▸ Une heure après, l'aiguille sera sur le 3, il se sera écoulé 15 h depuis minuit. On dit 3 h de l'après-midi ou 15 h.

▸ Quand l'aiguille sera sur le 4, il se sera écoulé 12 h + 4 h donc 16 h depuis minuit. On dit 4 h de l'après-midi ou 16 h. La montre digitale indique 16 h ; il s'est écoulé 16 h depuis l'instant 0 h.

▸ Quand l'aiguille sera sur le 10, il se sera écoulé 12 h + 10 h depuis minuit (0 h). On dit qu'il est 22 h ou 10 h du soir. On dit plutôt 10 h heures du soir que 10 h de l'après-midi mais dans les 2 cas, cela signifie que c'est après l'heure de midi.

Institutionnalisation

Revenir sur la distinction heure du matin et heure de l'après-midi ou du soir et sur les deux façons de dire l'heure de l'après-midi ou du soir.

Faire compléter la deuxième partie de l'encadré *Ce que j'ai découvert* p. 42.

Une journée est composée de deux périodes :
- la période avant midi (le matin), entre 0 h et 12 h
- la période après midi, entre 12 h et 24 h.

Après midi, je peux dire l'heure avec un nombre entre 0 et 12 en précisant « de l'après-midi » ou « du soir », ou avec un nombre entre 12 et 24.

- Il est 4 h de l'après-midi. → On dit aussi qu'il est 16 h car il s'est écoulé 12 h + 4 h depuis 0 h.
- Il est 10 h du soir. → On dit aussi qu'il est 22 h car il s'est écoulé 12 h + 10 h depuis 0 h.

Activité 2 de réinvestissement

Exercice 2 p. 42

Tâche

Convertir une heure de l'après-midi donnée entre 0 h et 12 h en une heure comprise entre 12 h et 24 h ou inversement.

Lancement

Expliciter la consigne.

Recherche

Procédure visée :

▸ ajouter 12 h aux heures comprises entre 0 et 12 h et retirer 12 h à celles comprises entre 12 et 24 h.

Erreur possible :

▸ la difficulté principale réside dans la conversion des heures comprises entre 12 et 24 car il faut comprendre qu'il faut retirer 12.

Mise en commun

Les différentes réponses sont discutées pour faire ressortir qu'il faut ajouter 12 pour convertir en une heure comprise entre 12 et 24 h et retirer 12 pour convertir en une heure entre 0 et 12 h.

Différenciation

Pour les élèves en difficulté

Donner une horloge pour réaliser le déplacement des aiguilles de 0 h à l'heure à convertir en comptant le nombre d'heures écoulées depuis 0 h. *Exemple :* Placer les aiguilles pour indiquer 0 h puis les déplacer pour indiquer 5 h de l'après-midi en comptant les heures écoulées de 1 en 1.

Pour les élèves plus rapides

Exercice supplémentaire 2, fiche différenciation 26.

Réponses

Il est 5 h de l'après-midi. Il est **17** h.

Il est 9 h du soir. Il est **21** h.

Il est 15 h. Il est **3** h de l'après-midi.

Il est 23 h. Il est **11** h du soir.

Bilan

Revenir sur les 2 façons d'exprimer les heures de l'après-midi ou du soir.

Séance 3

Rituels du jour

Suite orale	Calcul mental
• Idem séance 2.	• L'enseignant propose sept calculs dans les tables de 2 à 7 et de 10. *Calculs à proposer* : **9 × 7 ; 3 × 7 ; 4 × 6 ; 7 × 5 ; 8 × 6 ; 4 × 7 ; 6 × 7**.

Objectif de la séance

Lire l'heure en heures, demi-heure et quart d'heure.

Activité 1 de découverte

Étape 1

Tâche

Lire l'heure sur des horloges à aiguilles montrant deux heures entières successives et déterminer le déplacement de la grande aiguille pendant ce temps.

Ce qui est visé en proposant cette tâche

Rappeler que la grande aiguille fait un tour en 1 h.

Lancement

L'enseignant distribue l'Annexe 26.2 (étape 1) et demande aux élèves de regarder les deux images d'horloge. Il lit la consigne.

Les élèves écrivent la réponse sur la feuille.

Recherche

Procédure visée :

▶ se rappeler que la petite aiguille indique l'heure pile lorsqu'elle est exactement sur le nombre. Dans ce cas, la grande aiguille est sur le 12. Elle fait un tour complet pendant 1 h, donc pendant que la petite aiguille se déplace au nombre suivant.

Erreur possible :

▶ penser que la grande aiguille ne bouge pas.

Mise en commun

L'enseignant utilise une horloge à aiguilles qu'il règle sur 4 h pour revenir sur la lecture de cette heure. Il déplace ensuite les aiguilles pour montrer que la grande aiguille fait un tour pendant que la petite aiguille atteint le 5.

Il affiche l'Annexe 26.3 agrandie qui montre les déplacements des aiguilles en 1 h.

Étape 2

Tâche

À partir d'une image d'horloge, déterminer l'heure sachant que la grande aiguille est sur le 6.

Ce qui est visé en proposant cette tâche

Découvrir la demi-heure.

Lancement

L'enseignant distribue l'Annexe 26.2 (étape 2). Il explique qu'entre 4 h et 5 h, il y a eu un moment où les aiguilles de l'horloge étaient placées comme le montre la seconde horloge. L'enseignant utilise une horloge à aiguilles ou l'annexe 26.4 pour montrer ce déplacement. La grande aiguille s'est déplacée du 12 au 6 pendant que la petite aiguille se déplaçait entre 4 et 5.

Les questions de l'annexe 26.2 (étape 2) sont lues.

Recherche

Procédure visée :

▶ réinvestir la notion de fraction pour indiquer que la grande aiguille a fait un demi-tour et en déduire qu'il est 4 h et demie.

Erreurs possibles :

▶ chercher un nombre entier pour le nombre de tour de la grande aiguille ;

▶ rester sur un nombre d'heures pile.

Mise en commun

▶ Faire l'inventaire des réponses et les faire expliciter.

▶ Afficher l'Annexe 26.4 à côté de l'Annexe 26.3.

▶ Rappeler qu'en une heure la grande aiguille fait un tour ; elle part de 12 pour revenir à 12. Lorsqu'elle passe au 6, elle a effectué un demi d'un tour.

▶ Rappeler la signification d'un demi : une part d'une unité partagée en 2 parts égales.

▶ En déduire que l'horloge indique 4 heures et un demi d'une heure. On dit qu'il est 4 heures et demi.

Étape 3

Tâche

À partir d'une image d'horloge, déterminer l'heure sachant que la grande aiguille est sur le 3.

Ce qui est visé en proposant cette tâche

Découvrir le quart d'heure.

Lancement

L'enseignant distribue l'Annexe 26.2 (étape 3) et explique qu'entre 4 h et 4 h et demi, il y a eu un moment où les aiguilles de l'horloge étaient placées comme le montre la seconde horloge. L'enseignant utilise une

horloge à aiguilles ou l'annexe 26.5 pour montrer ce déplacement. La grande aiguille s'est déplacée du 12 au 3 pendant que la petite aiguille se déplaçait entre 4 et 5.

Recherche

Procédure visée :

- réinvestir la notion de fraction pour indiquer que la grande aiguille a fait un quart de tour et en déduire qu'il est 4 h et quart.

Erreurs possibles :

- les mêmes que précédemment.

Mise en commun

- Faire l'inventaire des réponses et les faire expliciter.
- Afficher l'Annexe 26.5 à côté de l'Annexe 26.3.
- Rappeler qu'en une heure la grande aiguille fait un tour ; elle part de 12 pour revenir à 12. Lorsqu'elle passe au 3, elle a effectué un quart d'un tour.
- Rappeler la signification d'un quart : une part d'une unité partagée en 4 parts égales.
- En déduire que l'horloge indique 4 heures et un quart d'une heure. On dit qu'il est 4 heures et quart.

ÉTAPE 4

Tâche

À partir d'une image d'horloge, déterminer l'heure sachant que la grande aiguille est sur le 9.

Ce qui est visé en proposant cette tâche

Découvrir la lecture de l'heure sous forme de « moins le quart ».

Lancement

L'enseignant distribue l'Annexe 26.2 (étape 4). Il explique qu'entre 4 h et 5 h, il y a eu un moment où les aiguilles de l'horloge étaient placées comme le montre la première horloge. La grande aiguille s'est déplacée du 12 au 9 pendant que la petite aiguille se déplaçait entre 4 et 5. L'enseignant utilise une horloge à aiguilles pour montrer le déplacement des aiguilles pour arriver à 5 h.

Les questions sont lues.

Recherche

Procédure visée :

- réinvestir la notion de fraction pour indiquer qu'il reste un quart de tour avant que la grande aiguille soit sur le 12. Il reste un quart d'heure avant qu'il soit 5 h.

Erreurs possibles :

- les mêmes que précédemment.

Mise en commun

La mise en commun se déroule comme précédemment en affichant l'Annexe 26.6 pour aboutir au fait qu'il reste un quart d'une heure avant 5 h. Indiquer que, dans ce cas, on dit qu'il est 5 h moins le quart.

Institutionnalisation

Revenir sur la lecture de l'heure avec les demi, quart et moins le quart.

Faire compléter le *Ce que j'ai découvert* p.43.

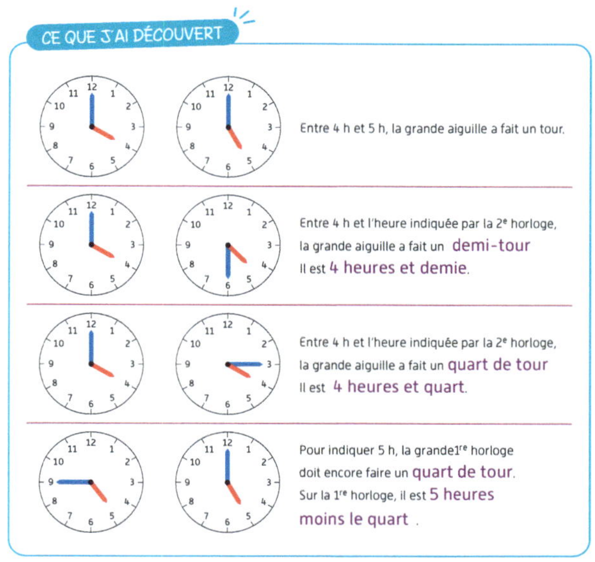

Activité 2 de réinvestissement Exercice 3 p. 43

Tâche

Lire l'heure sur une horloge à aiguilles en utilisant demi, quart et moins le quart.

Déroulement

L'exercice est un réinvestissement de l'activité de découverte. Les procédures attendues sont celles vues dans l'activité de découverte.

> **Différenciation**
>
> *Pour les élèves en difficulté*
>
> Rappeler d'utiliser le *Ce que j'ai découvert* p.43.
>
> *Pour les élèves plus rapides*
>
> Organiser un tutorat.

Réponses

Il est 7 heures et quart.

Il est 1 heure et demie.

Il est 11 heures moins le quart.

Bilan

Revenir sur les notions de demi et quart d'heure.

Séance 4

Rituels du jour

Suite orale

• Idem séance 2.

Calcul mental

• Idem séance 3.
Calculs à proposer : 9 × 4 ; 3 × 7 ; 9 × 6 ; 8 × 3 ; 9 × 7 ; 6 × 7 ; 7 × 4.

Objectifs de la séance

• Lire l'heure en heures, demi-heure et quart d'heure.

• Additionner et soustraire des durées données en heures entières, en heures et demi-heure ou en heures et quarts d'heure.

Activité 1 de réinvestissement

Exercice 4 p. 44

Tâche

Placer les aiguilles sur une horloge en fonction de l'heure indiquée.

Déroulement

Lors de l'explication de la consigne, l'enseignant rappelle qu'il faut qu'on voie la différence de taille entre la petite aiguille qui indique les heures et la grande aiguille.

Les erreurs seront probablement relatives au positionnement de la petite aiguille. À la correction, l'enseignant utilise une horloge pour que les élèves voient où se situent la petite aiguille dans les deux cas.

Réponses

Il est 7 heures et demie.

Il est 1 heure et quart.

Activité 2 de réinvestissement

Exercice 5 p. 44

Tâche

Calculer une durée totale en additionnant ou soustrayant des durées données en heures, demi-heure et quarts d'heure.

Déroulement

L'enseignant propose le premier problème avant de le corriger. Les deux autres problèmes peuvent être ensuite proposés sans correction entre les deux.

Pour la correction l'enseignant utilise les horloges de l'Annexe 26.7 agrandie. Il colorie les parties de l'horloge correspondant aux durées successives.

Pour le 1er problème :

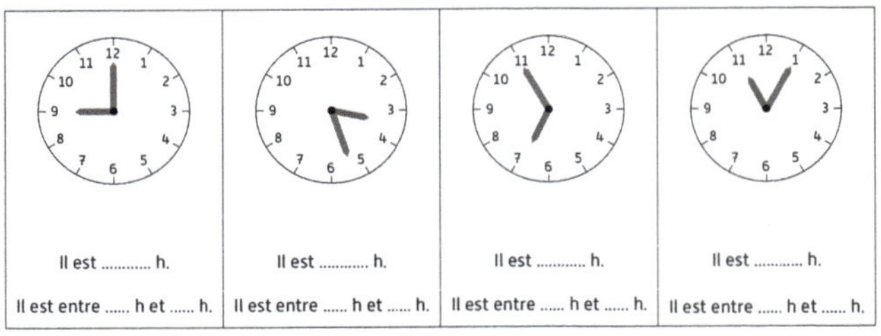

Pour le 2e problème, on commence par calculer le nombre d'heures entières (2 h), puis on utilise les horloges pour représenter deux fois une demie heure.

Pour le 3e problème, on représente une heure sur l'horloge, puis on raye un quart d'heure.

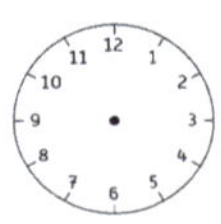

Il est 23 h.

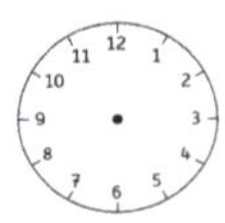

Il est 19 h.

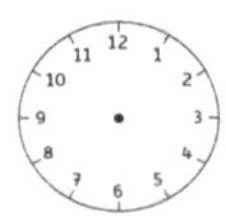

Il est entre 15 h et 16 h.

Différenciation

Pour les élèves en difficulté

Donner l'Annexe 26.7 où des horloges partagées en quarts sont représentées.

Pour les élèves plus rapides

Exercice supplémentaire 5, fiche différenciation 26.

Réponses

Max a lu son livre pendant 1 h.

Lila s'est entrainée pendant 3 h.

Lundi, Tom a joué de la guitare pendant trois quarts d'heure.

Bilan

Revenir sur le lien entre les demis et les quarts d'heure et les fractions travaillées en séquences 12 et 22.

Fin de séquence

Je m'entraine à mon rythme

Les horloges

Objectifs

• Lire l'heure sur une horloge à aiguilles (lorsque l'heure est donnée en heures entières, en heures et demi-heure ou en heures et quarts d'heure).

• Utiliser les heures du matin et celles de l'après-midi.

Aide à apporter aux élèves en difficulté

Montrer, sur une horloge à aiguilles, le déplacement de la grande aiguille entre l'heure entière et l'heure indiquée sur chacune des horloges. Utiliser les mémos.

Réponses

1. 1re horloge : Il est 5 heures et quart.

2e horloge : il est 6 heures moins le quart.

3e horloge : il est 6 heures et demi.

2. Il est 8 heures ou il est 20 heures.

Je cherche

Les additions à trouver

Objectifs

• Développer des compétences de chercheur telles que faire des essais, tirer des conclusions des résultats des essais.

• Entretenir la capacité à calculer une addition.

Remarque : si les élèves échouent trop longtemps et se découragent, leur donner la calculatrice.

Réponses

46 + 7 = 53 ou 47 + 6 = 53 ; 79 + 6 = 85 ou 76 + 9 = 85.

Résolution de problèmes de réunion et de transformation

Sens de l'addition et de la multiplication (5)

pp. 82 à 87

Rituels de la semaine

Objectifs d'apprentissage

Suite orale	Calcul mental
• Dire la suite orale des nombres en avant, de 5 en 5, à partir d'un multiple de 5.	• Connaitre les tables de multiplication de 2, 3, 4, 5, 6, 7 et 10.

Séquence d'apprentissage

Place dans l'ensemble des séquences « Résolution de problèmes numérique »

3. Problèmes de réunion avec recherche du tout ou d'une partie	5. Problèmes de transformation avec recherche de la quantité finale et de la transformation	10. Problèmes de groupements avec recherche de la quantité totale	16. Problèmes de transformation avec recherche de la quantité initiale	23. Problèmes de groupements et de partages avec recherche du nombre de parts et de la valeur d'une part	**27. Problèmes de transformation et de réunion**	31. Problèmes de comparaison	34. Organisation et gestion des données

Objectifs de la séquence

- Résoudre, par calcul, des problèmes de réunion (recherche du tout ou d'une partie) ou de transformation (recherche de la quantité finale ou initiale).
- Comprendre les liens entre addition et soustraction.

Objectifs d'apprentissage du BO

- Résoudre des problèmes additifs en une étape.
- Résoudre des problèmes additifs en deux étapes.

Quel est l'enjeu de cette nouvelle séquence sur les problèmes de réunion et de transformation ?

Cette nouvelle séquence de résolution de problèmes de réunion et de transformation permet un brassage des connaissances travaillées précédemment dans l'année. Elle a pour objectif, cette fois, que les élèves identifient l'opération en jeu dans les différents problèmes, la procédure experte de résolution. Dans cette optique, la calculatrice est laissée à disposition des élèves en difficulté de façon à ce que l'obstacle ne soit pas le calcul du résultat de l'opération identifiée. Elle est aussi utilisée par l'enseignant pour montrer les liens entre l'addition et la soustraction. Par exemple : « Quel calcul effectuer avec la calculatrice pour trouver le nombre à ajouter à 25 pour trouver 42 ? (25 + ? = 42) » Il s'agit de trouver qu'il faut taper [4][2][–][2][5][=] pour que la machine affiche le nombre cherché. Une soustraction permet de trouver la solution d'une addition à trou.

Il est possible que certains élèves aient encore des difficultés à utiliser ces procédures expertes, l'apprentissage sera poursuivi en CE2. On peut considérer que c'est un objectif de fin de cycle 2. Il ne faut pas empêcher un élève d'utiliser des procédures personnelles, tout en lui en montrant les limites.

Structure de la séquence

- Séance 1 : découverte : recherche de la quantité initiale ou totale
- Séance 2 : découverte : recherche de la quantité initiale ou finale dans une transformation
- Séance 3 : réinvestissement
- Séance 4 : réinvestissement
- Fin de séquence : entrainement et recherche

Matériel nécessaire

Matériel à télécharger pour l'ensemble de la séquence :
– Fiche différenciation 27 pour tous les exercices supplémentaires de la séquence.
– Fiche évaluation 27.
– Posters *Problèmes de transformation (1 à 3), Problèmes de réunion*

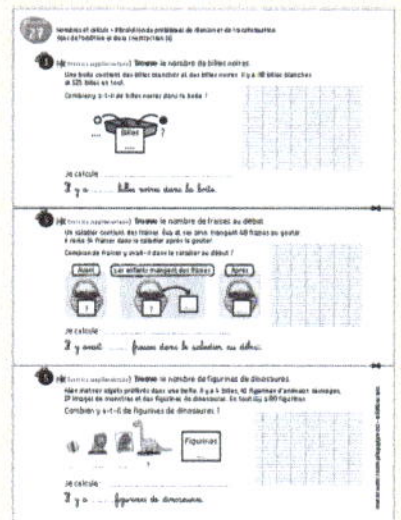
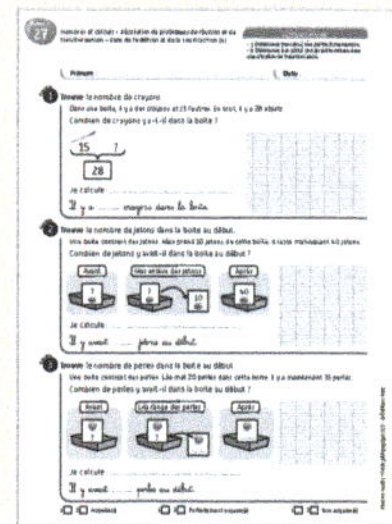

	Matériel pour l'enseignant	Matériel pour les élèves
Séance 1	– Tous les posters *Problèmes de transformation et de réunion* 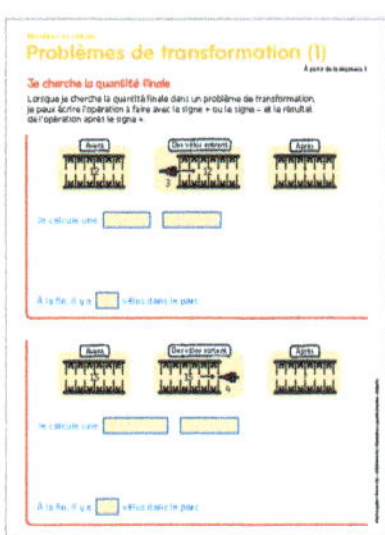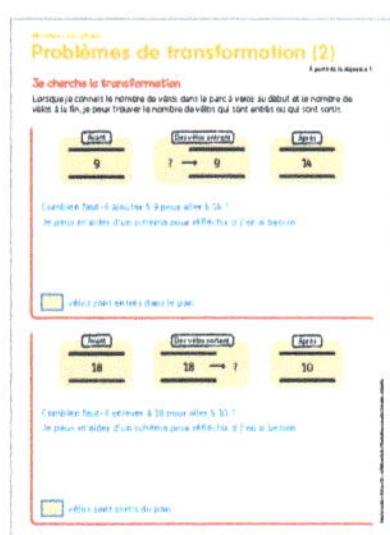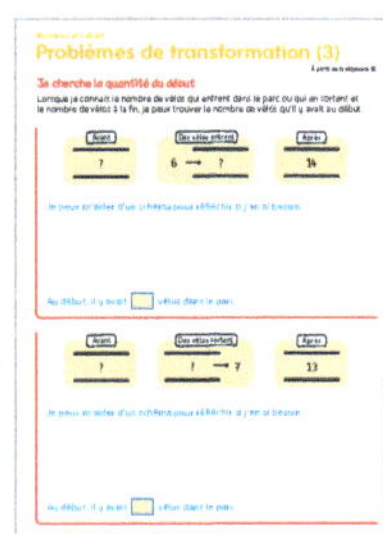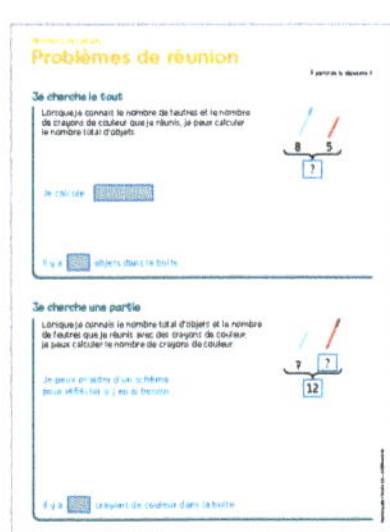 – La reproduction agrandie de l'exercice 1 p. 82 – Une calculatrice	**Matériel par élève** – Une ardoise ou un support quadrillé – Le fichier de l'élève p. 82 – Mémo 27.1 *Différenciation :* une calculatrice, exercice supplémentaire 1, fiche différenciation 27
Séance 2	– Tous les posters *Problèmes de transformation et de réunion* – Une calculatrice – La reproduction agrandie de l'exerice 2 p. 83	**Matériel par élève** – Une ardoise ou un support quadrillé – Le fichier de l'élève p. 83 – Mémo 27.2 *Différenciation :* une calculatrice
Séance 3	– Tous les posters *Problèmes de transformation et de réunion* – Une calculatrice – La reproduction agrandie de l'exercice 3 p. 84	**Matériel par élève** – Une ardoise ou un support quadrillé – Le fichier de l'élève p. 84 *Différenciation :* une calculatrice, exercice supplémentaire 3, fiche différenciation 27
Séance 4	– Tous les posters *Problèmes de transformation et de réunion* – Une calculatrice – Les reproductions agrandies des exercices 4 et 5 p. 85 et 86	**Matériel par élève** – Une ardoise ou un support quadrillé – Le fichier de l'élève p. 85 et 86 *Différenciation :* une calculatrice, exercice supplémentaire 5, fiche différenciation 27
Fin de séquence		**Matériel par élève** – Le fichier de l'élève p. 87 *Différenciation :* une calculatrice, le matériel de numération

Séance 1

Rituels du jour

Suite orale
- Identique à la semaine précédente.

Calcul mental
- L'enseignant propose cinq calculs déjà vus dans les semaines précédentes et les deux calculs suivants : 7 × 7 ; 8 × 7. À la correction, ces deux calculs sont expliqués à partir des décompositions suivantes :

7 × 7 = (6 × 7) + 7	7 × 7 = 49
8 × 7 = 2 × 4 × 7	8 × 7 = 56

- À l'issue de cette séance, l'enseignant fait compléter ces deux lignes de la table de multiplication de 7 (fichier élève page 103).

Calculs à proposer : 6 × 7 ; 7 × 7 ; 7 × 3 ; 4 × 7 ; 8 × 7 ; 9 × 5 ; 5 × 7.

Objectifs de la séance
– Déterminer, par calcul, une partie ou le tout dans une situation de réunion.
– Vérifier la cohérence de la réponse.

Activité 1 de découverte

Étape 1

Tâche

Trouver le tout dans une situation de réunion.

Lancement

L'enseignant énonce le problème et l'écrit au tableau : « Trouvez le nombre d'objets dans la boite si je mets 36 crayons et 47 feutres dedans. »

Ce qui est visé en proposant cette tâche

Réactiver les connaissances relatives à la recherche d'un tout.

Recherche

Les élèves disposent de leur ardoise ou d'un support quadrillé pour pouvoir poser l'addition proprement.

Ce premier problème ne devrait pas poser de difficultés particulières quant à la compréhension de la situation. Les nombres pourraient en provoquer, certains élèves perdant leurs moyens lorsque les nombres sont grands. Ils sont choisis de façon à limiter l'utilisation d'un dessin ou d'un schéma pour inciter à utiliser une addition. Les élèves devraient maintenant être capables de la poser. Le calcul mental est toujours possible pour les élèves habiles avec les nombres, même s'il est peu probable et non visé étant donné les nombres choisis. Dans ce cas, demander d'écrire l'opération faite mentalement sur une ligne (36 + 47 = 83).

Procédures visées :

- identification de l'addition ;
- calcul de l'addition par calcul posé ou calcul mental.

Erreurs possibles :

- mauvaise compréhension de la situation ;
- erreur dans l'exécution du calcul.

Mise en commun

- Analyse des erreurs qui relèvent d'une mauvaise compréhension du problème en s'appuyant sur les différents posters relatifs aux problèmes. L'enseignant demande aux élèves de trouver, sur les posters, le problème qui se rapproche du problème posé. La discussion devra faire apparaitre que le problème du jour est un problème de réunion avec recherche du tout. Les schémas traduisant la situation peuvent être réalisés au tableau.

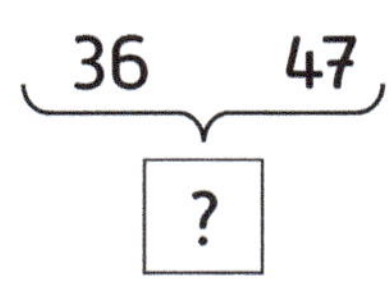

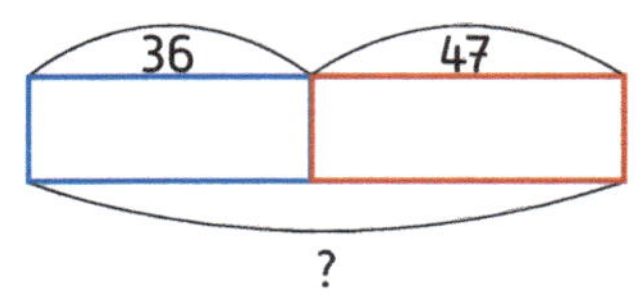

- Discussion autour des procédures de résolution.
- Validation de la réponse (83) par le calcul de l'addition en utilisant les procédures apparues.

Étape 2

Tâche

Trouver une partie dans une situation de réunion.

Ce qui est visé en proposant cette tâche

Comprendre que la soustraction permet de résoudre une addition à trou dans le cadre d'un problème de réunion.

Lancement

L'enseignant énonce le nouveau problème et l'écrit au tableau : « Vous devez trouver le nombre de feutres. Dans une boite, en mettant des feutres et 45 crayons, j'obtiens 82 objets en tout. Combien ai-je mis de feutres ? »

Recherche

Les élèves disposent de leur ardoise ou d'un support quadrillé pour pouvoir faire leur recherche. Cependant, tous les élèves ne procèderont sans doute pas en utilisant la soustraction dès cette étape. L'enjeu de la situation est de la mettre en évidence au moment de la mise en commun.

Procédures visées

- identification de l'addition à trou 45 + ? = 82, puis calcul par complément, par exemple en pensant « de 45 à 50, il y a 5, puis de 50 à 82, il y a 32, et 5 + 32 = 37 » ;
- identification de la soustraction, puis calcul de la soustraction par calcul posé.

Erreurs possibles

- mauvaise compréhension de la situation ;
- erreur dans l'exécution du calcul.

Mise en commun

- Analyse des erreurs qui relèvent d'une mauvaise compréhension du problème en s'appuyant de nouveau sur les différents posters relatifs aux problèmes. L'enseignant demande aux élèves de trouver, sur les posters, le problème qui se rapproche du problème posé. La discussion devra faire apparaitre que le problème du jour est un problème de réunion avec recherche d'une partie. Les schémas traduisant la situation peuvent être réalisés au tableau.

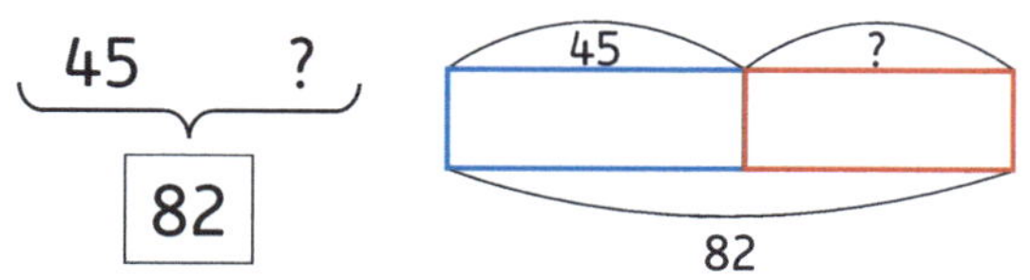

- Discussion autour des procédures de résolution.
- Validation de la réponse par le calcul de l'addition de 45 avec le nombre trouvé, en posant le calcul ou par calcul mental.
- Mise en évidence du fait que l'opération qui permet de trouver le nombre manquant dans l'addition à trou 45 + ? = 82 est la soustraction 82 – 45. Pour cela, l'enseignant demande aux élèves de trouver l'opération qu'il faut effectuer pour trouver le nombre manquant et vérifie les propositions avec sa calculatrice.
- Discussion autour du fait que le nombre à trouver doit être plus petit que 82, puisque des feutres ont été ajoutés aux crayons pour arriver à un total de 82.
- Conclusion sur le fait que, pour trouver une partie, on calcule une soustraction.

Institutionnalisation

Elle porte sur le fait que, pour calculer un tout, on calcule une addition comme on l'a déjà appris, et pour calculer une partie, un complément, on calcule une soustraction, objet du *Ce que j'ai découvert* p. 82.

La partie « Je cherche une partie » du poster *Problèmes de réunion* est complétée en faisant le lien entre le problème illustré et ceux qui viennent d'être vécus, et en collant l'étiquette [12 – 7 = 5].

Le bilan porte ensuite sur le choix de la procédure de calcul, posé ou mental, suivant les nombres du problème.

L'encadré *Ce que j'ai découvert* p. 82 est complété.

CE QUE J'AI DÉCOUVERT

Lorsque je connais le nombre total d'objets et le nombre de feutres que je réunis avec des crayons, je peux calculer le nombre de ces crayons en faisant une soustraction.

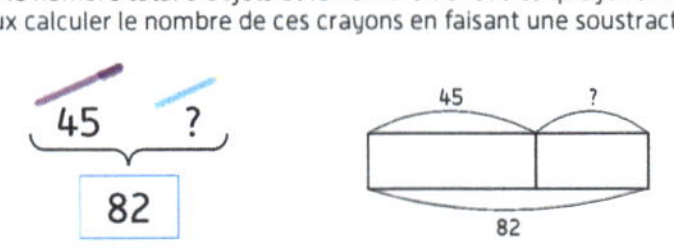

Je cherche : 45 + ? = 82 Je calcule 82 – 45 = 37

Il y a 37 crayons.

Activité 2 de réinvestissement

Exercice 1 p. 82

Tâche

Trouver une partie ou le tout dans une situation de réunion.

Lancement

Après une lecture silencieuse, l'enseignant demande aux élèves ce qu'ils ont compris des tâches à exécuter en s'appuyant sur la reproduction agrandie de l'exercice. Il les laisse ensuite travailler à leur rythme.

Recherche

L'enseignant indique que l'espace quadrillé sert à poser l'opération si on en a besoin. Si on la fait dans sa tête (calcul mental), on écrit l'opération et le résultat sur une ligne.

Le premier problème relève du calcul 58 – 38, qui peut se faire mentalement, puisque l'écart entre les deux nombres est de 2 dizaines.

Le second problème relève de l'addition 25 + 26, qui peut également s'effectuer mentalement en s'appuyant sur le double de 25. Le calcul posé entraine la gestion d'une retenue.

Procédure visée :

- identification de l'opération en jeu et calcul mental.

Erreurs possibles :

- les mêmes que celles citées précédemment.

Différenciation

Pour les élèves en difficulté

La calculatrice peut être fournie aux élèves qui ne maitrisent pas les techniques de calcul, l'objectif visé étant la compréhension des situations.

Pour les élèves plus rapides

Exercice supplémentaire 1, fiche différenciation 27.

Mise en commun

Pour chacun des deux problèmes :

- analyse des réponses fournies, de leur vraisemblance et des procédures employées ;
- lien avec le problème de référence sur le poster *Problèmes de réunion* ;
- validation des bonnes réponses comme dans l'activité précédente et avec des schémas.

Réponses

Cas 1 : 20 feutres.

Cas 2 : 51 élèves.

Bilan

L'enseignant revient sur les opérations à effectuer en fonction de ce que l'on cherche, une partie ou le tout, en insistant sur le sens des opérations et en s'appuyant sur les problèmes de référence du *Problèmes de réunion*. Il revient aussi sur les procédures de calcul en fonction des nombres en présence.

Séance 2

Rituels du jour

Suite orale

• Identique à la semaine précédente.

Calcul mental

• L'enseignant propose, entre autres, un nouveau calcul : 9 × 7. Le calcul est expliqué à partir de la décomposition suivante :
9 × 7 = (10 × 7) – 7   9 × 7 = 63
• À l'issue de cette séance, l'enseignant fait compléter ce résultat dans la table de multiplication de 7 (fichier élève page 103).
Calculs à proposer : 8 × 7 ; 9 × 3 ; 3 × 7 ; 7 × 7 ; 9 × 6 ; 8 × 3 ; 7 × 6.

Objectifs de la séance

– Déterminer, par calcul, la quantité initiale ou la quantité finale dans une situation de transformation.
– Vérifier la cohérence du résultat.

Activité 1 de découverte

Étape 1

Tâche

Trouver la quantité initiale dans une situation de transformation positive.

Ce qui est visé en proposant cette tâche

Comprendre que la soustraction permet de trouver l'état initial dans un problème de transformation positive (augmentation).

Lancement

L'enseignant énonce le problème, l'écrit au tableau et l'illustre comme ci-dessous.

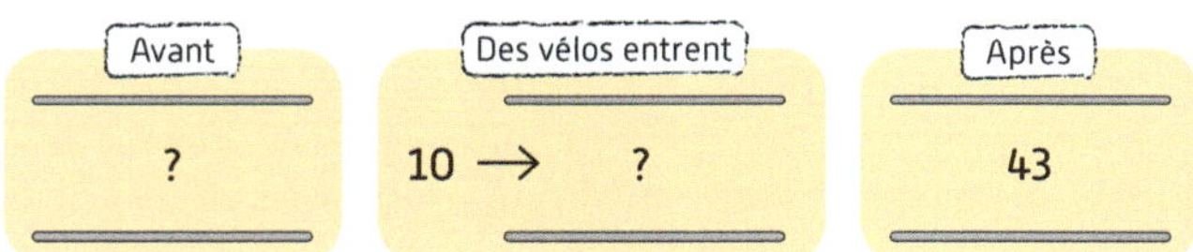

« Trouvez le nombre de vélos au début dans le parc. Au début, il y a des vélos dans un parc. 10 vélos entrent. À la fin, il y a 43 vélos dans le parc. Combien y avait-il de vélos au début ? »

L'enseignant s'assure que les élèves ont bien compris que c'est le nombre de vélos au début qui est cherché.

Recherche

Les élèves disposent de leur ardoise ou d'un support quadrillé pour pouvoir poser leurs calculs proprement s'ils le désirent.

Procédures visées :

▸ identification de l'addition à trou ? + 10 = 43, puis calcul par complément, par exemple en pensant « 30 + 10 = 40, puis 40 + 3 = 43, donc 33 vélos au début » ou en sachant, grâce à la maitrise de la suite orale des nombres, que « trente-trois plus dix fait quarante-trois » ;

▸ identification de la soustraction comme opération permettant de trouver le nombre manquant dans une addition à trou, puis calcul posé ou calcul mental.

Procédure possible, mais dont la mise en commun montrera les limites :

▸ tâtonnement en utilisant un dessin plus ou moins schématique : représentation de vélos, puis ajout de 10, vérification du total pour finir par atteindre 43. Comptage des vélos nécessaire au début.

Erreurs possibles

▸ mauvaise compréhension de la situation ;

▸ erreur dans l'exécution du calcul ;

▸ erreur dans le dessin.

Mise en commun

▸ Analyse des erreurs qui relèvent d'une mauvaise compréhension du problème en s'appuyant de nouveau sur les différents posters relatifs aux problèmes. L'enseignant demande aux élèves de trouver, sur les posters, le problème qui se rapproche du problème posé. La discussion devra faire apparaitre que le problème posé est un problème de transformation avec recherche de la quantité initiale en le rapprochant du problème de référence.

▸ Discussion autour des procédures de résolution en montrant les limites de celles reposant sur un dessin.

▸ Discussion autour du fait que le nombre à trouver doit être plus petit que 43, puisque des vélos sont entrés et sont donc venus s'ajouter à ceux qui étaient déjà dans le parc, pour arriver à un total de 43.

▸ Mise en valeur du fait qu'il faut trouver le nombre auquel il faut ajouter 10 pour trouver 43 (? + 10 = 43) en s'appuyant sur un schéma, éventuellement comme celui-ci :

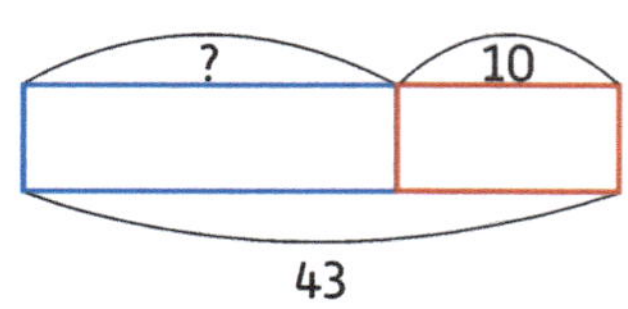

▸ Mise en évidence du fait que l'opération qui permet de trouver le nombre manquant dans cette addition à trou est une soustraction. Pour cela, l'enseignant demande aux élèves de trouver l'opération qu'il faut effectuer pour trouver le nombre manquant et vérifie les propositions avec sa calculatrice.

▸ Explicitation du fait que, pour calculer le nombre de vélos qu'il y avait avant l'entrée des 10, on peut aussi imaginer retirer ces 10 vélos des 43 de la fin. On calcule donc la soustraction 43 – 10.

▸ Validation de la réponse (33) par le calcul de l'addition en utilisant un calcul mental (33 + 10).

Étape 2

Tâche

Trouver la quantité initiale dans une situation de transformation négative.

Ce qui est visé en proposant cette tâche

Comprendre que l'addition permet de trouver l'état initial dans un problème de transformation négative (diminution).

Déroulement

Le déroulement est similaire à celui de l'étape 1 avec le problème suivant : « Vous devez trouver le nombre de vélos au début dans le parc. Au début, il y a des vélos dans un parc, 24 vélos sortent. À la fin, il y a 38 vélos. Combien y avait-il de vélos au début ? »

Avant	Des vélos sortent	Après
?	? → 24	38

Les procédures visées et les erreurs possibles sont équivalentes à celles de l'étape 1, si ce n'est que l'opération en jeu est une soustraction à trou ou une addition.

La mise en commun permettra de rapprocher le problème du problème de référence du poster *Problèmes de transformation* et de schématiser le problème.

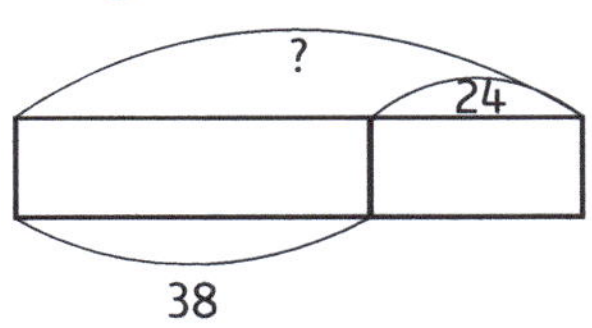

Elle permettra également de montrer les liens entre soustraction à trou et addition.

▸ Mise en valeur du fait qu'il faut trouver le nombre auquel il faut enlever 24 pour trouver 38 (? – 24 = 38).

▸ Mise en évidence du fait que l'opération qui permet de trouver le nombre manquant dans cette soustraction à trou est une addition. Pour cela, l'enseignant demande aux élèves de trouver l'opération qu'il faut effectuer pour trouver la solution du problème (38 + 24).

▸ Explicitation du fait que, pour calculer le nombre de vélos qu'il y avait avant la sortie des 24, on peut imaginer ajouter ces 24 vélos aux 38 de la fin. On calcule donc l'addition 24 + 38.

▸ Discussion autour du fait que le nombre à trouver doit être plus grand que 38, puisque des vélos sont sortis donc le nombre de vélos au départ est plus grand que le nombre de vélos à la fin.

▸ Validation de la réponse (62) par le calcul de la soustraction (62 – 24) avec la calculatrice par l'enseignant.

Institutionnalisation

L'enseignant revient sur les opérations à utiliser en fonction de ce que l'on connait et de ce que l'on cherche en revenant sur ce qui a été explicité lors des mises en commun. En particulier, il redit qu'il faut toujours s'interroger sur l'ordre de grandeur du nombre cherché.

La partie « Je cherche la quantité du début » du poster *Problèmes de transformation (3)* est complété en collant les étiquettes [14 – 8 = 6] et [13 + 7 = 20], en faisant le lien entre le choix des opérations et le sens des problèmes.

L'encadré *Ce que j'ai découvert* p. 83 est complété.

CE QUE J'AI DÉCOUVERT

Lorsque je connais le nombre de vélos qui entrent dans le parc ou le nombre qui en sortent et le nombre de vélos à la fin, je peux calculer le nombre de vélos qu'il y avait au début.

Avant	Des vélos entrent	Après
?	10 → ?	43

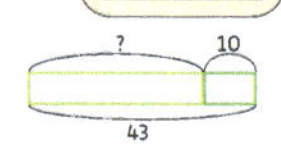

Je calcule : 43 – 10 = 33

Avant, il y avait 33 vélos dans le parc.

Avant	Des vélos sortent	Après
?	? → 24	38

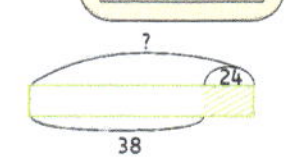

Je calcule : 38 + 24 = 62

Avant, il y avait 62 vélos dans le parc.

Activité 2 de réinvestissement

Exercice 2 p. 83

Tâche

Trouver le nombre de vélos avant une diminution.

Déroulement

Après une lecture individuelle de l'énoncé, l'enseignant s'assure de la compréhension de la situation, précise que l'espace quadrillé permet de dessiner ou poser une opération, puis laisse les élèves travailler à leur rythme. Si l'espace de recherche n'est pas suffisant, un cahier de recherche peut être laissé à disposition.

Lors de la mise en commun, l'accent sera de nouveau mis sur le fait qu'avant de calculer, il faut réfléchir pour déterminer si, au début, il y avait plus ou moins de vélos qu'à la fin.

Différenciation

Pour les élèves en difficulté

Une aide à la lecture de l'énoncé peut être fournie, soit par une relecture par l'adulte, soit par un pair bon lecteur.

Une calculatrice peut être proposée.

Réponse

54 + 20 = 74. Il y avait 74 vélos au début.

Bilan

Retour sur la nécessité de se demander si le nombre cherché est plus grand ou plus petit que le nombre donné en regardant la transformation.

Séance 3

Rituels du jour

Suite orale
- Idem séance 2.

Calcul mental
- L'enseignant propose sept calculs dans les tables de 2 à 7 et de 10.
Calculs à proposer : 8 × 7 ; 4 × 5 ; 5 × 7 ; 9 × 6 ; 7 × 7 ; 3 × 4 ; 7 × 6.

Objectifs de la séance
– Déterminer, par calcul, la quantité initiale ou la quantité finale dans une situation de transformation.
– Vérifier la cohérence du résultat.

Activité de réinvestissement — Exercice 3 p. 84

Tâche
Résoudre des problèmes de recherche d'états initiaux dans des situations de transformation dans différents contextes.

Lancement
L'enseignant demande aux élèves une lecture silencieuse des énoncés, puis à quelques-uns de raconter les histoires.

Recherche
Les élèves travaillent à leur rythme. Si l'espace de recherche n'est pas suffisant, un cahier de recherche peut être laissé à disposition.

Différenciation
Pour les élèves en difficulté
Une aide à la lecture des énoncés peut être fournie, soit par une relecture par l'adulte, soit par un pair bon lecteur.
Une calculatrice peut être proposée.
Pour les élèves plus rapides
Exercice supplémentaire 3, fiche différenciation 27

Mise en commun
Pour chaque problème :
- discussion autour des procédures de résolution et des écritures mathématiques produites ;
- validation par l'enseignant avec une calculatrice.

L'appui sur un schéma qui permet de comprendre la structure du problème et sur le poster *Problèmes de transformation* est systématique.

Réponses
Cas 1 : 35 figurines
Cas 2 : 20 timbres

Bilan
Retour sur la nécessité de se demander si le nombre cherché est plus grand ou plus petit que la quantité finale et sur les procédures de résolution des problèmes rencontrés, en lien avec la structure des problèmes, sur les opérations à effectuer et leur écriture mathématique.

Séance 4

Rituels du jour

Suite orale
- Idem séance 2.

Calcul mental
- Idem séance 3.
Calculs à proposer : 7 × 7 ; 6 × 3 ; 7 × 6 ; 8 × 7 ; 7 × 4 ; 9 × 7 ; 8 × 6.

Objectifs de la séance
– Résoudre des problèmes de transformation, recherche d'état final ou initial et problèmes de réunion, recherche du tout.
– Vérifier la cohérence du résultat.

Remarque : les problèmes proposés sont peut-être trop nombreux pour certains élèves. L'enseignant pourra choisir ceux qu'il fait résoudre en fonction des besoins.

Activité 1 de réinvestissement — Exercice 4 p. 85

Tâche
Résoudre des problèmes de réunion et de transformation.

Lancement
L'enseignant demande aux élèves une lecture silencieuse des énoncés, puis à quelques-uns de raconter les histoires.

Recherche
Les élèves travaillent à leur rythme. Si l'espace de recherche n'est pas suffisant, un cahier de recherche peut être laissé à disposition.

Les élèves doivent commencer par écrire eux-mêmes les nombres de l'énoncé sur les pointillés. Cela permet une appropriation des énoncés. L'enseignant s'assurera que cela est bien fait. Il peut réaliser une petite mise en commun à ce sujet avant de laisser les élèves résoudre le problème.

Le premier problème est un problème de réunion avec recherche d'une partie.

Le second problème est un problème à deux étapes. Le premier sous-problème est un problème de transformation avec recherche de l'état final, avec une donnée inutile à la résolution. Le second est une recherche du tout.

Différenciation

Pour les élèves en difficulté

Une aide à la lecture des énoncés peut être fournie, soit par une relecture par l'adulte, soit par un pair bon lecteur.

La calculatrice peut être fournie aux élèves qui ne maitrisent pas les techniques de calcul, l'objectif visé étant la compréhension des situations.

Mise en commun

Pour chaque problème :

- discussion autour des procédures de résolution et des écritures mathématiques produites ;
- validation des calculs posés, puis avec une calculatrice.

L'appui sur un schéma et sur les posters *Problèmes de réunion* et *Problèmes de transformation* est systématique.

Réponses

Cas 1 : 16 filles.

Cas 2 : **a.** 51 perles. **b.** 69 objets.

Activité 2 de réinvestissement Exercice 5 p. 86

Tâche

Résoudre un problème à étapes décomposé en deux sous-problèmes.

Déroulement

Il est similaire à celui de l'activité 1 de cette séance.

Le problème proposé est composé de deux sous-problèmes de transformation avec recherche de l'état final.

Différenciation

Pour les élèves en difficulté

La même que la précédente.

Pour les élèves plus rapides

Exercice supplémentaire 5, fiche différenciation 27.

Réponses

a. 121 voyageurs après la descente.

b. 179 voyageurs après le départ.

Bilan

Retour sur les procédures de résolution des problèmes rencontrés en lien avec la structure des problèmes, sur les opérations à effectuer et leur écriture mathématique.

Fin de séquence

Je m'entraine à mon rythme

Le lac des cygnes et des canards

Objectif

- S'entrainer à trouver une partie dans une situation de réunion et la quantité initiale dans une situation de transformation.

Insister sur le fait que les trois problèmes sont indépendants les uns des autres. Une calculatrice peut être proposée aux élèves en difficulté pour qu'ils se concentrent sur les opérations qui permettent de résoudre les problèmes.

Lors de l'évaluation d'un tel exercice, il faut distinguer ce qui relève du raisonnement et ce qui relève du calcul.

Aide à apporter aux élèves en difficulté

Les situations peuvent être mimées avec le matériel de numération pour que les élèves puissent mieux comprendre les situations.

Réponses

- Tom a compté 15 cygnes.
- Il y avait 32 canards avant l'envol.
- Il y avait 25 cygnes avant l'arrivée des nouveaux cygnes.

Je cherche

Les cubes collés

Objectifs

- Réinvestir les connaissances sur le cube.
- Associer des assemblages à divers types de représentations (photos, vues…).

La recherche peut être organisée en binôme. De cette manière, les élèves peuvent s'aider de leur cube du matériel détachable 6 pour répondre à la première question.

L'enseignant s'assure de la compréhension du fait qu'aucun carré bleu n'est collé entre les cubes accolés.

Réponses

Max a collé 10 carrés.

Lila a collé 18 carrés.

28 Repérage sur une droite graduée et encadrement

pp. 88 à 91

Rituels de la semaine

Objectifs d'apprentissage

Suite orale des nombres

- Dire les nombres, en avant, **de 50 en 50, et de 25 en 25 à partir de 0.**

Calcul mental

- Connaitre les tables de multiplication de 2 à 8 et de 10

Séquence d'apprentissage

Place dans l'ensemble des séquences « Calculer et repérer »

7. Addition posée en colonnes (1)	14. Addition posée en colonnes (2)	19. Soustraction posée en colonnes (1)	25. Soustraction posée en colonnes (2)	**28. Repérage sur une droite graduée et encadrement**

Objectifs de la séquence

- Mathématiques :

– Situer des nombres et repérer une position par un nombre sur une demi-droite graduée de 1 en 1, et de 10 en 10.

– Utiliser des encadrements pour estimer la place des nombres sur une demi-droite graduée.

- EPS : travailler le lancer de balle avec précision (utilité pour les jeux collectifs, pour remonter la balle, pour se la passer, il peut y avoir des rebonds par la suite).

Objectifs d'apprentissage du BO

- Savoir placer des nombres sur une demi-droite graduée.
- Comparer, encadrer, intercaler des nombres entiers en utilisant les symboles (=, <, >).

Pourquoi relier le repérage sur une demi-droite graduée et les unités de mesure de longueur ?

La file numérique des nombres fréquentée par les élèves depuis la maternelle permet de voir la succession des nombres, donc de mettre l'accent sur l'aspect ordinal. Ce n'est que de manière indirecte et non explicite qu'elle permet de visualiser l'écart entre deux nombres par une distance : c'est en effet parce que les nombres y sont espacés de manière régulière. Il s'agit ici de travailler de manière explicite les écarts entre les nombres, ce qui nécessite de changer de représentation.

La demi-droite graduée permet de placer des nombres grâce à des points. Elle sous-tend nécessairement une unité de longueur et une origine : le nombre 1 repère le point qui se trouve à 1 unité de longueur de l'origine, le nombre 2 repère le point qui se trouve à 2 unités de longueur de l'origine, etc. Le nombre est ainsi relié à une mesure d'un segment, la mesure étant indiquée à l'extrémité du segment (et non positionnée sur le segment comme c'est le cas usuellement pour indiquer la mesure d'une longueur).

Ceci va permettre dans les années suivantes de représenter de nouveaux nombres, les rationnels (exprimables sous forme de fraction) et les décimaux, ainsi que d'aborder la notion de repère, d'abord sur une droite (abscisse d'un point), puis dans un plan (axes des abscisses et des ordonnées).

Durant cette année de CE1, les activités concernant la droite graduée vont surtout permettre aux élèves de mieux se rendre compte des ordres de grandeurs, de rendre tangibles des liens entre les nombres ; se rendre compte des écarts, par exemple la distance entre les points qui repèrent 20 et 30 est la même qu'entre deux points qui repèrent deux autres nombres qui ont un écart de 10.

C'est aussi l'objectif poursuivi ici à travers l'encadrement de nombres entre deux dizaines entières consécutives.

La demi-droite graduée de 100 en 100 sera abordée au CE2.

Remarques importantes : La file numérique des nombres de 1 à 100 sera masquée. Certains élèves peuvent s'y référer mentalement pour trouver les réponses. Cependant, si cette file permet d'indiquer la succession des nombres, elle ne peut qu'indirectement indiquer leur écart. Ce dernier peut s'estimer en effet par la distance entre deux nombres sur la file numérique (la longueur d'un segment) uniquement lorsque la distance entre deux écritures chiffrées successives (deux étiquettes consécutives par exemple) est toujours la même. Mais ceci est largement implicite (et pas toujours avéré dans l'affichage dans la salle de classe). Sur la demi-droite graduée construite dans cette séquence, ce lien avec la longueur est explicite.

Par ailleurs, le terme mathématique exact à utiliser est « demi-droite ». Ceci demande cependant d'avoir abordé la notion géométrique de droite, ce qui n'est pas encore le cas au CE1. Nous proposons donc d'utiliser pour les élèves le terme « ligne droite » ou plus volontiers « droite graduée ».

Concernant les graduations, nous avons utilisé des unités diverses, et donc pas toujours le centimètre. Nous voulons éviter que les élèves associent la demi-droite graduée à la mesure en cm, perdant ainsi de vue l'intérêt et les propriétés des demi-droites graduées. Cependant les unités utilisées sont souvent un multiple du cm (ou du 1/2 cm) pour faciliter le positionnement des points par report d'unités. La règle graduée est donc un outil qui peut être utilisé, mais il est aussi possible de reporter les unités grâce à des bandes de papier.

Structure de la séquence

- Séance 1 : découverte : demi-droites graduées de 1 en 1
- Séance 2 : découverte : demi-droites graduées de 10 en 10
- Séance 3 : réinvestissement
- Séance 4 : découverte : encadrements avec des demi-droites graduées de 10 en 10
- Fin de séquence : entrainement et recherche

Matériel nécessaire

Matériel à télécharger pour l'ensemble de la séquence :
– Fiches Annexes 28.1* et 28.2*.
– Fiches différenciations 28* pour tous les exercices supplémentaires de la séquence.
– Fiche évaluation 28*.

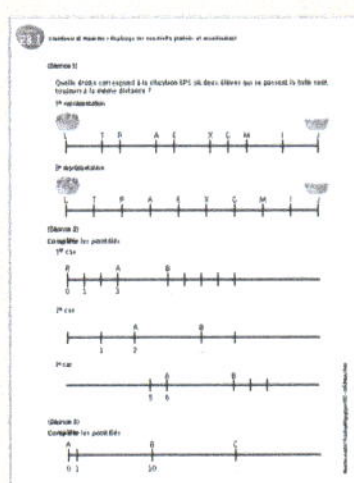
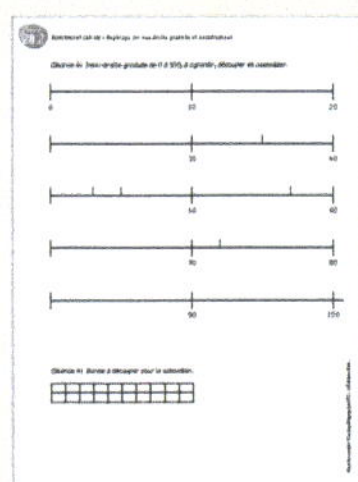
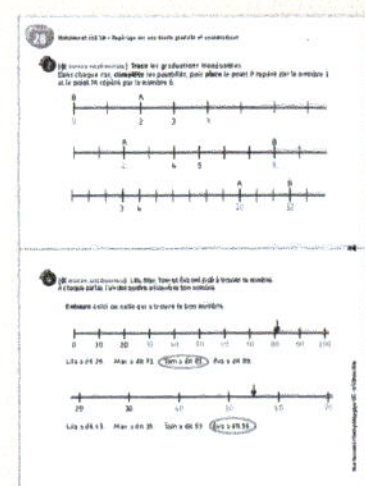
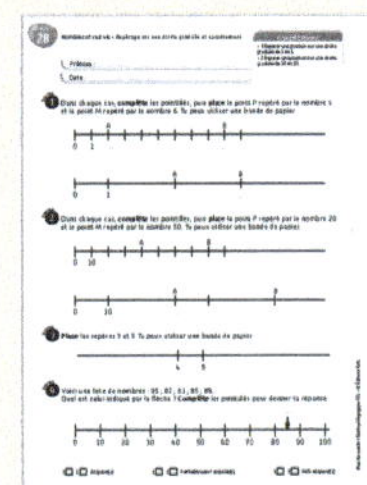

*Les ressources suivies d'un astérisque sont également proposées à photocopier p. 346 pour faciliter une reproduction à l'échelle.

	Matériel pour l'enseignant *	Matériel pour les élèves
Séance 1	**Séance d'EPS :** plots, balles, ficelles **Séance maths :** – Une grande bande de papier – Annexe 28.1 agrandie (séance 1) – La reproduction agrandie de l'exercice 1 p. 88	**Matériel par élève** – Une bande de papier, – Les représentations de la séance d'EPS (Annexe 28.1, séance 1) – Le fichier de l'élève p. 88 – Mémo 28.1.
Séance 2	– Une grande bande de papier, – Annexe 28.1 agrandie (séance 2) – La reproduction agrandie de l'exercice 2 p. 89	**Matériel par élève** – Une bande de papier, – Les droite graduée (Annexe 28.1 séance 2) – Le fichier de l'élève p. 89 *Différenciation :* exercice supplémentaire 2, fiche différenciation 28
Séance 3	– Une grande bande de papier, – Annexe 28.1 (séance 3) – La reproduction agrandie de l'exercice 3 p. 89	**Matériel par élève** – Une bande de papier, – La droite graduée (Annexe 28.1 séance 3), – Le fichier de l'élève p. 89
Séance 4	– La demi-droite de 0 à 100 graduée de 10 en 10 (5 tronçons à agrandir, à découper et à assembler en Annexe 28.2) afin de positionner les nombres – Pour la validation : bande de papier sur laquelle figure un segment dont la longueur correspond à la distance entre 0 et 10 et graduée de 1 en 1 (à agrandir au même taux que la demi-droite et à découper à la fin de l'Annexe 28.2) – La reproduction agrandie de l'exercice 4 p. 90	**Matériel par élève** – Le fichier de l'élève p. 90 – Mémo 28.2. *Différenciation :* exercice supplémentaire 4, fiche différenciation 28
Fin de séquence		**Matériel par élève** – Le fichier de l'élève p. 91

Séance 1

Rituels du jour

Suite orale

• À tour de rôle, les élèves énoncent la suite orale des nombres en avant, de 50 en 50, à partir de 0. L'enseignant introduit le terme de multiple en expliquant que les nombres qui correspondent aux résultats d'un nombre multiplié par 50 sont appelés les multiples de 50.

Calcul mental

• L'enseignant propose les sept calculs suivants (pas dans l'ordre) : 2 × 8 ; 3 × 8 ; 4 × 8 ; 5 × 8 ; 6 × 8 ; 7 × 8 ; 10 × 8. À la correction, les calculs sont expliqués en rappelant qu'ils sont déjà connus puisque 3 × 8 (par exemple) est égal à 8 × 3.

2 × 8 = le double de 8	2 × 8 = 16	6 × 8 = 8 × 6	6 × 8 = 48
3 × 8 = 8 × 3	3 × 8 = 24	7 × 8 = 8 × 7	7 × 8 = 56
4 × 8 = 8 × 4	4 × 8 = 32	10 × 8 = 8 × 10	10 × 8 = 80
5 × 8 = 8 × 5	5 × 8 = 40		

• À l'issue de cette séance, l'enseignant fait compléter ces huit lignes de la table de multiplication de 8 (fichier élève page 103).

Calculs à proposer : 3 × 8 ; 7 × 8 ; 5 × 8 ; 6 × 8 ; 4 × 8 ; 10 × 8 ; 2 × 8.

Objectif de la séance

(Re)Découvrir les demi-droites graduées de 1 en 1.

Activité 1 de découverte

Étape 1 (dans la cour ou le gymnase, la séance d'EPS)

Il s'agit d'une séance d'EPS d'entrainement à l'adresse pour se passer une balle sans la faire tomber et sans rebond.

L'enseignant partage la classe en deux groupes de même effectif. Chaque groupe va faire la même activité en parallèle, mais avec des distances différentes entre les élèves (chacun placé près d'un plot).

Des plots ont été installés sur deux lignes droites (une ligne par groupe) mais avec des écarts différents entre deux plots consécutifs : un « petit » écart de moins de 1 mètre (ou un grand pas) sur une des lignes droites (cf. figure 1) et un « grand » écart d'environ deux mètres (ou deux grands pas) sur une autre (cf. figure 2). **Ces distances à ce moment ne sont très précises**, mêmes entre deux élèves d'une même ligne.

Figure 1 : schéma du dispositif de la première ligne droite, ici pour seulement 5 élèves

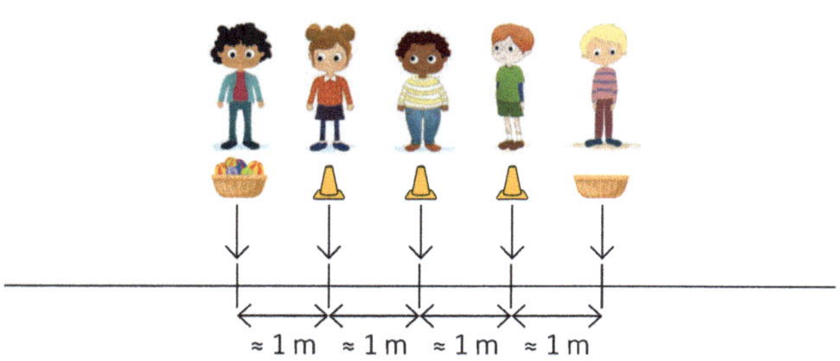

Figure 2 : schéma du dispositif de la deuxième ligne droite, ici pour seulement 5 élèves

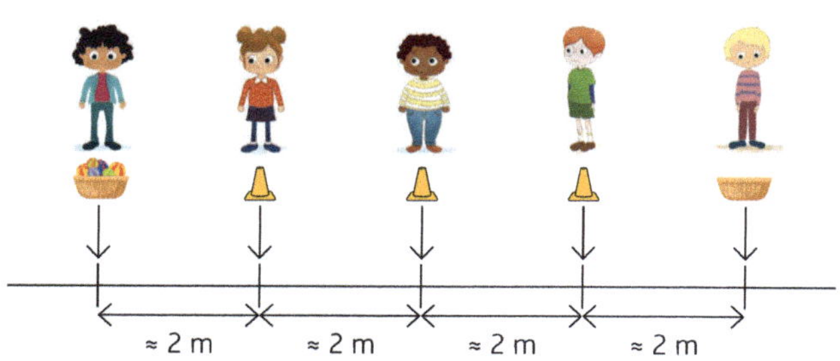

À une des extrémités de chaque ligne droite (où va aussi se situer un élève) se trouve une corbeille contenant une réserve de balles de même quantité pour chacun des groupes (la quantité est annoncée, par exemple, 7 balles identiques). À l'autre extrémité se trouve aussi une corbeille (là où va se situer un autre élève), mais vide. Il va s'agir de lancer chaque balle de proche en proche pour amener le maximum de balles de la première corbeille à la dernière. **Les élèves ne peuvent pas bouger de leur plot. Si un ballon tombe on ne peut pas le ramasser, il est perdu pour l'activité.**

Une fois l'activité réalisée, on compare le nombre de balles arrivées à bon port. On peut faire jouer les élèves d'un même groupe une ou deux fois sur la même ligne, puis on inverse les groupes : celui qui avait la ligne avec la « petite » distance entre chaque élève se place sur la ligne avec la « grande » distance, et inversement.

Un bilan est fait avec les élèves : « Quelle ligne a permis d'avoir le plus de balles à la fin ? Pour quelles raisons ? » Il apparait que si la distance entre deux plots est plus grande, on a moins de chance de réussir. Pour rendre le jeu équitable, à la fois en considérant les deux lignes, mais aussi entre les élèves situés sur une même ligne droite, on convient alors d'établir une distance égale entre chaque élève et la même pour les deux lignes.

On utilise alors des bâtons, baguettes ou ficelles tous de la même longueur (tous de 1 mètre par exemple, ou tous de 2 mètres) et on laisse les enfants réorganiser chacune des lignes de plots pour qu'entre deux plots il y ait la **même distance**, celle de la longueur des bâtons, baguettes ou ficelles.

On peut refaire jouer les élèves.

Étape 2 (dans la classe, la séance de mathématiques)

Tâche

Choisir la représentation de la situation vécue en EPS parmi deux propositions (Annexe 28.1).

Ce qui est visé en proposant cette tâche

Découvrir ou redécouvrir que la distance est la même entre deux graduations d'une demi-droite graduée.

Lancement

L'enseignant demande aux élèves de raconter ce qu'ils viennent de vivre durant la séance d'EPS.

L'enseignant indique que la classe de Lila a vécu la même situation. Son professeur a demandé de faire un schéma qui représente la situation à la fin. Lila a fait deux schémas. L'enseignant présente au tableau les deux représentations (Annexe 28.1 agrandie). Il indique que chaque lettre sur les droites est la première lettre du prénom d'un élève : « Il y a dix élèves. Où est Lila ? » Elle est repérée par la lettre L, elle est donc au tout début, avec les balles dans la corbeille. « Est-ce que Lila a réussi à dessiner une droite qui pourrait représenter une situation d'EPS où les élèves sont tous à la même distance de leur voisin, avec 10 élèves sur une ligne ? » Pour le savoir l'enseignant distribue à chaque élève les deux droites (Annexe 28.1) ainsi qu'une bande de papier.

Recherche

En passant dans les rangs, l'enseignant s'assure d'abord que chaque élève a bien compris ce qu'il fallait faire : choisir l'une des deux droites dessinées par Lila pour représenter la situation à la fin de la séance d'EPS.

À ceux qui éliminent la première droite en argumentant (avec raison) que les distances entre deux élèves qui se suivent ne sont pas les mêmes, il est demandé de vérifier sur la 2de droite que l'écart entre deux graduations est toujours le même. Il observe leurs procédures, certains savent peut-être comment faire avec la bande de papier, il pourra s'appuyer ainsi sur eux dans la mise en commun.

Procédure visée :

▸ se rendre compte qu'une seule des représentations semble pouvoir indiquer la même distance entre deux élèves qui doivent se passer un ballon, puis vérifier, en utilisant la bande de papier, qu'entre deux graduations successives il y a toujours la même distance.

Erreurs possibles :

▸ ne pas comprendre que les points représentent les élèves et la droite graduée l'alignement des plots/élèves ;

▸ ne pas savoir comment faire avec la bande de papier pour reporter des distances.

Mise en commun

▸ Discuter de la façon dont sont indiquées les informations pour chacune des représentations :
– 1re représentation : l'alignement des élèves est respecté, mais il n'y a pas la même distance entre deux élèves qui se passent une balle ;
– 2de représentation : l'alignement des élèves est respecté et peut-être qu'il y a la même distance entre deux élèves qui se passent une balle.

▸ Demander aux élèves si certains savent comment vérifier les distances avec une bande de papier. Le montrer au tableau.

▸ Demander à tous les élèves de vérifier avec la bande les distances entre deux graduations (tutorat possible).

▸ Valider que la seconde droite graduée convient pour représenter la situation.

ÉTAPE 3 (dans la classe, la suite de la séance de mathématiques)

Tâche

Repérer un point en indiquant sa distance à l'origine.

Ce qui est visé en proposant cette tâche

Découvrir ou redécouvrir que, sur une demi-droite graduée, un point peut être repéré par sa distance à l'origine.

Déroulement

L'enseignant indique que, sur la 2de droite graduée (Annexe 28.1), la distance entre deux élèves est de 1 unité.

Il demande alors à chaque élève d'entourer sur la droite la lettre de l'élève qui se trouve à 1 unité de Lila (réponse : c'est T, Tom), puis à 4 unités (réponse : c'est É, Éva), et finalement 0 unité (réponse : c'est L, Lila). Il demande à chaque fois d'écrire le nombre d'unités sous la lettre.

Il demande ensuite de placer un nombre qui indique la distance d'un élève avec Lila sous chaque lettre (élève).

Il demande ensuite d'indiquer la lettre de l'élève qui se trouve à 7 unités (réponse : c'est M, Max).

L'enseignant fait constater que, une fois tous les nombres mis sous toutes les graduations de 1 unité en 1 unité, il n'est pas nécessaire de compter un à un les unités pour repérer un élève : on peut se fier directement au nombre qui indique la distance entre L (Lila) et la lettre repérée par ce nombre.

Institutionnalisation

Faire remplir le *Ce que j'ai découvert* p. 88. Il est aussi possible de mettre tous les nombres sous les graduations.

CE QUE J'AI DÉCOUVERT

Pour repérer des points, je peux tracer une ligne droite avec des graduations.
La distance entre deux graduations qui se suivent est toujours la même, elle est de 1 unité.

Je repère une position avec un nombre.

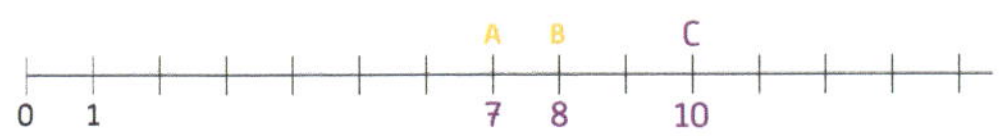

Le point A est repéré par le nombre 7.
Le nombre 8 repère le point B.

Je place le point C qui est repéré par le nombre 10.

Activité 2 de réinvestissement — Exercice 1 p. 88

Tâche

Situer un nombre sur une droite graduée de 1 en 1 et repérer une position par un nombre.

Lancement

Faire remarquer qu'il y trois droites donc trois cas.

Faire remarquer que toutes les graduations de 1 en 1 sont tracées. Entre deux graduations qui se suivent, il y a toujours la même distance, 1 unité. Elle est indiquée par la distance entre le point repéré par 0 et celui par 1. Elle est aussi indiquée par la distance entre deux points repérés par deux nombres qui se suivent.

Recherche

> **Différenciation**
>
> *Pour les élèves en difficulté*
>
> S'aider du Ce que j'ai découvert p.88.
>
> *Pour les élèves plus rapides*
>
> Les mettre en binôme avec les élèves les plus en difficulté.

Mise en commun

Insister sur le fait que ce sont des droites graduées de 1 en 1. Toutes les graduations sont tracées, donc on peut mettre les nombres qui indiquent les distances avec l'origine (le point repéré par 0).

Réponses

Cas 1 : A est repéré par 3 ; B par 7.

Cas 2 : A est repéré par 6 ; B par 14.

Cas 3 : A est repéré par 4 ; B par 6.

Bilan

Sur une droite graduée de 1 en 1, l'unité est indiquée par la distance entre le point repéré par 0 (l'origine) et celui par 1. Cette unité se retrouve entre deux graduations qui se suivent de 1 en 1. Un point est repéré par sa distance à l'origine (le point repéré par 0).

Séance 2

Rituels du jour

Suite orale

• Idem séance 1.

Calcul mental

• L'enseignant propose, entre autres, deux nouveaux calculs : 8×8 et 9×8.
Les calculs sont expliqués à partir des décompositions suivantes :

$8 \times 8 = 2 \times 4 \times 8$ $\quad$ $8 \times 8 = 64$

$9 \times 8 = (10 \times 8) - 8$ $\quad$ $9 \times 8 = 72$

• À l'issue de cette séance, l'enseignant fait compléter ces résultats dans la table de multiplication de 8 (fichier élève page 103).

Calculs à proposer : 4×8 ; 8×8 ; 3×7 ; 7×7 ; 9×8 ; 8×3 ; 7×6.

Objectif de la séance

Réinvestir les connaissances sur les droites graduées de 1 en 1 : graduations manquantes et absence de l'origine (à retrouver).

Activité 1 de réinvestissement

Tâche

Repérer une position (un point) par un nombre sur une demi-droite graduée de 1 en 1 dont toutes les graduations ne sont pas tracées initialement.

Lancement

Montrer l'exercice de l'Annexe 28.1 (séance 2) au tableau. Faire remarquer qu'il y trois droites, donc trois cas. L'unité n'est pas la même sur chaque droite et toutes les graduations de 1 en 1 ne sont pas tracées. Il faut pourtant indiquer le nombre qui va repérer le point B (sa distance à l'origine). Rappeler la procédure pour reporter des longueurs avec une bande de papier.

Distribuer l'exercice de l'Annexe 28.1 (séance 2) et une bande de papier par élève.

Recherche

En passant dans les rangs, l'enseignant s'assure d'abord que chaque élève a bien compris ce qu'il faut faire : trouver le nombre qui permet de repérer B, sa distance à l'origine (le point repéré par 0).

Observer les procédures pour les reports de longueur et aider à la manipulation ceux qui en ont besoin.

Procédures visées :

- utiliser une bande de papier pour tracer les graduations manquantes en s'assurant qu'entre deux graduations successives, il y a toujours la même distance et repérer ainsi B ;
- reporter une unité à partir d'un point *x* déjà repéré par un nombre et compter le nombre d'unités à partir de ce point, l'ajouter au nombre qui a repéré *x* (*x* peut être l'origine, il n'y a alors rien à ajouter).

Erreurs possibles :

- compter les graduations existantes sans tenir compte du fait qu'elles ne sont pas toutes tracées ;
- indiquer la distance de B avec un autre point que l'origine pour écrire le nombre qui repère B ;
- ne pas savoir comment faire avec la bande de papier pour reporter des distances.

Différenciation

Pour les élèves en difficulté

Les accompagner dans le report des unités avec la bande de papier.

Après des essais infructueux, on peut fournir aux élèves une bande de papier qui est déjà graduée afin qu'ils puissent l'utiliser.

Pour les élèves plus rapides

Les mettre en binôme avec les élèves les plus en difficulté.

Mise en commun

▸ **(Cas 1)** Rappeler qu'on cherche le nombre d'unités entre le point B et l'origine, ici le point R. Demander comment on peut savoir où est l'unité. Réponse attendue : entre les points repérés par 0 et 1. Montrer alors comment reporter cette unité à partir de R pour repérer B. On peut marquer toutes les graduations pour s'aider.

▸ **(Cas 2)** Demander comment on peut savoir où est l'unité. Réponse attendue : entre les points repérés par 1 et 2. Procéder ensuite au report de l'unité pour trouver l'origine puis le nombre d'unités entre cette origine et B.

▸ **(Cas 3)** Demander comment on peut savoir où est l'unité. Réponse attendue : entre les points repérés par 5 et 6. Procéder ensuite au report de l'unité pour trouver l'origine puis le nombre d'unités entre cette origine et B.

Réponses

Cas 1 : B est repéré par le nombre 6 (il y a 6 unités entre l'origine et B).

Cas 2 : B est repéré par le nombre 4 (il y a 4 unités entre l'origine et B).

Cas 3 : B est repéré par le nombre 10 (il y a 10 unités entre l'origine et B).

Activité 2 de réinvestissement

Exercice 2 p. 89

Tâche

Repérer une position (un point) par un nombre sur une droite graduée de 1 en 1 dont toutes les graduations ne sont pas tracées initialement.

Déroulement

Afficher l'exercice 2 p. 89 au tableau et procéder comme pour l'activité précédente.

Différenciation

Pour les élèves en difficulté

Les accompagner dans le report des unités avec la bande de papier. Après des essais infructueux, on peut fournir aux élèves une bande de papier qui est déjà graduée afin qu'ils puissent l'utiliser.

Pour les élèves plus rapides

Exercice supplémentaire 2, fiche différenciation 28.

Mise en commun

Idem à l'activité précédente. Pour le 3e cas, l'origine peut ne pas être tracée, on a quand même la réponse en reportant l'unité à partir du point repéré par 5.

Réponses

Cas 1 : A est repéré par le nombre 4 (il y a 4 unités entre l'origine et A).

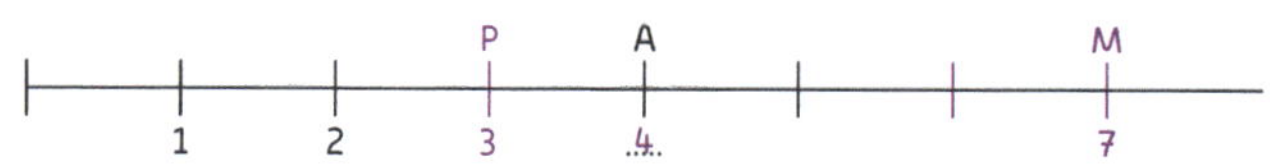

Cas 2 : A est repéré par le nombre 5 (il y a 5 unités entre l'origine et A).

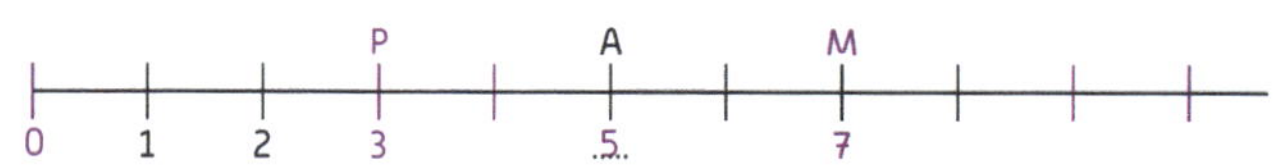

Cas 3 : A est repéré par le nombre 11 (il y a 11 unités entre l'origine et A).

Bilan

Repérer un point par un nombre sur une droite graduée c'est trouver sa distance à l'origine (le point repéré par 0).

Séance 3

Rituels du jour

Suite orale

• À tour de rôle, les élèves énoncent la suite orale des nombres en avant, de 25 en 25, à partir de 0. L'enseignant rappelle que les nombres qui correspondent aux résultats d'un nombre multiplié par 25 sont appelés les multiples de 25.

Calcul mental

• L'enseignant propose sept calculs dans les tables de 2 à 8 et de 10.

Calculs à proposer : 7 × 8 ; 6 × 7 ; 6 × 4 ; 3 × 8 ; 9 × 7 ; 6 × 8 ; 5 × 7.

OBJECTIF DE LA SÉANCE

Découverte de la graduation de 10 en 10.

Activité 1 de réinvestissement

Tâche

Repérer, par un nombre, la position d'un point placé sur une demi-droite graduée de 10 en 10.

Ce qui est visé en proposant cette tâche

Apprendre aux élèves à utiliser une demi-droite graduée de 10 en 10 pour repérer un point par un nombre.

Déroulement

Afficher la demi-droite graduée agrandie de l'Annexe 28.1 (séance 3). Lire la consigne. Indiquer aux élèves qu'ils vont avoir une bande de papier pour s'aider : rappeler au tableau comment on s'en sert pour reporter une longueur. Distribuer à chacun une bande de papier et la photocopie de la droite graduée à compléter de l'Annexe 28.1 (séance 3).

Recherche

Repérer les procédures des élèves pour la mise en commun.

Procédures visées :

- reporter les unités, puis les compter jusqu'à 20 ;
- reporter directement la longueur du segment de longueur 10 (la longueur AB) à partir de B pour atteindre C. En déduire que C est repéré par 20 (10 + 10).

Erreurs possibles :

- identiques à celles des séances précédentes avec en outre la confusion entre les graduations de 1 en 1 et celles de 10 en 10.

Mise en commun

- Les erreurs sont identifiées, les procédures étudiées.
- Si aucun élève n'y a pensé, faire remarquer que la distance entre les points A et B est la même que celle entre les points B et C : on peut donc en déduire que la distance de A à C est de 20 (10 + 10).
- Demander ensuite ce qu'il faudrait faire pour placer le point D repéré par 30 : voir ainsi si les élèves réinvestissent le report de la longueur 10 à partir de C. La demi-droite graduée photocopiée n'étant pas assez longue, l'enseignant continuera la droite et placera le point au tableau. Il peut aussi fournir, aux élèves, une feuille plus grande afin de la coller pour prolonger la droite.

Activité 2 de réinvestissement Exercice 3 p. 89

Tâches

Indiquer le nombre repérant la position d'un point donné sur une demi-droite graduée de 1 en 1 ou de 10 en 10.

Placer un point repéré par un nombre donné sur une demi-droite graduée de de 1 en 1 ou de 10 en 10.

Lancement

Après avoir lu la consigne, faire remarquer que, sur la première et la troisième droite, la graduation 1 n'est pas visible, mais la graduation 10 l'est.

Recherche

Procédure visée :

- utilisation des graduations existantes et report de la longueur d'un segment de longueur 1 ou 10 pour visualiser les graduations de 1 en 1 ou 10 en 10.

Erreurs possibles :

- imprécisions ou erreurs dans les reports ;
- erreur dans le comptage des graduations (par exemple mauvaise connaissance de la comptine de 10 en 10) ;
- pour les graduations de 10 en 10, graduations considérées comme des unités : par exemple dans le 1er cas le point A est repéré par 5 (5 graduations) ou 14 (comptage de 4 après 10).

Différenciation

Pour les élèves en difficulté

Les accompagner dans le report des unités avec la bande de papier. Après des essais infructueux, on peut fournir aux élèves une bande de papier qui est déjà graduée afin qu'ils puissent l'utiliser.

Pour les élèves plus rapides

Organiser un tutorat.

Mise en commun

- Discussion sur les erreurs et procédures.
- Validation avec la bande de papier.

Réponses

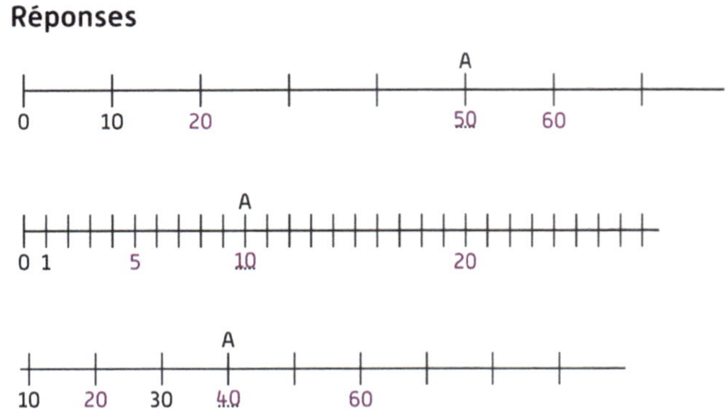

Bilan

Certaines droites sont graduées de 10 en 10. On peut repérer les points avec les nombres 0, 10, 20, etc.

Séance 4

Rituels du jour

Suite orale
• Idem séance 3.

Calcul mental
• Idem séance 3.
Calculs à proposer : 3 × 7 ; 6 × 8 ; 9 × 6 ; 7 × 6 ; 8 × 8 ; 8 × 3 ; 7 × 8.

Objectif de la séance

Associer un nombre à un point sur une demi-droite graduée à l'aide d'un encadrement par les deux dizaines les plus proches : cas des nombres de 0 à 100.

Activité 1 de découverte

Remarque : la demi-droite de 0 à 100 graduée de 10 en 10 à reconstituer au tableau à partir de l'Annexe 28.2 comporte 5 graduations en pointillé pour qu'elles ne soient pas visibles par les élèves et destinées à faciliter le placement des nombres qui sont proposés par l'enseignant à l'aide de la flèche rouge.

La validation avec les élèves se fera à l'aide de la bande de papier sur laquelle figure un segment dont la longueur correspond à la distance entre 0 et 10 et graduée de 1 en 1.

Tâche

Écrire, sur l'ardoise, le nombre le plus près possible du nombre indiqué par la flèche que trace l'enseignant sur la demi-droite de 0 jusqu'à 100 affichée au tableau, graduée de 10 en 10.

Ce qui est visé en proposant cette tâche

Comprendre la signification d'un encadrement d'un nombre par les deux dizaines les plus proches et la façon de l'indiquer sur une demi-droite graduée de 10 en 10 : cas des nombres de 0 à 100.

Étape 1

Lancement

Afficher au tableau la demi-droite de 0 jusqu'à 100, graduée de 10 en 10 (5 tronçons à découper et à assembler, Annexe 28.2) assez grande pour que tous les élèves la voient.

Tracer la flèche rouge suivante sur cette demi-droite, flèche indiquant 45, nombre à ne pas dire puisque les élèves doivent le trouver :

Demander à chaque élève d'écrire sur son ardoise le nombre repéré par la flèche.

Demander ensuite de lever l'ardoise tous ensemble au signal de l'enseignant.

Remarque : les élèves n'ont pas les moyens de valider leur réponse, qui sera juste une estimation. On attend cependant que la réponse proposée se trouve dans la bonne dizaine (utilisation de l'encadrement, ici entre 40 et 50), et qu'elle prenne en compte la proximité avec la dizaine supérieure et inférieure. Ici, le nombre est aussi près de 40 que 50, c'est donc 45 (qui a 5 d'écart avec 40 et avec 50).

Recherche

Procédure visée :

▸ repérage des deux dizaines entre lesquelles se situe le nombre ; repérage du fait que la flèche est au milieu du segment joignant les deux dizaines consécutives.

Procédure possible mais non favorisée (voir la remarque du début de séquence) :

▸ utilisation de la représentation mentale de la file numérique (qui a été masquée).

Erreurs possibles :

▸ ne pas utiliser le repérage des graduations ;

▸ ne pas voir que la flèche se situe au milieu du segment joignant les dizaines consécutives.

Mise en commun

▸ Collecter les réponses afin d'engager une discussion sur les procédures utilisées pour justifier les réponses.

▸ Commencer par demander d'utiliser la position de la flèche par rapport aux nombres écrits sur la demi-droite : le nombre est ainsi encadré par deux dizaines consécutives.

▸ Poser la question de savoir de quelle dizaine le nombre est le plus proche : la réponse peut se faire à l'œil nu, puis être vérifiée grâce à une bande de papier ou une ficelle (ici, la flèche se trouve exactement entre 40 et 50).

▸ Poser la question sur ce qu'on peut en déduire pour ce nombre qui se trouve exactement à la même distance de deux dizaines entières qui se suivent. L'enseignant peut alors faire remarquer qu'un nombre qui se situe aussi près d'une dizaine que de sa suivante se termine par 5. Il peut pour cela faire calculer l'écart : de 40 à 45, il y a 5, et il y a aussi 5 de 45 à 50.

▸ Valider à l'aide du segment en papier de longueur 10 et gradué de 1 en 1 (Annexe 28.2) en le plaçant sous la droite, exactement entre 40 et 50. Compter les graduations de 40 à la flèche et de la flèche à 50.

▸ Plier la bande en deux pour montrer son milieu.

ÉTAPE 2

Lancement

Identique au précédent en traçant la flèche respectivement aux repères 43, puis 72, 57 et 35 (pour ce dernier cas, on revient à un cas similaire à celui de la première étape).

Recherche

Procédure visée :

▸ identique à la précédente avec, en outre, la prise en compte de la proximité plus ou moins grande avec la dizaine immédiatement inférieure et celle immédiatement supérieure pour avoir une estimation plus précise (utilisation du milieu entre deux repères distants de 10).

Procédure possible mais non favorisée (voir la remarque du début de séquence) :

▸ utilisation de la représentation mentale de la file numérique (qui a été masquée).

Erreurs possibles :

▸ ne pas utiliser le repérage des graduations ;

▸ ne pas utiliser la proximité avec une des deux dizaines (ne pas voir que la flèche se situe avant ou après le milieu du segment joignant les dizaines consécutives).

Mise en commun

▸ Collecter les réponses afin d'engager une discussion sur les procédures utilisées pour justifier les réponses.

▸ Poser des questions sur la manière de faire, s'appuyer sur des réponses erronées pour indiquer la procédure visée, par exemple pour 43 :
– étudier une réponse qui n'est pas entre 40 et 50 ;
– étudier ensuite la réponse 45 et des réponses qui sont entre 45 et 50 ;
– étudier celles qui sont entre 41 et 44 (toutes acceptables à priori car les élèves n'ont pas les graduations exactes) ;
– valider la réponse à l'aide de la bande graduée de longueur 10 sur laquelle apparaissent les graduations de 1 en 1. On trouve 43, mais puisque les élèves n'ont pas les graduations de 1 en 1, on peut envisager d'accepter les réponses 41, 42, 43, 44, bien que la réponse 41 pourrait être éliminée car trop proche de 40.

Institutionnalisation

Revenir sur la façon de trouver le nombre indiqué par la flèche : encadrement par deux dizaines qui se suivent et estimation de la dizaine la plus proche.

Rappeler que le nombre qui se situe exactement entre deux dizaines qui se suivent finit par 5. Il peut se repérer par le milieu du segment joignant deux dizaines consécutives.

Dans le *Ce que j'ai découvert* p. 90, faire compléter les phrases.

CE QUE J'AI DÉCOUVERT

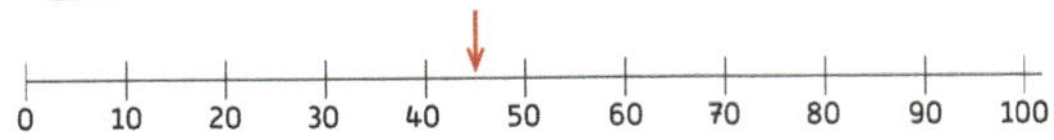

Le nombre repéré par la flèche est entre deux dizaines qui se suivent : 40 et 50.
Il est aussi près de 40 que de 50. C'est donc 45.

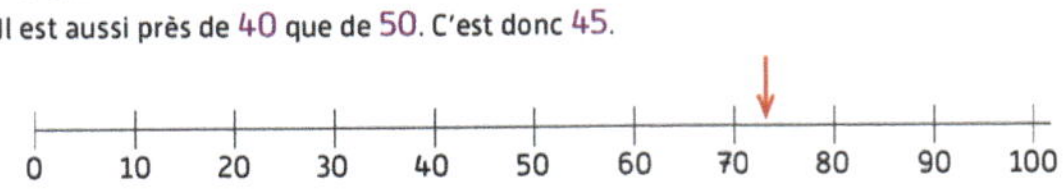

Le nombre repéré par la flèche est entre deux dizaines qui se suivent : 70 et 80.
Il est plus près de 70 que de 80. Il est donc entre 70 et 75.

Activité 2 de réinvestissement

Exercice 4 p. 90

Tâche

Sur chacune des demi-droites graduées, trouver le nombre que repère le point indiqué par la flèche parmi quatre propositions.

Lancement

Lire la consigne et indiquer que l'exercice doit se faire sans matériel. Les élèves peuvent faire tous les cas à la suite.

Recherche

Procédure visée :

▸ test des quatre propositions de nombre en reprenant les éléments du bilan précédent pour les valider ou invalider : repérage entre deux dizaines entières ; plus grande proximité de l'une ou de l'autre ; utilisation du fait que le nombre qui se trouve aussi près d'une dizaine entière que de celle qui la suit se termine par 5.

Erreurs possibles :

▸ voir celles déjà signalées.

Différenciation

Pour les élèves en difficulté

Attirer l'attention sur la pertinence de leurs réponses par rapport à l'encadrement entre les dizaines repérées. Accompagner le premier cas en posant des questions qui peuvent les aider : demander entre quels nombres se trouve la bonne réponse, puis demander de placer le nombre qui se trouve aussi près de la dizaine inférieure que de la dizaine supérieure, etc.

Pour les élèves plus rapides

Les mettre en binôme avec les élèves les plus en difficulté.

Exercice supplémentaire 4, fiche différenciation 28.

Mise en commun

▸ Pour chacun des cas, la validation se fait en argumentant :
– le premier argument concerne l'encadrement entre deux dizaines entières consécutives, ce qui élimine certaines propositions ;

– le second concerne la proximité du point repéré avec l'une des extrémités du segment et avec son milieu.

Réponses

Cas 1 : 58 (Éva).

Cas 2 : 95 (Tom).

Cas 3 : 72 (Lila).

Bilan

Faire verbaliser ce qui a été appris : trouver un nombre placé sur une demi-droite graduée de 10 en 10 grâce à l'encadrement entre deux dizaines entières consécutives et à la proximité avec l'une des deux.

Fin de séquence

Je m'entraine à mon rythme

Chercher le point

Objectif

• Dans une situation de communication, réinvestir les connaissances concernant le repérage sur une demi-droite graduée.

Aide à apporter aux élèves en difficulté

L'enseignant regroupe les élèves en difficulté et joue le rôle du premier joueur. Tous les élèves du groupe doivent placer le point B. Il organise ensuite une confrontation des réponses et une discussion autour des procédures. Les élèves choisiront ensuite, à tour de rôle, la place du point à trouver.

Prévoir des photocopies des demi-droites graduées pour permettre de réaliser plusieurs parties.

Je cherche

Les nouvelles pesées

Objectif

Utiliser les connaissances sur les mesures de masse pour comparer des masses à partir de pesées connues : la transitivité et le fait qu'ajouter une même masse à deux objets ne change pas la comparaison des masses.

Réponses

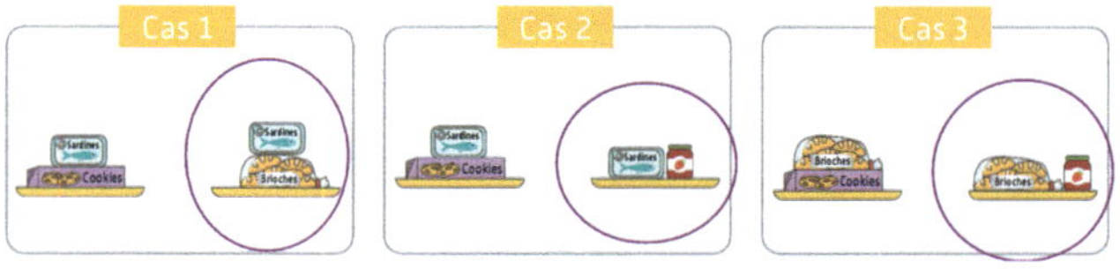

Triangle rectangle

pp. 46 à 49

Rituels de la semaine

Objectifs d'apprentissage

Calcul mental

- Connaitre toutes les tables de multiplication de 2 à 10.

Séquence d'apprentissage

Place dans l'ensemble des séquences « Espace et géométrie »							
2. Carré et angle droit	8. Alignement et milieu	11. Rectangle	17. Solides	21. Repérage dans l'espace	24. Tracé de carrés et de rectangles	**29. Triangle rectangle**	33. Cercle et compas

Objectif de la séquence

Vérifier si une figure est un triangle rectangle et tracer un triangle rectangle en utilisant les instruments de géométrie (règle graduée et gabarit d'angle droit).

Objectifs d'apprentissage du BO

- Reproduire ou construire un carré, un rectangle, un triangle, un triangle rectangle et un cercle ou un assemblage de ces figures.
- Utiliser l'équerre pour vérifier qu'un angle est droit.
- Utiliser la règle graduée et l'équerre comme instruments de tracé.

Quel est l'enjeu de cette séquence ?

Les élèves ont commencé à passer de la géométrie perceptive (reconnaissance visuelle des figures) à la géométrie instrumentée avec l'étude du carré et du rectangle (reconnaissance à partir des propriétés). Ils ont utilisé le gabarit d'angle droit pour vérifier les angles droits dans une figure ou pour tracer un angle droit. La séquence sur le triangle rectangle continue dans cette voie. Il s'agit, pour les élèves, de comprendre que la perception ne suffit pas pour reconnaitre un triangle rectangle. Les instruments (règle graduée et gabarit d'angle droit) doivent être perçus comme indispensables pour identifier si un triangle est un triangle rectangle et pour construire ou reproduire un triangle rectangle. Le terme « triangle rectangle » peut engendrer des difficultés de compréhension dues à l'association de deux noms de forme.

Remarques importantes : l'enjeu est d'utiliser les instruments de géométrie pour vérifier et tracer un triangle rectangle, mais il est probable que certains élèves seront encore malhabiles avec ces instruments. Pour les tracés, on vise avant tout le fait de savoir comment faire, l'exécution pouvant être un peu approximative (des entrainements sont nécessaires).

Pour la vérification de l'angle droit des figures déjà tracées, on attend de la précision.

Les élèves ayant bien construit leur image mentale de l'angle droit pourront essayer d'utiliser une équerre du commerce conjointement au gabarit.

Structure de la séquence

- Séance 1 : découverte : angle droit du triangle rectangle
- Séance 2 : réinvestissement
- Séance 3 : réinvestissement : tracés de triangles rectangles
- Séance 4 : réinvestissement : tracés de figures composées
- Fin de séquence : entrainement et recherche

Matériel nécessaire

Matériel à télécharger pour l'ensemble de la séquence :
- Fiches Annexes 29.1, 29.2 et 29.3.
- Fiche différenciation 29 pour tous les exercices supplémentaires de la séquence.
- Fiche évaluation 29.
- Poster *Le triangle rectangle*

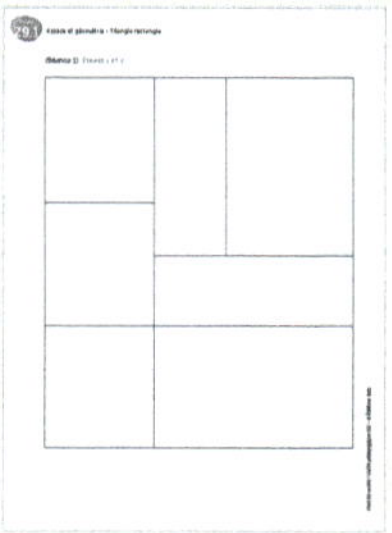

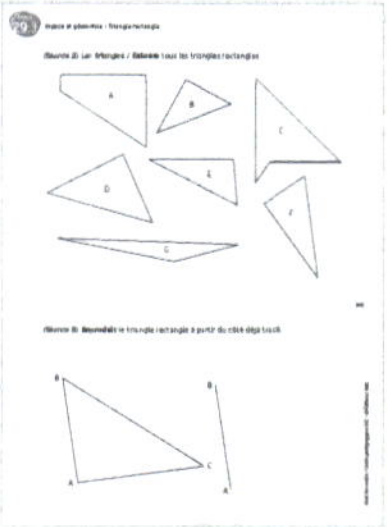
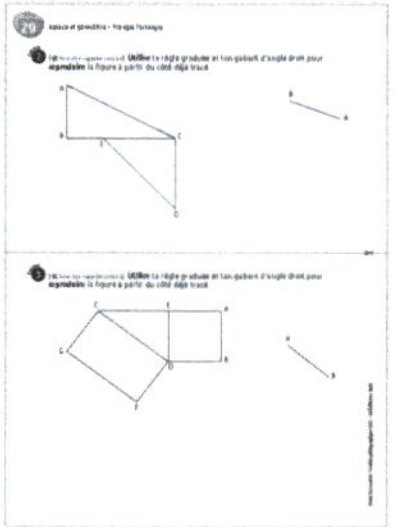
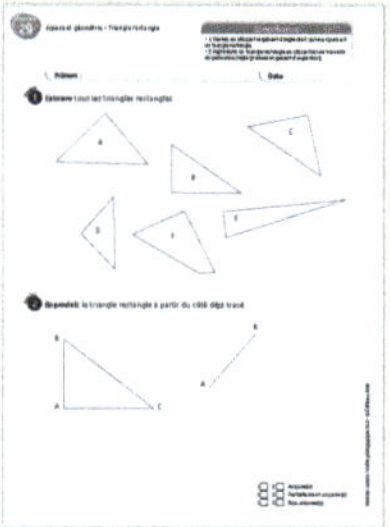

	Matériel pour l'enseignant	Matériel pour les élèves
Séance 1	– Un grand rectangle en papier – La reproduction agrandie de l'Annexe 29.1 – Le gabarit d'angle droit – Le poster *Le triangle rectangle*  	**Matériel par élève** – Un des rectangles en papier de l'Annexe 29.1, à reproduire autant de fois que nécessaire (obtenu en découpant les 7 rectangles de la feuille) – Une paire de ciseaux – La règle et le gabarit d'angle droit .* – Un crayon – L'Annexe 29.2 – Le fichier de l'élève p. 46 – Mémo 29
Séance 2	– Les triangles photocopiés et agrandis, Annexe 29.3 – Le gabarit d'angle droit – Le poster *Le triangle rectangle* – La reproduction agrandie de l'exercice 1 p. 46	**Matériel par élève** – Les triangles photocopiés, Annexe 29.3 – Le gabarit d'angle droit . – Le fichier de l'élève p. 46
Séance 3	– Le gabarit d'angle droit – Le triangle à reproduire agrandi, Annexe 29.3 – La reproduction agrandie de l'exercice 2 p. 47	**Matériel par élève** – Le gabarit d'angle droit et la règle graduée . – Le triangle à reproduire, Annexe 29.3 – Le triangle rectangle découpé à la séance 1 dont les longueurs des côtés de l'angle droit sont de 6 cm et 7 cm – Le fichier de l'élève p. 47 – Les triangles sur papier calque *Différenciation :* exercice supplémentaire 2, fiche différenciation 29
Séance 4	– La reproduction agrandie de l'exercice 3 p. 48 – Le gabarit d'angle droit – Une règle graduée	**Matériel par élève** – Le gabarit d'angle droit et la règle graduée . – Le fichier de l'élève p. 48 – Les figures sur papier calque *Différenciation :* exercice supplémentaire 3, fiche différenciation 29
Fin de séquence		**Matériel par élève** – Le fichier de l'élève p. 49 – Les figures sur papier calque *Différenciation :* une calculatrice pour le Je cherche

* À défaut, utiliser la règle et le gabarit d'angle droit du matériel prédécoupé .

Séance 1

Rituels du jour

Calcul mental

• Pour cette séquence et la suivante, l'enseignant propose plus de 7 calculs dans les tables de multiplication (jusqu'à 14 calculs) en utilisant 2 lignes de la feuille de calcul mental.
L'enseignant propose neuf calculs de la table de multiplication de 9 (hormis 9 × 9) et des calculs dans les autres tables.
À la correction, les calculs de la table de 9 sont expliqués à partir de la commutativité. *Exemple :* 5 × 9 = 9 × 5.
• À l'issue de cette séance, l'enseignant fait compléter tous les résultats dans la table de multiplication de 9 hormis 9 × 9 (fichier élève page 103).
Calculs à proposer : **5 × 9 ; 2 × 9 ; 7 × 9 ; 1 × 9 ; 6 × 7 ; 4 × 9 ; 8 × 9 ; 3 × 9 ; 6 × 9 ; 10 × 9 ; 4 × 3 ; 8 × 5 ; 3 × 6 ; 7 × 4.**

Objectif de la séance
Reconnaitre le triangle rectangle en utilisant un gabarit d'angle droit.

Activité de découverte

Étape 1

Tâche
Vérifier que la forme en papier est un rectangle.

Ce qui est visé en proposant cette tâche
Comprendre que la figure avec laquelle l'élève travaille est un rectangle.

Lancement
Préparation du matériel : découper les 7 rectangles de l'Annexe 29.1.

L'enseignant distribue un rectangle par élève en ne proposant pas le même rectangle à deux voisins. Il demande de quelle forme il s'agit et comment on peut s'en assurer.

Recherche
Les élèves ont sur leur table la règle et le gabarit d'angle droit de leur matériel.

Procédure visée :

▸ vérifier les angles droits avec le gabarit et répondre que c'est un rectangle.

Erreurs possibles :

▸ mal utiliser le gabarit ;

▸ n'utiliser qu'une procédure visuelle.

Vérifier l'égalité des longueurs des côtés opposés n'est pas nécessaire, un rectangle ayant été défini comme un quadrilatère ayant quatre angles droits.

Mise en commun

▸ Recueil des réponses pour engager une discussion autour des procédures utilisées.

▸ Explicitation de la procédure visée avec un grand rectangle et le gabarit d'angle droit de l'enseignant.

Étape 2

Tâche
Découper un rectangle en deux triangles.

Ce qui est visé en proposant cette tâche
Partager le rectangle en deux triangles, qui serviront pour l'étape suivante.

Lancement
Les élèves disposent d'une paire de ciseaux, d'un crayon, de la règle du matériel élève et de leur rectangle. L'enseignant indique aux élèves qu'ils doivent découper le rectangle en deux parties et que ces deux parties doivent être des triangles. Avec les deux triangles, on doit pouvoir refaire le rectangle, c'est-à-dire qu'il ne doit pas y avoir un troisième morceau de papier. Il leur recommande de réfléchir avant de découper afin de ne le faire que s'ils sont surs d'obtenir deux triangles. Il précise qu'ils peuvent tracer des traits sur leur rectangle avec leur crayon et la règle.

Recherche
L'enseignant circule pour vérifier que les élèves ne découpent pas trop vite et prennent le temps de tracer la ligne de découpe avant d'utiliser les ciseaux. Il peut questionner les élèves sur leur démarche et sur ce qu'ils pensent obtenir en rappelant la consigne mais ils ne corrigent pas les erreurs durant la phase de recherche. Par contre, il redonne un rectangle à ceux qui le demandent lorsqu'ils ont eux-mêmes constaté leur erreur.

Procédures visées :

▸ tracer, à la règle, une diagonale du rectangle, puis découper ;

▸ plier le rectangle selon une diagonale, puis découper.

Erreurs possibles :

▸ quelques découpes fausses possibles :

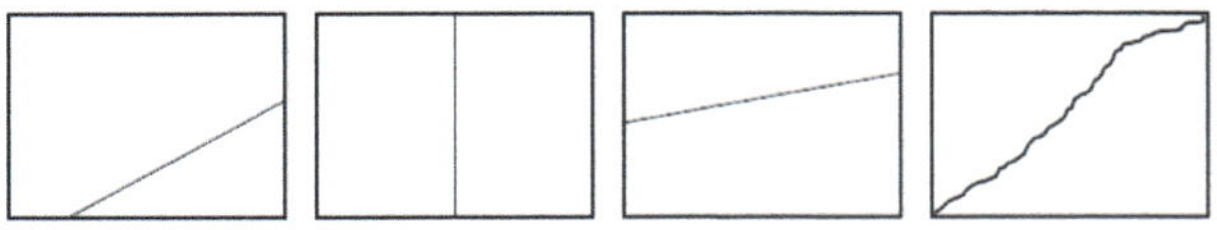

Mise en commun

▸ Montrer sur un grand rectangle une ou deux découpes fausses effectuées par les élèves et faire constater que l'on n'obtient pas deux triangles, en revenant sur la définition d'un triangle (3 côtés rectilignes).

▸ Demander la découpe effectuée par les élèves ayant obtenu deux triangles et montrer cette découpe sur le grand rectangle. L'enseignant peut, à cette occasion, nommer la diagonale.

▸ Expliquer que les triangles ainsi obtenus ont été appelés triangles rectangles pour cette raison : un rectangle est formé par deux triangles rectangles.

▸ Récupérer les différents triangles obtenus par les élèves.

ÉTAPE 3

Tâche

Trouver la propriété commune à tous les triangles découpés.

Ce qui est visé en proposant cette tâche

Comprendre que tous les triangles provenant du partage des rectangles ont un angle droit.

Lancement

L'enseignant affiche les triangles obtenus par les élèves pour faire constater qu'ils ne sont pas tous pareils puisque les rectangles étaient différents. Il énonce ensuite le problème : « Les triangles, bien que différents, ont tous quelque chose en commun. Vous devez trouver ce qu'ils ont de "pareil". »

L'enseignant distribue la feuille (Annexe 29.2) comportant les triangles et lit la consigne.

Recherche

Procédures visées :

▸ utiliser le gabarit d'angle droit et constater que tous les triangles ont un angle droit ;

▸ déduire que les triangles ont un angle droit à partir du fait que les triangles proviennent tous d'une partie d'un rectangle avec un angle droit.

Erreurs possibles :

▸ ne pas penser à utiliser le gabarit d'angle droit ;

▸ ne pas faire le lien avec le rectangle.

Mise en commun

▸ Recueil des réponses pour engager une discussion sur la propriété commune et le moyen de la vérifier.

▸ Explicitation de la procédure visée avec un grand triangle et le gabarit d'angle droit de l'enseignant.

▸ Revenir sur le fait que les triangles sont tous un morceau de rectangle et qu'un angle droit du rectangle a été conservé.

▸ Conclusion sur le fait qu'un triangle rectangle a un angle droit.

Institutionnalisation

L'enseignant réaffirme qu'un triangle rectangle est un triangle qui a un angle droit.

Afficher le poster *Le triangle rectangle* et y coller des triangles rectangles des élèves bien découpés, en variant leur position sur l'affiche.

L'enseignant conserve plusieurs triangles bien découpés provenant des rectangles de 6 cm sur 7 cm, ils seront utiles aux élèves lors de la séance 3.

Lire et compléter le **Ce que j'ai découvert** p. 46.

CE QUE J'AI DÉCOUVERT

Un triangle rectangle est un triangle ayant un angle droit.

Je vérifie que le triangle est un triangle rectangle avec le gabarit d'angle droit.

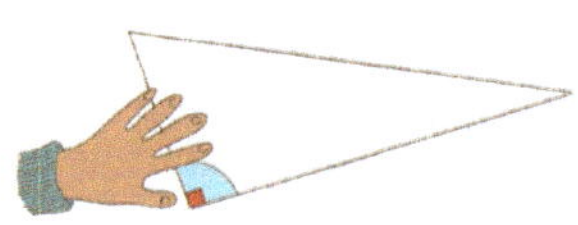

Séance 2

Rituels du jour

Calcul mental

• L'enseignant propose, entre autres, un nouveau calcul : 9 × 9.
Le calcul est expliqué à partir de la décomposition suivante :
9 × 9 = (10 × 9) – 9 9 × 9 = 81

• À l'issue de cette séance, l'enseignant fait compléter la ligne de la table de multiplication de 9 (fichier élève page 103).
Calculs à proposer : **9 × 9** ; **8 × 8** ; **7 × 9** ; **8 × 7** ; **4 × 9** ; **7 × 3** ; **3 × 9** ; **5 × 5** ; **4 × 6** ; **3 × 8** ; **7 × 2** ; **3 × 4** ; **3 × 3** ; **5 × 2**.

OBJECTIF DE LA SÉANCE

Reconnaitre un triangle rectangle sur papier blanc en utilisant le gabarit d'angle droit.

Activité 1 de réinvestissement

Tâche

Trier les triangles ayant un angle droit.

Lancement

L'enseignant présente la feuille comportant les sept figures (Annexe 29.3) et donne la consigne : « Entoure les triangles rectangles. » Il ne rappelle pas aux élèves qu'il faut utiliser le gabarit d'angle droit pour faire ressortir la nécessité de l'utiliser dans la mise en commun.

Recherche

Procédure visée :

▸ utiliser le gabarit d'angle droit pour rechercher s'il y a un angle droit dans chaque triangle.

Erreurs possibles :

▸ se contenter de la procédure visuelle pour rechercher l'angle droit et penser que D ou E ont un angle droit ;

▸ mal placer le gabarit d'angle droit ;

▸ oublier qu'il ne faut chercher les angles droits que dans les triangles et proposer A comme réponse.

Mise en commun

▸ Recenser les réponses pour les faire justifier.

▸ Rappeler le placement du gabarit d'angle droit pour vérifier un angle droit.

▸ Rappeler, en faisant référence au poster, qu'un triangle ayant un angle droit est appelé triangle rectangle.

Réponses

B et F sont des triangles rectangles.

Activité 2 de réinvestissement

Exercice 1 p. 46

Tâche

Entourer tous les triangles rectangles.

Déroulement

Le déroulement est identique à l'activité précédente. Les procédures et erreurs possibles sont les mêmes.

> **Différenciation**
>
> *Pour les élèves en difficulté*
>
> Pour les élèves se contentant de la procédure perceptive, faire relire le Ce que j'ai découvert.
>
> Aider à placer le gabarit d'angle droit pour les élèves qui l'utilisent mal.
>
> On peut aussi réduire la charge de travail en faisant éliminer les quadrilatères avant vérification des angles droits.
>
> On peut encore faire entourer au crayon les angles qui semblent droits pour les élèves. Cela permet d'évaluer leur image mentale de l'angle droit et les aide à cibler leur vérification.

Réponses

A, E et H.

Bilan

Un triangle rectangle est un triangle ayant un angle droit, il faut donc vérifier que la figure a trois côtés et un angle droit avec le gabarit d'angle droit.

Séance 3

Rituels du jour

Calcul mental

• L'enseignant propose des calculs dans les tables de 2 à 10.
Calculs à proposer : 9×6 ; 4×6 ; 6×7 ; 9×9 ; 9×3 ; 8×7 ; 7×5 ; 6×4 ; 7×8 ; 4×2 ;3×9 ; 5×8 ; 9×4 ; 5×9.

Objectif de la séance

Utiliser les instruments de géométrie et les propriétés pour reproduire un triangle rectangle sur papier blanc.

Activité 1 de réinvestissement

Tâche

Reproduire un triangle rectangle tracé sur papier blanc à partir d'un côté déjà tracé.

Lancement

L'enseignant distribue la photocopie de l'Annexe 29.3 et lit la consigne. L'enseignant vérifie que les élèves ont compris que le côté [AB] est déjà tracé.

Les élèves ne disposent pas encore du triangle découpé lors de la séance 1. Ils l'utiliseront pour vérifier leur production lors de la mise en commun.

Recherche

Procédure visée :

▸ utiliser le gabarit d'angle droit pour que l'angle tracé en A soit droit. Mesurer la longueur AC pour placer C à la bonne distance de A sur le côté de l'angle droit tracé. Tracer le côté [BC].

Erreurs possibles :

▸ tracer le côté [AC] sans utiliser le gabarit d'angle droit ;

▸ mal placer le gabarit d'angle droit ;

▸ tracer le côté [AC] sans l'avoir mesuré ;

▸ commencer par tracer le côté [BC] en essayant de conserver l'inclinaison.

Mise en commun

▸ Indiquer que le triangle à reproduire est identique à l'un des triangles découpés lors de la séance 1. Distribuer ce triangle et demander aux élèves de vérifier leur construction en superposant ce triangle.

▸ Demander aux élèves qui ont juste comment ils ont procédé.

▶ Montrer les étapes nécessaires pour reproduire le triangle.

▶ Demander la raison de leur erreur à ceux qui se sont trompés. Cette explicitation permet de distinguer les erreurs qui proviennent d'une maladresse en utilisant les instruments des erreurs conceptuelles (non-respect de la longueur du côté [AC] ou mauvaise construction de l'angle droit due à la non-utilisation ou à une mauvaise utilisation du gabarit d'angle droit).

Activité 2 de réinvestissement Exercice 2 p. 47

Tâche

Reproduire un triangle rectangle tracé sur papier blanc.

Déroulement

Similaire à celui de l'activité précédente.

La vérification se fait avec les triangles tracés sur papier calque.

Différenciation

Pour les élèves en difficulté

Indiquer l'ordre dans lequel il faut tracer les côtés.

Revenir sur l'utilisation du gabarit d'angle droit.

Pour les élèves plus rapides

Exercice supplémentaire 2, fiche différenciation 29.

Réponses

Vérifier avec le calque.

Bilan

Pour reproduire un triangle rectangle, il faut d'abord réfléchir à l'ordre dans lequel on fait les tracés. Pour tracer des angles droits, il faut utiliser le gabarit d'angle droit.

Séance 4

Rituels du Jour

Calcul mental

• Idem séance 3.

Calculs à proposer : 7 × 7 ; 8 × 4 ; 4 × 7 ; 7 × 9 ; 9 × 8 ; 3 × 8 ; 7 × 6 ; 4 × 9 ; 6 × 2 ; 4 × 5 ; 8 × 3 ; 5 × 7 ; 8 × 6 ; 6 × 9.

OBJECTIF DE LA SÉANCE

Utiliser les instruments de géométrie pour reproduire une figure composée de carrés, rectangles et triangles rectangles.

Activité de réinvestissement Exercice 3 p. 48

Tâche

Reproduire une figure tracée sur papier blanc.

Lancement

En expliquant la consigne, l'enseignant insiste sur le fait que les deux figures sont composées d'un triangle rectangle et d'un carré ou d'un rectangle. Il faut commencer par tracer le triangle rectangle. Il attire l'attention sur le respect des longueurs des côtés. Il peut donner une des mesures, ou les deux pour la figure du 1er cas, suivant les besoins de sa classe.

Recherche

Procédure visée :

▶ utiliser le gabarit d'angle droit et la règle graduée pour tracer en premier le triangle rectangle comme lors de la séance précédente, puis pour tracer le carré ou le rectangle en traçant d'abord les angles droits, puis en respectant les mesures des côtés.

Erreurs possibles :

▶ tracer les côtés sans utiliser le gabarit d'angle droit ;

▶ mal utiliser le gabarit d'angle droit ;

▶ tracer les côtés sans les avoir mesurés ;

▶ ne pas comprendre dans quel ordre tracer les différents côtés.

Mise en commun

▶ Faire vérifier les reproductions avec les calques.

▶ Demander aux élèves qui ont juste comment ils ont procédé.

▶ Montrer les étapes nécessaires pour reproduire la figure.

▶ Demander la raison de leur erreur à ceux qui se sont trompés.

Différenciation

Pour les élèves en difficulté

Indiquer les étapes pour reproduire la figure.

Revenir sur l'utilisation du gabarit de l'angle droit.

Pour les élèves plus rapides

Exercice supplémentaire 3, fiche différenciation 29.

Réponses

Vérifier avec le calque.

Bilan

Pour reproduire une figure, il faut analyser ses propriétés, puis réfléchir à l'ordre dans lequel on fait les tracés. Pour tracer des angles droits, il faut utiliser le gabarit d'angle droit.

Fin de séquence

Je m'entraine à mon rythme

La maison

Objectif

- Utiliser les instruments de géométrie pour reproduire une figure composée de carrés, rectangles et triangles rectangles.

Aide à apporter aux élèves en difficulté

Écrire sur la figure modèle les dimensions à prendre en compte.

Revenir sur l'utilisation du gabarit d'angle droit. Aider à la chronologie des tracés.

Ne pas faire tracer les fenêtres.

Réponse

Vérifier avec le calque.

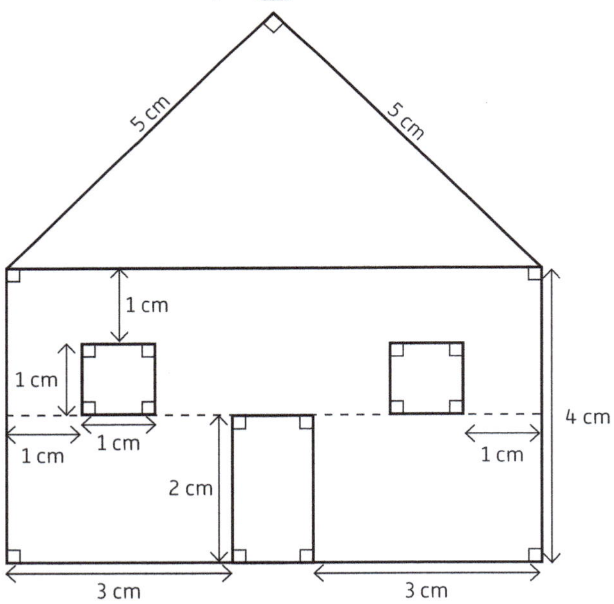

Je cherche

Les additions et soustractions à trous

Objectifs

- Réinvestir la signification des chiffres dans l'écriture d'un nombre.
- Réinvestir la compréhension des additions et des soustractions posées.
- Faire preuve d'initiative, de persévérance.

Réponses

	4	5	2
+	2	2	3
	6	7	5

	3	0	7
+	2	4	6
	5	5	3

	5	6	8
+	1	5	7
	7	2	5

	4	7	9
−	3	4	4
	1	3	5

	6	3	2
−	4	2	4
	2	0	8

	3	4	7
−		8	4
	2	6	3

Masse 30

Rituels de la semaine

Objectifs d'apprentissage

Calcul mental

- Connaitre toutes les tables de multiplication de 2 à 10.
- Calculer les moitiés des nombres pairs.

Séquence d'apprentissage

Place dans l'ensemble des séquences « Grandeurs et mesures »					
4. Longueur en cm	15. Monnaie	20. Unités de mesure de longueur (km, m, cm)	26. Lecture de l'heure – Durée en h	**30. Masse**	32. Durée en h et min

Objectif de la séquence

Utiliser les unités usuelles, le kilogramme (kg) et le gramme (g), pour mesurer et comparer des masses.

Objectifs d'apprentissage du BO

- Savoir identifier l'objet le plus léger (ou le plus lourd) parmi deux ou trois objets de volumes proches en les soupesant ou en utilisant une balance pour les peser.
- Connaitre et utiliser les unités gramme et kilogramme et les symboles associés (g, kg).

Savoir que 1 kg est égal à 1000 g.

- Comparer des masses.
- Disposer de quelques masses de référence. Estimer la masse d'objets du quotidien en gramme ou en kilogramme.

Comment introduire les unités de mesure gramme et kilogramme ?

En CP, la masse a été travaillée sans que les unités de mesure soient introduites. Ici, la mesure avec une unité usuelle (gramme et kilogramme) va être étudiée en suivant la même progression que celles des autres grandeurs déjà vues (longueur, contenance, durée). La mesure débute avec l'utilisation d'une unité étalon, puis la nécessité d'une unité commune permet d'introduire l'unité usuelle, à savoir le gramme. Le kilogramme est présenté comme unité permettant de mesurer des masses plus importantes. De la même façon que le kilomètre a été présenté en tant que dix fois 100 mètres, nous avons fait le choix d'introduire le fait que le kilogramme correspond à dix masses de 100 grammes pour, ensuite, indiquer que cela équivaut à 1000 grammes de la même manière que nous avions introduit le kilomètre, en nous appuyant ainsi sur la numération décimale. Les conversions entre grammes et kilogrammes ne sont pas travaillées en CE1, mais les masses sont mesurées soit en grammes, soit en kilogrammes, soit en kilogrammes et grammes (par exemple 2 kg et 350 g).

Structure de la séquence

- Séance 1 : découverte : mesure en unités étalons
- Séance 2 : découverte : mesure en g
- Séance 3 : découverte : mesure en kg
- Séance 4 : réinvestissement
- Fin de séquence : entrainement et recherche

MATÉRIEL NÉCESSAIRE

Matériel à télécharger pour l'ensemble de la séquence :
- Fiche différenciation 30 pour l'exercice supplémentaire de la séquence.
- Fiche évaluation 30.

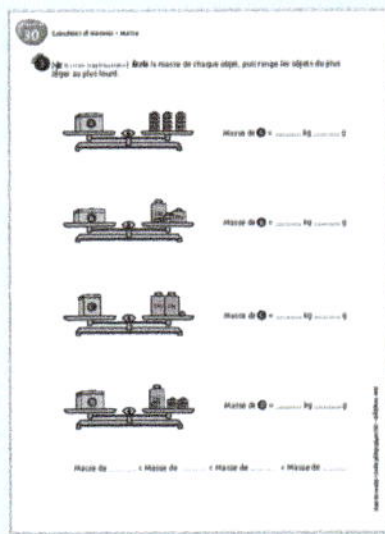

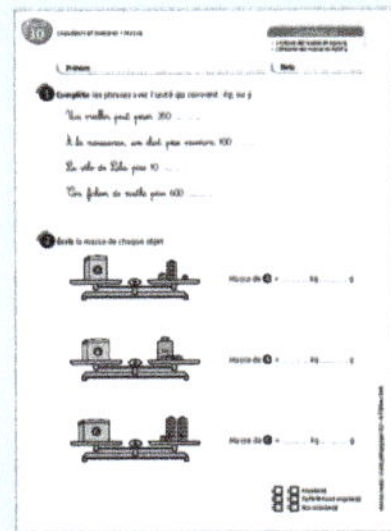

	Matériel pour l'enseignant	Matériel pour les élèves
Séance 1	– Une balance à plateaux – Des morceaux de sucre – Deux boites de volumes différents (les masses des boites mesurent un nombre entier de sucres) – La reproduction agrandie de l'exercice 1 p. 50	**Matériel par élève** – Le fichier de l'élève p. 50 – Mémo 30.1
Séance 2	– Une balance à plateaux et des masses marquées : deux masses de 1 kg et une boite de masses marquées en g (1 de 500 g, 1 de 200 g, 2 de 100 g, 1 de 50 g, 1 de 20 g, 2 de 10 g, 1 de 5 g, 2 de 2 g et 1 de 1 g) – Pour la première activité : un objet appelé A et des morceaux de sucre pour mesurer sa masse (la masse de l'objet A mesure un nombre entier de sucres) ; un objet appelé B et des objets étalons identiques dont la masse est de 1 g (ou presque) pour mesurer sa masse (la masse de l'objet B mesure un nombre entier d'objets de 1 g). Exemples d'objets pesant 1 g : un bouchon de petit pot de crème liquide, des pâtes type « pennettes ». La mesure de la masse de B en objets de 1 g est plus grande que la mesure de la masse de A en morceaux de sucre, alors que A est plus lourd que B *Exemple :* la masse de A mesure 6 sucres, celle de B mesure 14 pâtes, mais A est plus lourd que B. – Pour la seconde activité : un objet en autant d'exemplaires que le nombre de balances disponibles dans la classe (choisir un objet, comme un des livres de l'élève, dont la masse, inférieure à 1 kg, n'est pas un nombre entier de centaines de grammes. *Exemple :* 352 g)	**Matériel par élève** – Une ardoise
Séance 3	– Une balance à plateaux – Dix petits sacs (remplis par exemple avec des légumes secs) ou dix pochettes contenant environ 20 feuilles A4 pesant chacun ou chacune 100 g – 1 masse de 10 g, 1 masse de 100 g et 1 masse de 1 kg – À défaut des dix sacs de 100 g, une autre proposition est faite avec une masse de 1 kg et une boite de masses marquées en g (1 de 500 g, 1 de 200 g, 2 de 100 g, 1 de 50 g, 1 de 20 g, 2 de 10 g, 1 de 5 g, 2 de 2 g et 1 de 1 g) – Des boites ou des bouteilles remplies de telle façon que chacune pèse exactement 1 kg. Avec les bouteilles, il peut y avoir une confusion avec la contenance en litres et ce sera l'occasion de bien différencier contenance et masse – Quatre objets notés A, B, C et D : une bouteille de 1,5 L remplie, un sachet de riz de 1 kg (cette indication est cachée), une boite de céréales (l'indication de la masse est cachée), un dictionnaire de la classe. Il est préférable de disposer de plusieurs exemplaires de chaque objet – Un paquet de chips et une boite de sucre – La reproduction agrandie de l'exercice 2 p. 51	**Matériel par élève** – Une ardoise – Le fichier de l'élève p. 51 – Mémo 30.2
Séance 4	– Une balance à plateaux et des masses marquées : une boite de masses marquées en g (1 de 500 g, 1 de 200 g, 2 de 100 g, 1 de 50 g, 1 de 20 g, 2 de 10 g, 1 de 5 g, 2 de 2 g et 1 de 1 g) et 2 masses de 1 kg – La reproduction agrandie de l'exercice 3 p. 52	**Matériel par élève** – Le fichier de l'élève p. 52 *Différenciation :* exercice supplémentaire 3, fiche différenciation 30 ; une calculatrice
Fin de séquence		**Matériel par élève** – Le fichier de l'élève p. 53 *Différenciation :* une balance et des masses marquées ; une calculatrice

Séance 1

Rituels du jour

Calcul mental

• 7 calculs de multiplication dans les tables de 2 à 10 sont proposés.
Calculs à proposer : 7 × 9 ; 6 × 8 ; 3 × 6 ; 4 × 4 ; 3 × 7 ; 5 × 9 ; 3 × 8.

• L'enseignant propose un calcul d'une moitié d'un nombre pair à 3 chiffres. Il corrige ensuite en faisant expliciter les procédures utilisées par les élèves. Il fait ressortir la procédure de décomposition du nombre en centaines, dizaines et unités. *Exemple* : la moitié de 476 c'est la moitié de 400 + la moitié de 70 + la moitié de 6. 5 calculs sont proposés. La correction s'effectue après chaque calcul. Les élèves peuvent noter les calculs intermédiaires.
Calculs à proposer : les moitiés de 248 ; 624 ; 946 ; 582 ; 864.

Objectif de la séance
Mesurer des masses avec une unité étalon.

Activité 1 de découverte

Tâche

Trouver l'expérience à réaliser pour comparer les masses de deux objets sans les poser en même temps sur la balance.

Ce qui est visé en proposant cette tâche

Introduire la mesure de la masse avec une unité étalon (la masse d'un morceau de sucre).

Déroulement

Les deux boites sont présentées (préalablement, le professeur a rempli les boites de telle sorte que leurs masses mesurent un nombre entier de sucres et que la boite de volume le plus grand soit plus légère que l'autre). La balance à plateaux est présente.

Une première question est posée pour amorcer une discussion collective : « Comment faire pour déterminer la boite la plus lourde ? »

Il est possible que certains élèves répondent que la boite la plus lourde est celle qui est la plus volumineuse. D'autres réfuteront peut-être cet argument et proposeront de comparer les masses des objets en les posant sur chaque plateau de la balance. Cette réponse permettra de rappeler le fonctionnement de la balance si besoin : la masse la plus lourde se trouve sur le plateau le plus bas ; si la masse des objets est identique, les plateaux sont à la même hauteur.

Cette pesée n'est pas effectuée. L'enseignant reprend les réponses données collectivement : certains pensent que l'objet le plus lourd est le plus volumineux, d'autres veulent les placer sur chaque plateau. La deuxième question est posée : « Comment faire pour déterminer celui qui est le plus lourd avec une balance à plateaux, mais sans poser les deux objets en même temps sur la balance ? » L'enseignant indique qu'il dispose d'un paquet de morceaux de sucre.

L'enseignant relève les propositions des élèves.

Procédure visée :

▸ indiquer qu'il faut placer un objet sur un plateau de la balance et mettre le nombre de morceaux de sucre nécessaire pour que la balance soit à l'équilibre. Compter ce nombre de sucres. Faire de même avec l'autre objet. Comparer ensuite les nombres de sucres.

Erreurs possibles :

▸ rester sur l'idée que le plus lourd est le plus volumineux ;

▸ ne pas savoir quoi faire des morceaux de sucre.

Mise en commun

▸ Si la procédure n'a pas été formulée par un élève, l'enseignant la propose. Faire les deux pesées en notant les mesures des masses des deux objets pour faire déduire le plus lourd.

▸ Vérifier en plaçant un objet dans chaque plateau.

Institutionnalisation

La masse du morceau de sucre est l'unité de mesure. La mesure de la masse de l'objet est le nombre de morceaux de sucre.

Le *Ce que j'ai découvert* p. 50 est complété.

CE QUE J'AI DÉCOUVERT

Je peux mesurer les masses d'objets avec des morceaux de sucre.

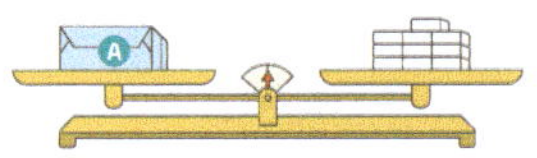

La boite A pèse 10 morceaux de sucre.

Activité 2 de réinvestissement Exercice 1 p. 50

Tâche

Déterminer les masses d'objets pesés avec des morceaux de sucre. Calculer les masses de plusieurs objets réunis.

Lancement

Lors de l'explicitation de la consigne, l'enseignant s'assure que les élèves comprennent les illustrations, en particulier le fait que les morceaux de sucre sont cachés pour les trois dernières pesées. Il précise qu'il faut trouver les masses grâce aux trois premières pesées et que tous les morceaux de sucre sont visibles. Il n'y en a pas de cachés dans les 3 premières pesées.

Recherche

Procédure visée :

▸ pour les objets A, B et C, compter le nombre de morceaux de sucre. Pour les masses de deux objets, additionner les masses de chaque objet.

Erreurs possibles :

▸ se tromper en comptant les morceaux de sucre ;

▸ ne pas comprendre que la masse de deux objets réunis est égale à la somme des masses de chaque objet.

Mise en commun

Si des élèves ont eu des difficultés à comprendre la mesure de la masse d'un objet ou de plusieurs, la correction peut s'appuyer sur une manipulation effective qui permet de revenir sur la notion de mesure avec une unité. L'enseignant mesure à nouveau les masses des deux boites dont il dispose, puis il mesure la masse des deux boites réunies pour montrer que cette mesure est égale à celle de la somme des deux masses.

Réponses

Masse de A = 7 sucres. Masse de B = 6 sucres. Masse de C = 9 sucres. Masse de A et C = 16 sucres. Masse de B et C = 15 sucres. Masse de deux A = 14 sucres.

Bilan

On peut calculer la masse de deux objets réunis. Pour cela, on additionne les masses des deux objets.

Séance 2

Rituels du Jour

Calcul mental

• Idem séance 1.
Calculs à proposer : 5 × 3 ; 4 × 9 ; 6 × 5 ; 4 × 8 ; 8 × 9 ; 6 × 8 ; 7 × 7.

• Idem séance 1
Calculs à proposer : les moitiés de 386 ; 908 ; 468 ; 704 ; 276.

Objectifs de la séance

• Comprendre la nécessité d'une unité commune.
• Mesurer des masses en g.

Activité 1 de découverte

Tâche

Déterminer la mesure des masses de deux objets. Les objets sont mesurés avec deux unités étalons : des morceaux de sucre pour l'objet A et des objets étalons de 1 g pour l'objet B. Indiquer s'il est possible de trouver celui qui est le plus lourd grâce à ces deux mesures.

Ce qui est visé en proposant cette tâche

Introduire le gramme comme une unité commune à tous pour mesurer des masses.

Lancement

L'enseignant indique qu'il va mesurer la masse des deux objets A et B. Les élèves peuvent noter les résultats des pesées. Après ces deux pesées, les élèves qui pensent savoir quel objet est le plus lourd écrivent la lettre de l'objet sur leur ardoise. Ceux qui pensent qu'il est impossible de savoir n'écrivent rien sur leur ardoise.

L'enseignant montre un morceau de sucre en indiquant que c'est l'unité pour mesurer la masse de A. Il place l'objet sur la balance, puis place les morceaux de sucre en les comptant pour équilibrer la balance. Il laisse un moment pour que les élèves écrivent la mesure de la masse de A s'ils le souhaitent.

Il présente l'objet étalon (pâte ou bouchon) comme étant l'unité pour mesurer la masse de B. Il place l'objet sur la balance, puis place les objets étalons en les comptant pour équilibrer la balance.

Il demande si on peut savoir celui qui est le plus lourd entre A et B. Les élèves qui savent celui qui est le plus lourd écrivent cette lettre sur leur ardoise.

Recherche

Procédure visée :

▸ se rendre compte que les unités utilisées pour mesurer les masses de A et de B ne sont pas les mêmes et en déduire que la comparaison est impossible.

Erreur possible :

▸ ne pas tenir compte que les unités sont différentes et penser que l'objet B est plus lourd que A étant donné que le nombre d'unités correspondant à sa masse est plus grand que le nombre d'unités correspondant à la masse de A.

Mise en commun

▸ Utiliser les désaccords pour engager une discussion sur la comparaison possible ou non des masses de A et B.

▸ Faire ressortir que les unités ne sont pas les mêmes pour mesurer A et B. Il n'est pas possible de comparer.

▸ Invalider la réponse qui propose que B est le plus lourd, en plaçant les objets dans chaque plateau de la balance : ce qui prouve que A est plus lourd que B.

Institutionnalisation

Pour comparer des masses d'objets en les mesurant, il est nécessaire de conserver la même unité. On a choisi une même unité pour tout le monde : le gramme.

L'enseignant explique que la masse de l'objet étalon utilisée pour mesurer l'objet B correspond à un gramme. Le gramme se note avec un « g » quand on écrit la masse d'un objet.

Il donne un objet du type utilisé (bouchon, pâte, ou autre) à chaque élève de façon à ce qu'il puisse le soupeser et se rendre compte de ce que représente 1 g.

La balance pourra être par la suite posée dans un coin accessible de la classe avec à disposition plusieurs exemplaires de cette unité étalon (bouchons, pâtes ou autres), de façon à laisser, à l'occasion, les élèves expérimenter des pesées en grammes, par exemple, un crayon, une gomme, etc.

Le *Ce que j'ai découvert* sera complété à la séance suivante.

Activité 2 de découverte

Tâche

Trouver comment déterminer la masse en grammes d'un objet avec une balance et des masses marquées : 500 g, 200 g, 100 g, 50 g, 20 g, 10 g, 5 g, 2 g, 1 g.

Nous proposons deux déroulements :
– le premier facilite la compréhension de la connaissance visée, mais nécessite d'avoir plusieurs balances pour que chaque groupe d'élèves puisse peser un objet, ou d'effectuer une rotation des groupes pour que chacun ait le temps, dans la journée, d'aller peser un objet ;
– le second ne nécessite qu'une balance utilisée par l'enseignant qui effectue les pesées proposées oralement par les élèves.

Ce qui est visé en proposant cette tâche

Comprendre le procédé pour mesurer une masse en utilisant une balance type Roberval et des masses marquées.

Déroulement 1

Les élèves disposent d'une balance et d'un objet à peser pour déterminer sa masse en grammes.

Procédure visée :

- placer l'objet sur un plateau de la balance et mettre une masse marquée sur l'autre plateau comme 500 g. Déterminer en fonction du plateau le plus bas s'il faut diminuer la masse posée ou s'il faut ajouter une masse. Continuer ainsi jusqu'à ce que la balance soit à l'équilibre. Additionner toutes les masses marquées.

Erreurs possibles :

- faire beaucoup d'essais en mettant des masses marquées sur un plateau mais sans tenir compte des résultats pour l'essai suivant ;
- se tromper en additionnant les masses.

La mise en commun s'effectue à partir de la comparaison des résultats trouvés par les élèves.

L'enseignant pèse l'objet en expliquant le procédé.

Déroulement 2

L'enseignant présente les différentes masses marquées. Il indique qu'il faut trouver comment utiliser ces masses pour trouver combien pèse l'objet qu'il montre. Toute l'activité va se dérouler en une suite de questions aux élèves suivies de l'expérimentation correspondant à ce que les élèves ont proposé. L'enseignant veillera à maintenir l'attention de tous en demandant s'ils sont d'accord sur chaque proposition donnée par un élève. Il peut aussi demander à l'élève qui a fait la proposition de venir la mettre à exécution.

La procédure à expliciter est la suivante :
– il faut placer l'objet sur un plateau et une masse marquée sur l'autre plateau ;
– il faut tenir compte de cette pesée pour choisir une autre masse à placer, soit une masse inférieure à la précédente, soit en ajoutant une masse à la précédente ;
– il faut, à nouveau, tenir compte de cette pesée pour continuer ;
– lorsque la balance est à l'équilibre, il faut additionner toutes les masses marquées pour trouver la masse de l'objet.

Après l'explicitation de la procédure, si le temps le permet, les élèves ont un deuxième objet à peser pour pouvoir mettre la procédure en œuvre. On laisse la balance accessible pour que les élèves puissent effectuer des pesées lorsqu'ils en auront l'occasion.

Bilan

Pour connaitre la masse d'un objet avec une balance à plateaux, on place l'objet sur un plateau et des masses marquées en grammes sur l'autre plateau pour avoir l'équilibre. On additionne toutes les masses marquées pour déterminer la masse de l'objet.

Séance 3

Rituels du jour

Calcul mental

- Idem séance 1.

Calculs à proposer : 5 × 7 ; 7 × 3 ; 8 × 5 ; 9 × 6 ; 7 × 6 ; 8 × 8 ; 9 × 3 ; 6 × 6

- Idem séance 1

Calculs à proposer : les moitiés de 342 ; 898 ; 616 ; 924 ; 474

Objectif de la séance

Mesurer des masses en kg et g.

Activité 1 de découverte

ÉTAPE 1

Tâche

Déterminer la masse d'un objet en le pesant avec une balance à plateaux.

Ce qui est visé en proposant cette tâche

Introduire l'unité kilogramme comme unité équivalente à 10 fois 100 grammes.

Nous proposons deux déroulements :
– le premier nécessite d'avoir préparé des sacs de 100 g. En effet, la boite ou la bouteille dont la masse est à trouver pèse 1 kg, unité qui va être introduite à cette occasion. Le kilogramme est vu comme étant équivalent à dix fois 100 g. Comme il est très rare de disposer de dix masses marquées de 100 g dans une classe, nous proposons de prendre des sacs de 100 g à la place des masses marquées ;
– le second utilise les masses marquées contenues dans la boite usuelle vendue avec la balance.

Déroulement 1

L'enseignant montre les boites ou les bouteilles (remplies de façon à ce qu'elles pèsent 1 kg) en expliquant qu'elles ont toutes la même masse et qu'il faut estimer cette masse. Il les fait circuler. Les élèves doivent choisir une des propositions suivantes : 10 g ; 100 g ; 500 g ; plus de 900 g.

Les élèves écrivent leur réponse sur l'ardoise et l'enseignant relève les propositions pour les vérifier avec la balance. Pour 10 g et 100 g, il utilise les masses marquées de 10 g et 100 g. Pour les deux autres propositions, il utilise les sacs de 100 g. Il commence par présenter ces sacs en les pesant pour montrer qu'ils font tous 100 g. Il demande aux élèves combien il doit poser de sacs sur le plateau pour savoir si la boite (bouteille) pèse 500 g. Cette discussion doit aboutir au fait qu'il faut 5 sacs de 100 g pour faire 500 g.

Les pesées se poursuivent pour montrer que la boite (bouteille) est plus lourde que 5 fois 100 g et aussi plus lourde que 9 fois 100 g.

L'enseignant place le dixième sac pour constater que la boite (bouteille) pèse exactement dix fois 100 g. Il explique que, comme la masse de l'objet est un nombre très important de grammes, on utilise une autre unité : le kilogramme. Un kilogramme correspond à dix fois 100 g. Il montre la masse marquée de 1 kg. Il ôte la boite (bouteille) de la balance pour poser la masse de 1 kg à sa place afin de vérifier que cette masse correspond à la masse des dix sacs.

Il replace l'objet, enlève les sacs et pose la masse de 1 kg pour équilibrer la balance afin de vérifier que l'objet pèse bien 1 kg. Il ajoute que 10 fois 100 correspond à « mille grammes », qui s'écrit 1000 g (10 centaines de grammes).

Déroulement 2

À défaut des dix sacs de 100 g, voici la proposition utilisant la boite de masses marquées, mais cette proposition fait ressortir plus difficilement qu'un kg correspond à dix fois 100 g.

Au lieu de placer les dix sacs de 100 g, l'enseignant pose la masse de 500 g pour vérifier que la boite (bouteille) pèse plus de 500 g. Il ajoute une masse de 200 g et deux masses de 100 g pour voir que la masse mesure plus de 900 g donc plus de 9 fois 100 g. Il compte les masses marquées qui restent dans la boite (une de 50 g, une de 20 g, deux de 10 g, une de 5 g, deux de 2 g et une de 1 g) pour montrer qu'il reste exactement 100 g. Il les ajoute toutes sur le plateau et il fait constater que l'objet pèse exactement pareil que toutes ces masses : donc il pèse dix fois 100 g.

Il explique que, comme la masse de l'objet est un nombre très important de grammes, on utilise une autre unité : le kilogramme. Un kilogramme correspond à dix fois 100 g. Il montre la masse marquée de 1 kg. Il ôte la boite (bouteille) de la balance pour poser la masse de 1 kg à sa place afin de vérifier que cette masse correspond à la masse des dix fois 100 g.

Il replace l'objet, enlève toutes les masses et pose la masse de 1 kg pour équilibrer la balance afin de vérifier que l'objet pèse 1 kg. Il ajoute que 10 fois 100 correspond à « mille grammes », et écrit 1000 g

ÉTAPE 2

Tâche

Estimer si des objets ont une masse supérieure, égale ou inférieure à 1 kg.

Ce qui est visé en proposant cette tâche

Établir une image mentale (ici par la perception kinesthésique) du kilogramme.

Lancement

L'enseignant explique qu'il va faire circuler des objets notés A, B, C et D et qu'il faut estimer s'ils pèsent plus d'un kilogramme, juste 1 kilogramme ou moins d'un kilogramme. On laisse les boites (bouteilles) de 1 kg, de l'étape 1, à disposition pour que les élèves puissent si nécessaire aller les soupeser de nouveau.

Les élèves reçoivent un des quatre objets dont la masse est à estimer. Les quatre objets circulent entre les élèves pour qu'ils puissent tous prévoir leur masse. Il est préférable de disposer de plusieurs exemplaires de chaque objet.

Les élèves préparent un tableau à 3 colonnes et 2 lignes sur leur ardoise avec la lettre de chaque objet, puis « plus de 1 kg », « 1 kg » ou « moins de 1 kg ». Ces trois réponses possibles sont notées au tableau pour mémoire.

Recherche

Procédure visée :

▸ soupeser l'objet et comparer avec la boite (bouteille) de 1 kg soupesée précédemment.

Erreurs possibles :

- se fier au volume ;
- répondre au hasard.

Mise en commun

- Collecte des différentes réponses pour chaque objet en les notant au tableau pour montrer les éventuels désaccords.
- Comparer la masse de chaque objet avec 1 kg en plaçant sur les plateaux de la balance l'objet en question et la masse de 1 kg.
- Validation des bonnes réponses.

Institutionnalisation

L'encadré *Ce que j'ai découvert* p. 51 est complété.

CE QUE J'AI DÉCOUVERT

Pour mesurer les masses d'objets, j'utilise le gramme.
Le gramme se note **g**.

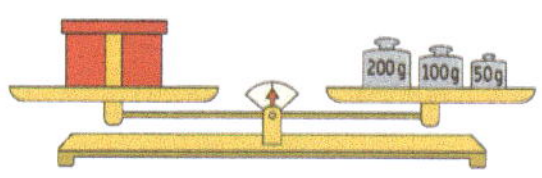

La masse de la boite est 350 g.

Pour les objets trop lourds pour être mesurés en grammes, j'utilise le kilogramme.
Le kilogramme se note **kg**. Un kilogramme vaut dix fois 100 g.
1 kg = 1000 g.

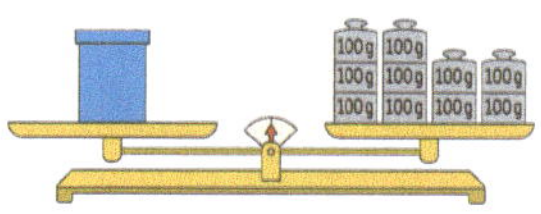

La masse de la boite est 1 kg.

Activité 2 de réinvestissement

Exercice 2 p. 51

Tâche

Choisir l'unité kg ou g correspondant à la masse d'un objet donné.

Lancement

L'enseignant lit la consigne et s'assure que les élèves ont compris qu'il faut choisir l'unité g ou kg suivant ce qui parait possible.

Recherche

Procédure visée :

- s'appuyer sur les mesures de masses effectuées à l'étape 2 pour distinguer l'ordre de grandeur des masses des objets donnés.

Erreurs possibles :

- se fier à la taille du dessin pour choisir le g ou le kg ;
- donner la réponse au hasard.

Mise en commun

- Pour la masse de Max, l'enseignant demande à certains élèves combien ils pèsent. Il montre une masse de 20 g (ou 4 feuilles A4), il peut la faire circuler pour justifier que Max ne peut pas peser 20 grammes.
- Pour les autres objets, la vérification s'effectue en les pesant sur la balance à plateaux. L'enseignant peut expliquer que le résultat est un peu supérieur aux données puisqu'il y a l'emballage.

Réponses

Max pèse 20 kg.

La pomme pèse 200 g.

La boite de sucres pèse 1 kg.

Bilan

Retour sur les deux unités de masse introduites, le gramme pour les choses légère, le kilogramme pour ce qui est lourd.

Séance 4

Rituels du jour

Calcul mental

- Idem séance 1.

Calculs à proposer : 7 × 8 ; 6 × 4 ; 9 × 9 ; 8 × 4 ; 3 × 9 ; 4 × 5 ; 8 × 6.

- Idem séance 1

Calculs à proposer : les moitiés de 232 ; 768 ; 354 ; 176 ; 524.

Objectif de la séance

Mesurer des masses en kg et g et les ranger.

Activité de réinvestissement

Exercice 3 p. 52

Tâche

Déterminer la masse d'objets pesés sur une balance à partir des masses marquées en kg et g, puis ranger les masses d'objets de la plus légère à la plus lourde.

Lancement

L'enseignant explique les deux tâches à effectuer.

Recherche

Procédure visée :

▸ additionner les masses marquées en g et si besoin celles marquées en kg. Comparer ces différentes masses en commençant par les kilogrammes, puis en comparant les masses en grammes pour les objets ayant le même nombre entier de kilogrammes.

Erreurs possibles :

▸ additionner les g avec les kg ;

▸ comparer les nombres de grammes sans s'occuper des kilogrammes.

Différenciation

Pour les élèves en difficulté

Pour ceux qui additionnent les kg avec les g, donner une masse de 1 kg et une masse de 1 g pour qu'ils comparent la masse totale avec une masse de 2 g ou 2 kg.

Donner une calculatrice pour ceux qui se trompent dans les calculs.

Pour les élèves plus rapides

Exercice supplémentaire 3, fiche différenciation 30.

Mise en commun

▸ L'enseignant peut utiliser les masses marquées pour différencier celles mesurant en kg et celles mesurant en g.

▸ Pour la comparaison, il peut placer sur un plateau les masses marquées correspondant à la masse d'un objet et sur l'autre plateau les masses marquées correspondant à un autre objet.

Réponses

- Masse de l'ananas A = 1 kg 700 g.
- Masse du poulet B = 1 kg 400 g.
- Masse du butternut C = 1 kg 70 g.
- Masse du choufleur D = 1 kg 355 g.

Masse de C < Masse de D < Masse de B < Masse de A.

Fin de séquence

Je m'entraine à mon rythme

Les pesées

Objectif

- Mesurer la masse de deux objets et la masse totale des deux objets en kg et g.

Aide à apporter aux élèves en difficulté

Il est probable que certains élèves aient encore besoin de peser réellement des objets pour prendre conscience des deux unités de mesure : le kilogramme et le gramme. Des activités de pesées peuvent être proposées à la place de l'exercice qui peut rester très abstrait pour certains.

Pour ceux qui additionnent les kg avec les g, donner une masse de 1 kg et une masse de 1 g pour qu'ils comparent la masse totale avec une masse de 2 g ou de 2 kg.

Réponses

Masse de A = 2 kg 610 g. Masse de B = 1 kg 255 g.

Masse de A et B = 3 kg 865 g.

Je cherche

Les suites de nombres (2)

Objectif

- Développer les capacités de raisonnement inductif et déductif.

Il s'agit ici de faire trouver les algorithmes qui régissent ces suites afin de pouvoir les poursuivre.

Si les élèves ne trouvent pas et se découragent, l'enseignant peut faire remarquer la relation entre les deux premiers nombres.

Réponses

1 – 2 – 4 – 7 – 11 – 16 – 22 (on ajoute d'abord 1, puis 2, puis 3, etc. pour trouver le nombre qui suit).

2 – 7 – 10 – 15 – 18 – 23 – 26 (on ajoute 5, puis 3, puis 5, puis 3, etc.).

128 – 64 – 32 – 16 – 8 – 4 (on écrit la moitié du nombre précédent à chaque fois).

95 – 94 – 89 – 88 – 83 – 82 – 77 – 76 (on soustrait 1, puis 5, puis 1, puis 5, etc.).

pp. 92 à 95

Résolution de problèmes de comparaison

Sens de l'addition et de la soustraction (5)

Rituels de la semaine

Objectifs d'apprentissage

Calcul mental

- Connaitre les tables de multiplication de 2 à 10.
- Calculer une multiplication à trou à partir des tables de multiplication

Séquence d'apprentissage

Place dans l'ensemble des séquences « Résolution de problèmes numérique »							
3. Problèmes de réunion avec recherche du tout ou d'une partie	5. Problèmes de transformation avec recherche de la quantité finale et de la transformation	10. Problèmes de groupements avec recherche de la quantité totale	16. Problèmes de transformation avec recherche de la quantité initiale	23. Problèmes de groupements et de partages avec recherche du nombre de parts et de la valeur d'une part	27. Problèmes de transformation et de réunion	**31. Problèmes de comparaison**	34. Organisation et gestion des données

Objectif de la séquence

Déterminer, par une procédure personnelle, une des deux quantités ou la relation de comparaison additive lorsque les deux quantités sont comparées.

Objectifs d'apprentissage du BO

- Résoudre des problèmes additifs de comparaison en une étape.
- Résoudre des problèmes additifs en deux étapes.

Pourquoi résoudre des problèmes de comparaison ?

Lors des séquences précédentes portant sur la résolution de problèmes des structures additives (séquences 3, 5, 16 et 27), les élèves ont résolu des problèmes de transformation et de réunion. Cette séquence porte sur les problèmes de comparaison, troisième catégorie de problèmes additifs dans la typologie de Gérard Vergnaud. Il s'agit d'une première approche de ces problèmes, l'utilisation de la procédure experte, reconnaissance de l'opération en jeu, n'est pas visée. Il s'agit de faire vivre aux élèves des situations de comparaison et de leur donner un problème de référence pour les aider à construire des images mentales qu'ils pourront ensuite mobiliser.

L'essentiel porte sur la compréhension des expressions « de plus que » et « de moins que », sans les lier à l'addition pour la première, et à la soustraction pour la seconde. En effet, certains énoncés sont rédigés avec les termes « de plus » alors qu'ils se résolvent par une soustraction. Pour cette raison, nous insistons sur la notion d'écart et sur les différentes formulations d'une même comparaison (Max a 3 trois jetons de plus que Lila, Lila a 3 jetons de moins que Max).

Remarque sur l'utilisation de la frise numérique dans cette séquence : la frise numérique a été utilisée pour calculer des résultats dans des situations de réunion et de transformation. Le calcul s'effectuait soit en posant des carrés unité sous les nombres de la frise, soit en coloriant des cases sous les nombres. Dans cette séquence, la frise est encore utilisée pour calculer l'une des quantités comparées ou l'écart entre les deux quantités, mais la frise est différente : elle comporte deux lignes de cases sous les nombres, comme ci-dessous.

0	1	2	3	4	5	6	7	8	9	10	11	12	13	14	15	16	17	18	19	20	21	22	23	24	25	26	27	28	29	30
X																														
X																														

Ainsi, chaque quantité comparée peut être représentée dans une ligne.

Exemple : Une boite rouge contient 5 jetons. Une boite bleue contient 8 jetons. La quantité de jetons de la boite rouge peut être représentée dans la première ligne de cases sous les nombres, et la quantité de jetons dans la boite bleue dans la seconde ligne.

Structure de la séquence

- Séance 1 : découverte : recherche de l'écart entre deux quantités, signification des expressions « de plus que » et « de moins que »
- Séance 2 : découverte : recherche d'une des quantités comparées
- Séance 3 : réinvestissement
- Séance 4 : réinvestissement
- Fin de séquence : entrainement et recherche

Matériel nécessaire

Matériel à télécharger pour l'ensemble de la séquence :
– Fiche Annexe « Frises ».
– Fiche différenciation 31 pour tous les exercices supplémentaires de la séquence.
– Fiche évaluation 31.
– Poster *Problèmes de comparaison*

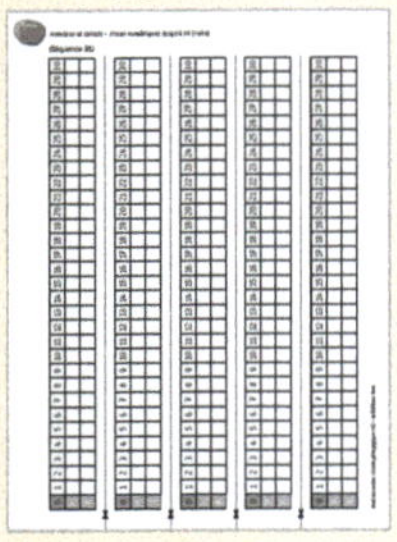
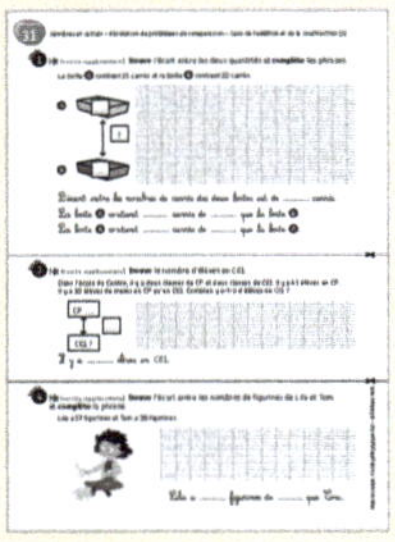
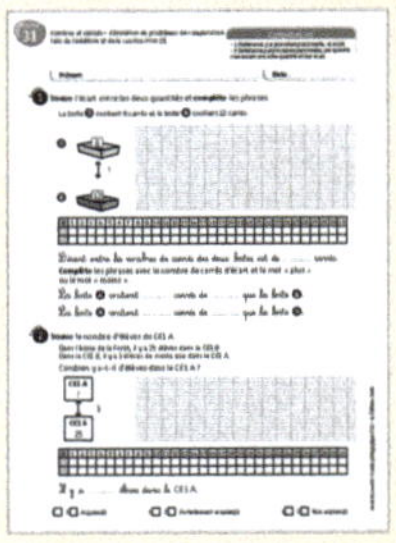

	Matériel pour l'enseignant	Matériel pour les élèves
Séance 1	– Deux boites discernables (par exemple une bleue et une rouge) – Les carrés unité pour le tableau – La frise numérique jusqu'à 30 (Annexe « Frises » agrandie) – Le poster *Problèmes de comparaison* – La reproduction agrandie de l'exercice 1 p. 92 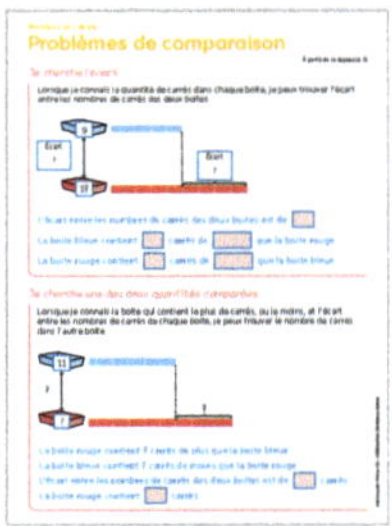	**Matériel par élève** – Une ardoise – Deux frises numériques jusqu'à 30 (Annexe « Frises ») – Le fichier de l'élève p. 92 – Mémo 31.1 *Différenciation :* 30 carrés unité + exercice supplémentaire 1, fiche différenciation 31
Séance 2	– Deux boites discernables (par exemple une bleue et une rouge) – Les carrés unité – La frise numérique jusqu'à 30 (Annexe « Frises » agrandie) – Le poster *Problèmes de comparaison* – La reproduction agrandie de l'exercice 2 p. 93	**Matériel par élève** – Une ardoise – 3 frises numériques jusqu'à 30 (Annexe « Frises ») – Le fichier de l'élève p. 93 – Mémo 31.2 *Différenciation :* 30 carrés unité
Séance 3	– Les carrés unité – La frise numérique jusqu'à 30 (Annexe « Frises » agrandie) – Le poster *Problèmes de comparaison* – La reproduction agrandie de l'exercice 3 p. 94	**Matériel par élève** – Une ardoise – 3 frises numériques jusqu'à 30 (Annexe « Frises ») – Le fichier de l'élève p. 94 *Différenciation :* 30 carrés unité + exercice supplémentaire 3, fiche différenciation 31
Séance 4	– Deux boites discernables (par exemple une bleue et une rouge) – Les carrés unité – La frise numérique jusqu'à 30 (Annexe « Frises » agrandie) – Le poster *Problèmes de comparaison* – La reproduction agrandie de l'exercice 4 p. 94	**Matériel par élève** – Une ardoise – Deux frises numériques jusqu'à 30 (Annexe « Frises ») – Le fichier de l'élève p. 94 *Différenciation :* 40 carrés unité + exercice supplémentaire 4, fiche différenciation 31
Fin de séquence		**Matériel par élève** – Le fichier de l'élève p. 95 *Différenciation :* 30 carrés unité

Séance 1

Rituels du jour

Calcul mental

• 7 calculs sont proposés.

Calculs à proposer : 4×7 ; 7×5 ; 9×8 ; 3×4 ; 5×6 ; 8×3 ; 6×9.

• 7 calculs de multiplication à trou de type ? × B = C sont proposés. à la correction, l'enseignant explique comment trouver le nombre en s'aidant des tables. *Exemple :* ? × 5 = 35. On cherche dans la table de 5, le nombre qui multiplié par 5 donne 35. Si on ne retrouve pas ce nombre, on peut s'aider de résultats qu'on connait dans la table de 5 comme $4 \times 5 = 20$. 20 est plus petit que 35, il faut chercher un nombre plus grand que 4. On essaie 6 et ainsi de suite pour trouver 35.

Calculs à proposer : ? × 5 = 35 ; ? × 2 = 18 ; ? × 3 = 21 ; ? × 6 = 24 ; ? × 7 = 14 ; ? × 4 = 12 ; ? × 7 = 35.

Objectifs de la séance

• Déterminer, par une procédure personnelle, l'écart entre deux quantités données dans une comparaison.

• Donner du sens aux expressions « de plus que » et « de moins que » sans les lier systématiquement à une opération.

Activité 1 de découverte

Tâche

Comparer deux quantités de carrés et formuler les phrases qui décrivent la situation.

Ce qui est visé en proposant cette tâche

Comprendre qu'une même comparaison peut être formulée indifféremment avec « de plus que » ou « de moins que » de façon à ne pas lier ces mots à une opération donnée.

Lancement

L'enseignant présente deux boites identifiables, par exemple une bleue et une rouge. La première contient 9 carrés unité pour le tableau, la seconde 17. Les deux boites sont représentées au tableau comme dans le *Ce que j'ai découvert* du fichier de l'élève (p. 92 sans nécessité de les dessiner en perspective) et les nombres de carrés écrits dessus. Les carrés ne sont pas représentés à côté. L'enseignant écrit les deux phrases suivantes : « La boite … contient … carrés de plus que la boite … » et « La boite … contient … carrés de moins que la boite … » Puis il demande aux élèves de les recopier en remplaçant les pointillés avec les mots « bleue » et « rouge » aux bonnes places et avec le nombre de carrés d'écart.

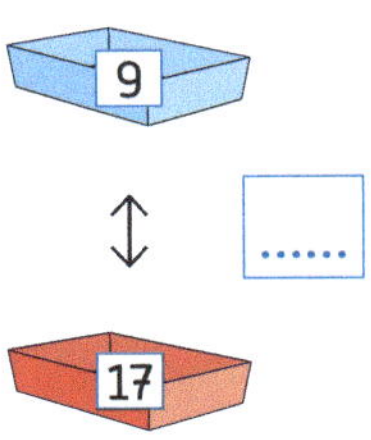

Recherche

Les élèves ont leur ardoise et leur frise numérique.

Procédure visée :

▸ comparer les nombres 9 et 17, puis chercher l'écart entre 9 et 17 en utilisant ses doigts ou la frise numérique, en représentant les carrés (dessin ou représentation symbolique), en calculant mentalement l'écart entre 9 et 17 (en utilisant par exemple le complément à 10).

Erreurs possibles :

▸ mauvaise compréhension du problème et ajout des deux nombres, erreur qui peut être induite pas l'utilisation du mot « plus » dans la première phrase ;

▸ erreur dans la recherche de l'écart.

Mise en commun

▸ Discussion autour des écarts obtenus et des procédures utilisées.

▸ Validation en affichant les carrés de la boite bleue en ligne au tableau à côté d'une représentation de cette boite, puis en affichant de la même manière ceux de la boite rouge de façon à permettre une correspondance terme à terme.

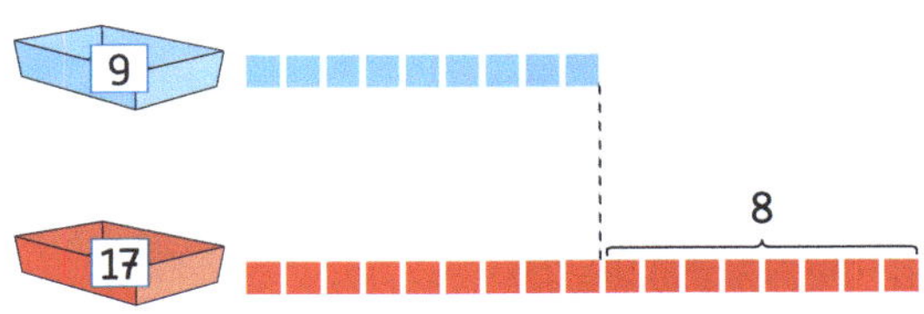

▸ Présentation de la procédure avec la frise en coloriant les 9 cases de la première ligne sous les nombres de 1 à 9, puis les 17 cases des 17 premiers nombres de la deuxième ligne.

▸ Formulation de la réponse et écriture de celle-ci au tableau : « La boite **rouge** contient **8** carrés de plus que la boite **bleue** » et « La boite **bleue** contient **8** carrés de moins que la boite **rouge** ».

▸ Retour sur le fait qu'ici deux quantité sont comparées. Un schéma comme celui ci-après peut être introduit en le liant à la disposition des carrés unité du tableau et au coloriage des cases de la frise. L'enseignant insiste sur le fait qu'ici, on ne réunit pas les deux collections de carrés, on n'ajoute ni n'enlève de carrés, on compare les nombres de carrés.

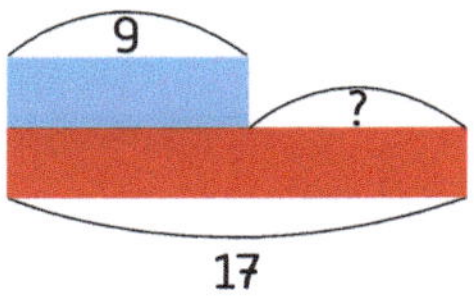

▸ Confrontation des deux façons de décrire la situation en utilisant « de plus que » et « de moins que » de façon à montrer que l'on peut formuler la même comparaison avec « de plus » ou « de moins ».

Institutionnalisation

L'enseignant introduit la notion d'écart en disant que 8 carrés est **l'écart** entre les nombres de carrés de chaque boite.

Il revient ensuite sur les procédures qui ont permis de trouver l'écart entre les deux quantités de carrés.

Le poster *Problèmes de comparaison* est affiché plié de façon à ne laisser apparente que la première moitié. Les deux étiquettes [8], les étiquettes [moins] et [plus] sont collées pour compléter les phrases. Un schéma peut-être ajouté sur le poster en fonction de ce qui aura été réalisé en classe.

L'enseignant fait compléter *Ce que j'ai découvert* p. 92 en revenant sur la signification de la flèche entre les deux boites.

CE QUE J'AI DÉCOUVERT

Lorsque je connais la quantité de carrés dans chaque boite, je peux trouver l'écart entre les nombres de carrés des deux boites.

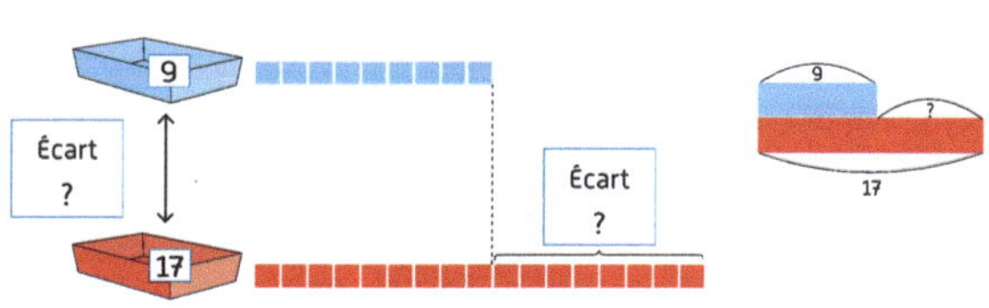

L'écart entre les nombres de carrés des deux boites est de 8 carrés.
La boite bleue contient 8 carrés de moins que la boite rouge.
La boite rouge contient 8 carrés de plus que la boite bleue.

Activité 2 de réinvestissement

Exercice 1 p. 92

Tâche

Comparer deux quantités de carrés et compléter les phrases qui décrivent la situation.

Lancement

Après une lecture silencieuse, l'enseignant fait expliciter la tâche par les élèves en s'appuyant sur la reproduction agrandie de l'exercice. Il les laisse ensuite travailler à leur rythme.

Recherche

Les procédures visées et les erreurs possibles sont les mêmes que celles décrites précédemment.

Différenciation

Pour les élèves en difficulté

Après des essais infructueux, on peut fournir aux élèves du matériel (carrés unité) pour qu'ils se représentent la situation.

Pour les élèves plus rapides

Exercice supplémentaire 1, fiche différenciation 31.

Mise en commun

▸ Analyse des réponses fournies et des procédures employées pour déterminer l'écart entre les deux quantités de carrés.

▸ Étude de la structure du problème en appui sur le schéma similaire à celui proposé dans l'activité de découverte.

▸ Validation de la bonne réponse comme dans l'activité précédente.

▸ Correction avec argumentation des phrases.

Réponses

6 carrés d'écart. La boite bleue contient 6 carrés de plus que la boite rouge. La boite rouge contient 6 carrés de moins que la boite bleue.

Bilan

L'enseignant revient sur la notion d'écart et sur la possibilité de formuler les phrases de comparaison en s'appuyant sur le poster *Problèmes de comparaison*.

Séance 2

Rituels du Jour

Calcul mental

• Idem séance 1.
Calculs à proposer : 2 × 8 ; 6 × 6 ; 3 × 9 ; 8 × 7 ; 5 × 4 ; 9 × 5 ; 4 × 3.
• Idem séance 1.
Calculs à proposer : ? × 2 = 12 ; ? × 5 = 40 ; ? × 9 = 27 ; ? × 3 = 12 ; ? × 8 = 32 ; ? × 9 = 45 ; ? × 8 = 16.

OBJECTIFS DE LA SÉANCE

• Déterminer, par une procédure personnelle, une quantité quand l'une des deux quantités, l'écart et le sens de la comparaison sont donnés.
• Vérifier la cohérence du résultat

Activité 1 de découverte

ÉTAPE 1

Tâche

Trouver le nombre de carrés dans la boite rouge, connaissant celui de la boite bleue, l'écart entre les deux et le sens de la comparaison.

Ce qui est visé en proposant cette tâche

Comprendre que l'on peut trouver une des quantités comparées.

Lancement

L'enseignant présente les deux boites identifiables, par exemple une bleue et une rouge. Il a placé 11 carrés dans la bleue et 18 dans la rouge.

Il pose le problème suivant : « Il y a 11 carrés dans la boite bleue. Dans la boite rouge, Il y a 7 carrés de plus que dans la bleue. Combien de carrés y a-t-il dans la boite rouge ? »

La situation est illustrée au tableau comme lors de la séance 1 et l'énoncé du problème y est écrit.

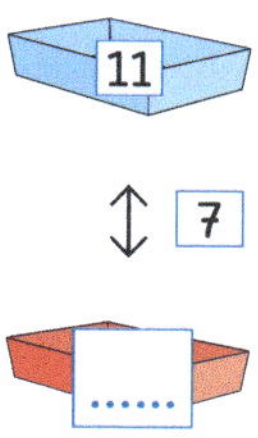

Lors de l'explicitation de l'énoncé, l'enseignant insiste sur le fait que la flèche entre les deux boites ne permet pas de savoir où il y a le plus de carrés, et donc sur la nécessité de bien lire et comprendre l'énoncé.

Recherche

Les élèves ont leur ardoise et la frise pour chercher la réponse (dessin ou schéma, calcul avec ou sans la frise) et pour l'écrire.

La recherche peut être organisée en binôme.

Procédure visée :

▸ Comprendre que la boite rouge contient plus de carrés que la bleue et chercher le nombre de carrés de la rouge en utilisant ses doigts ou la frise, en réalisant un dessin ou un schéma ou en utilisant le calcul mental de 11 + 7.

Erreurs possibles :

▸ mauvaise compréhension du problème ;

▸ erreur dans la recherche de l'écart.

Mise en commun

▸ Recueil des réponses et discussion autour du fait que les réponses qui indiquent moins de carrés dans la boite rouge, s'il y en a, ne peuvent pas être justes en revenant sur l'énoncé : « Dans la boite rouge, il y a 7 carrés de plus que dans la bleue. » S'il n'y a pas eu ce type d'erreur, l'enseignant demande de justifier le fait que la réponse est plus grande que 11.

▸ Réalisation du schéma, comme proposé en séance 1, qui permet de visualiser les relations entre les nombres.

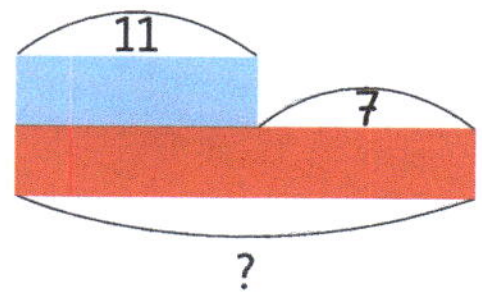

▸ Mise en évidence des différentes procédures qui permettent de trouver le nombre de carrés dans la boite rouge (dessin ou schéma, utilisation des doigts ou de la frise, calcul de l'addition 11 + 7). La procédure en coloriant la frise est présentée même si aucun élève ne l'a employée.

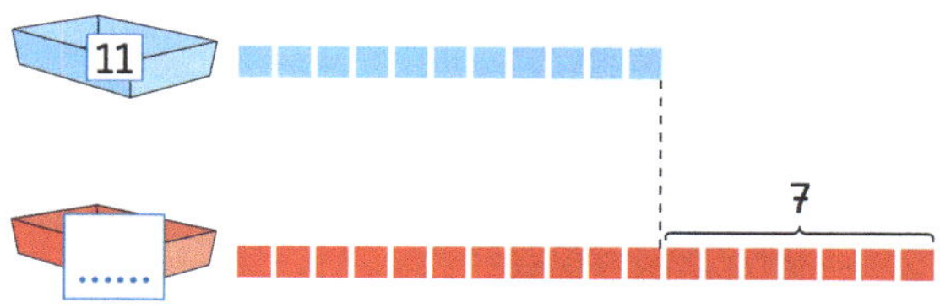

▸ Comparaison de 18 et 11 pour revenir sur le fait qu'on a bien plus de carrés dans la boite rouge.

▸ Validation en sortant les carrés des deux boites et en les plaçant au tableau comme lors de la séance 1 pour, d'une part, vérifier qu'il y en a bien 18 dans la rouge et, d'autre part, que l'écart est bien de 7.

▸ Formulation de la réponse : « La boite bleue contient 11 carrés. La boite rouge contient 18 carrés, elle contient 7 carrés de plus que la boite bleue. »

L'énoncé du problème n'est pas effacé, mais masqué si possible. Il servira lors de l'institutionnalisation.

ÉTAPE 2

Tâche

Trouver le nombre de carrés aimantés dans la boite rouge, connaissant celui de la boite bleue, l'écart entre les deux et le sens de la comparaison.

Ce qui est visé en proposant cette tâche

Comprendre qu'une comparaison de deux quantités peut s'exprimer avec « de plus que » ou « de moins que ».

Lancement

À l'abri des regards, l'enseignant remet les carrés dans les boites bleue et rouge en ne modifiant pas les quantités dans chacune d'elles, mais sans le dire aux élèves.

Il pose le problème en précisant bien que c'est un nouveau problème : « Il y a encore 11 carrés dans la boite bleue. Mais cette fois, dans cette boite bleue, il y a 7 carrés de moins que dans la rouge. Combien y a-t-il de carrés dans la boite rouge ? »

L'énoncé est écrit au tableau et illustré comme précédemment.

Recherche

Elle se déroule comme lors de l'étape 1.

Les procédures visées et les erreurs possibles sont similaires, à ceci près qu'il faut ici comprendre que, si la boite bleue contient moins de carrés que la boite rouge, c'est que la rouge en contient plus que la bleue. On revient au problème précédent.

Mise en commun

- Recueil des réponses et discussion autour du fait que les réponses qui indiquent moins de carrés dans la boite rouge, s'il y en a, ne peuvent pas être justes en revenant sur l'énoncé : « Dans la boite bleue, il y a 7 carrés de moins que dans la rouge. » Ce qui veut dire que, dans la rouge, il y a 7 carrés de plus que dans la bleue.
- Réalisation du schéma qui montre la structure du problème, et constat qu'on obtient le même qu'à l'étape 1.
- Mise en évidence des différentes procédures qui permettent de trouver le nombre de carrés dans la boite rouge (dessin ou schéma, utilisation des doigts ou de la frise, calcul de l'addition 11 + 7).
- Comparaison de 18 et 11 pour revenir sur le fait qu'on a bien moins de carrés dans la boite bleue.
- Validation en sortant les carrés des deux boites et en les plaçant au tableau comme lors de l'étape 1 pour, d'une part, vérifier qu'il y en a bien 18 dans la rouge et, d'autre part, que l'écart est bien de 7.
- Formulation de la réponse : « La boite bleue contient 11 carrés. La boite rouge contient 18 carrés. La boite bleue contient 7 carrés de moins que la boite rouge. »

Institutionnalisation

Les énoncés des deux étapes sont écrits au tableau : « Dans la boite rouge, Il y a 7 carrés de plus que dans la bleue » et « Dans cette boite bleue, il y a 7 carrés de moins que dans la rouge ». Une discussion est engagée dans le but d'insister de nouveau sur le fait que ces deux phrases veulent dire la même chose, que l'on peut formuler la comparaison des deux boites avec « de plus que » et « de moins que ».

Le poster *Problèmes de comparaison* est déplié et les étiquettes 7 et 18 sont collées pour compléter les phrases.

L'encadré du *Ce que j'ai découvert* p. 93 est complété.

CE QUE J'AI DÉCOUVERT

Lorsque je connais la boite qui contient le plus de carrés, ou le moins, et l'écart entre les nombres de carrés d'une boite, je peux trouver le nombre de carrés dans l'autre boite.

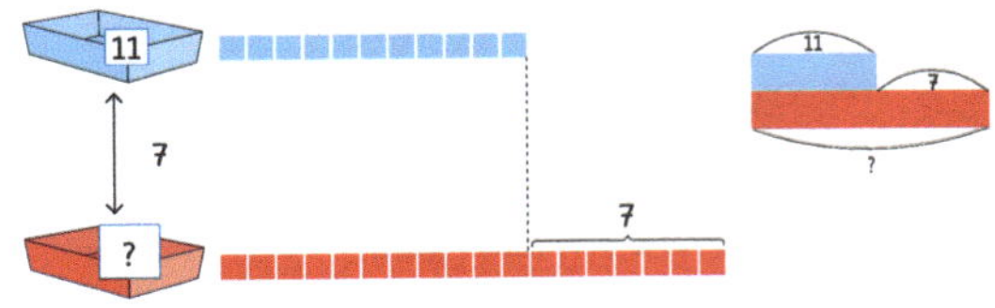

La boite rouge contient 7 carrés de plus que la boite bleue.
La boite bleue contient 7 carrés de moins que la boite rouge.
L'écart entre les nombres de carrés des deux boites est de 7 carrés.
La boite rouge contient 18 carrés.

Activité 2 de réinvestissement Exercice 2 p. 93

Tâche

Trouver le nombre de carrés dans la boite bleue, connaissant celui de la boite rouge, l'écart entre les deux et le sens de la comparaison.

Déroulement

Après une lecture silencieuse, l'enseignant fait expliciter la tâche par les élèves en s'appuyant sur la reproduction agrandie de l'exercice. Il les laisse ensuite travailler à leur rythme.

Les procédures visées et les erreurs possibles sont les mêmes que celles décrites précédemment.

Différenciation

Pour les élèves en difficulté

Après des essais infructueux, on peut fournir aux élèves du matériel (carrés unité) pour qu'ils se représentent la situation.

Pour aider à la compréhension du texte, il peut faire entourer la boite qui contient le plus de carrés.

Pour les élèves plus rapides

Organiser un tutorat pour aider à la manipulation du matériel en lien avec la compréhension de l'énoncé.

La mise en commun et la validation sont mises en œuvre comme pour l'activité précédente.

Réponses

14 + 10 = 24. 24 carrés dans la boite bleue.

Bilan

L'enseignant revient sur la nécessité de bien réfléchir pour déterminer laquelle des deux boites contient le plus ou laquelle le moins, puis revient sur les différentes procédures qui permettent de trouver la réponse.

Séance 3

Rituels du jour

Calcul mental

- Idem séance 1.

Calculs à proposer : 7 × 7 ; 5 × 8 ; 3 × 3 ; 8 × 6 ; 4 × 9 ; 6 × 7 ; 7 × 8.

- Idem séance 1.

Calculs à proposer : ? × 8 = 40 ; ? × 7 = 42 ; ? × 5 = 20 ; ? × 6 = 18 ; ? × 8 = 16 ; ? × 3 = 9 ; ? × 4 = 28.

OBJECTIFS DE LA SÉANCE

- Déterminer, par une procédure personnelle, une quantité quand l'autre quantité, l'écart entre les deux et le sens de la comparaison sont donnés, dans divers contextes.
- Vérifier la cohérence du résultat.

Activité 1 de réinvestissement

ÉTAPE 1

Tâche

Trouver le nombre d'élèves d'une classe connaissant le nombre d'élèves de sa propre classe, l'écart entre les deux et le sens de la comparaison.

Lancement

L'enseignant rappelle le nombre d'élèves de la classe. Il pose le problème suivant : « Dans notre classe, vous êtes x élèves. Dans le CE1 de l'école [nom d'une autre classe de l'école ou d'ailleurs], il y a 4 élèves de plus que dans la nôtre. Combien y a-t-il d'élèves dans cette classe ? »

L'énoncé est écrit au tableau et illustré comme précédemment.

Recherche

Les élèves disposent de leur ardoise et de la frise pour chercher et noter leur réponse.

La recherche peut être organisée en binôme.

Les procédures visées et erreurs possibles sont les mêmes que celles décrites dans la séance 2.

Différenciation

Pour les élèves en difficulté

Après des essais infructueux, on peut fournir aux élèves du matériel (carrés unité) pour qu'ils se représentent la situation.

Mise en commun

▸ Déroulement similaire à celui décrit pour la séance 2.

▸ L'enseignant insiste sur le fait qu'il faut d'abord se demander s'il y a plus ou moins d'élèves dans l'autre classe que dans la leur, puisque la question porte sur le nombre d'élèves de l'autre classe en faisant le lien avec les problèmes de référence des boites rouge et bleue.

▸ La validation est faite avec les carrés unité, comme pour les problèmes des boites, puis avec la frise et par calcul si certains l'ont utilisé.

Remarque : L'appui sur un schéma comme ceux proposés dans les encadrés et sur le poster *Problèmes de comparaison* est systématique.

ÉTAPE 2

Tâche

Trouver le nombre d'élèves d'une classe connaissant le nombre d'élèves de sa propre classe, l'écart entre les deux et le sens de la comparaison.

Déroulement

Similaire au précédent avec le problème suivant : « Dans notre classe, vous êtes x élèves. Dans notre classe, il y a 3 élèves de moins que dans [le nom d'une nouvelle classe de l'école ou d'ailleurs]. Combien y a-t-il d'élèves dans cette classe ? »

Différenciation

Pour les élèves en difficulté

Après des essais infructueux, on peut fournir aux élèves du matériel (carrés unité) pour qu'ils se représentent la situation.

Activité 2 de réinvestissement

Exercice 3 p. 94

Tâche

Déterminer, par une procédure personnelle, l'écart entre deux quantités.

Lancement

L'enseignant demande aux élèves une lecture silencieuse de l'énoncé, puis à quelques-uns de raconter l'histoire.

L'enseignant précise qu'il faut d'abord compléter les pointillés dans l'illustration du problème.

Les places du 12 et du 15 indiffèrent, mais il sera plus commode pour la mise en commun que tous aient placés les nombres de la même manière. Il est plus probable qu'ils écrivent le 12 dans l'image du haut. Cependant, une discussion sur le fait que cela n'a pas d'importance est intéressante.

Ce problème est une recherche d'écart comme ceux de la séance 1.

Recherche

Les élèves travaillent à leur rythme. Si l'espace de recherche n'est pas suffisant, un cahier de recherche peut être laissé à disposition. Ils peuvent également utiliser leur frise numérique pour réaliser les calculs.

Les procédures visées et erreurs possibles sont les mêmes que celles décrites dans la séance 1.

Différenciation

Pour les élèves en difficulté

Après des essais infructueux, on peut fournir aux élèves du matériel (carrés unité) pour qu'ils se représentent la situation.

Pour les élèves plus rapides

Exercice supplémentaire 3, fiche différenciation 31

Mise en commun

- Retour sur l'énoncé en insistant sur la structure du problème : recherche de l'écart entre deux quantités.
- Discussion autour des procédures de résolution.
- Vérification de la cohérence entre la réponse trouvée et l'énoncé.
- Validation avec les carrés unité et, éventuellement, un calcul.

Réponse

3 élèves de plus.

Bilan

Retour sur la notion d'écart et sur la possibilité de formuler de deux façons les phrases de comparaison.

Séance 4

Rituels du jour

Calcul mental

- Idem séance 1.

Calculs à proposer : 8 × 8 ; 9 × 7 ; 7 × 6 ; 5 × 7 ; 4 × 6 ; 9 × 9 ; 6 × 8.

- Idem séance 1.

Calculs à proposer : ? × 4 = 36 ; ? × 6 = 36 ; ? × 3 = 27 ; ? × 4 = 32 ; ? × 7 = 28 ; ? × 4 = 12 ; ? × 7 = 21.

Objectifs de la séance

- Déterminer, par une procédure personnelle, une quantité quand l'autre quantité, l'écart entre deux et le sens de la comparaison sont donnés dans différents contextes.
- Résoudre un problème à étapes.
- Vérifier la cohérence du résultat.

Activité de réinvestissement Exercice 4 p. 94

Déroulement

Le déroulement est similaire à celui de l'activité 2 de la séance 3.

Le premier problème est un problème de recherche d'une quantité. Le mot « plus » est trompeur : la quantité à chercher est inférieure à celle donnée.

Le second item est un problème à deux étapes : la première demande rechercher l'une des quantités comparées, mais le mot « moins » est ici trompeur, Éva a ramassé plus de fraises que Max ; la seconde question concerne la recherche d'un tout dans une réunion.

Remarque importante : la schématisation habituelle qui permet d'expliciter les énoncés n'est pas proposée pour les problèmes. Les énoncés ne sont qu'illustrés. Il est possible que certains élèves la réalisent eux-mêmes. Cela peut leur être suggéré, mais pas exigé.

Différenciation

Pour les élèves en difficulté

Une aide à la lecture des énoncés peut être fournie, soit par une relecture par l'adulte, soit par un pair bon lecteur.

L'enseignant peut accompagner les élèves pour faire le lien entre les situations de l'exercice et les situations de référence du poster *Problèmes de comparaison* et des Ce que j'ai découvert (p. 92 et 93).

Après des essais infructueux, l'enseignant peut demander aux élèves d'entourer le personnage qui a plus que l'autre, d'essayer de schématiser les situations comme pour les problèmes de références du poster *Problèmes de comparaison*, puis il peut fournir du matériel (carrés unité) pour qu'ils se représentent la situation.

Pour les élèves plus rapides

Exercice supplémentaire 4 : fiche différenciation 31

Réponses

Cas 1 : 17 cartes.

Cas 2 : **a.** 38 fraises. **b.** 68 fraises en tout.

Bilan

Retour sur la nécessité de bien réfléchir pour déterminer laquelle des deux quantités est plus grande que l'autre, et sur les procédures de résolution en s'appuyant sur les problèmes de référence du poster *Problèmes de comparaison*.

Fin de séquence

Je m'entraine à mon rythme

L'école Sophie Germain

Objectif

• Résoudre des problèmes de comparaison par procédure personnelle.

Les élèves disposent d'un cahier de recherche pour pouvoir écrire leurs essais.

Aide à apporter aux élèves en difficulté

Une aide à la lecture peut être apportée puisque des informations sont à trouver dans le tableau à double entrée et dans les illustrations. Pour chaque question, les élèves peuvent être guidés sur les endroits où chercher les informations nécessaires à la résolution, en les surlignant par exemple.

L'enseignant peut accompagner les élèves pour faire le lien entre les situations de l'exercice et les situations de référence du poster et des Ce que j'ai découvert.

L'enseignant peut demander aux élèves d'essayer de schématiser les situations, puis il peut fournir du matériel (carrés unité) pour modéliser les situations et aider à la résolution.

Réponses

Dans le CP B, il y a 23 élèves.

Dans le CE1 A, il y a 29 élèves.

Dans le CE1 B, il y a 7 élèves de plus que dans le CP A.

Dans le CP A, il y a 7 élèves de moins que dans le CE1 B.

Je cherche

Qui fait quoi ?

Objectif

• Développer des compétences de chercheur : prendre des initiatives, faire preuve de persévérance, être organisé, etc.

Réponses

Sport	football	natation	athlétisme	basket

Durée en heures et minutes

pp. 54 à 57

Rituels de la semaine

Objectifs d'apprentissage

Calcul mental

- Connaitre toutes les tables de multiplication de 2 à 10.
- Calculer une multiplication à trou à partir des tables de multiplication.

Séquence d'apprentissage

Place dans l'ensemble des séquences « Grandeurs et mesures »					
4. Longueur en cm	15. Monnaie	20. Unités de mesure de longueur (km, m, cm)	26. Lecture de l'heure – Durée en h	30. Masse	**32. Durée en h et min**

Objectifs de la séquence

- Connaitre les unités de mesure de durée, heure et minute, et l'équivalence entre elles.
- Comparer des durées en h et min.
- Connaitre les équivalences entre quart d'heure et minutes et demi-heure et minutes.
- Calculer des durées entre deux instants donnés en heures entières, en heures et demi-heure ou en heures et quarts d'heure.

Objectifs d'apprentissage du BO :

- Connaitre les unités de mesure de durée, heure et minute, et les symboles associés (h et min).
- Comparer et mesurer des durées écoulées entre deux instants affichés sur une horloge (pour des intervalles de temps situés dans une même journée, avec des heures données en heures entières, en heures et demi-heure ou en heures et quarts d'heure).

Quelles sont les connaissances travaillées dans cette séquence ?

En séquence 26, les élèves ont appris à lire l'heure en utilisant les heures entières et les demi-heure et quart d'heure. Dans cette séquence, ils apprennent à lire ces mêmes heures mais en utilisant les minutes. Pour cela, ils ont besoin de comprendre qu'un quart d'heure correspond à 15 minutes et qu'une demi-heure est 30 minutes. Ces équivalences découlent de l'égalité entre 1 heure et 60 minutes. C'est cette équivalence qui est l'objet de la 1re séance. Des comparaisons de durées, l'une donnée en heures et l'autre en minutes, sont proposées.

Dans la 4e séance, les élèves apprennent à calculer des durées entre deux instants exprimées en heures, demi-heure et quart d'heure.

Structure de la séquence

- Séance 1 : découverte : heure et minutes.
- Séance 2 : réinvestissement
- Séance 3 : découverte : équivalence entre demi-heure, quart d'heure et minutes
- Séance 4 : réinvestissement
- Fin de séquence : entrainement et recherche

Matériel nécessaire

Matériel à télécharger pour l'ensemble de la séquence :
– Fiches Annexes 32.1 et 32.2.
– Fiche différenciation 32.
– Fiche évaluation 32.

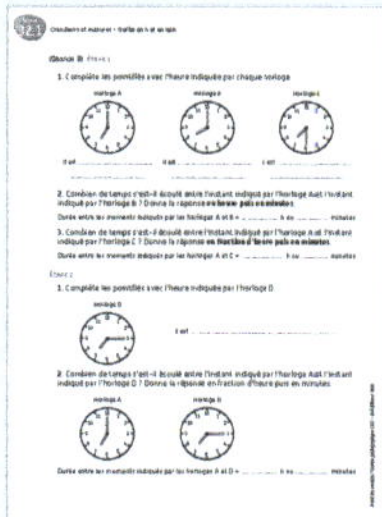
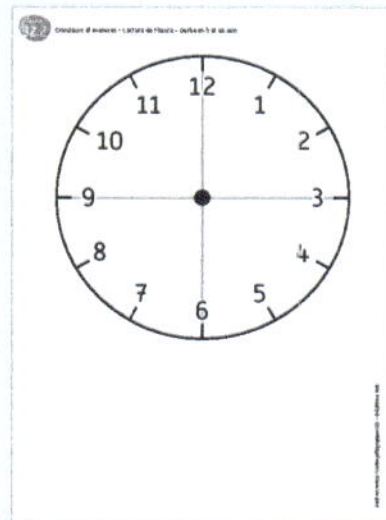
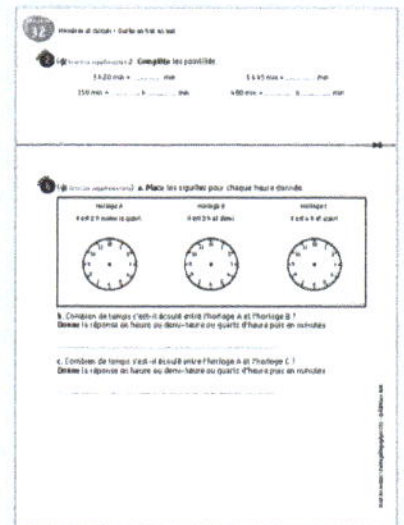
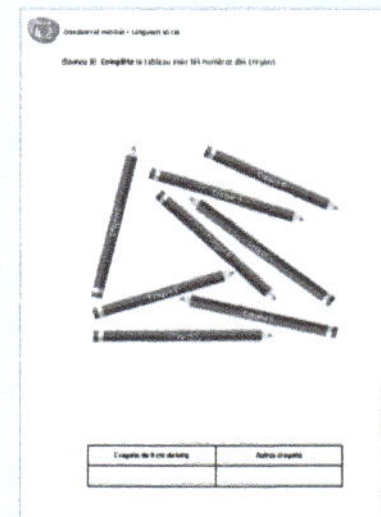

	Matériel pour l'enseignant	Matériel pour les élèves
Séance 1	– Un sablier d'une minute ou un chronomètre – Une grande horloge à aiguilles en fonctionnement (ou avec engrenages) où tous les repères des minutes sont marqués ou l'horloge interactive en ligne*	**Matériel par élève** – Une ardoise – Le fichier de l'élève p. 54. – Mémo 32.1
Séance 2	– Les reproductions agrandies des exercices 1 et 2 p. 54.	**Matériel par élève** – Le fichier de l'élève p. 54. *Différenciation :* une calculatrice pour les élèves en difficulté + exercice supplémentaire 2, fiche différenciation 32
Séance 3	– La reproduction agrandie de l'Annexe 32.2 ou l'horloge interactive en ligne – La reproduction agrandie de l'exercice 3 p. 55.	**Matériel par élève** – L'Annexe 32.1 – Le fichier de l'élève p. 55. – Mémo 32.2
Séance 4	– Une horloge à aiguilles. – L'Annexe 32.2 agrandie – La reproduction agrandie de l'exercice 4 p. 56.	**Matériel par élève** – Le fichier de l'élève p. 56. *Différenciation :* les horloges de l'Annexe 26.7 + exercice supplémentaire 4, fiche différenciation 32
Fin de séquence		**Matériel par élève** – Le fichier de l'élève p. 57. *Différenciation :* les horloges de l'Annexe 26.7

*https://studit-internal.lia.moe/retz/horloge/

Séance 1

Rituels du jour

Calcul mental

- Identique à la semaine précédente.
Calculs à proposer : **5 × 5 ; 7 × 4 ; 9 × 6 ; 6 × 3 ; 4 × 8 ; 3 × 7 ; 8 × 9**.
- 7 calculs de multiplication à trou de type A × ? = C sont proposés. À la correction, l'enseignant explique que si on ne trouve pas le nombre, on peut chercher le calcul en sens inverse. *Exemple pour 4 × ? = 20 :* Au lieu de chercher 4 × ? = 20, on peut chercher ? × 4 = 20 pour chercher dans la table de 4, le nombre qui multiplié par 4 donne 20. On se retrouve avec le même type de calcul que la semaine précédente.
Calculs à proposer : **2 × ? = 8 ; 4 × ? = 20 ; 5 × ? = 15 ; 3 × ? = 9 ; 2 × ? = 18 ; 5 × ? = 50** ; **8 × ? = 40**.

Objectif de la séance

Connaitre les unités de mesure de durée, heure et minute, et l'équivalence entre elles.

Activité 1 de découverte

Étape 1

Tâche

Avec un sablier d'une minute ou un chronomètre, mesurer la durée lorsque la grande aiguille se déplace d'un repère numéroté (repère des heures) au suivant.

Ce qui est visé en proposant cette tâche

Découvrir que le déplacement de la grande aiguille d'un repère numéroté au suivant met 5 minutes, puis en déduire que, pour passer de n'importe quel repère au suivant (repère des minutes), la grande aiguille met 1 minute.

Lancement

L'enseignant utilise soit une véritable horloge ou l'horloge interactive*. Auparavant, l'enseignant règle l'horloge sur une heure entière. *Exemple :* 10 h. En cas d'utilisation de l'horloge interactive, il faut masquer l'heure digitale (10 : 00). L'enseignant montre l'horloge à aiguilles indiquant 10 h pour demander l'heure montrée par l'horloge. Après avoir validé qu'il est 10 h, il demande ce qu'indique la grande aiguille. Il est fort probable que la majorité des élèves sachent que la grande aiguille indique les minutes.

L'enseignant pose le problème : « Combien de temps met la grande aiguille pour se déplacer du repère numéroté au repère numéroté suivant, par exemple du repère numéroté 12 au repère numéroté 1 ou du repère numéroté 1 au repère numéroté 2 ? »

L'enseignant relève les différentes réponses, puis demande comment faire pour savoir quelle est la bonne réponse. Il précise, en le montrant, qu'il dispose d'un sablier d'une minute ou d'un chronomètre.

L'enseignant note les différentes propositions pour les discuter.

Recherche

Procédures visées :

- avec le sablier, proposer de le retourner au moment où l'aiguille des minutes arrive sur un repère numéroté, puis proposer de retourner le sablier autant de fois qu'il est nécessaire jusqu'à ce que l'aiguille des minutes arrive au repère numéroté suivant. Le nombre de fois où le sable s'est écoulé entièrement correspond au nombre de minutes ;
- avec le chronomètre, proposer de le déclencher au moment où l'aiguille des minutes arrive sur un repère numéroté et de l'arrêter quand l'aiguille des minutes arrive au repère numéroté suivant.

Erreurs possibles avec le sablier :

- ne pas préciser qu'il faut débuter le retournement lorsque la grande aiguille arrive sur un repère numéroté ;
- ne pas évoquer la nécessité de le retourner plusieurs fois ;
- ne pas dire qu'il faut compter le nombre de sabliers écoulés.

Erreurs possibles avec le chronomètre :

- ne pas préciser qu'il faut débuter le chronomètre lorsque la grande aiguille arrive sur un repère numéroté ;
- ne pas préciser qu'il faut arrêter le chronomètre lorsque la grande aiguille arrive au repère numéroté suivant.

Mise en commun

- Comparer les propositions pour aboutir à l'explicitation de l'expérimentation.
- Faire démarrer le chronomètre ou retourner le sablier au moment où la grande aiguille est sur un repère numéroté.
- Indiquer 1 min lorsqu'il s'est écoulé 1 min, puis 2 min.
- Faire ressortir que l'aiguille des minutes se déplace d'un trait au trait suivant en une minute, donc l'aiguille met cinq minutes à aller d'un repère numéroté au repère numéroté suivant.

Étape 2

Tâche

À partir d'une image d'horloge avec tous les repères des minutes, calculer la durée pendant laquelle la grande aiguille fait un tour complet.

Ce qui est visé en proposant cette tâche

Trouver l'équivalence entre une heure et les minutes.

Lancement

L'enseignant demande aux élèves de regarder l'image de l'horloge du *Ce que j'ai découvert* p. 54. Il règle son horloge à aiguilles sur 10 h. Il rappelle que la durée pendant laquelle la petite aiguille se déplace d'un repère numéroté au repère numéroté suivant est 1 h. Avec l'horloge, en avançant les aiguilles, il rappelle que, pendant que la petite aiguille se déplace d'un repère numéroté au suivant, la grande aiguille fait un tour.

Consigne : « En une heure, la grande aiguille fait un tour. En combien de minutes la grande aiguille fait-elle un tour ? »

Les élèves écrivent la réponse sur l'ardoise.

Recherche

Procédures visées :

- compter tous les espaces entre les repères des minutes un par un ou tous les repères des minutes ;
- compter les espaces entre deux repères numérotés ou les repères numérotés pour trouver 5 min, puis compter de 5 en 5 ;

* https://studit-internal.lia.moe/retz/horloge/

▸ compter les espaces entre deux repères numérotés ou les repères numérotés pour trouver 5 min, puis calculer des additions réitérées de 5 (12 fois) ou utiliser la table de 5 pour calculer 10 × 5 et ajouter 2 × 5.

Erreurs possibles :

▸ se tromper en comptant les espaces ou les repères des minutes de un en un ;

▸ compter les repères des minutes mais en comptant deux fois le premier repère (une fois au début du comptage et une fois à la fin) ;

▸ se tromper en comptant de 5 en 5 ;

▸ se tromper en calculant les additions réitérées ;

▸ compter les espaces entre les repères numérotés (confusion heure et minute).

Mise en commun

▸ Faire l'inventaire des réponses et faire expliciter les procédures.

▸ Mettre en évidence la procédure de comptage de 5 en 5 ou d'additions réitérées en rappelant qu'on peut réduire le calcul en calculant 10 × 5 plutôt qu'additionner 10 fois le nombre 5.

▸ Rappeler que la grande aiguille fait un tour en 1 h et en déduire l'équivalence 1 h = 60 min.

▸ Préciser que, quel que soit l'endroit où est placée la grande aiguille, un tour de la grande aiguille dure 1 h.

Institutionnalisation

Lire le *Ce que j'ai découvert* p. 54 et faire compléter l'équivalence : 1 heure = 60 minutes.

CE QUE J'AI DÉCOUVERT

La petite aiguille de l'horloge indique les heures et la grande aiguille indique les minutes.

La petite aiguille met une heure pour aller d'une graduation (ou trait) rouge numérotée à la suivante.

La grande aiguille met une minute pour aller d'une petite graduation (ou point blanc) à la suivante.

La grande aiguille met une heure pour faire un tour complet.

1 heure = 60 minutes

Séance 2

Rituels du jour

Calcul mental

• Idem séance 1.
Calculs à proposer : 7 × 9 ; 6 × 4 ; 3 × 8 ; 2 × 7 ; 8 × 4 ; 9 × 3 ; 5 × 3.

• Idem séance 1.
Calculs à proposer : 2 × ? = 12 ; 5 × ? = 20 ; 4 × ? = 16 ; 8 × ? = 24 ; 9 × ? = 45 ; 3 × ? = 15 ; 6 × ? = 18.

OBJECTIFS DE LA SÉANCE

• Convertir des durées d'heures en minutes ou inversement.
• Comparer des durées.

Activité 1 de réinvestissement — Exercice 1 p. 54

Tâche

Convertir des durées d'heures en minutes, ou de minutes en heures, ou en heures et minutes.

Lancement

En expliquant la consigne, l'enseignant insiste sur les durées qui sont données ou attendues en heures et minutes comme 1 h 25 min. Il peut écrire au tableau : 1 h 25 min, c'est 1 h et 25 min.

Recherche

Procédures visées :

▸ pour la conversion d'heures en minutes, ajouter autant de fois 60 min que nécessaire ou utiliser la multiplication ;

▸ pour la conversion de minutes en heures, faire des additions réitérées de 60 jusqu'à obtenir le nombre souhaité. Pour 250 min, s'arrêter à 240 et déterminer qu'il reste 10 min ;

▸ pour la conversion de minutes en heures, faire des soustractions réitérées de 60 à partir du nombre de minutes.

Erreurs possibles :

▸ se tromper dans les additions ou soustractions ;

▸ ne tenir compte que du nombre d'heures ou du nombre de minutes dans 1 h 25 min ;

▸ traduire 1 h 25 en 125 min en considérant 1 h comme 100 min ;

▸ ne tenir compte que des heures entières dans 250 min.

Différenciation

Pour les élèves en difficulté

Après leurs essais infructueux, proposer aux élèves de compléter les calculs suivants, avec la calculatrice éventuellement, pour les utiliser ensuite pour convertir :

60 min + 60 min = … ; 60 min + 60 min + 60 min = … ; 60 min + 60 min + 60 min + 60 min = … ; 60 min + 60 min + 60 min + 60 min + 60 min = … .

Mise en commun

▶ Faire l'inventaire des réponses et faire expliciter les procédures.

Réponses

4 h = 240 min

1 h 25 min = 85 min

300 min = 5 h

250 min = 4 h 10 min

Activité 2 de réinvestissement

Exercice 2 p. 54

Tâche

Déterminer la durée la plus courte entre deux durées dont l'une est donnée en heures et l'autre en minutes.

Lancement

Après la lecture des textes, l'enseignant explique que la tâche est identique dans les trois cas. Il s'agit de trouver si les deux durées sont identiques ou la durée la plus courte.

Recherche

Les procédures et les erreurs possibles sont les mêmes qu'à l'activité précédente avec, en supplément, le fait que la conversion n'est pas explicitement demandée. Le but de la tâche est de comparer les durées ce qui nécessite d'en convertir une.

Différenciation

Pour les élèves en difficulté

Indiquer les conversions à effectuer.
– cas 1 : 2 heures en minutes ;
– cas 2 : 3 heures en minutes ;
– cas 3 : 1 heure et 35 minutes en minutes.

Rappeler l'équivalence 1 h = 60 min.

Pour les élèves plus rapides

Exercice supplémentaire 2, fiche différenciation 32

Mise en commun

Faire ressortir la nécessité de convertir une des durées pour avoir les deux durées en minutes et ainsi pouvoir les comparer. Expliciter les conversions.

Réponses

- 2 h = 120 min. Max a mis moins de temps.
- 3 h = 180 min. Éva et Lila ont marché le même temps.
- 1 h 35 min = 95 min. Tom a regardé le film qui dure le moins longtemps.

Bilan

Rappeler l'équivalence 1 h = 60 min.

Séance 3

Rituels du Jour

Calcul mental

- Idem séance 1.

Calculs à proposer : 3 × 6 ; 5 × 9 ; 7 × 3 ; 8 × 5 ; 9 × 4 ; 6 × 5 ; 7 × 8.

- Idem séance 1.

Calculs à proposer : 6 × ? = 36 ; 7 × ? = 28 ; 9 × ? = 27 ; 6 × ? = 30 ; 9 × ? = 36 ; 3 × ? = 21 ; 4 × ? = 36.

Objectif de la séance

Connaitre les équivalences entre quart d'heure et minutes et demi-heure et minutes.

Activité 1 de découverte

Étape 1

Tâche

Lire l'heure sur des horloges en utilisant des heures entières ou des demies. Calculer les durées écoulées entre les moments indiqués par deux horloges en termes de demi d'une heure ou de minutes.

Ce qui est visé en proposant cette tâche

Découvrir l'équivalence entre une demi-heure et 30 minutes.

Lancement

Les élèves ont l'Annexe 32.1 (étape 1), une version agrandie est affichée au tableau. Les différentes questions auxquelles les élèves doivent répondre sont explicitées.

Recherche

Procédures visées :

▶ réinvestir la lecture de l'heure en heures entières et demi-heure étudiée lors de la séquence 26 ;

▶ réinvestir le calcul de la durée entre deux heures entières et entre une heure entière et une heure et demi-heure étudié aussi en séquence 26 ;

▸ utiliser l'équivalence 1 h = 60 min, et la connaissance qu'une demi-heure correspond à la moitié d'une heure, pour calculer l'équivalence entre demi-heure et minutes.

Erreurs possibles :

Les erreurs se situeront probablement sur l'équivalence entre demi-heure et minutes :

▸ ne pas comprendre qu'une demi-heure correspond à la moitié d'une heure ;

▸ se tromper en calculant la moitié de 60.

Mise en commun

▸ Faire l'inventaire des réponses pour la lecture de l'heure sur les différentes horloges en revenant sur le rôle des aiguilles si besoin.

▸ Faire l'inventaire des réponses pour les durées entre les horloges. Si besoin, utiliser une horloge à aiguilles pour montrer le déplacement de la grande aiguille entre les heures indiquées par les deux horloges et valider la bonne réponse.

▸ Discuter des différentes réponses trouvées pour la conversion d'une demi-heure en minutes. Utiliser soit l'horloge interactive en ligne, soit l'Annexe 32.2 agrandie pour montrer, en coloriant 2 demi-heures, qu'il y a 2 demi-heures dans une heure. En déduire qu'une demi-heure correspond à la moitié d'une heure donc la moitié de 60 minutes, ce qui est égal à 30 minutes.

Réponses

1. Horloge A : 7 h ; horloge B : 8 h ; horloge C : 7 h et demie.

2. 1 h ou 60 min.

3. Une demi-heure ou 30 min.

ÉTAPE 2

Tâches

Lire l'heure sur des horloges en utilisant des heures entières ou des quarts d'heure.

Calculer la durée écoulée entre les moments indiqués par deux horloges en termes de quart d'heure ou de minutes.

Ce qui est visé en proposant cette tâche

Découvrir l'équivalence entre un quart d'heure et 15 minutes.

Lancement

Les élèves ont l'Annexe 32.1 (étape 2), une version agrandie est affichée au tableau. La consigne est expliquée.

Recherche

Procédures visées :

▸ réinvestir la lecture de l'heure en heures et quart d'heure étudiée lors de la séquence 26 ;

▸ réinvestir le calcul de la durée entre une heure entière et une heure et un quart d'heure étudié aussi en séquence 26 ;

▸ utiliser l'équivalence une demi-heure = 30 min et la connaissance qu'un quart d'heure correspond à la moitié d'une demi-heure pour calculer l'équivalence entre quart d'heure et minutes.

Erreurs possibles :

▸ ne pas comprendre qu'un quart d'heure est la moitié d'une demi-heure ;

▸ se tromper en calculant la moitié de 30 min.

Mise en commun

▸ Discuter des réponses pour la lecture de l'heure sur l'horloge D en rappelant le mémo 26.2 si besoin.

▸ Après avoir valider la durée entre les horloges A et D comme étant un quart d'heure, discuter des différentes réponses trouvées pour la conversion d'un quart d'heure en minutes. Utiliser soit l'horloge interactive en ligne, soit l'Annexe 32.2 agrandie pour montrer, en coloriant 2 quarts d'heure, qu'il y a 2 quarts d'heures dans une demi-heure. En déduire qu'un quart d'heure correspond à la moitié d'une demi-heure, donc la moitié de 30 min, soit 15 min.

Réponses

1. Il est 7 h et quart.

2. Un quart d'heure ou 15 min.

Institutionnalisation

Revenir sur les équivalences entre heure, demi-heure, quart d'heure et minutes.

Faire compléter le *Ce que j'ai découvert* p. 55.

CE QUE J'AI DÉCOUVERT

1 heure = 60 min
1 demi-heure = 30 min
1 quart d'heure = 15 min

Activité 2 de réinvestissement — Exercice 3 p. 55

Tâche

Comparer deux durées ; l'une donnée en demi-heure ou quarts d'heure et l'autre en minutes.

Lancement

Après la lecture des deux premiers énoncés, l'enseignant revient sur le fait que deux durées sont données dans les 4 cas et qu'il faut chercher la durée la plus longue. Les deux derniers items peuvent n'être proposés qu'aux élèves les plus rapides.

Recherche

Procédure visée :

▸ convertir la durée donnée en demi-heure ou quarts d'heure en minutes ou inversement pour comparer les durées.

Erreur possible :

▸ mal convertir les quarts d'heure ou les demi-heures en minutes ou inversement.

Différenciation

Pour les élèves en difficulté

Dire aux élèves d'utiliser le *Ce que j'ai découvert* p. 55.

Pour les élèves plus rapides

Les deux derniers items de l'exercice 3 ou proposer de chercher la séance la plus longue de toutes celles citées.

Mise en commun

Faire l'inventaire des réponses puis faire expliciter les procédures pour mettre en évidence la nécessité de convertir les quarts d'heure ou demi-heures en minutes ou inversement.

Réponses

1. Un quart d'heure = 15 min ou 30 min = une demi-heure = 2 quarts d'heure

La séance la plus longue est la séance de lecture.

2. 3 demi-heures = 90 min (30 + 30 + 30) ou 60 min = 2 demi-heures

La séance la plus longue est la séance d'EPS.

3. 5 quarts d'heure = 1 h 15 min (car 4 quarts d'heure = 1 h) ou 1 h 30 min = 6 quarts d'heure (car 1 h = 4 quarts d'heure et 30 min = 2 quarts d'heure)

La durée la plus longue est celle de la pause déjeuner, 1 h 30 min.

4. 3 quarts d'heure = 45 min (15 + 15 + 15) ou 60 min = 1 h = 4 quarts d'heure

La séance la plus longue est celle d'EPS.

Bilan

Revenir sur les équivalences entre demi-heure, quart d'heure et minutes.

Séance 4

Rituels du jour

Calcul mental

- Idem séance 1.

Calculs à proposer : **4 × 4 ; 5 × 7 ; 7 × 4 ; 9 × 6 ; 6 × 8 ; 8 × 4 ; 3 × 5.**

- Idem séance 1.

Calculs à proposer : **3 × ? = 24 ; 5 × ? = 25 ; 8 × ? = 40 ; 6 × ? = 24 ; 5 × ? = 30 ; 4 × ? = 28 ; 3 × ? = 18.**

Objectif de la séance

Calculer des durées entre deux instants donnés en heures entières, en heures et demi-heure ou en heures et quarts d'heure.

Activité de réinvestissement — Exercice 4 p. 56

Tâches

Lire l'heure en heures, demi-heure et quart d'heure.

Mesurer des durées en demi-heures et quarts d'heure, ou en minutes.

Étape 1

Lancement

Pour cette première étape, les élèves ne répondent qu'aux deux premières questions.

À la question **a**, l'heure est demandée uniquement en utilisant les demi-heures ou quarts d'heure mais, à la question **b**, il faut exprimer l'heure en demi-heure ou quart d'heure, puis en minutes.

Recherche

Procédures visées

- réinvestir la lecture de l'heure apprise en séquence 26 ;
- pour mesurer la durée, utiliser le déplacement de la grande aiguille entre les deux horloges : celle-ci a fait un quart de tour, donc la durée est d'un quart d'heure ;
- convertir la durée trouvée en quart d'heure en minutes.

Erreurs possibles :

- mauvaise lecture de l'heure, en particulier sur l'horloge B ;
- ne pas comprendre que la durée écoulée entre les deux horloges se trouve en déterminant le déplacement de la grande aiguille et qu'il faut l'exprimer en fraction d'heure.

Différenciation

Pour les élèves en difficulté

Utiliser le Mémo 26.2 pour lire l'heure.

Les difficultés sur la détermination de la durée entre les deux horloges sera traitée collectivement dans la mise en commun.

Mise en commun

Si des erreurs ont subsisté dans la lecture de l'heure, rappeler le rôle des deux aiguilles et ce que signifie quart d'heure et demi-heure. Utiliser le Mémo 26.2.

Pour déterminer la durée entre les horloges A et B, utiliser l'horloge pour montrer le déplacement de la grande aiguille pendant ce temps. Utiliser soit l'horloge interactive, soit une horloge de l'Annexe 26.7 agrandie pour colorier la partie correspondant au déplacement de la grande aiguille.

Exprimer cette partie en fraction de tour d'horloge, à savoir un quart de tour. La grande aiguille met 1 h à parcourir un tour, donc un quart de tour correspond à un quart d'heure.

Rappeler l'équivalence entre heure et minutes, puis entre quart d'heure et minutes pour déterminer la durée en minutes.

Réponses

a. Horloge A : Il est 7 heures et demie.

Horloge B : Il est 8 heures moins le quart.

Horloge C : Il est 8 heures et quart.

b. Entre l'horloge A et l'horloge B, il s'est écoulé un quart d'heure ou 15 minutes

ÉTAPE 2

Déroulement

Les quatre questions restantes sont à rechercher. Elles reprennent ce qui a été travaillé précédemment avec deux difficultés supplémentaires :
– la première réside à la question **d** où il faut ajouter deux durées en convertissant une demi-heure en quarts d'heure ;
– la seconde difficulté est à la question **f** où il faut déterminer la durée entre les horloges A et D, ce qui nécessite d'abord de trouver le nombre d'heures entières écoulées, puis le reste en demi-heure ou quarts d'heure.

Différenciation

Pour les élèves en difficulté

Proposer une horloge de l'Annexe 26.7 pour colorier le déplacement de la grande aiguille entre les deux horloges.

Pour le déplacement entre les horloges A et D, donner quatre horloges de l'Annexe 26.7 pour pouvoir colorier trois horloges entières et une part de la quatrième.

Pour les élèves les plus rapides

Exercice supplémentaire 4, fiche différenciation 32.

Mise en commun

Pour corriger la durée entre les horloges B et C, l'enseignant utilise l'horloge pour montrer le déplacement de la grande aiguille pendant ce temps. Utiliser soit l'horloge interactive, soit une horloge de l'Annexe 26.7 agrandie pour colorier la partie correspondant au déplacement de la grande aiguille. Exprimer ce déplacement en demi-tour, puis en demi-heure.

Avec l'horloge, montrer que la durée entre les horloges A et C est la somme de la durée entre les horloges A et B et de la durée entre les horloges B et C. Utiliser soit l'horloge interactive, soit une horloge de l'Annexe 26.7 agrandie pour colorier la partie correspondant à la somme des deux durées (un quart d'heure plus une demi-heure). Rappeler qu'une demi-heure est égale à deux quarts d'heure et déterminer la somme : trois quarts d'heure. Convertir en minutes.

Pour la lecture de l'heure sur l'horloge D, il est possible que certains élèves aient répondu 12 heures et quart. L'enseignant rappelle qu'on dit plutôt midi au lieu de 12 heures.

Afficher 7 heures et demie sur l'horloge, puis montrer le déplacement de la grande aiguille pour aller jusqu'à midi et quart. Faire ressortir que la grande aiguille fait plusieurs fois le tour. Il faut donc déterminer le nombre de tours entiers puis le reste. La grande aiguille fait 4 tours entiers (de 7 h et demie à 11 h et demie) puis 3 quarts de tours. La durée est de 4 heures et 3 quarts d'heure. Il reste à convertir en heures et minutes : 4 h 45 min.

Réponses

c. Entre l'horloge B et l'horloge C, il s'est écoulé une demi-heure, donc 30 minutes.

d. Entre l'horloge A et l'horloge C, il s'est écoulé 3 quarts d'heure ou 45 minutes.

e. Horloge D : Il est midi et quart.

f. Entre l'horloge A et l'horloge D, il s'est écoulé 4 heures 3 quarts ou 4 heures 45 minutes.

Bilan

Revenir sur la détermination de la durée entre deux instants en utilisant les heures, demi-heures et quarts d'heure.

Fin de séquence

Je m'entraine à mon rythme

Heures, demi-heures, quarts d'heure, minutes

Objectifs

- Connaitre les unités de mesure de durée, heure et minute, et l'équivalence entre elles.
- Connaitre les équivalences entre quart d'heure et minutes et demi-heure et minutes.
- Calculer des durés entre deux instants donnés.

Aide à apporter aux élèves en difficulté

Pour les deux premières questions, faire appel aux mémos 32.1 et 32.2.

Pour les deux dernières questions, donner les horloges de l'Annexe 26.7 pour colorier les parts correspondantes aux déplacements de la grande aiguille.

Réponses

1. 3 h 10 min = 190 min ; 150 min = 2 h 30 min ; 3 quarts d'heure = 45 min ; 3 demi-heures = 1 h 30 min.

2.

HORLOGE A

Il est 10 h et quart

HORLOGE B

Il est 11 h

HORLOGE C

Il est 11 h et demie

3. Entre l'horloge A et l'horloge B, il s'est écoulé 3 quarts d'heure ou 45 minutes.

4. Entre l'horloge A et l'horloge C, il s'est écoulé 1 heure et quart ou 75 minutes.

Je cherche

Les sacs de pommes de terre

Objectif

- Utiliser les connaissances sur la numération pour résoudre un problème sur des masses.

La procédure visée repose sur le repérage du nombre de dizaines et d'unités restantes dans un nombre. Par exemple, 100 kg, c'est 10 dizaines de kg, donc il faut 10 sacs.

48 kg, c'est 4 dizaines de kg et 8 kg, il faut donc 5 sacs.

Réponses

– J'ai besoin de 100 kg. J'achète 10 sacs de 10 kg.
– J'ai besoin de 12 kg. J'achète 2 sacs de 10 kg.
– J'ai besoin de 240 kg. J'achète 24 sacs de 10 kg.
– J'ai i besoin de 48 kg. J'achète 5 sacs de 10 kg.
– J'ai besoin de 176 kg. J'achète 18 sacs de 10 kg.

pp. 58 à 61

Cercle et compas

Rituels de la semaine

Objectifs d'apprentissage

Calcul mental

- Connaitre toutes les tables de multiplication de 2 à 10.
- Calculer une multiplication à trou à partir des tables de multiplication.

Séquence d'apprentissage

Place dans l'ensemble des séquences « Espace et géométrie »

2. Carré et angle droit	8. Alignement et milieu	11. Rectangle	17. Solides	21. Repérage dans l'espace	24. Tracé de carrés et de rectangles	29. Triangle rectangle	**33. Cercle et compas**

Objectif de la séquence

Apprendre à utiliser un compas.

Objectifs d'apprentissage du BO

- Reconnaitre, nommer et décrire un cercle.
- Reproduire ou construire un cercle.
- Utiliser le compas comme instruments de tracé.

Pourquoi introduire le compas sans parler d'équidistance ?

En CE1, il s'agit juste d'apprendre à manier le compas, de développer l'habileté motrice nécessaire au tracé d'un cercle. Ainsi, les élèves seront sans doute moins centrés sur les difficultés techniques en CE2 pour mieux se concentrer sur les aspects conceptuels du cercle. La manipulation d'instruments de géométrie ne doit pas être un obstacle à faire de la géométrie. Faire de la géométrie, ce n'est pas faire de jolis tracés, mais la précision des tracés aide à mieux comprendre.

Les termes « cercle » et « centre » seront introduits dans cette séquence, les termes « disque », « rayon » et « diamètre » le seront en CE2. Les élèves utiliseront peut-être le terme « rond ». L'enseignant sera vigilant à faire évoluer les élèves vers l'utilisation du vocabulaire de géométrie en parlant de cercle.

On peut définir le cercle de deux manières :
– une ligne avec une courbure constante : c'est ce qu'on ressent quand on « tourne toujours pareil »
– un ensemble de points à égale distance (le rayon) d'un point donné (le centre du cercle).

La première est celle travaillée dans cette séquence.

Un disque est l'ensemble de points qui sont à une distance inférieure ou égale à une distance donnée (le rayon) d'un point donné (le centre). Le cercle est donc une ligne et le disque une surface.

Remarques importantes : les compas utilisés doivent être de bonne qualité (branches pas trop lâches et de même longueur, mine bien taillée) de façon à ce que l'instrument lui-même ne fasse pas obstacle à la construction du savoir visé. Un élève pourrait être capable de tracer un cercle mais ne pas y réussir car son compas ne le lui permet pas (branches qui s'écartent, etc.).
Tracer un cercle nécessite une certaine dextérité qui demande de l'entrainement.

Structure de la séquence

- Séance 1 : découverte : cercle et compas
- Séance 2 : découverte : tracé d'un cercle de centre donné
- Séance 3 : réinvestissement
- Séance 4 : réinvestissement
- Fin de séquence : entrainement et recherche

Matériel nécessaire

Matériel à télécharger pour l'ensemble de la séquence :
– Fiche Annexe 33.
– Fiche évaluation 33.
– Le poster *Cercle et compas*.

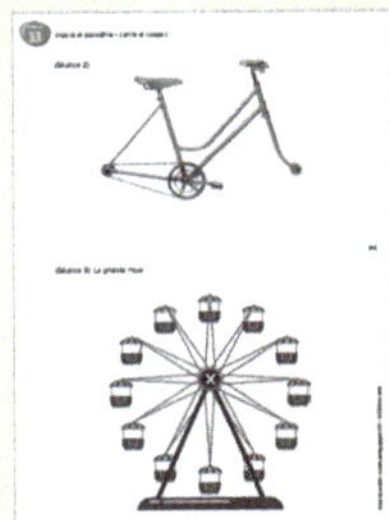

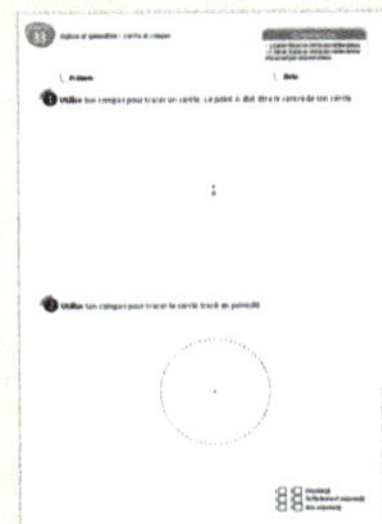

	Matériel pour l'enseignant	Matériel pour les élèves
Séance 1	– Un compas de tableau – Le poster *Cercle et compas* 	**Matériel par élève** – Une feuille blanche unie – Un support à mettre sous la feuille – Un compas – Le fichier de l'élève p. 58 – Mémo 33
Séance 2	– Le compas du tableau – Deux reproductions agrandies du vélo (Annexe 33) – Les reproductions agrandies des exercices 1 et 2 p. 58	**Matériel par élève** – Un compas – Le vélo photocopié (Annexe 33). – Un support à mettre sous la feuille – Le fichier de l'élève p. 58 – Mémo 33
Séance 3	– Le compas du tableau – Deux reproductions agrandies de la grande roue (Annexe 33) – La reproduction agrandie de l'exercice 3 p. 59	**Matériel par élève** – Un compas – La grande roue photocopiée (Annexe 33) – Le fichier de l'élève p. 59
Séance 4	– Le compas du tableau – La reproduction agrandie des exercices 4 et 5 p. 60	**Matériel par élève** – Un compas – Le fichier de l'élève p. 60
Fin de séquence		**Matériel par élève** – Le fichier de l'élève p. 61

Séance 1

Rituels du jour

Calcul mental

• Identique à la semaine précédente.
Calculs à proposer : 7 × 7 ; 5 × 8 ; 4 × 7 ; 8 × 8 ; 6 × 3 ; 9 × 8 ; 3 × 7.
• Identique à la semaine précédente .
Calculs à proposer : 3 × ? = 24 ; ? × 9 = 18 ; 4 × ? = 32 ; 7 × ? = 42 ; ? × 3 = 24 ; 9 × ? = 45 ; ? × 5 = 25.

Objectif de la séance

Introduire le compas comme outil permettant de tracer des cercles.

Activité de découverte

ÉTAPE 1

Tâche

Discerner les cercles tracés au compas de ceux tracés à main levée.

Ce qui est visé en proposant cette tâche

Introduire le compas comme outil permettant de tracer des cercles.

Déroulement

L'enseignant annonce que, cette semaine, on va faire de la géométrie, donc les outils de géométrie pourront être utilisés mais que, pour le moment, on n'a besoin de rien.

Cette séance n'est pas une séance d'arts plastiques mais peut être liée à une séquence sur l'étude d'œuvres « géométriques ». Les élèves sont amenés à réagir (composition, formes, couleurs, techniques, etc.) devant différentes œuvres dites géométriques dans lesquelles les artistes ont représenté des cercles (ou des formes approchant les cercles mais considérées comme). Sur certaines de ces œuvres les cercles ont été tracés au compas et sur d'autres non. Certaines œuvres peuvent ne pas être composées que de cercles ou même ne pas utiliser du tout de cercle. Il est possible de trouver de nombreux exemples. Nous proposons deux tableaux de Vassily Kandinsky sur le poster *Cercle et compas*. Sur la première œuvre, intitulée *Carrés avec des cercles concentriques* (1913), l'artiste a peint des cercles à main levée mais les considère comme cercles étant donné le nom qu'il a donné à son tableau. Sur la seconde, *Cercles dans un cercle* (1923), les cercles ont été tracés avec précision.

L'enseignant affiche le poster *Cercle et compas* en ayant pris soin, au préalable, d'en masquer le titre (de manière temporaire) sinon les élèves pourront y lire la réponse à son questionnement : « Quelle différence peut-on observer au niveau des tracés des cercles ? »

La recherche est mise en œuvre sous forme d'un oral collectif. Les échanges doivent faire ressortir que les cercles sur le premier tableau ne sont pas très réguliers, pas très « bien faits », alors que, sur le second, ils sont au contraire très bien tracés, très réguliers. Des élèves utiliseront probablement le terme « rond ». L'enseignant prendra soin de rectifier en disant qu'en géométrie, ces lignes s'appellent des cercles.

L'enseignant questionnera alors sur les moyens qu'a pu utiliser le peintre pour tracer des cercles aussi précis. Les élèves proposeront peut-être qu'ils sont tracés en faisant des empreintes de cylindres, verres, etc. ou en en traçant le contour comme ils ont pu le faire en maternelle.

Mise en commun

L'utilisation d'un instrument spécial, le compas, émerge des élèves, ou de l'enseignant si aucun n'y pense ou ne connait.

L'enseignant présente alors le compas et trace un cercle au tableau sans donner plus de détails et peut, à ce moment-là, démasquer le titre du poster en enlevant ce qu'il a collé dessus.

ÉTAPE 2

Tâche

Tracer des cercles sans contraintes.

Ce qui est visé en proposant cette tâche

Découvrir le maniement du compas.

Lancement

Chaque élève a un compas et une feuille blanche unie posée sur un support (par exemple, un cahier au moins aussi grand que la feuille, le fichier fermé, etc.) qui facilitera l'utilisation du compas. Sa pointe se fixera plus facilement.

L'enseignant leur demande de tracer des cercles de tailles variées sur cette feuille. Il ne s'agit pas de « faire à la manière de Kandinsky » mais de laisser libre cours à sa créativité et surtout d'essayer de tracer des cercles avec le compas.

Recherche

Les élèves expérimentent les façons d'utiliser le compas pour tracer des cercles. L'enseignant circule et observe les procédures d'utilisation du compas.

Procédure visée :

- planter la pointe du compas et poser la mine sur la feuille, puis le faire tourner d'un tour complet en marquant le cercle.

Procédure possible :

- planter la pointe du compas et poser la mine sur la feuille, puis faire tourner la feuille d'un tour complet en marquant le cercle.

Erreurs possibles :

- ne pas planter suffisamment bien la pointe et la faire glisser ou faire glisser la feuille en la faisant tourner ;
- ne pas tenir le compas correctement et ne pas réussir à faire de tour complet ;
- faire varier l'écartement des branches par une mauvaise préhension du compas ;
- commencer le tracé du cercle mais avoir besoin de replanter la pointe pour continuer et ne pas replanter au même endroit ;
- ne pas tenir la feuille qui tourne en même temps que le compas.

Mise en commun

Après cinq ou dix minutes, une première mise en commun est réalisée.

▸ Analyse de productions affichées du point de vue de la qualité des cercles produits : ligne régulière et fermée.

▸ Discussion autour des difficultés rencontrées (*cf.* erreurs possibles).

▸ Observation de l'outil et définition du rôle de chaque élément du compas :
– deux branches que l'on peut écarter pour faire varier la taille du cercle (le terme « rayon » sera introduit en CE2 lorsque la distance au centre sera évoquée) ;
– une pointe que l'on doit planter correctement ;
– une mine (ou un crayon) qui permet de tracer le cercle ;
– une articulation que l'on tient pour faire tourner plus facilement le compas et pour ne pas resserrer les branches en les tenant.

▸ Démonstration au tableau par l'enseignant, en traçant d'abord un cercle sur une feuille et en faisant tourner celle-ci. Cette manipulation n'est pas très aisée au tableau, ce qui pourra permettre d'en montrer les limites ; puis en traçant un cercle sur une feuille fixée au tableau (ou directement sur le tableau) en faisant tourner le compas.

ÉTAPE 3

Tâche

Tracer des cercles sans contraintes en faisant tourner le compas.

Déroulement

Les élèves essayent de mettre en application les conseils donnés en traçant de nouveaux cercles sur une nouvelle feuille. Cela permettra de comparer la qualité des productions avec celles de l'étape 2. L'enseignant demande de ne pas faire tourner la feuille. Elle peut éventuellement être fixée, avec son support, sur la table avec de la pâte adhésive.

> **Différenciation**
>
> *Pour les élèves en difficulté*
>
> Les laisser d'abord tracer des cercles en tournant la feuille avant de les accompagner dans le tracer en tournant le compas.

Institutionnalisation

L'enseignant revient sur le fait que, pour tracer des cercles, il faut un outil particulier, un compas, puis sur les conseils techniques pour réussir à tracer des cercles. Il recommande aux élèves de s'entrainer à en tracer.

La phrase de l'encadré *Ce que j'ai découvert* p. 58 est complétée. Le mot « centre » sera écrit dans le cercle lors de la séance 2.

CE QUE J'AI DÉCOUVERT

Pour tracer un cercle, j'utilise un compas.

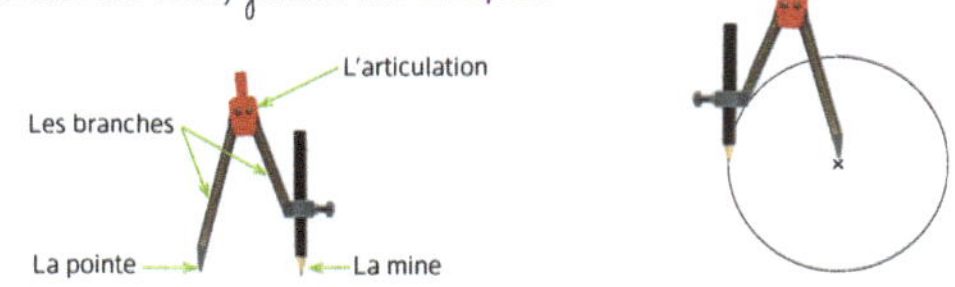

Séance 2

Rituels du jour

Calcul mental

• Idem séance 1.
Calculs à proposer : 3 × 9 ; 2 × 6 ; 5 × 5 ; 7 × 6 ; 9 × 7 ; 8 × 6 ; 4 × 8.

• Idem séance 1.
Calculs à proposer : 4 × ? = 16 ; ? × 9 = 27 ; 6 × ? = 24 ; ? × 6 = 42 ; 9 × ? = 27 ; ? × 5 = 30 ; 5 × ? = 35.

OBJECTIF DE LA SÉANCE

S'entrainer au maniement du compas pour tracer des cercles de centre donné.

Activité 1 de découverte

Tâche

Dessiner les roues d'un vélo avec un compas.

Ce qui est visé en proposant cette tâche

Découvrir comment utiliser le compas pour tracer un cercle dont le centre est donné.

Lancement

Avant la séance, l'enseignant trace les roues du vélo sur une des reproductions agrandies (Annexe 33) de façon à ce que les élèves voient le but à atteindre.

Les deux reproductions agrandies du vélo (une sans les roues, l'autre avec) sont affichées et commentées : « Que manque-t-il ? Comment va-t-on les dessiner ? »

Après avoir validé le fait qu'il faut tracer les roues avec un compas et qu'elles doivent avoir la même taille, l'enseignant distribue les vélos photocopiés (Annexe 33) et demande aux élèves de tracer les roues. Il vérifie que les élèves mettent un support sous la feuille avec le vélo à compléter.

Recherche

Les élèves cherchent où planter la pointe du compas, c'est-à-dire le centre du cercle. Ils doivent également ne pas changer d'écartement des branches entre les deux roues.

Le fait de devoir tracer les deux cercles de même rayon oblige les élèves à être méticuleux.

Procédure visée :

- tracer deux cercles de même rayon et de centre « l'extrémité de la fourche » et un sommet du triangle arrière en faisant tourner le compas.

Procédure possible :

- tracer deux cercles de même rayon et de centre « l'extrémité de la fourche » et un sommet du triangle arrière en faisant tourner la feuille.

Erreurs possibles :

- erreur sur le choix des centres du cercle ;
- rayons différents pour les roues.

Les petites maladresses de tracé ne sont pas considérées comme des erreurs à proprement parler.

Mise en commun

- Analyse de quelques productions affichées en revenant sur les contraintes : choix du centre, roues de même taille (on se satisfera de cercles qui ont approximativement la même taille en vérifiant à l'œil nu).
- Mise en évidence du lien entre l'écartement des branches et la taille du cercle obtenu : si on modifie l'écartement, la taille change, si on ne le modifie pas, les cercles ont la même taille.
- Retour sur les conseils techniques pour tracer un cercle satisfaisant et, en particulier, sur le fait de devoir tenir le compas par son articulation. Cela permet de le faire tourner plus facilement et de ne pas toucher aux branches, donc de ne pas faire varier leur écartement.

Institutionnalisation

L'enseignant introduit la dénomination du lieu où l'on plante la pointe du compas : le centre du cercle (qui ne sera pas caractérisé comme le point équidistant des points du cercle en CE1), puis il revient sur le fait que, pour tracer des cercles, il faut un compas, ainsi que sur les conseils techniques pour réussir à tracer des cercles. Il privilégie le tracé en faisant tourner le compas plutôt que la feuille puisqu'il sera difficile de tourner le fichier.

Dans le *Ce que j'ai découvert* p. 58, l'enseignant fait écrire « centre » sur les pointillés sous le centre du cercle en faisant remarquer que ce centre est marqué d'une petite croix. Il rappelle à l'occasion, si nécessaire, qu'en géométrie, on marque un point en traçant une petite croix pour être précis. Le point se trouve là où les deux traits se croisent. En géométrie, on appelle « point » : un lieu, un endroit.

Activité 2 de réinvestissement — Exercice 1 p. 58

Tâche

Tracer des cercles ayant un même centre donné.

Lancement

L'enseignant explicite la consigne en montrant au tableau qu'il s'agit de tracer plusieurs cercles de même centre, matérialisé par la croix comme dans le *Ce que j'ai découvert*, mais de tailles différentes. Il interroge les élèves sur le moyen pour faire varier la taille des cercles.

Recherche

Pendant que les élèves réalisent l'exercice, l'enseignant circule pour aider les élèves qui en ont besoin.

Procédure visée :

- planter la pointe du compas à l'intersection des traits de la croix (avec une tolérance sur la marge d'erreur de pointage), choisir un écartement des branches différent de celui utilisé pour le cercle tracé et entre chaque cercle tracé.

Erreurs possibles :

- ne pas planter la pointe au bon endroit (avec une marge d'erreur trop importante) ;
- ne pas comprendre qu'il faut faire varier l'écartement des branches ;
- ne pas réussir à fermer les cercles.

Différenciation

Pour les élèves en difficulté

Revenir sur les aspects techniques. Proposer de faire varier l'écartement des branches sans déplanter le compas. Demander de tracer seulement deux ou trois cercles

Photocopier l'exercice pour ceux qui réussissent à tracer un cercle en faisant tourner la feuille mais pas en faisant tourner le compas.

Pour les élèves plus rapides

Ils placent un autre centre sur le fichier ou une feuille et tracent des cercles de tailles différentes et de centre « le nouveau point choisi ».

Mise en commun

Il n'y a pas de mise en commun et la validation est individuelle sur fichier.

Activité 3 de réinvestissement — Exercice 2 p. 58

Tâche

Tracer des cercles de même taille ayant un centre donné.

Lancement

L'enseignant explicite la consigne en montrant au tableau qu'il s'agit de tracer un cercle dont le centre est marqué par la croix. Il y a donc cinq cercles à tracer. Il interroge les élèves sur le moyen de ne pas faire varier la taille des cercles. Il précise que ce sont eux qui choisissent l'écartement qu'ils désirent mais qu'ensuite ils ne doivent pas en changer.

Recherche

Pendant que les élèves réalisent l'exercice, l'enseignant circule pour aider les élèves qui en ont besoin.

Procédure visée :

- planter la pointe du compas à l'intersection des traits d'une croix (avec une tolérance sur la marge d'erreur de pointage), choisir un écartement des branches et le conserver pour les cinq cercles. Tracer les cercles.

Erreurs possibles :

- ne pas planter la pointe au bon endroit (avec une marge d'erreur trop importante) ;
- ne pas comprendre comment ne pas faire varier l'écartement des branches ;
- ne pas réussir à fermer les cercles.

Différenciation

Pour les élèves en difficulté

Revenir sur les aspects techniques. Entrainer l'élève à tracer des cercles sans contraintes pour commencer.

Photocopier l'exercice pour ceux qui réussissent à tracer un cercle en faisant tourner la feuille mais pas en faisant tourner le compas.

Pour les élèves plus rapides

Le même exercice sur une feuille blanche (en plaçant un support dessous) et en marquant d'abord les centres choisis.

Mise en commun

Il n'y a pas de mise en commun et la validation est individuelle sur fichier.

Bilan

Retour sur les aspects techniques : où tenir le compas, comment faire pour ne pas faire varier la taille d'un cercle.

Séance 3

Rituels du jour

Calcul mental

- Idem séance 1.

Calculs à proposer : 6 × 6 ; 8 × 7 ; 9 × 9 ; 4 × 5 ; 3 × 8 ; 6 × 7 ; 5 × 6.

- Idem séance 1.

Calculs à proposer : 4 × ? = 36 ; 5 × ? = 20 ; 7 × ? = 49 ; ? × 9 = 81 ; ? × 6 = 30 ; 7 × ? = 21 ; 9 × ? = 54.

Objectif de la séance

S'entrainer au maniement du compas pour tracer des cercles de centre donné et passant par un point donné.

Activité 1 de réinvestissement

Tâche

Dessiner le cercle de la grande roue. L'enseignant affiche la grande roue (Annexe 33). Les élèves ont la même mais sans le cercle qu'ils doivent tracer.

Déroulement

Il est similaire à celui de l'activité de découverte de la séance précédente (tracer des roues de vélo). L'enseignant a pris également soin de tracer le cercle attendu sur l'une des reproductions agrandies de la grande roue. L'enseignant montre que le cercle passe par le sommet de toutes les nacelles.

Procédure visée :

- planter la pointe du compas sur un centre de cercle et écarter les branches de façon à placer la mine sur un point qui marque l'attache d'une nacelle à la grande roue. Tracer le cercle en faisant tourner le compas.

Procédure possible :

- planter la pointe du compas sur un centre de cercle et écarter les branches de façon à placer la mine sur un point qui marque l'attache d'une nacelle à la grande roue. Tracer le cercle en faisant tourner la feuille.

Erreurs possibles :

- ne pas planter la pointe du compas au bon endroit ;
- essayer de trouver le bon écartement des branches avant de planter la pointe du compas ;
- ne pas réussir à faire tourner le compas sur un tour complet.

La mise en commun se déroule de manière similaire à celle de l'activité de découverte de la séance précédente. L'enseignant fait également ressortir le fait qu'il faut d'abord planter la pointe du compas, puis écarter les branches jusqu'à ce que la mine se place à l'endroit désiré.

Activité 2 de réinvestissement Exercice 3 p. 59

Tâche

Tracer des cercles de centre donné en repassant sur une ligne pointillée.

Déroulement

Il est similaire à celui des activités 2 et 3 de la séance précédente (exercices 1 et 2 p. 58).

Les procédures visées et erreurs attendues sont les mêmes que celles décrites dans l'activité 1 de cette séance 3.

Différenciation

Pour les élèves en difficulté

L'enseignant peut fournir une aide sur les aspects techniques.

Photocopier l'exercice pour ceux qui réussissent à tracer un cercle en faisant tourner la feuille mais pas en faisant tourner le compas.

Pour les élèves plus rapides

Un tutorat peut être organisé pour aider les élèves en difficulté.

Tracer des cercles sur un cahier pour s'entrainer et ainsi améliorer sa dextérité.

Mise en commun

Il n'y a pas de mise en commun, la correction est individuelle.

Bilan

L'enseignant revient sur les difficultés rencontrées et sur la bonne utilisation d'un compas : la procédure « personnelle » en tournant la feuille et l'autre, l'experte (procédure en tournant le compas sans tourner la feuille), qu'il faut essayer de réussir.

Séance 4

Rituels du jour

Calcul mental

• Idem séance 1.
Calculs à proposer : 9×4 ; 8×5 ; 6×9 ; 4×6 ; 3×3 ; 8×3 ; 7×9.
• Idem séance 1.
Calculs à proposer : $6 \times ? = 48$; $8 \times ? = 72$; $? \times 5 = 15$; $? \times 7 = 49$; $9 \times ? = 54$; $8 \times ? = 56$; $6 \times ? = 42$.

Objectif de la séance

Savoir tracer des cercles de centre donné et passant par un point donné.

Activité 1 de réinvestissement

Exercice 4 p. 60

Tâche

Reproduire une figure constituée de cercles de centre donné et passant par un point donné.

Lancement

L'enseignant explicite la consigne en montrant au tableau qu'il s'agit de tracer des cercles dont les centres sont marqués par une croix et passant par un point donné, marqué lui aussi par une croix. Il s'assure que les élèves ont compris que le A désigne le nom du point le plus bas de la figure mais que ce point est marqué par la croix. Il fait donc bien distinguer le nom du point et sa localisation.

Recherche

Le premier cercle est tracé en pointillé de façon à ce que les élèves s'approprient la tâche. Chaque point est en fait successivement centre du cercle, puis point d'un cercle (sauf le point A).

Procédure visée :

- repérer le centre et un point de chaque cercle et les tracer au fur et à mesure.

Erreurs possibles :

- ne pas planter la pointe au bon endroit (avec une marge d'erreur trop importante) ;
- ne pas repérer les centres ou les points par lesquels doivent passer les cercles ;
- ne pas réussir à fermer les cercles.

Différenciation

Pour les élèves en difficulté

Suivant les difficultés rencontrées, l'enseignant peut fournir une aide sur les aspects techniques ou tracer un cercle (ou plus) en pointillé sur le fichier de l'élève de façon à ce que ce dernier identifie plus facilement le(s) centre(s). L'élève devra alors repasser sur les pointillés tracés par l'enseignant.

Photocopier l'exercice pour ceux qui réussissent à tracer un cercle en faisant tourner la feuille mais pas en faisant tourner le compas.

Pour les élèves plus rapides

Un tutorat peut être organisé pour aider les élèves en difficulté.

Tracer des cercles sur un cahier pour s'entrainer et ainsi améliorer sa dextérité.

Mise en commun

Il n'y a pas de mise en commun et la validation est individuelle sur fichier.

Activité 2 de réinvestissement Exercice 5 p. 60

Tâche

Tracer des arcs de cercle passant par un point donné mais dont il faut trouver le centre.

Lancement

L'enseignant explicite la consigne en montrant que cette fois les centres ne sont pas marqués avec une petite croix, il faut d'abord bien regarder les dessins pour les trouver. Il explique également que les cercles ne sont pas dessinés en entier.

Recherche

Procédure visée :

- repérer, soit par observation et déduction, soit par tâtonnement, les centres des arcs (morceaux) de cercle, planter la pointe du compas sur ces centres, écarter les branches comme il convient, tracer les arcs de cercle.

Erreurs possibles :

- ne pas identifier les centres des arcs de cercle (avec une marge d'erreur trop importante) ;
- ne pas écarter pas écarter les branches du compas comme il convient.

Différenciation

Pour les élèves en difficulté

Suivant les difficultés rencontrées, l'enseignant peut fournir une aide sur les aspects techniques ou montrer où se situe un centre sur chacune des figures pour laisser trouver l'autre.

Photocopier l'exercice pour ceux qui réussissent à tracer un cercle en faisant tourner la feuille mais pas en faisant tourner le compas.

Pour les élèves plus rapides

Un tutorat peut être organisé pour aider les élèves en difficulté.

Tracer des cercles sur un cahier pour s'entrainer et ainsi améliorer sa dextérité.

Mise en commun

Il n'y a pas de mise en commun et la validation est individuelle sur fichier.

Réponses

Les centres des quarts de cercle de la première figure sont deux sommets du carré.

Les centres des demi-cercles de la seconde figure sont les milieux de deux côtés du carré.

Bilan

L'enseignant revient sur les difficultés rencontrées et sur la bonne utilisation d'un compas : la procédure « personnelle » en tournant la feuille et l'autre, l'experte (procédure en tournant le compas sans tourner la feuille), qu'il faut essayer de réussir.

Fin de séquence

Je m'entraine à mon rythme

La rosace

Objectif

- S'entrainer à tracer des cercles.

Aide à apporter aux élèves en difficulté

L'enseignant peut aider au maniement du compas. Il peut être nécessaire d'entrainer d'abord l'élève à tracer des cercles sans contraintes en lui demandant d'en tracer sur une feuille blanche.

Une aide peut également être apportée dans le repérage des centres de cercles.

Je cherche

Partages

Objectifs

- Réinvestir les connaissances relatives à la résolution de problème de groupements et de partages.
- Développer les compétences de chercheur : faire preuve d'initiative et de persévérance, faire preuve d'organisation dans la démarche.
- Être capable de produire des essais et d'analyser les erreurs.

Il existe six solutions à ce problème mais ne sont prévues que cinq phrases réponses.

Réponses

Il peut faire 3 paquets de 8 bonbons.

Il peut faire 4 paquets de 6 bonbons.

Il peut faire 6 paquets de 4 bonbons.

Il peut faire 8 paquets de 3 bonbons.

Il peut faire 12 paquets de 2 bonbons.

Il peut faire 24 paquets de 1 bonbon.

pp. 96 à 99

Organisation et gestion de données

Rituels de la semaine

Objectifs d'apprentissage

Calcul mental

- Calculer le produit d'un nombre compris entre 11 et 19 par un nombre inférieur à 10.

Séquence d'apprentissage

Place dans l'ensemble des séquences « Résolution de problèmes numériques »

3. Problèmes de réunion avec recherche du tout ou d'une partie	5. Problèmes de transformation avec recherche de la quantité finale et de la transformation	10. Problèmes de groupements avec recherche de la quantité totale	16. Problèmes de transformation avec recherche de la quantité initiale	23. Problèmes de groupements et de partages avec recherche du nombre de parts et de la valeur d'une part	27. Problèmes de transformation et de réunion	31. Problèmes de comparaison	**34. Organisation et gestion des données**

Objectifs de la séquence

- Savoir recueillir des données.
- Organiser ces données dans un tableau.
- Construire un graphique illustrant ces données.

Objectifs d'apprentissage du BO

- Produire un tableau ou un diagramme en barres pour présenter des données recueillies.
- Lire et interpréter les données d'un diagramme en barres.
- Lire et interpréter les données d'un tableau à double entrée.

Quels sont les enjeux de cette séquence ?

Cette séquence permet aux élèves une entrée dans les statistiques. Ils vont collecter des données et apprendre à les gérer, à construire une présentation des relevés de données collectées, les diagrammes en barres. Ce type de graphique permet de rendre les comparaisons de données visuelles. Les élèves découvrent en CE1 le principe de graduation de 1 en 1 de l'axe vertical. Il est important, pour préparer la compréhension de ce principe afin que ces graphiques aient un sens, qu'ils construisent la notion d'axe gradué avec la nécessité des graduations régulières, en lien avec la séquence 28. Pour cela, le travail sera progressif et les carreaux de quadrillage prendront en charge cette régularité en début d'apprentissage dans la lignée du travail effectué en CP.

Structure de la séquence

- Séance 1 : découverte : collecter des données et les organiser dans un tableau
- Séance 2 : découverte : construire un diagramme en barres
- Séance 3 : découverte : utiliser l'axe vertical gradué de un en un
- Séance 4 : réinvestissement
- Fin de séquence : entrainement et recherche

Matériel nécessaire

Matériel à télécharger pour l'ensemble de la séquence :
– Fiche Annexe 34.
– Fiche évaluation 34.

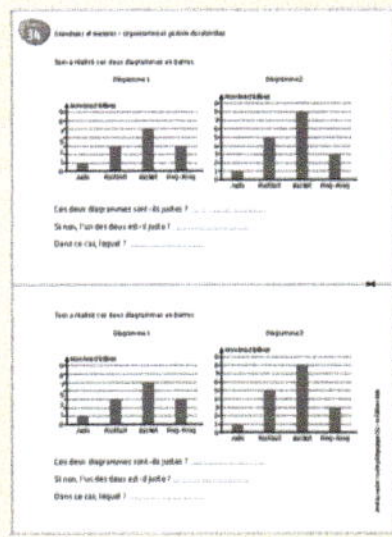

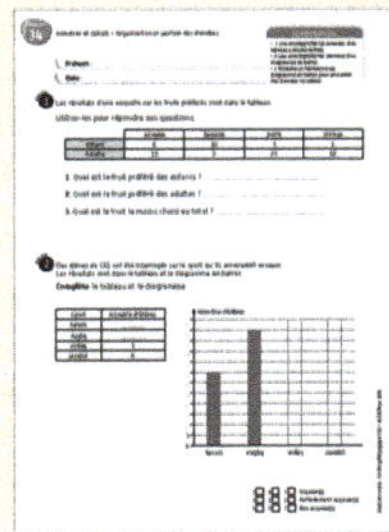

	Matériel pour l'enseignant *	Matériel pour les élèves
Séance 1	– La reproduction agrandie de l'exercice 1 p. 96.	**Matériel par élève** – Une ardoise ou un cahier. – Le fichier de l'élève p. 96. – Mémo 34.1.
Séance 2	– 21 cubes emboitables (matériel CP, jeu de construction, etc.) – La reproduction agrandie de l'exercice 2 p. 97.	**Matériel par élève** – Une ardoise avec un côté quadrillé ou une feuille à petits carreaux. – Le fichier de l'élève p. 97. – Mémo 34.2.
Séance 3	– L'Annexe 34 agrandie	**Matériel par élève** – L'Annexe 34. – Le fichier de l'élève p. 98. – Mémo 34.3.
Séance 4	– La reproduction agrandie de l'exercice 3 p. 98.	**Matériel par élève** – Le fichier de l'élève p. 98.
Fin de séquence		**Matériel par élève** – Le fichier de l'élève p. 99.

Séance 1

Rituels du jour

Calcul mental

• L'enseignant propose un calcul de produit d'un nombre compris entre 11 et 19 par un nombre inférieur à 10. Les élèves ont le droit de s'aider de l'écrit mais la multiplication ne doit pas être posée. La correction qui suit ce calcul met en évidence la procédure consistant à décomposer le nombre compris entre 11 et 19 en la somme de 10 et un nombre.
Exemple : 13 × 5 = (10 + 3) × 5 = (10 × 5) + (3 × 5). D'autres calculs sont proposés et corrigés immédiatement après la recherche.
Calculs à proposer : **13 × 5** ; **16 × 3** ; **18 × 4** ; **19 × 5** ; **12 × 4**.

Objectifs de la séance

- Construire un outil de collecte de données.
- Organiser ces données dans un tableau.

Activité 1 de découverte

ÉTAPE 1

Tâche

Récolter les réponses à une enquête réalisée dans la classe.

Remarques : il n'est pas nécessaire, bien sûr, que le sport pratiqué le soit en club. Si un élève ne pratique pas de sport, on peut lui demander lequel il aimerait pratiquer.

Un sondage nécessite un échantillon de personnes interrogées pas trop restreint. En cas de CE1 dédoublé, il serait intéressant, si c'est possible, de réunir les deux classes de CE1 pour cette première séance ou bien de recueillir les réponses des élèves de l'autre classe au préalable.

Ce qui est visé en proposant cette tâche

Construire un outil qui permette de recueillir les réponses à une enquête.

Lancement

Écrire au tableau le nom des quatre sports suivants : ping-pong, football, basket, judo.

L'enseignant annonce qu'il va faire un sondage pour savoir quel est le sport le plus pratiqué par les élèves de la classe (ou de deux classes) parmi ces quatre-là. « Je vais vous demander, à chacun, quel sport vous pratiquez en dehors de l'école parmi les quatre écrits au tableau. Vous me direz lorsque je vous interrogerai. »

Recherche

À la fin du questionnement, l'enseignant demande quel est le sport le plus pratiqué. Cette question doit ouvrir le débat sur le fait qu'on ne peut pas savoir puisqu'on n'a pas retenu toutes les réponses. On ne peut pas être vraiment sûr (sauf si tous les élèves ou presque pratiquent le même). L'enseignant demande alors aux élèves de proposer une méthode pour savoir, ou être sûr, de la réponse.

Procédure visée :

- proposer de faire des marques (traits, croix ou autre) au tableau à côté du nom du sport pratiqué au fur et à mesure des réponses en organisant la collecte (l'énumération des élèves).

Erreurs possibles :

- mauvaise énumération des élèves lors de la collecte des réponses une à une qui entraine plusieurs prises en compte de la réponse d'un même élève interrogé plusieurs fois ou l'oubli de certains ;
- proposer de lever le doigt pour chaque sport et compter le nombre de doigts levés sans s'assurer que tout le monde lève une et une seule fois la main.

Mise en commun

La discussion fait ressortir que le comptage des enfants en faisant lever le doigt pour chaque sport est possible mais un élève aura peut-être levé plusieurs fois le doigt, ou au contraire jamais. Si aucun élève ne propose de faire une marque au tableau pour réponse de chaque enfant après l'avoir questionné, l'enseignant le propose. Il procède alors au questionnement individuel pendant qu'un élève note les réponses par la marque choisie à côté du sport cité.

L'enseignant demande alors quel sport est le plus pratiqué, ce qui amène à devoir dénombrer les marques pour chaque. Ne pas effacer les résultats.

ÉTAPE 2

Tâche

Trouver un moyen efficace de présenter les résultats de l'enquête précédente.

Ce qui est visé en proposant cette tâche

Introduire le tableau à double entrée.

Déroulement

Demander ensuite aux élèves de trouver un moyen de présenter les résultats de l'enquête sur l'ardoise ou un cahier pour qu'on lise facilement les résultats, sans avoir besoin de compter les marques.

La mise en commun permettra de montrer l'intérêt de présenter ces résultats sous forme de tableau comme celui à remplir dans le *Ce que j'ai découvert* p. 96, les marques sont remplacées par leur nombre. L'enseignant posera ensuite des questions du type « quel est le sport le plus pratiqué ? Le moins pratiqué ? Y a-t-il des sports qui sont autant pratiqués ? »

Institutionnalisation

Le tableau du *Ce que j'ai découvert* p. 96 qui correspond à cette enquête est à remplir dans le fichier de l'élève.

CE QUE J'AI DÉCOUVERT

Je peux organiser le résultat d'une enquête dans un tableau.
Je complète le tableau des sports pratiqués par les élèves de ma classe.

Sports	Ping-Pong	Football	Basket	Judo
Nombre d'élèves	....	....	....	....

Le sport le plus pratiqué dans de ma classe est le ....
Le sport le moins pratiqué est le ....

Activité 2 de réinvestissement Exercice 1 p. 96

Tâches

Remplir un tableau à double entrée de façon à organiser des données collectées.

Répondre à des questions relatives aux données.

Lancement

L'enseignant s'assure de la compréhension de la situation et de la consigne.

Déroulement

L'exercice peut être réalisé en deux temps, c'est-à-dire ne proposer de répondre aux questions qu'après avoir organisé la mise en commun pour la question 1.

Lors de la mise en commun pour la correction, l'enseignant amènera les élèves à constater que la seule observation des lignes de bâtons ne permet pas d'être sûr des comparaisons entre les moyens de transport.

Le tableau complété permet de trouver rapidement les réponses aux questions.

Différenciation

Pour les élèves en difficulté

Pour la question 1, l'ordre des moyens de transport à noter dans la première colonne du tableau peut être imposé de façon à faciliter vérification des réponses lors de la mise en commun.

Pour la question 2, il est possible d'attirer l'attention sur le fait qu'il ne faut pas se fier à la longueur des lignes de bâtons.

Pour les élèves plus rapides

Organiser un tutorat d'aide à la lecture.

Réponses

1. À pied : 10.

À vélo : 9.

À trottinette : 6.

En voiture : 4.

En car : 6.

2. a. la voiture

b. à pied

c. la trottinette et le car

Bilan

Retour sur l'intérêt d'une organisation des données dans un tableau à double entrée.

Séance 2

Rituels du jour

Calcul mental

• Idem séance 1.

Calculs à proposer : 11 × 7 ; 14 × 6 ; 17 × 3 ; 15 × 8 ; 12 × 6.

Objectif de la séance

Découvrir le diagramme en barres.

Activité 1 de découverte

Tâche

Trouver un moyen de représenter des données collectées présentées avec des tours de cubes.

Ce qui est visé en proposant cette tâche

Passer de l'utilisation des cubes à la représentation des données en 2D, le diagramme en barres.

Lancement

L'enseignement prépare des tours de cubes (du matériel CP, briques emboitables de jeu de construction, etc.) à partir des données de l'enquête sur les sports pratiqués de la séance 1 et affiche le tableau indiquant les résultats (cf. *Ce que j'ai découvert* p. 96). Au pied de chaque tour, il place une étiquette portant le nom du sport concerné.

Il fait venir les élèves pour observer les tours de près puis précise qu'il faut trouver un moyen de représenter les résultats sur l'ardoise ou un cahier, une feuille.

Le côté quadrillé des ardoises, s'il existe, est utilisé de préférence pour faciliter la découverte du dessin des carrés (ou rectangle). L'enseignant fait choisir ce côté mais ne dit rien encore de la procédure. Une feuille à petits carreaux a ce même avantage.

Recherche

La recherche est individuelle. L'enseignant peut orienter vers l'utilisation d'une représentation des tours de cubes si les élèves n'ont pas d'idée. Si certains élèves entreprennent de dessiner des cubes en perpective, il pourra leur dire de simplifier le dessin en ne faisant que des carrés.

Procédure visée :

- représenter les tours de cubes par des carrés superposés et indiquer le sport concerné.

Erreurs possibles :

- représenter les contours des tours mais sans marquer les carrés ce qui ne permet pas de connaitre les nombres d'élèves pratiquant le sport ;
- oublier d'indiquer le sport concerné.

Mise en commun

Quelques productions sont présentées simultanément pour permettre de dégager les critères de réussite de la tâche.

- Il faut pouvoir déterminer les nombres d'élèves, donc les représentations de tous les cubes doivent être visibles.
- Il faut voir quel est sport le plus fréquent, la tour la plus haute, il faut donc que les représentations de cubes soient de même hauteur (les côtés quadrillés d'ardoise aident en cela).
- Les bases des tours doivent être alignées pour la même raison.
- Les noms des sports doivent être marqués.

Si au moins une des ardoises possède un côté quadrillé, l'enseignant en montre l'intérêt. Il peut également projeter ou afficher un quadrillage au tableau pour faire réfléchir à comment respecter ces critères.

Institutionnalisation

L'étude du diagramme du *Ce que j'ai découvert* p. 97 permet de revenir sur les critères de réussite de la représentation des données. L'enseignant introduit la dénomination « diagramme en barres ».

Les élèves écrivent le nom du sport concerné sous chaque barre en faisant le lien entre le nombre d'élèves pratiquant de sport et le nombre de carrés de la barre.

CE QUE J'AI DÉCOUVERT

Un diagramme en barres permet de lire facilement des informations Les barres ont la même base et un élève est représenté par un carré. Le tableau indique les résultats de l'enquête dans la classe d'Éva. Je note sous chaque barre le nom du sport qui convient et, dans le tableau, le nombre de joueurs de ping-pong.

Sport	Nombre d'élèves
Judo	4
Football	8
Basket	7
Ping-Pong	2

Je vois que le sport le plus pratiqué est **le football** *parce que la barre monte* **plus haut**.

Activité 2 de réinvestissement Exercice 2 p. 97

Tâche

Compléter des phrases en prélevant des informations sur un diagramme en barres.

Lancement

L'enseignant s'assure de la compréhension de la situation et de la consigne.

Déroulement

Pour les trois premières questions, il n'est pas nécessaire de dénombrer les carrés de chaque colonne. Les réponses se lisent grâce à une approche visuelle uniquement, c'est tout l'intérêt d'un diagramme en barres.

La dernière nécessite de déterminer le nombre d'animaux de chaque sorte et d'additionner tous ces nombres, ou de compter les carrés un à un, mais le risque d'erreur est plus grand.

Différenciation

Pour les élèves en difficulté

Les difficultés ici pourraient essentiellement provenir des difficultés en lecture. Un tutorat peut être mis en place.

Pour les élèves plus rapides

Organiser un tutorat d'aide à la lecture.

Construction, sur une feuille à petit carreaux, du diagramme en barres pour les données de l'exercice 1.

Mise en commun

En appui sur l'exercice affiché ou projeté au tableau, montrer l'apport visuel d'un diagramme en barres. Si la lecture d'un tableau de nombres permet de trouver l'animal le plus compté et celui le moins compté, le diagramme en barres permet en plus de voir facilement si les écarts sont grands.

Réponses

1. L'animal qu'il a compté le plus est le manchot.
2. L'animal qu'il a compté le moins est la raie.
3. Il a compté autant de requins et de poissons-clowns.
4. Max a compté 26 animaux.

Bilan

Retour sur l'intérêt d'un diagramme en barres.

Séance 3

Rituels du jour

Calcul mental

- Idem séance 1.

Calculs à proposer : 8 × 13 ; 4 × 17 ; 19 × 3 ; 14 × 7 ; 5 × 16.

Objectif de la séance

Comprendre le principe de l'axe vertical gradué de un en un.

Activité de découverte

Tâche

Trouver un moyen de représenter des données collectées présentées avec des tours de cubes.

Ce qui est visé en proposant cette tâche

Donner du sens à l'axe vertical et au principe des graduations.

Lancement

L'enseignant distribue l'Annexe 34. Il explique que Tom a voulu réaliser un diagramme en barres un peu différent de ceux rencontrés lors de la séance précédente, qu'il a fait deux essais parce qu'il n'est pas sûr de lui. L'enseignant n'en dit pas plus pour laisser les élèves observer ce qui a changé. Il donne la consigne, notée sur l'Annexe : « ses deux diagrammes sont-ils justes ? ». Et précise que, si la réponse est non, il faudra déterminer si l'un des deux est juste et lequel.

Recherche

La recherche est individuelle.

Procédure visée :

▸ se rendre compte que la graduation du graphique de droite est régulière, alors que celle de gauche ne l'est pas.

Erreurs possibles :

▸ penser que les deux sont justes parce que l'impression visuelle est la même ;

▸ penser que le premier diagramme est juste car l'axe vertical est « gradué » avec les valeurs données dans le tableau.

Mise en commun

▸ Recueil des réponses et discussion à partir des désaccords.

▸ Observation de certains faits sur le premier graphique : l'écart de hauteur des barres « judo » (1) et « football » (5) est le même qu'entre les barres « football » (5) et « basket » (8), alors que les écarts entre les nombres de réponses ne sont pas les mêmes. Ou tout autre incohérence du graphique.

▸ Conclure sur la nécessité de graduer régulièrement l'axe des nombres d'élèves, comme pour les droites graduées.

Institutionnalisation

Retour sur la nécessité de graduer régulièrement l'axe vertical en faisant le lien avec les droites graduée.

Le *Ce que j'ai découvert* p. 98 est complété.

CE QUE J'AI DÉCOUVERT

Pour construire un diagramme en barres, je dois graduer l'axe régulièrement.

Sport	Nombre d'élèves
Judo	1
Football	5
Basket	8
Ping-Pong	3

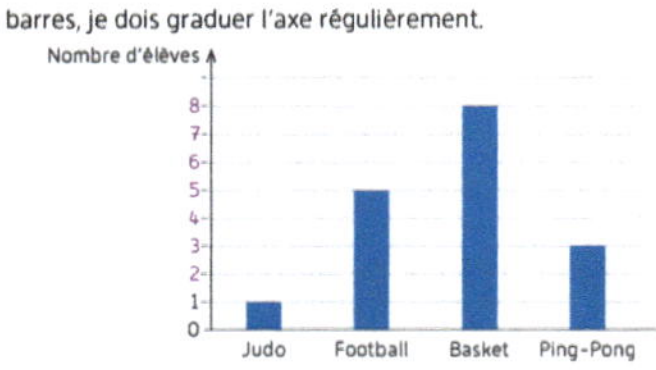

Séance 4

Rituels du jour

Calcul mental

• Idem séance 1.

Calculs à proposer : 18 × 5 ; 7 × 12 ; 15 × 3 ; 4 × 19 ; 17 × 6.

OBJECTIFS DE LA SÉANCE

• Lire et interpréter les données d'un diagramme en barres.

• Lire et interpréter les données d'un tableau à double entrée.

Activité 1 de réinvestissement

Exercice 3 p. 98

Tâche

Compléter un tableau et un diagramme en barres dont l'axe vertical est gradué de 1 en 1.

Lancement

L'enseignant s'assure de la compréhension de la situation et de la consigne en s'assurant que les élèves ont vu qu'il fallait compléter la graduation.

Déroulement

Cet exercice est une application directe de la découverte de la séance 3.

La mise en commun permet de revenir sur le rôle de l'axe gradué.

Réponse

Animal préféré	Nombre d'élèves
Chien	3
Chat	2
Écureuil	5
Dauphin	9

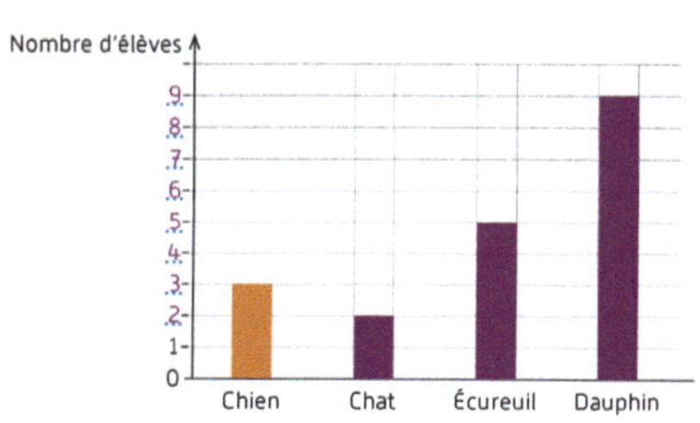

Activité 2 de réinvestissement

Exercice 4 p. 98

Tâche

Lire et interpréter les données d'un tableau à double entrée.

Déroulement

Les réponses aux questions **a** et **b** se lisent directement dans le tableau.

La question **c** amène à ajouter les nombres de filles et de garçons de la classe de CE1.

La réponse à la question **d** nécessite d'additionner tous les nombres du tableau.

Enfin la réponse à la question **e** utilise les nombres totaux de filles et de garçons dans l'école, ces nombres auront peut-être été calculés pour répondre à la question précédente suivant l'organisation de la recherche.

Si l'espace de recherche est trop petit pour effectuer les calculs, un cahier de recherche est proposé.

Différenciation

Pour les élèves en difficulté

Une aide à l'organisation des calculs peut être proposée et une calculatrice aux élèves encore en difficulté pour calculer les additions.

Pour les élèves plus rapides

Un tutorat d'aide aux calculs peut être proposé.

D'autres questions peuvent être posées. Par exemple : « Combien y a-t-il d'élèves en cycle 2 ? » (CP, CE1, CE2 à préciser aux élèves).

Mise en commun

Elle permet de revenir sur le rôle de l'axe gradué.

Réponses

a. Combien y a-t-il de garçons en CE1 ? **15**.

b. Combien y a-t-il de filles en CM2 ? **17**.

c. Combien y a-t-il d'élèves en CE1 ? **33**.

d. Combien y a-t-il d'élèves dans l'école ? **166**.

e. Y a-t-il plus de filles ou de garçons dans l'école ? **Il y a 83 filles et 83 garçons. Il y a autant de filles que de garçons.**

Fin de séquence

Je m'entraine à mon rythme

Le petit-déjeuner

Objectif

- Revenir sur la construction, la lecture et l'interprétation d'un diagramme en barres.

La dernière question nécessite un calcul. Les élèves auront très probablement besoin de leur ardoise ou de leur cahier de recherche.

Aide à apporter aux élèves en difficulté

Préciser les attentes : il manque deux données dans le tableau, elles sont à chercher dans le diagramme en barres et trois barres ne sont pas construites.

Une aide peut être apportée pour la lecture des consignes et pour le calcul de l'addition finale.

Réponses

1.

Boisson	Nombre de personnes
Café	1
Chocolat	11
Lait	12
Thé	4
Rien	2

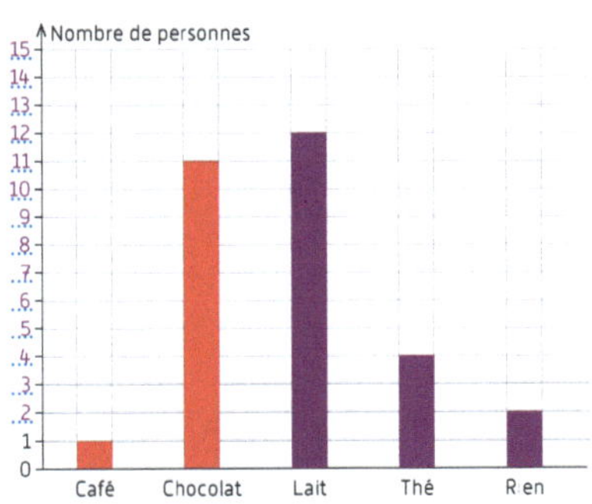

2. a. Quelle boisson a été bue le moins souvent ? **Le café**

b. Quelle boisson a été bue le plus souvent ? **le lait**

c. Combien de personnes ont été interrogées ? **30**

Je cherche

Le drapeau du Bénin

Objectifs

- Développer les compétences de chercheurs.
- Réinvestir les connaissances sur les fractions.

Un rectangle 15 cm sur 10 cm peut être fourni en traçant les pointillés et les zones de couleur comme sur le drapeau du Bénin. La longueur est partagée en cinq parts égales et la hauteur en 2 parts égales. Les pointillés qui couperaient la zone verte dans le prolongement de la séparation entre le jaune et le rouge ne sont pas tracés. Cela reste à la charge de l'élève chercheur.

Réponse

Vert : $\frac{2}{5}$ ou $\frac{4}{10}$; jaune : $\frac{3}{10}$; rouge : $\frac{3}{10}$.

Déplacement relatif sur quadrillage

pp. 62 et 63

Les pages 62 et 63 proposent des exercices de déplacement relatif sur quadrillage qui pourraient faire partie d'une séquence en lien avec la programmation de déplacements d'un robot si l'on en dispose. Différents logiciels destinés à programmer un déplacement existent, nous donnons simplement les repères didactiques nécessaires à la compréhension de l'intérêt de ces exercices.

Objectifs de la séquence

- Coder et programmer des déplacements d'un « mobile » sur quadrillage considéré comme une vue de dessus d'un espace réel.
- Décoder des déplacements d'un « mobile » sur quadrillage considéré comme une vue de dessus d'un espace réel.

Objectif d'apprentissage du BO

- Utiliser et produire une suite d'instructions qui codent un déplacement en utilisant un vocabulaire spatial précis.

Pourquoi parle-t-on de déplacement relatif ?

Il y a deux sortes de déplacement sur quadrillage (déplacement absolu ou déplacement relatif) qui dépendent de la façon dont on voit ce quadrillage.

Les instructions pour un déplacement absolu ne dépendent pas du « mobile » qui se déplace. Les repères sont pris dans l'espace où se déplace ce « mobile », par exemple une feuille de papier quadrillée. On parlera, dans ce cas, d'un déplacement vers le haut ou le bas ou vers la droite ou la gauche, ces repères étant ceux de la feuille : « vers le haut » signifie vers le haut de la feuille de papier. Des applications pour tablette utilisent ce type de déplacement. Les jeux consistent à programmer le déplacement de personnages. Ceux-ci peuvent, entre autres, se déplacer de gauche à droite de l'écran et de haut en bas.

Les instructions pour un déplacement relatif dépendent du « mobile » qui se déplace, en particulier de son orientation. Les repères ne sont plus ceux de la feuille quadrillée mais ceux du « mobile » qui se déplace. Le déplacement est décrit avec les repères de tous déplacements dans l'espace réel : on avance ou on recule, on pivote (fait un quart de tour) à droite ou à gauche. La programmation d'un déplacement de robot dans l'espace réel utilise ce type de déplacement. Le codage et décodage de déplacements sur ce type de quadrillage font suite au repérage sur un plan travaillé en séquence 21.

Dans le quadrillage ci-dessous considéré comme une vue de dessus d'un espace où se déplace Tom, on voit le dessus de la tête de Tom et ses pieds (qu'il faudra faire remarquer aux élèves). On dira que Tom avance de deux cases, ensuite il pivote à gauche (en restant dans la même case), puis avance de trois cases pour arriver à la case A. Ce déplacement (relatif) sera codé ainsi :

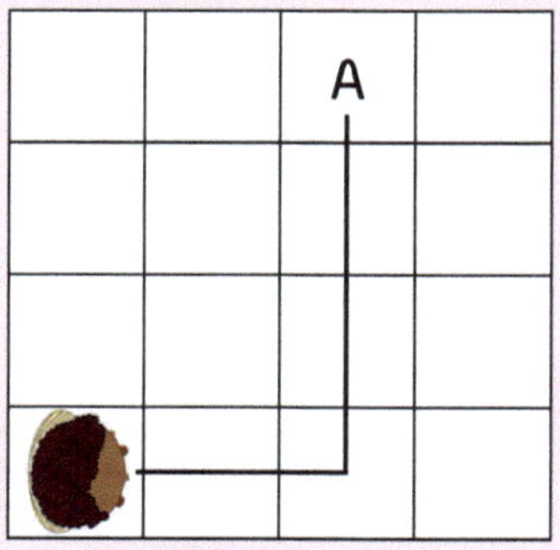

Structure de la séquence

- Séance 1 : découverte
- Séance 2 : réinvestissement

Matériel nécessaire

	Matériel pour l'enseignant	Matériel pour les élèves
Séance 1	– Un objet quelconque – Un élastique à mettre au poignet droit d'un élève	**Matériel par élève** – Une ardoise – Le fichier de l'élève p. 62 – Mémo « Déplacement relatif sur un quadrillage (2) »
Séance 2	– La reproduction agrandie des exercices 1 et 2 p. 62 et 63	**Matériel par élève** – Le fichier de l'élève p. 62-63 – Les pions des personnages 5 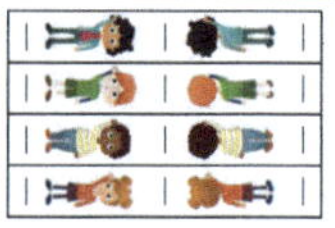

Séance 1

Objectifs de la séance

- Réaliser un déplacement d'un « mobile » décrit sur un quadrillage considéré comme une vue de dessus d'un espace réel.
- Coder un déplacement d'un « mobile » sur un quadrillage considéré comme une vue de dessus d'un espace réel.

Activité de découverte

Étape 1

Tâche

Indiquer si le déplacement effectué par un élève correspond au déplacement énoncé par l'enseignant.

Lancement

L'activité se déroule dans un espace assez vaste sur lequel on a tracé au sol un quadrillage. Un élève est placé sur une case vers le centre du quadrillage (voir plan ci-après).

L'enseignant explique que l'élève va devoir effectuer un déplacement qui lui sera indiqué. Mais, dans un premier temps, il faut comprendre comment l'élève peut se déplacer.

L'enseignant indique que l'élève peut avancer ou reculer de case en case ou pivoter à gauche ou à droite dans la case où il est situé. L'élève montre chaque déplacement et principalement le pivotement qui consiste à faire un quart de tour sans changer de case. L'enseignant montre ce pivotement et un contrexemple comme un pivotement d'un demi-tour qu'il annonce comme faux. Si l'activité se déroule dans une salle, il peut montrer que l'on regarde le mur adjacent lorsqu'on pivote. Il peut mettre des points de repère s'il n'y a pas de mur. Pour la validation, l'enseignant fait mettre un élastique au poignet droit de l'élève en le montrant à tous les autres.

L'enseignant indique un déplacement à l'élève qui l'effectue, et les autres élèves disent si ce déplacement correspond à ce qui a été énoncé.

Exemples : « Avance de deux cases. » L'élève effectue ce déplacement. L'enseignant demande aux élèves de lever le doigt s'ils pensent que le déplacement est juste. « Pivote à droite. Cela signifie que tu tournes sur ta droite en restant dans la case. » L'élève effectue ce déplacement. L'enseignant demande aux élèves de lever le doigt s'ils pensent que le déplacement est juste.

Recherche

Procédure visée pour un déplacement « avance » ou « recule » :

- ► identifier la position de l'élève (le sens dans lequel il est placé sur le quadrillage) pour repérer le sens du déplacement si la consigne est « avance » ou « recule ». Comparer le nombre de cases entre le déplacement effectué et celui énoncé.

Erreurs possibles pour un déplacement « avance » ou « recule » :

- ► ne pas considérer le sens du déplacement en fonction de l'orientation de l'élève sur le quadrillage mais par rapport à la sienne ;
- ► mal compter le nombre de cases.

Procédure visée pour un déplacement « pivote à droite » ou « pivote à gauche » :

- ► identifier la droite (ou la gauche) de l'élève pour repérer le sens du pivotement. Vérifier que l'élève n'a pivoté que d'un quart de tour.

Erreurs possibles pour un déplacement « pivote à droite » ou « pivote à gauche » :

- ► considérer la droite (ou la gauche) en fonction de sa position ;
- ► se tromper en cherchant la droite (ou la gauche) de l'élève ;
- ► ne pas comprendre que le pivotement se limite à un quart de tour.

Mise en commun

La mise en commun s'effectue après chaque déplacement.

- ► Pour vérifier si le déplacement en avant ou en arrière est juste, l'élève se replace comme précédemment pour refaire le déplacement en le justifiant. Une discussion en découle qui permet de valider ou non le déplacement.
- ► Pour vérifier si le pivotement à droite (ou à gauche) est juste, l'élève se replace comme précédemment, lève sa main droite munie d'un élastique (ou sa gauche sans élastique) et tourne d'un quart de tour du côté de sa main.

ÉTAPE 2

Tâche

Énoncer un déplacement pour que l'élève puisse rejoindre une case déterminée.

Déroulement

L'enseignant place un objet sur une case sur le quadrillage et demande aux élèves de réfléchir au déplacement qu'il faut indiquer à l'élève pour rejoindre cet objet. Il interroge ensuite un élève pour qu'il dise le déplacement et l'élève l'effectue. Une discussion a lieu pour savoir si le déplacement correspond à ce qui a été énoncé ce qui permet de conclure si l'indication était juste. Cette activité a lieu plusieurs fois en déplaçant l'objet sur différentes cases.

La première case montrée ne nécessite qu'un déplacement en avançant. La deuxième case nécessite de pivoter et d'avancer d'une case. La troisième case nécessite de reculer. Dans ce cas, on peut faire ressortir que deux descriptions sont possibles soit en indiquant de reculer, soit en indiquant de pivoter deux fois de suite dans le même sens, puis d'avancer.

ÉTAPE 3

Tâche

Coder un déplacement pour que l'élève puisse rejoindre une case déterminée.

Déroulement

L'enseignant explique qu'il faut faire la même chose qu'à l'étape précédente mais, au lieu de dire le déplacement, chacun va le coder. L'enseignant présente le code (celui du fichier p. 62) en l'écrivant au tableau ou sur une affiche. Les nouvelles flèches indiquent le déplacement du personnage par rapport à lui-même :

- une flèche vers le haut ↑ pour un déplacement « avance d'une case » ;
- une flèche vers le bas ↓ pour un déplacement « recule d'une case » ;
- une flèche tournant vers la droite ↱ pour un déplacement « pivote sur sa droite » ;
- une flèche tournant vers la gauche ↰ pour un déplacement « pivote sur sa gauche ».

Ce n'est plus un élève qui se déplace mais l'enseignant. Il place un objet sur sa case de départ. Il avance de trois cases et attend que les élèves codent ce déplacement sur leur ardoise. L'inventaire des codages produits permet de discuter de leur validité pour aboutir au codage correct. Les élèves peuvent être placés le long des différents côtés du quadrillage pour montrer, lors de la validation, que le codage est le même pour tous. Plusieurs déplacements sont effectués avec ce même déroulement. *Exemples* : l'enseignant pivote sur sa droite et avance de deux cases ; l'enseignant pivote sur sa gauche, puis recule d'une case.

Institutionnalisation

Dans le *Ce que j'ai découvert* p. 62, faire compléter l'encadré.

CE QUE J'AI DÉCOUVERT

Pour programmer un déplacement, j'utilise des flèches.

↑ : J' avance d'une case. ↓ : Je recule d'une case.

↱ : Je pivote sur ma droite. ↰ : Je pivote sur ma gauche.

Séance 2

Objectifs de la séance

- Réaliser un déplacement d'un « mobile » programmé sur un quadrillage considéré comme une vue dessus d'un espace réel.
- Programmer un déplacement d'un « mobile » sur un quadrillage.

Activité 1 de réinvestissement Exercice 1 p. 62

Tâche

Tracer un déplacement dont le codage est donné.

Lancement

Les élèves utilisent les personnages du matériel détachable ✂ 5.

Il est préférable de décomposer l'activité en demandant de tracer le déplacement d'Éva pour le corriger ensuite, puis demander de tracer celui de Tom et le corriger, et ainsi de suite.

Au début de l'activité, les élèves placent le personnage dans la case où il est représenté vue de dessus. L'enseignant veille à ce que les élèves repèrent bien la case du personnage et il explique comment placer ce personnage sur le quadrillage en montrant ses pieds dans la case qui indiquent son orientation. L'enseignant présente la tâche en précisant que le personnage peut passer sur une case avec un objet.

Recherche

Procédure visée :

► déplacer le personnage sur le quadrillage soit en avançant ou reculant d'une case à la suivante en fonction de la direction de la flèche, soit en pivotant à droite ou à gauche dans la case. Pour aider les élèves, on rappelle que le bras levé des personnages est le bras droit.

Erreurs possibles :

► se tromper dans l'orientation initiale du personnage ;

► se tromper dans le nombre de flèches pour un déplacement dans un même sens sur des cases successives ;

► pour une flèche indiquant un pivotement, pivoter correctement le personnage mais en avançant sur la case suivante au lieu de rester sur la même case ;

► ne pas considérer la possibilité de déplacements en arrière ;

► confondre le déplacement relatif avec le déplacement absolu et se repérer par rapport au quadrillage et non par rapport au mobile.

Mise en commun

► Pour chaque personnage, demander s'il arrive sur une case avec un objet et lequel.

► Reprendre le codage flèche par flèche pour déplacer les personnages.

Réponses

Éva arrive sur la case avec le fauteuil.

Tom arrive sur la case du cahier rouge.

Max arrive sur la case avec le ballon vert.

Lila arrive sur la case de la voiture verte.

Activité de réinvestissement Exercice 2 p. 63

Tâche

Programmer un déplacement tracé sur un quadrillage en utilisant un codage.

Lancement

Les élèves utilisent les personnages du matériel détachable ✂ 5. Ils les placent dans leur case respective. L'enseignant veille à ce que les élèves repèrent bien la case de chaque personnage, son orientation et sa case d'arrivée matérialisée par une tache de la couleur du trajet.

Recherche

Procédure visée :

► déplacer le personnage sur le quadrillage soit en avançant ou reculant d'une case à la suivante en fonction de la direction de la flèche, soit en pivotant à droite ou à gauche dans la case et traduire ce déplacement avec la flèche correspondante.

Erreurs possibles :

► se tromper dans l'orientation initiale du personnage ;

► ne pas comprendre qu'il faut prendre en compte l'orientation du personnage pour avancer ou pour pivoter ;

► pivoter le personnage mais en allant sur une case suivante au lieu de rester sur la même case et coder ce déplacement avec une seule flèche ;

► confondre le déplacement relatif avec le déplacement absolu et se repérer par rapport au quadrillage et non par rapport au mobile.

Mise en commun

► Reprendre le codage flèche par flèche pour déplacer les personnages.

Réponses

 ↑↑↑↑↱↑↑↑↑↱↑

 ↑↑↑↑↰↑↑↑

 ↑↑↰↑↱↑↑↰↑↑

 ↑↑↱↑↑↑↑↑↑↑

Fiches à photocopier à taille réelle pour la bonne marche de l'activité

Sommaire

Annexe 4.1

Grandeurs et mesures • **Longueurs en cm**

(Séance 1)

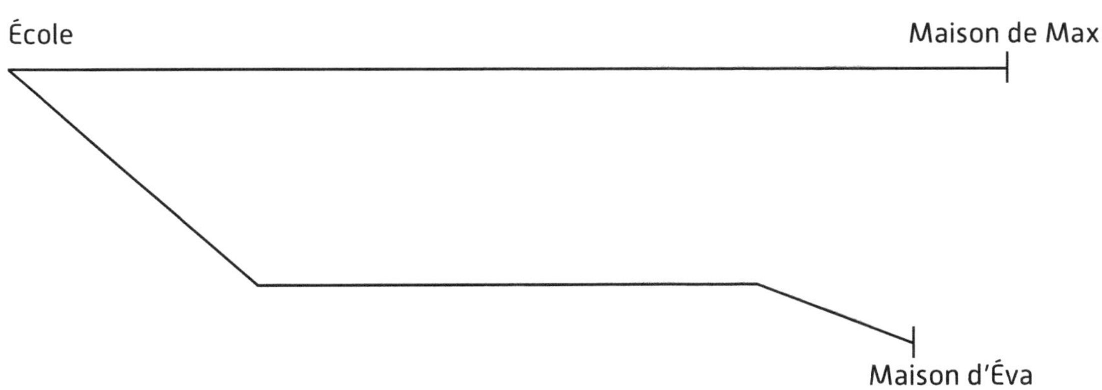

(Séance 3) **Complète** le tableau avec les numéros des crayons.

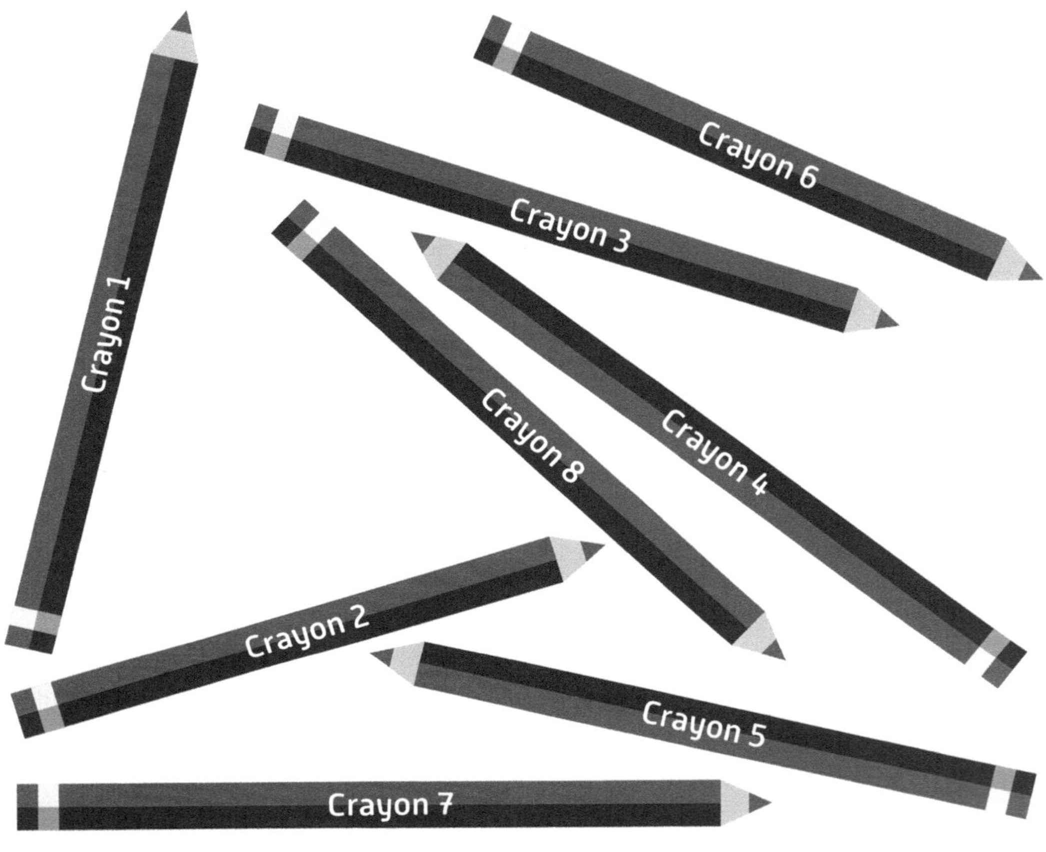

Crayons de 9 cm de long	Autres crayons

(Séance 1) Sur le plan, **mesure** les deux chemins possibles, pour aller de D à A : en passant par P ou en passant par R. Ensuite **indique** le chemin le plus court en **rayant** la phrase fausse :
– Le chemin le plus court est celui qui va de D à P, puis de P à A.
– Le chemin le plus court est celui qui va de D à R, puis de R à A.

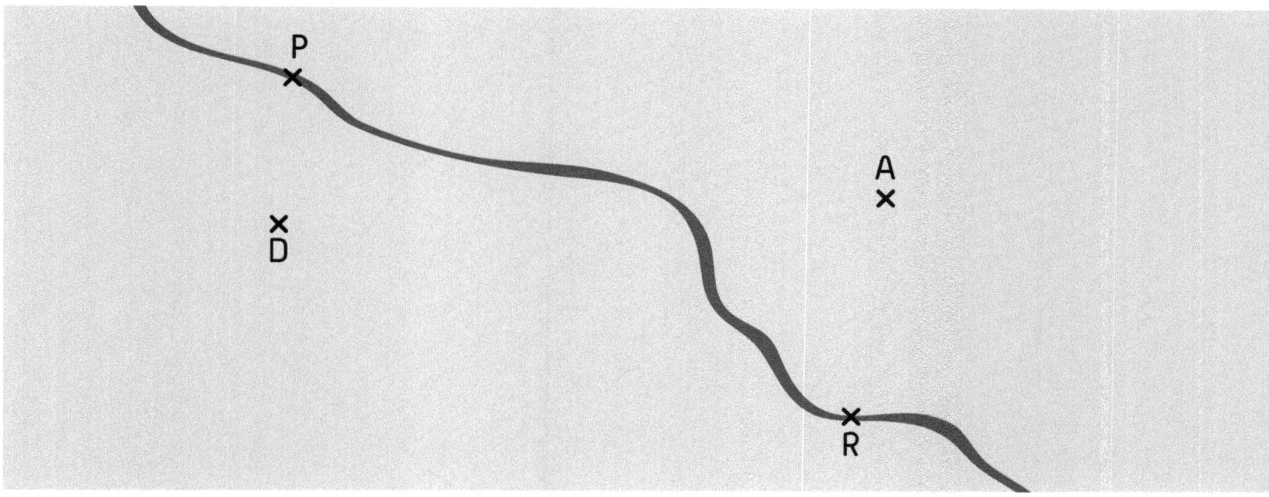

(Séance 3) Le jeu dans la cour
Quels points peut choisir le maitre pour que les deux équipes courent la même distance ? En utilisant ta règle graduée, **trouve** tous ces points. **Entoure**-les.

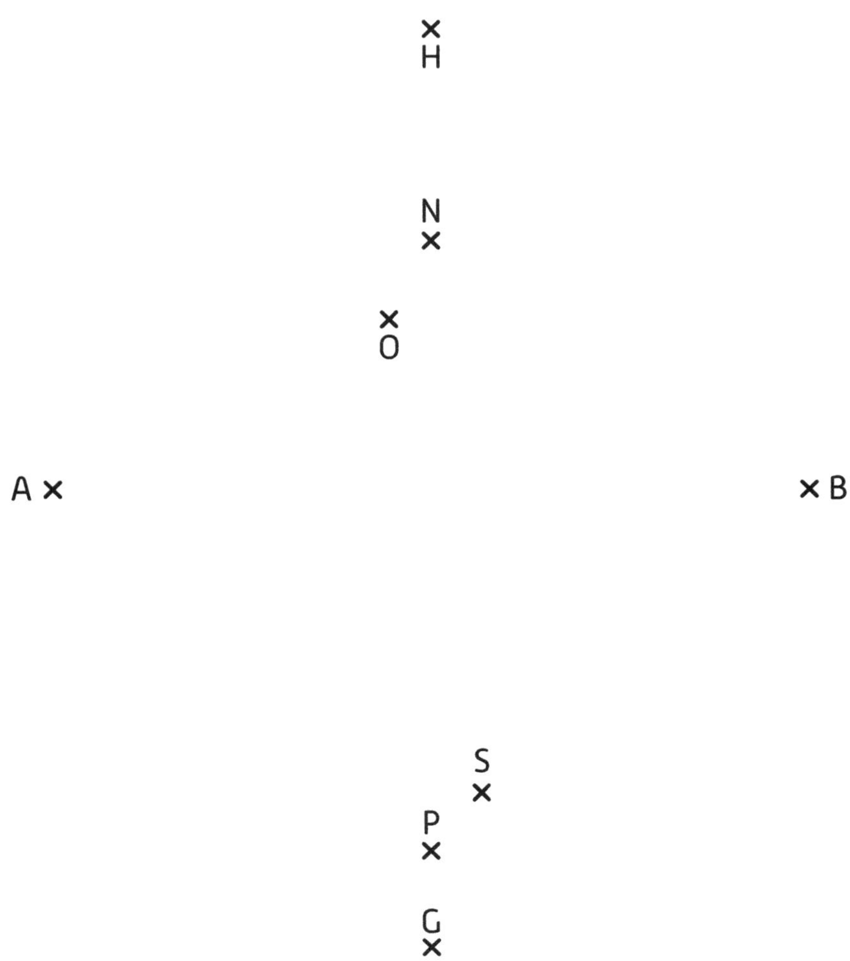

(Séance 3) À photocopier sur papier calque

Figure 1, à donner à la moitié de la classe.

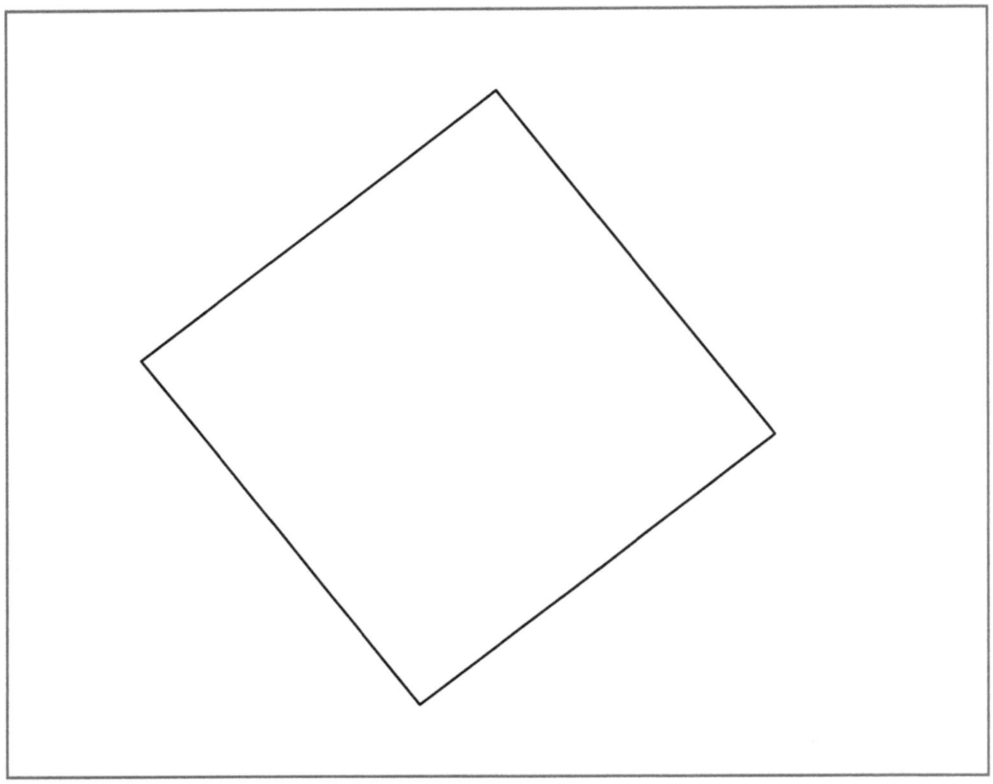

Figure 2, à donner à l'autre moitié de la classe.

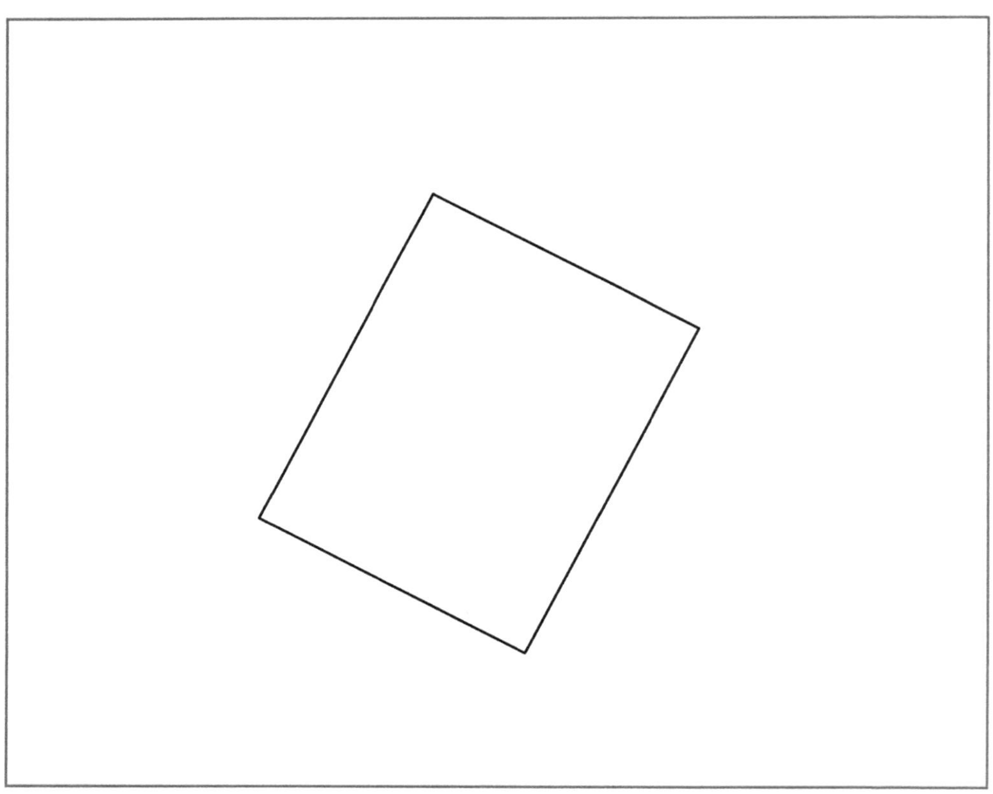

(Séance 1)

Quelle droite correspond à la situation EPS où deux élèves qui se passent la balle sont toujours à la même distance ?

1re représentation

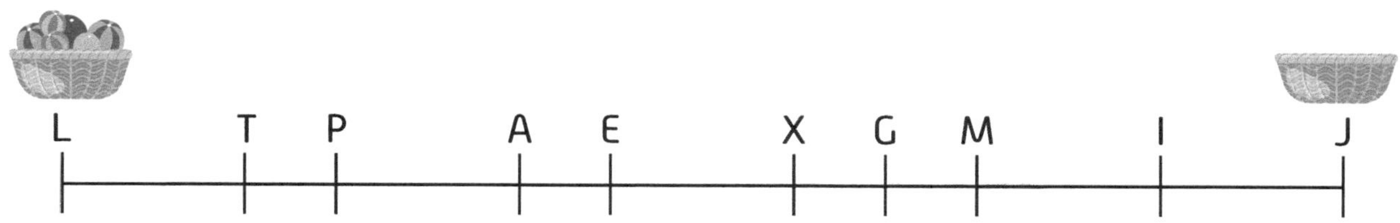

2e représentation

(Séance 2)

Complète les pointillés

1er cas

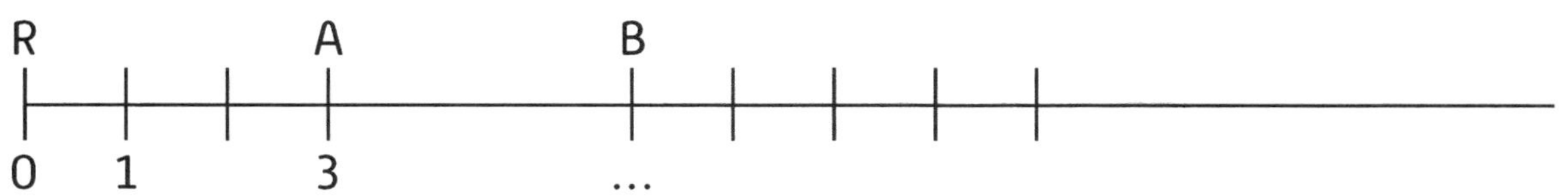

2e cas

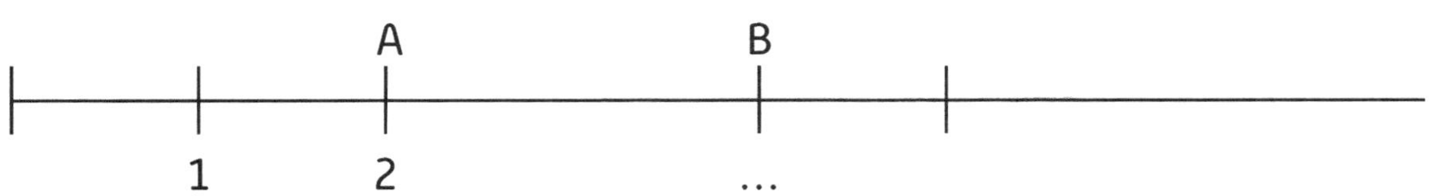

3e cas

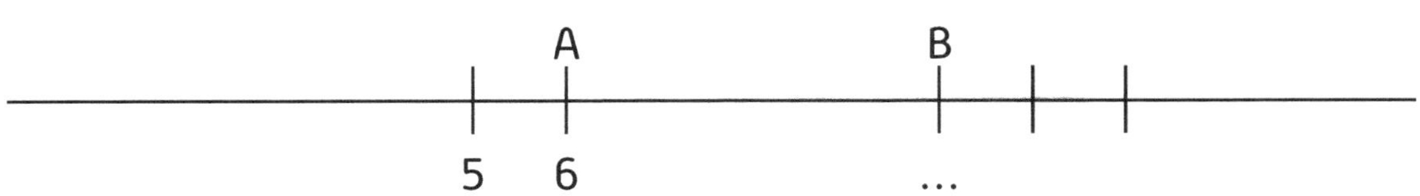

(Séance 3)

Complète les pointillés

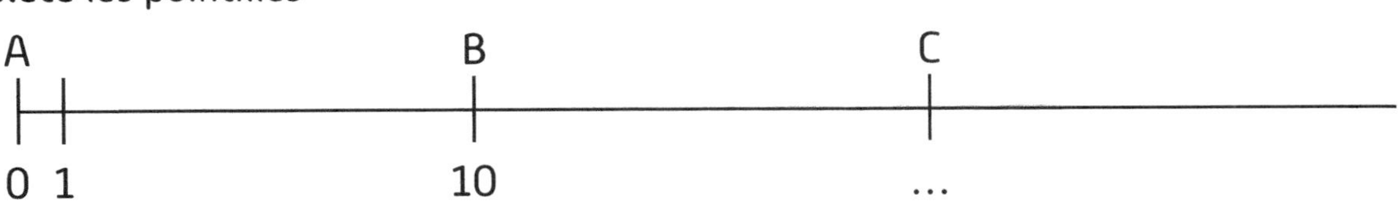

(Séance 4) Demi-droite graduée de 0 à 100, à agrandir, découper et assembler.

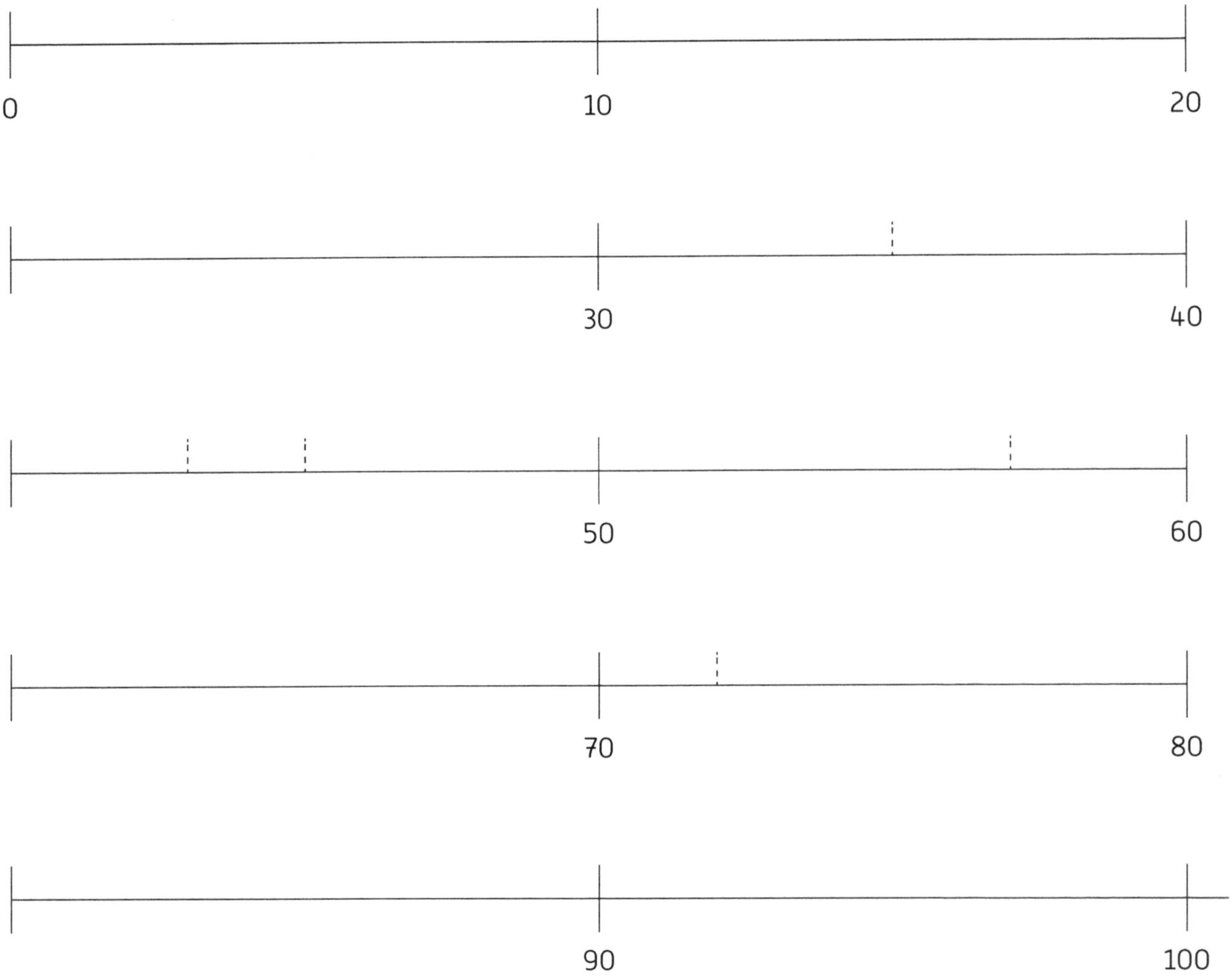

(Séance 4) Bande à découper pour la validation.

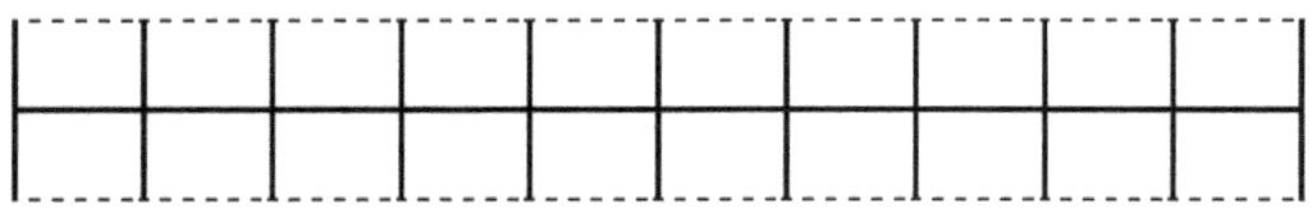

Exercice 2

2 Exercice 2 (★ Exercice supplémentaire) **Entoure** les carrés.

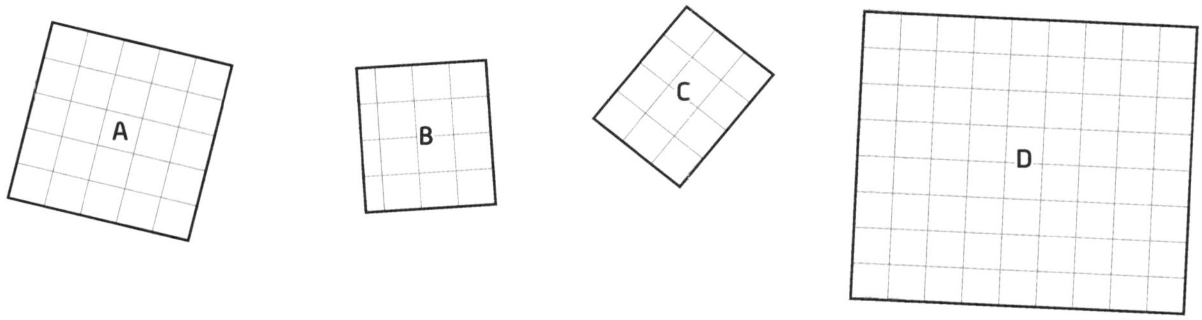

Exercice 4

4 Exercice 4 (★ Exercice supplémentaire) **Utilise** ton gabarit de longueur et ton gabarit d'angle droit pour trouver le ou les carrés.
Entoure le ou les carrés.

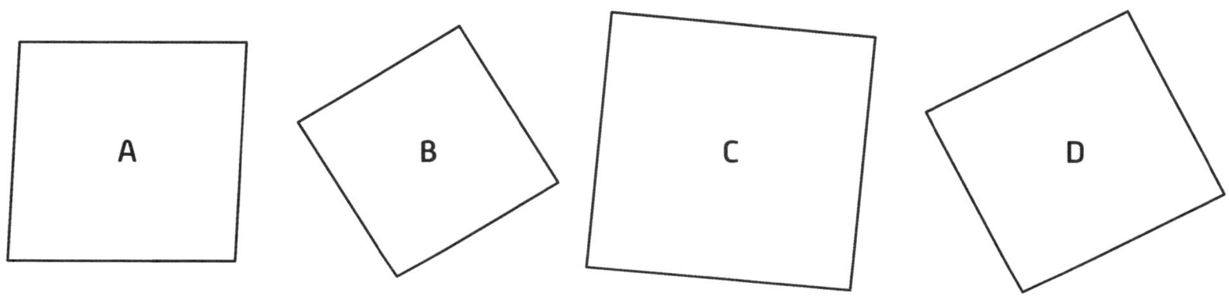

Exercice 2

2 Exercice 2 (★ Exercice supplémentaire) **Entoure** les carrés.

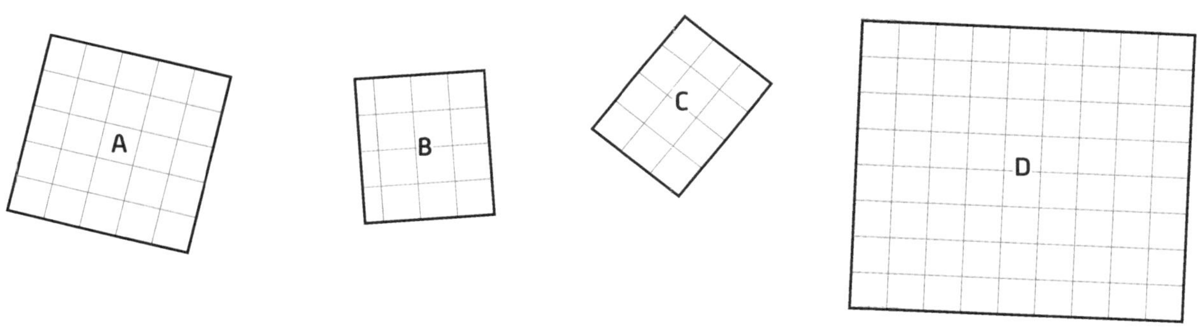

Exercice 4

4 Exercice 4 (★ Exercice supplémentaire) **Utilise** ton gabarit de longueur et ton gabarit d'angle droit pour trouver le ou les carrés.
Entoure le ou les carrés.

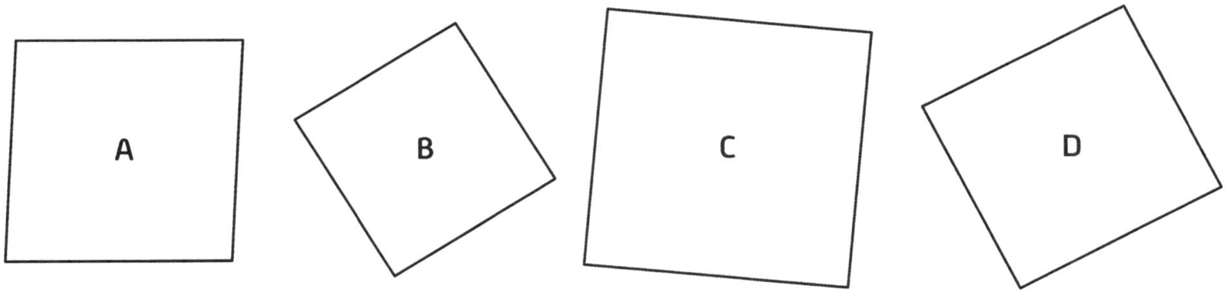

Exercice 2 [★ Exercice supplémentaire] **Mesure** en cm les deux chemins. **Complète** les pointillés.

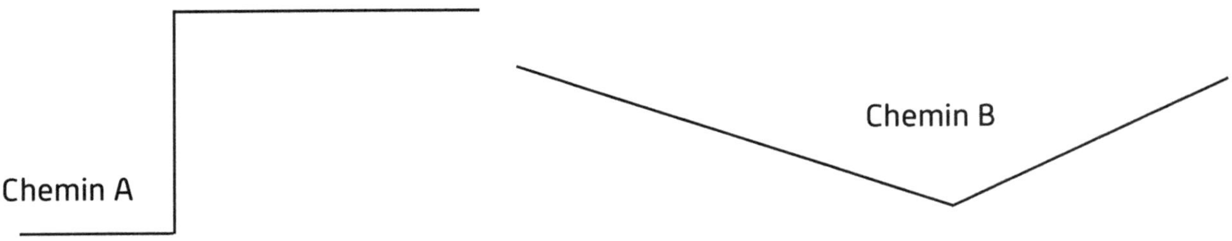

Longueur du chemin A = ...

Longueur du chemin B = ...

Exercice 3 [★ Exercice supplémentaire] **Place** sur une feuille blanche un point A que tu marques avec une croix.
Place 5 points B, C, D, E et F, tous à 4 cm de A. **Marque**-les aussi avec une croix.
Place 5 points G, H, I, J et K, tous à 6 cm de A. **Marque**-les aussi avec une croix.

Exercice 5 [★ Exercice supplémentaire] **Mesure** les côtés de A à B, de B à C, de A à E et de E à D, puis **reproduis** cette figure sur le quadrillage à partir des côtés commencés.

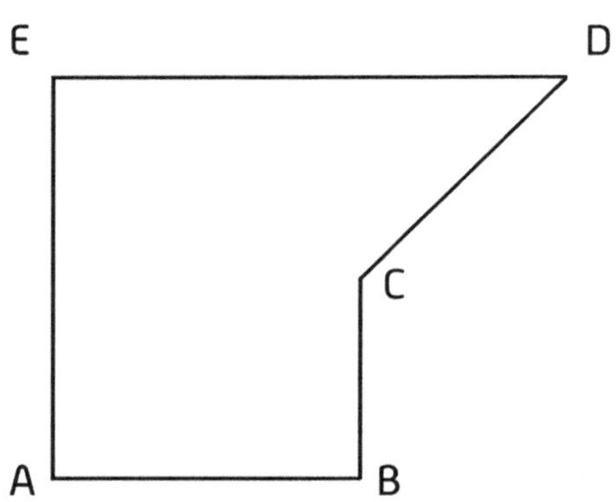

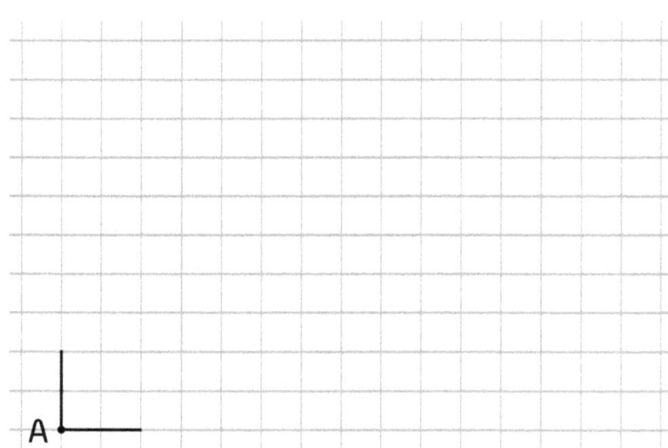

Exercice 2 (★ Exercice supplémentaire) **Place** le point B, aligné avec A et E, entre A et E et à 2 cm de E.
Place le point C, aligné avec B et F et à 1 cm de F. C n'est pas entre B et F.
Place le point D, aligné avec A et G, entre A et G, et à 4 cm de A.
Trace la figure ABCD.

Comment s'appelle la forme de la figure ABCD que tu viens de tracer ?

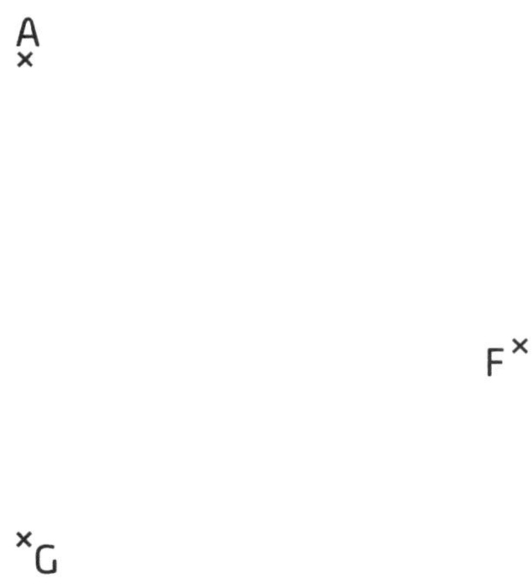

La figure est ....

Exercice 5 (★ Exercice supplémentaire) **Place** E le milieu du segment [AB] (le segment qui relie A à B).
Place F le milieu du segment [BC] (le segment qui relie B à C).
Place G le milieu du segment [CD] (le segment qui relie C à D).
Place H le milieu du segment [AD] (le segment qui relie A à D).
Trace la figure EFGH.

Comment s'appelle la forme de la figure EFGH ? ....

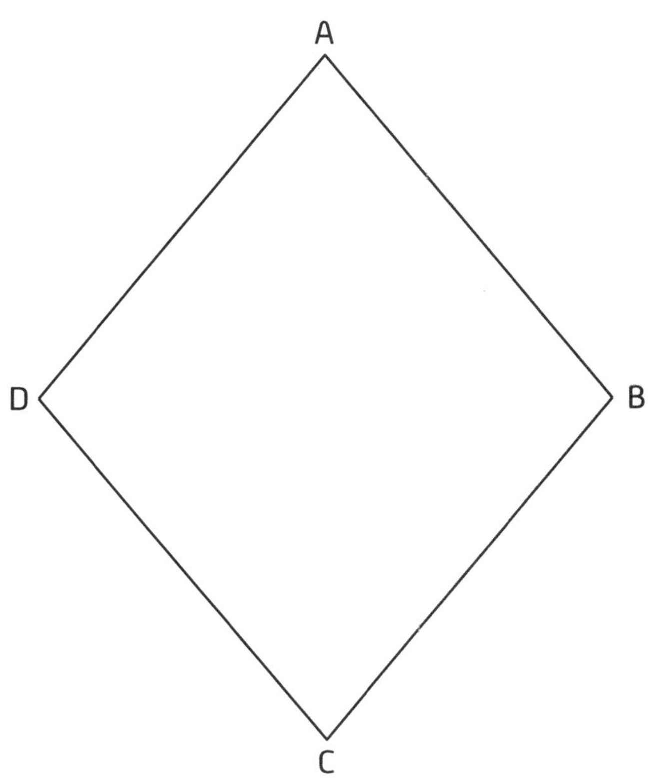

Exercice **2** [★ **Exercice supplémentaire**] Parmi toutes ces figures, **trouve** le rectangle qui a des côtés de 3 cm et 4 cm.

Le rectangle qui a des côtés de 3 cm et 4 cm est la figure ....

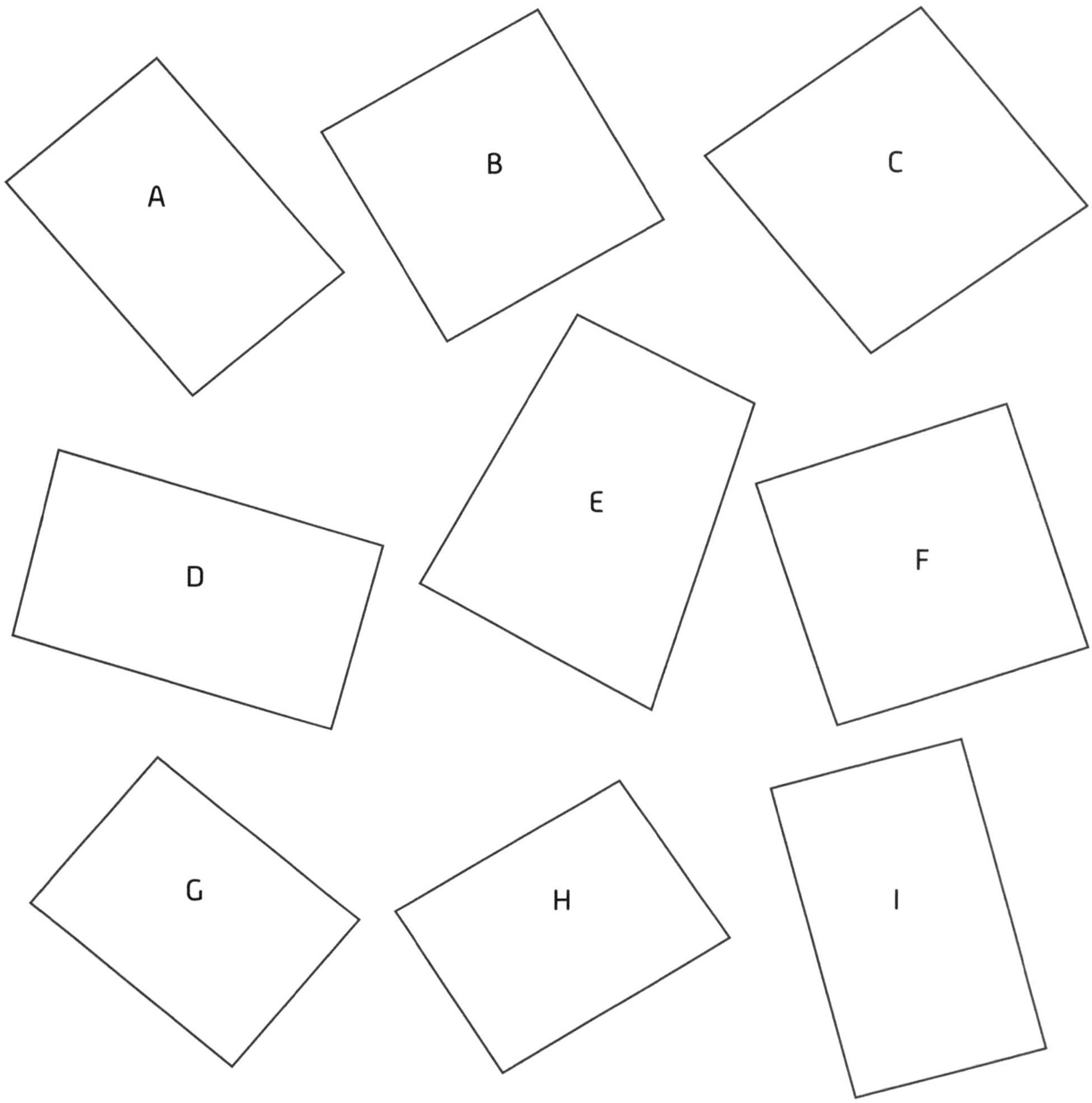

Exercice **3** [★ **Exercice supplémentaire**] Parmi les figures de l'exercice 1, **trouve** le rectangle ayant des côtés de 3 cm et 5 cm et le carré ayant des côtés de 4 cm.

Le rectangle ayant des côtés de 3 cm et 5 cm est la figure ....
Le carré ayant des côtés de 4 cm est la figure ....

Exercice 3 (★ **Exercice supplémentaire**) Tom et Éva disent avoir pris un nombre de gâteaux de ton matériel.

Entoure VRAI si l'enfant a raison et FAUX sinon. Si c'est FAUX, **écris** le bon nombre. Tu peux utiliser ton matériel.

VRAI – FAUX ....

VRAI – FAUX ....

Exercice 4 (★ **Exercice supplémentaire**) Dans chaque cas, la figure a été partagée en parts égales.

Écris le nombre correspondant à sa partie grisée.

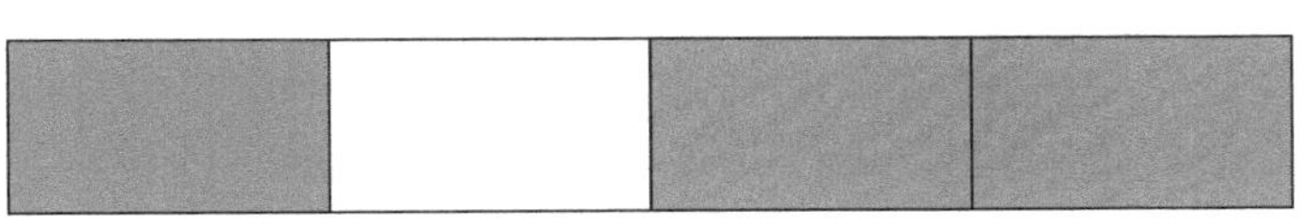

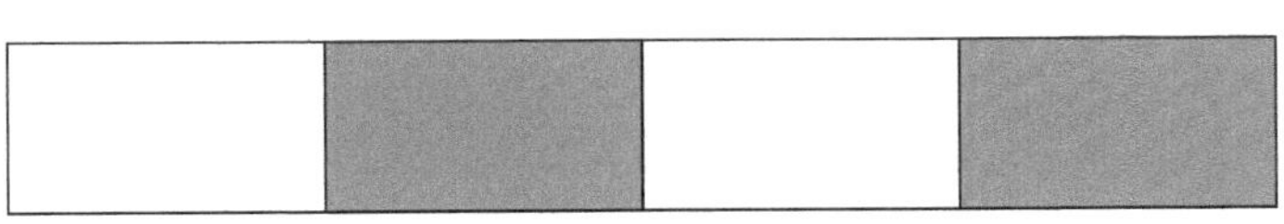

Exercice 2 (★ Exercice supplémentaire) **Trace** les graduations manquantes.
Dans chaque cas, **complète** les pointillés, puis **place** le point P repéré par le nombre 1 et le point M repéré par le nombre 6.

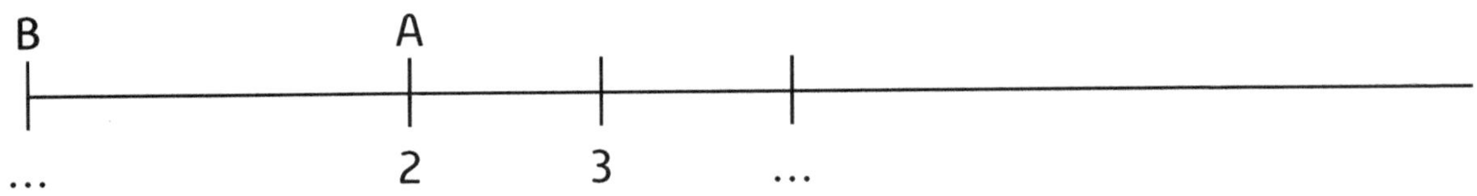

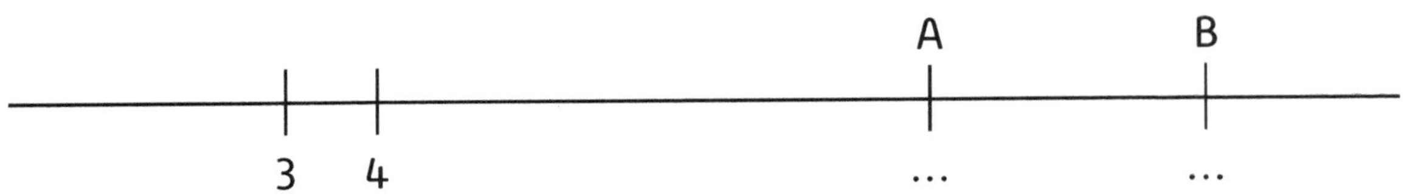

Exercice 4 (★ Exercice supplémentaire) Lila, Max, Tom et Éva ont joué à trouver le nombre.
À chaque partie, l'un des quatre a trouvé le bon nombre.

Entoure celui ou celle qui a trouvé le bon nombre.

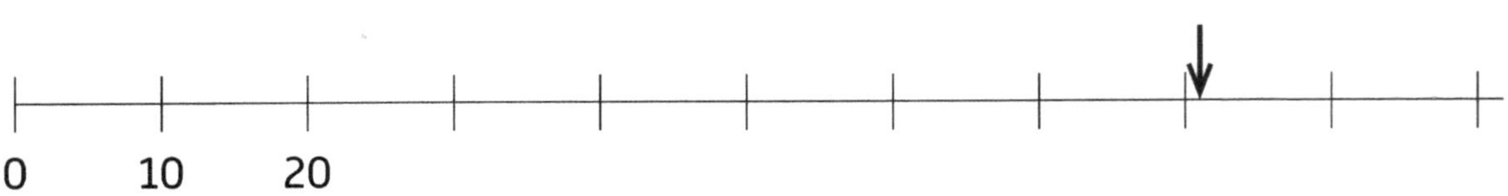

Lila a dit 26. Max a dit 71. Tom a dit 81. Éva a dit 89.

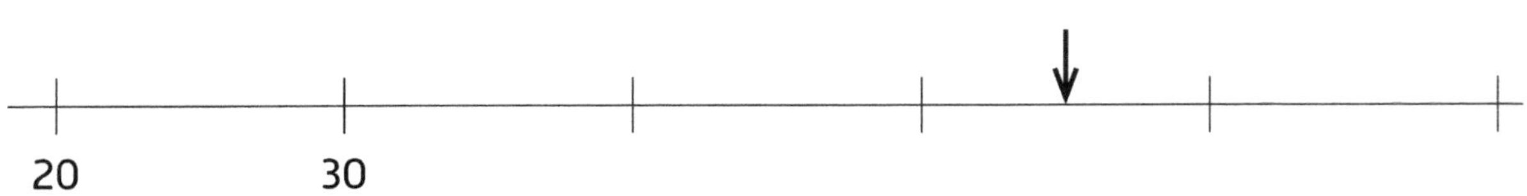

Lila a dit 45. Max a dit 35. Tom a dit 53. Éva a dit 55.

Compétences

- **1** Mesurer une longueur en cm avec une règle graduée.
- **2** Tracer, à l'aide d'une règle graduée, un segment de longueur donnée.

Prénom : .... **Date** : ....

Exercice **1** **Mesure**, en cm, les longueurs des chemins A, B et C.

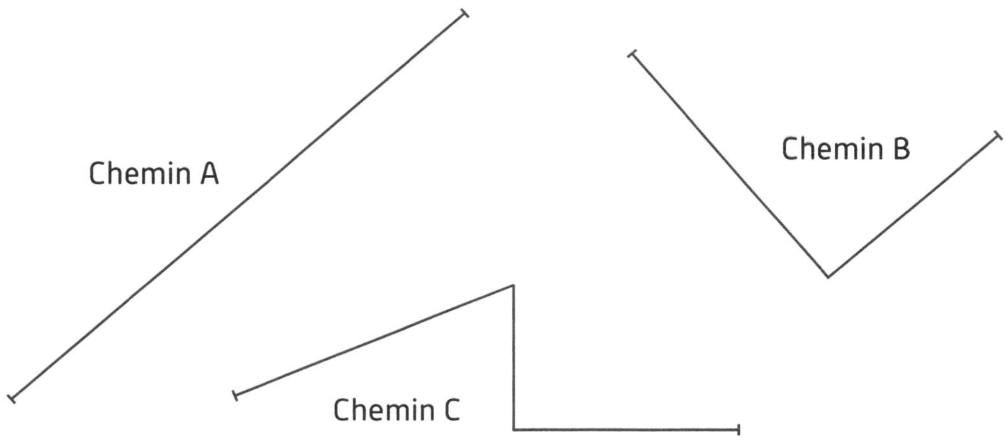

Longueur du chemin A .... cm ; longueur du chemin B .... cm ; longueur du chemin C .... cm.

Exercice **2** **Trace** un segment (un trait) de 6 cm de longueur.
Trace un segment (un trait) de 3 cm de longueur.

1 ☐ 2 ☐ Acquise(s)
1 ☐ 2 ☐ Partiellement acquise(s)
1 ☐ 2 ☐ Non acquise(s)

Compétences

- **1** Repérer une position sur une droite graduée de 1 en 1.
- **2** Repérer une position sur une droite graduée de 10 en 10.

Prénom : ....

Date : ....

Exercice **1** Dans chaque cas, **complète** les pointillés, puis **place** le point P repéré par le nombre 4 et le point M repéré par le nombre 6. Tu peux utiliser une bande de papier.

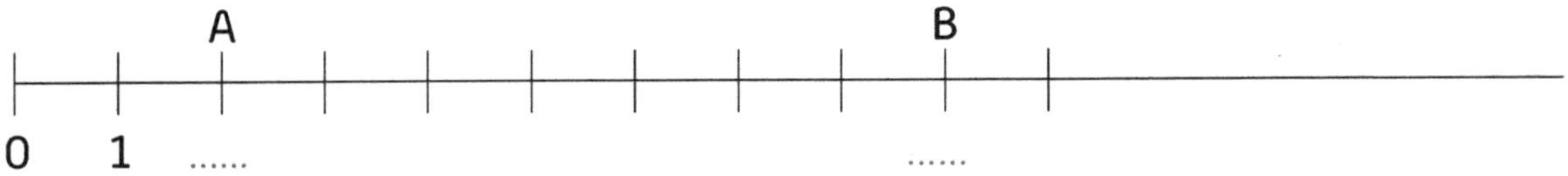

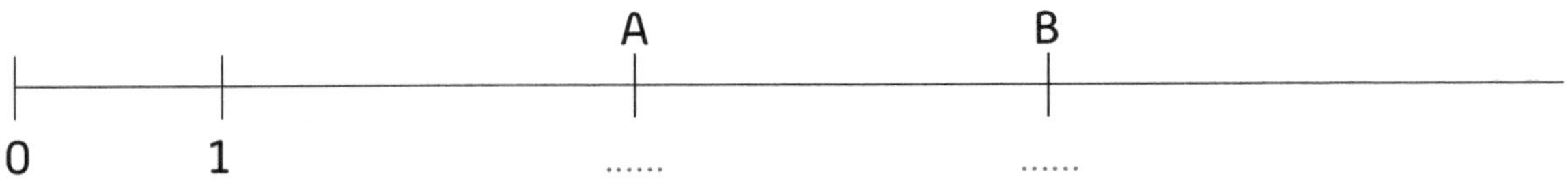

Exercice **2** Dans chaque cas, **complète** les pointillés, puis **place** le point P repéré par le nombre 20 et le point M repéré par le nombre 50. Tu peux utiliser une bande de papier.

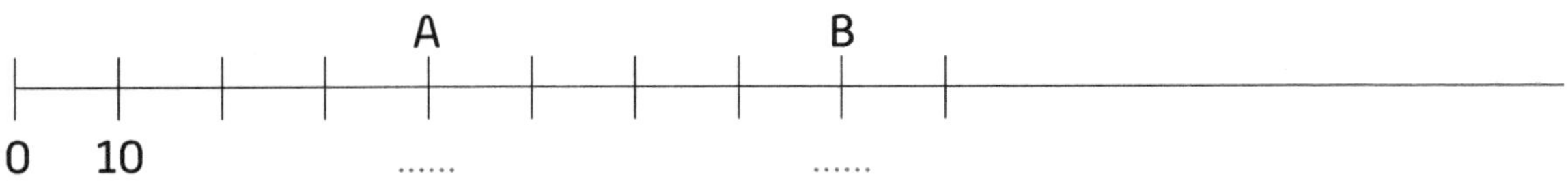

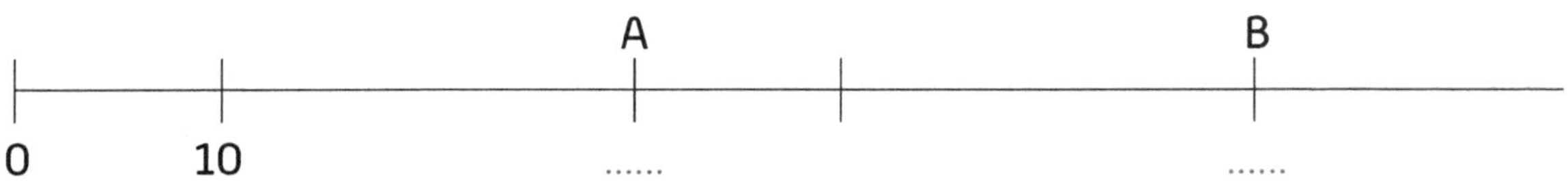

Exercice **3** **Place** les repères 3 et 7. Tu peux utiliser une bande de papier.

Exercice **4** Voici une liste de nombres : 95 ; 82 ; 61 ; 85 ; 89.
Quel est celui indiqué par la flèche ? **Complète** les pointillés pour donner ta réponse.

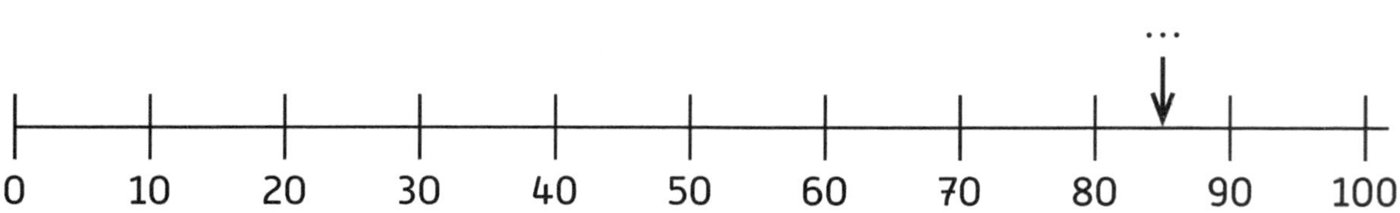

1☐ 2☐ Acquise(s) 1☐ 2☐ Partiellement acquise(s) 1☐ 2☐ Non acquise(s)